管理教材译丛

运营管理基础

(原书第5版)

Operations Management

Integrating Manufacturing and Services (Fifth Edition)

（美）
马克 M. 戴维斯（Mark M. Davis）
本特利大学
贾内尔·海内克（Janelle Heineke）
波士顿大学
著

汪蓉 编译

机械工业出版社
CHINA MACHINE PRESS

图书在版编目（CIP）数据

运营管理基础（原书第5版）/（美）戴维斯（Davis, M. M.），（美）海内克（Heineke, J.）著；汪蓉编译．—北京：机械工业出版社，2014.5（2024.11重印）
（管理教材译丛）
书名原文：Operations Management: Integrating Manufacturing and Services (Fifth Edition)

ISBN 978-7-111-46650-5

I. 运… II. ①戴… ②海… ③汪… III. 企业管理－高等学校－教材 IV. F270

中国版本图书馆CIP数据核字（2014）第093765号

北京市版权局著作权合同登记　图字：01-2014-1839号。

Mark M. Davis, Janelle Heineke. Operations Management: Integrating Manufacturing and Services, Fifth Edition.
ISBN 978-0-07-294824-0
Copyright © 2005 by McGraw-Hill Education.

All rights reserved. No part of this publication may be reproduced or transmitted in any form or by any means, electronic or mechanical, including without limitation photocopying, recording, taping, or any database, information or retrieval system, without the prior written permission of the publisher.

This authorized Chinese adaption is published by China Machine Press in arrangement with McGraw-Hill Education (Singapore) Pte. Ltd. This edition is authorized for sale in the Chinese mainland (excluding Hong Kong SAR, Macao SAR and Taiwan).

Translation Copyright © 2014 by McGraw-Hill Education (Singapore) Pte. Ltd. and China Machine Press.

版权所有。未经出版人事先书面许可，对本出版物的任何部分不得以任何方式或途径复制或传播，包括但不限于复印、录制、录音，或通过任何数据库、信息或可检索的系统。

此中文简体改编版本经授权仅限在中国大陆地区（不包括香港、澳门特别行政区及台湾地区）销售。

翻译版权 © 2014 由麦格劳-希尔教育（新加坡）有限公司与机械工业出版社所有。

本书封底贴有McGraw-Hill Education公司防伪标签，无标签者不得销售。

除了制造业外，对服务业领域的论述是本书一贯的特点，这一特点在第5版又得到了进一步的加强，而且更加强调制造业与服务业的全面融合，以更好地满足客户需求。为了强化这一特点，第5版不仅突出服务业的运营管理理论架构，还为学生准备了大量服务业的运营管理案例，从而给学生展现了一个具有很强时代感的运营管理的新视角。此外，本书还反映出企业运营中出现的新课题、技术给运营管理研究带来的巨大冲击等。

本书适用于运营管理课程的本科生、研究生以及MBA学生，也适用于运营管理领域的管理人员学习和参考之用。

出版发行：机械工业出版社（北京市西城区百万庄大街22号　邮政编码：100037）	
责任编辑：施琳琳	责任校对：董纪丽
印　　刷：固安县铭成印刷有限公司	版　次：2024年11月第1版第13次印刷
开　　本：185mm×260mm　1/16	印　张：27
书　　号：ISBN 978-7-111-46650-5	定　价：59.00元

客服电话：(010) 88361066　68326294

版权所有·侵权必究
封底无防伪标均为盗版

编译者序

随着全球经济一体化和价值取向多元化的深度推进，给当今企业带来了以创新和动态变化为特征的超强竞争环境。空前加速的全球化竞争、苛刻多变的客户需求以及日新月异的新技术，使得企业创造价值的方式需要不断地变革和创新。运营是社会组织的基本活动，当今世界，所有的组织都离不开运营。因此，运营管理作为社会财富的源泉，作为企业的一个主要职能，其精髓就在于实现"投入－转换－产出"过程中的价值创造，也是企业适应动态复杂的超强竞争环境、挖掘价值创造方式、获取动态竞争优势的关键所在。

由美国著名的本特利大学运营管理教授马克 M. 戴维斯和波士顿大学管理学院运营与技术管理教授贾内尔·海内克合著的《运营管理基础》（第5版），是一部非常优秀的运营管理基础教科书。本书的两位作者都在美国著名的商学院长期从事运营管理教学和研究工作，具有丰富的教学经验和很深的学术造诣。

本书由上海交通大学安泰经济与管理学院运营与物流管理研究中心副主任汪蓉博士编译，是在原书第5版的基础上进行翻译、更新和改编，在第5版的编译过程中尽可能地秉持原书的特色和风格。

本书的一大特色在于不仅反映了运营管理领域最新的理论研究趋势，完善了运营管理基础的理论体系，而且对制造业与服务业的全面融合进行了特别强调。传统意义上的服务业与制造业之间的边界越来越模糊，为了强化这一特点，本书特别突出了服务业的运营管理理论架构，还采用了大量服务业中一流企业的最新尝试和成功实践的运营管理案例，从而给读者展现了一个具有很强时代感的运营管理新视角。

全书以运营系统生命周期为主线，并从组织观的角度，按照运营管理决策层次体系由高层决策到底层决策、由长期决策到短期决策将整个运营管理体系分为以下五大部分，从而使全书脉络非常清晰而且完整，同时令人耳目一新。

- 第一部分 当今全球化环境下运营管理与战略思维
- 第二部分 运营流程决策
- 第三部分 设施决策与战略能力规划

- 第四部分 综合计划与库存决策
- 第五部分 短期作业计划

本书重要的独特之处在于全书从当今全球化环境下的运营管理视野与战略思维出发，涵盖了供应链战略与全球化运营中的离岸外包和回岸趋势（第1章和第3章）、制造与服务融合战略、制造业服务化战略、服务业模块化战略（第2章和第7章）、精益思想与精益服务（第4章）、可持续性战略与社会责任型运营中的供应商早期参与协同开发、产品生态设计（第5章）、服务质量与顾客等待满意度（第8章和第14章）、服务业中的库存管理与收益管理（第11章和第12章）等最新运营管理主题。

在此基础上，全书还相应地辅以大量结合企业实践的生动案例，相得益彰，包括"'苹果'为什么掉下来？"（第1章）、"青橙定制手机"（第2章）、"伟创力国际：从代工商到全球供应链整合者"（第3章）、"中式网络食品神话"（第5章）、"中国载人航天工程：从载人飞天到太空漫游"（第6章）、"汉堡快餐店的运营流程与运营战略之间的紧密联系"（第7章）、"云端ERP的领导者"（第13章）等。

此外，我们努力秉持原书第5版言简意赅又不失风趣生动的深入浅出式风格来阐述上述运营管理的核心概念，并在必要时使用一些定量方法，因为定量分析可以更为直观、规范。本书还旨在反映全球化的动态复杂的超强竞争环境和快速发展的技术给运营管理研究和实践带来的巨大冲击。全书涉及的知识和内容非常系统、丰富，适用于运营管理课程的本科生、研究生以及MBA做基础教科书和参考书，也可供运营管理领域的管理人员学习和参考之用。

由于时间仓促以及编译者水平有限，书中不可避免地会出现一些不妥与错误之处，恳请读者批评斧正。

汪蓉
上海交通大学安泰经济与管理学院
2014年4月

前　言

　　运营管理是一门不断发展演进的学科。正如世界主要国家的经济曾一度严重依赖于制造业增长那样，运营管理最初也几乎专注于制造业领域的问题。但是，在过去的 30 多年，运营管理研究领域发生了引人注目的变化，主要是因为全球经济一体化浪潮的冲击，技术的迅猛发展特别是信息经济的冲击，以及全球经济环境下服务业的飞速增长，目前服务业已经在世界主要发达国家的经济中占主要比重。

　　正是由于这些原因，使得企业管理的基础也在相应地有所改变，企业每一个职能部门的成功不仅取决于各个职能部门的有效运行，而且还取决于各个职能部门相互之间的协同运行效应。因此，运营管理的研究离不开市场营销和财务管理的支持。同时，运营管理的研究也不再局限于制造业领域，今天运营管理的研究已延伸到服务业领域，除了由于服务业对整个国民经济的贡献与日俱增外，还因制造业本身就要求为顾客提供高品质的服务以在激烈的竞争环境中获取竞争优势。

　　《运营管理基础》第 5 版的主要目标是反映企业运营中出现的新课题。涵盖对服务业领域的论述原本就是《运营管理基础》的特点，这一特点在第 5 版又得到了进一步的加强，而且更加强调制造业与服务业的全面融合，以更好地满足客户需求。为了强化这一特点，第 5 版不仅突出服务业的运营管理理论架构，还为学生准备了大量服务业的运营管理案例，从而给学生展现了一个具有很强时代感的运营管理的新视角。

　　本书的另一个目标是反映技术给运营管理研究带来的巨大冲击。人类步入 21 世纪以来，技术特别是信息技术，不断地改变着企业运营方式，而人们看到的只是冰山一角，事实上技术一直在向着更快速、更准确的方向发展，比如功能更强的计算机、更大容量的电子数据存储设备都能够处理和存储 1 拍它（peta）个字节数据（1 拍它 =1 千兆兆 =1 125 899 906 842 624），但同时这些设备的单位成本却在不断地降低。

　　此外，随着地区性自由贸易区的建立，国家之间的贸易壁垒也在不断减少，如欧盟（European Union，EU）、北美自由贸易协定区（North American Free Trade Agreement，NAFTA）、墨可色（MERCURSOR）（南美几个国家的自由贸易协定区）等。

　　技术进步与低贸易壁垒合璧的结果使世界经济正在朝着全球化方向迈进，顾客和供应商遍布全球的任何角落，没有哪个企业在面对国际化竞争时可以置身事外。在这样一个高度竞争的经济环境下，对于企业管理者来说，不断进行管理创新成了一项不可或缺的任务，而如此动态多变的环境给运营管理也带来了巨大冲击，即给制造产品与提供服务的过程的管理带来了巨大冲击。

为了充分体现作者在理论与实践研究上的匠心独运，反映运营中出现的新课题，第5版安排了以下内容：

1. 新增了两章内容，这两章都是目前商业和运营经理最为关心的问题，包括：制造与服务的融合战略（第2章）、精益思想（第4章）。
2. 在每一章正文开始之前扼要地概括了每一章的管理内容的架构，主要帮助学生理解每一章对企业成功运营的作用与意义。
3. 运营管理相关理论的不断发展被认为是企业成功的关键因素，包括收益管理（第11章），主要研究企业能力利用率的最大化问题以及服务型企业利润的最大化问题；供应链战略（第3章），讨论的是供应商角色的转换以及企业与供应链上的上下游的合作，因为全球经济一体化与网络技术的运用，使得企业之间的竞争变为企业所在的供应链之间的竞争，企业需要从全球范围内选择供应商。
4. 运营管理需要与企业其他职能部门相互协同工作，许多运营管理工具都是跨职能部门应用的，运营部门需要与市场营销部门、工程部门、财务部门等的相互配合。例如，业务流程分析需要在工程部门的相互配合下才能加快新产品的开发与引入（第5章）；精益生产方式（第4章）应用于大规模定制产品，需要在市场营销部门的相互配合下，才能在最短的时间内准时地将定制产品送到顾客手上。这些运营管理的工具和方法都需要跨职能部门应用才能见效。例如，流程改进的质量控制工具（第8章附录）中的统计过程控制（SPC）现在被用来预测哮喘病人和心脏充血衰竭病人的下一次发病时间。

我们努力以言简意赅、风趣生动的方式来阐述上述运营管理的核心概念，并在必要时使用一些定量方法，因为定量分析可以更为直观、规范。

本书的主要目的

大多数学生的主修专业并非是运营管理，实际上，很多大学和学院根本没有运营管理专业。但是，理解运营管理在企业中的作用对学生来说是非常重要的，原因有两个：其一，理解运营管理中不同管理模式与方法是如何适应企业的组织结构的，会拓宽学生的视野，从而使其工作做得更加出色。其二，如前文阐述的那样，最初用于运营管理领域的很多理念现在也跨越到企业中的其他职能部门，理解和学会使用这些运营管理的工具和理念会使学生在工作中得心应手、收效显著。

很多学生直到毕业工作后才认识到运营管理的重要性，例如，信息技术（IT）行业中炙手可热的好工作，实际上都需要有在工具软件应用方面的流程管理、预测、质量控制、项目规划的丰富实践经验。

鉴于以上原因，本书的主要目的是：

1．介绍运营管理的基本思想方法，涵盖运营管理领域最新的课题。
2．介绍一些应用面更宽的跨职能部门应用的运营管理的工具和理念。
3．在企业内部的运营管理部门与其他职能部门之间建立起协同工作思想。
4．阐述技术在运营管理中的角色及其对其他运营管理工具和方法的影响。
5．探讨经济全球化趋势对企业运营管理的影响。
6．阐明企业的制造活动和服务活动已日趋融为一体。
7．给出一个完善的运营管理的基本体系架构，并阐明运营管理在企业中的地位与作用。

最后一个目的，也是本书的基本目标，就是要阐明运营管理不只是一系列松散的工具的集合体，而是一个直接与运营系统相关联的管理理念和方法的系统理论。理解这一点非常重要，因为很多人把运营管理与运筹学（OR）、管理科学（MS）以及工业工程（IE）混为一谈，它们的本质区别在于：运营管理是管理的一个研究领域，运筹学、管理科学是应用数学的分支，而工业工程则属于工程学范畴。运营经理在制定决策时需要应用运筹学和管理科学的工具进行定量决策分析，并处理许多工业工程方面的问题，因此，运营管理与运筹学、管理科学以及工业工程分别在工商管理中扮演着明显不同的角色。

本书的教学特色

为了使运营管理的学习过程变得轻松愉快，本书具有以下一些教学特色：

1．**学习目标**。在每一章的开始，首先列出本章的学习目标，并给出本章需要重点掌握的重要概念。
2．**引例**。在每一章的开始都安排了一个小引例，用来描述本章内容是如何应用于企业实践的，以激发起学生对本章内容的兴趣。
3．**应用案例**。正文中出现的运营管理概念都安排了大量结合企业实践的案例予以支撑。本书强调实际应用案例的目的，是强化学生对运营管理在企业成功中所起的关键作用的理解，提高学生对运营管理实际问题的分析能力。本书中的案例形式多样，除了正文中大量使用的案例外，还包括每一章开篇的"引例"、"运营实践"等栏目。

4. **互联网练习**。互联网是传播和获取信息的一个有力工具,而且互联网上的信息是不断更新变化的。只要有合适的问题,在每一章的后面都安排了互联网练习,旨在鼓励学生获取指定问题的最新信息。

5. **Excel 电子表格的应用**。本书尽量采用了 Excel 电子表格的形式进行定量分析,目的是鼓励学生寻求不同的解决方法。

6. **强调与其他职能部门的协同**。在成功的企业中,管理思想和业务流程是跨越传统职能部门的。事实上,企业的活动不可能绝对局限在某一个职能部门完成之后再进入另一个职能部门开始运作。为了强调企业内部各职能部门之间的协同性,本书使用了图标来强调运营管理是如何与其他职能部门协调工作的。

7. **全球化视野**。本书另一个特色就是强调全球化对企业运营的影响。正文中尽量阐明了各运营管理概念在全球化经济环境下的运用,并在书中安排了特别的图标来标明这一点。

8. **例题解答**。例题解答是定量分析的例题,用于阐明特定的管理过程和方法,例题解答与正文内容在形式上是独立的,有助于学生理解计算过程。

9. **公式回顾**。在定量分析较多的章节,本书给关键的公式作了编号,便于学生复习与回顾。

10. **应用举例**。在必要的章节后面举出了一些典型应用的例题,每个例题都有详细的解答过程,以供学生在做每一章习题时参考。

11. **复习与讨论题**。在学生做每一章习题之前,复习与讨论题有助于学生理解本章概念。

12. **本章习题**。大部分章节都安排了大量的习题,要求学生能够解答实际的有趣的问题。

13. **案例分析**。大部分章节后面都安排了案例分析栏目。短小精悍的案例可以帮助学生思考本章讨论的内容,本栏目的案例也可作为课堂讨论使用,也可作为学生提高题练习使用。本书也安排了经典的运营实践案例,如哈佛商学院的克莉丝汀曲奇公司、纽约大学斯特恩商学院的日本个性化自行车等经典案例。

我们在推出本书的同时,也一直在进行教学与研究的实践。为了在本书中坚持持续改善的质量理念,我们听取了很多读者的意见与建议。

中国有句古老的谚语是"生逢其时",不管你是否承认,从运营管理的角度来看,现在就是一个好时代。让我们抓住机遇、努力工作并享受这个良辰佳机吧。

马克 M. 戴维斯

贾内尔 · 海内克

目 录

编译者序
前　　言

第一部分
当今全球化环境下运营管理与战略思维

第1章　运营管理绪论 ········ 2

引例　奥斯卡大赢家：爱维帝运营
　　　　执行评审会 ············ 2
1.1　什么是运营管理 ············ 4
1.2　运营管理对社会的贡献 ····· 8
1.3　运营管理的新特征 ········· 10
1.4　运营管理的动态环境 ······ 14
1.5　运营管理的发展历史 ······ 19
本章小结 ························· 22
复习思考题 ······················ 23
互联网练习 ······················ 23
案例分析1-1　"苹果"为什么
　　　　　　掉下来 ············ 23

第2章　运营战略与企业竞争力 ····· 25

引例　青橙定制手机 ············ 25
2.1　运营战略总览 ··············· 26
2.2　一般战略模型：SPP模型 ··· 29
2.3　运营战略的形成：权衡与聚焦 ··· 35
2.4　制造与服务的融合战略 ···· 39
2.5　生产率 ······················· 42
本章小结 ························· 44

复习思考题 ······················ 44
互联网练习 ······················ 44
案例分析2-1　沃尔玛：为你省钱，
　　　　　　让你生活更美好 ··· 44

第3章　供应链战略 ············ 48

引例　伟创力国际：从代工商到
　　　　全球供应链整合者 ····· 48
3.1　供应链管理的定义 ········· 50
3.2　供应链管理的发展过程 ···· 51
3.3　供应链管理发展趋势 ······ 54
3.4　技术对供应链管理的影响 ··· 56
3.5　供应链中的牛鞭效应 ······ 59
3.6　供应链战略 ················· 62
3.7　成功构建供应链战略的条件 ··· 66
3.8　供应链中物流的角色 ······ 67
本章小结 ························· 70
复习思考题 ······················ 70
互联网练习 ······················ 70
习题 ······························· 70
案例分析3-1　惠而浦供应链创新
　　　　　　战略 ················ 71
案例分析3-2　ZARA：快速时尚
　　　　　　供应链 ············· 72

第4章　精益思想 ··············· 75

引例　100日元寿司屋 ·········· 75
4.1　精益思想理论演变与运营系统
　　发展简史 ···················· 76

4.2	精益哲理	77
4.3	消除浪费	79
4.4	尊重员工	86
4.5	精益生产方式的实施	90
4.6	精益服务	96

本章小结 …… 97
复习思考题 …… 98
案例分析 4-1　XYZ 产品公司 …… 98

第二部分
运营流程决策

第 5 章　新产品、服务开发与流程选择 …… 102

引例　创新成就丰田：首款量产混合动力车横空问世 …… 102

5.1	新产品和服务开发的重要性	103
5.2	快速推出新产品的益处	104
5.3	新产品的分类	105
5.4	新产品开发过程	107
5.5	制造型企业的流程选择	112
5.6	新服务的分类	115
5.7	新服务开发过程	117
5.8	服务型企业的流程选择	122

本章小结 …… 125
复习思考题 …… 125
互联网练习 …… 126
案例分析 5-1　最好的零件是无零部件 …… 126
案例分析 5-2　中式网络食品神话 …… 127

第 6 章　项目管理 …… 129

引例　中国载人航天工程：从载人飞天到太空漫游 …… 129

6.1	项目管理定义	131
6.2	项目管理的组织因素	133
6.3	项目控制	135
6.4	关键路线计划技术	136
6.5	基于时间技术	137
6.6	时间–费用权衡模型	145
6.7	关于 PERT 与 CPM 的评论	148
6.8	项目管理软件	149

本章小结 …… 149
复习思考题 …… 150
互联网练习 …… 150
应用举例 …… 150
习题 …… 152
案例分析 6-1　伯克商学院哈维大楼扩建项目 …… 154

第 7 章　运营流程的绩效衡量与分析 …… 156

引例　汉堡快餐店的运营流程与运营战略之间的紧密联系 …… 156

7.1	流程的选择	158
7.2	流程绩效衡量	159
7.3	流程分析	163
7.4	业务流程	171
7.5	标杆管理	172
7.6	业务流程再造	175

本章小结 …… 177
复习思考题 …… 178
互联网练习 …… 178
习题 …… 178
案例分析 7-1 …… 180

第 8 章　质量管理 …… 182

引例　美德瑞达有限公司鲍德里奇国家质量奖梅开二度 …… 182

8.1	质量管理大师	184
8.2	质量定义	186
8.3	质量成本	190
8.4	客户满意保证	191
8.5	企业质量创新	192

8.6 评价和奖励质量：世界三大质量奖 ………………………… 196
本章小结 ……………………………… 201
复习思考题 …………………………… 201
案例分析 8-1 ………………………… 201

第 8 章附录 流程改进的质量管理工具 ……………………………… 205

8A.1 统计质量控制工具 ………… 205
8A.2 质量管理和策划新工具 …… 209
8A.3 统计质量控制方法 ………… 213
8A.4 抽样检验的两类错误 ……… 213
8A.5 抽样检验 …………………… 214
8A.6 统计过程控制 ……………… 218
8A.7 SPC 图 ……………………… 221
8A.8 六西格玛 …………………… 227
8A.9 田口方法 …………………… 228
本章小结 ……………………………… 230
复习思考题 …………………………… 230
互联网练习 …………………………… 230
应用举例 ……………………………… 231
习题 …………………………………… 231
案例分析 8A-1 ……………………… 234

第三部分
设施决策与战略能力规划

第 9 章 设施选址与战略能力规划 … 238

引例 Fluor 公司 ……………… 238
9.1 制造设施选址 ……………… 239
9.2 服务机构选址 ……………… 242
9.3 选址方案评估方法 ………… 244
9.4 战略能力规划 ……………… 248
本章小结 ……………………………… 254
复习思考题 …………………………… 254
互联网练习 …………………………… 254
应用举例 ……………………………… 254

习题 …………………………………… 257
案例分析 9-1 ………………………… 259

第 10 章 设施布局 ……………………… 261

引例 TACO 的厂区新布局降低了库存和产出时间 ……… 261
10.1 制造型企业的基本布局方式 … 262
10.2 服务型企业布局 …………… 275
本章小结 ……………………………… 277
复习思考题 …………………………… 277
互联网练习 …………………………… 278
应用举例 ……………………………… 278
习题 …………………………………… 279

第四部分
综合计划与库存决策

第 11 章 综合计划 …………………… 284

引例 宾尼－史密斯的综合生产计划 …………………………… 284
11.1 运营计划活动概述 ………… 285
11.2 综合生产计划 ……………… 288
11.3 综合生产计划技术 ………… 291
11.4 收益管理 …………………… 299
本章小结 ……………………………… 300
复习思考题 …………………………… 300
应用举例 ……………………………… 301
习题 …………………………………… 304
案例分析 11-1 ……………………… 307
案例分析 11-2 ……………………… 307

第 12 章 独立需求的库存管理机制 … 309

引例 阿尔法数字公司的苦恼 …… 309
12.1 库存的定义 ………………… 310
12.2 库存的作用 ………………… 310
12.3 库存成本 …………………… 311

12.4 独立需求与相关需求 ………… 312
12.5 库存管理系统的类型 ………… 313
12.6 多期库存管理系统 …………… 313
12.7 单期库存模型 ………………… 325
12.8 服务业中的库存管理 ………… 328
12.9 库存管理的其他问题 ………… 332
本章小结 …………………………… 335
复习思考题 ………………………… 335
应用举例 …………………………… 336
习题 ………………………………… 337

第 13 章 相关需求的库存管理机制 ……… 340

引例 云端 ERP 的领导者 ………… 340
13.1 主生产计划 …………………… 342
13.2 物料需求计划 ………………… 344
13.3 MRP 系统结构 ………………… 347
13.4 一个简单的 MRP 例子 ……… 351
13.5 能力需求计划 ………………… 354
13.6 MRP 系统中的批量技术 …… 356
13.7 MRP 在服务业中的应用 …… 356
13.8 MRP 与 JIT …………………… 358
本章小结 …………………………… 359
复习思考题 ………………………… 360
应用举例 …………………………… 360
习题 ………………………………… 362
案例分析 13-1 尼柯尔斯公司 …… 364

第五部分 短期作业计划

第 14 章 排队管理 ………………… 368

引例 消除等待时间 ……………… 368
14.1 优质服务的重要性 …………… 369
14.2 排队管理的权衡：顾客等待时间与服务过程效率 ……… 370

14.3 定义顾客满意度 ……………… 371
14.4 影响顾客等待满意度的因素 … 372
14.5 聚焦快速服务 ………………… 375
14.6 如何借助于技术提供快速服务 …………………………… 377
本章小结 …………………………… 378
复习思考题 ………………………… 378

第 14 章附录 排队论 ……………… 379

14A.1 排队系统特性 ……………… 379
14A.2 排队模型 …………………… 385
14A.3 望而却步和中途离队的权衡 ………………………… 387
14A.4 两类典型的排队问题 ……… 388
14A.5 排队问题的计算机仿真 …… 390
本章小结 …………………………… 391
复习思考题 ………………………… 391
应用举例 …………………………… 391
习题 ………………………………… 392
案例分析 14A-1 …………………… 394

第 15 章 作业计划 ………………… 395

引例 集中纳税高峰期作业优先级排序问题 ………………… 395
15.1 车间与工作中心 ……………… 396
15.2 车间作业计划与控制 ………… 396
15.3 车间作业排序问题的基本要素 ……………………………… 398
15.4 优先调度规则和方法 ………… 399
15.5 车间控制 ……………………… 406
15.6 服务型企业的人员作业排序 … 409
本章小结 …………………………… 415
复习思考题 ………………………… 415
应用举例 …………………………… 416
习题 ………………………………… 417

第一部分

当今全球化环境下运营管理与战略思维

- 第1章 运营管理绪论
- 第2章 运营战略与企业竞争力
- 第3章 供应链战略
- 第4章 精益思想

第1章

运营管理绪论

 学习目标

- 讨论运营管理（OM）的基本概念，以及对于企业获取竞争优势的作用和所涵盖的内容；
- 阐述了运营管理是如何对社会的全面进步作出贡献的；
- 指出了运营作为企业的一个主要职能涵盖了制造和服务两个产业的管理问题；
- 展示了运营管理是如何将企业内部的运营能力与企业外部的环境和资源约束条件融为一体的；
- 论述了运营管理是如何与企业内部其他职能部门相互影响的；
- 阐明了运营管理作为一门学科的发展简史，及其目前在企业中所扮演的角色和社会责任。

 引　例　奥斯卡大赢家：爱维帝运营执行评审会

上午8点30分，随着那把精美的小木槌在会议桌上敲响，坐落在美国麻省特克斯百瑞（Tewksbury）的爱维帝技术有限公司（Avid Technology, Inc.）总部及主要生产厂的会议室里，每日的运营执行评审会准时开始了。

爱维帝公司主要设计和生产专业的广播、影视后期制作、音频、动画和特殊效果等软硬件，为用户提供"制播一体化"的数字媒体解决方案。公司作为全球顶级数字媒体制造商，无论在市场销售份额还是产品质量上，都是业内的领导者。借助于创新数字媒体解决方案，公司在业内荣获了数百项颇具声望的奖项，包括两项奥斯卡金像奖和12项艾美奖；同时，公司的专业客户更是将创意构想发挥至登峰造极，仅在2012年度奥斯卡金像奖上，就有40多个专业客户荣获奥斯卡提名，并最终在最佳影片、最佳音效剪辑、最佳混音和最佳动画片等类别捧得小金人，包括《艺术家》、《后人》、《雨果》和《生命之树》等。

爱维帝公司召开每日执行评审会的目的在于提供一个日常的座谈和信息交流场所，让各个生产部门报告各自的生产进展，发现现存的和潜在的问题，并确定相应问题的解决方案，从而防止潜在问题的发生。由于所有相关人员都在评审会上出席，一旦有问题发生，就可以迅速解决，或者给出相应的解决措施。为避免沟通困难和延误，评审会在同一时间为所有与会者提供的信息都是相同的。评审会上报告的执行方案涉及已生产完成并已发运的产品，也涉及计划在下一周必须生产完成并发运的产品。执行方案包括库存水平、产品的生产成本以及质量的执行方案。

这是一个有15～20人出席的评审会议，虽然只是一个由公司生产副总裁主持的典型的运营管理会议，但是市场部和财务部经理也出席了会议。市场部经理关注的是产品的及时完工，以满足客户及时交货的需求。财务部经理则从总收益的角度关心生产成本和产品的发运费用。市场部和财务部经理的出席体现了在当今激烈竞争的环境中，跨职能部门运营的重要性。通过远程通信会议的方式，公司各分厂的经理们也参加了当天的会议。

上午8点40分，在完成了全部报告并确定了当日工作问题及其解决方案后，主持人手中精美的小木槌再次在会议桌上落下，宣布休会，与会者也返回各自岗位开始工作。

资料来源：Special thanks to Paul Senechal, vice president of manufacturing, Avid Technology, Inc.

互联网悄然进入移动时代，那些担负着我们每天所需产品的制造与服务的提供及其及时交付责任的运营经理，面临着更多更艰巨的挑战。根据I.T.U.统计数据，2013年3月全球互联网已拥有27.49亿用户，全球互联网普及率由1995年的0.4%提高到38.8%。在我国，根据CNNIC统计报告，2013年6月互联网用户规模为5.91亿，互联网普及率由2007年的16%提高到44.1%，互联网用户日趋移动化，其中台式机上网用户占比由2007年的94%下降至69.5%，笔记本上网用户占比由2007年的26.7%上升至46.9%，手机上网用户比例则由2007年的24%提升至78.5%，手机上网成为互联网发展的新动力。

随着全球电子商务与移动商务的发展、全球经济一体化的推进，全球化、信息化、网络化、移动化、协同化的经济活动环境，给企业带来了以创新和动态变化为特征的超强竞争（hypercompetitive）环境，从而导致企业与消费者之间谈判力量的均衡发生了倾斜，消费者拥有了更大更多的选择权，通过微博、微信等社会化媒介，消费者开始追求更多的消费价值、更多消费者剩余，消费需求也越来越呈多样化、个性化、变化频繁的趋势。

从运营管理的角度来说，最好的产品和服务不是为客户设计而设计，而是同客户一起设计，真正融入客户心声，直至实现超越客户期望。这就要求企业必须不断地努力倾听客户心声来开发出新产品和服务，创造完美的客户体验，缩短交货期，改进客户服务，提高产品质量，同时能够不断地降低产品成本（包括劳动力和原材料成本），提高设施能力利用率，以提高企业的生产率，并对动态复杂的超强竞争环境作出快速反应。

为了实现这一目标，运营经理们开始尝试众多的新技术，包括柔性制造、极端制造、机器人技术、纳米技术以及实现"自动化"、"数字化"等，例如，2012年美国在俄亥俄州扬斯敦成立了首个3D打印制造创新中心，并投入巨资研发高科技3D打印技术，以期颠覆传统制造业。随着计算机信息、网络技术的广泛应用以及移动通信基础设施的不断发展，有助于企业提供更便利、更快捷的服务，如遍布全球的移动互联网和客户支持中心。

企业越来越多地认识到运营管理对于企业获取竞争优势的关键作用，那些忽视了运营管理重要作用的企业为之付出了失败的代价。近年来，大批网络团购公司的破产就证明了这一点。根据中国电子商务研究中心联合发布的《2012年度中国网络团购市场数据监测报告》，2012年，中国网络团购市场从年初的3 652家运营团购网站减少到年底的2 695家，年死亡率达三成。由于这些网站都缺乏运作基础体系的支撑，在任何意义上说都是虚拟的（这等于要张贴海报却没有墙壁）。而诸如客户订购的圣诞礼物却不能在圣诞节前按时收到（他们甚至无处投诉），或者一家虚拟银行连一张存款单都无法提供给储户的例子在现实中大量存在。在这种情况下，顾客一旦有了如此糟糕的经历，就会转向其他企业，而且永不回头。

1.1 什么是运营管理

1.1.1 组织观

运营是社会组织的基本活动。无论是制造型企业的有形产品,也即实体产品(physical goods)的生产,还是服务型企业的无形服务(services),诸如医院的外科手术及其药物治疗、银行的金融理财业务、大学提供的高等教育,等等,所有的组织都离不开运营。

作为营利性组织,按照企业内部职能部门的分工观点,运营管理可以从以下两点来定义:一是运营管理对于企业获取竞争优势上全面的作用和贡献;二是运营管理在其职责范围内还需要把更多的精力放在日常业务执行力上。因此,从组织的观点来看,运营(operations)就是通过有效整合组织资源,将投入要素和资源转化为有形产品和无形服务的产出,以满足人们的需要和欲望,从而创造出附加价值的过程;而运营管理(operations management)可以定义为:对企业为客户生产产品和提供服务的增值过程所涉及组织资源的有效利用进行管理。

企业产品的购买者和服务的对象即企业的客户,也就是企业的市场,决定了企业总体战略(corporate strategy)。同时,企业使命(mission)是企业存在的社会基础,体现企业在社会进步和经济发展中的历史使命和社会责任,是核心价值观的载体与反映,是企业的自我认知以及社会形象。企业总体战略是基于企业使命,它从本质上指明了企业是如何规划利用其全部资源和职能(企业三个主要职能分别是运营、营销和财务)获取竞争优势的,而作为企业三大主要职能战略之一——运营战略具体阐明了企业应该如何利用其运营能力将投入要素和资源有效地转换成产品和服务,创造价值,去支撑企业总体战略。同样地,营销战略则具体阐明了企业应该如何发现和发掘客户需求并通过销售与分销将产品和服务再次转化成资金资源,实现价值;财务战略则具体阐明了企业应该如何最合理地筹集资金与运用资金资源,以保证企业运营所需的投入要素和资源,如图 1-1 所示。

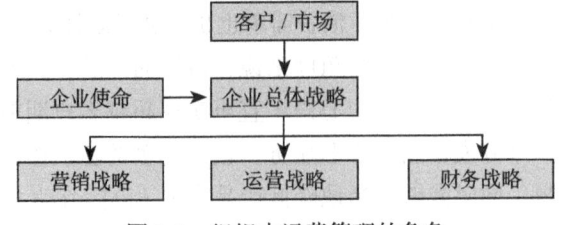

图 1-1 组织中运营管理的角色

在运营职能中,管理决策可归纳为三个层次:

- 战略(长期)决策;
- 战术(中期)决策;
- 作业计划与控制(短期)决策。

这三个管理决策层次构成了一个由上而下的全面的运营管理体系,处于较低层次的决策要受到较高层次决策的约束。

1. 战略决策层次

实际上,在运营管理中战略决策问题涉及面通常非常广泛,诸如以下问题:

- 如何决策企业产品和服务的开发与流程选择?
- 如何决策企业设施选址与设施布局?
- 企业需要多大的运营能力?

- 何时应该增加运营能力？

因此，战略决策的时间跨度一般来说需要长一些，通常是几年甚至更长，具体长短需要依具体行业而定。

战略层次的运营管理决策决定了企业运营如何能够更好地满足客户需求，为企业运营管理提供了指导性和方向性的政策和规划，对企业运营的长期有效性有着长远的影响。企业要获得成功，运营管理决策就必须要与企业总体战略相一致。战略层次的决策决定了企业中期和短期运营的固定能力条件和运营约束。譬如，一个通过新建服务网点来提高企业服务能力的战略决策，一产生就成为了相应的战术决策和作业计划与控制决策的运营能力限制和约束。

2. 战术决策层次

看看决策过程中的下一个层次——战术决策。战术决策主要是在所制定的战略决策基础上，如何在一个具体给定的时期内有效平衡物流和劳动力的供需决策问题。因此，在战术层次上的运营管理问题有：

- 企业需要多少员工？
- 何时需要员工？
- 企业需要加班（指延时）还是增加班次？
- 企业如何保证物料供应？
- 需要怎样的库存策略？
- 这些战术决策又决定了作业计划与控制决策的限制条件。

3. 作业计划与控制决策层次

与前两个决策层次相比，作业计划与控制决策相对来说涉及范围比较窄，时间跨度也比较短。在作业计划与控制决策层次上的运营管理问题有：

- 企业周作业计划或日作业计划（时间跨度甚至更短）如何？
- 安排谁来完成这些作业？
- 先完成哪些作业？

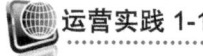
运营实践 1-1

库克的苹果之路：从首席运营官到首席执行官

在美国北卡罗来纳州杜克大学获得企业管理硕士学位的蒂姆·库克（Timothy D. Cook），1998年3月被苹果公司创始人史蒂夫·乔布斯从康柏公司招进苹果，主管苹果电脑制造业务。进入苹果之前，库克曾在IBM公司任职长达12年，负责IBM PC在北美和拉美的制造与分销；此外，他还先后任职智能电子公司分销部首席运营官及康柏公司物料部副总裁，并负责康柏物料采购和产品库存管理。

库克进入苹果那一刻，苹果公司的运营只能用"一团糟"来形容：库存臃肿、运营效率低下，1997财年苹果损失超过10亿美元。库克来了，他关闭了苹果在各地的工厂和仓库，与制造商建立合同制造（contract manufacturing）关系，这一举措让苹果库存在公司资产负债表上停留的时间从几个月迅速缩短至几天。同时，库克指出，对于库存——"你就像在管理乳制品，如果乳制品过了保鲜期，问题就来了！"

出色的运营天赋也让库克在苹果公司的地位稳步上升。2000年，库克开始负责苹果公司的全球销售和运营，包括苹果供应链的端到端管理、销售活动以及全球市场和各个国家的客户服务支持。2005年，乔布斯任命库克为首席运营官（chief operations officer，COO）。2011年8月，苹果公司董事会宣布，任命苹果首席运营官库克为苹果公司的新任首席执行官（chief executive officer，CEO）。2012年4月9日，根据《纽约时报》报道，库克成为美国年薪最高的首席执行官。

资料来源：www.apple.com; http://www.apple.com/pr/bios/tim-cook.html, 2013/7/15.

1.1.2 运营观

1. 运营转换过程的维度

运营作为企业三大主要职能之一，就是通过有效整合组织资源，将投入要素和资源转换为有形产品和无形服务的产出，以满足人们需要和欲望，从而创造附加价值的过程。如图1-2所示，这一转换过程（transformation process）有时也称为技术核（technical core），可以用四个基本维度来描述：客户需求量（volume）、需求多样性（variety）、需求变动性（variation）、客户可见性（visibility），简称为运营转换过程的4V组合。

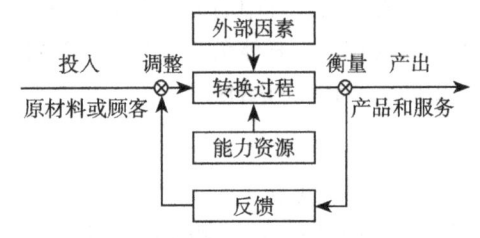

图1-2 运营管理中的转换过程

（1）客户需求量维度。客户需求量大的运营转换过程，可以实现大批量流水生产，也称为重复生产，重复程度高、专业化程度强、系统化程度高、单位成本低，属于资本密集型、转换效率高的运营方式。例如，随着生活节奏加快，像麦当劳、真功夫等许多中外连锁快餐企业采用了大批量流水方式，在中央厨房按照统一的品种规格和质量要求将大批量采购来的原辅材料加工成成品和半成品。尽管如此，其缺点是缺乏柔性，以牺牲需求多样性为代价，无法适应变化愈来愈快的客户需求和激烈的市场竞争。

（2）需求多样性维度。需求多样性高的运营转换过程，可以实现多品种小批量柔性生产，重复程度低、客户定制化程度高、单位成本高，要求运营转换过程具有范围经济性，从而使得运营管理工作复杂化。

（3）需求变动性维度。需求变动性高的运营转换过程，可以实现按订单设计和生产，客户定制化程度高、能力柔性大、能力利用率低、单位成本高。按照客户订单分离点（customer order discoupling point，CODP）的不同可以分成不同类型的运营方式，主要有按订单设计（engineering to order，ETO）、按订单生产（making to order，MTO）、按订单装配（assembly to order，ATO）以及按库存生产（making to stock，MTS）。例如，在今天超强竞争环境下，全球大型家电第一品牌海尔集团虽然每年产品产量非常大，但海尔并不是通过提供标准产品的按库存生产方式，而是采用客户定制化的按订单生产方式，拉近了与客户的距离，来快速地反应客户多样化、个性化、变化频繁的需求，从而牢牢地抓住了全球客户的心。2012年全球家电市场最新调查显示，海尔在大型家电市场的品牌占有率连续四年蝉联全球第一。

（4）客户可见性维度。对于制造型企业，运营转换过程中客户可见性低，因为有形产品的生产和消费可以分离，客户不会在有形产品生产过程中亲自到场，企业可以先生产出有形产品进行库存和市场销售，最后进行消费，客户接触度（degree of customer contact）低，生产能力利用率高，生产系统效率高；而对于服务型企业，运营转换过程中客户可见性高，由于服务的不可分离性，服务却是一定需要客户直接参与，顾客接触度高，服务能力利用率低，服务系统效率低，但客户定制化程度高，客户对服务质量的感知是客户满意度的主要影响因素。

转换过程的投入可以是顾客、原材料，由企业提供的能力资源也是转换过程的组成部分，诸如劳动力、设备、工厂或服务机构等，通过转换过程将投入要素和资源转换为有形产品和无形服务的产出，以满足人们的需要和欲望。每个转换过程都是一个动态过程，将受到在企业管理控制范围之外的外部环境因素的影响。这些外部因素是随机的或者说是不可预测的，如自然灾害、经济周期、政府政策和法规的变化，甚至还包括顾客偏好和品位的变化。外部因素也包括一些虽然可以预测，但是企业很难或根本无法控制的变化，例如季节的交替。

运营管理职能的另一个重要角色是衡量和控制转换过程，包括使用不同方法对转换过程的产出进行监控。这主要从质量和数量两个方面进行，监控的信息作为反馈，可以帮助企业作出必要的调整，以不断改善转换过程。

2. 运营转换过程的类型

一般来说，典型的转换过程有以下几种：

- 物理过程（例如制造业）；
- 位置变化过程（例如交通运输业）；
- 交易过程（例如零售业，包括连锁经营、电子商务等）；
- 存储过程（例如仓储配送业）；
- 生理过程（例如医疗保健业）；
- 信息过程（例如电信业，包括固定电话、移动互联网等）。

当然，这些转换过程不是互斥的。比如说，一家网上商城能够同时：

（1）允许顾客通过分类导航或关键字搜索等方式，在数百万种商品中比较商品价格、质量和客户服务支持（信息过程）；

（2）通过仓储物流中心存储商品快速满足顾客需要（存储过程）；

（3）通过物流配送网络实现高效配送服务，保证快速交货（位置变化过程）；

（4）通过货到付款、货到刷卡、网上支付或者银行转账等多种方式完成支付（交易过程）。

表1-1展示了不同转换过程的"投入–转换–产出"关系。值得注意的是，表中只列出了直接的投入与能力资源，而更为完整的运营系统还包括管理和支持职能。

表1-1　典型运营系统的"投入–转换–产出"之间的关系

运营系统	主要投入	能力资源	主要转换功能	期望产出
医院	病人	医生、护士、药品、医院设施	医疗护理（生理过程）	康复的病人
餐厅	顾客	食物、厨师、服务员、就餐环境	精心烹饪、热诚服务、舒适就餐（物理和交易过程）	满意的顾客
汽车厂	钢板、发动机、零部件	工具、设备和工人	装配和制造汽车（物理过程）	高质量的汽车
大学	学生	教师、教材、教学设施	传授知识和技能（信息过程）	受过教育有素质的人才

(续)

运营系统	主要投入	能力资源	主要转换功能	期望产出
百货商城	顾客	展示、商品的存储、营业员	吸引顾客、促销商品、供应、订货（交易过程）	销售商品，满意的顾客
批发中心	库存单位（SKU）	立体仓库等存储设施设备	存储、分销（存储过程）	随时仓储，快速交货

1.2 运营管理对社会的贡献

虽然并非总是显而易见，运营管理却在社会生活中扮演着非常重要的角色。"民以食为天"——我们食用的食品，甚至享用食品时使用的餐桌餐具、穿着的衣服，以及不管是通过轮船、汽车、火车还是飞机把衣服送到手上的运输服务，甚至包括各种运输工具本身的制造，都离不开运营管理。换句话说，运营管理影响着我们生活的方方面面。

1.2.1 提高生活水平

生活水平提高的一个主要因素是提高生产率水平（生产率的广义定义是将投入有效地转换为产出的程度，这一概念将在第2章详述）。提高生产率就意味着提高了投入资源的有效利用率，可以生产或提供更多更低成本的产品和服务。因而，提高生产率就能为客户赢得更多的可支配收入，从而为提高他们的生活水平作出贡献。从图1-3可以看到，20世纪90年代～21世纪初，在互联网技术和网络经济的推动下，美国的生产率每年都有显著的增长，这也是那10年中人们所看到的美国经济繁荣的主要因素。然而，随着网络经济的神话在2001年破灭，全球经济陷入衰退，美国的生产率每年也都在急剧地下滑，到了2008年遭遇华尔街金融风暴之后，更是与美国经济一起跌入低谷。

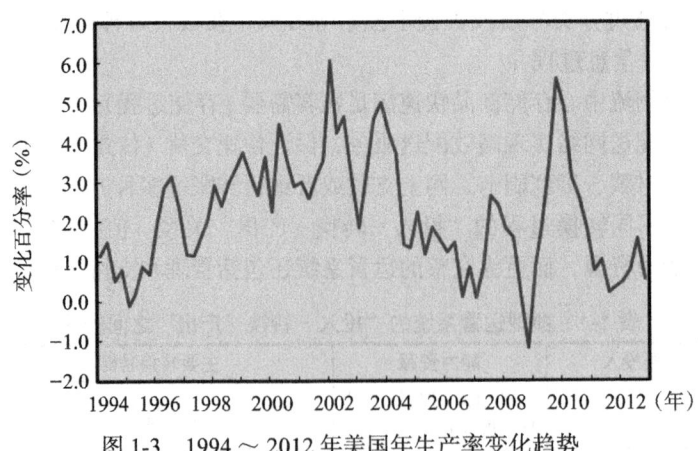

图1-3 1994～2012年美国年生产率变化趋势

资料来源：Economic Report of the President (Washington, DC: United States Government Printing Office, January 2001).

1.2.2 提高产品和服务质量

日益激烈的市场竞争为顾客带来的诸多好处之一是高质量的产品随处可见，产品质量水平不断提高。很多企业推行了将在第 8 章详述的六西格玛质量管理，六西格玛水平标准意味着每百万次机会缺陷不超过 3.4 个。过去这些高质量水平曾被认为不仅是成本异乎寻常得昂贵，而且即使不惜成本，实际上也不可能达到。但现在，这样"零缺陷"的高质量水平不仅被证明非常可行，而且还会降低企业运营成本，改进服务质量，增加顾客价值。美国波士顿福鲁姆咨询公司调查发现，顾客从一家企业转向与之竞争的另一家企业的原因，10 人中有 7 人是因为服务质量问题。

1.2.3 关注生态环境

20 世纪下半叶，环境恶化、产品污染、能源短缺等生态问题骤然升温，全球生态环境保护问题也日益被人们所关注，很多企业开始使用产品生态设计和环保生产制造工艺，生态因素也被纳入了运营管理的范畴，实现可持续发展。例如，丰田公司的绿色能源汽车普锐斯（PRIUS）的许多零部件都采用了可循环利用的材料和易于回收的材料，同时，还特别减少了诸如铅、PVC 等会给生态环境带来沉重负担的材料的使用，尽可能将丰田普锐斯从设计、制造直至报废对生态环境产生的影响都降至最低程度。

全球最大的日用品公司宝洁与供应商合作，将生产卫生巾、纸尿裤检验出的废品进行开发利用。其中高分子材料 AGM，用来生产工业用干燥剂，其余的纸棉材料可用于加工保水型有机肥料，用于水资源较为缺乏的地区。

多元化科技创新企业 3M 公司也是全球环保企业的典范，3M 公司早在 1975 年就率先提出其突破性的 3P 计划，即污染防治投资计划（pollution prevention pays），截至 2012 年年底，3P 计划项目已将 3M 公司的温室气体排放量减少了约 72%，有效阻断了超过 35 亿磅的污染物排放。2013 年 3M 公司获得能源之星®合作伙伴持续卓越奖，3M 公司也是唯一一家连续九次获此殊荣的企业。

运营实践 1-2

未来绿色动力交通之梦

2012 年我国在山西和上海两地启动甲醇汽车试点，而以丰田汽车公司为代表的混合动力汽车和以通用汽车公司为代表的电动汽车却在绿色新能源汽车的技术和标准竞赛中加速快跑。同时，作为汽车发明者，梅赛德斯-奔驰以"唯有最好"（the best or nothing）的企业使命引领汽车未来，为了纪念公司诞生 125 周年，奔驰在德国法兰克福车展发布 F125 氢动力概念车，2012 年在我国广州车展正式发布。奔驰 F125 概念车采用氢动力驱动，电动马达可以输出 231 马力的功率，极速达每小时 220 公里，每百公里加速时间仅为 4.9 秒，每百公里却只需消耗氢 0.79 千克。由于氢是地球大气中无限的天然资源，以氢气为绿色能源，氢动力的代谢产物只是纯净水，不产生一氧化碳和二氧化碳，也没有硫和微粒排出，因而氢动力汽车具有无污染、零排放、储量丰富等特点，是一种真正实现零排放的无污染的未来绿色动力交通工具。

资料来源：www.mercedes-benz.com.cn, 2013/3/30。

1.2.4 改善工作生活质量

企业管理层已认识到了改善员工工作生活质量（quality of work life, QWL）的好处。工作生活质量的改善不仅仅限于工作环境，还包括让员工规划自己的职业发展生涯，鼓励员工通过提出合理化建议的方式，积极参与改进企业的运营，参与企业管理决策。毕竟"水能载舟，亦能覆舟",管理层也已经明白,员工的满意度和顾客的满意度之间有着非常明晰的关联,提高员工工作生活质量不但能直接影响和提高企业生产率,也能间接影响生产率,这一点在劳动密集型服务业中尤为明显。万豪国际集团创始人威拉德·马里奥特(Willard Marriott)就指出:"在服务业,没有满意的员工,就不会有满意的顾客。"

1.3 运营管理的新特征

1.3.1 服务业运营管理的发展

正如表1-2所示,随着一个国家的经济发展,服务业在GDP中所占比重日益提高,逐渐成为许多发达国家的主导产业,美国、日本、英国、法国、德国等发达国家的服务业占GDP的比重超过70%,新兴市场国家的比重要小一些,但也都超过了40%,并呈快速增长态势。特别是印度的软件服务业与信息服务业发展迅猛,服务业在GDP中比重占到65%。在《财富》世界500强中,美国、日本和欧盟三强拥有世界500强企业数量的比重由2001年的86%下降到了2012年的70%,而中国、印度、巴西、俄罗斯等金砖四国拥有世界500强企业数量在过去的10年却迅速增加。根据费希尔-克拉克(Fisher-Clark)假说,随着某一产业生产能力的增加,劳动力自然就会转向另一个领域。从图1-4中所示美国历年服务业的增长情况来看,自进入21世纪以来美国服务业就业人数占总就业人数的百分比都超过了80%,并且一直在稳步上升。随着服务业的发展,越来越多的人认识到尽管服务业与制造业的运营管理存在许多不同之处,但还存在着许多共性,因此,运营管理可以扩展到服务业,以处理与服务业相关的运营管理问题。

表 1-2

a) 不同国家服务业在GDP中所占的比重	
国家	服务业在GDP中所占的比重(%)
发达国家(工业化国家)	
美国	80
法国	80
英国	78
德国	71
日本	71
金砖国家(新兴市场国家)	
巴西	67
印度	65
俄罗斯	58
中国	44

资料来源:The World Factbook 2013, Central Intelligence Agency, Washington, DC.

b) 不同国家在《财富》世界500强企业中所占的比重(%)		
国家	2001年	2012年
发达国家(工业化国家)		
美国	36.8	26.4
法国	7.4	6.4

(续)

国家	2001年	2012年
英国	7.2	5.2
德国	6.8	6.4
日本	20.8	13.6
金砖国家（新兴市场国家）		
巴西	0.6	1.6
印度	0.2	1.6
俄罗斯	0.4	1.4
中国	2.4	14.6

资料来源：The Fortune Global 500, http://money.cnn.com/magazines/fortune/fortune500/, 2013-03-09.

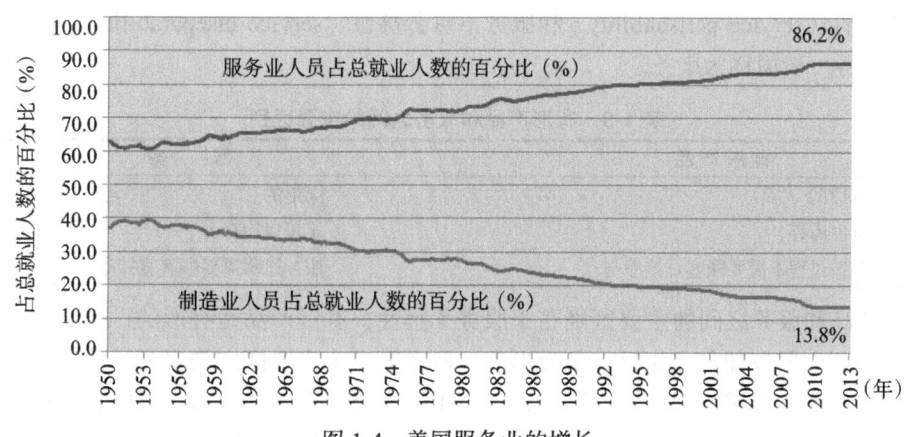

图1-4 美国服务业的增长

资料来源：U.S. Bureau of Labor Statistics（BLS）：Current Employment Statistics, March 2013.

哈佛商学院的西奥多·莱维特（Theodore Levitt）在其《应用于服务业的生产线法》一文中，第一次把已在产品制造中得到发展完善的运营管理理念应用到服务业中。西奥多·莱维特观察到运营管理理念在服务业中是很容易找到用武之地的，例如以麦当劳为代表的快餐连锁业（麦当劳快餐店每批制作12个用来做汉堡包的小圆面包），又例如红花日本料理（Benihana）在东京的餐馆中（每8位客人被并为一组来提供服务，以提高服务效率）大展身手。由道格拉斯等人合著的《服务中的准时制生产：应用现状和发展趋势的研究》一文，展示了"准时制生产"（JIT）理念在服务业中的广泛应用，例如北方电信公司（Northern Telecom）的客户服务中心，以及沃尔玛的零售配送中的自动补货系统，实际上就是一个拉动型的系统。2003年斯旺克的《从精益生产到精益服务》一文则印证了服务型企业借鉴"精益思想"的力量。例如美国JPF保险公司应用了七种精益生产的设计方法，彻底改造示范单元运营系统的成本、质量和速度衡量体系，取得良好效果后，迅速把"精益服务"体系推广到整个新业务部门，结果新业务部的整个保单处理周期平均缩短了一半的时间，人工成本减少了26%，由于失误引起的保单重新发放率也减少了40%。仅仅两年内，就实现了公司核心业务——个人寿险的新保单年费收入猛增了60%。随着"精益服务"体系在整个企业推广，其他部门也获得了显著的效果。2012年莱斯（Eric Ries）在《精益创业》一文中，同样源于"精益生产"的理念,将精益创业提炼为一个反馈循环:想法-开发-测量-认知-新的想法。精益创业的第一步是把想法变为产品,而且这时开发的产品是精简的原型,投入最小的金钱和精力开发出体现核心价值的产品,不要在细枝末节上耗费过多精力。当极简功能的产品得到用户认可后,创业者需要把控局势,在不断的反馈和循环中测试产品,快速作出调整和改变,迭代优化产品,挖掘用户需求,达到爆发式增长。新创企业必须在消耗完启动资金之前,以最小成本在最短时间里找到有价值的认知。

1. 服务与产品的差异

从运营管理角度来定义,产品(product)是指对运营系统将投入要素和资源转换为产出的总称,以满足人们的需要和欲望。产品又可以分为两种形式:有形产品(goods)和无形服务(service)。尽管如此,一般在习惯上提到产品总是单指有形产品而言。如表1-3所示,有形产品和无形服务之间的主要差异在于服务的三个基本特性:服务无形性(service intangibility)、服务易消逝性(service perishability)和服务不可分离性(service inseparability),值得注意的是,无形服务一般简称为服务。

表1-3 有形产品和服务之间的主要区别

有形产品	服 务
有形的	无形的
可以库存	不可以库存
制造过程不需要顾客直接参与	服务过程需要顾客直接参与

有形产品和服务之间的主要区别在于服务无形性,有形产品是有形的,是"掉在脚上会疼"的东西,而服务却与之相反,是无形的。两者第二个主要区别是服务易消逝性,有形产品是可以库存的,但服务却不能。譬如,您买了一本书或者一些食品,可以暂时存放起来以后再享用,但服务却无法暂时存放。服务不能延期异地享用,如果某晚酒店的客房无人入住,或者预定航班的机票在起飞前仍未售出,抑或是租车公司的车辆某日无人租用,那么当时赢利的机会就丧失了(如果航空公司可以把飞机上的空余座位库存起来用于假日高峰期,那该有多好啊!)。有形产品与服务之间的第三个显著区别是服务不可分离性,顾客不会在有形产品制造过程中亲自到场,但服务一定需要顾客直接参与。比如,为了买车你不会去汽车装配车间,但若是要去理发,想做到本人不出现在理发厅或美发沙龙却是很难的;或者想做体检时本人却不能在医院也是很难想象的。

不管怎样,随着科学技术的不断进步和经济的不断发展,服务业和制造业之间的界限越来越模糊了,在现今的社会生活中,大多数产品都包含着有形产品和无形服务两种形式。如图1-5a所示,一家企业要获得成功,就必须把有形产品和无形服务融于一体,而不是像过去那样从有形产品和无形服务两个独立的角度去看待企业的运营管理问题。因此,在本书中,如果没有特别声明,所提到的产品概念指的是包含着有形产品和无形服务两种形式,而不单单指有形产品而言。

2. 服务化战略

无论是制造型企业还是服务型企业,企业运营战略的基本目标就是实现为客户提供的产品和服务的最大化增值。处于供应链中游的有形产品制造环节容易被模仿,有形产品总是趋于同质化,所增加的附加价值最低,而处于供应链上下游的无形服务环节,尤其是研发、设计、营销、售后支持等无形服务不宜模仿,能够获得较长时期的服务差异化优势,建立较持久的核心竞争力,所增加的附加价值也较高。如图 1-5b 所示,整个供应链的附加价值流图正像宏碁（Acer）总裁施正荣所形容的微笑曲线。对于一般制造业而言,生产加工所创造的有形产品价值约占供应链整体价值的 1/3,而无形服务所创造的价值约占 2/3。随着产业的技术密集程度增加,其供应链的附加价值流曲线的位置越高而曲线的弯曲度也越大。

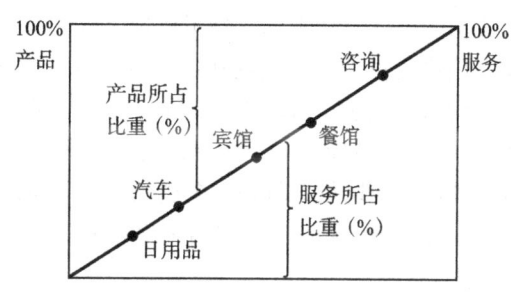

a) 大多数产品包含有形产品和无形服务两种形式

制造型企业的服务化战略即是实现整个供应链以有形产品制造环节为起点,向研发、设计、营销、售后支持等无形服务环节延伸。大方无隅,大象无形,通过制造与服务融合战略,不断创造新的差异化优势,实现客户利益组合的增值,企业才能在超竞争环境中获取持久竞争优势。例如,美国汽车巨头通用汽车公司和福特汽车公司,就延伸到汽车金融服务领域,向汽车购买者提供金融服务,为汽车购车者提供优惠利率消费贷款,同时也刺激了汽车市场销售。

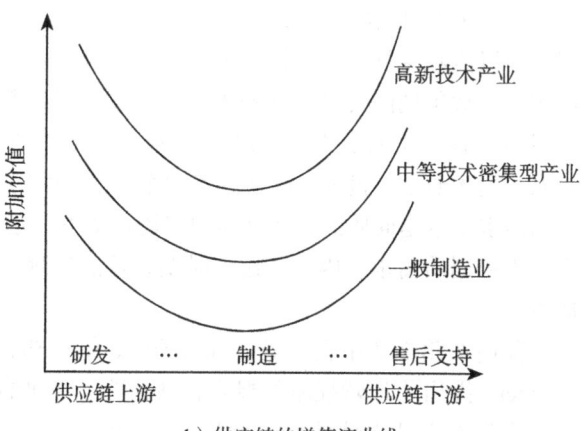

b) 供应链的增值流曲线

图 1-5

1.3.2 全面质量管理和服务质量的发展

运营管理的另一部分关键内容就是质量。20 世纪 80 年代末～20 世纪 90 年代初提出的全面质量管理（total quality management, TQM）包括六西格玛质量管理,让成功的企业认识到质量已不再仅限于运营管理部门范围内,而已成为整个企业的所有职能部门工作的重中之重。马尔科姆·鲍德里奇国家质量奖、EFQM 卓越奖和日本戴明奖等世界三大质量奖进一步推动了世界质量运动和企业质量创新。

制造业和服务业的运营管理的融合同样也扩展了质量内涵。服务质量（即由顾客从可靠性、响应性、保证性、移情性和有形性等五个维度形成的预期服务水平与感知服务水平之间的差距来衡量）同样重要。当今管理者面临的主要挑战就是如何从有形产品质量与服务质量两方面更加全面地满足客户的需求。根据汉普顿酒店统计,在不满意的顾客身上每花费 1 美元将获得 8 美元的回报。基于以上的原因,如今的管理者已认识到应该全面地提升他们业务各个方面的质量,以提高客户满意度和忠诚度。例如,丽思·卡尔顿酒店（Ritz-Carlton）就通过其黄金标准服务使宾客得到真诚关怀和舒适款待以及难忘的酒店体验,从而使得丽思·卡尔顿成为历史上第一家也是唯一一家两度获得马尔科姆·鲍德里奇国家质量奖的服务型企业。

1.3.3 运营管理理念向其他职能领域的扩展

成功的企业已认识到，除了质量之外，其他广泛应用于运营职能部门的运营管理工具和理念，同样也可以用于企业其他职能部门，如营销、财务和会计部门。譬如，用来帮助员工理解将投入要素和资源转换为有形产品和无形服务的产出过程的主要工具过程分析（process analysis），就可以应用于企业内任何一种业务过程分析（将在第 5 章详细介绍）。例如，人力资源管理部门招聘员工就是一个过程，类似地，工程部门设计新产品或市场部门推广新产品，以及会计部门准备和邮寄发票给客户都是一个过程。

1.3.4 运营管理的新范式

第二次世界大战（以下简称"二战"）后的许多年来，美国成为了世界制造业的领袖。美国之所以能够主导着世界制造业，原因不外乎：①曾为战争而扩大的生产能力，战后即转为民用；②战争期间受到压抑的人民购买欲望得以释放；③世界上其他主要工业国家的制造业被战争摧毁。正如汤姆·彼得斯（Tom Peters）所言："1946～1973 年，你不可能搞垮任何一家名列《财富》世界 500 强的美国企业。"由于这一时期的需求明显超过了生产能力，而且市场需求基本是同质的，在这样的市场环境下，运营职能需要做的只是被动地重复大量产出，满足大量同质需求。因此，这一时期企业总经理常告诫运营经理，要把精力集中在控制生产成本上。

我们在第 2 章中会看到，20 世纪 70 年代初，哈佛商学院的维克曼·斯金纳（Wickam Skinner）提出了运营战略的概念，他认为运营职能不应仅是只对市场环境作出被动的反应，而应在发展企业总体战略中承担一定的前瞻性角色。换句话说，斯金纳认为运营职能的实质在于通过创造效用而增加企业的产品的附加价值（即通过客户愿意购买行为实现产品的增值）。他提出的运营战略建议企业在竞争中除了在成本上下工夫外，还要注意其他一些因素来提高利润率。这些因素包括质量、交货速度和运营过程的柔性，所有这些因素都能通过各自的方式为最终产品增值。因此，斯金纳提出运营战略的概念形成了一个令人耳目一新的运营管理的新范式。

1.4 运营管理的动态环境

随着企业运营环境日趋动态多变，运营管理也在不断的发展变化着。由于全球化竞争的日趋激烈和科学技术的不断发展，使得企业之间的竞争开始变成企业所在的供应链之间的竞争。企业的运营管理需要与供应链的上下游，特别是客户和供应商紧密合作。

1.4.1 激烈的全球化竞争

全球经济一体化的加快使得我们的世界正在转变成为一个共同的"地球村"（global village）或"地球家园"（global landscape）。过去那些由地方或国家企业垄断的市场，在面对来自全球任何地方的全球化竞争时会非常脆弱。如图 1-6a 所示，1978 年以来世界各个主要国家货物出口总额都在不断地增长，其中中国货物出口总额从 1978 年的 99.5 亿美元增加到 2012 年的 20 489 亿美元，增长了 200 多倍；进口总额从 1978 年的 111.3 亿美元增加到 2012 年的 18 178 亿美元，增长了 160 多倍。一旦企业要开拓海外市场，就很有必要扩展运营管理职能，以更加国际化的眼光去看待市场，以保持企业的竞争力。要在全球化竞争市场中生存并获得成功，企业就一定要具备超越竞争对手的竞争能力因素，这已经成为公认的竞争规则。随着经济全球化的形成，企业的运营已不再受到产品及产品组件的具体生产地或供应地的限制。如图 1-6b 所示，福特公司福特小黑豹车就是在欧洲两处工厂（英国、德国）装配的，而零部件则在 15 个国家进行全球生产。这种全球化的趋势强调了物流管理，这涉及在何处设厂及原材料配送运输等一系列相关问题，详细内容将在第 3 章中介绍。

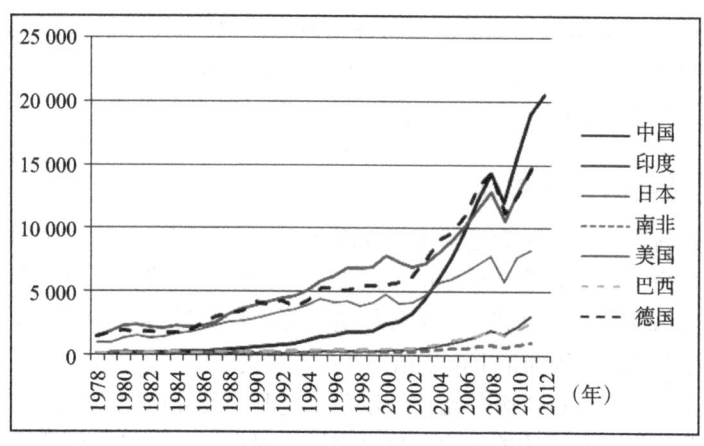

a）1978 年以来世界主要国家货物出口总额（单位：亿美元）

资料来源：根据世界贸易组织数据库数据整理而得，2013/07/19。

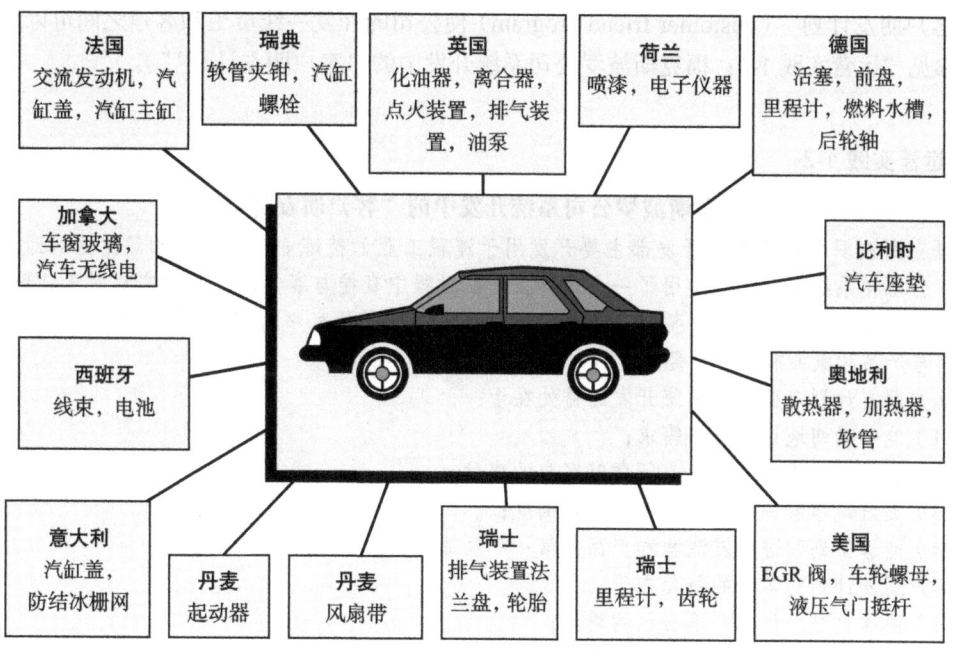

b）福特公司福特小黑豹车的全球生产支持网络

图 1-6

资料来源：From Joseph E. Stiglitz, Principles of Micro-economics, 2nd ed.（New York: W. W. Norton and Company, 1997），p.58. Reprinted with permission.

1.4.2 技术的发展

最近几年来，移动互联网、云计算、大数据等新兴技术的不断发展对运营管理也产生了深远的影响，使得企业可以收集到顾客的详细信息，从而得以实现大规模定制产品来满足不同顾客的不同需要。以 B2B 模式（business-to-business）为主要代表的电子商务中，客户可以迅速找到出价最低的供应商。电子邮件和手机终端的广泛使用使企业可以快速联系到供应商、客户和其他各个运营过程的合作伙伴。同时，自动化和数字化技术应用的增加同样使得企业可以进一步提升产品质量和服务质量，而高科技 3D 打印技术无需机械加工或模具，就能直接从计算机图形数据中生成任何形状的物体，从而大大地缩短了新产品开发研制周期，提高了生产率，降低了产品生命周期成本，甚至有可能颠覆传统制造技术。

1.4.3 运营管理与供应链管理

过去，大多数制造型企业认为运营职能仅限于企业内部范围，很少管理其供应链，而与企业外部环境的联系，通过其他企业职能部门即可。比如市场营销部门负责签订订单，采购部门负责选择供应商和供应原材料，财务部门负责筹措购买设备的资金，人力资源部门负责劳动力的提供，而产品的交货则是由市场销售部门负责的。

然而，将企业的生产流程或服务流程的运营与企业外部环境完全隔离起来会产生很多劣势。一是将使运营部门与其他职能部门的信息交流变得迟钝，这必将导致生产流程或服务流程失去柔性；二是对于高科技产品而言，在解决产品技术问题时，在生产过程或服务过程中与客户保持沟通是非常重要的。福克斯波罗公司（Foxboro Co.）就是一个很好的例子，公司的"客户朋友计划"（customer friend program）使公司的开发一线员工和客户之间可以直接交互（参见"运营实践 1-3：福克斯波罗公司系统开发中的'客户朋友计划'"）。

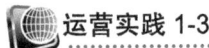 运营实践 1-3

福克斯波罗公司系统开发中的"客户朋友计划"

福克斯波罗公司的系统开发部主要开发用于流程工业如精炼业、化工业和酿造业的过程控制系统。公司在系统开发中，运用了一个需要在开发过程中直接与客户联系的"客户朋友计划"。该计划免费为公司的每一位客户提供一位专门的联系人或者说是客户的"朋友"，专门负责为客户解决任何与产品和服务有关的问题。

客户朋友计划对公司的系统开发的益处在于：

（1）能够确切地识别客户需求；

（2）能够亲身感受产品发生问题时客户的感受；

（3）更好地理解一线开发对客户的影响度；

（4）能够得到改进开发流程和产品的第一手反馈资料。

客户朋友计划对客户的益处在于：

（1）能够更进一步地明确自己的需求；

（2）在问题发生时，能够迅速得到解决；

（3）企业为客户提供的专门人员（即客户的朋友），为客户满意提供了个人担保；

（4）能够直接与开发过程建立联系，并及时对问题产品作出分析；

（5）提供提出新建议和合理化建议的渠道。

福克斯波罗公司的客户朋友计划是主动的，而不是被动的。依据客户的需求和愿望，公司提供的"客户的朋友"为客户提供了个人担保，使客户能享受四周的产品试用期，以确保其顺利运行。许多这样的"客户－朋友"关系长期地维持着，例如，福克斯波罗公司的一位客户关系经理雷·韦伯（Ray Webb），就同密西西比的 Ergon 精炼公司有着长达五年的联系。

资料来源：Special thanks to Ray Webb, Systems Manufacturing Operation, The Foxboro Company.

越来越多的企业已认识到，开放企业生产流程和服务流程会给企业带来竞争优势。绿色巨人公司确信，他们生产的绿色食品能够成功地进入日本市场，一个重要的因素就是他们为日本经销商提供了对其生产现场的参观活动。与其相似，提供邮寄处方单服务的国家药方服务公司（National Rx Services）也通过邀请保险公司和卫生维护组织（Health Maintenance Organization，HMO）人员参观公司的处方开具过程，从而使公司能够保证提供高质量的处方服务。

同时，许多企业正在不断地加强与供应商的紧密联系。例如，丰田公司让供应商直接把零部件运送至丰田的生产车间，从根本上取消了仓库存在的必要。得州仪器公司则鼓励供应商自行给公司补货，而无须公司发出相应的采购单，并且每次交货也无须进货验货报告。

这种与供应商和顾客紧密协作的运营转换过程通常被称为产品的价值链（value chain）。价值链可以定义为不受地域差异影响的，由能够实现产品增值的各个环节（职能活动）组成的一个整体的运营系统。价值链的目的是消除运营过程中所有非增值的环节（例如检验环节和库存环节），因此，这就取决于依赖于价值链上能够实现产品增值各个环节的相互协调的程度。运营过程与其支持环节及其他增值环节之间的关系，如图 1-7 所示。

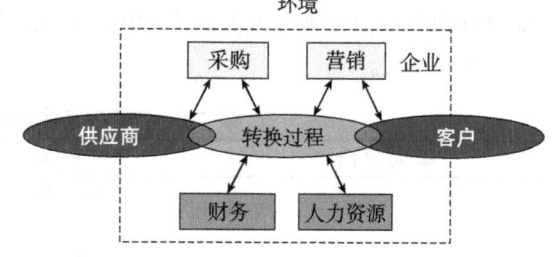

图 1-7 价值链及其支持职能活动

有效的价值链必须综合考虑供应链各环节的相互协调作用，从而让原先独立工作的各个职能部门之间的边界开始变得模糊起来。近期出现的"虚拟企业"（virtual enterprise）概念，就是由相互合作的企业全面整合成一个没有固定边界的动态组织。在这种新的组织方式中，通常很难判定哪一家企业将离开动态组织或者又有哪一家企业将加入动态组织。例如，美国联邦快递（FedEx）就只有几个员工在美国缅因州福瑞波特总部的邮件分递中心从事全职工作，而其全球快递业务主要依靠遍布全球的合作伙伴来支持。

1.4.4 运营管理中的事业发展机会

运营管理这一领域给学生提供了很多的职业发展机会，可以从事制造业与服务业的过程分析、质量、库存、供应链等管理工作。表 1-4 列出了企业不同管理层次上的运营管理职位。

表 1-4 不同管理层次上运营管理职位

管理层次	制造型企业	服务型企业
高层	生产副总经理 （负责生产）	运营副总经理（航空公司） 副院长（医院）
中层	厂长 项目经理	店长（百货公司） 公司总经理（批发公司、经销公司）

(续)

管理层次	制造型企业	服务型企业
低层	部门主管 领班 班组长	分行经理（银行） 部门主管（保险公司） 助理经理（宾馆酒店）
员工	生产控制员 物料管理员 质量管理员 采购员 工作方法分析员 工艺工程师	系统和程序分析员 采购员 质检员 营养师（宾馆酒店） 客户服务代表

运营管理是商学院学生的必修课，不仅因为运营管理研究的是产品和服务是如何被创造出来的问题，而且因为运营管理的许多理念在企业的其他职能部门也有直接的应用。从表1-5中可以看出，企业的每一个职能部门都有相应的业务流程，因此，运用运营管理工具和技术，可以不断地改进这些职能部门的业务流程。表1-5显示出每一个职能部门都与运营管理部门有着一定的关联，因此，即使从事其他职能部门的工作，也非常有必要掌握运营管理的基本理念。随着近年来运营管理的新理论、新方法的不断出现，运营管理人才特别是JIT、ERP、供应链管理和物流管理等方面的人才供不应求，因此，运营管理这一领域给学生提供了广阔的事业发展空间。

表1-5　OM在其他职能部门的直接应用

职能部门	业务流程	OM的直接应用
会计	资产评估 财务报告	现有库存 员工和材料成本
财务	投资分析 现金流管理	能力利用率 自制/外购决策
市场	新产品导入市场 客户订单	新流程需求 交货期
人力资源	员工招聘 培训	职位描述 员工技能要求
管理信息系统	软件评估 硬件需求分析	数据需求 最终需求

1.4.5　运营管理中的离岸外包与回岸趋势

20世纪90年代中期以后，随着互联网技术的迅猛发展，全球经济一体化的飞速推进，跨国公司纷纷将非核心业务通过离岸外包（outsourcing offshore），利用发展中国家的低成本优势将生产和服务外包到海外发展中国家。与外商直接投资（foreign direct investment，FDI）相比，由于离岸外包更具有强化核心能力、扩大经济规模、降低成本、快速进入海外市场等优势，越来越多的跨国公司将离岸外包作为国际化的重要战略选择。同时，诸如东南亚的中国和印度、东欧的匈牙利和波兰等发展中国家的企业，也纷纷通过承接离岸外包方式融入全球价值链。在中国，离岸外包又被称为国际代工，国际代工又进一步分为OEM、ODM和OBM不同方式。

OEM（original equipment manufacturing），简称"代工生产"或"贴牌生产"，其基本含

义是指掌握关键核心技术的委托方（离岸外包商）自己负责设计和开发新产品，控制产品销售渠道，而原始设备制造商 OEM 作为委托受托方（代工商）生产制造产品，再贴上品牌商标自行再加工或销售。例如，耐克（NIKE），其年销售收入高达 20 亿美元，却没有一家生产工厂，只专注研究、设计及营销，其国际代工产品全部采用 OEM 方式。

ODM（original design manufacturing），即原始设计制造商作为委托受托方（代工商）拥有设计能力和技术水平，基于委托方（离岸外包商）授权合同自主设计并生产产品，再把成品出售给委托方并贴上委托方品牌。在国际代工中，ODM 是一种较高级的代工方式，ODM 产品知识产权若没有被委托方买断，代工商有权再生产，只要不加委托方标识即可。

OBM（original brand manufacturing），即原始品牌制造商作为委托方（离岸外包商）拥有自有品牌，参与国际竞争。OBM 占据全球价值链的全部环节，随着离岸外包的兴起，很多 OBM 企业将制造乃至产品设计、技术研发、售后支持等附加值较低的中间环节以及风险较高环节委托给 OEM 企业或 ODM 企业，而 OBM 企业自身主要占据全球价值链的市场研究、渠道、销售、客户服务等附加价值较高环节。

随着离岸劳动力成本和运输费用逐年上涨，2012 年 2 月，波士顿咨询公司（BCG）调查了 106 家年销售收入不低于 10 亿美元的跨国公司，发现其中 37% 的跨国公司打算回岸（reshoring）或正在积极考虑回岸策略。惠而浦就已经将离岸外包给中国六年之后的工厂迁回位于美国俄亥俄州格林威尔市的工厂。自 2012 年 3 月起，消费品巨头佳顿撤回了位于番禺的工厂，工程机械制造商卡特彼勒、汽车巨头福特公司也纷纷从中国多家代工厂撤回美国本土生产。根据美国麻省理工学院供应链管理专家大卫·辛奇-利维（David Simchi-Levi）对 108 家总部位于美国的跨国公司最新调查显示，有 14% 的跨国公司明确打算将部分离岸外包制造企业迁回美国本土，1/3 的跨国公司表示正在考虑为回岸采取措施。

1.5 运营管理的发展历史

1.5.1 1900 年之前的发展

直到 18 世纪末，农业一直都是世界各国的主导产业。当时的制造业还是手工作坊式，产品通常是由当了多年学徒去学习制造产品技能的工匠们手工定制的，制造出来的产品没有任何两件是一模一样的，而且效率低下，对手艺的要求很高。因此，为了制造出更多的产品，一般是通过产品交易或建立行业协会为学徒们提供学习制造技能和提高手艺的机会。

这种手工作坊式生产方式直到 19 世纪初才发生了变化，1765 年，詹姆斯·瓦特（James Watt）在英国发明了蒸汽机，武装了人类，为制造业提供了机械动力，推动了制造业的发展。1801 年，艾利·惠特尼（Eli Whitney）向托马斯·杰斐逊（Thomas Jefferson）总统介绍了部件标准化原理，演示了在一堆具有互换性的零部件中任意选择零部件组装成步枪，并当场成功开火（而在此之前，每一支步枪都需用定制的零部件手工制造而成）。19 世纪中叶，机械作坊逐渐替代了手工作坊。尽管如此，在很大程度上，这种机械作坊式的单件生产方式仍然只是一种生产艺术，而不是一种管理科学。

1.5.2 科学管理

这种情况在 20 世纪初科学管理出现时才被完全改变了。尽管自人类文明开始以来，运营管理就出现了，但是科学管理才是第一次系统研究生产运营管理理论的历史里程碑。它的提出者是"科学管理之父"弗雷德里克 W. 泰勒（Frederick W. Taylor），一个富有创造精神的工程师及对组织活动有深入了解的观察家，是他百折不挠地提倡在管理中运用科学，是他以坚定的信念悄悄引发了人们对科学管理的信仰，永远地改变了人们对管理的看法。

泰勒思想的精髓在于：①利用科学管理原理确定工人一天的劳动定额；②管理者的职能就是发现这些原理并将其应用在生产系统的运营中；③工人的职责就是要毫无怨言地完成经理的意愿。泰勒的思想并没有被与他同时代的所有人接受。相反，出于某种原因，一些工会反而害怕和憎恨科学管理。很多情况下，尽管那时的经理们很快地接受了泰勒哲学的方法，如时间研究和激励原理等方法，但是他们忽略了对其工作进行组织和设定标准的责任。在许多企业中，工人只是被当作和厂房、设备一样的可被替换的"活机器"。

现在，泰勒的观点在日本已经被广泛接受。《动作简化的秘密》（*The Secret of Saving Lost Motion*）一书被翻译成日文并售出 200 多万册。直到今天，日本的生产管理方法仍带有浓厚的泰勒主义遗风。

与泰勒同时代的还有弗兰克·吉尔布雷斯（Frank Gilbreth）、莉莲·吉尔布雷斯（Lillian Gilbreth）和亨利·甘特（Henry L.Gantt）。对他们所做的工作，管理专家是有口皆碑的。但人们不知道，泰勒作为一个虔诚的辉格派（Quaker）教徒，为了要与工人沟通竟向粗俗的工头学习"如何骂人"；在弗兰克·吉尔布雷斯与砖瓦工冠军的砌砖比赛中，他应用自己研究的动作原理赢得了胜利；此外，第一次世界大战（以下简称"一战"）期间，鉴于甘特图在船舶工业的应用而作出的贡献，甘特赢得了总统勋章。

1.5.3　流水装配线

1913 年开始的机器时代最重大的技术革新就是福特汽车公司在汽车制造中应用流水装配线进行生产（据说，亨利·福特（Henry Ford）是从观察瑞士钟表装配线得到流水线的启示的）。在福特以后，大规模生产几乎变成了流水装配线生产的同义词。1908 年，福特推出了著名的 T 型车，开始销售价格为 850 美元。通过聚焦于单一车型进行的持续改进以及将海兰公园工厂的大规模生产推动到极致，20 世纪 20 年代福特将 T 型车价格降到 290 美元。

福特有句著名的话："顾客可以选择任何一种颜色的 T 型车，只要它是黑色的。"那为什么 T 型车是黑色的呢？因为黑色颜料干得最快。1913 年 8 月，也就是流水装配线引入之前，一个工人完成一辆汽车底盘的装配要用 12.5 个小时。8 月之后，即流水装配线建成之后，由于应用了专业分工和底盘可以自动移动，每个底盘的平均装配时间缩短为 93 分钟。这项突破性的技术同科学管理一起，是专业分工研究的典型，今天仍在制造业和服务业普遍适用。

到 20 世纪 20 年代末，福特汽车公司掌握了美国 2/3 的汽车市场，大量的市场需求让福特自豪地宣布："我们的成品库存都像流水一样在不停地流动着，而且原材料库存也如此。"福特将铁矿石从矿井里采出来，然后生产出一辆汽车只要 81 个小时，即使算上铁矿石在冬天的储存和其他库存的存放，平均周期时间也不会超过 5 天。难怪准时制生产（just-in-time, JIT）方式创始者大野耐一（我们将在第 4 章中进行讨论）也毫不掩饰地宣称自己是福特的崇拜者。

1.5.4　霍桑实验

从泰勒时代到 20 世纪 40 年代，数学和统计学的发展对运营管理的发展起了支配作用。

但是霍桑实验却是一个反例。20世纪20年代末~20世纪30年代，社会学家梅奥（Elton Mayo）领导了由哈佛工商管理研究生院组织的研究小组进行实验，实验是在西屋电气公司的伊利诺伊州芝加哥霍桑工厂进行的，设计实验的目的是研究工作环境和工作条件的改变对装配线工人的生产率的影响。然而，罗斯利斯伯格（F. J. Roethlisberger）和狄克逊（W. J. Dickson）在《管理与工人》（1939）中公布了令人吃惊的研究结果，从而激发了社会学家和"传统"的科学管理研究者的共同兴趣。举例来说，研究者吃惊地发现，实际改变照明条件对产出的影响远不如只告知工人将要改变照明条件所带来的影响大。减少照明反而会增加产量，这是因为工人们感到有责任为保持自己工作小组的高产量而努力。这些发现对工作设计和激励理论的发展影响深远，因此，后来许多企业都建立了人力资源管理和人际关系部门。

1.5.5 运筹学

二战期间，为了解决后勤组织和武器系统设计的复杂问题所做的工作，促使运筹学向跨学科的数学化方向发展，包括数学、心理学和经济学领域在内的研究者都参与到运筹学的研究中。他们组织起来，用定量的方法构造和分析问题，寻求数学意义上的最优解。如前所述，运筹学或管理科学不仅为商业行为，也对运营管理提供了许多定量分析工具。

1.5.6 运营管理作为一门学科出现

20世纪50年代末和20世纪60年代初，针对工业工程和运筹学领域的研究，专家们开始专门处理运营管理的问题了。作家爱德华·鲍曼（Edward Bowman）、罗伯特·费特（Robert Fetter）[⊖]和埃尔伍德S. 伯法（Elwood S. Buffa）[⊖]注意到生产系统面临的问题具有普遍性，因而要强调视生产为一个系统的重要性。如今，不论是营利性还是非营利性组织，不论是公有还是私营企业，不论是制造业还是服务业，运营管理已经成为各种企业中一个真正的主要职能领域。

1.5.7 运营管理与信息网络技术的有机结合

20世纪60年代中期开始，随着计算机信息技术的发展，使得短时间内对大量数据的复杂运算成为可能，为弥补传统订货点法的缺陷，1975年美国运营管理专家奥利基（Joseph Orlicky）出版了《物料需求计划》（*Material Requirements Planning, MRP*），提出了MRP思想，解决了企业生产计划与控制问题，使企业能够迅速地调整生产计划和库存控制以适应最终产品需求的变化。

20世纪80年代到90年代中期，在MRP的基础上，进一步发展成制造资源计划（manufacturing resource planning，MRPII）和企业资源计划（enterprise resource planning，ERP），解决了企业业务流程一体化管理问题，其管理范围不仅仅局限于运营管理，而且还扩展到销售、财务、人力资本管理等。

进入21世纪以来，随着互联网和电子商务的发展，迎来了云管理时代的ERP，打破了国家与地区有形无形的壁垒，让企业从传统的注重内部资源管理利用转向注重外部资源管理利

⊖ 著有《生产与运营管理分析》（1957年）。

⊖ 著有《现代生产管理》（1961年）。

用，从企业内的业务流程一体化转向企业间的业务协同，其管理范围也延伸到网上采购、网上销售、在线资金支付、供应链物流管理等。

1.5.8 精益思想

20世纪七八十年代，当美国企业致力于MRP运动时，一种前所未有的生产方式正在日本产生和发展，这就是日本丰田汽车公司首创的准时制生产，即只在客户需要时，才按需要的量生产所需的产品，并且通过持续改善JIT生产系统，消除浪费，力争"一次就做好"（do it right the first time），追求尽善尽美的目标：①零缺陷；②零过量，也即单件流（one-piece flow）；③零切换调整准备时间；④零故障；⑤零搬运；⑥零提前期以及⑦零波动。

20世纪七八十年代的两次石油危机之后，20世纪90年代因美国汽车的衰落与日本汽车的振兴，让日本丰田生产方式不断演变为精益生产方式（lean production）。直至精益思想（lean thinking）受世人所瞩目，精益思想开始被广泛关注和研究，至今已经广泛渗透到全世界许多制造型企业和服务型企业。

1.5.9 供应链战略与全球化运营

随着互联网的持续发展和快速普及，全球电子商务和移动商务的广泛应用，给企业带来了以创新和动态变化为特征的超强竞争环境。今天的任何一个顾客，无论在家里、在办公室、在路上……，都可以随时随地通过全球电子商务和移动商务，弹指之间从世界每个角落在线购买产品，这就大大加剧了企业动态竞争，迫使企业寻找新的竞争优势，把企业资源集中在核心竞争力上。同时，随着全球物流速度，特别是运输与配送速度不断地提高，现在的企业有能力将其供应链延伸到全球任何角落。

1.5.10 可持续性战略与社会责任型运营

在全球气候变暖、自然资源日益短缺、全球主权债务危机笼罩、自然灾害肆虐的发展环境下，要求企业承担更多的社会和环境方面的责任，企业再不能单纯地追求利润底线，而是要坚持三重底线（triple bottom line，3BL）原则，即企业盈余（economic prosperity）、环境保护（environment stewardship）和社会责任（social responsibility）三者的协调统一，实现可持续性战略发展。运营管理的基本问题是实现供需平衡。可持续性战略下的社会责任型运营是指企业在供需平衡管理中为了满足其客户需求，必须坚持三重底线原则，选择以不破坏用于支持现在和未来人类赖以生存和发展的生态系统的运营方式。例如，随着个人电脑的产品生命周期不断缩短，废弃电脑的回收问题越来越严重，若以掩埋方式处理废弃电脑，其零件中的铅、镉、汞、聚氯乙烯等有毒物质容易释出并污染土壤和水，而采用焚化方式处理废弃电脑，又会排放出多种毒性极强的气体，造成严重的空气污染。所幸的是废弃电脑中有90%的零件材料可回收，虽然目前回收率相对较低，作为行业领导者戴尔公司已成为业内全球第一家也是唯一一家面向全世界的消费者免费回收个人电脑的企业。

◼ 本章小结

运营管理已被认为是所有企业的核心职能部门。运营管理已不再被当作服务于财务和市场营销的辅助部门，而已成为企业的三大主要职能（营销、财务和运营）之一。如果企业没有意识到运营管理部门对企业的重要作用，那就会丧失获利能力和市场份额。运营管理过去扮演的角色仅仅是将精力集中在使成本最小化，现在已经被主动为企业的产品和服务最大化增值的角色取代。

在不断动态变化的运营环境中，企业运营管理主管们主要面对以下问题：

（1）缩短新产品和新服务的开发和产出周期；

（2）在有效控制成本的前提下，实现并保持产品高质量；

（3）将新技术和控制系统融入现有的业务流程；

（4）获取、培训和留住技术员工和管理经理；

（5）与企业其他职能部门（市场营销、工程、财务和人力资源）有效合作，以达到企业目标；

（6）在分散式组织中，跨职能部门整合生产和服务活动；

（7）与供应商有效合作，并成为客户的朋友；

（8）与来自战略联盟中的伙伴有效合作（如IBM和苹果电脑公司）。

复习思考题

1. 什么是运营管理（OM）？运营管理（OM）和运筹学（OR）的区别是什么？
2. 在二战之后的几年，运营管理被冷落的根本原因是什么？
3. 将客户带进生产流程和服务流程或技术中心的好处有哪些？
4. 看过《华尔街日报》的招聘广告后，评价一下对一个有几年经验的运营管理专业人员来讲，他的事业发展机会在哪里？
5. 是什么激发了当今人们对运营管理的兴趣？
6. 从运营管理的角度，说明成本最小化和价值最大化的区别。
7. 使用表1-1的形式，描述下列系统中"投入－转换－产出"的关系：
   （1）航空公司；
   （2）监狱；
   （3）储蓄所；
   （4）面包店；
   （5）制衣厂；
   （6）干洗店；
   （7）自动装配线；
   （8）会计师事务所。
8. 我们描述了价值链在产品和服务的转换过程中的应用，用意何在？
9. 尝试预测未来运营管理部门在企业中扮演的角色以及未来运营经理的角色。

互联网练习

登录麦格劳－希尔公司的网站（www.mhhe.com/pom），浏览其中一个提供虚拟工厂参观的公司网页。鉴别并描述参观过程中出现的不同运营，对如何在市场竞争中识别出这家公司，你作何感想？

案例分析1-1

"苹果"为什么掉下来

2011年11月由美国《纽约时报》实施的一次全国性调查表明，56%的调查对象说他们找不到苹果的瑕疵，14%的人说苹果最差劲的是生产的产品太贵了，只有2%的人提到了苹果海外代工糟糕的劳动状况。

2011年5月的一个周五晚上发生了爆炸，炸毁了苹果海外代工厂成都富士康A5号大楼，到处是熊熊燃烧的大火和金属管被扭曲的嘈杂声,爆炸就发生在工人们每日抛光数千部iPad保护套的车间。

过去的10年中,苹果公司被打造成为了世界上最强大、最赚钱和最成功的企业之一。在某种程度上,这些成功取决于其掌握了全球化的生产技术。苹果和其高科技伙伴们及美国其他行业的大批工厂在现代历史中创造了一条几乎无与伦比的创新之路。

但是,据这些代工厂内部的雇员、劳工权益组织和苹果公司自己发布的文件称,工人们在恶劣的工作环境下组装iPhone、iPad和其他设备。2011年iPad的代工厂里接连发生了两起爆炸事件,其中有一起发生在成都,造成4人死亡,77人受伤。据中国劳工权益组织称,在这些爆炸发生前,该组织已向苹果公司发出了关于成都代工厂存在安全隐患的警告。

从全球来看,像富士康这样有一定规模生产足够多的iPhone和iPad的供应商可谓是凤毛麟角。正如哈佛大学的研究人员希瑟·怀特(Heather White)所说的苹果"不会弃富士康而去,也不会离开中国"。

苹果的一名前高管说:"我们绞尽脑汁才让事情有了好转。但是如果有人得知iPhone是怎样生产出来的,大部分人确实会心存不安的。"

苹果的一名现任高管说:"你可在环境舒适且对工人友好的工厂代工生产,或是每年彻底改造产品,生产更好的产品,提高交货速度和提供更便宜的产品,而这要求工厂实施与美国一般苛刻的标准。"

"但现在的消费者更关心的是iPhone的新品,而不是中国的工作环境。"

目前,苹果股价与2012年9月19日创下的702.1美元的历史最高价相比已下跌了39.5%,市值蒸发2 300多亿美元。

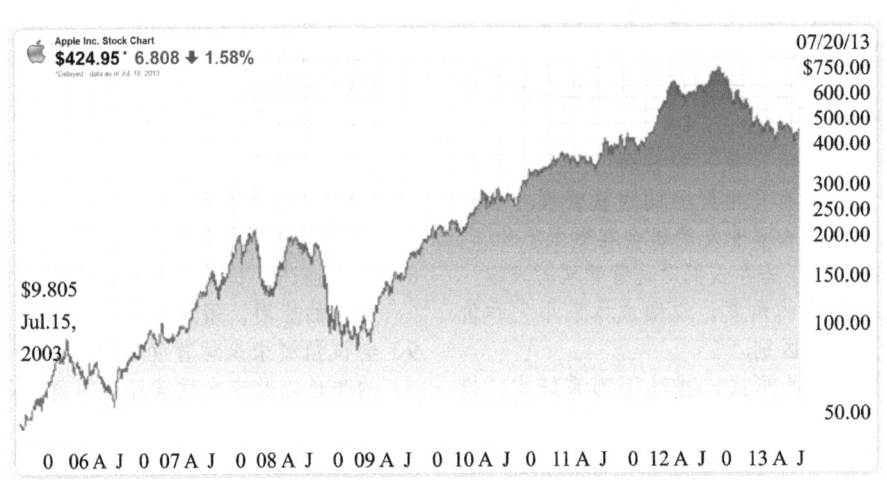

资料来源:http://www.nasdaq.com/, 2013/07/19;

资料来源:The New York Times: In China, Human Costs Are Built Into an iPad By Charles Duhigg, David Barboza, 2012/01/25.

讨论题

1. 倘若你是苹果公司的首席运营官(COO),你将如何带领苹果公司获取持续超越竞争对手的优势要素?

2. "苹果"为什么掉下来?

第2章

运营战略与企业竞争力

 学习目标

- 介绍了运营战略的基本概念和内容，揭示了其与企业各个层面战略之间的联系；
- 阐明了运营战略的实质就是实现客户的增值；
- 提出了一般战略模型；
- 指出了构成运营战略的各种不同的、能够为企业赢得竞争优势的要素；
- 介绍了不同的竞争优势要素之间的"均衡"理念，以及企业整合其竞争优势要素以满足特殊市场需求的必要性；
- 阐明了针对"订单资格要素"和"订单赢得要素"的不同运营战略之间的区别；
- 阐述了企业如何运用制造与服务融合战略，以实现客户增值的乘数效应；
- 讨论了生产率的测算及其多种度量方式。

 引　例　青橙定制手机

无可争议，智能手机已经成为人们生活和工作中必不可少的一部分。

2013年3月，在中国智能手机市场上，三星、诺基亚和苹果分别以21.8%、8.4%和8.3%的关注比例稳居三甲。国产手机品牌虽然也有一定的市场，但是与三星、诺基亚和苹果等行业巨头相较量，竞争实力上还是有一定差距。

为了寻求新的竞争优势与竞争模式，有效利用电商平台的聚合与分散能力，针对不同手机消费者的个性化需求，利用自身的全产业链优势，立足自有研发团队、自有工厂制造技术与经验，开拓移动互联应用、立体式融合移动通信和移动互联，2013年3月刚刚荣获国内"十大最具影响力通信品牌"的青橙手机，正式宣布推出全球首款一对一定制手机——青橙N1。

青橙N1为5寸大屏、全金属超薄窄边框机身，为手机用户提供外观定制、硬件、软件、配件、售后等全方位的一对一定制服务，让手机用户真正意义上体验专属的乐趣。在硬件方面，青橙N1提供适合不同用户需求的RAM和ROM、前后摄像头、触屏；在软件方面，青橙N1提供用户指定软件预装、用户个人APP制定等服务。用户个人APP定制包含机主的照片、联系信息、个人爱好、社交网站更新内容等，机主可以通过个人专属APP让新朋友马上了解自己的各个侧面；此外，青橙N1还提供个性化外观定制、多样化的周边附件选择。青橙N1在交货时间上，仅需一周时间，用户即可收到一台独一无二的定制手机。

青橙依据运营战略的理念设计并建立了一个很好的运营流程。为了在交货速度、顾客定制、质量和价格等方面与对手竞争，青橙定制手机流程分为两个部分：前端的手机主体生产部分仍然通过流水线完成，个性化需求的实现在手机生产的后端进行。青橙的上海青浦工厂和广东惠州工厂都为用户定制部分预留了专门的柔性生产线，根据每个手机用户订单的不同需求，诸如前后摄像头、软件灌装、个性化外壳等，最终完成用户专属的充分个性化的定制手机。借助青橙自有的成熟生产线优势，每台定制手机的个性化成本增加可以控制在 15%～20%。

资料来源：《2013 年 3 月中国智能手机市场分析报告》，ZDC 互联网消费调研中心，2013 年 4 月；http://www.51greenorange.com/liaojieqingcheng.aspx?id=133101100，2013-05-06。

在日趋复杂多变的全球动态超强竞争环境中，在全球气候变暖、自然资源日益短缺、全球主权债务危机笼罩、自然灾害肆虐的发展环境下，企业要实现可持续发展，企业的运营战略为企业进行合理配置和利用其赖以获取市场竞争优势的运营资源提供了一个战略决策框架。当今的运营经理面临着许多战略问题的新挑战，从有效的运营战略开发到在企业中全面有效地实施运营战略不一而足。

众所周知，有许多外部因素影响着运营战略的决策，包括由经济全球化和技术发展引起的市场竞争日益加剧。因此，在很多情况下，现在的运营经理必须要求做到兼"多"并"少"——"多"是要求更快的交货速度、更多样化且更高品质的产品和更高品位的服务；"少"则是要求更低的原材料成本、劳动力成本以及更少的等待时间。

与此同时，企业的管理者也非常清楚，他们使用的成功战略往往很快会被竞争者模仿并应用到市场竞争中，从而导致成功企业的竞争优势在一定程度上很快就会被模仿者削减一些，因此，管理者就必须从战略的角度时刻保持着对未来的警觉，不断地寻找能够使企业与众不同的新战略。

2.1 运营战略总览

2.1.1 运营战略的发展简史

二战之后，美国的企业通常是通过其市场营销和财务职能部门来开发企业总体战略的。由于战争期间产品极为匮乏，使得战后的美国对产品的需求急剧高涨，因而那一时期的美国企业得以相当高的价格售出他们的任何产品。此外，由于美国当时的两个主要工业对手德国和日本的工业在战争中被摧毁，美国企业几乎没有任何国际竞争的压力，他们甚至连国内市场的需求都来不及满足，更不用说出口全球了。

在这样的商业环境中，制造或运营职能部门的职责就只是以最少的成本产出最多的标准化产品，而无须考虑企业的总体目标，从而使得运营职能部门把精力都集中在了如何获得低成本的原材料、低成本的劳动力（并不考虑其技能水平）和建立高度自动化的流水装配线上。

由于不存在国际竞争压力和持续旺盛的国内需求，20 世纪 50 年代～20 世纪 60 年代初，运营管理在企业发展中的角色基本没什么变化（事实上只起到了降低成本的作用）。但是到了 20 世纪 60 年代末，被称为"运营战略之父"的管理大师哈佛商学院的韦克·斯金纳教授（Wick Skinner）认识到了美国制造业的这一隐患。他建议企业开发运营战略，以作为已有的市场营销和财务战略的补充。在他早期的著作中，斯金纳就提到了生产运营与企业总体战略脱节的问题。

由哈佛商学院的埃伯尼斯（Abernathy）、克拉克（Clark）、海斯（Hayes）和惠尔莱特（Wheelwright）进行的后续研究，继续强调了利用企业生产设施和劳动力的优势作为市场竞争武器的重要性，并强调了如何用一种战略的长期眼光去展开运营管理的重要性。

2.1.2 运营战略对客户价值的增值

企业竞争优势就其本质而言，来源于一个企业能够为客户创造的价值。今天的客户通常面对众多可以满足其需求的产品和服务，如何作出选择呢？客户一般是根据自己对产品和服务所提供的价值的感知作出选择，也就是我们经常听到的"客户希望他们物超所值"。客户希望他们的钱花得更有价值，或者说花同样的钱得到更多的价值，也就是说，他们在所消费的产品和服务中得到了更多的价值。

客户在判定一个产品和服务的价值时，考虑的是由这个产品和服务带来的收益与购买产品和服务的全部成本之间的差异。需要指出的是，客户常常并不能够精确分析出一个产品和服务的价值和成本，而是根据他们的感知价值判定。如果对客户感知而言，其收益超过成本，那么所购的产品和服务就是有价值的，收益超过成本越多，产品和服务的价值就越大。

换言之，客户价值主张可以用下面的价值等式来表达：

$$客户感知价值 = 产品和服务的总收益 / 产品和服务的总成本 \quad (2-1)$$

当客户感知价值比率大于1时，客户就认为该产品和服务有价值，比率越大，价值越高；当客户感知价值比率小于1时，客户认为该产品和服务物非所值，感觉有损失，以后就不愿再购买该产品了，而研究表明获取新客户的成本是留住老客户成本的5倍，更糟的是，一个满意的客户会把物超所值的经验平均告诉三个人，而一个不满意的客户会把物非所值的经验平均告诉10多个人。

客户价值主张也可以用另一种价值等式来表达：

$$客户感知价值 = 总收益 - 总成本 \quad (2-2)$$

当收益与成本的差值为正值时，客户认为该产品和服务有价值；而为负值时，则认为产品和服务物非所值。

因此，企业运营战略的目标之一就是实现企业提供的产品和服务的最大化增值，如图2-1所示。

图2-1 在运营中为客户实现最大化增值

在运营转换过程中为客户增值有多种形式，因客户不同而不同。由式（2-1）与式（2-2）可见，增加客户感知价值的方法之一就是降低成本，例如亚马逊网上书店、京东商城、天猫等通过B2C（business-to-customer）电子商务平台形成规模经济效应。增加客户感知价值也可以通过增加顾客购物的便利，例如热线订购日用品或在网上购买照相机；增加客户感知价值也可以通过提供给顾客快速的服务，例如高速公路快速车道上的自动付费服务；增加客户感知价值还可以是给顾客提供信息服务，例如亚马逊网上书店可以告诉你，与你看中同一本书的顾客还订购了其他什么书，又如全美最大的在线旅游网站易斯彼迪亚（Expedia.com）为客户提供飞往特定城市不同航班的列表及其价格比较；此外，增加客户感知价值也还可以是个性化的服务，例如你入住一家宾馆时，宾馆已根据你上次光顾的客户记录为你选择好你喜欢的房间，又如当传统大型的实体书店鲍德斯（Borders）能够提供10万本图书时，亚马逊网上书店能够提供远比10万本图书更为丰富的图书选择，亚马逊网上书店有25%的图书销量是销量排名在 10 万位之后的图书长尾市场贡献的，而这个传统的实体书店力所不能及的长尾市场的规模远比人们想象的大。

开发运营战略的一个关键内容就是为客户创造附加价值，使得客户感知所购得产品和服务的成本低于所购得产品和服务带来的收益。

2.1.3 影响运营战略决策的新趋势

两个主要影响运营战略决策的新趋势是经济全球化新趋势与技术发展的新趋势，特别是信息网络技术的发展。

1. 全球化

正如第 1 章所述，由于经济全球化与信息网络技术的发展，世界正在快速地成为一个"地球村"；也正因为如此，近年来大多数行业的竞争都在不断加剧。不确定的"超竞争"（hyper-competition）的趋势也会一直延续下去，但同时全球化也为企业提供了新的机遇。通过打开一些尚未打开的市场，企业不但可以销售其产品，更可以利用新市场的新资源和原材料来降低自身的成本。

全球化趋势促成了全球单一市场经济的出现，主要原因有：

（1）不断发展的信息网络技术，使得人们可以便利、迅捷地远距离实现资源共享，使人们能够透明地使用资源的整体能力并按需获取信息；

（2）北美自由贸易区（North American Free Trade Agreement，NAFTA）、欧盟（EU）及亚太经济合作组织（Asia-Pacific Economic Cooperation，APEC）之类的国际组织促进了国际贸易壁垒的不断降低；

（3）运输成本不断降低；

（4）新兴市场（Emerged Markets）中高利润率市场的出现和高速增长，这与高度发达国家饱和的市场和收缩的利润率形成了鲜明的对比。例如，2012 年金砖国家（BRICS）的经济增长率分别为 1%、3.5%、5.1%、7.8% 和 2.4%，除巴西之外，其他金砖国家的经济增长率均超过全球平均水平，其中，中国经济增长率达到 7.8%，比整个发展中国家 5.1% 的平均增长率高出 50% 以上，也是 2012 年全球平均增长率 2.2% 的 3 倍多。

面对经济全球化，管理者在开发运营战略时就应该采用跨国界的广阔视野，如在劳动力价格低廉的东南亚建立制造厂，或在爱尔兰设立呼叫中心，充分利用爱尔兰当地价格适中、又受过良好教育的人力资源和现成必要的基础设施。

除了设施选址这样的结构性战略决策，企业在全球实施其运营战略时，还要准确地评估当地的基础设施水平，并考察当地劳动力的教育程度、语言、当地法律和顾客等因素。譬如，爱尔兰的主要吸引力在于其受过良好教育的人力资源；又如，德国法律规定，每年某些周内雇员工作时间可达 70 小时（无须支付加班费），但在另外某些周内，却只能让雇员工作 30 小时甚至更短的时间，因此，研究一个最合理的雇用时期（如 6 或 12 个月），使雇员周工作时间保持在一个相对较高的水平是很有必要的。

2. 技术

斯坦·戴维斯（Stan Davis）和克里斯·梅尔（Chris Meyer）在他们的著作《模糊》中，认为对商业活动最有影响力的三个显著特性为：①联通性；②快速性；③无形性。融合了上述三个特性的变化一旦出现在商业活动中，那么过去只能依赖比率分析的经理们就会觉得眼前一片模糊，这也是他们定此书名的原因。

这三个特性的出现都与技术的发展直接相关。联通性是指当今任何人都可以通过电子邮件、互联网、移动通信等电子化手段相互联系。此外，很多企业通过网络提供了 24/7 式（每天 24 小时，每周七天）的服务以取代传统的 9/5 式服务（从周一到周五朝九晚五的八小时工作制），如银行服务、股票交易服务、航运服务和客房预订服务等。由于联通性的出现，信息得以在几秒钟或者几分钟就被传送，而过去则需要几天（或者几周）的时间。联通性和快速性的共同影响，使得企业把精力集中在无形业务上，开始为客户提供更好或者更具创新性的服务去获取市场的竞争优势。

正如下文即将介绍的内容，技术对运营战略的基本理念也产生了戏剧性的影响：使企业对竞争优势要素的权衡发生了变化。由于技术的发展，管理者已不必像过去那样只能选择一个竞争优势要素，而是可以整合多个竞争优势要素去参与竞争，这一变化也导致了竞争特性曲线的移动（我们将在本章后面部分详述）。

2.2　一般战略模型：SPP 模型

企业战略是对企业使命和远景目标的勾勒及其实现路径进行整体性、长期性、指导性谋划。企业竞争力（competitiveness）是指企业在产品和服务市场中的竞争地位。企业战略确定了能形成企业竞争力的竞争维度。基本的五个竞争维度是成本维度（产品和服务的价格优势）、质量维度（优质的产品和服务）、柔性维度（客户需求量与产品组合变化的快速反应能力）、交货维度（产品和服务的交货速度）以及服务维度（技术支持和售后支持）。

2.2.1　竞争优势要素

开发有效的运营战略的关键在于理解如何为客户创造和增加价值，特别是通过选择可支持特定战略的竞争优势要素来实现增值。任何一个产品和服务给客户创造和增加的价值都不是单一的，而是包含多个价值点的价值组合，这些价值点对各个客户的重要程度是不同的，最能促发客户购买意愿的价值点被称之为产品和服务的价值焦点，也即产品和服务的竞争优势要素（competitive priorities）。

斯金纳等人最初定义的"四种基本竞争优势要素"为：成本、质量、交货和柔性。这四种基本竞争优势要素直接表示了企业可以实现客户增值的不同运营过程的特性。之后，又出现了第五种竞争优势要素——"服务"，这是 20 世纪 90 年代的企业为获取差异化竞争优势而首选的竞争优势要素。进入 21 世纪以来，又出现了"生态化"、"信息化"等竞争优势要素。

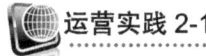
运营实践 2-1

日本个性化自行车的生产

你的自行车是你想要的样子吗？你想要一辆适合自己的自行车吗？现在只要你愿意付出比批量产出的自行车高 20%～30% 的价格，那么你将可以买到一辆大小、重量以及颜色都非常适合你的松下牌自行车，而且在订货后三周内，这辆自行车就可以送到你的手中（在日本境内则只需要两周）。这一切都是由"松下顾客定制系统"（Panasonic Individual Customer System, PICS）来完成的。日本东京的松下自行车工业公司（National Bicycle Industrial Company, NBIC）巧妙地运用计算机、机器人和少量的工人，就可以完成顾客个性化要求的自行车的定制生产。

松下自行车工业公司是电子巨人松下公司的一家附属公司，从1987年开始生产松下牌自行车。由于该公司在日本市场引入了个性化订单系统（personalized order system, POS）而日益受到国际的广泛关注（PICS是为海外市场而研制的系统），并成为吸引顾客消费群的典范。

松下自行车厂拥有21名雇员和一个计算机辅助设计系统（computer-aided design，CAD），顾客可以在18种模式、199种颜色的模型中选择赛车、脚踏车和山地车等800万种车型。

松下顾客定制系统的工作程序如下：顾客先到当地松下自行车零售店，在一个专业的车架上接受测量，然后店主将顾客要求的自行车的说明书传真给松下自行车厂的主控室。在那儿，数据被输入计算机中，然后自动生成自行车的初步蓝图，并且产生一个条形码（CAD设计只需3分钟，而以前手工绘图员则需要3个小时），接着条形码被贴到金属管架和齿轮上，最后经组装就生产出满足顾客个性化要求的自行车了。在自行车生产的不同阶段，一线工人通过察看条形码标签和扫描仪就可以知道顾客的要求，显示在扫描仪的显示器终端的信息直接传到计算机局域网控制的机器上。在生产的每个阶段，先由计算机读入条形码以分辨出属于定制自行车的零部件，然后告诉机器人在哪里进行焊接，告诉喷漆工人按哪种模式喷漆。

尽管使用了计算机和机器人，自行车生产过程并非高度自动化。自行车齿轮就是手工装配的，装配线也是人工操作的，顾客的姓名也是手工丝印的。完成一辆自行车的加工和装配总时间是150分钟，松下自行车厂一天可产出60辆自行车，而松下自行车工业公司的大批量生产工厂（产出量占公司年总产出量的90%）可以在90分钟内完成一辆标准的自行车的生产。也许有人会问：为什么3小时之内就能作出的车顾客却要等3周之久才能拿到？销售经理这样回答："我们是可以缩短时间的，但是我们想让顾客感受那种期待着某种独特产品的激动心情。"

为了与顾客保持更多的联系，松下自行车厂将同顾客建立直接联系作为自己的责任。收到顾客的订单后，松下自行车厂立刻将由计算机生成的顾客定制的自行车图样连同一封感谢顾客惠顾的信函一起寄给顾客；3个月后寄出第二封信询问顾客对自行车的满意程度；最后，寄出一张"自行车生日卡"与顾客共同庆祝这辆由顾客定制的自行车的周岁生日。

资料来源：Suresh Kotha, The National Bicycle Industrial Company: Implementing a Strategy of Mass-Customization, Stern School of business Case 395-040-1, New York University.

1. 成本

低成本竞争优势要素，能够为企业建立先入为主的经验效应与客户口碑效应的竞争优势，增加潜在竞争者的投资回报风险，使企业得以最优价格迅速扩大市场份额。例如，成立于1995年的亚马逊网上书店就是利用互联网带来的低成本优势迅速抢占电子商务市场，当全球最大的图书连锁零售商巴诺书店（Barnes & Noble）于1997年开展网上业务时，亚马逊已经在图书网络零售上建立了巨大成本优势，并于2009年开始进入世界500强，2013年亚马逊公司（Amazon.com）在世界500强企业中排名第149位，年营业收入超过610亿美元。

在每个行业中都存在着严格遵循低成本原则的细分市场。为了在这个细分市场中生存，企业必须以低成本生产，即使这样做也不能保证企业能够获利并取得成功。

日用品市场就是典型的严格遵循低成本原则的市场（如面粉、石油和食糖）；换句话说，由于这些产品是无差异的，因此，客户把成本作为其购买决策的首要考虑因素。

但是这个细分市场往往非常巨大，许多企业被潜在的巨额利润所吸引，因而大批量地生产产品，致使这个市场的竞争变得异常激烈，从而导致失败率也高得惊人。毕竟只有一个企业能够成为成本最低者，通常它也将决定市场中产品的价格。譬如，凯马特宣告破产，首要原因就是它无法与低成本的沃尔玛竞争。由于沃尔玛庞大的规模，可以依靠规模效应有效地降低运营成本，从而使其成为零售业中的成本最低者。如果凯玛特还未破产，那么它一定需要在降低成本之外寻求新的竞争优势要素来进行竞争。

2. 质量

正如第8章"质量管理"所述，客户口碑效应将直接影响到客户满意度和客户忠诚度，通常一个不满意的客户会将其经历告诉其他10～20人。因此，许多优秀的企业从一开始就尽可能地将产品和服务做到最佳质量。

质量可以分为两类：设计质量和过程质量。在产品和服务设计中，设计质量水平根据所针对的目标细分市场的不同而不同。显然，为儿童设计的首辆两轮童车的质量要求和世界级自行车运动员的赛车的质量要求有显著的差异。加厚多层钢板和油漆额外部件的成本使梅赛德斯-奔驰汽车的质量与现代汽车的质量特性也显然不一样。高质量的产品决定了其在市场中的高价格。

建立适当的设计质量标准可以集中全力满足客户需求。质量超标准的优质产品会因为价格过高而无人问津。相反，设计质量达不到标准的产品又将使客户失望而失去顾客。过程质量对于任何细分市场都是很关键的，不论是童车还是国际比赛用车，不论是奔驰汽车还是现代汽车，客户都希望购买到的是无缺陷的产品和服务。所以，过程质量的目标就是产出和提供无缺陷产品和服务。

3. 交货

交货速度是顾客消费时考虑的另一个重要因素。企业提供符合客户要求的快速交货服务的能力，可以使企业避免支付额外赔偿的危险。"行贵速焉，慢则人先"。莎拉公司特别强调速度的重要性，认为："对于我们来说，距离不是用千米来衡量的，而是用时间来衡量的。"与莎拉公司的两周提前期相比，其主要竞争对手都需要五周到五个月的提前期来完成从接受订单到发货直至各家连锁分店的全过程。波士顿咨询公司的初级咨询师乔治·斯托克认为，交货速度不但关系着企业竞争力，还与企业的利润和市场份额直接相关。除了交货速度，交货可靠性也同样重要。交货可靠性是指企业在承诺交货期准时提供产品和服务的能力。换句话说，应该使交货时间的波动尽可能的小。

4. 柔性

从运营战略的观点上看待企业的竞争力，柔性是由与企业运营过程设计直接相关的两个维度组成的。第一个维度是企业为客户提供多种产品的能力，最大的柔性意味着为每个客户量身定制产品的能力，以满足其独特的需求，这常被称为"大规模定制"。在大规模定制方面，戴尔公司和日本松下自行车公司非常成功（参见"运营实践2-1：日本个性化自行车的生产"）。

另一个维度是指企业快速转换工艺生产新产品的能力或者快速转换服务流程提供新服务的能力。由于产品生命周期的缩短，这方面的柔性变得越来越重要。苹果公司快速开发新型智能手机的能力就是很好的例证，由于其良好的转换柔性，苹果可以很轻松地用新型的智能手机代替传统手机。

5. 服务

由于产品生命周期的缩短，当今的企业更倾向于模仿而不是自主研发新产品。结果造成了产品的无差异性，价格成为决定客户消费决策的首要因素。PC行业就是一个典型例子，由于不同厂家生产的PC产品之间的差异性相当小，所以价格就成为消费者主要的选购标准。

在这样的竞争环境中,企业为获取竞争优势,开始为客户提供"增值"服务。这不论是对提供产品还是提供服务的企业都是重要的。原因很简单,正如桑德拉·范德墨菲(Sandra Vandermerwe)所言:"市场力来源于服务,因为服务可以增加客户的价值。"(本章末将介绍一个制造业企业如何通过服务获得竞争优势的案例)

在服务行业中,波士顿普特南投资公司(Putnam Investment)是一家为独立经纪人提供多种共有基金的公司,它通过服务成功地获得了竞争优势。例如,他们制作的多种关于共有基金的说明小册子,24小时为经纪人提供。中国银行手机银行提供的随身金融服务,全面管理客户零碎时间,无论是在出差途中、候车、超市排队结账时……客户弹指之间,就可以理财、生活和工作皆不误。

2.2.2 下一个竞争优势要素

管理者始终在寻找能使其企业在竞争中独具一格的方法。现在,又出现了两种可能为企业提供竞争优势的趋势:

- 生态化;
- 信息化。

1. 生态化

随着自然资源日益短缺、生态环境恶化、自然灾害肆虐,现在的消费者对生态环境越来越敏感,他们更倾向于购买对生态环境无害的生态化产品。马来西亚ECOMAX浓缩洗衣粉就是一种100%可被生物分解的清洁剂,采用天然酶、矿物盐和植物油基清洁剂精心配制而成,能够提供最佳的清洁功效,同时又能呵护衣物和保护生态环境。在汽车产业生态化中,丰田汽车公司推出了混合动力汽车,通用汽车公司推出了电动汽车,梅赛德斯-奔驰则推出了F125氢动力概念车。美国麻省西福特的皇品公司(Veryfine)生产果汁饮料时,也采用了可高比例回收的瓶罐和外包装,提高了对生态环境的保护力度。

2. 信息化

由于计算机信息、网络技术的广泛应用以及云计算技术的飞速发展,使海量数据得以准确地运算和存储。企业开始运用信息网络技术想方设法地寻求竞争优势。IBM公司(国际商业机器公司)的大数据分析平台产品(IBM InfoSphere Streams)能够对诸如气象信息、通信信息、金融交易信息等海量数据管理中流动数据进行动态捕捉,进行实时分析,其实时分析反应速度可以控制在毫秒级别。美国通用电气公司的医疗系统和美国存储业巨头EMC公司都在销售先进的信息网络技术的产品,这些信息产品一旦在运行中发生问题或发现有潜在问题,产品中内含的子系统会自动与提供商联系。许多时候发生的问题或发现的潜在问题都可以通过远程方式来解决,这样就减少了甚至避免了信息产品在运行过程中发生中断。

2.2.3 核心能力与独特能力

企业的核心能力(core competency)是企业独有的、难以被其他组织模仿的、能够创造比竞争者更具竞争力的产品和服务的独特能力(distinctive competency)。企业之间的竞争主要体现为核心能力的竞争,提到"核心能力"术语通常可以与"独特能力"互换,这是因为从战略视角来看,产品和服务的创新特别是服务创新,由于服务的无形性是无法取得专利的,很容易被竞争者模仿、复制、扩散。因此，企业核心能力的主要特性就在于它的独特性，是企业独有的、能为消费者带来特殊效用的，从而使企业在产品和服务市场上具有长期竞争优势和获得稳定超额利润的内在能力。同时，它还具有不可模仿、不可替代、能为企业带来持久竞争优势等重要特性。

可见，核心能力是企业获取持久竞争优势的源泉，核心能力是企业的生命，因此构建和培育企业核心能力是企业战略管理的关键。企业战略依据其影响区域和职能可划分为三个层次：公司层、业务层和职能层战略，如图 2-2 中的一般战略模型所示。

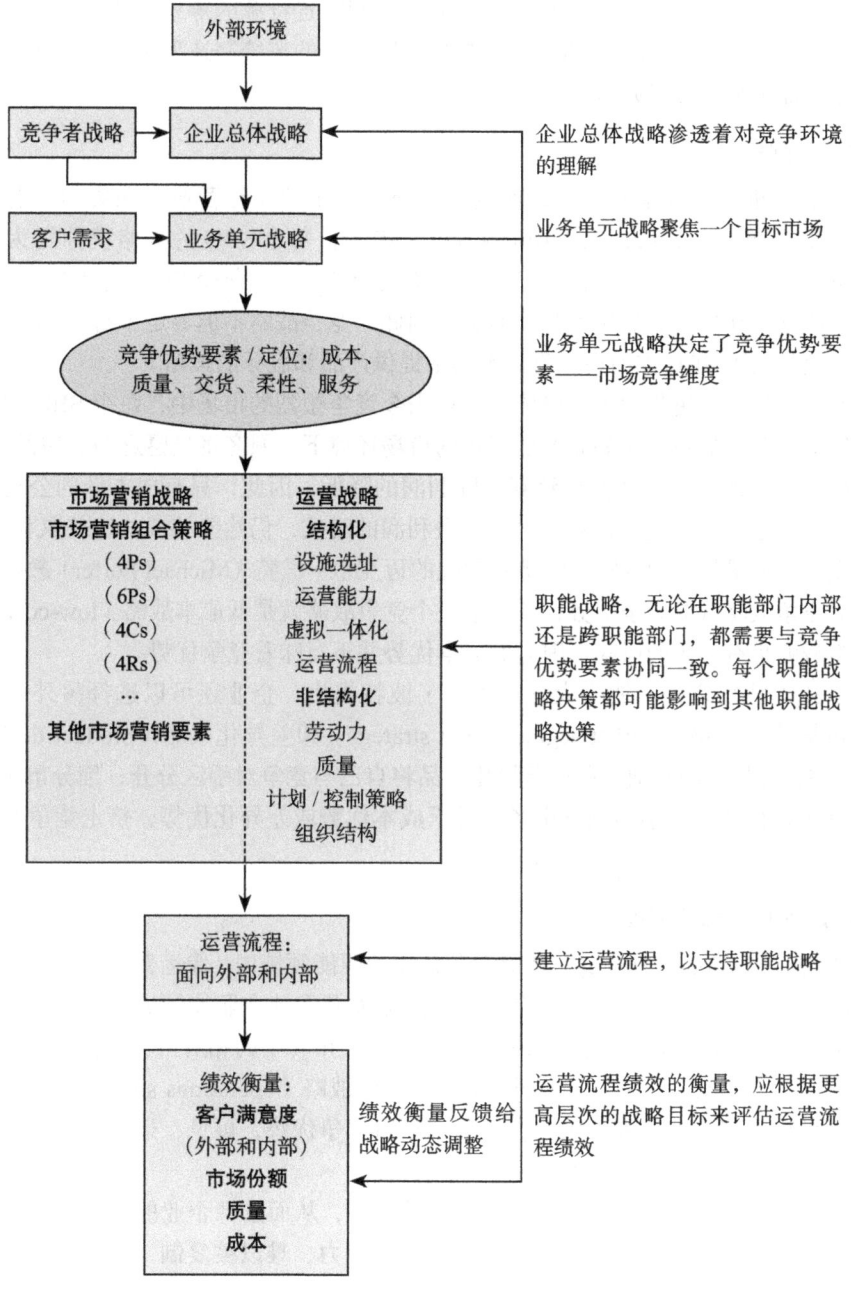

图 2-2　一般战略模型：SPP 模型

1. 公司战略

公司战略也称企业总体战略（corporate strategy），或方向性战略，核心内容解决的是企业战略发展方向问题。公司战略是由企业最高管理层制定，包括 CEO、董事会成员、总经理及其他高级管理人员和相关专业人员。许多企业尤其像通用电气公司（GE）、惠普公司和海尔集团这样的大型集团企业，都是涉足不同行业、经营多种业务的多元化企业。以 GE 公司为例，从白炽灯到广播电视，几乎无所不包。企业总体战略是企业为寻求持久竞争优势而作出的关于企业整体业务组合的谋略，以及相应的获取资源和配置资源的筹划。在杰克·韦尔奇掌管 GE 公司期间，GE 公司的总体战略就是从打造国际一流的传统制造型企业，转变为打造国际一流的涉足广播和金融等服务的服务型企业。

2. 业务战略

业务层战略也称业务单元战略，或竞争战略。每个独立经营业务在集团企业中通常被称为"战略业务单元"（strategic business unit，SBU），每个 SBU 的战略就称之为竞争战略（business strategy），主要涉及每个 SBU 如何在市场中竞争，即每个 SBU 应该提供哪些产品和服务，以及应该向哪些顾客提供产品和服务。因此，竞争战略不但界定了每个 SBU 的业务范围和边界，更指明了 SBU 如何在其目标市场中提供产品和服务的策略。

不仅是为了生存，更是为了获得成功，在当今竞争激烈的市场中，每个 SBU 更应该有自己独特的使命和竞争战略。在如此激烈竞争的市场环境下，顾客将只愿意购买最便宜的产品，企业只能降低产品的价格，从而导致其边际利润的降低，因此，只有成本低的公司才可以获得高于行业平均水平的收益，在竞争对手失去利润的时候，仍然能够成功地获取利润。因此，作为当今竞争战略最权威的专家，哈佛商学院的迈克尔·波特（Michael Porter）教授提出企业可以有三大竞争战略获取竞争优势，其中第一个竞争战略就是低成本战略（low-cost strategy），尽管低成本战略也有一定的风险，因为低成本优势并不意味着竞争优势。

除了低成本战略之外，战略大师迈克尔·波特提出，企业还可以选择另外两种竞争战略：细分市场集中战略（market segmentation strategy）和差异化战略（product differentiation strategy）。差异化战略的基础是通过差异化产品将自己与竞争对手区分开；细分市场集中战略则以集中资源在行业内很小的细分市场中寻求成本优势或差异化优势，挤走竞争对手而占有市场。

3. 职能战略：运营战略

职能战略（functional strategy）是指为在企业的职能领域内（像运营、市场营销、人力资源等）取得竞争优势，以支持和配合企业竞争战略而开发的在职能领域内实施的战略。一个企业或一个 SBU 的竞争力（competitiveness）指的是在市场中的相对市场地位，这取决于与行业内其他企业竞争的能力。作为一个职能战略，运营战略（operations strategy）指的是在运营管理职能领域内如何支持和配合企业在市场中获得竞争优势，可见，运营战略目标必须始于顾客、竞争者及其企业可持续发展目标。

运营战略包括一系列的行动方向性和指导性决策，从而选择企业的产品和服务及其流程定位。从竞争角度，使企业的产品和服务处于有吸引力、难以被复制、难以被超越、具有长期的竞争优势的地位。

运营战略可以分为两大类：结构性战略（structural operations strategy）——包括设施选

址、运营能力、虚拟一体化和运营流程选择（这些都是长期的战略决策问题）；基础性战略（infrastructural operations strategy）——包括劳动力问题（数量和技能水平）、质量问题、计划和控制策略以及企业的组织结构（这些也常被认为是战术决策问题，因为其时间跨度相对较短）。

开发有效的运营战略的关键在于理解如何为客户创造和增加价值，特别是通过选择可支持特定战略的竞争优势要素来实现增值，而企业的运营战略正是由企业的竞争优势要素（competitive priority）构建的。竞争优势要素包括：①低成本；②高质量；③快速交货；④柔性；⑤服务。

企业的核心能力是企业独有的、难以被其他组织模仿的、对竞争优势要素的获取能力，因此，企业的核心能力必须要与竞争优势要素协同一致。

在整个运营战略开发过程中，首先将企业整体战略和竞争战略目标分解到运营战略，分解到运营流程，并根据环境的变化和运营流程的运营绩效变化不断对企业各个层次的战略目标进行动态调整，从而形成一个有效的、有系统逻辑的运营战略开发框架体系——SPP 模型（strategy-process-performance model，战略 - 流程 - 绩效模型），如图 2-2 所示。

2.3　运营战略的形成：权衡与聚焦

对于战略的形成，真可谓是"仁者见仁，智者见智"。设计学派就将战略的形成看作是一个概念作用的过程；计划学派将战略的形成看作是一个正式规划的过程；定位学派将战略的形成看作是一个分析的过程；企业家学派将战略的形成看作是一个预测的过程；认识学派将战略的形成看作是一个心理过程；学习学派将战略的形成看作是一个应急的过程；权力学派将战略的形成看作是一个协商的过程；文化学派将战略的形成看作是一个集体思维的过程；环境学派将战略的形成看作是一个反应的过程；结构学派则将战略的形成看作是一个变革的过程。

综上所言，正本清源，战略的本质就是权衡（tradeoff），战略的形成本质就是一个有所为而有所不为的权衡的过程，而作为职能层面的运营战略，运营战略的形成本质则是权衡后聚焦的过程。运营管理层必须首先能够权衡在运营转换过程中哪些是决定企业竞争优势的关键优势要素，而后能够聚焦这些关键优势要素的获取和实现。其原因在于企业不可能同时满足所有竞争优势要素，"两利相权取其重，两害相权取其轻"，于是，管理者必须要进行权衡以确定哪些是决定企业成功的关键优势要素，并集中企业资源去实现它们。对于那些拥有大型制造设备的企业，斯金纳（Skinner）提出了厂中厂（plant-within-a-plant，PWP）的聚焦理念，即在企业内的不同地方装上不同的生产线，每条生产线都拥有独特的竞争优势要素。在 PWP 方式下，甚至可将工人按照竞争优势要素分组，以避免工人因运营战略转换而导致混乱。

例如，如果一个企业希望提高交货速度，那么它能够提供不同种类的产品的柔性就不会很高。又如，麦当劳提供的就是非常快速的服务，但其提供的食品却仅限于高度标准化的食品；相反，温迪（Wendy）可以按照您的要求订货，但交货速度却比较慢。同样，低成本策略与快速交货和高柔性策略也难以相容，放弃高质量也可以视为选择低成本策略的代价。

服务企业也广泛认识到了集中资源聚焦在竞争优势要素上的必要性。美国著名的连锁酒店管理集团万豪（Marriott）和假日酒店（Holiday Inn）将市场进行了细分，并提供品种广泛的服务产品，每个产品都是针对目标细分市场的。例如，万豪集团的费尔菲德酒店（Fairfield）针对的是偏好经济客房的顾客；万豪的度假酒店（Resorts）是提供会议服务和针对要求全套服务的顾客；万豪的居家酒店（Residence）提供多种服务项目以满足不仅仅需要客房服务的顾客；而万豪的庭园酒店（Courtyards）则强调为客户提供更为便捷的服务，例如提供餐饮，但也同时强调廉价。斯金纳的PWP聚焦理念同样可以应用于医疗行业，"医院中的医院"是指医院用特别科室专门治疗特别的疾病。譬如，印第安纳州比奇格鲁伍的圣弗朗西斯科医院的重病特护部就只接收长期重病患者，并独立为其进行手术。由于医疗资源只聚焦在一个方面即重病特护，使得重病特护的运营成本比一般医院护理成本降低了50%。

另一个在服务业中进行集中运营的例子则是波士顿银行的个人服务部，他们集中资源为贵宾提供全套的服务，即"银行中的银行"，与斯金纳的PWP聚焦理念非常相似。又如，加拿大多伦多的Shouldice医院是全世界最有名的疝气专科医院，专门为疝气患者服务，开辟了特别的"疝气之旅"项目。患者被安排在多伦多风光旖旎的别墅式病房中。医院运营的每个细节都是集中在为患者提供高质量的疝气护理和舒适的环境的宗旨上。患者们成群结伴地享受着自我放松的治疗体验。由于患者太多，以至于每年一度的病友聚餐总订不到座位。这种资源高度集中的服务使Shouldice医院不但有效地降低了成本，而且在医疗和患者服务两方面都保持了高质量。虽然由于成为了一家专科医院，Shouldice医院失去了经营其他医疗项目的能力，但Shouldice医院这种集中运营模式的利润还是非常可观的，而且也成为全球的运营典范。

2.3.1 权衡

随着世界正在快速地成为一个"地球村"，拥有多家公司的企业集团都纷纷采用了国际化视角来审视制造和市场活动。由于在国际竞争环境中要面临更多的竞争对手，同时也蕴藏着更多的商机，因此，竞争也更加异常激烈。

20世纪七八十年代，世界市场日趋激烈的竞争，使得那些被称为有着"世界级运营"的优秀企业，开始重新考虑他们的运营战略，尤其是对竞争优势要素进行必要的权衡。但是企业管理者开始认识到他们并非一定要在旧有范围内进行权衡，而是应该以满足市场的驱动力——客户需求为目标，去重新构建竞争优势要素的层次结构。图2-3按年代顺序地显示了不同经济时代的不同优势的竞争优势要素。

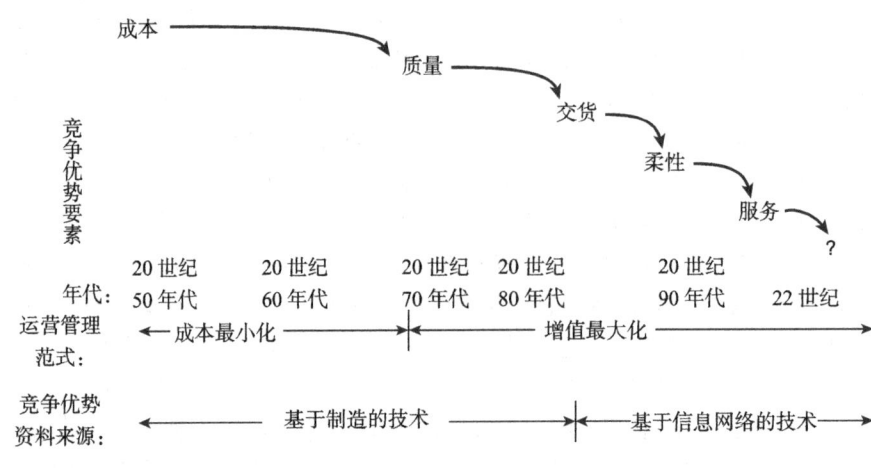

图2-3 不同年代的优势的竞争优势要素

特别是在20世纪60年代～20世纪70年代初，由于受制造业的唯一目标——成本最小化理念的影响，成本一直是首要的竞争优势要素。但是由于越来越多的企业开始生产低成本产品，企业又开始寻求能使其产品具有差异化的方法。竞争优势要素转向了质量，那时的企业开始通过生产高质量的产品来获取竞争优势，虽然价格仍然是影响客户消费决策的主要要素之一，但高质量的产品仍可以以较高的价格售出。但是，竞争对手也迅速作出了反应，大家都开始向市场提供价格在可接受范围内的高质量产品了。

为了获得新的竞争优势，一些企业开始用交货的高速度和高可靠性来与对手竞争，这时竞争的博弈转变成了既提供价格合理的高质产品，又能够快速而可靠地把产品交付给客户。

20世纪80年代，管理界权威小乔治·斯托克（George Stalk Jr.）预见性地指出，交货速度是决定企业能否成功的主要因素。由此，企业纷纷集中资源去减少订货到交货的周期，产生了戏剧性的效果。过去需要几周甚至几个月的企业，现在只需要几个小时就可以完成所有的工作。

这样一来，市场竞争优势要素再度发生了变化。有闯劲的企业又开始寻找新的途径获得竞争优势。这次柔性被选中了，它代表着企业"客户定制化"个性化产品的能力。这时市场需要的是融低价格、高质量、客户定制化、快速交货等竞争优势要素于一体的产品。

由于运营战略的"规则"从低成本转变为融合质量、交货速度、柔性和服务等诸多竞争优势要素，运营管理部门的战略同样也发生了转变，即由成本最小化战略转变为客户增值最大化战略。

这种不再限于聚焦一个竞争优势要素的竞争的出现，可能会导致不再有权衡问题发生的结论——这是不正确的。现在，需要对图2-4中的竞争优势曲线进行权衡。

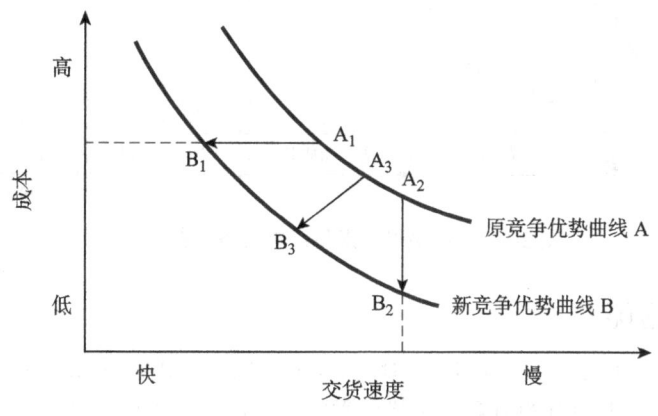

图2-4 竞争优势曲线的权衡示意图

在转向高竞争优势曲线上，管理者已不再只考虑内生要素的权衡问题，即沿着竞争优势曲线移动，如图2-4中从 A_1 点转移到 A_2 点。新的思路是，在同样的交货速度上，降低成本，如图2-4中从 A_2 点转移到 B_2 点；或者在同样的成本水平上提高交货速度，如图2-4中从 A_1 点移到 B_1 点；第三种思路是同时提高交货速度并降低成本，如图2-4中从 A_3 点转移到 B_3 点。以上三种向高竞争优势曲线的移动都是为了实现客户的增值。

2.3.2 订单赢得要素和订单资格要素

伦敦商学院的德瑞·黑尔（Terry Hill）教授首创了订单资格要素（order-qualifier）和订单

赢得要素（order-winner）这两种运营战略概念。订单资格要素是允许一个企业或其产品参与市场竞争，甚至是成为进入市场的一个潜在的最低条件或标准。例如，目前在欧洲大多数企业都要求其供应商通过 ISO 9000 质量体系认证（这一认证保证了企业所有的业务流程都具备正式归档的文件），因此，ISO 9000 认证就成为进入欧洲市场的订单资格要素。相比之下，美国的大多数企业并未通过 ISO 9000 认证（而通过 ISO 9000 认证的美国企业得以率先进入欧洲市场）。故对于美国企业来说，通过 ISO 9000 认证就成为订单赢得要素（也就是说，通过 ISO 9000 认证的美国企业就显得比其未通过 ISO 9000 认证的竞争对手更具优势）。

订单赢得要素是指企业的产品和服务优势于其他企业的产品和服务，从而最终赢得客户订单。基本上，如果只有少数企业具有某种竞争优势要素，如高质量、客户定制化或出色的服务，那么这个竞争优势要素就可认为是订单赢得要素。但随着时间的推移，会有越来越多的企业开始具备同样的竞争优势要素，那么订单赢得要素就转变成了订单资格要素。换句话说，这一竞争优势要素转变成了所有竞争者进入市场的资格条件，从而导致消费者用新的竞争优势要素去要求企业。图 2-5 显示了竞争优势要素从订单赢得要素向订单资格要素的转变，纵轴代表的是市场中可提供具备某种竞争优势要素的企业的比例，图中把 50% 的比例作为订单赢得要素与订单资格要素的分界点，实际上则需要根据行业的具体特点而定。

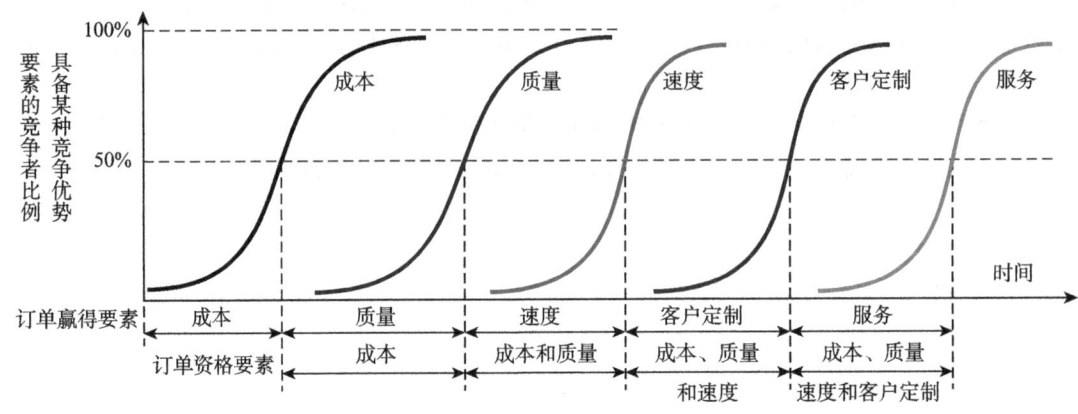

图 2-5　订单赢得要素与订单资格要素的比较

2.3.3　聚焦核心能力

为了在制造业和服务业的企业中成功地实施运营战略，就要明确地界定企业的核心能力。企业的核心能力是企业独有的对竞争优势要素的获取能力，因此，核心能力也可以定义为由企业运营管理部门开发出的某种或者某系列能够使企业在竞争中差异于竞争对手的能力。类似地，企业其他职能部门的核心能力也应该界定出来，而且这些职能部门的核心能力还应与企业的总体目标保持一致。例如，在本章引例中，为满足客户的个性化需求，戴尔公司就具备了快速定制不同的新产品的核心能力。

为了聚焦核心能力，不论是制造业还是服务业的企业，都开始消除其业务流程中对企业成功无关紧要的活动。在制造业中，越来越多原来自制的组件和部件现在被外包，由其供应商及时供货。这样一来，近年来在绝大多数制造业的企业中，原材料成本在生产总成本中的比重有了显著的增加；但另一方面，劳动力成本的比重却大幅地减少了，常常低于总成本的 5%。

聚焦核心能力对服务行业也同样有效，越来越多的原来由服务企业自行提供的辅助性服务项目被外包出去，这样的战略同样可以使服务企业集中精力地去提高其核心能力。例如，很多大学都把餐厅和书店分别外包给了以提供后勤保障服务为主业的法国 Sodexho 餐饮公司和美国最大的（也是全球最大的）连锁书店巴诺公司（Barnes & Noble）。再举一个例子，身居世界 500 强的也是世界最大的专业服务公司美国光华服务公司（ServiceMaster），成功地为医院和政府提供家政服务，从而大大降低了客户的日常开支。在很多情况下，企业会发现外包一些辅助性服务项目比企业自行提供的好处在于可以实现更高的运营效率和更低的成本。聚焦核心能力进一步支持了"价值链"的理念。如果价值链上的每个企业聚焦于其核心能力，那么提供给客户的最终产品就能最大化地增值（值得注意的是，随意地把非核心能力的业务外包出去，也可能会导致企业专门人才的流失，而这些专门人才对企业的具体运营非常了解并能够处理例外的非常规业务，因此，这也将危及核心业务）。

2.4 制造与服务的融合战略

正如我们在第 1 章讨论的，在现今的社会生活中，大多数产品都包含着有形产品和无形服务两种形式。今天我们购买的大多数产品实际上是一束利益组合（bundle of benefits），包含了有形产品和无形服务。企业要维持较高的边际利润率，保持持久的差异化竞争优势，企业管理层尤其是运营管理层，越来越注重顾客利益组合中的无形服务。高质量的有形产品已不再是顾客购买其利益组合的唯一评价标准。更确切地说，按照德瑞·黑尔教授提出的运营战略概念，高质量的有形产品是订单资格要素（order-qualifier），是允许一个企业或其产品参与市场竞争，甚至是成为进入市场的一个潜在的最低条件或标准；相反，订单赢得要素（order-winner）是指企业的产品和服务优势于其他企业的产品和服务，从而最终赢得客户订单，通常是顾客购买的利益组合中所包含的无形服务部分。

换言之，在超强竞争环境下，高质量的有形产品是订单资格要素，是企业进入市场的通行证；而订单赢得要素是企业的核心竞争力，大方无隅，大象无形，如何通过制造与服务融合战略，不断地创造新的差异化优势，实现客户利益组合的增值，才是企业在超竞争环境中的运营战略选择，这对于制造业和服务业来说都是如此。

譬如，丽思·卡尔顿连锁酒店集团瞄准的是市场高端的 5% 的份额，他们安排了专门的接待员处理拥有 800 个客户容量的预订服务，而不是简单地采用更为经济的订单预订软件系统。尽管订单预订软件系统更为经济，但丽思·卡尔顿的管理者理解高端客户不会愿意在这样一个软件系统中浪费时间。同样，马萨诸塞州曼兹费尔德的美国 CTI 低温技术公司（CTI-Cryogenics）是计算机芯片制造设备真空泵制造业的领头羊，他们有一个即时保障服务程序（guaranteed up-time service，GUT）。一旦真空泵损坏，很容易影响到计算机芯片制造设备的正常工作，这将意味着超过 10 亿美元的损失。因此，公司为客户准备了 800 免费服务热线，客户可以随时与工程师联系来及时诊断故障并在 24 小时内发出所需的维修件，从而使得计算机芯片生产线可以尽快地恢复生产，尽可能地缩短停工时间。

2.4.1 客户活动生命周期

为了构建一个有效地整合制造与服务的框架，桑德拉·范德墨菲（Sandra Vandermerwe）

提出了客户活动生命周期（customer's activity cycle，CAC）的概念。如图2-6所示，客户活动生命周期（CAC）由三个主要部分构成：①购买前活动；②购买活动；③购买后活动。

购买前活动注重的是响应客户询问和展示产品技术特性的能力；购买活动注重的是实际销售、产品的交付与催讨付款的能力；购买后活动包括售后支持服务和产品保证。

优秀的企业能够识别和掌握客户活动生命周期的每一阶段的特征，并尽可能地利用客户活动生命周期来获得竞争优势。换句话说，企业越是

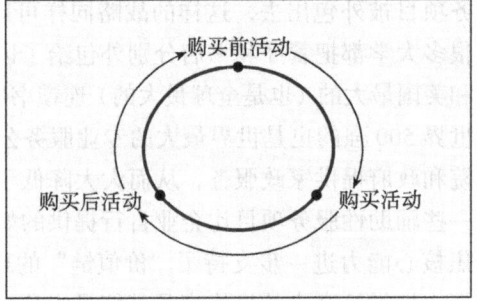

图2-6 客户活动生命周期

能够掌握和利用客户活动生命周期，其在市场中的地位就越强。作为客户活动生命周期概念的一部分，范德墨菲建议企业转变服务理念，即从仅仅出售产品给客户（即仅出售有形产品）到帮助客户解决问题（即提供服务）。

世界最大的滚动轴承制造公司之一瑞典SKF公司（Svenska Kullager Fabriken）也不再仅仅是生产球形轴承，而是向客户提供各种售后支持服务，像备件管理、培训、安装以及采用更好的预防性维护方法以延长轴承的使用寿命。

传统的砖头-水泥型（brick-and-mortar）零售商的主要限制之一就是地理区位因素，如果消费者地理分布太过分散就等于没有消费者。如图2-7所示，无论是制造型企业还是服务型企业，正越来越聚焦于服务差异化战略，尤其对于亚马逊等有形产品的在线零售商（internet-based retailers）或电商（e-tailers），超过一半的收益来自其传统的砖头-水泥型竞争者无法提供的长尾产品，而且，这个收益比例仍在年复一年地上升。换言之，它们的核心竞争力就是融合了线上信息服务优势和线下供应链物流服务优势，能够随时随地为世界各个角落的顾客提供传统的砖头-水泥型零售商那里根本找不到的产品。

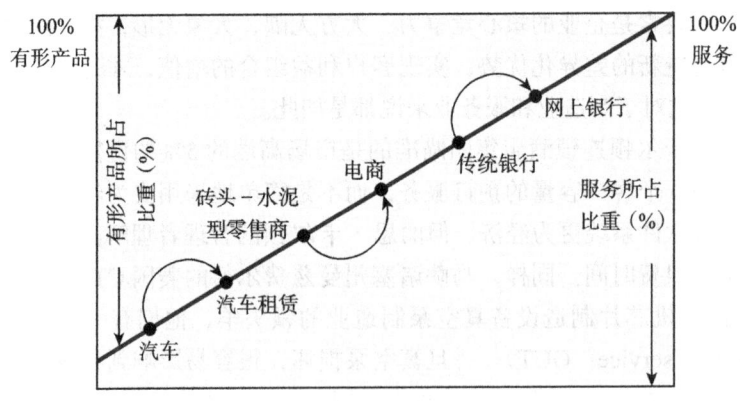

图2-7 服务差异化战略

2.4.2 面向下游服务

理查德·怀兹（Richard Wise）和彼得·保曼加特纳（Peter Baumgartner）为制造型企业开发了四种服务战略，每种服务战略都是面向制造流程的下游的，原因是与产品相关的服务市

场比制造产品本身的市场大得多。譬如，在汽车和个人计算机市场，与产品相关的服务的产值是产品销售额的 5 倍。此外，与产品相关的服务的利润也明显地超过产品本身的利润。

怀兹和保曼加特纳开发的应用于下游服务的四种服务战略是：

（1）嵌入式服务；

（2）综合服务；

（3）整体解决方案；

（4）配送控制。

嵌入式服务是由产品自身的特殊功能构成的。例如，美国霍尼韦尔公司（Honeywell）开发的飞机信息管理系统是一种飞机设备的自测系统，而过去这些测试都是通过机械师手工完成的。综合服务则是将附加服务"嫁接"到产品中去，以促进产品的销售。如通用电气资产公司向通用电气机车制造公司的客户提供股权和资金，以促进通用电气公司制造业务的壮大。整体解决方案注重的是用产品和服务的无缝结合来满足特殊的客户需求。世界最大的移动电话公司芬兰诺基亚公司，就是用这种方式来进行移动电话的推广的。配送控制是指制造商为下游的公司承担配送的责任，而不是像过去那样由下游的公司来承担，如美国可口可乐公司现在接手了饮料罐装和配送的业务，而事实上过去这些业务是由独立的下游罐装厂来完成的。

2.4.3　实现制造与服务的融合战略的其他方法

1. 示范专业知识及专家技术

蔡斯和加里指出，企业可以通过示范其生产流程中的专业知识和专家技术获取竞争优势。通过向客户展示生产流程中的各种步骤和质量保证措施，可以获得高水平的客户满意度。特别是像成熟的高科技产品之类，产品内部的特殊细节难以为人领会时，常常适用这种方法。

让消费者参观工厂，向他们介绍产品，使他们有所选择。位于美国马萨诸塞州霍普金顿的 EMC 公司是全球资讯储存领导者，专门生产电子存储设备。公司很懂得向客户甚至是潜在客户提供工厂参观的益处。通过每年超过 1 000 多次客户参观，EMC 公司在生产过程中的各个阶段所采用的高水平测试给参观者留下了深刻的印象。这就确保了客户相信 EMC 公司交付给客户的产品的高可信度。同时，企业员工也很乐意回答参观者提出的任何问题。通过公司高级经理戈顿·尼古尔斯对客户参观计划的成功运作，EMC 使超过 90% 的潜在客户购买了该公司产品，而且事实上，他们购买的经常比计划的更多。

正是出于同样的原因，《财富》世界 500 强之一的过程控制设备行业的领头羊福克斯波罗公司（Foxboro）也鼓励其客户和潜在客户参观其马萨诸塞制造厂。参观者进入工厂，首先映入眼帘的是公司近年赢得的诸多奖项，如美国最佳企业奖、麻省质量奖、工业周刊年度奖等。在参观生产的过程中，企业员工常常停下手里的工作，向参观者介绍他们为提高产品质量和生产效率所采取的特别措施。他们也向客户再现生产工艺和产品环节需要加强的知识和技巧。

示范专业知识和专家技术的好处不仅仅局限于高技术产品。明尼苏达州明尼阿波利斯的绿巨人公司（Green Giant）主要生产冷冻罐装产品，其产品曾一度难以进入日本市场。在邀请日本的经销商参观工厂并为他们展示了生产工艺和成品后，其产品成功地进入了日本市场。

2. 客户培训

一些制造企业认识到为广大客户提供使用产品的培训是很有好处的，通过这种培训，不仅可以让客户很快地熟悉产品的使用方法，还可以提高竞争对手进入相似产品市场的进入壁垒，从而获得竞争优势。例如，一个企业为何要花费大量的时间和资金去培训员工应用另一个产品，虽然他们对现用的产品很满意而且也已经进行过培训了。联邦快递公司在服务业中实施客户培训就非常出色，即便是每天只运送几个包裹的小客户，联邦快递公司也为其提供了能够直接连接到联邦快递公司系统的专用计算机，并教会每一位客户如何使用。这是竞争者很难挖走联邦快递的客户的一个主要原因。

再举一个例子，坐落于法国里摩日的 Le Grand 公司生产诸如插头、开关、接线盒等家用电器零配件。为获取竞争优势，Le Grand 公司在里摩日建立了一个很大的培训中心，邀请各家建筑商和电器承包商参加，为他们展示品种繁多的产品并提供产品在各种设置下安装的培训。为了增强培训效果，培训中心被分成了不同的房间，以进行家用电器零配件安装的实景展示，包括厨房、浴室、居所的卧室，甚至还包括医院的病房。

前面提到的福克斯波罗公司是通过客户培训使自己在竞争中脱颖而出。在其产品交货前，客户就被邀请参观了福克斯波罗公司的生产车间，亲眼看到了设备的安装并学会了如何在福克斯波罗公司培训人员的指导下使用设备，这就是福克斯波罗公司拥有高比率的回头客的秘诀之一。

2.5 生产率

运营管理是对企业为客户生产产品和提供服务的增值过程所涉及的组织资源的有效利用进行管理。生产率（productivity）一般用来反映产出（产品和服务）与运营过程中的投入（劳动、材料、能量及其他资源）之间的关系，是一个相对评价指标，通常可以表示为产出与投入之比：

$$生产率 = 产出 / 投入 \tag{2-3}$$

从本质上讲，生产率反映了投入资源的有效利用程度，反映了一个部门、一个企业、一个行业或一个国家的资源的有效利用程度。通过测算生产率，可以对一个部门、一个企业、一个行业或一个国家的整体竞争力作出评价。从图 2-8 可以看到，20 世纪 90 年代～21 世纪之初，在互联网技术和网络经济的推动下，美国的生产率每年都有显著的增长，这也是那 10 年中人们所看到的美国经济繁荣的主要因素。然而，随着网络经济的神话在 2001 年破灭，全球经济陷入衰退，美国的生产率每年也都在急剧地下滑，到了 2008 年遭遇华尔街金融风暴之后，更是与美国经济一起跌入低谷。

生产率的测算可以通过单要素度量、多要素度量和总体度量三种方式来进行，如表 2-1 所示，与这三种不同的度量方式相对应的生产率分别为单要素生产率、多要素生产率和总体生产率。

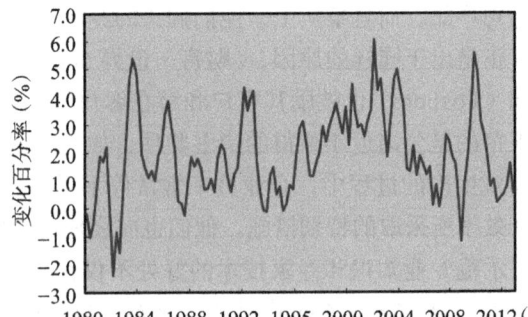

图 2-8　1980～2012 年美国年生产率变化趋势

资料来源：Economic Report of the President（Washington, DC: United States Government Printing Office, January 2013）。

表 2-1 生产率的测算

单要素度量方式	单要素生产率 = 总产出 / 单要素投入
多要素度量方式	多要素生产率 = 总产出 / 多要素投入
总体度量方式	总体生产率 = 总产出 / 总体要素投入

实例

美国制造商 LUSH 公司及其在中国内地的分公司的该年度财务数据如表 2-2 所示：

表 2-2 LUSH 公司财务数据

		美国母公司	中国子公司
产出数据	销售数量（单位）	100 000	20 000
投入数据	劳动力（小时）	20 000	15 000
	原材料	US$20 000	RMB ¥20 000[①]
	设备（小时）	60 000	5 000

① 1 美元 =6.14 元人民币。

下面，我们将结合该年度 LUSH 公司及其子公司的投入和产出数据，采用三种不同的度量方式，来测算 LUSH 公司与其子公司的单要素生产率、多要素生产率和总体生产率，具体的生产率测算过程及测算结果，如表 2-3 所示，从中我们可以看到，尽管中国分公司的设备生产率和原材料生产率都高于美国总公司，但美国总公司的总体生产率还是高于中国分公司，因此，LUSH 公司正在考虑将中国分公司的生产基地迁回美国本土。

表 2-3 生产率的测算实例

	美国母公司	中国子公司
单要素度量方式	总产出 / 劳动力 = 100 000/20 000 =5	劳动力生产率 =20 000/15 000 =1.33
	总产出 / 原材料 = 100 000/20 000 =5	原材料生产率 =20 000/20 000/6.14 =6.14
	总产出 / 设备 = 100 000/60 000 =1.67	设备生产率 =20 000/5 000 =4
多要素度量方式	总产出 / （劳动力 + 原材料） = 100 000 / (20 000+20 000) =2.5	总产出 / （劳动力 + 原材料） = 20 000 / (15 000+20 000/6.14) =1.10
	总产出 / （劳动力 + 设备） = 100 000 / (20 000+60 000) =1.25	总产出 / （劳动力 + 设备） = 20 000 / (15 000+5 000) =1
	总产出 / （原材料 + 设备） = 100 000 / (20 000+60 000) =1.25	总产出 / （原材料 + 设备） = 20 000 / (20 000/6.14+5 000) =2.42
总体度量方式	总产出 / （劳动力 + 原材料 + 设备） = 100 000 / (20 000+20 000+60 000) =1	总体生产率 = 20 000 / (20 000+20 000/6.14+5 000) =0.71

事实上，越来越多的美国企业正在考虑将原先位于海外的生产基地搬回美国本土，越来越多的制造业产品正在摇身变为"美国制造"，其中包括消费品巨头佳顿、工程机械制造商卡特彼勒、汽车巨头福特公司等。根据美国麻省理工学院供应链管理专家大卫·辛奇－利维（David Simchi-Levi）对 108 家总部位于美国的跨国公司最新调查显示，有 14% 的跨国公司明确打算将部分离岸（offshoring）制造业迁回美国本土，1/3 的企业表示正在考虑为制造业回岸（reshoring）采取措施，因为美国本土生产不仅总体生产率更高，而且还能够带来更快速的市场反应时间，以及运输费用的降低。

■ 本章小结

运营战略理念在企业长期决策中扮演着重要的角色。开发企业的运营战略，就意味着在企业产品和服务的生产和交付上有效地增值。价值有多种形式，因此企业管理者就必须将运营战略与企业其他职能部门的职能战略加以整合，并与企业的总体战略保持一致。

经济全球化和技术发展导致了当今的超竞争市场环境，管理者必须随时寻找更新的、更具创造性的战略，以保持企业的竞争优势。为了适当地实施这些战略，管理者要清楚地界定企业核心能力，并将企业资源集中在维持和提高这些核心能力上。

如今成功的企业谋求将产品和服务融合起来的战略，尝试着为客户提供"增值服务"，即为客户提供解决方案而不仅仅是售出产品。

■ 复习思考题

1. 描述竞争力的含义。
2. 构建运营战略的不同类型的竞争优势要素有哪些？不同经济时代的竞争优势要素有何变化？
3. 请描述最适合各个竞争优势要素的市场特征。
4. 订单资格要素与订单赢得要素之间有何区别？两者之间的关系是如何随时间变化的？
5. 解释企业核心能力的概念。
6. 如何理解客户活动生命周期与企业获得市场竞争优势的关系？
7. 用你的观点分析商学院有无竞争优势要素？
8. 为什么那些世界级企业的"正确的"运营战略总是持续地在改进？
9. 如何理解"制造业进入了信息时代"？
10. 请描述一次长途飞行的客户活动生命周期，如何才能使乘客的旅程更加便捷？
11. 对于以下的产品和服务来说，你认为哪种信息可以为客户增值：
    （1）二手车；
    （2）坐落在异国城市的宾馆；
    （3）巡逻艇；
    （4）大学。
12. 请描述哪种类型的服务可以使下列商品更能够吸引消费者：
    （1）套装；
    （2）二手车；
    （3）个人电脑；
    （4）水果和蔬菜。
13. 请指出下列项目的订单资格要素和订单赢得要素：
    （1）选择出行的航空公司；
    （2）选择购买杂货的超市；
    （3）购买一部移动电话；
    （4）挑选一家度周末的餐厅。

■ 互联网练习

登录麦格劳－希尔公司主页（www.mhhe.com/pom），浏览几家企业，主要是了解各家企业的竞争优势要素。然后，说出各家企业的主营产品及其相应的竞争优势要素。

■ 案例分析 2-1

沃尔玛：为你省钱，让你生活更美好

1962年零售业传奇人物山姆·沃尔顿以"沃尔玛"（Wal-Mart）为名在美国阿肯色州创立了第一家沃尔玛折扣百货店。山姆·沃尔顿1918年出生在美国阿肯色州的一个偏僻小

镇，1940年获得密苏里大学经济学学士学位，1942年作为预备役军官训练团员应征入伍，1945年二战结束后回到家乡，加盟本·富兰克林杂货连锁店，专卖5～10美分的商品，开始尝试直接向制造商进货，这样可以节省约25%的费用，零售价也随之得以降低。由于加盟连锁店合约到期，1951年山姆·沃尔顿全家搬到美国阿肯色州的一个只有3 000人口的农村边远小镇，离最近的城镇罗杰斯也有10公里，在这里买下了一家名叫哈里逊的杂货店，并命名为"沃尔顿5～10美分商店"。经过十来年不断探索，1962年7月2日，第一家沃尔玛折扣百货店在罗杰斯城开业，第一次打出"沃尔玛"品牌和"天天低价"的口号："为普通百姓节省每一分钱，使他们能与富人一样生活得更美好（Save money, live better!）"，推行"一站式"购物理念（one-stop shopping）。

沃尔玛承诺每一位顾客可以在最短的时间内以最低的价格最快的速度购齐所有需要的商品，顾客在沃尔玛购买的任何商品如果觉得不满意，都可以在一个月内退还商场，并获得全部货款。在沃尔玛顾客永远无须等待降价，沃尔玛认为价廉物美的商品就是最好的广告，每年只在媒体上做几次广告，大大低于一般的百货公司每年50～100次的水平，沃尔玛很少做广告。据调查显示（见表2-4），全美零售业排名第一的沃尔玛的广告投入占销售收入的0.5%，而排名第三的西尔斯是3.8%。沃尔玛不希望顾客买1美元的东西，就得承担20～30美分的宣传、广告费用，那样对顾客极不公平。

表2-4　沃尔玛及主要竞争者在2013年度《财富》世界500强排名与主营业务收入

	世界500强排名	营业收入（百万美元）	净利率（%）	资产收益率（%）
沃尔玛（Wal-Mart）	2	469 162.00	3.6	8.4
塔吉特（Target）	113	73 301.00	4.1	6.2
西尔斯（Sears）	262	39 854.00	−2.3	−4.8
梅西百货（Macy's）	419	27 686.00	4.8	6.4

资料来源：http://money.cnn.com/magazines/fortune/fortune500/2013/，Issue date: July 8, 2013.

现在沃尔玛的零售业态主要分为四种：折扣百货店、山姆会员店、购物广场和社区店。

（1）折扣百货店。现在的沃尔玛折扣百货店，相当于普通折扣店300～2 000平方米的面积，卖场面积平均9 300平方米，并力图为顾客提供品种较齐全的商品及部分食品。作为沃尔玛核心业态之一的折扣百货店业务，占到沃尔玛总销量的65%和利润的87%。

（2）山姆会员店。沃尔玛第一家山姆会员店1983年成立，是以创始人名字命名的会员制大型仓储式购物商店，面向小企业或需要大量购买的顾客，通过缴纳一定的会员费，然后根据一次性消费额或多次累计消费额享受不同的价格折扣。营业面积超过1万～3万平方米，主营商品上万种，其中，食品（主要包括水果、蔬菜、鲜肉、牛奶制品、冷冻品、罐头、粮食制品、饮料、小吃、甜食和酒类等）占40%～50%，非食品（主要包括家电、办公用品、体育用品、日用品、家具、家庭装饰品、纺织品、玩具、工具和园艺品等）占50%～60%。

（3）购物广场。沃尔玛第一家购物广场1988年成立，与折扣百货店一样，购物广场也是针对低收入家庭阶层消费者，营业面积超过1万～5万平方米，以"天天平价"为基础，追求"一站式"购物理念，并为顾客提供了一种独特的大卖场购物体验。

（4）社区店。沃尔玛第一家社区店1999年成立，是对前三种零售业态的一种补充，以社区内的常住人口为服务对象，主要是针对中上层家庭消费者，坚持"便利、优质、平价"的经营宗旨，但又区别于沃尔玛购物广场和山姆会员店，营业面积平均4 000平方米左右，最大的也不过5 000平方米。

沃尔玛在商店网点的选择上，以方便顾客购物为首要考虑因素。发展初期，沃尔玛重点聚焦在被塔吉特、西尔斯等其他零售商所不屑一顾的小城镇这个细分市场上,从明尼苏达到密西西比,从南加州到俄克拉荷马,沃尔玛无所不在。只要哪座偏远乡村小镇缺乏廉价商场,沃尔玛就在哪里开业,这样,沃尔玛得以在一个有需求、缺竞争、低成本的环境中悄然成长。在小镇取得成功之后,沃尔玛开始逐步扩展到城市去。1983年已是零售业区域霸主的沃尔玛开始"农村包围城市",选择城乡结合部进军全美市场。随着城市的不断外扩发展,这些城乡结合部逐渐成为城市的主要区域,沃尔玛也就以较低的成本实现了"农村包围城市",同时,沃尔玛并未放弃小城镇定位,仍然把小镇作为自己发展的"根据地"。1990年沃尔玛终于超过了百年老店西尔斯,成为全美第一大零售商。

1991年沃尔玛开始进军海外市场,1992年沃尔顿荣获美国自由勋章,却在同年4月5日与世长辞,但随着沃尔玛业务在全球拓展,沃尔玛的平民精神依然在不同的国家和文化中得以传承(见表2A-2)。首家沃尔玛商场经理回忆道:"沃尔顿先生要求我们重视每一分钱的价值,从来不允许我们商品价格虚高。比如一件商品的售价定为1.98美元,但实际上我们只花了50美分。他会纠正道,'不对,我们只付了50美分,那么我们只需在此基础上增加30%出售就可以了。无论我们得到多少利润,都要将它转移给我们的顾客。'当然,这是我们应做的。"

经过50多年的发展,沃尔玛已经成为美国最大的私人雇主和世界上最大的连锁零售商,并于2002年开始八次荣登《财富》世界500强榜首及当选"最受尊敬企业",如表2-5所示。截至2013年1月31日,沃尔玛(纽交所:WMT)在全球开设了超过10 700家商场,员工总数220多万人,分布在全球27个国家和地区,每周光临沃尔玛的顾客2.45亿人次。

表2-5 沃尔玛50年的发展状况

年份	营业收入(万美元)	利润(万美元)	开店数(个)
1962	70	—	1
1968	2 137	61	27
1970	4 429	165	38
1978	90 030	2 945	229
1979	1 248 00	4 115	276
1988	2 064 900	83 722	1 364
1998	13 052 200	439 700	3 591
2008	40 560 700	1 340 000	7 873
2012	46 916 200	1 699 900	7 873

沃尔玛物流配送成本占销售额2%,是竞争对手的50%,而物流成本占整个销售额一般都要达到10%左右,有些食品行业甚至达到20%或者30%。沃尔玛物流配送中心一般设立在100多家零售店的中央位置,运输的半径既短又均匀,基本上是以320公里为一个商圈建立一个配送中心。沃尔玛各分店网点的订单信息通过沃尔玛的高速通信网络传递到配送中心,配送中心整合后集中向供应商订货,从牙膏到电视机,从卫生巾到玩具,应有尽有,商品种类超过8万种。沃尔玛的配送中心平均面积超过11万平方米,相当于24个足球场那么大。供应商将商品送到配送中心后,整包装的商品将被直接送上传送带,零散的商品由工作人员取出后,也会被送上传送带。商品在长达几公里的传送带上进进出出,通过激光辨别上面的条形码,把它们送到该送的地方去,传送带上一天输出的货物可达20万箱。对于零散的商品,传送带上有一些信号灯,有红的、黄的、绿的,配送中心的一端是装货平台,可供130辆卡车同时装货,在另一端是卸货平台,可同时停放135辆卡车。配送中心24小时不停地运转,平均每天接待装卸货物的卡车超过200辆。沃尔玛用一种尽可能大的卡车运送货物,大约有16米加长的货柜,比集装箱运输卡车

还要更长或者更高。在美国的公路上经常可以看到这样的车队，沃尔玛的运输卡车都是自己的，司机也是沃尔玛的员工，他们在美国各个州之间的高速公路上运行，而且车中的每立方米都被填得满满的，这样非常有助于节约成本。沃尔玛的运输卡车全部安装了卫星定位系统，每辆车在什么位置、装载什么货物、目的地是什么地方，总部都一目了然。因此，在任何时候，调度中心都可以知道这些车辆在什么地方，离商场还有多远，他们也可以了解到某个商品运输到了什么地方，还有多少时间才能运输到商场。灵活高效的物流配送使得沃尔玛在激烈的零售业竞争中技高一筹。沃尔玛可以保证，商品从配送中心运到任何一家商场的时间不超过48小时，沃尔玛的分店货架平均一周可以补货两次，而其他同业商场平均两周才能补一次货；通过维持尽量少的存货，沃尔玛既节省了存贮空间又降低了库存成本。

苹果公司总裁乔布斯曾说过，倘若全球的IT企业只剩下两家，那将只有戴尔和沃尔玛。沃尔玛正是利用贯穿供应链的高效信息系统取代了持有大规模库存以支撑庞大物流配送体系的需求，帮助世界各地的人们随时随地都能节省开支，生活得更好，无论是在零售店、网络以及通过手机等，每周超过2.45亿名消费者和会员光顾沃尔玛在27个国家和地区拥有的69个品牌下的10 700多家分店以及遍布10个国家和地区的电子商务和移动商务网站。1987年沃尔玛的商用卫星网络完成，这是美国最大的私有卫星系统。从1990年年初开始，沃尔玛就开始强制供应商与其进行信息系统对接，2004年，沃尔玛要求其前100家供应商，在2005年1月之前向其配送中心发送货盘和包装箱时使用无线射频识别（RFID）技术，2006年1月前在单件商品中投入使用。2012年4月，沃尔玛则推出了网购现金支付系统，允许消费者网上下单购买商品，然后在附近的沃尔玛实体零售店进行支付。沃尔玛借助自有的卫星通信系统和RFID技术，很便捷地实现了企业内外部信息系统的全球联网，使得全球10 700多家商场可在一小时之内对每种商品的库存、上架、销售量全部盘点一遍；使得沃尔玛能与供应商每日交换商品销售、运输和订货信息，实现商场的销售、订货与配送保持同步。沃尔玛每家商场通过收款机激光扫描售出货物的条形码，将有关信息记载到计算机网络当中。当某一货品库存减少到最低限时，计算机就会向总部发出购进信号，要求总部安排进货。总部寻找到货源，便派离商场最近的配货中心负责运输路线和时间，一切安排有序，有条不紊。商场发出订货信号后36小时内，所需货品就会及时出现在货架上。

讨论题

1. 这个时代像沃尔玛这样的大型零售商的企业使命是什么？
2. 沃尔玛成功的企业总体战略和竞争战略分别是什么？
3. 沃尔玛是凭借怎样的运营战略在全球大型零售市场中获取竞争优势的？
4. 沃尔玛的订单赢得要素在哪里？

第3章

供应链战略

 学习目标

- 介绍了企业供应链与供应链管理的基本概念,并揭示了供应链管理的发展演变历程及其发展趋势。
- 讨论了技术对企业供应链的影响。
- 讨论了供应链中牛鞭效应。
- 深入讨论了基于功能模式与基于产品不确定性的供应链战略。
- 阐明了成功构建供应链战略的必要条件。
- 指出了供应链中物流的角色。
- 给出了在途库存成本的定义,并揭示了其对运输方式选择决策的影响。

 引 例 伟创力国际:从代工商到全球供应链整合者

作为消费者,或许没有多少人知道伟创力国际(Flextronics International Ltd, NASDAQ: FLEX),然而,几乎所有的电子消费者每天都在接触伟创力国际产品,从通信设备到汽车电子,从医疗仪器到工业产品,从移动通信到电子消费,伟创力国际供应链遍及人们日常生活的各行各业。

伟创力国际是全球第一大电子合约制造服务商(EMS),名列《财富》世界500强,2012年营业收入是236亿美元。自2008年金融危机以来,伟创力国际的股票市值已经从低谷上升了409.75%,市场资本总值500多亿美元,市盈率为19.85倍,员工超过20 000人。

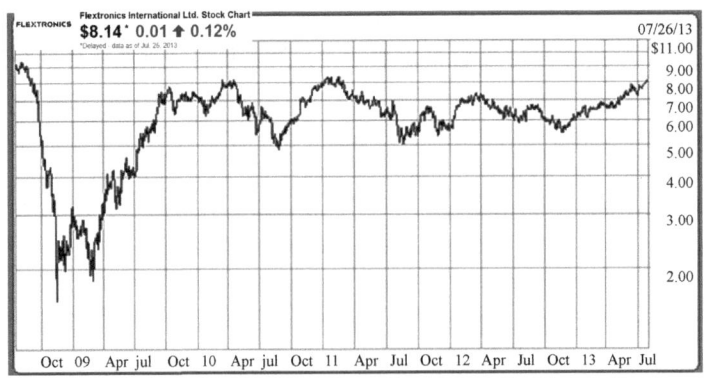

资料来源:http://www.nasdaq.com/symbol/flex/real-time, 2013/07/26.

随着电子制造服务行业在全球迅速发展,伟创力国际已成为全球杰出的供应链整合者,为全球领先的原始设备生产商（OEM）和原始设计生产商（ODM）创造定价优势和供应链竞争力。伟创力国际在全球五大洲30多个国家和地区中拥有功能完善的制造基地和物流设施网络，以满足跨国以及区域性OEM和ODM客户不断增长的外包需求，并在提高产品上市速度的同时控制合理的预算，在关键地区，将供应商安排在工业园制造和物流设施的周边，以提高物流效率，缩短周转时间并降低运输和产品成本。为实现核心业务规模经济的最大化，2007年6月1日，伟创力以36亿美元收购了全球第三大电子合约制造服务商旭电公司（Solectron Corp.），旭电公司凭借先进的制造技术、快速反应市场的能力、低生产成本以及有效利用资源的竞争优势，与OEM和ODM客户建立了密切无缝的合作关系。旭电公司也是唯一一家两度获得马尔科姆·鲍德里奇国家质量奖（Malcolm Baldrige National Quality Award）的电子制造服务企业，这足以证明旭电供应链对产品卓越品质的不懈追求。

通过提供包含全面设计、制造以及物流服务在内的完整、可靠的全球供应链服务解决方案，伟创力国际始终保持着业界的领先地位，成为全球领先企业理想的合作伙伴，2012年伟创力国际47%的净销售收入来自前10大客户，包括苹果、思科、福特、惠普、爱立信、华为、联想、微软等。其中，福特汽车公司于2013年6月20日授予伟创力国际"世界杰出供应商"（WEA）奖，这是享有美国三大汽车巨头之一美誉的福特汽车公司，每年在全球近千家汽车零部件供应商中综合评选出的当年的"世界杰出供应商"奖。

资料来源：Malcolm Baldrige National Quality Award-Profiles of Award Recipients.（http://www.quality.mist.gov）；2013 Flextronics Annual Report（http://www.flextronics.com/）；http://www.nasdaq.com/symbol/flex/，2013-07-24.

21世纪的竞争不是企业和企业之间的竞争，而是供应链和供应链之间的竞争。这主要是源于以下的原因：首先，互联网的持续发展和快速普及，全球电子商务和移动商务的广泛应用，给企业带来了以创新和动态变化为特征的超强竞争环境，今天的任何一个顾客，无论在家里、办公室、路上……，都可以随时随地通过全球电子商务和移动商务，弹指之间从世界每个角落在线购买产品，这就大大加剧了企业动态竞争，迫使企业寻找新的竞争优势，实现企业可持续发展。其次，在全球气候变暖、自然资源日益短缺、全球主权债务危机笼罩、自然灾害肆虐的发展环境下，今天的企业为了可持续发展，为了能够对变化莫测的市场需求作出快速反应，企业需要把资源集中在核心竞争力上。为了拥有核心竞争力，企业外包自身的非核心业务，在所产出的产品以及所提供的服务中所外购的比例比以往更多。比如在很多情况下，原材料的采购成本要占到销售成本的60%，甚至更高。因此，现在的企业更加依赖于其供应商，需要与供应商建立起长期的合作伙伴关系。此外，随着全球物流速度，特别是运输与配送速度不断地提高，现在的企业有能力将其供应链延伸到全球任何角落。

为了适应日趋复杂的市场环境，企业正面临着不断降低库存的压力，这也进一步加剧了企业对其供应商的依赖程度。为了能够降低库存，企业引入了诸如寄售库存和供应商管理库存（vendor-managed inventory, VMI）或供应商管理库存（supplier-managed inventory, SMI）等库存管理方式，这些都将在本章中进行详细的讨论。

随着网络信息技术的发展，借助于先进的网络信息技术工具，使得企业对供应链管理更加得心应手，包括电子数据交换以及企业对企业电子商务平台等。同时，供应链管理对于企业的重要作用日趋加强，也使得传统的采购观念受到了巨大的冲击。传统上，采购部门与供应商之间只是一种单纯的交易关系,而在供应链管理环境下,这种传统意义上的交易关系正转向亲密的合作关系,很多企业正把与供应商建立密切无缝的合作伙伴关系提升到了支撑企业取得长期成功的战略地位上。历史悠久的宝洁公司(Procter & Gamble),经过170多年的洗礼,发展成为全球最大的利用专有设备生产洗涤剂、美容用品等消费日用品生产商。2003年之后,宝洁通过不断外包非核心制造业务,成功转型为一个由众多供应商支持的致力于创造和建设品牌的产品集成商,2012财年,宝洁公司年销售额近840亿美元,其中年销售额超过10亿美元的品牌达到25个,包括玉兰油、帮宝适、护舒宝、汰渍、飘柔等美容美发、居家护理、家庭健康用品等品牌。

3.1 供应链管理的定义

图3-1所示的是构成企业供应链的主要成员,即围绕核心企业将其供应商、分销商直到最终客户联结而成的网链结构。其中,涉及从供应商采购直到向企业供货的物流网链,被称为内向物流。而当企业将采购的产品或服务等投入通过增值转换之后,涉及将最终的有形产品和无形服务发送到分销商乃至最终客户手中的物流网链,被称为外向物流。

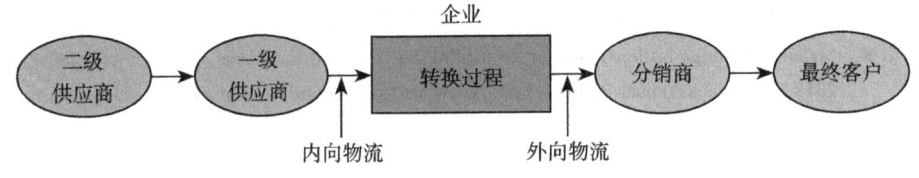

图 3-1 企业的供应链

广义而言,供应链可以定义为"为有效地满足最终客户的需要,而将涉及产品或服务提供给最终用户活动的上游与下游组织所形成的一个整体的网链结构"。这里,供应链从原材料开始,直至最终产品发送到最终客户或最终消费者手中。举例来说,若最终产品是一套红木家具,那么供应链将从最下游的最终客户往前追溯,包括:①为最终客户提供红木家具的零售商;②运输公司;③红木家具制造商;④红木家具生产工具的提供商;⑤木材公司。再如,若最终产品是超市中的金枪鱼刺身,那么供应链包括:①超市;②运输公司;③金枪鱼刺身加工商;④金枪鱼供应商即金枪鱼渔民。

不同企业的供应链结构差别很大,甚至对于同一个行业的不同企业而言,也是如此。此外,就对供应链控制的深度和广度而言,不同企业差别也很大。就拿上述所举的一般超市中金枪鱼刺身的供应链,与坐落在美国加利福尼亚州伯克利历史悠久的施本格海鲜馆(Spenger's)的金枪鱼刺身的供应链相比,以往施本格海鲜馆的金枪鱼等各种刺身鱼都是由施本格的渔船自行捕捞并自行加工成金枪鱼刺身的(施本格海鲜馆创始于1890年,1994年在最后一个渔夫退休后卖掉了渔船,现在,它是从中间商或与海鲜馆有合作关系的渔夫那里采购金枪鱼)。

再譬如亨利·福特为了支持设在密歇根州底特律的 River Rouge 大型汽车制造厂,曾经在铁矿、森林、煤矿,甚至在航行于大湖(Great Lakes)运输原材料的货船上都投过巨资,在巴西还投资了250万英亩的橡胶种植园。福特的资本运作目标是控制整个供应链——后来意识到这是不可能的!因为就供应链而言,控制得越广越宽,纵向一体化程度就越高;换言之,与单纯制造与装配汽车的企业相比，福特汽车公司的运营是高度纵向一体化的。而这种基于产权交易与资本运作的高度纵向一体化管理模式，在变幻莫测的市场需求环境下，使得企业管理成本急剧上升，却难以瞄准市场机会和客户需求并作出快速反应。所以，福特汽车需要把资源集中在核心竞争力上，将其核心业务"轿车和卡车制造与装配"之外的其他相关非核心业务进行外包，以虚拟一体化来代替纵向一体化，与供应商建立起长期的合作伙伴关系。

综上所述，企业与供应商之间的合作能力已成为供应链管理的一个重要部分，从而使得供应商能够为企业提供高质量而且价格上也很有竞争力的原材料和零部件。客户与供应商关系的紧密程度在很多方面因供应链类型而异。采用供应链管理来取代以往的企业内部的物料管理或采购管理，这也反映了企业高层管理者对供应商在企业长期成功中所起到的战略作用的认可。今天全球互联网上80%的信息流量是经由思科公司（Cisco）的路由和交换等产品传递的，自1990年上市以来，思科年销售收入已从6 900万美元上升到2012财年的461亿美元，思科在全球范围内建立了工厂，在全球范围内的员工超过了66 600名，然而，思科坚持"如果我们不擅长某件事，我们有硅谷，那是我们的实验室"；倘若觉得自己被对手甩得太远，没有时间从零开始生产某种产品，那么就把目光放到合作伙伴那里。思科自己只保留了25%的生产能力，其余75%的产品生产与交付都外包给了供应商，思科与主要供应商建立了紧密的合作伙伴关系，因而客户无法区分哪些产品是思科的工厂生产的，哪些产品是思科供应商制造的。

3.2　供应链管理的发展过程

供应链管理的概念自20世纪80年代末提出以来，已发展成为一种新的管理理论。在供应链管理的萌芽阶段（20世纪80年代之前），传统的管理理论认为若企业的三大主要职能之一运营职能的转换过程即企业的技术核（technical core），可以从动态多变的、不确定的外部环境中最大限度地分离或缓冲出来，那么企业运营效率就可以大大提高（见图3-2）。

为了将企业的技术核从供应商和客户中分离出来，企业建立了大量的原材料与产成品库存，如图3-2a所示。通过库存缓冲，一方面大大提高了企业运营效率，但同时也使得企业的技术核对市场变化的反应速度降低了。企业不能够快速响应顾客需求和偏好等的主要原因在于，企业在为顾客提供新产品之前，必须先消耗完所有的原材料和产成品库存。

在这种运营环境下，企业很容易与供应商产生对抗关系。企业每一个采购项目都面向多个供应商招标，让这些供应商之间相互压价，这样企业就可以获得最低的采购价。由此可见，价格是供应商中标而获取合同的主要标准。因此，中标的供应商非常清楚这种合作关系只是短期的，对下一次招标的成功并没有多大的作用，故只会相应地根据客户合同要求投入一定的资金与时间，而不会考虑长期的投资。正由于供应商与企业之间这种短期的合作关系，导致双方没有激励去共享信息。在这种情况下，制造型企业的采购活动通常是由运营主管负责的，目标就是以最低的价格采购原材料和零部件。

在供应链管理的初级阶段（20世纪80年代末），随着消费市场由卖方市场转向买方市场，消费市场需求变化多样，为了对顾客需求作出快速的反应，企业需要导入JIT理念，与供应商紧密合作，大大降低库存，甚至消除以往建立的缓冲库存，如图3-2b所示。

准时制生产方式（JIT）是由日本丰田汽车公司首创的，主张通过不断减少原材料和在制品库存来暴露管理中的问题，找出这些问题的根源，并采取相应措施解决这些问题，从而不断消除浪费。然而，采用 JIT 方式的企业必须要求与其供应商建立较密切的合作关系（参见"运营实践 3-1：供应商的火灾导致丰田停产"）。

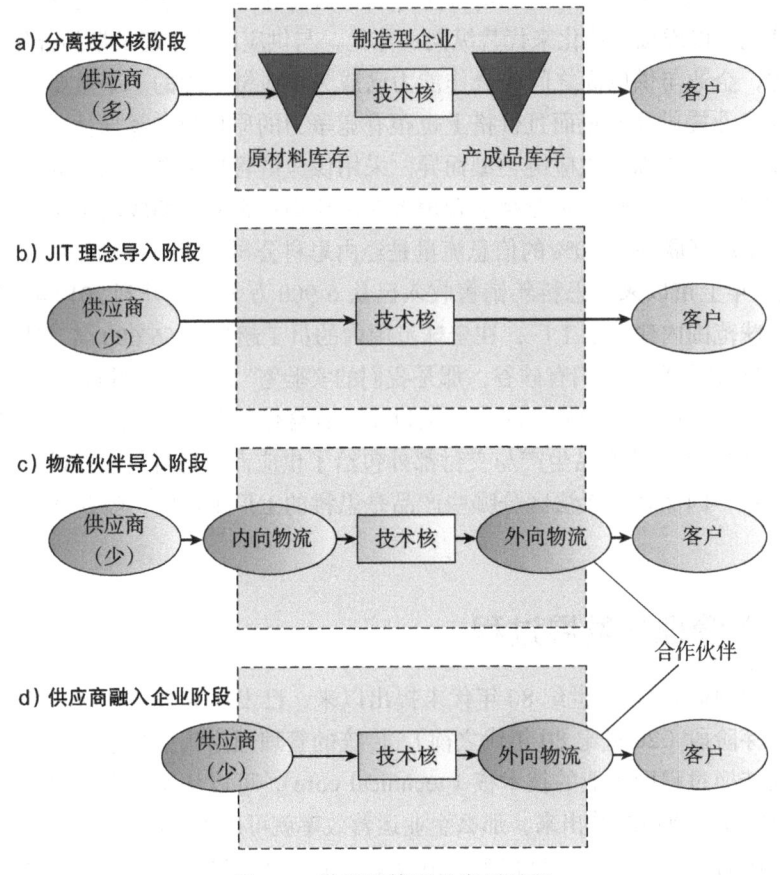

图 3-2　供应链管理的发展过程

在供应链管理的形成阶段（20 世纪 90 年代初～21 世纪之初），继导入 JIT 理念之后，供应链管理发展到将企业所有的运输与配送功能外包给第三方物流公司的阶段，如图 3-2c 所示，这就产生了第三方物流（third-party logistics, 3PL）与无缝物流的概念（以前，企业需要面向多个运输公司谈判，并以价格为主要选择标准），也促进了第三方物流市场的蓬勃发展，图 3-3 正揭示了 1996～2012 年美国第三方物流市场的发展。

举例来说，2013 年全球第三方物流 50 强位于美国威斯康星州绿湾的施耐德物流公司（Schneider Logistics），在 1996 年秋天，就与全世界最大的轻型和中型工程机械制造商和经销商凯斯公司建立了长期合作关系。根据合作协议，施耐德物流公司承包了凯斯公司以前与全球约 2 000 家物流公司合作的内向物流业务，以及将 40 000 套设备运往全球约 150 个国家的外向物流业务。2012 年施奈德物流公司营业收入达 35 亿美元，在全球拥有 1 400 多个办事处，拥有超过 9 600 台货车，并能动用外部契约合作伙伴车辆 14 400 多台，业务遍及北美、欧洲、亚洲和拉丁美洲，在《财富》世界 500 强中，有超过 2/3 的企业是施耐德物流公司的客户，包括沃尔玛、福特汽车、通用汽车等。

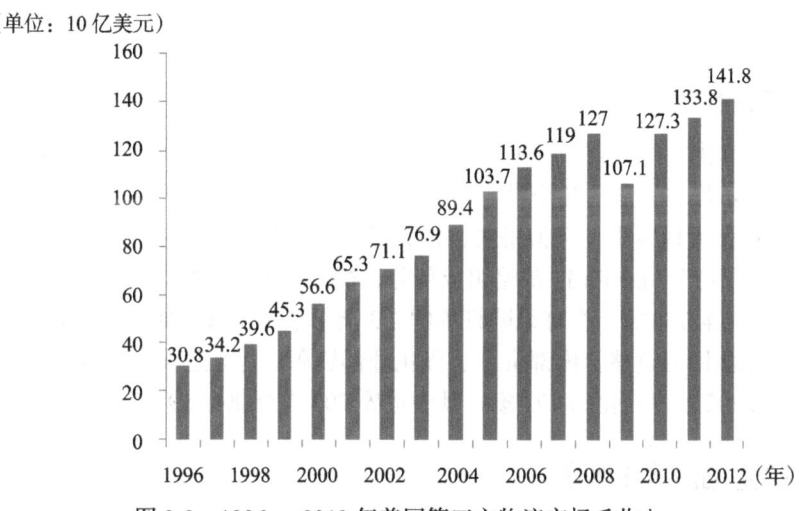

图 3-3　1996～2012 年美国第三方物流市场毛收入

资料来源：2012 3PL Market Analysis and 2013 Predictions Report, Armstrong & Associates, May 2013.

进入 21 世纪以来，供应链管理进入了全面发展阶段，为了获取供应链快速反应能力、客户化定制能力、与最终需求同步的供应柔性等，供应链管理发展到通过虚拟整合将供应商融入企业阶段，视供应商为企业的一部分，不仅让供应商参与早期产品开发和产品设计，而且供应商的员工到企业现场进行工作。戴尔公司的虚拟整合与后文中关于德国大众汽车公司设在巴西的新汽车装配厂的案例都是很好的例子，如图 3-2d 所示。

戴尔公司是按订单定制（built-to-order-only），客户定制的既可能是台式机，也可能是笔记本电脑或服务器，既可能只订 1 台，也可能是 10 台或 100 台。通过全球供应链网络，戴尔和上游配件供应商组建了虚拟企业，每一个供应商变成了戴尔的一个零部件供应部门，互相之间联系很紧密。当戴尔在线接到客户定制订单，在线配置中心会把整张定制订单分解成一张张的零部件采购订单，迅速在线（Valuechain.dell.com）发给配件供应商，各个配件供应商在线接收到订单，马上会组织零部件生产，在指定的期限内发货给戴尔，收到所有零部件，戴尔只需要在生产线进行组装，便可以把客户定制的成品直接运送到客户手上，而这些零部件在戴尔停留的时间只有几个小时，但是戴尔生产线定制化程度却很高，很可能前一台和后一台都不一样，每一个批量也许就是一台。

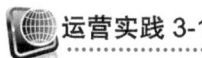
运营实践 3-1

供应商的火灾导致丰田停产

日本丰田汽车装配所需的刹车阀 99% 是由日本 Aisin Sekei 株式会社供应的。丰田公司采用的是准时生产制，每个汽车装配厂的刹车阀库存仅供 4 小时装配。1997 年 2 月 1 日，一场大火烧毁了 Aisin Sekei 株式会社的制造设备，丰田公司因此被迫停掉了 20 个日产出量为 14 000 辆的汽车厂。尽管许多专家预测 Aisin Sekei 株式会社需要几周时间才能恢复生产，而丰田公司却在 5 天后就恢复了生产，这要归功于丰田其他供应商整日整夜地为丰田公司赶制刹车阀。

2011 年 2 月 15 日上午 9：50，丰田公司生产混合动力车 Prius 的日本 Aichi Tsutsumi 工厂发生了一场起火事故，而此次丰田公司在 5 小时后就恢复了生产。

资料来源：Valerie Reitman, *The Wall Street Journal*, May 8,1997, p. A1. Copyright ©1997 by Dow Jones & Co., Inc. Reproduced with permission.

3.3 供应链管理发展趋势

3.3.1 供应商数目的减少

很多企业在其供应链计划中都大大减少了供应商的数目。当今的管理者认为，与其拥有很多供应源，还不如与固定的几个供应商建立长期可信赖的合作关系。很多国际知名企业的供应商数目都在大大地减少，但值得关注的是这些企业所提供的产品种类却是更加多样化。作为全球"一个福特"（one ford）战略组成部分，福特汽车将其全球范围内的供应商数目从先前的 3 000 家削减至 750 家，全球采购订单的 2/3 交给福特首选零部件供应商（preferred parts suppliers）。海尔集团通过整合内部资源、优化外部资源，建立起强大的全球供应链网络，供应商由原来的 2 200 多家优化到 721 家，其中世界 500 强企业有 59 家。

3.3.2 产品生命周期的缩短

正如沃尔玛全球总裁兼首席执行官斯科特（Lee Scott）所言，沃尔玛的市场就是全世界。随着电子商务和移动商务的应用普及，全球物流配送系统的迅速发展，跨地区、跨国界网络交易行为的边际成本趋平，任何一家企业都将面临国际化、全球化市场竞争，企业为了获取市场份额和竞争优势，必须不断推出新产品，从而引起产品生命周期相应地缩短。为了适应动态多变的市场需求而快速地推出新产品，企业需要能够快速地转换新产品需求的柔性运营方式，而柔性也能够通过赋予供应商更多的责任而获得。

3.3.3 供应商管理库存的增加

为了降低采购交易成本和监视成本，现在许多企业开始采用一种称之为供应商管理库存（supplier-managed inventory, SMI）的管理方法，也称之为供应商管理库存（vendor-managed inventory, VMI）。这种管理方法有时被称为"面包商法"。这一术语来源于商业面包房，这些面包房的面包商或销售商需要确定发送到每个面包零售点的面包数量，并且负责把面包放到零售点的货架上。如果有面包没有卖出，零售点可以全部退回没有卖出的面包，并按实际售出的面包数量结账。

在供应商管理库存中，企业首先需要确定每种物品的最高库存以及最低库存水平，然后，再授权予供应商，确定如何及时补充这些物品的库存。此外，供应商还可以直接参与到企业的生产现场，直接确定需要及时补充的库存数量，这样企业就可以取消仓库了。而且在供应商管理库存方法下，供应商是不依赖于企业的订单而直接进行库存管理的，故下单、跟单、催单、收货等订单管理工作也大大减少了。同样，有关收货验货的工作、将物品从仓库发送到生产现场的工作以及相关工作人员都大大减少了。

尽管如此，在供应商管理库存实践中，强势企业很容易通过设定过高的库存水平上限和下限，将库存的压力转移给供应商，迫使供应商承担更多的风险。

3.3.4 寄售库存的增加

近几年来，企业的资产管理越来越受到重视，资产管理的绩效是用资产回报率来衡量的，许多企业管理者的薪酬多少都与资产回报率直接相关。在资产负债表中，库存被视为资产类，即库存越少，则资产回报率越高。因此，为了减少库存，同时又不影响企业的生产运营以及及时交货给客户，企业开始普遍采用一种新型库存管理方式——寄售库存。寄售库存是企业物理意义上的库存，但实际上仍由供应商拥有库存，所以寄售库存在企业的资产负债表中并不作为资产出现。直到企业将这些寄售库存真正用于最终产品的生产时，其所有权才转移到企业。但此时，最终产品几乎马上就要运抵顾客手中了，因此，通过寄售库存方式，企业可以把维护库存的财务负担转嫁给上游的供应商。寄售库存方式也被应用于服务业中，一些像超市等零售商直到把制造商的产品卖到了最终顾客手中后才付给制造商的货款。

通过寄售库存方式，戴尔供应链的物流速度非常快。在戴尔供应链中，戴尔需要什么零部件就直接下订单给供应商，供应商要按戴尔的订单要求，把自己的零部件转移到第三方物流仓库，这个零部件到了戴尔生产线上才进行产权交易，之前的库存所有权都属于供应商的。戴尔根据客户定制订单确定生产计划，并将数据传递给本地供应商，让其根据戴尔的生产要求把零部件提出来放在戴尔工厂附近的第三方物流仓库，做好送货的前期准备。戴尔根据具体的订单需要，通知第三方物流仓库，通知本地供应商把零部件送到戴尔生产线上，戴尔生产线在八小时之内把成品组装出来，然后直接送到客户手中。

3.3.5　全球一体化供应链的优化

"全球化"下的世界正在变得越来越"平坦"！移动互联网技术如闪电般迅速地发展，使得全球的每个角落都在经历着全球化竞争，而且在可预见的将来，全球化竞争会越来越剧烈。因此，供应链相应地被延伸成了一个跨地区、跨国界的全球一体化的供应链，通过供应链合作伙伴（从供应商的供应商到客户的客户）之间的战略合作，充分利用世界不同地区在资源、技术和能力方面的竞争优势，不断对全球一体化供应链进行优化，从而不断地降低整个供应链成本，提高客户服务水平。

3.3.6　风险共享与降低供应链风险

开发新产品的成本越来越高，而产品生命周期正在不断地缩短，因此，新产品的风险也越来越大。为了降低财务资金风险，许多企业要求与供应商一起分担风险。大众巴西的新汽车厂就是与供应商共同承担风险的典型案例（参见"运营实践3-2：大众在巴西组建的与众不同的装配厂"）。

运营实践 3-2

大众在巴西组建的与众不同的装配厂

大众在巴西雷森德组建新的卡车与巴士装配厂，与全球其他汽车装配厂不同的是，大众巴西装配厂供应商的员工与大众的员工一起并肩工作，这种最新的供应链管理思想是大众的采购负责人何塞提出来的。因此，在大众巴西装配厂的1 000名员工中，只有200名是大众的员工，其他都是外包商雇用的员工，如供应发动机和传动器的曼哈姆-康明斯公司（MWM-Cummins），供应车轮悬挂装置的罗克韦尔公司（Rockwell）。

通过这一系列的变革举措，大众巴西希望能够提高卡车与巴士装配的生产率和质量。同时，大众巴西的供应商也分担了一定的创新风险，承担了相当一部分的固定运营成本。作为回报，供应商希望能够与大众建立起并维持长期的互利互惠的合作关系。

资料来源：Edvaldo Pereira Lima, "VW's Revolutionary Idea," *Industry Week*, March 17,1997, and Diana J. Schemo, "VW's New Plant Lean, or Just Mean?" *New York Times*, November 19, 1996.

大众汽车公司（VW）

如汤姆·索耶（Tom Sawyer）和他的篱笆画一样，何塞在巴西雷森德设计了大众新型的卡车厂，使大众从中获利匪浅。大众巴西装配厂也为供应商在厂中安排了工作岗位，由供应商派员工到装配线上参与卡车的装配。作为装配厂中的一小部分，大众的员工负责监督管理以及成车的检验工作。只有当卡车质量合格时，供应商才能获得货款。

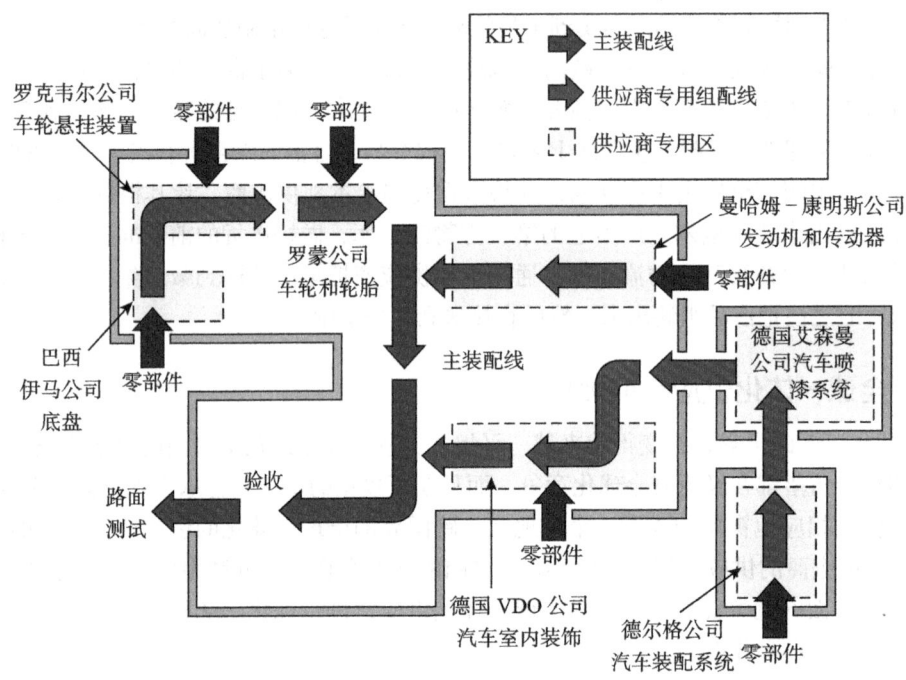

资料来源：Graphic from Diana J.Schemo,"Is VM's New Plant Lean, or Just Mean?" *New York Times*, November 19, 1996. Reprinted with permission.

3.4 技术对供应链管理的影响

技术的发展对供应链管理一直有着巨大的影响。电子数据交换（EDI）为制造商的数据库和供应商的数据库之间提供了直接的连接。此外，个人电脑的普及使得顾客可以直接与供应商系统进行沟通交流。譬如，联邦快递的顾客可以通过个人电脑直接订购上门取货和跟踪包裹的快递服务。

企业对企业电子商务是互联网中发展最快的一部分。电子市场和B2B市场的兴起是其快速发展的主要原因之一。B2B市场是一种把买家与卖家联系在一起的虚拟市场。通常，B2B市场集中在特定的行业或特定的产品类别上，买卖交易的对象主要是一些不上货架的产品。如美国通用电气电贸网将互联网作为采购平台，从而大大节省了美国通用电气公司的采购成本。电子市场使得逆向拍卖成为可能。当一个企业需要在电子市场中竞价采购物品时，便产生了逆向拍卖。逆向拍卖是以初始价起拍并随着时间推移潜在供应商报价逐次降低，直到竞价底线或只剩下最后一个供应商（即最低报价的供应商），这个供应商获胜并取得企业整批物品采购的订单。在逆向拍卖过程中，任何时刻的任何一个竞价者都有可能出到最低价，从而获得这份订单合同。逆向拍卖的主要问题在于它通常是一锤子买卖，难以与供应商建立长期的合作关系。

无线射频识别技术（radio frequency identification, RFID），也称为电子标签技术，能够通过无线电波识别和追踪供应链物流的货物并读写相关物流数据信息。RFID 标签类似于条形码，不同的是：条形码必须近距离地逐个扫描，通常是手工扫描，而 RFID 标签并不需要处在 RFID 识别器范围之内，RFID 识别器能够同时自动识别读取多个 RFID 标签；由于条形码的载体是纸张，通常是贴在外包装塑料袋、纸盒或纸箱上，很容易受到污染和折损，而 RFID 标签对水、油和化学药品等物质具有很强的抵抗性，同时，RFID 标签是将数据存储在芯片中，RFID 标签在读取上则不受尺寸大小与形状限制，不需要像条形码那样为了读取精确度而配合纸张的固定尺寸和印刷品质，因此，RFID 标签呈体积小型化、形状多样化发展；由于 RFID 标签承载的是电子信息，其信息内容可以经由密码保护，使信息内容不易被伪造及变造。一维条形码的容量是 50 个字节，二维条形码最大的容量可储存 2～3 000 字节，而 RFID 最大容量有数兆字节，随着记忆载体的发展，数据容量还有不断扩大的趋势。

随着移动技术的发展和移动设备的普及，移动商务（m-business）环境下的供应链管理实现了 3A 化（Anyone-Anywhere-Anytime），即任何一个供应链最终用户都能够随时随地利用移动终端提交信息，经由移动通信服务商传输给集成运营商，再由集成运营商对这些信息进行超空间地实时处理，并将处理好的信息通过互联网发布到移动供应链管理平台上。任何一个供应链成员企业都能够随时随地将需要发布的信息提交到平台，再由平台传输到互联网上，集成运营商接收到信息后，进行超空间地实时存储、转化和分离，最后再把分离的信息发送到最终用户的移动终端上。

与此同时，通过先进信息技术和移动技术的使用，在很多情况下，也为供应商提高了竞争者进入的壁垒。顾客通常通过电子数据交换只与几个供应商联系。潜在的新供应商必须提供在价格上或质量上有更大优势的产品，这样顾客才有动力去构建一个新的电子数据交换系统。因此，像联邦快递的客户就不太愿意更换供应商，因为客户们不愿在得不到更多的收益的情况下花精力去学习一种新的电子数据系统。目前，全球应用较广泛的供应链管理系统有快速反应（quick response, QR）和有效消费者反应（efficient consumer response, ECR）。

3.4.1 快速反应

快速反应是指供应链成员企业之间建立战略合作伙伴关系，利用 EDI 等信息技术进行信息交换与信息共享，利用多频率小批量配送方式实现连续补货系统，以实现缩短交货周期，减少库存，提高顾客服务水平和企业竞争力。

快速反应发展得非常快，根据德勤会计师事务所的一项调查表明，68% 的被调查企业已经实施了或正计划着实施快速反应系统。快速反应以条形码扫描和电子数据交换为基础，其目的是在供应商和零售商之间建立一个及时的快速补货系统。事实上，所有的大中型零售企业都使用了通用产品代码（universal product code, UPC）的条形码进行扫描。90% 的被调查企业在电子收款机（point-of-sale, POS）处使用了价格查询编码体系（price-look-up, PLU）。

快速反应的成功实施必须具备以下五个条件。

（1）改变传统的经营方式，创新企业的经营意识和组织结构。

（2）开发和应用现代信息处理技术，这是成功实施快速反应的前提条件。这些信息技术包括商品条形码技术、物流条形码技术、电子订货系统、EDI 系统、电子支付系统，等等。

（3）供应链各成员企业之间必须建立战略性伙伴关系。

（4）信息必须能够在供应链战略合作伙伴之间实现共享，要求供应链各成员企业通过合作来发现问题、分析问题和解决问题。

（5）供应商必须有能力缩短生产周期，降低商品库存，实现多品种少批量生产和多频率小批量配送。

3.4.2 有效消费者反应

有效消费者反应是快速反应与电子数据交换的变体，在超市行业中是作为一种竞争战略被采用的。有效消费者反应是一个需求分销商、供应商和零售商等供应链成员紧密合作，更好、更快并以更低的成本满足消费者需求为目的的供应链管理系统。供应链成员可以使用条形码和电子数据交换来降低供应链成本和减少库存。

ECR 的实施策略主要涵盖四个核心过程，即有效的商品组合和货架管理、有效的新品开发和市场投入、有效的商品补货，以及有效的促销活动。其中，ECR 的核心组成部分是品类管理（category management，CM）。品类管理是通过供应链合作伙伴关系将品类作为战略业务单位（SBU）来管理，通过创造商品中消费者价值来创造更佳的经营绩效。

ECR 的主要特征表现在两个方面。

（1）管理意识的创新。传统的供需双方是一种你输我赢的零和博弈（win-lose）的对立型关系，即交易双方以对自己有利的买卖条件进行交易。而 ECR 则要求供需双方的关系是一种合作伙伴关系，是一种建立在共同目标基础上的双赢（win-win）或多赢关系。

（2）供应链整体协调。ECR 要求消除各个职能部门、各个企业之间的隔阂，进行跨职能、跨企业的管理和协调，使物流和信息流在企业内和供应链内顺畅地流动。

美国零售业咨询公司库尔特－萨尔蒙（Kurt-Salmon）的一项调查研究指出，有效消费者反应使得美国日杂百货业的供应链整体的成本节省了超过 300 亿美元，供应链库存周转率从 104 天降低到 61 天。另一项来自美国著名咨询公司麦肯锡的调查研究表明，美国日杂百货业的商品价格因为实施了有效消费者反应而降低了 10.8%。

没有运用有效消费者反应时，从生产厂家的角度看，由于日杂百货技术含量不高，大量无差异的商品投入市场，加剧了生产厂家的竞争，因此，生产厂家只能以低价方式向零售商促销，即每年生产厂家分几次以较低的价格给零售商大量地送货——这是前向采购。接着，生产厂家还要与超市合作，推出各种优惠措施，来刺激消费者在促销期间的购买行为，而没能够促销卖掉的商品则纳入超市的库存以等待下次的促销机会。从消费者角度看，过度竞争导致忽视消费者需求。

有效消费者反应强调企业需要真正从消费者的需求出发，而不是依赖于厂家的促销活动来吸引消费者的注意力。顾客通过向零售商购买产品来拉动生产厂家的补充供货，从而减少了供应链系统中的库存。

詹姆斯·库克引用美国零售业咨询公司库尔特－萨尔蒙的一项调查研究表明，美国日杂百货业分销商 80% 的商品是通过生产厂家的促销活动而销售出去的。分销商一年采购四次来补充库存，只有整个行业从促销等手段中解脱出来，真正从消费者需求出发，所有的大量补货技术才会变得有价值。

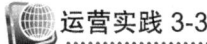
运营实践 3-3

沃尔玛用信息代替库存

苹果公司总裁乔布斯曾说过，倘若全球的 IT 企业只剩下两家，那将只有戴尔和沃尔玛。沃尔玛正是利用贯穿供应链的高效信息系统取代了持有大规模库存以支撑庞大物流配送体系的需求，帮助世界各地的人们随时随地都能节省开支，生活得更好，无论是在零售店、网络以及通过手机等，每周超过 2.45 亿名消费者和会员光顾沃尔玛在 27 个国家和地区拥有的 69 个品牌下的 10 700 多家分店以及遍布 10 个国家的电子商务和移动商务网站。

1987 年，沃尔玛的卫星网络在阿肯萨斯州本顿比勒建成，从而为技术如何影响供应链的结构又提供了一个很好的案例。这一卫星网络支持数据、音像的传送并可以实时记录和传送销售情况和库存信息。

到 1990 年，沃尔玛已与其 5 000 余家供应商中的 1 800 家实现了电子数据交换。它通过 EDI 向供应商发出电子采购订单和获取电子收据等，成为了 EDI 技术的全美国最大用户。

1991 年，沃尔玛建立了覆盖全球的零售网，允许它的供应商直接进入零售终端 POS 系统，实时采集销售数据，从而有利于供应商作出更准确的预测，有利于供应商进行库存管理。因为 POS 系统的销售数据是直接来源于零售终端的，供应商对其商品销售情况和库存情况可以做到实时监控。在沃尔玛的零售网中，有关计划、付款等模块还包括了相应的电子邮件功能。同时，沃尔玛的零售网中还包括了微软的 Excel 电子表格功能，这样供应商可以随时访问零售网中的电子表格数据。

利用零售网和 POS 系统的销售数据，一些与沃尔玛建立了真正合作伙伴关系的关键供应商据此就可以自行作出补货决策，他们只需直接访问 POS 系统，了解货架情况，并自行下达采购订单。沃尔玛一直希望能够在全球实现电子数据交换，但在美国以外，沃尔玛遇到了太多的连电子数据交换也没有的供应商。

2004 年，沃尔玛要求其前 100 家供应商，在 2005 年 1 月之前向其配送中心发送货盘和包装箱时使用无线射频识别（RFID）技术，2006 年 1 月前在单件商品中投入使用。2012 年 4 月，沃尔玛则推出了网购现金支付系统，允许消费者网上下单购买商品，然后在附近的沃尔玛实体零售店进行支付。

2013 财年沃尔玛的销售收入达到 4 692 亿美元，全球员工总数超过 220 万名。沃尔玛借助自有的卫星通信系统和 RFID 技术，很便捷地实现了企业内外部信息系统的全球联网，使得全球 10 700 多家商场可在一小时之内对每种商品的库存、上架、销售量全部盘点一遍；使得沃尔玛能与供应商每日交换商品销售、运输和订货信息，实现商场的销售、订货与配送保持同步。沃尔玛每家商场通过收款机激光扫描售出货物的条形码，将有关信息记载到计算机网络当中。当某一货品库存减少到最低限时，计算机就会向总部发出购进信号，要求总部安排进货。总部寻找到货源，便派离商场最近的配送中心负责运输路线和时间，一切安排有序，有条不紊。商场发出订货信号后 36 小时内，所需货品就会及时出现在货架上。

3.5 供应链中的牛鞭效应

3.5.1 牛鞭效应的定义

沃尔玛供应链的高效信息系统，让供应商能够共享零售商的销售数据的能力可以大大减小牛鞭效应。通常来说，牛鞭效应在很大程度上归因于供应链各成员企业之间的信息沟通不畅。牛鞭效应（bullwhip effect）是指在供应链中，最终客户需求的微小变化沿着供应链，向零售商、分销商、制造商乃至供应商等供应链成员的传递过程中，出现了逐级放大的现象，也即零售商向分销商发出的订单需求大于最终用户的实际需求，分销商向制造商发出的订单需求大于零售商的订单需求，以此类推，从而出现了上游企业的需求波动程度大于下游企业的需求波动程度的效应。由于这种需求信息发生扭曲的放大作用在供应链图示上很像高高扬起的牛鞭，如图 3-4 所示，因而被形象地称为牛鞭效应。

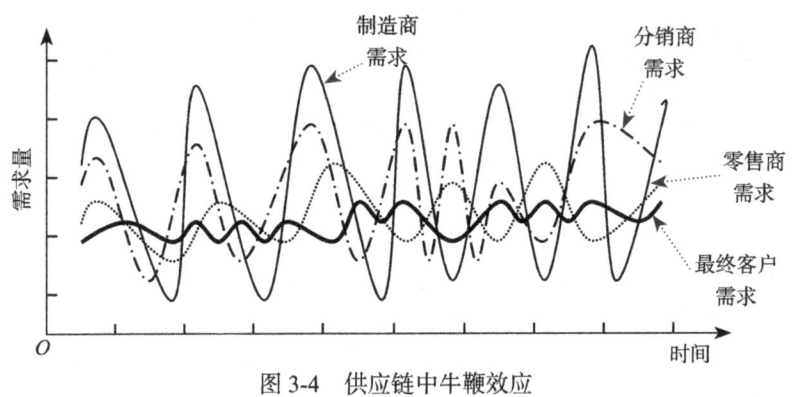

图 3-4　供应链中牛鞭效应

3.5.2　牛鞭效应的成因

牛鞭效应产生的主要原因有供应链成员企业之间缺乏有效的信息沟通、企业的批量订货策略、提前期策略、促销策略以及客户的短缺博弈行为，等等。

1. 需求预测更新

在供应链成员企业之间缺乏有效的信息沟通的环境下，供应链中上游企业主要依赖于下游企业的直接订单作为更新市场需求预测的基本依据，这是导致牛鞭效应的主要原因之一。当下游客户发出直接订单，上游企业以此作为未来需求的信号，并据此采用移动平均法或指数平滑法来更新调整其需求预测值，然后在此预测值的基础上，再向其上游企业发出客户订单。以此类推，从而导致需求信息沿着供应链往上游有逐级放大的现象，而且供应链中每增加一级成员企业，牛鞭效应就放大一次。

2. 批量订货策略

供应链中企业采购一般采用批量订货策略，这主要是因为存在着固定的订货成本以及通过集中采购的规模经济效应，从而导致上游供应商接收到的下游企业的客户订单，并没有真实体现客户的实际需求量。

3. 提前期策略

无论采用定量订货方式还是定期订货方式，企业为了防止缺货的发生，会持有的安全库存水平分别为 $SS=Z\sigma_L$ 和 $SS=Z\sigma_{T+L}$，其中 L 为提前期；σ_L 和 σ_{T+L} 分别为提前期内需求的标准差、盘点期加提前期内需求的标准差；Z 为安全因子，表示在给定的服务水平条件下不发生缺货的概率。由此可见，提前期 L 越长，企业持有的安全库存 SS 也越多；提前期越长，牛鞭效应也越严重。

4. 促销策略

在实际中，许多企业为了提高市场份额、增加市场占有率，经常会采用价格折扣、数量折扣等促销手段来刺激客户购买欲望,而正是这些促销策略促使客户大量购买的同时产生大量库存。在商品促销期间,客户会购买比实际需要多得多的商品,以备以后使用;在商品价格回复到正常水平时,客户将减少或停止购买行为,直到库存耗尽。因此,促销策略使购买行为与实际需求相脱节,客户的购买数量无法反映实际的需求数量,并且购买数量的变化程度远远大于客户实际需求的变化程度,从而导致牛鞭效应,同时,促销商品的需求价格弹性越大,牛鞭效应也越大。

5. 短缺博弈行为

当需求大于供给时,供应商常会根据客户的直接订单需求进行比例分配。客户为了使自己获取更多的商品,达到利润最大化,就会进行博弈,增大订货数量。在众多客户博弈达到均衡时,所有客户的订货量都将是实际需求的某个倍数,从而引起牛鞭效应。在这种情况下,所有客户都夸大了其真正的需求,使供应商无法准确地了解真实的需求信息。

3.5.3 牛鞭效应的减小和消除

尽管牛鞭效应难以完全消除,正本清源,了解牛鞭效应的主要成因,并在此基础上,有效地减小和消除牛鞭效应相应地有以下四种策略。

1. 供应链成员之间信息共享

供应链成员企业之间通过电子商务、移动商务和 EDI 共享销售数据等信息,使得上游企业能够直接掌握客户需求信息,从而提高市场需求预测的精度,可以降低牛鞭效应。宝洁公司通过与其零售商和供应商进行信息共享,从而提高了供应链的协调性。

2. 减少价格波动

沃尔玛的"天天低价"(EDLP)策略,就是为了减少提前购买行为,减少因为促销策略所导致的价格波动而带来的客户需求的不确定性,这样可以降低牛鞭效应,简化供应链物流系统,带来超过促销策略给企业带来的利润;同时,"为普通百姓节省每一分钱,使他们能与富人一样生活得更美好"!(Save money, live better!)根据英国《经济学人》估计,沃尔玛的"天天低价"策略,每年可为其遍布在全世界的消费者节省 120 多亿美元。

3. 缩短提前期

订货提前期是指发出订单直至收到货物之间所需的时间。采用第三方物流系统,可以缩短提前期,实现小批量订货的经济性,从而减少牛鞭效应;同时,又能够进一步发挥第三方物流系统集中库存和联合运输的规模经济效应,从而减少整个供应链的库存成本,降低整个供应链的物流运输和配送成本。

4. 建立战略合作伙伴关系

供应链战略合作伙伴关系可以改变信息共享和库存管理的方式。在供应商管理库存(vendor managed inventory, VMI)中,供应商与零售商建立战略伙伴关系,供应商直接管理零售商的库存,由供应商来确定零售商的安全库存和补货数量,以实现小批量、多频次的连续补货的过程,供应商通过共享零售商的库存信息和销售信息,不依赖于零售商的直接订单进行连续补货决策,因而彻底避免了牛鞭效应。

值得一提的是，当供应链战略合作伙伴能够相互合作、充分共享信息时，也可以减少客户的短缺博弈行为，从而可以减少由于短缺博弈所造成的牛鞭效应。

3.6 供应链战略

3.6.1 基于功能模式的供应链战略

有效的供应链战略是企业竞争战略的重要有机组成部分。那么，企业如何才能成功地选择有效的供应链战略呢？费希尔（Fisher）认为有效的供应链战略设计的首要任务是明确客户对企业产品需求特征是什么？是满足其基本需求呢，还是满足其个性化需求或时尚需求？产品需求预测、产品生命周期、产品边际贡献、产品多样性、订单提前期等都是供应链战略设计所需考虑的重要产品需求特征。不同的需求特征决定了不同类型的产品，不同类型的产品需要不同的供应链战略。

1. 产品类型

根据产品的需求特征，可以将产品分为功能型产品和创新型产品。功能型产品主要是那些满足客户基本需求的产品，这些产品的需求较为稳定，易于预测，产品生命周期长，但是，产品技术更新速度慢，产品差异性不大，竞争较激烈，边际利润较低，如食品、日用品、石油、天然气等产品。相反，创新型产品是指那些满足客户个性化需求或时尚需求的产品，这些产品技术更新速度快，产品生命周期短，产品差异性大，边际利润很高，但需求极不稳定，难以预测，如时装、平板电脑、智能手机、流行音乐等产品。表 3-1 比较了这两种不同类型的产品需求特征。

表 3-1 产品需求特征的比较

需求特征	功能型产品	创新型产品
产品需求预测	需求稳定且可预测	需求不确定且不可预测
产品生命周期	两年以上	三个月至一年
产品边际收益率[①]	5%～20%	20%～60%
产品差异性	较低	很高
预测误差率	10%	40%～100%
平均缺货率	1%～2%	10%～40%
平均季末降价幅度	几乎为 0	10%～25%
订单提前期	六个月至一年	一天至两周

① 产品边际收益率（contribution margin）=（价格－可变成本）/价格。

由表 3-1 可以看出，功能型产品生命周期较长，具有稳定的、可预测的需求，市场供需平衡比较容易实现，但是由于功能型产品边际利润较低，大多数功能型产品对价格很敏感，因此，供应链的物流成本最小化就成为功能型产品供应链战略目标。相反，创新型产品生命周期短，市场需求具有不确定性，难以预测，加上创新型产品边际利润高，供不应求时将增加缺货风险，而供过于求时又将增加产品积压风险。因此，创新型产品供应链战略设计目标聚焦的是通过市场调节功能应对供需失衡问题而非物流功能优化。

2. 供应链功能模式

根据不同的供应链功能模式，可以将供应链战略划分为两种不同的类型：效率型供应链战略（efficient supply chain strategy）和反应型供应链战略（responsive supply chain strategy）。效率型供应链战略主要聚焦于供应链的物流功能的优化，即以最低的成本将原材料转化成零部件、半成品、产成品并实现在供应链中的运输、配送等；而反应型供应链战略主要聚焦于供应链的市场调节功能，实现市场供需平衡，对未来不可预测的充满不确定性的市场需求作出快速反应。这两种类型的供应链战略的比较如表 3-2 所示。

表 3-2 两种类型供应链战略的比较

比较项目	（市场）反应型供应链战略	（物流）效率型供应链战略
基本目标	迅速地对不可预测的需求作出快速反应，使缺货、降价、废弃库存达到最小化	以最低的成本供应可预测的需求
管理核心	配置多余的缓冲库存	保持较高的平均利用率
库存策略	部署好零部件和成品的缓冲库存，应付充满不确定性的需求	降低整个供应链的库存
提前期	大量投资于缩短提前期	在不增加成本的前提下，尽可能缩短的提前期
供应商选择	供应商选择的重点是依据速度、柔性、质量	供应商选择的重点是依据成本和质量
产品设计策略	采用模块化设计，尽量延迟产品差异化	采用标准化产品设计

3. 供应链战略与产品类型匹配矩阵

企业在明确了产品类型和供应链功能模式之后，如何进行供应链战略设计呢？是选择（物流）效率型供应链战略？还是选择（市场）反应型供应链战略？设计策略见图 3-5 中的供应链战略与产品类型匹配矩阵。矩阵中的四个象限，分别代表四种不同的产品类型和供应链类型的组合。在这四种组合中，（物流）效率型供应链与功能型产品相匹配，（市场）反应型供应链与创新型产品相匹配，而当创新型产品采用效率型供应链或者功能型产品采用反应型供应链时，产品类型与供应链战略是不匹配的，就会出现问题，使产品供应链既不能很好地满足市场需求，又会使供应链缺乏市场竞争力。这是因为，对于创新型产品，增加市场反应的投资回报率远大于增加物流效率的投资回报率，因为增加市场反应速度的投资将会减少市场供需失衡所造成的损失。一般而言，创新型产品的边际利润率为 40%，平均缺货率为 25%，那么，由于市场供需失衡造成的损失就高达 40%×25%=10%。同时，功能型产品的边际利润率一般只有 12.5%，平均缺货率也只有 1.5%。这样，由于市场供需失衡造成的损失只占 12.5%×1.5%=0.187 5%。显然，对于创新型产品，物流效率型供应链战略投资是失败的；同样，对于功能型产品，市场反应型供应链战略投资也是低效的。

	功能型产品	创新型产品
效率型供应链战略	匹配	不匹配
反应型供应链战略	不匹配	匹配

图 3-5 供应链战略与产品类型匹配矩阵

3.6.2 基于产品不确定性的供应链战略

1. 产品不确定性

从产品的需求不确定性的角度来看，宝宝尿不湿、沐浴露、洗发香波等日用品，以及电力、石油、天然气等功能型产品由于产品生命周期较长，边际利润较低（见图3-6a），产品技术更新速度慢，产品的需求不确定性低，需求比较稳定，需求预测精度高，库存单品（stock keeping unit，SKU）数量高，库存成本和缺货成本都很低；而时装、平板电脑、智能手机、流行音乐等创新型产品因为产品生命周期短，边际利润很高（见图3-6b），产品技术更新速度快，产品的需求不确定性高，需求极不稳定而难以预测，库存单品数量低，库存成本和缺货成本都很高。

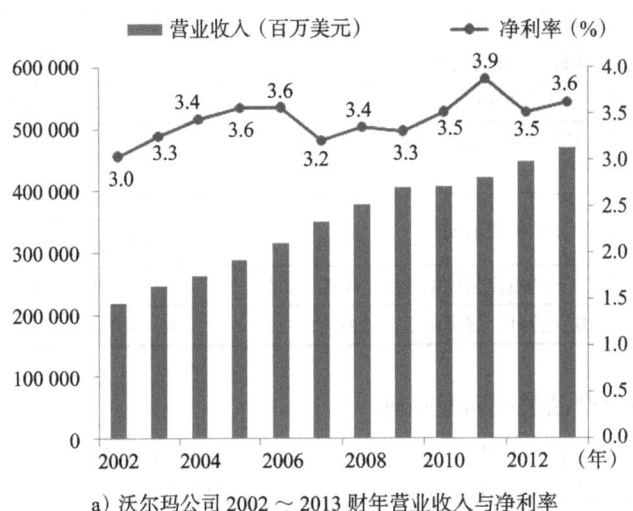

a）沃尔玛公司 2002～2013 财年营业收入与净利率

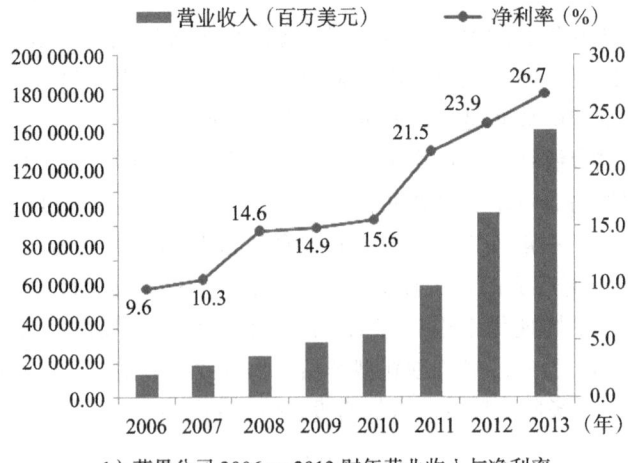

b）苹果公司 2006～2013 财年营业收入与净利率

图 3-6 功能型产品与创新型产品边际利润比较

尽管如此，功能型产品的供应流程和供应源，并非总是比较稳定。举例来说，世界各地每年诸如蔬菜、水果等农产品，以及电力、原煤、汽油等功能型产品的需求是比较稳定且可以预测的，但是这些蔬菜、水果、电力、原煤、汽油等功能型产品的供应，却取决于每年各个地区的气候条件，供应流程具有高度的不确定性。相反，像时装、个人电脑、智能手机等创新型产品的需求不确定性高，非常难以预测，然而，通过供应链合作伙伴的可靠的供应基地和成熟的产品工艺和制造技术，其供应流程和供应源却是比较稳定的。因此，根据产品的供应特征，可以将产品的供应流程分为稳定型供应流程（stable supply process）和进化型供应流程（evolving supply process）。表3-3比较了这两种不同类型的产品供应特征。

表 3-3 产品供应特征的比较

产品供应特征	稳定型供应流程	进化型供应流程
故障	故障少	易发生故障
产量	产量高、稳定	产量低、不稳定
质量问题	质量问题少	存在潜在的质量问题
流程变化	流程变化少	流程变化多
流程柔性	流程柔性低	流程柔性高
产能约束	产能约束少	存在潜在的产能约束
转换	易于转换、转换成本低	难以转换、转换成本高
供应提前期	提前期确定	提前期不确定
供应源	供应源多	供应源有限
供应商	供应商可靠	供应商不可靠

2. 根据产品不确定性协调供应链战略

不同类型的产品不确定性要求不同的供应链战略，以降低需求不确定性和供应不确定性，从而形成了以下四种不同的供应链战略，见图3-7中的供应链战略与产品不确定性匹配矩阵，也即效率型供应链战略（efficient supply chain strategy）、风险共享型供应链战略（responsive supply chain strategy）、反应型供应链战略（risk-hedging supply chain strategy）以及敏捷型供应链战略（agile supply chain strategy）。

		需求不确定性	
供应不确定性		低	高
		功能型产品	创新型产品
低	稳定型供应流程	效率型供应链战略	反应型供应链战略
高	进化型供应流程	风险共享型供应链战略	敏捷型供应链战略

图 3-7 供应链战略与产品不确定性匹配矩阵

（1）效率型供应链战略。与"稳定型供应流程的功能型产品"相匹配，在产品需求不确定性和供应不确定性皆较低的环境下，效率型供应链战略旨在聚焦于成本领先战略，努力改善供应链效率，创造超过竞争对手的成本竞争优势。例如，T恤衫、羊绒衫等基本服装，以及宝宝尿不湿、沐浴露、洗发香波等日用品等，都是适合效率型供应链战略的很好例子。

（2）风险共享型供应链战略。与"进化型供应流程的功能型产品"相匹配，在产品需求不确定性较低而供应不确定性较高的环境下，风险共享型供应链战略的焦点旨在汇集和共享供应链资源，从而共担供应中断的风险，以保证功能型产品的及时供应。企业可以通过建立和维持多个的供应源或替代供应源，来降低供应中断而发生缺货的风险，特别是对于需要频繁地应对供应中断风险的企业，也需要持有一定的安全库存来降低缺货风险。相应地，企业也需要考虑与其他企业或供应链成员通过共享供应源和分担集中库存费用，这样既发挥了集中库存策略的规模经济优势，又可以分散供应中断风险。例如，新鲜的蔬果沙拉等食品、电力、汽油和天然气等功能型产品是最适合采用风险共享型供应链战略。

（3）反应型供应链战略。与"稳定型供应流程的创新型产品"相匹配，在产品需求不确定性较高而供应不确定性较低的环境下，反应型供应链战略旨在对客户不断变化的、多元化的需求作出迅速而灵活的反应。大规模定制、延迟差异化是非常适合反应型供应链的战略。例如，时装、个人计算机、流行音乐等创新型产品是适合反应型供应链战略的最好例子。

（4）敏捷型供应链战略。与"进化型供应流程的创新型产品"相匹配，在产品需求不确定性和供应不确定性都较高的环境下，敏捷型供应链战略旨在对客户需求作出快速灵活的反应，同时通过汇集库存或其他能力资源来应对供应中断而缺货风险。敏捷型供应链战略结合了风险共享型供应链战略和反应型供应链战略的综合优势，顾名思义，敏捷型供应链战略之所以敏捷，是因为其有能力对下游的不断变化、多元化和不可预测的客户需求作出快速反应，同时还能够尽力降低上游供应中断风险。例如，高端的半导体芯片、高端电子消费产品、电动汽车等新产品，特别是高新技术产品最适合敏捷型供应链战略。举例来说，随着信息网络技术进入移动云时代，为满足客户快速变化的需求，面临着日新月异的互联网的软硬件设备产品在供需两方面的巨大不确定性，全球领先的互联网设备供应商思科公司（Cisco）与虚拟化软件供应商思杰公司（Citrix）建立合作伙伴关系，帮助企业和运营商客户实现真正的云服务自动化。

如图3-8所示，当企业开始能够识别产品的需求不确定性和供应不确定性时，通过供应链战略与产品不确定性匹配矩阵，可以引导企业开发有效的供应链战略。从长期来看，企业通过成功的供应链战略甚至能够影响到产品的需求不确定性和供应不确定性，继而可以转换到相对较不富挑战性的供应链战略。例如，如果企业开发的供应链战略能够成功降低甚至消除牛鞭效应的影响，此时的供应链就能够进入一个更趋稳定的需求环境，因而更加适合转换到与功能型产品相匹配的供应链战略。同样，如果企业通过供应商早期参与产品开发过程，能够成功地降低进化型供应源的风险，此时的供应链就能够进入一个更趋稳定的供应环境，所以适时地从风险共享型供应链战略转换到效率型供应链战略可以获取成本效益，创造成本领先的竞争优势。

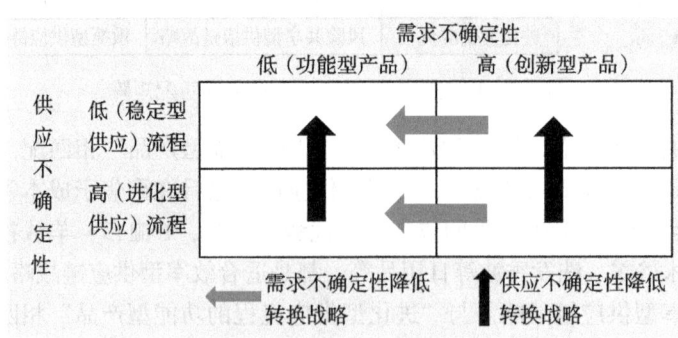

图3-8 供应链战略与产品不确定性匹配矩阵

3.7 成功构建供应链战略的条件

在成功实施供应链战略的过程中，有以下几个要素是不可或缺的，而且这些要素是相辅相成的。

3.7.1 信任

信任是供应商和客户之间建立成功合作关系的基本要素之一。没有信任，其他因素都将失去意义。信任使得供应商也参与企业的新产品的研发，并作出应有的贡献。

3.7.2 长期合作关系

供应商在企业中战略角色的确立意味着双方需要从战略层面上建立长期合作关系，而这种长期的合作关系通常称之为常青合同，暗示着只要供应商表现良好，那么双方的合作关系就会长久维持。

3.7.3 信息共享

成功的供应链管理需要供应商与客户之间信息共享，这些需要共享的信息包括从新产品的设计规格到能力计划与调度等各方面的信息，甚至需要共享客户的整个数据库信息。

3.7.4 成员实力

如果企业与供应商建立了长期的合作关系，那么双方就开始了长期的同舟共济的关系。因此，企业也需要考虑供应商的利益以追求"双赢"，这样才能增强供应链的竞争力。

供应商的选择也是供应链管理中的一项重要内容。除了财务优势以外，供应商在产品的生产和交货方面也需要具有竞争优势。这样，企业就可以把供应商的这些优势结合到自身产品中，从而提高产品在市场中的竞争优势。

3.8 供应链中物流的角色

现在的供应商和顾客都处于全球化环境之中，从而使得供应链无论是在时间上还是空间上都变得越来越长，因此，在供应链中有关企业的原材料和组件的供货以及顾客的交货过程中，物流功能就变得更加重要。尽管如此，供应链的拉长使得企业有悖于对柔性的要求，在过长的供应链中，企业难以实现快速地交付顾客所需的多种多样化产品。

公司因此也采取了各种战略举措来弥补过长的供应链带来的劣势，譬如，有的公司在距离顾客市场比较近的位置建立配送中心，以更好地响应市场需求服务顾客。

3.8.1 物流合作伙伴关系

为了应对过长的供应链带来的劣势，企业还可以与专业运输公司或专业物流公司结成战略联盟或合作伙伴关系。例如，著名的户外用品和服饰邮购公司比恩公司就与联邦快递公司建立了这样的合作伙伴关系。在合作伙伴关系下，联邦快递派员工直接到位于美国缅因州自由港的比恩公司进行全职工作，负责比恩公司所有发送给顾客的外向物流，包括发送给 UPS 由其快递的包裹。

此外，还可以与第三方物流公司建立合作伙伴关系，在第三方物流公司的分销中心或配送中心存储商品。企业在分销渠道中的配送中心设置库存缓冲，可以大大缩短关键商品的交货时间。举例来说，一些制药公司在联邦快递公司设在田纳西州孟菲斯市的主配送网络中心存放供应药品，这样，很多药品就可以在当天（最多在第二天清早）送至美国各个药品供应点。全球著名的英国时装及饰品连锁企业劳拉·阿什利公司（Laura Ashley）也同样在孟菲斯市的联邦快递主配送网络中心设立了畅销时装及饰品的库存，这样，各家零售店在时装及饰品售出的第二天便可以立即补充进货。

3.8.2 在途库存成本与运输方式选择

供应链正向着全球各个角落延伸，使得企业管理者开始更加关注与产品交付有关的各种交货成本，这些交货成本通常称之为在途库存成本。它一般是指有关企业的原材料和组件的供货的内向物流成本，这是因为供应商的货物大多数是以 FOB 方式卖给企业的。离岸价方式（free on board，FOB）指的是卖方货物到岸（即买方处）以后，货物的所有权即由卖方转移至买方，也就是说，由供应商转移至企业。

在决定采用哪种最经济的运输模式时，企业管理者一般考虑两种成本：实际运输成本和在途库存维持成本。在途库存维持成本基本上是由采购供应商的货物所发生的资本成本构成，因为这些货物在到岸之前，企业是不能使用的（有关资本成本的详细内容请参见第 12 章）。一般来说，运输方式越慢，则运输成本就越低；运输时间越长，在途库存成本就越高，如图 3-9 所示，因此，企业在决定采用哪种最经济的运输模式时，需要权衡这两种成本的利弊。每年从供应商那里运输货物的总成本可以表示为：

$$总成本 = 运输成本 + 在途库存维持成本 + 采购成本$$
$$TC = DM + (X/365)iDC + DC$$

式中　TC——年总成本；
　　　D——年总需求量；
　　　M——单位运输成本；
　　　X——在途运输天数；
　　　i——年资本成本的百分率；
　　　C——货物单价。

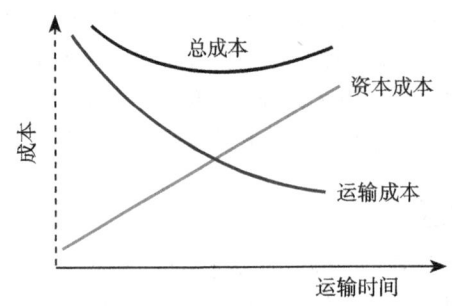

图 3-9　运输成本与运输的资本成本之间的权衡

实例

康涅狄格哈特福特的一家公司需要从加拿大范库弗峰采购一批货物。哈特福特的代理商给出了两种运输方式：卡车运输和货船运输。如果采用卡车运货，需要 14 天，单位运费为 3.00 美元，包括穿过美洲大陆及报关费用；如果采用货船从巴拿马运河运货，需要 45 天，单位运费为 1.50 美元。公司预期每年以 150 美元的单价采购 2 000 件货物。在途库存维持成本估计是年资本成本的 20%。那么，代理商会选择哪一种运输方式呢？

解答

两种运输方式的相关成本总结如下。

		运输方式 1（卡车）	运输方式 2（货船）
附加数据	在途天数（X）	14 天	45 天
	单位运费（M）	3.00 美元	1.50 美元
	在途库存维持成本的百分率（i）	年资本成本的 20%	
	年总需求量（D）	2 000 件	
	单价（C）	150 美元/件	

$TC1 = DM1 + (X1/365)iDC$

$TC1 = 2\,000 \times 3.00 + 14/365 \times 0.20 \times 2\,000 \times 150$

$TC1 = 6\,000 + 2\,301.37$

$TC1 = 8\,301.37$ 美元

$TC2 = DM2 + (X2/365)iDC$

$TC2 = 2\,000 \times 1.50 + (45/365) \times 0.20 \times 2\,000 \times 150$

$TC2 = 3\,000 + 7\,397.26$

$TC2 = 10\,397.26$ 美元

基于以上分析结果，采用卡车运输更为经济，即使每单位的运费是船运的两倍。请注意，当评价同一个供应商的不同运输方式时，货物的采购成本是相同的，因此，为简单起见，本例中忽略了采购成本。

3.8.3 直接模式

直接模式一词是由未来学家斯坦·戴维斯（Stan Davis）创造出来的，是指企业通过消除供应链中的中介角色而直接面对供应商和客户的商业模式。

随着供应链的级数增加，供应链中所需持有的安全库存随之增多，产品从制造商到最终客户所需要的物流时间和物流费用也随之上升，供应链的牛鞭效应也随之放大。随着移动互联网技术的发展，B2B 和 B2C 电子商务和移动商务以及集中型配送中心策略，大大简化了供应链中间物流环节，使得企业与供应商和客户面对面的直接模式得以有效实施。例如，沃尔玛就将建立大型区域性配送中心作为企业战略的一部分，以解决为其零售店及时供货的问题，这样，无论是配送中心还是配送中心的库存管理，都需要沃尔玛投入巨资。为此，沃尔玛开发了一种称之为直接转运的方式。在直接转运方式下，通过合理安排供应商的车辆到达配送中心时间，货物从供应商的车辆上卸下之后，立即转移到运往沃尔玛的零售店的车辆上以及时向零售店供货。货物在沃尔玛的配送中心停留时间很短，通常不超过 12 个小时。借助于直接转运方式，沃尔玛提高了向零售店供货的频率而无须增加配送中心的数目或扩大配送中心的规模。

为了实施直接转运方式，沃尔玛在阿肯色州本顿比勒建成了一个卫星网络。正如本章前文所述，沃尔玛允许它的供应商直接实时地进入它的零售终端 POS 系统，清楚地了解各零售店的销售情况，从而有利于供应商及时作出为沃尔玛的各零售店进行补货的决策。而且在许

多情况下，这些供应商可以做到直接就向零售店补货，而无须进入配送中心进行转运。

实施直接模式的另一个案例就是航空业的例子。现在航空公司正不断致力于直接与乘客联系，而不是通过代理商以节省代理费用。航空业之所以能够实施直接模式，是由于乘客可以到航空公司订票网站直接订票以及电子票据的普及使用。

成功实施直接模式时，供应链的合作成员之间需要更紧密的协调和计划。

本章小结

随着企业越来越依赖于他们的供应商，供应链管理也越来越重要。这是因为：①更加强调企业的核心竞争力；②企业更加需要柔性；③在新产品的开发过程中需要分担风险。因此，供应商的角色从仅仅是单纯的低成本交易关系转向参与企业战略决策的合作伙伴关系。供应商角色的巨大转变使得企业趋向于与少数供应商建立长期的合作关系，而不是像以前那样只和供应商建立短期交易关系。

竞争的加剧也迫使企业在全球范围内寻找供应商，这样，物流以及远距离运输发生的相关成本就成为企业选择供应商时需要考虑的主要因素。

然而，国际供应商的选择使得供应链拉长，这就要求企业消除供应链中的许多中介角色，采用直接模式就成了供应链管理的一种趋势。

复习思考题

1. 企业选择少数几个供应商有何利弊？
2. 本章介绍的供应链管理方法基本上是源于制造业的实践，那么，服务业的供应链管理方法有何不同？请举出一个例子。
3. 技术是如何影响企业的供应链并使得直接模式成为供应链管理的一种趋势？
4. 请指出供应商的员工到企业来工作与企业的员工做同样工作的主要差别。
5. 请说出你在麦当劳买一个汉堡包所涉及的整个供应链。如果你是在发达国家的麦当劳买一个汉堡包，情况又有何不同？

互联网练习

请访问表13-1所列出的供应链管理软件公司中任一公司的网站，了解该公司提供的供应链管理软件的价格、大小以及功能。

习题

1. 位于俄亥俄州一个汽车公司从距离他们装配厂50英里⊖的一个供应商那里订购100 000个轮胎，每一个轮胎的单价为40美元；因为距离很近，供应商免费送货；汽车公司又发现在亚洲有一个愿意以单价为35美元供货的厂家，但是每个轮胎需要花费4.5美元从亚洲运到俄亥俄州，运输时间大约是6周。对于汽车公司来说，资本成本大约是每年20%。请问汽车公司应该选择哪一个供应商来采购轮胎？
2. 位于波士顿的一个电脑公司最近从墨西哥提华纳市的一个供应商那里以单价为26美元采购了一批电子元件。公司的采购员最近在评估两种运输方式：第一种运输

⊖ 1英里≈1.61千米。

方式是在陆地上用卡车运输,单位运费是2.5美元,运输时间约2周;第二种运输方式是空运,单位运费是3美元,运输时间为2天。电脑公司每年需要采购25 000个电子元件,公司的资本成本约是每年18%。请问你会为电脑公司推荐哪种运输方式?

3. 劳伦斯·格力奥是法国中部一家小型公司的采购代理,最近对外发出一份询价单,要求采购用于组装汽车部件的小型发动机。公司每年需要25 000个这样的小型发动机,格力奥估计在途库存成本约为每年25%。第一份报价单来自东南亚的一个公司,单价为45法郎,单位运输成本4法郎,若采用货船从东南亚运货需要50天。第二份订单是来自墨西哥的一家公司,他们很想在欧洲开拓市场,单价为43法郎,每单位运费是6.5法郎,若采用空运大约需要10天。

(1) 请评估哪个公司是最经济的选择,你会推荐哪一个公司(请给出具体计算过程)?
(2) 除了成本,最终供应商的选择还需要考虑哪些因素?

案例分析 3-1

惠而浦供应链创新战略

30年来,SEC作为美国史丹利公司(Stanley Works)的分部,一直致力于家电用门闩的制造(微波炉门闩用于在微波炉用电或气体自动清洁时锁住门)。在顾客心目中,SEC是一个顾客定制型的低成本化供应商,SEC的最大客户是惠而浦公司。惠而浦公司是全球家电业的巨头,也是家电市场的领导者。SEC给惠而浦公司提供微波炉门闩的历史已超过了20年。

在1993年的早期,惠而浦公司通知其供应商以及潜在供应商,要求他们进行质量创新,实施全面质量管理,这将直接影响其顾客与供应商的关系,即现在惠而浦公司需要它的供应商成为它的合作伙伴。与以往相比,以往的顾客与供应商的关系主要是以价格为采购标准的交易关系。现在,惠而浦公司要求其潜在供应商提供额外的增值服务并鼓励他们:①成为精通惠而浦公司业务的合作伙伴;②加入顾客与供应商团队;③了解惠而浦公司的顾客需求。

惠而浦公司要求其供应商跟随惠而浦公司的战略目标,提供超越顾客期望值的世界级产品。惠而浦公司战略的主要部分是惠而浦公司一直承诺进行的持续质量改进。惠而浦公司能够实现这个目标,就是因为它能够推动供应商改进技术。为了实现这个目标,供应商要有足够的柔性去改善产品质量。除此之外,惠而浦公司的供应商必须能以低成本提供高质量的产品,同时也提供额外的服务,包括免费咨询,还要采纳降低产品成本、提高产品质量的方法。

惠而浦公司的另一个目标是减少其供应商的数目。除了微波炉门闩之外,惠而浦公司鼓励SEC生产微波炉门上的铰链,这一新增产品被视为SEC公司的产品线自然延伸,因为铰链也是金属组装品。如果SEC能够为惠而浦公司提供微波炉门闩和铰链这两种产品,那么惠而浦公司就可以相应地减少供应商的数目。

SEC为了满足惠而浦公司这些新需求对其组织进行了很多调整。例如,现在对SEC产品质量和成本的改进期望远远超过了它以前的改进构想。此外,SEC公司还要承担巨大的风险,其先前的供应模式虽然并不是完全没风险,但它是在一个稳定的环境下,而且SEC知道它的竞争力所在:低成本产品。此外,在全面质量管理的情况下,给惠而浦公司做供应商意味着巨大的风险和损失。如果SEC不能满足惠而浦公司的需求,那么惠而浦公司就不会认为SEC是一个潜在的供应商。没有了惠而浦公司的业务,SEC会产生20%的直接损失以及巨大的沉没成本损失,这意味着SEC经营完全失败。

SEC需要为惠而浦公司考虑改变其运营方式,而且它现在的和将来的公司都必须接受这种新的运营方式,因为SEC不愿同时在两种模式下运营。SEC 选择全面质量管理作为竞争优势并承担失去某些顾客带来的损失。在这方面，SEC 认为惠而浦公司的要求是一个机遇，这迫使它改变并接受全面质量管理。

SEC 同时也要转变其经营理念，从一个低成本的供应商变成一个业务合作伙伴。SEC 应该考虑它所有的产成品，而不是局限于其供应的产品。SEC 想在许多方面进行改变。最有说服力的例子是，SEC 让其员工与惠而浦公司的员工一起生产开发微波炉门闩和铰链，即使这时候并没有从惠而浦公司那里得到任何业务订单承诺。SEC 的员工愿意在惠而浦公司提供免费内部咨询，这表明他们承认自己是惠而浦的一个业务合作伙伴。

惠而浦公司希望其供应商可以保持那种可持续的、有竞争力的优势并与惠而浦公司的战略一致。惠而浦公司并没有直接经营 SEC，只是表明自己的要求。为了实现惠而浦公司的目标，供应商就要制定相应的战略。惠而浦公司不提供详细计划，而是由 SEC 公司自主制定并实施战略计划。

惠而浦公司也要求 SEC 公司参与预测顾客的消费趋势。惠而浦公司征求 SEC 的意见、建议及产品问题的解决方案，其中大部分问题是与 SEC 提供的问题无关。在没有签订正式合同之前，SEC 又给惠而浦公司免费咨询了一次。

惠而浦公司战略的一个主要方面是"有效管理基于供应商的优选技术"。为了实现惠而浦公司的战略目标，SEC 与其所有的员工和供应商沟通，让他们了解惠而浦公司的目标。惠而浦公司要求获得高质量、低成本且能及时交货的产品，SEC 要满足这些要求。惠而浦公司要求其供应商是同行中最好的，并且目标与惠而浦公司目标是一致的。

1995 年，惠而浦公司的采购主管认可了 SEC 的设计并与 SEC 签订了订购微波炉门闩和铰链的正式合同。SEC 于 1996 年早春开始向惠而浦公司小批量地运送微波炉门闩和铰链。1996 年中期，惠而浦公司又与 SEC 签订了一个有关抽油烟机和管材组件的供货合同。从 SEC 第一次为惠而浦公司提供新的产品开始，惠而浦公司已经每年多付给 SEC 500 万美元，同时，其他供应商就相应地损失了这 500 万美元。

实施全面质量管理之后，SEC 成为了一个成功的竞争者。1993～1997 年，SEC 提供给惠而浦公司的产品销售量增长了 125%，其生产率增长了 76%。同时，SEC 提供给其他顾客的销售量（一开始不接受全面质量管理的顾客）增长了 25%。对于 SEC，虽然实施全面质量管理是困难并有风险的，但却是很成功的。SEC 意识到解决问题的方式是提供最好设计和最高品质的产品。作为一个供应商，SEC 需要不断提出创新的思想，就如实施全面质量管理的企业必须时刻准备着变革一样。

讨论题

1. 在全面质量管理的引导下，SEC 和惠而浦公司之间的供应商和顾客关系是如何演变的？
2. 惠而浦公司是如何帮助其供应商更好地理解惠而浦公司的质量要求的？惠而浦公司还应提供更多的帮助吗？
3. SEC 是如何做到使惠而浦公司的产品更好？
4. 将全面质量管理这类新的管理理念引入企业的供应链，有何好处和坏处？

资料来源：Condensed from Christopher J. Roethlein and Paul M. Mangiameli, "The Realities of Becoming a Long-Term Supplier to a Large TQM Customer," *Interface* 29, no. 4（1999）, pp. 71-81.

案例分析 3-2

ZARA：快速时尚供应链

西班牙莎拉公司（ZARA）是国际知名的大众快速时尚服装连锁企业。自1975年阿曼斯科·奥特加（Amancio Ortega）在西班牙拉科鲁尼亚开设了莎拉公司第一家专卖店开始，当时以 5 000 比塞塔（西班牙货币，相当于 30 欧元）开了一家服装小店，到了 1979

年扩大到了六家，1985年，确立印第迪克集团（Inditex）为集团的母品牌，从而为日后集团的发展奠定了基础。1988年在葡萄牙波尔图市开设了第一家海外门店，20世纪90年代开始真正向海外大规模扩张，渗透到了欧洲、亚洲、美洲的29个国家和地区。2001年在西班牙上市，2012年6月1日，印第迪克收盘时的市场价值达到323.6亿英镑，远远赶超了西班牙最大的国际银行Santander和电子企业Telefonica，成为西班牙最大的上市公司。

2008年8月，印第迪克集团季报显示该集团已经成为世界上最大的服装品牌商。正如图3B-1所示，2012年印第迪克集团全球销售额已经增长到159.46亿欧元，净利润上升到23.67亿欧元，在全球86个国家和地区开设了6 009家专卖店。今天的印第迪克集团拥有八个著名的时装品牌，包括ZARA、Pull and Bear、Massimo Dutti、Bershka、Stradivarius、Oysho、ZARA Home等，但印第迪克集团能有今天的地位，主要得益于旗下的旗舰品牌莎拉的快速发展。2012年莎拉公司在全球86个国家和地区拥有1 925家专卖店，占印第迪克集团所有专卖店数的32%，但是莎拉公司在全球的销售额却高达105.41亿欧元，占印第迪克集团总销售额的66%以上，从而进一步让印第迪克集团创始人阿曼斯科·奥特加取代了沃伦-巴菲特，成为2012年全球排名第三的富豪。

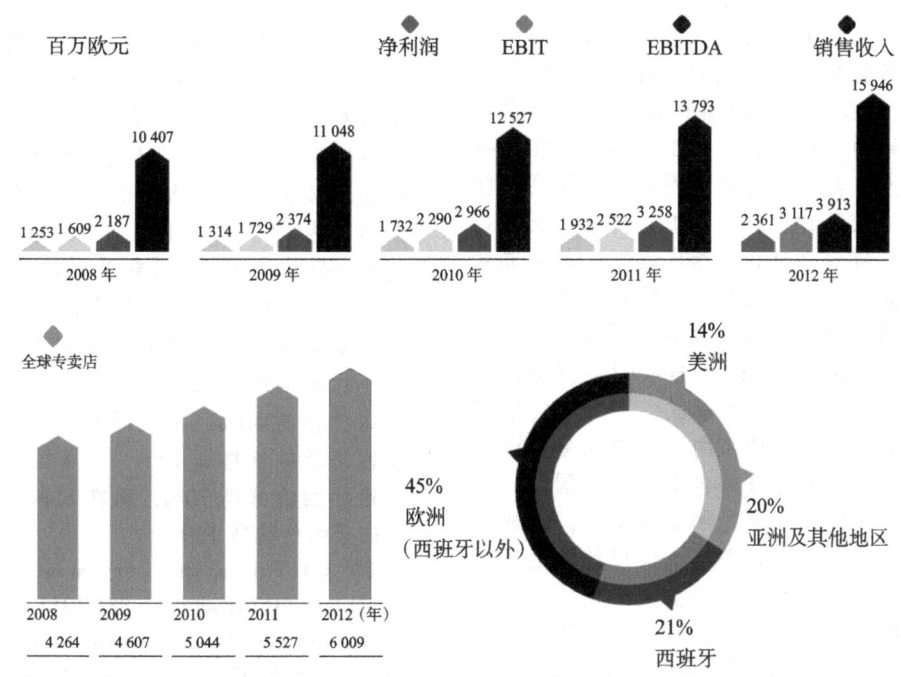

图3B-1　2008年以来印第迪克集团销售收入和利润与全球专卖店分布状况

一直以来，欧洲是莎拉公司的主要市场，但现在，莎拉公司也开始向美国、日本等全球市场渗透。莎拉公司的时装品质虽然未必上乘，莎拉快速时尚的追随者就表示对于这样的时装一般最多只穿10次，但是，莎拉公司胜在能够紧贴瞬息万变的时装潮流，致力于提高供应链柔性，天天新款，以诱人的价格，尽快满足那些买不起顶级品牌却又喜欢时尚设计的年轻人的消费需求。

莎拉公司每年生产的服装款式超过12 000种，考虑到颜色、衣料质地和号码大小，莎拉公司的库存单品（stock keeping unit，SKU）高达几十万，相比之下，它的竞争对手只有2 000～4 000种，所以，莎拉公司能比竞争对手在更多流行时装上提供更多快速时尚的选择。莎拉公司每两周向全球各家连锁专卖店供货一次（在美国、日本等海外市场，莎拉公司采用空运的方式进行补货）。如此高速且近乎连续的补货策略，有效地降低了各家连锁专卖店的库存并避免了时装过时的现象出现。

莎拉公司并不需进行市场推广，而是通过运用信息网络技术使其对客户偏好变化有着快速的反应。全球各家连锁专卖店的店员使用信息系统及时记录下客户的偏好和购买倾向，定期派人在全球收集时尚领袖们的潮流，并每天将这些市场潮流信息和每天的实际销售数据，通过互联网报告给莎拉公司的西班牙总部，以便驻总部的设计师随即调整现有设计和创制新系列。

莎拉公司特别强调速度的重要性，宣称："对于我们来说，距离不是用千米来衡量的，而是用时间来衡量的。"所以，莎拉公司并没有像其主要竞争对手一样采用外包策略，即将服装加工外包到亚洲（其中以中国为主）。莎拉公司的服装产品大部分都在西班牙本地的顶级制衣厂加工，因此，在第一场时装发布会举行后的两周内，莎拉公司就可以完成从服装设计、加工，再运送至各家连锁专卖店的全过程。相比之下，其主要竞争对手如美国最大的服装连锁企业盖普公司（GAP）和瑞典服装零售巨擘亨尼斯－毛里茨公司（Hennes & Mauritz，H&M）等服装品牌商，大部分采用轻资产模式，即只掌控服装品牌的运作、服装产品的设计与销售，而将服装产品的生产环节外包到发展中国家，这种模式最大的优点就是制造成本低，但缺点也是明显的，即延长了整个供应链的运营速度，与莎拉公司的两周提前期相比，他们都需要5周～5个月的提前期来完成从接受订单到发货直至各家连锁专卖店的全过程。

与盖普公司、亨尼斯－毛里茨公司等主要竞争对手相比，莎拉公司每一款服装的生产批量都非常小，而且采用小批量的配送策略，这样不仅减少了任何单款的陈列，同时也人为地创造了一种稀缺。越是不容易得到，就越能激发人的欲望，也越发令人向往，顾客购买的积极性也会越发增加。更重要的是，若哪一款式服装产品卖得不是很好，在季末打折销售时也就没有太多需要处理的库存，也不会影响公司最终的利润。

莎拉公司所有的服装产品，无论是公司的内部产品还是外部供应商的产品都要经过莎拉公司的两个中央配送中心，然后，每周两次直接从中央配送中心送到全球各家连锁专卖店，从而充分发挥物流配送的规模经济效应。莎拉公司75%的服装产品是通过卡车由第三方物流配送到西班牙、葡萄牙、法国、比利时、英国和德国等欧盟国家的连锁专卖店，而其他25%的服装产品是由KLM或DHL以空运的方式送到亚洲、美洲、东欧等较远的国家和地区，其中，到欧洲专卖店的空运时间一般是24～36小时，而到欧洲以外的连锁专卖店的空运时间一般是24～48小时。因此，全球莎拉公司的铁杆消费者甚至都能够掌握到每周哪些天莎拉送货卡车到达哪家专卖店，然后就赶去购物。每隔3～4周，莎拉连锁专卖店中3/4的服装产品都会发生改变。莎拉公司平均每个消费者每年购物次数高度达17次，相比之下，其他竞争对手的消费者每年购物次数只有3～4次。

莎拉公司在它运营的每个国家和地区的连锁专卖店都用当地货币给服装产品标上价格。莎拉服装产品在北欧的价格平均比在西班牙的价格高40%，在欧洲其他地方的价格比在西班牙的价格高10%，在美国的价格比在西班牙的价格高70%，而在日本的价格比在西班牙的价格高100%。

资料来源：Freiman, Singh, Arrington and Paris, "Zara", Columbia Business School Case, SKS P267-279; Zeynep Ton, Elena Corsi and Vincent Dessain, "Zara: Managing Stores for Fast Fashion", Harvard Business School Case 610-042; http://www.inditex.com/en/shareholders_and_investors/investor_relations/annual_reports, 2012.

讨论题

1. 西班牙莎拉公司是凭借怎样的供应链战略颠覆百年时尚产业的游戏规则的？
2. 这样的供应链战略能够让莎拉公司在全球化市场中获取的竞争优势持续多久？

第4章

精 益 思 想

 学习目标

- 总结了精益思想理论演变与运营系统发展简史；
- 阐明了精益哲理；
- 阐述了消除浪费和尊重员工的基本思想及其基本构成要素；
- 比较分析了美国企业与日本企业实施精益生产的差异并探讨了差异成因；
- 深入讨论了如何实施精益生产以及在企业内部成功推行精益生产所具备的关键因素；
- 讨论了精益服务。

 引　例　100日元寿司屋

100日元寿司屋与其说是一家普通的寿司餐馆，倒不如说是一家日本生产率的陈列馆。在100日元寿司屋的中间开辟出一个椭圆形服务区，里面有三四个厨师正忙碌地准备着寿司，服务区周围大约环绕着30个座位。在一个角落里就座后，我注意到了这家餐馆的特别之处，围绕着椭圆形服务区有一条输送带传动着，就像是个玩具火车车轨。在输送带上我看到了一盘盘的寿司，你能想象到的寿司（从最便宜的海藻寿司到昂贵的生沙丁鱼和鲜虾寿司）在这里都应有尽有。奇怪的是，这里寿司的价格竟然都是一样价，全是100日元一盘。我凑近观察，眼睛紧紧盯着移动的寿司盘子，发现便宜的海藻盘有四片寿司，而昂贵的生沙丁鱼盘只有两片寿司。

我看到一个顾客把八个盘子整整齐齐地叠在一起。当他起身要离开时，收银员看了看说："800日元。"收银员并没有收款机，他只是简单地数了数盘子的数目，然后乘以100日元即可。

100日元寿司屋的日常运营是建立在精心分析信息的基础之上，寿司屋拥有顾客对各种不同寿司完整的需求信息，因而知道每种类型的寿司应准备多少、何时准备。而且，整个运营流程是基于准时制和质量控制系统原则的重复生产基础上的。如寿司屋的冷藏能力有限（冰柜容量有限），因此采用了准时制库存控制系统。寿司屋并没有购买新的冰柜来提高冷藏能力，而是与鱼商达成协议，要求鱼商每天分几次运送新鲜鱼，鱼的原料就可以准时送到并及时加工成寿司。这样，仓储成本就可以达到最小化了。

寿司屋地面空间是为工作人员和必需的设备准备的，并不是用来存储食品的。工作人员与所使用的设备都紧靠在一起，寿司的制作是用手传递的流水线方式，而不是各自为政的工作方式。寿司屋的仓储间没有墙，所有工作人员（从店主到服务员）都并肩地一齐工作，从欢迎顾客到为顾客送上他们所点的寿司。整个工作过程中，大家的工作任务是紧密相关的，一旦出了问题,每个人都可以冲到出问题的地方,以防止问题的扩大。

100 日元寿司屋是一家劳动密集型企业,与美国人的观念不同的是,日本人依靠的是简捷、通俗的管理理念而不是高技术,这一点给我留下了深刻的印象。在我吃完第五盘寿司的时候,我看到同样的一个章鱼寿司盘已轮转了第 13 次。或许我发现了整个系统的缺陷,于是我问店主:"一个寿司盘每天都在轮转,你们是如何考虑卫生问题的,是否发生过顾客吃了不卫生寿司后食物中毒的事件。"店主带着歉意的微笑鞠了一躬,说:"先生,我们不会出售 30 分钟还没有售出的寿司。"接着他挠挠头,说:"我们的员工在休息时,就会取走未售出的寿司,要么吃掉寿司,要么直接扔掉。我们非常重视寿司的质量问题。"

资料来源:Condensed from Sang M. Lee, Japanese Management and the 100 Yen Sushi House, *Operations Management Review*, Vol. 1, No. 2 (Winter 1983), pp.45-48。

精益思想(lean thinking)起源于日本丰田汽车公司首创的准时制生产(just-in-time,JIT)方式,20 世纪七八十年代的两次石油危机之后,20 世纪 90 年代因美国汽车的衰落与日本汽车的振兴,让丰田生产方式不断发展演变为精益生产方式(lean production),直至精益思想受世人所瞩目,使得世界汽车工业发展重心倾向日本(见图 4-1)。

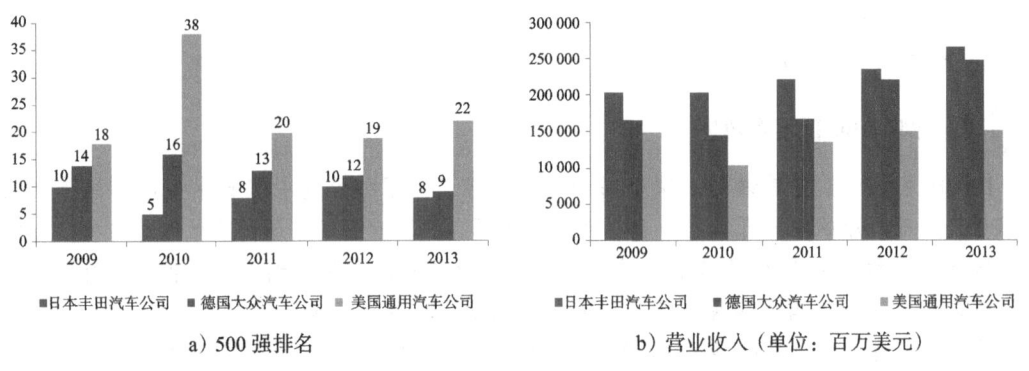

图 4-1　2009～2013 年世界 500 强中全球汽车三巨头

精益思想对各种运营环境都适用,不论是制造型企业还是服务型企业。尽管如此,企业管理层还必须认识到精益生产的成功实施要取决于许多关键因素,包括良好的供应商关系和生产均衡化(生产均衡化是指在一定时期内均匀地生产产品,即使每天产品的产出量保持不变,尽管产品的组合可以在较大的范围内变动)。

4.1　精益思想理论演变与运营系统发展简史

第一次工业革命之前的制造业还是手工作坊式,也即单件技艺性生产方式(craft production),产品通常是由当了多年学徒去学习制造产品技能的工匠们手工定制的,制造出来的产品没有任何两件是一模一样的,而且效率低下,对工匠们手艺的要求很高。因此,这种属于劳动力密集生产方式只能针对有限的市场。

直到 18 世纪开始于英国纺织行业的第一次工业革命,1765 年,詹姆斯·瓦特(James Watt)对当时已出现的蒸汽机原始雏形作了一系列的重大改进,发明了单缸单动式和单缸双动式蒸汽机,为制造业提供了机械动力,推动了制造业的发展。19 世纪中叶,机械作坊逐渐替代了手工作坊。尽管如此,在很大程度上,这种机械作坊式的单件生产方式仍然只是一种生产艺术，而不是一种管理科学。

19 世纪 50 年代～80 年代在运输与通信革命——铁路、轮船和电报的促进下的第二次工业革命，加速了电力和动力机器（power-driven machinery）的广泛应用，使得大规模生产方式（mass production）开始成为可能。同时，"科学管理之父"弗雷德里克·泰勒（Frederick Taylor）开始百折不挠地提倡在管理中运用科学，引发人们对科学管理的信仰，第一次在生产过程中尝试消除浪费的努力就这样在 19 世纪 90 年代悄然开始了。

20 世纪早期，亨利·福特（Henry Ford）运用科学管理原理设计出第一条汽车流水装配线（Assembly Line），福特汽车流水生产系统非常高效，却很不灵活，正如福特有句著名的话："顾客可以选择任何一种颜色的 T 形车，只要它是黑色的。" 20 世纪二三十年代忽视了产品差异性的单一市场、单一产品的刚性流水生产系统差点致使福特公司毁于一旦，然而，这一时期的艾尔弗雷德·斯隆（Alfred P. Sloane）却把通用汽车公司按产品划分为 21 个事业部，建立了多市场多品种汽车生产方式，迅速超越福特发展成为世界上最大的汽车公司。1921 年，通用汽车 12.3% 的市场份额远远比不上福特汽车的 55.7%。1940 年，福特汽车市场份额跌到了 18.9%，远远不及通用汽车的 47.5%。1945 年，亨利·福特二世不得不对公司进行了大规模重组，开始效仿通用汽车的多品种生产方式，才将福特公司从灭亡边缘挽救了出来。

尽管如此，这种多品种汽车生产线昂贵的品种切换调整准备（setup）费用，使管理层不得不拉长了生产计划时间跨度，形成多品种轮番成批生产（batch production），以降低固定的切换调整准备费用。为了预防多品种轮番成批生产线停工，管理层不得不持有大量库存，通过原材料库存缓冲应对原材料供应变化，通过在制品库存缓冲防范生产过程问题和机器故障，通过成品库存缓冲预防产品需求的波动。此外，还得持有一定的库存缓冲以避免产品质量问题导致生产线停工，包括一些不合格原材料供应、在制品出现次品等。

二战使日本战前积累的财富几乎丧失殆尽，经济遭到严重破坏，劳动力只有美国的 1/9，汽车制造处于很低的水平。20 世纪 50 年代初，丰田汽车公司的大野耐一（Taiichi Ohno）认识到丰田发挥不了大规模生产和成批生产的规模经济效应，日本汽车的市场实在是太小了，提出只能通过消除浪费以降低成本的丰田生产方式（Toyota Production System, TPS），才得以与强大的美国汽车巨头竞争。

为了消除浪费，丰田生产方式首创了准时制生产，即只在客户需要的时候，才按需要的量生产所需的产品，并且通过持续改善 JIT 生产系统，力争"一次就做好"（do it right the first time），追求尽善尽美的目标：①零缺陷（zero defects）；②零过量（zero excess lot size），也即单件流（one-piece flow）；③零切换调整准备时间（zero setups）；④零故障（zero breakdowns）；⑤零搬运（zero handing）；⑥零提前期（zero lead time）；以及⑦零波动（zero surging）。

4.2 精益哲理

精益思想的核心就是以客户需求为拉动，消除浪费，持续改善，使企业以越来越少的投入创造出尽可能多的客户价值。因此，从客户角度来说，浪费（waste）就是不能增值的部分。经过长期实践，丰田生产方式认定了可以消除的七种主要类型的浪费（muda）：①过量生产的浪费；②等待时间的浪费；③运输的浪费；④加工工艺的浪费；⑤库存的浪费；⑥动作的浪费；以及⑦产品缺陷的浪费。

精益生产是一种多品种小批量准时制生产，其目的是在实现原材料、在制品及产成品的库存最小化的情况下进行大批量生产。零部件准时到达下道工序，并准时加工和传送到下下道工序，因此，精益生产的理念还是基于"准时制生产"的基本思想，即只在客户需要的时候，才按需要的量生产所需的产品。图 4-2 所示的是精益生产的组织过程，精益生产是一种拉动式的生产方式，精益生产的产品需要的指令是由客户来拉动的。理论上，在精益生产系统中，当有一个产品售出时，市场就从精益生产系统的终端（在此图例中即是总装线）拉动整个精益生产系统，开始生产一个补充产品的补货指令，然后，总装线向其前道工序组装线领料并拉动组装线的生产，组装线又向其前道工序生产线领料并拉动生产线的生产，就这样不断循环往前，直到拉动原材料供应。因此，为了保证精益生产的整个拉动过程的顺畅运行，需要对整个过程的全面质量管理、良好的供应商关系以及对最终产品需求的准确预测。

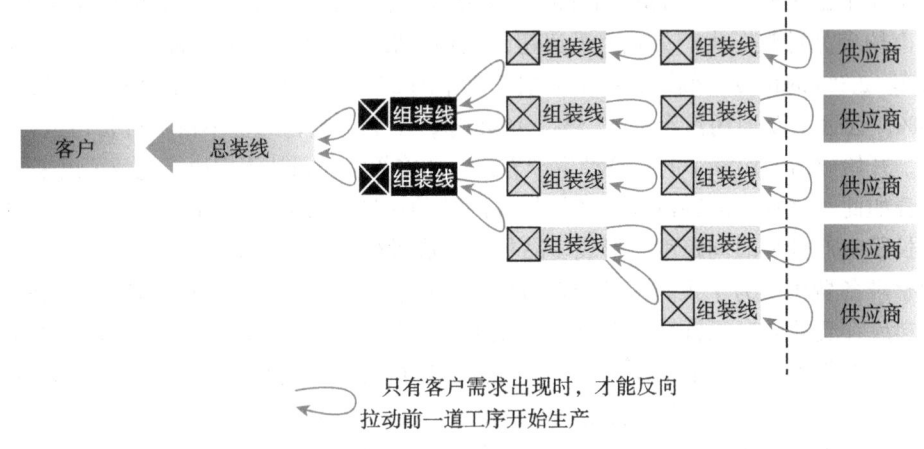

图 4-2　精益生产拉动系统

今天，精益生产已经广泛渗透到全世界许多制造型企业和服务型企业，包括美国摩托罗拉公司、德国大众、美国艾默生、韩国三星电子、上海通用汽车公司，等等。

举例来说，日本松下公司从美国摩托罗拉公司收购了芝加哥电视机生产厂。在收购协议中，松下同意重新培训一线工人，两年以后，松下公司仍然是 1 000 名一线工人，但其他管理人员减少了 50%，如表 4-1 所示。然而，在这期间，日产量却翻了一番，产品质量用每 100 台电视机次品率来衡量，则降低了 40 倍，而且外观质量也改善了很多。收购前美国摩托罗拉公司的保修费用每年要花 16 000 000 美元，现在松下公司只需要花 2 000 000 美元（电视机的产量翻了一番，所以实际上是 16∶1 的比例）。这些显著的差异确实是在美国工人身上发生的，日本是怎样达到这种质量水平和生产率的，我们应该向日本学些什么？

表 4-1　日本松下完成收购前后的生产率比较

	收购前（下属摩托罗拉公司）	收购两年后（下属松下公司）
一线工人	1 000	1 000
管理人员	600	300
总雇员数	1 600	1 300
日产量	1 000	2 000
每 100 台电视机次品率	160	4
年保修费用（美元）	16 000 000	2 000 000

为了振兴日本制造业乃至日本经济，日本采用了三种主要战术：①引进先进技术。为了避免大量的研究开发经费和相应的开发风险，日本并不进行新技术的创新，而是通过购买许可协议的形式引进先进技术。②将主要精力集中在企业的生产一线，以提高产品生产率和降低单位成本。日本将最优秀的工程师安排在生产第一线，而不是放在产品设计开发部门。③努力把产品的质量和可靠性提高到最高水平，以超过其竞争对手所能提供的。

日本人努力实施这些战术的基本思想并逐步将其发展演变为精益哲理，只有两条——日本文化中根深蒂固的消除浪费和尊重员工的思想。

- 消除浪费；
- 尊重员工。

4.3 消除浪费

日本人长期以来就对稀缺资源的浪费深恶痛绝。日本人谈到的浪费，正如丰田公司的藤尾长（Fujio Cho）所定义的那样，浪费是"除生产不可缺少的最小数量的设备、原材料、零部件和工人（工作时间）外的任何东西"。这意味着没有多余，没有安全库存，没有供未来使用的产品。如果现在客户不需要产品，就不必现在生产，否则就被认为是浪费。

消除浪费的理念由 7 种基本要素构成：

- 集中式工厂网络；
- 成组技术；
- 源头质量控制；
- JIT 生产；
- 均衡生产负荷；
- 看板生产控制系统；
- 缩短作业调整准备时间。

1. 集中式工厂网络

第一种基本要素是集中式工厂网络。日本人更喜欢建立小规模专业化生产厂，而不是大型的纵向一体化的制造厂。这有几个原因：其一是大型工厂的管理比较困难，工厂越大，越容易官僚，而且日本的管理风格并不适合于大型工厂；其二是专门为一个特定目标而设计的工厂，无论是建厂还是运营都更加经济。在日本，总人数达到 1 000 或超过 1 000 的企业不到 750 家；大约有 60 000 家企业的规模在 30～1 000 人；超过 180 000 家企业的总人数少于 30。当我们谈到日本人改进生产率的方法以及那些令人印象深刻的事件，谈论的对象主要是指日本中型企业，因为日本大部分的制造型企业都属于这种企业，即规模在 30～1 000 人。

2. 成组技术

日本的工厂广泛应用了成组技术。成组技术对美国人来说并不是什么新鲜事物。与很多其他技术一样，成组技术虽然产生于美国，却是在日本得到了成功的应用，但最近美国也在大规模地使用这种技术。图 4-3 就是一个简单的成组技术图，上面的部分显示了专业化分工的运营方式，很多工厂的工作流程都是从一个部门转移到另一个部门，这是由企业的组织方式决定的（如金属车间、磨车间等）。这些部门里的每一台机器设备通常是由一个精通机器设备技能的工人专门看管的，每个车间的加工流程都是一个漫长而复杂的过程，因为大量的时间都花在了等待加工和物料运送上（通常占总加工时间的90%～95%）。

在日本却恰恰相反，日本人考虑的是把生产一个零部件的所有作业以及完成这些作业的机器设备布局在一起。图 4-3a 显示了一个典型的按照工艺原则布局方式布局的专业化分工单元；图 4-3b 显示了将生产一种零部件或者一组零部件的各组不同类型的机器设备组成一个工作中心的成组技术单元（一组机器设备执行步骤 1 和步骤 2，另一组机器设备执行步骤 A 和步骤 B）。一个操作工管理图中左上角的全部三台机器设备，从而最大限度地发挥了操作工的能力利用率，而且消除了运营过程的排队和等候时间。因此，不仅提高了生产率，而且在制品库存也减少了很多。

成组技术单元的实质是实现机器设备的柔性、流程的柔性以及人员的柔性。提高人员的柔性的前提是需要培养员工对企业的忠诚度，拥有高度的工作安全感，同时还需要持续不断地对员工进行多种技能的培训，使员工成为能够掌握操作多种机器设备技能的"多面手"。

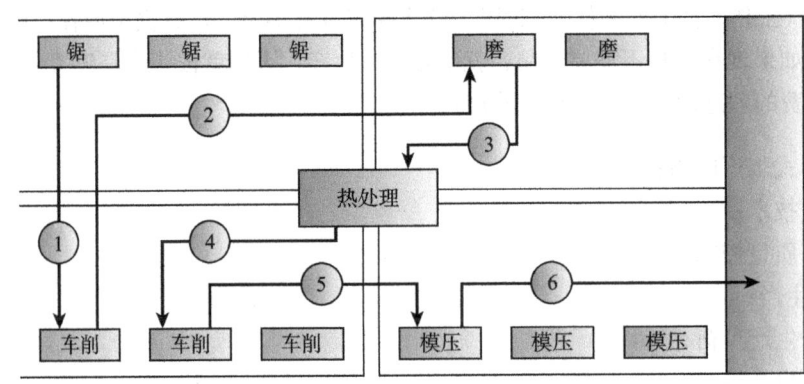

a）专业化分工单元

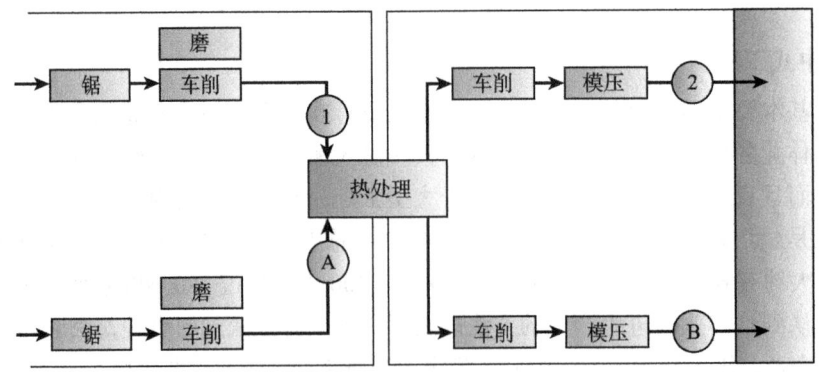

b）成组技术制造单元

图 4-3　成组技术与专业化分工的比较

3. 吉得卡——源头质量控制

如果管理层对员工很有信心，就可以实行一种日本人称之为"吉得卡"（Jidoka）的质量理念,这个词的意思是"如果出现错误就立即停下来",这也可以认为是源头质量控制。在日本的工厂里,不需要专门的检验员去发现工人的错误,每一个工人就是检验员。

源头质量控制这个理念是由丰田汽车公司的制造副总裁大野耐一在20世纪50年代早期提出的,大野耐一深信丰田公司面临的最大问题是如何把生产质量提高到很高的水平,从而能在世界汽车市场竞争中所向披靡。为此,他决定给每个工人分配一小部分工作,这就保证了工人很容易觉察这一小部分工作中的问题。"吉得卡"按钮装在装配线上,如果出了什么问题——如工人发现了质量问题,或者工作节拍太快,或者工人发现了安全的问题,就必须按下按钮停止生产线的运行。一旦按钮按下,就会闪光、响铃,然后整个装配线停止运行,工人都聚集到闪光的地点。这很像志愿灭火部门:人们从工程部门、管理部门、其他部门汇聚到一起,对警报作出反应,并现场解决问题。

吉得卡也有自动检查装置,有时称之为自动检查机。就像对自控装置和机器人的偏好一样,日本人认为,只要有可能就要用机器来检查,因为机器更快、更精确。但是,这个检查过程也是生产流程的一部分,因此,不需要找专门地点或专人操作。如果出现问题,机器将自动关掉,以避免大量的不良品的出现。

在日本,为了确保产品质量,企业鼓励关闭生产线。当然,这也是管理层对工人很有信心,没有人喜欢看到生产线停止运行。但大野耐一认为,一天没有出一次问题就意味着工人不够仔细。

4. JIT 生产

日本的生产体系是建立在JIT基本理念之上的,要求只在需要的时候,才按需要的量生产所需的产品,目标是争取不多生产,也不少生产。这就意味着多生产一个产品就像短缺一个产品一样糟糕。实际上,超过需求量的任何东西都被看作是浪费,这与美国经理的想法大相径庭,美国人认为良好的绩效表现就是要达到或超过计划目标。要美国制造业界接受日本人的理念也很难,因为这与美国公司实际的做法背道而驰,美国公司常常库存额外的原材料,以预防什么地方出现差错。表4-2说明了JIT是什么、JIT是做什么的、JIT要求什么以及JIT的假设是什么。

表 4-2 准时制生产

JIT 是什么	JIT 是做什么的
• JIT 是一种管理哲理	• 消除浪费(时间、库存、废品)
• 拉动系统	• 暴露问题和瓶颈
	• 实现流水线生产
JIT 要求什么	**JIT 的假设是什么**
• 员工参与	• 稳定的环境(稳定的计划)
• 工业工程/基础	
• 持续改善	
• 全面质量控制	
• 小批量	

JIT 理念通常应用于重复性生产过程。JIT 并不要求产品进行大批量生产,但是要求构成产品的零部件的生产是重复性的。当然,理想的情况下是产品也能够重复生产。如戴尔计算机公司的个人电脑都是定制化产品,只有组件或零部件的生产是重复性的,但戴尔应用JIT

理念仍然带来了极大的效益。

JIT 的理想批量是 1 个流（one piece flow）。日本人把制造过程看成是一个庞大的、相互关联的工作中心网络，需要精心安排好每个工人要完成的零部件生产任务，使得每个工人在恰好完成当前生产任务并把所完成的在制品传送给下一个工人时，下一个零部件生产任务刚好到达。因此，JIT 追求的目标是零等待，即 JIT 生产过程中没有等待加工的闲置物料，没有等待加工的空闲机器设备，也没有等待加工的空闲工人，从而实现：

（1）库存投资最小化；
（2）缩短提前期；
（3）快速响应产品需求变化；
（4）发现质量问题。

图 4-4 体现了日本人的这种观点。如果用池子中的水代表库存水平，用石头代表企业管理中可能出现的问题，当水位较高时，就隐藏了问题（石头），同时管理层会产生每件事情都做得很好的错觉；但当水位下降时，如经济衰退来临，问题就接踵而至。如果特意让水位下降（特别是在经济繁荣时期），就能在引起更严重的问题之前，发现和解决这些问题。

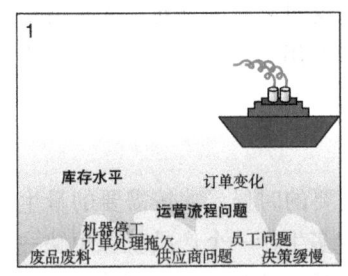

图 4-4　库存隐藏问题

日本人减少库存的热情令人难以置信，从一开始他们就认为库存是一种不利运营因素，而非传统观念将库存视为一种资产，视为运营系统中已累积的价值增值。丰田汽车公司认为："库存是没有价值的。"日本汽车空调制造商电装公司（Nippondenso）的态度更为严厉，认为库存是"万恶之源"。日本人普遍认为库存是产品质量的大敌，因此，日本企业为库存准备了很小的波动空间，任何轻微的库存误差都会显而易见，然后就会举起旗子要求快速处理。

在复杂的制造流程中，不可能使每个工人都与其他工人临近，而且整个生产流程还包括外部供应商。因此，日本人认为 JIT 系统必须允许在工作中心之间设置物料传送时间。但是，物料传送的数量必须尽可能地降低，通常把日产量的 1/10 作为企业内部的单位传送批量；外部供应商则每天分多次供货，以降低 JIT 系统的批量大小和库存。

JIT 生产不考虑情境变化，要求零废品，即接受的每个产品都认为是没有缺陷的。需要生产时,机器立即就能生产,每次物料的运送都能够按计划时间准时到达。因此,日本人强调质量、预防性维护以及参与合作的企业之间的相互信任。这些 JIT 理念已经融入日本人的民族文化中,每个人都能够自觉地遵守。

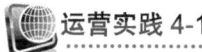

运营实践 4-1

JIT 使通用土星走向成功

当通用汽车公司宣布土星项目上马时,其目的显而易见:从日本人手中夺回小型汽车市场。为了实现这个目标,通用汽车公司在田纳西州的斯普林希尔设计分厂时煞费苦心,使用了很多创新设计新理念。例如,很高比例的零部件是在现场生产的,而不是在很远的地方制造或是从其他地方运来,其他汽车装配公司常常会采用后两种做法。因此,制造设施包括锻造机轴和发动机组的铸造设备,还有用来生产塑件的大型注塑机。

把所有生产流程组合在一起就是 JIT 精益系统。根据土星分厂的前任采购部经理艾莱克·百德瑞克(Alec Bedrick)的说法,这是一种汽车行业的最紧凑型 JIT 系统。很少有缓冲库存可以把运输装配线和零部件加工过程分开。有个事实很能说明这一点,就是在装配线和发动机厂之间的电力火车通常不能停开两小时。

供应商每天 24 小时把产品运往土星分厂或当地优化中心(local optimization center, LOC),而且必须在 15 分钟内及时完成交货。如果因交货延迟而导致生产延误,那么供应商每迟到一分钟就要罚 500 美元。雷德(Ryder)是土星分厂的物流合作伙伴,主管卡车运输路线和停泊时间。宾斯克公司(Penske Corporation)管理 LOC,在 LOC 中,零部件按顺序每小时向土星分厂发送一次。LOC 是土星分厂最近的改善措施,LOC 把发动机从土星分厂的仓库中搬出来,这就增加了土星分厂的生产空间,使土星分厂不用扩建就能够有空间来生产小型运动型车(VUE)。

零部件卸载以后就直接运往装配线,根本就不设立收货区、进厂验货区。需要加工的零部件供应商需要每天送一次货,较大的零部件如散热器、前端件的送货频率更快。例如,汽车座椅的供应商需要每 30 分钟往装配线运一次货。

资料来源:Adapted from Ernest Rata, "Saturn: Rising Star," *Purchasing*, September 9, 1993, pp. 44-47; and Lee Anne Carmack, Saturn Communications, 2002.

5. 均衡生产负荷

为了有效地实行 JIT 生产理念,生产流就要平稳地运作,这就是日本人所谓的均衡生产负荷,其目的是抑制通常由于计划的变动所带来的波动反应。例如,当总装线上发生重大变化时,由于批量规则、调整准备、排队、等待等原因,使得这一变化会在整条生产线上乃至整个供应链上放大。等到供应链开始觉察到这一变化的影响时,装配线上 10% 的变化可能在生产线上放大成 100% 的变化。

日本人认为解决这个问题的唯一办法在于当波动很小时,就开始抑制它,不然等到波动很大时再控制就来不及了。因此,日本企业的解决方案是建立企业月生产计划,使生产率固定在一个稳定的水平上。大部分美国公司试图以年计划来获得同样的效果,结果都没有成功,因为年计划缺乏柔性,当市场需求发生变化时,难以对年计划作出快速的调整。日本人通过每天建立相同的产品组合进行小批量生产的计划方式解决了这个问题,即使产品的产出总量很少,也可以通过以日甚至更短的时间周期制定出稳定的作业计划,实现 JIT 的均衡生产。例如,如果企业一个月只需要产出 100 件产品(假设每月按 20 天做计划),那么他们就会建立一个日产量为 5 件的稳定的作业计划,因为他们希望日计划能够每天每种产品都生产一点,所以日本企业总是建立一个总的产品组合,以有效地适应外部市场需求的变化。

为了进一步达到均衡生产的目的,日本企业通常采用混流生产模式,即在装配线上混流生产出这五件产品,如表4-3是日本丰田公司的一个例子。假设丰田公司生产三种车型：轿车、顶篷车和货车,各型汽车月产出总量被分解为日产量(假设每月按20天做计划),则各型汽车的日产量分别是250、125和125。

表 4-3　日本丰田公司的混流生产的例子

车型	月产出量	日产量	节拍/分钟
轿车	5 000	250	2
顶篷车	2 500	125	4
货车	2 500	125	4

注：混产顺序：轿车、顶篷车、轿车、货车、轿车、顶篷车、轿车、货车……间隔为1分钟。

根据以上数据,就可以计算出每一车型的节拍(客户需求率)。在日本,生产节拍指的是一条生产线上两个相同单位产品之间的生产时间。生产节拍用于调整资源,以精确地生产出所需数量的产品。

$T1$(轿车)＝每天的工作时间/日产量＝8×60 分钟/250＝1.92分钟＝2分钟(取整);

$T2$(顶篷车)＝每天的工作时间/日产量＝8×60 分钟/125＝3.84分钟＝4分钟(取整);

$T3$(货车)＝每天的工作时间/日产量＝8×60 分钟/125＝3.84分钟＝4分钟(取整)。

日本人并不关心机器设备的生产速度。在美国的工厂,如果这个月要生产5 000件产品,而且机器设备每小时可以生产1 000件,那么美国人就会使机器设备运转5个小时生产出所需要的产品。而日本人则只按照每天需要的数量生产,对他们来说,节拍(客户需求率)决定了为满足本月产出总量而进行的资源分配计划。如果下个月产出总量有所变化,那么就需要重新制定下个月的资源分配计划。

6. 看板生产控制系统

看板生产控制系统控制机理简单,充分体现了员工自我管理和良好的可视化管理。大多数的日本企业并不使用看板。看板是丰田汽车公司使用而不是日本普遍使用的生产控制系统。但是,美国和日本的很多企业都使用了有信号装置的拉动系统,对工厂或供应商进行控制。看板的日语意思是"指令卡",这是无纸化的看板控制系统,可以直接使用装载零件的容器、循环通知单或指令卡,起到传递指令信号的作用,通常也被称为看板拉动系统,因为生产或零部件供应的指令信号均来自于下游工序。工作中心和供应商可以根据作业计划来制订工作计划,但工作中心和供应商的生产或零部件的供应都必须根据看板来进行,而且完全是人工的。

看板一般分为两种,即生产看板和传送看板。生产看板用于指挥生产,规定了各工序应该生产的零部件种类及其数量。生产看板一般是通过指挥放置零部件的容器的适时适量的补给来指挥JIT生产的。传送看板则用于指挥零部件在前后两道工序之间的传送,即适时适量地将容器内的在制品传送到下游工序,一般容器内所规定放置的零部件的数量是固定不变的。

当需要改变产出率时,只需要根据简单的计算公式,从JIT生产系统中增减容器的数量,即可调整生产率。当然,在计算公式中还需要考虑安全库存量,但通常限制在日需求的10%

以内。这一计算公式实际上给出的是理论上所需要的看板/容器的数量。在实践中，企业通常尽可能地减少生产循环中的看板/容器的数量，以保证在制品库存最小化。

图4-5给出了一个双看板系统示意图，图中的加工中心生产A和B两种零件，每种零件都储存在靠近工作中心的标准容器里。当装配线从装满零件A的容器中取走零件A时，就有一个工人从该容器上取下传送看板，并将此传送看板送到前道工序的加工中心储存零件A的容器上，同时将加工中心储存零件A的容器上的生产看板取下，放在生产看板盒中。将生产看板换上传送看板，是要求前道工序的工人将该容器储存的零件A传送到后道工序装配线的储存零件A的容器处，同时从生产看板盒中取出生产看板，放在加工中心的看板架上，前道工序的加工中心便按照生产看板的具体要求，开始投入下一批零件A的加工生产，加工完毕即将零件A装入容器，再将生产看板附在储存零件A的容器上，等待后道工序装配线来取货。看板架上的生产看板就成为零部件加工生产的指令（日本人称之为悬挂看板）。悬挂看板的悬挂顺序就表示了工厂加工生产零部件的作业次序。很多企业只使用传送看板，也称为单看板系统。在单看板系统中，装配线上的工人（倒更像物料传送员）只需把附有传送看板的空容器送到加工中心，并放在指定的储存地，然后再在装满了零件的容器上附上传送看板，并送回到装配线。在单看板系统中，加工中心的工人的任务就是装满容器。如果每天都是相同的工人生产相同的零件，就最合适采用单看板系统了。

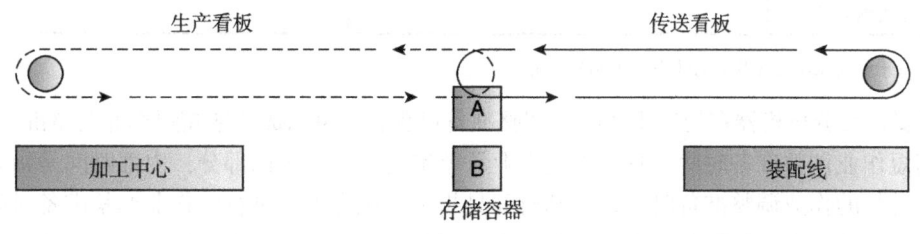

图4-5 双看板系统

如果A零件的实际需求比原计划多，而B零件的实际需求比原计划少。看板系统就可以自行调整以适应这些变化，因为看板系统是严格按照系统中循环的看板来指挥生产的。一般，对于10%～20%的产品组合的变化，看板系统很容易自行调整，因为看板系统采用的是混流均衡生产模式，而且生产批量很小，很容易进行调整，以适应上游市场需求的波动。

看板系统也可应用于指挥供应商的供货。当客户和供应商都使用看板系统时，传送看板可以作为供应商供货的单据，而在供应商工厂中的生产看板则用来指挥供应商的生产。

整个看板系统的成功与否取决于每个人是否能够严格按照看板指令进行每一步工作。实际上，日本企业在高管与现场工人之间并不设立生产协调员，只是依靠高管来保证看板系统的畅通运行，因此，工人间的良好合作态度对于看板系统的成功就显得至关重要了。

看板系统的效果的确令人印象深刻。JKC公司（Jidosha Kiki Corporation）是日本的一家汽车刹车零件生产厂，在其大客户丰田公司的帮助下建立了看板/JIT生产系统，两年后，JKC公司的生产率就提高了两倍，库存周转率提高了三倍，并大幅度地减少了加班现象以及对存储空间的需求。谈到实施看板/JIT生产系统的体会时，JKC公司认为，虽然对他们的工人而言有着日本文化熏陶的有利背景，但仍是一个漫长、艰难的学习过程，原因主要在于工人习惯上的积重难返以及思想上的积习难改。

7. 缩短作业调整准备时间

日本的JIT生产方式的实质是要求通过多品种、小批量生产来提高生产率，这就要求机器设备在切换生产不同产品所需的调整准备时间不能够很长。事实上，许多美国企业为了缩短机器的作业调整准备时间，都使用了经济订货批量公式来确定生产批量。

日本企业使用的虽然也是相同的公式，但是他们却做了一定的变换。日本企业接受的并不是固定的调整准备时间，而是固定的生产批量（且是非常小的批量），并且专注于减少机器的调整准备时间。日本人的成功引起了人们的广泛注意，很多美国人到日本企业参观并亲眼目睹了一组日本工人在10分钟内就完成了800吨冲压机的换模，表4-4比较了同期其他国家的换模时间。日本企业的目标是个位数分钟的调整准备时间，就是机器在切换生产的调整准备时间以分钟的个位数计（即小于10分钟）。日本企业不仅使大型机器设备像冲压机做到了10分钟之内换模，而且使小型以及标准机器设备也能够做到在10分钟之内完成换模。

表4-4 缩短作业调整准备时间：日本与同期其他国家的换模时间（800吨冲压机）的比较

	丰田公司	美国企业	瑞典企业	德国企业
调整准备时间	10分钟	6小时	4小时	4小时
日调整准备频率	3	1	—	1/2
生产批量 （以使用天数来计）	1天①	10天	1个月	—

① 对于低需求项目（月需求量小于1 000），则为7天。

只要仔细分析机器在切换生产时的调整准备过程，就可以成功地缩短作业调整准备时间。为了缩短作业调整准备时间，日本人把作业调整准备时间分为两部分：内部时间是指必须停机才能进行的作业调整准备时间；外部时间是指不停机也可以进行的作业调整准备时间，如更换冲模、准备夹具等简单的作业，都属于外部时间。就平均而言，外部时间一般占作业调整准备总时间的一半。

由此可见，减少内部时间就能够减少停机时间，缩短作业调整准备时间。减少内部时间需要进行时间研究与动作研究实践（对日本团队来说，整个周六都在锲而不舍地研究实践作业调整准备时间问题是很常见的事）。节约时间的装置，如铰钉、滚道、折叠架等在冲模阶段到处可见，而且成本低廉。

值得一提的是，不能将缩短作业调整准备时间认为是一种技术问题，事实上，只有15%的调整准备时间需要投巨资购买先进的设备，如冲模自动定位器、自动切换工具机械手等。而超过90%的作业调整准备时间是管理问题，需要转变观念、提高自主管理能力才可以缩短。

缩短作业调整准备时间可以提高机器设备的柔性，加快批量生产的频率，使得批量尽量减少，向理想的"1个流"靠近，从而使得JIT生产方式的实施更具可行性；反过来，JIT生产又促使看板控制系统更具可行性，因此，看板控制系统与JIT生产方式是相辅相成的。

4.4 尊重员工

正如前文所述，日本人的首要指导原则是消除浪费，其次就是尊重员工。

尊重员工的理念也由 7 种基本要素构成：

- 终身雇用制；
- 企业协会；
- 对待员工的态度；
- 自动化设备/机器人；
- 底层管理；
- 分包商网络；
- QC 小组。

1. 终身雇用制

许多文章都讨论过日本企业的终身雇用制。日本人在主要的大公司中，强调对永久职位实行终身雇用制，只要员工工作勤勉，就会终身拥有该职位（直到退休）。公司会努力地为终身雇用员工维持一个稳定的工资水平，即使在经济形势不景气时也是如此，不过终身雇用员工仅限于那些有永久职位的员工。终身雇用员工大约占日本总劳动力的 1/3。但重要的是这种观念深入人心，当人们认可某家公司是自己终身工作的场所时，就不会简单地把公司看成是一张临时支票了，而是采取更加主动积极的态度，竭尽所能地帮助公司完成其目标。

2. 企业协会

在二战后日本的重建时期，道格拉斯·麦克阿瑟将军给日本企业界引入了企业协会的概念。毫无疑问，麦克阿瑟将军在引入这个概念时想到了工会这个词，但日本人却从另一个角度看待企业协会。日本丰田汽车公司的员工只关心丰田公司，并不熟悉日本其他汽车公司的同行，他们只想着和本公司的员工建立良好的关系，而不考虑和同行业的员工建立关系。于是丰田公司组织了一个不管员工的技能如何、所有员工都能够参加的企业协会。企业协会和管理层的目标都是尽可能地使公司健康发展。企业协会也给员工带来了好处，因为员工也有了安全感和归属感。企业协会与企业的关系是合作关系，而不是敌对的。

日本的薪酬体系强化了企业协会的目标，因为它是建立在公司的绩效奖金之上的。日本公司的每一个员工，从最低层到最高层，每年都会得到两次奖金。在经济繁荣时期，奖金金额很高（可高达薪水的 50%）；而在经济不景气时期，就可能没有奖金。因此，员工都有很好的主人翁态度，他们说："公司兴，员工兴。"这就从员工的自主参与方面解释了日本生产率得以提高的原因。

3. 对待员工的态度

管理层对员工的态度也是一个关键因素。日本企业并不把员工当人力机器看。实际上，他们相信机器能干的工作，人就不应该去干，因为这损害了人的尊严。由此可以得到一个必然的推论，那就是如果员工真正具有尊严，你就应该相信他们能够做到——给我一个机会，我会还世界一个精彩。

日本人说："今天的员工并未全部发挥出自己的能力。我们必须给他们机会，使他们能充分发挥自己。"所以，尊重员工的理念的第三个基本要素就是最重要的态度，即要求管理层给每个员工提供能充分展示他们能力的机会。这些理念在日本不只是纸上谈兵，而是应用在实践之中。实际上，日本人在员工培训和教育方面的花费要超过其他所有的发达国家。

4. 自动化设备/机器人

一旦员工有安全感、认可公司并且相信他们有机会展示自己的才能，自动化设备/机器人的引进就不再会引起员工的反感——被认为是一种企业裁员的行为。日本人认为使用自动化设备和机器人是消除单调工作的一种方法，员工可以解放出来去从事更加重要的工作，因此，日本企业在自动化设备/机器人等方面投入了大量的资金。有趣的是，日本在过去的20年内投入了国内生产总值的1/3（约33%）的资金用于自动化设备/机器人的引进，而同期美国只投入了GDP的19%。

在自动化设备方面，日本是用一些聪明的方法对现有的或者标准的设备进行低成本的改善，而对机器人的研制，日本则投入了大量的资金。最近的一项调查显示，日本使用的机器人（有些很简单）的数量大约是美国的五倍。

因为日本人笃信机器人的出现会帮助员工从事更重要的工作，因此机器人的推广就遇到了员工很小的阻力。事实上，如果员工的工作非常单调乏味，他们就会想办法摆脱他们的工作，因为他们知道公司会给重新找一份更加轻松有趣的工作。

5. 底层管理

底层工人和管理层之间的相互信任是日本管理风格的标志，日本人称之为底层管理，即采用委员会或工作团队的一致意见进行管理的方法，故也可称为一致意见管理或委员会管理。底层管理的形成是由日本文化的内涵决定的，因为日本人就是在群体利益高于个人利益的观念下长大的。想象一下日本这个国家，1.24亿名人口拥挤在面积仅相当于加州的一个孤岛上，而且这个孤岛的80%都是山脉。在这种环境下，他们只有学会相互尊重才能生存。对制造业而言，这种文化环境是非常理想的，因为制造产品就需要生产线上的工人齐心协力，不考虑他人、仅凭借个人的努力在生产线上是无法工作的，原因在于这会使他无法与他人协同工作而影响整个制造过程。

底层管理的决策过程非常缓慢，为争取达到一致的意见（不是相互妥协），需要利益相关各方能够深入讨论问题，这常常会打断决策过程、寻找更多的信息、重新讨论问题直到各方达成一致的意见。我们经常批评这种方法决策缓慢，但日本人的回答却很有趣。他们说："美国人的决策是快，但他们执行决策的时间却很长。因为他们决策太快，根本就没有征询有关各方的意见，所以他们在执行决策时就会遇到很多预想不到的障碍。我们虽然决策时间长，但执行起来却很快，因为我们达成了一致意见，每个利益相关者都不会有反对意见。"

底层管理的一个关键之处是要在最低层制定决策，其实质就是需要底层工人识别问题，并与同伴找出解决方法，然后再推荐给上一级管理人员。上级管理人员按照同样的原则进行工作，然后再推荐给更上一级的管理人员。依次类推，每个人都参与了这个过程。结果是日本企业的高级管理人员很少制定作业层的决策，而是将主要注意力放在企业战略规划上。值得注意的是，底层管理并不适合大型的、复杂的制造型企业的决策管理，这也是日本人偏好小型企业的原因之一。

6. 分包商网络

日本企业的高度专业化为分包商网络的发展提供了肥沃的土壤。大多数分包商雇用的员工不超过30个。在日本公司中，有超过90%的企业都是组成供应商网络的一分子。供应商网络通常有很多层,因为在日本的企业中,纵向一体化并不多见。

在分包商网络中有两种类型的供应商:一种是只专攻一个非常狭窄的细分市场的产品的供应商(非常像美国供应商),但可向多家客户供货;另一种是专门为一家客户提供品种不多的零部件的供应商。第二种类型的供应商在日本更加盛行,因为日本企业的合作关系是建立在相互信任的基础之上的,这种单一供应源方式在日本很有效,有利于客户和供应商之间建立长期的合作伙伴关系。与日本企业打过交道的美国公司都知道,在谈判的初始阶段,日本人就为美国人提供了一个相互了解的机会,并决定了双方有没有可能建立长期的合作关系。日本企业对一次性买卖不感兴趣。

日本的供应商也把自己看成客户的大家庭中的一员,主要的供应商常常会被邀请参加客户公司的野餐或聚会。作为报答,客户则要求供应商每天分数次给客户提供高质量的原材料与零部件,通常要求供应商直接运送到客户的装配线上,不需要收货单、不需要验货进厂、不需要处理纸面单据,准时供货而不会发生延迟交货。这几乎是一个无纸化系统,一切都是建立在相互信任的基础之上的。

信任是双向的。因为在日本,有很多供应商的企业很小而且资金不足,一般在必要的情况下,这些小供应商的客户会提供资金帮助他们;同时,还会提供工程师和质检员帮助这些小供应商改善产品质量,以满足自己的质量要求,并尽力帮助他们降低生产成本以确保他们的利润。但是,如果遇到经济不景气时,客户会努力地做到内部自给,而不再向小供应商购买,当然,他们这样做的目的是保护自己的工人。供应商通常企业较小,不像大公司那样有固定职位以及终身雇用制的保证,但这在日本是个尽人皆知的秘密,供应商认为这是可以接受的风险。

7. QC 小组

很多美国人都熟悉日本另一个有趣的管理技术——QC 小组。日本人称之为小组改善活动(small group improvement activity,SGIA)。由员工自愿组成的 QC 小组每周碰一次头,按照计划讨论工作和遇到的问题,努力寻求解决问题的方案,并同管理者共同协商和分享解决问题的方法。小组一般由一位管理者或一线工人领导,通常包括来自某一特定生产领域的员工,像装配线或机械加工部门。此外,还有一些跨部门的多职能小组,例如由负责某一部门物料发送的所有物管员及该部门的工程师组成的 QC 小组。QC 小组通常是由某个经过小组领导者培训的员工领导,并负责协调各 QC 小组之间的活动。

QC 小组确实有效,可以说是一个开放式论坛。这些经过培训的小组领导需要采取很多措施避免 QC 小组变成批评会,以保证大家畅所欲言而不偏离 QC 小组的宗旨。有趣的是,只有 1/3 的建议是与质量相关的,而超过半数的建议是与生产率相关的。这些受到激励的员工竟然提出了这么多可以提高企业的获利能力和改善企业的生产率的方法,真是令人吃惊! QC 小组实际上就是上文所述的一致意见管理,即底层管理的实践活动,只不过仅限于本小组的活动(见图 4-6)。

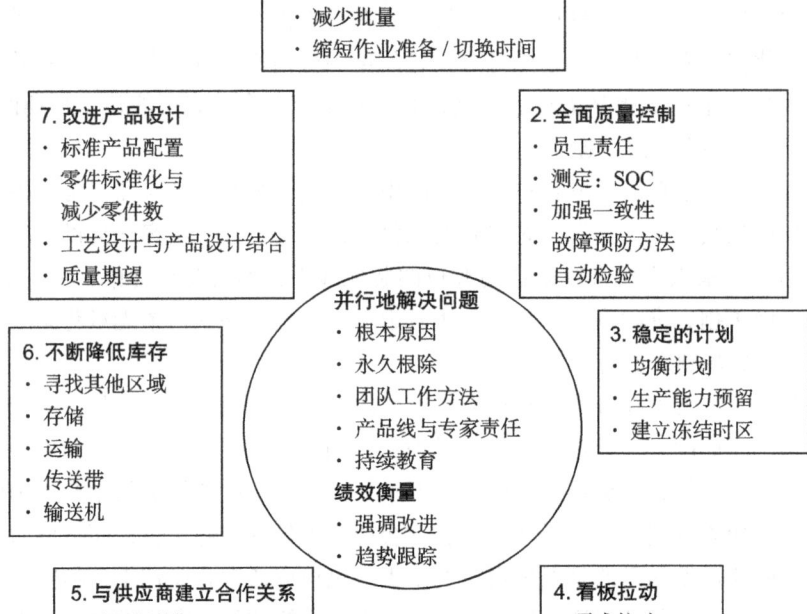

图 4-6 如何实施精益生产

4.5 精益生产方式的实施

精益生产方式的成功实施，主要围绕图 4-6 中的实施方法展开，在开始讨论这些实施方法之前，请牢记一点，这些实施方法针对的仍然是重复性生产系统，不同的是小批量地重复生产相同的产品。此外，还需牢记的是，这些实施方法是相互关联的，对生产系统任一部分所做的调整都会对系统的其他特征产生影响。最后要注意的是，不同企业对精益生产系统有不同的描述术语：IBM 公司采用的是连续流动制造（continuous flow manufacture，CFM）；惠普公司在一家工厂采用的是无库存生产（stockless production，SP），在另一家工厂采用的则是重复生产系统（repetitive manufacturing system，RMS）；很多企业一般采用的是精益生产（lean production，LP）或协同物流（synchronized material flow，SMF）。

4.5.1 流程设计与精益布局

精益生产的实施要求工厂布局的设计应该能够保证均衡工作流，并具有最小化的在制品库存，这就意味着无论物理上的生产线是否实际存在，都要把每个工作站（或工作中心）看成是生产线的一部分。由于对同一条生产线使用统一的原则进行能力平衡，所有工作站的作业就通过拉动系统联系到一起（下文具体阐述），这也意味着精益生产系统设计者必须把内部和外部的物流系统的各方面与工厂布局的联系清晰地显示出来。因此，供应链管理的理念与精益生产的实施是密切相关的。

重视预防性维修可以保证工作流不会因为延时或机器设备故障而中断。机器设备的操作员需要进行主要的维修工作，需要对机器设备生产出的产品负责，因为他们与机器设备朝夕相处，对机器设备的特性最熟悉。还有，精益哲理通常更倾向于使用几台简单机器设备代替大型的复杂设备，这样也让日常的维修工作变得更容易进行。

缩短作业调整准备和切换时间对获得平稳的工作流是十分重要的，作业调整准备和切换时间的缩短与批量大小有关。图4-7显示了批量大小与作业调整准备成本之间的关系。在传统方法中，作业调整准备成本被认为是常量，相应的最优订货批量如图中所示为6；在看板方式下，作业调整准备成本则被看作是一个变量，并通过运用前文所述的缩短作业调整准备时间的方法，在看板方式下的最优订货批量就可以从6减少到2。从库存的角度来看，精益生产的最终目标就是要实现1个流，即经济批量为1。

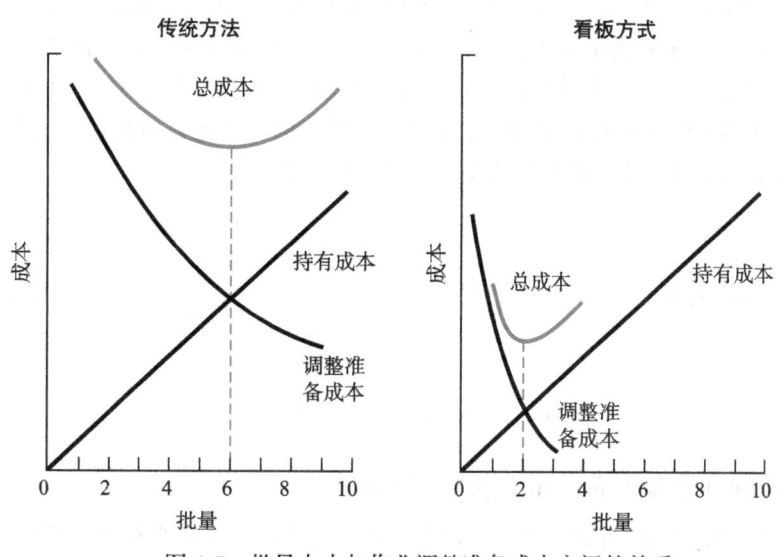

图4-7 批量大小与作业调整准备成本之间的关系

虽然第10章会讨论各种设施布局，但下文仍将简单地阐述一下在流水线（装配线）和车间布局下JIT是如何具体应用的。

一提到JIT，很多人的脑海里浮现的是大量生产的流水线，这是因为对JIT的讨论和文献常常是以装配线布局为运行环境的。实际上，JIT应用在将各种相同类型或功能相同的设备集中放在一起工作的车间布局环境，才会带来最大的收益。

在装配线或生产线上，主要关注的问题是产品流。只有产品的产出量足够大或任务足够简单或成本足够低，才能够实现流水线上生产资源（人、机器设备、物料等）快速地流动运行。

大多数的制造厂采用的是工艺原则布局方式，工艺过程是按照功能来布局的（即将功能相同的机器设备成组在一起）。许多服务机构也是按功能或服务流程来布局的，如医院、大学、商场等。采用这种布局的原因是这些机器设备或服务流程可以适应不同种类的顾客需求，没有哪一种需求量很大，大到需要采用专用的机器设备或专门定制的服务流程。在这种运行环境下,产品或者顾客在功能不同的机器设备或服务流程之间移动的距离一般比装配线布局要长。

1. 流水线或产品原则布局环境下 JIT 的应用

图 4-8 所示的是一个简单的流水线环境下的拉动系统。理论上说,只有流水线末端的市场对产生了需求并拉动流水线时,流水线上的工人才开始生产。生产的产品可能是产成品,也可能是后道工序所需的零部件。当后道工序取走了本道工序已经加工完毕的零部件时,本道工序的工人就要向前道工序领取必要的零部件并开始加工,以补充被后道工序取走的完工件。在图 4-8 中,当市场上的顾客从成品库 F 中取走一件成品后,成品库管理人员就到工序 E 取一件成品补充成品库 F;同时,工序 E 的工人为了保持工作站 E 的一定成品数量,他就需要向前道工序 D 领取必要的零部件并开始加工;这样,依次类推,直到工序 A 的工人从原材料库中领取原材料进行生产,从而形成了一条由市场拉动的生产链。在企业实践中,生产计划是按照市场需求来制定的,而不是由成品库 F 的管理人员来拉动生产链,整个流水线的生产过程按市场需求同步进行。流水线的运行规则非常简单明了:要求员工要在其工作站上保证完工件的供应,如果有人取走了该工作站的完工件,工人必须立即向前道工序领取必要的零部件并开始加工,加工完毕后存放在工作站"完工件"的存放处,供后道工序随时领取。为了简明易懂,图 4-8 中并没有显示每道工序"完工件"的存放处,但是在产品生产过程中,原材料和零部件必须从各工作站的出口存放处提供给后续的工作站。

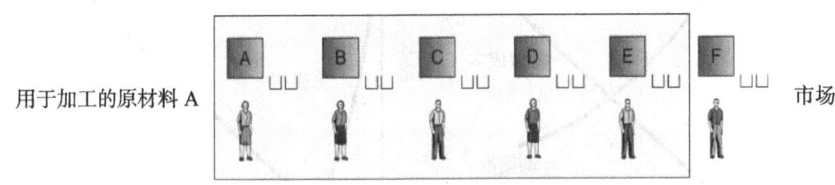

图 4-8 流水线布局方式下的 JIT

2. 功能布局或工艺原则布局环境下 JIT 的应用

JIT 作为一种有效的生产方式,基本要求是其产品的需求是连续平稳的,但并不意味着产品在每个生产阶段都需要连续不断地生产。在工艺原则布局环境下,也称为车间布局或功能布局环境下,采用的是多品种、小批量的组织方式,除了最终生产阶段或总装配线之外,其他生产阶段的需求是比较容易实现内部平稳化的。考虑一家企业生产几种需求稳定的产品,为了简化问题,可以假定全年的需求都很稳定,企业管理层决定采用使产出率与需求率匹配的策略(即追逐策略),只有当有产品需求拉动时,才开始产品的生产——这就是 JIT。

企业有些产品需要总装——就是把企业各个部门生产的零部件装配在一起后再销售给顾客,还有些产品在加工中心完成加工后就可以直接销售给顾客。在这两种情况下,产品的工作流是连续的。如果有顾客需求拉动——拉动总装配线开始装配或拉动加工中心开始加工成品。这也是 JIT。

在最终生产阶段之前的生产阶段可能不是 JIT 拉动方式。但像加工中心、油漆车间、铸造车间、热处理车间等零部件在总装之前所经过的难以计数的车间,是否可以考虑对这些车间应用一般用于 JIT 系统中的看板和容器的理念呢?答案是肯定的:可以应用而且应该应用。

在工艺原则布局环境下,由于企业的每个加工中心都需要生产不同的零部件,用于组装不同的产品，因此每个加工中心都应该具备各种产品的零部件容器，这就是 JIT 的可视化管理。假设一个加工中心生产 10 种不同零件，并且这 10 种零件分别需在 JIT 方式下几种不同产品的生产，则这个加工中心就需要具备 10 种容器来存装这 10 种不同的完工零件，以供不同的下游用户在需要的时候取用。

4.5.2 全面质量控制

在很多管理者的脑海中，JIT 和全面质量控制总是紧密联系在一起。这当然有充分的理由，正如在第 8 章中阐述的那样，全面质量控制指的是制造工艺的每一步都要确保产品质量，而不是通过检验来确保质量；同时，还指员工对自己的工作质量完全负责，而不是推给质量检验部门。当员工对其工作质量完全负责时，JIT 的运行状态最佳，因为系统中流动的全是高质量的产品。比如羊毛出在羊身上，企业才能获得意味着高质量的产品和高生产率。图 4-9 揭示了 JIT 与质量的关系。

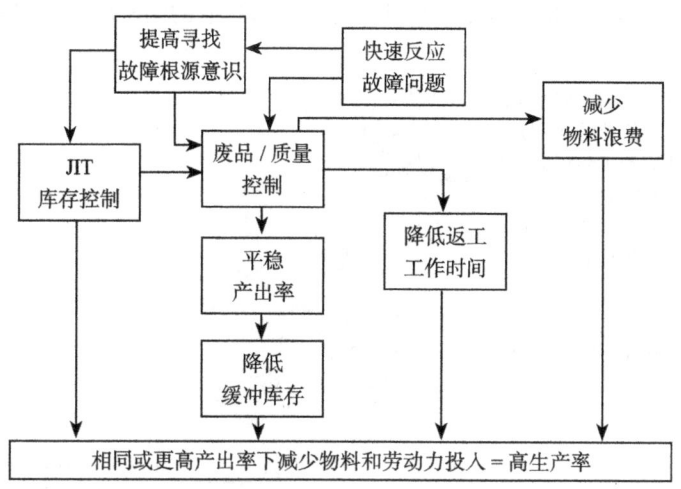

图 4-9　JIT 与质量的关系

资料来源：Richard J. Schonberger, "Some Observations on the Advantages and Implementation Issues of Just-in-Time Production Systems," *Journal of Operations Management* 3, no. 1 (November 1982), p. 5.

如果产品是小批量生产的，例如看板系统，检验工作可以简化成两步，即只对第一个和最后一个生产环节进行检验。如果这两个生产环节的产品质量都是非常好的话，那么就可以推定这两个生产环节之间的生产过程的产品质量也是一样好的。

4.5.3 稳定的计划

JIT 的基础是均衡生产。为了实现 JIT 的均衡生产，企业需要有一个能够在较长的时间跨度内保持相对稳定的均衡计划，这有时也称为生产线性度。均衡计划的时间跨度长短取决于很多因素，但主要因素有两个：①企业是按订单生产还是按库存生产；②产品可供选择的范围。

生产能力预留是 JIT 颇有争议的一个特点。生产能力预留或备用是为了消除起着缓冲作用的库存而付出的代价。在传统的生产方式下，常见的做法是用安全库存和提前运送作为预防质量偏差、机器设备故障和突发瓶颈等问题的手段。而在 JIT 环境下，过量的劳动力和机器设备可以替代库存起到缓冲作用。实际上，管理者认为过量的劳动力和机器设备成本要比过量的库存成本小得多。而且，过量劳动力在生产淡季可以安排去做其他工作，即使这些工作不是直接的生产。对于很多企业来说，由相对廉价的机器设备造成的空闲成本使机器设备利用率成为JIT偏好者关注的第二个问题。最后，故意设计很多预留能力，可以使员工在换班之后参加工作小组活动、可以进行工作站的日常维护工作以及思考如何进行改善工作。

4.5.4 看板拉动管理

很多人把JIT看成是一个拉动系统，只在用户需要的时候才给用户供货。生产看板的实质是在需要的时间、按需要的量对所需零部件发出生产指令的一种信号媒介，而这种信号媒介的形式是多种多样的。像直接用来存装零部件的标准容器就可以充当发送按标准批量进行成批生产的信号的看板，而不是仅仅表示已存装了"很多零部件"的意思。用来作为发出生产指令的典型的生产看板还可以是口头通知——"嗨，乔，再给我生产一个批量！"，可以是加工中心闪烁着的信号灯，也可以是工作站的标杆上悬挂着的信号旗，如图4-10所示。

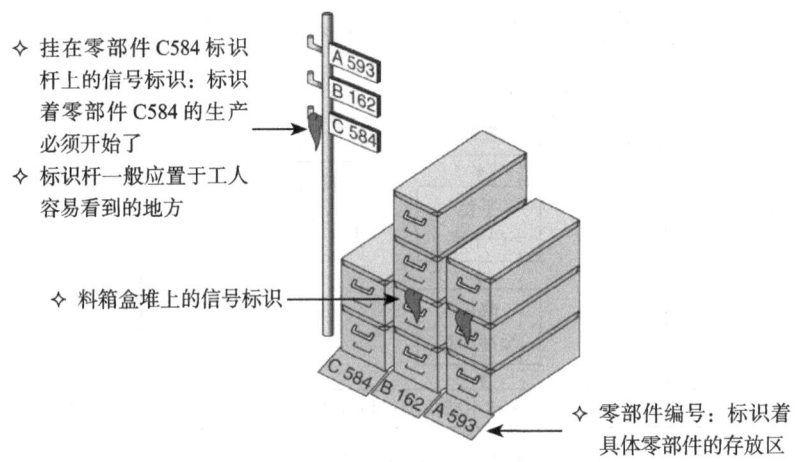

图4-10 具有预警信号标志的外向型库存区图

资料来源：Robert Hall, Zero Inventories（Homewood, IL: Dow Jones-Irwin, 1983），p. 51.

在典型的JIT生产方式中，是以主生产计划为基础制定出总装日程计划，即将MPS确定的每月生产的品种及其产出量分配到每个工作日，形成总装日程计划。物料计划人员和管理人员在总装日程计划的基础上，再结合相应的提前期，就可以确定出供应商交货日程计划或内部各个零部件的生产日程计划。但是，总装日程计划只下达到最后一道工序，而其他工序是在需要的时候通过看板控制，由后道工序顺次向前道工序传递生产和交货指令，从而拉动整个总装日程计划的运行。

在JIT生产方式中，应该使用多少看板呢？JIT生产系统可以分为双看板系统、单看板系统以及无看板系统。

看板管理实质上是一种物流控制系统，通过传送看板在零件取完后需要补充时发出物料传送指令。双看板系统实际上是一种比较复杂的控制系统。然而，在相互可视化的两道工序之间，其实根本不需要任何看板——只需要严格控制两者之间的库存量。这可以在两道工序之间画出一块有标记的方格，称为看板方格。当方格为空时，供货方就需要开始生产直到存满方格,但不能超出方格库存量,以供后道工序随时取用。

单看板系统只使用传送看板。由于空间限制或可视化管理的要求,限制了在制品存放地的存放数量。因此,如果把传送看板贴在容器上,那么返回的空容器就是需要填满的补充信号。也可以通过电子信号向供货方传递补充信号以节约时间。但是,需要小心观察,因为大多数的电子看板系统显示的看板信息都非常简明。

倒冲是一个用来描述在拉动系统中如何核算零部件成本的术语。拉动系统不是每天跟踪每种零部件的使用状况,而是定期地(如每月一次)清点产成品的清单,即组成各种产成品的所有零部件的详细清单,以计算出最终产成品中每种零部件的具体用量,从而消除了车间中大量的收集数据活动,简化了产品管理工作。条形码技术使得位于马萨诸塞州安多弗的菲力普医药公司可以持续地进行倒冲。例如,当一块印刷电路板完工后,所有的零件都安装完毕。根据条形码就可以把这块电路板扫描进库存系统。扫描以后,板上所有的零件用量都从材料库存中一次扣除,同时,将完工的成品电路板纳入成品库存中。

在拉动系统中减小批量就意味着消除中间库存。可以通过不同的方法来减小批量:①通过工序平衡,保证看板容器只在两个工作站之间运行;②尽量保证工作站之间布局紧凑,以降低运输时间;③通过自动化技术提高生产过程的柔性;④选择 JIT 供应商供货。

4.5.5 与供应商建立合作伙伴关系

如图 4-6 所示,有关如何"与供应商建立合作伙伴关系"的相关内容,除了"实施精益项目的需求"之外,在前文都已经陆续讨论过了。"实施精益项目的需求"的意思是给供应商提供一个长期的实施精益项目的需求计划,这样供应商就可以在其生产和配送系统中考虑这些需求,从而确保供应商也可以建立均衡化生产系统。

4.5.6 不断减少库存

物料的存储系统、运输系统以及传送带、输送机等都是持有库存的地方,因而也是不断减少库存的主攻目标。当讨论到如何处理这些物流系统时,常常会引起激烈的争论。其中一个原因就是这些物流系统是对传统库存方式的改进结果,而且明显地优于传统库存方式。参加过这项工作的员工也不愿意支持推翻正在运行的物流系统。

4.5.7 改进产品设计

对精益生产而言,标准化产品配置以及一些标准化零件在产品设计中起到重要的作用。如果目标是建立一套简化的日常流程,那么任何能减少最终产品不稳定的方法都值得考虑。

产品设计和工艺设计的结合需要在生产之初就把产品设计者、工艺设计者、产品制造者的想法集中到一起。除了改进产品的可制造性外,这样的合作也有利于工程更改单(engineering changes order, ECO)的运行。ECO 可能对产品的生产过程造成很大的干扰。ECO 改变了产品特性,因为 ECO 可能要求新材料、新方法,甚至新出产进度。为了减小这种干扰,很多应用精益生产的企业小批量地在出产进度计划中按合理的次序引入 ECO,而不是一个接一个地引入 ECO,尽管后者在美国的制造企业中更为常见。小批量地引入 ECO 听起来更加简单明了,但需要大量的协调并且还可能延迟其他产品设计的更改,才能保证生产的稳定性。

4.5.8 目前解决的问题与绩效衡量

精益生产的实施不是一朝一夕就能完成的，也不能保证立竿见影，这是一个循序渐进的过程，需要的是持续改进。要想获得改进，就需要暴露问题，把问题看作是挑战而不是威胁，即问题是可以解决的，只要你能头脑冷静、仔细、严格地分析问题。

解决问题的方法就是要持续改进。有效地解决问题意味着问题被彻底解决。因为精益生产要求团队共同努力，这些问题在团队的环境中解决。这就希望能经常在现场看到员工，因此有些企业希望员工能在工作开始前半小时来到岗位，以确保一切工作都准备就绪，避免出现问题。

如果系统要避免停滞不前，那么持续教育也是必不可少的。精益生产或许在硬件方面投资不多，但在员工培训方面却需要大量的投资，以使全体员工能深刻地领会精益生产系统需要什么以及他们怎样才能适应精益生产系统的需要。

很多绩效评估强调的是流程的改进、物流的改善和减少重复劳动，而且很多企业也是这样去努力的。如果企业经过一定的时间改进了流程，相应地就会降低成本。根据霍尔（Robert W. Hall）的研究，一个日本企业评价精益生产的实施一般主要考虑以下因素。

（1）改进趋势，包括已改进项目的数量、成本和生产率方面的改进趋势。
（2）质量趋势，包括故障率的降低、生产能力的改进以及质量过程的改进。
（3）运行均衡计划，以在需要的时候及时供货。
（4）部门库存水平趋势（如物流速度）。
（5）在预算内花费。
（6）培养员工技能、成为多面手、提高员工参与变革的主动性以及员工士气。

4.6 精益服务

服务型企业和制造型企业的服务部门为研究精益服务提供了一个良好的机会。尽管制造业和服务业有很多差异，但其运营的本质是相同的，是指将投入要素转换为最终的有形产品和无形服务的产出，从而实现增值的过程。

精益思想强调的是运营流程，而不是产品的产出，所以可以应用到任何具有流程的组织中，包括服务型企业和制造型企业。通过测试流程的每一步，可以知道精益目标的实现情况，如果增加了有形产品和无形服务的附加值，那么精益服务运行良好。如果不产生附加值，就需要对运营流程进行重组，从而持续地逐步改善运营流程。多克洛斯（L. K. Duclos）等人建议用下列框架来描述精益思想在不同的服务型企业具体应用的方式：

- 信息流和工作流的平衡与同步；
- 部门和流程的全面可视化；
- 流程的持续改进；
- 消除浪费的整体方法；
- 灵活使用资源；
- 尊重员工。

1. 信息流和工作流的平衡与同步

因为服务是无形的，所以保持顾客需求和服务能力之间的同步是非常重要的。换言之，服务能力必须要满足顾客的需要。从工作流平衡的观点来看，费塞（J. J. Feather）和克劳斯（K. F. Cross）发现，在服务业中应用精益方式可以找出现有的瓶颈并且可以消除合同执行过程中不必要的库存缓冲，结果可能使得产出时间缩短了 60%，拖欠的合同量减少了 80%。

2. 部门和流程的全面可视化

精益方式的一个重要组成部分是在生产产品和提供服务的过程中，所有的作业对这项作业涉及的全部人员都应该是可视的，而且顾客也应该可以看到整个服务过程，这样才可以全面客观地判断服务价值。例如，很多全服务餐馆都向顾客开放厨房，以便顾客可以看到食物准备的过程。位于新奥尔良州路易斯安那的 Commander's Palace 餐馆则更进一步：顾客在走进餐厅前必须要经过厨房。

3. 流程的持续改进

成功实施精益的另一个关键因素是追求流程的持续改进。服务型企业的服务流程提供了很大的持续改进的空间。例如，运用精益方式的金融公司可以改善其信用评估流程，把借款的服务流程时间从 12 天减至 4 天。

4. 消除浪费的整体方法

要想成功实施精益，就需要在企业全体员工和所有部门中灌输精益理念。除此之外，正如在前文所讨论的那样，精益理念还需要延续到供应商那里。通过全员参与，精益已经成功地应用于医疗业，通过应用精益方式以及与供应商建立紧密合作的关系，医院降低了药房的库存，并且正在与供应商一起向着消除库存的最终目标而努力。

5. 灵活使用资源

尽管成功实施精益需要在给定的时期内保持产品生产均衡化，但产品的组合可以是千变万化的。这就需要生产流程具有一定的柔性，能够适应各种不同产品的组合。从餐馆准备为顾客订做食物到准备为顾客退税，很多服务的顾客化定制程度都非常高。因此，对于高度顾客化定制的服务型企业来说，需要提高服务流程的柔性。像沃尔玛就通过其自动补货系统，可以频繁地、小批量地及时把货物补充到每一个商店。通过这个灵活的自动补货系统，沃尔玛不仅降低了每一个商店的库存水平，同时也保证了每一个商店的服务水平。

6. 尊重员工

顾客直接参与到服务过程中就意味着与员工的互动。在服务业中，根据施奈德（B. Schneider）和波恩（D. E. Bowen）的研究表明，管理人员对待员工的态度与员工对待顾客的态度密切相关。因此，企业管理层要想员工尊重顾客，就得首先尊重员工。

本章小结

本章探讨了精益生产方式的潜在利益，精益生产已经向全世界成千上万家企业证明了自身的价值，尽管如此，要注意的是精益生产方式的应用并非放之四海而皆准的。要想成功实施精益生产方式，就需要满足一定的要求，所以一定要小心谨慎，不能太冲动或期望过高。

精益思想正日渐成为企业运营管理的一个基本思想，而且毫无疑问地将延续下去。在这里，还是要再一次提醒你，要小心应用精益生产方式。

精益思想的一些理念已经被成功地引入了服务业中。现有的精益生产系统的一些特性也适合于服务业，因此，在服务业中实施精益服务的好处是显而易见的。

复习思考题

1. 消除浪费是精益的一个重要组成部分。请找出几种浪费的根源，并讨论如何消除浪费。
2. 论述精益生产在车间布局和流水线布局环境下的应用。
3. 为什么稳定的计划对实施精益生产很重要？
4. 日本的方法中有哪些可以应用到你自己学校的活动中去？请解释。
5. 市场部经理可能对均衡生产负荷提出什么样的反对意见？
6. 精益生产中的成本核算意味着什么？
7. 关于运营管理方面，你想对丰田公司总裁提出哪些问题？
8. 解释在看板系统中的看板是如何运用的？
9. 下面的系统在哪些方面类似于看板系统（如果有的话）：(a) 将空瓶返还超市后，再拿一瓶满的；(b) 在午餐时间经营热狗摊位；(c) 从支票账户上提款；(d) 在养鸡场收鸡蛋。
10. 有句老话"天下没有免费的午餐"，它是如何和日本的消除库存相关的？
11. 在精益哲理下，解释质量和生产率之间的关系。
12. 在制造型企业和服务型企业中实施精益生产有什么区别？
13. 找出精益生产可以应用在服务型企业中的理由。

案例分析 4-1

XYZ 产品公司

XYZ 产品公司是为一家相距几英里远的计算机制造商提供小零件的供应商。公司生产两种不同类型的零件，零件的生产量为 100～300 件。X 和 Y 型号零件的生产流程图如图 4A-1 所示。Z 型号零件的第一步是打磨，而其他加工工序和 X、Y 完全一样。滑道一次可放 20 个小零件，由加工数量和设备调整准备时间所确定的估计加工时间如下表所示：

加工工序号及其名称	加工时间（分钟）	调整准备时间（分钟）
Z 型号零件的打磨	20	60
1. 车	50	30
2. 模具 14 钻孔	15	5
3. 模具 14 钻孔	40	5
4. 装配步骤 1	50	—
装配步骤 2	45	—
装配步骤 3	50	—
5. 检验	30	—
6. 喷漆	30	20
7. 烘烤	50	—
8. 包装	5	—

计算机公司对零件的总需求情况为每月 125～175 个，对 X、Y、Z 的需求数相同。零部件在月初进入库存，以保证缓冲库存的存在。原材料和外购的组装部件各占零件制造成本的 40%。这两类零件供应都可从 80 个供应商中进行挑选，而其运送时间是随机的。（小零件有 40 个不同的零件号。）

每一道工序的废品率大约为 10%，库存周转率为每年两次，员工按日计算报酬，每年员工的变动率为 25%。年营业利润率稳定在 5%。设备在需要时进行维修。

XYZ 产品公司的管理者一直在计划建立一套自动订货系统，以帮助控制库存和"保持滑道满负荷状态"（她认为，只要她在工作站工作两天，就可以激发起工人的士气，实现用最快的速度进行生产）。她还计划增加三个检验员以消除质量问题；并且，她正考虑建立一条重新加工的生产线加快修理返修件的速度。在她为大多数设备和劳动力得到充分利用而高兴时，她发行磨床并未得到充分利用。最后,她要求工业工程部寻找一种多层的物料架,以存储4号机器上加工完成的零件。

讨论题

1. XYZ产品公司管理者想出的这些改革方案有哪些与精益哲理相抵触?
2. 根据精益生产,给出在以下方面如何改善的推荐意见:计划、工厂布局、看板、任务分组和库存。尽量使用定量数据,可根据情况进行必要的假定。
3. 描述XYZ产品公司现有拉动系统的运行情况。
4. 为XYZ产品公司列出引进精益生产系统的实施计划纲要。

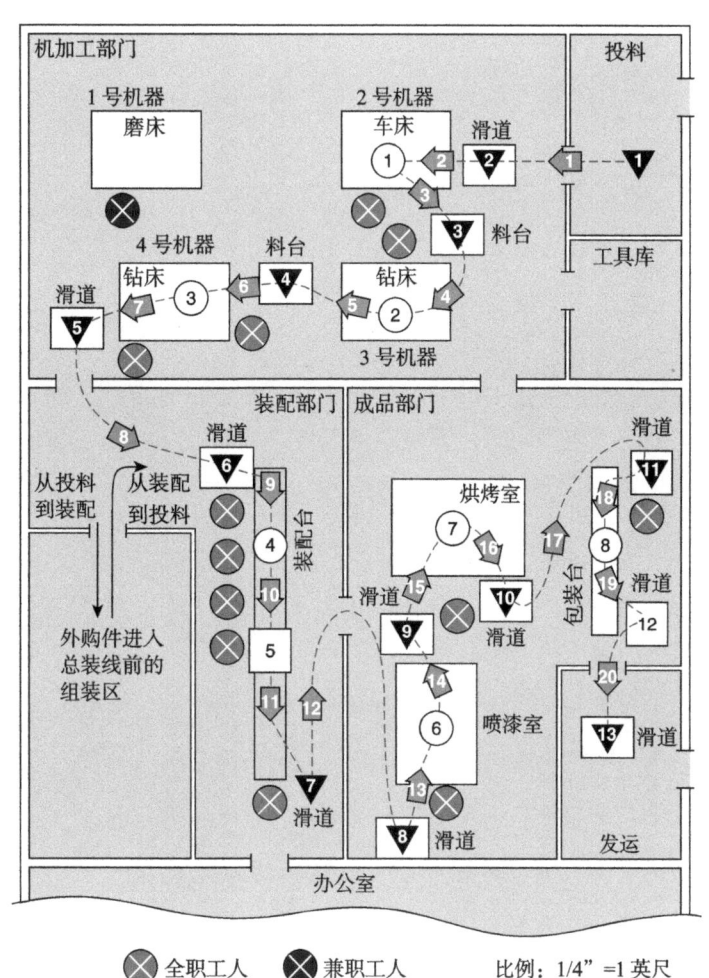

图 4A-1　X 和 Y 型号零件的生产流程图

第二部分

运营流程决策

- 第5章　新产品、服务开发与流程选择
- 第6章　项目管理
- 第7章　运营流程的绩效衡量与分析
- 第8章　质量管理
- 第8章附录　流程改进的质量管理工具

第5章

新产品、服务开发与流程选择

 学习目标

- 阐述了新产品和新服务的开发对企业竞争力的重要性；
- 对企业开发的新产品进行了分类；
- 介绍了新产品设计流程及产品生命周期理念；
- 阐述了新产品和新服务的开发过程中，产品和服务与流程并行设计的重要性；
- 给出了一个理解如何开发新服务并导入市场的理论框架。

 引　例　创新成就丰田：首款量产混合动力车横空问世

创新是企业生存、发展与繁荣的内在动力，创新产品对企业创造并保持持续的竞争力起着相当关键的决定性作用。

日本丰田汽车公司于1997年开发出世界首款批量生产的混合动力车普锐斯（Pirus），并开始在日本本土市场销售，由于普通燃料在日本市场更昂贵，丰田汽车维修网点也不计其数，从而消除了顾客对新技术产品的潜在顾虑，这使得丰田普锐斯市场需求十分强劲。丰田普锐斯革命性地降低了车辆燃耗和尾气排放，意在通过削减CO_2排放来改善全球自然生态环境，其划时代之意义与先进性得到了全世界的高度评价。

2000年丰田普锐斯开始进军欧美市场，为了使广大欧美顾客更快地接受新产品，丰田汽车公司采用低价渗透市场策略——单位售价只有两万美元，开始亏本在欧美市场销售第一代普锐斯，几乎每售出一辆就要损失几千美元。然而，这一低价渗透策略却降低了新产品责任风险，即若发现了新产品缺陷或需要召回产品，丰田公司的损失也不会太大，同时，第一代普锐斯在跨国市场中也积累了非常珍贵的经验。第一代普锐斯在美国上市三年之后，就大力改进了将用于第二代普锐斯零部件的缺陷，包括HV蓄电池、电动机和变压器等。

2006年1月，第二代普锐斯在北京正式上市，这也成为首款登陆中国的混合动力车。第二代普锐斯将汽油发动机与电动机进行组合，在达成高水平的燃油经济性和环保性能的前提下，实现了出色的动力性，并创造了舒畅的驾驶乐趣和良好的静谧性。

2012年，丰田普锐斯获得美国加州最畅销车款，一直以来加州人都特别钟情于普锐斯，尽管如此，一款"绿色"环保车型能击败常规车型成为最畅销车款仍属罕见。同年，第三代普锐斯登陆中国，截至2013年5月，在中国，丰田普锐斯2012款1.8L CVT标准版的最新指导价仅为22.98万～26.98万元。第三代普锐斯采用了新一代丰田油电混合动力系统（THS-II），其中90%为全新研发，搭载1.8L发动机，拥有优越的空气动力性能和三种驾驶模式：又可将发动机停止运转、仅靠电动机行驶的"EV电动驾驶模式"、进一步提升燃油经济性的

"ECO节能驾驶模式"和追求强劲动力输出的"PWR动力驾驶模式"。尤其是在纯电动行驶模式下,发动机处于停止状态,有效控制了发动机噪音的产生,更可实现尾气"零排放"。同时,配备了领先的太阳能通风系统与遥控空调系统、触摸追踪显示功能,让顾客感受到更强劲、更静谧、更环保、更低油耗(仅为4.3L/100km)的驾驶体验。

资料来源:《中国汽车报》第4版,2002年5月8日;http://www.ftms.com.cn/vehicles/prius/glory_his-tory/history.php, May 11, 2013。

在当今激烈的超强竞争环境下,大多数的企业及其管理者都面临着产品生命周期越来越短的压力。为了能够在同行业中保持竞争力并能够占有市场份额,管理者必须集中资源,不断地开发出新产品,快速而有效地导入市场,满足不断变化的市场需求。从休闲服饰、高尔夫运动鞋等时尚品到电脑、智能手机等高新技术产品,通常新产品都占企业销售额的大部分份额。因此,无法成功地使新产品打入市场最终会使企业失去市场份额,失去获利能力。

5.1 新产品和服务开发的重要性

如今,企业正面临着前所未有的开发新产品和服务及相应的生产和交付的流程的压力。开发新产品和服务变得越来越重要有两大原因:

- 竞争越来越激烈;
- 技术的发展。

5.1.1 激烈的竞争

随着全球经济一体化的进程,许多企业在市场竞争中都受到越来越多的来自国外对手的竞争。原因很多,诸如:

(1)先进的网络与通信技术(如移动互联网,几乎可以连接全球的每一个角落);

(2)降低贸易壁垒的趋势,如进口产品的关税的降低,以及如北美自由贸易区(North American Free Trade Agreement,NAFTA)和欧盟(European Union,EU)等贸易组织的建立;

(3)货物运输的速度越来越快。

全球激烈的超强竞争、全球化信息网络的形成,使得更多受过教育的消费者希望市场能够更加频繁地推出新产品,从而领导时尚新潮流。

在这样竞争日趋激烈的环境下,这些新产品和服务的市场要比以前更快地走向成熟,从而使得这些产品和服务更快地走向商品化,同时边际利润也下降得更快些。

5.1.2 技术的发展

飞速发展的科学技术使许多产品淘汰得更快。例如,微机芯片技术在增强手机功能的同时也大大缩小了手机的体积。在芬兰,手机中有智能卡,这样通过手机就可以购物,并通过个人信用卡结算。如果想从自动售货机买瓶饮料,您可以把手机对准自动售货机,红外线信号会把交易信息传送给售货机处理,然后售货机会自动地把相应的饮料配售给您。

又如,由于计算机技术的飞速发展,如今电脑的运算速度及存储能力远远超过了15年前可以想象的,并且这一趋势还将一直延续下去。

同时，科学技术也影响了产品与服务的生产和交付的流程。计算机辅助设计（computer aided design，CAD）与计算机辅助制造（computer aided manufacturing，CAM）使企业大大缩短了产品开发与制造的时间周期。自动化技术已对生产流程产生了巨大的影响。越来越多的大型企业使用了机器人，这不仅降低了劳动力成本，还大大提高了产品质量。2012年美国在俄亥俄州扬斯敦成立了首个3D打印制造创新中心，并投入巨资研发高科技3D打印技术，以期颠覆传统制造业。3D打印技术最突出的优点是无需机械加工或模具，就能直接从计算机图形数据中生成任何形状的物体，从而极大地缩短产品的研制周期，提高生产率和降低生产成本。

5.2 快速推出新产品的益处

5.2.1 扩大市场份额

对于那些能够不断地开发出新产品并快速地推向市场的企业，在全球化市场竞争环境中则更具有竞争力。首先，如图5-1a所示，市场先入者凭借先入为主的优势占有市场份额，相对于从竞争对手手中抢夺市场份额来说要容易得多。对于创新产品（稍后将做详细讨论）来说，尤其需要先入为主，抢占先机。例如，在半导体行业中，历史已经告诉我们最早以创新的半导体技术进入半导体芯片市场的基本占有了绝大部分的市场份额，从1968年成立至今，英特尔的半导体芯片以摩尔定律的速度（每12～18个月提高1倍的运算速度）不断发展，已经渗透进人们生活的方方面面。同样地，在竞争激烈的汽车行业中，那些能够快速地推出各种新型汽车的企业也赢得了市场份额。特别是在个人电脑行业中，产品开发周期和产品生命周期不断缩短，如今的个人电脑制造企业如果新产品延迟6～8个月推出，就将丧失50%～75%的销售份额。

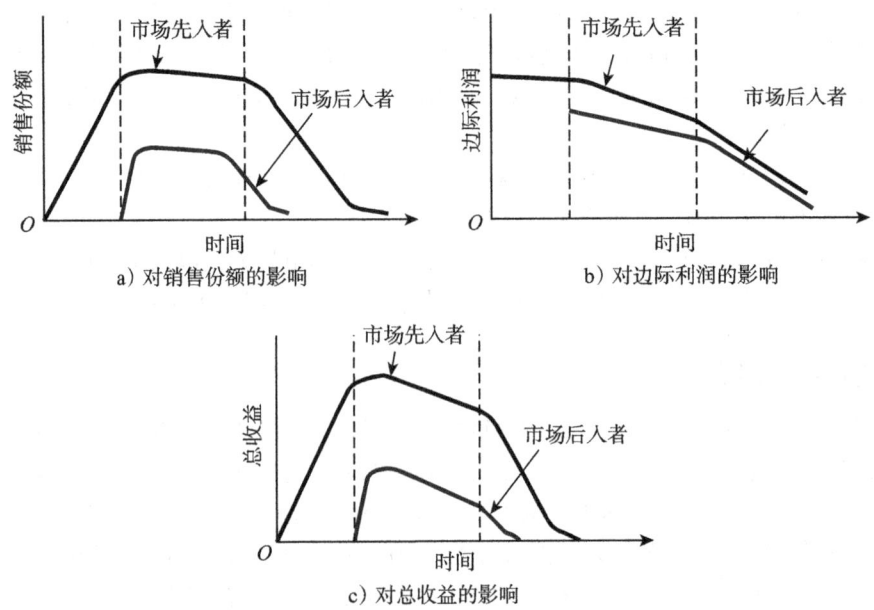

图5-1 进入市场速度对市场份额、边际利润和总收益的影响

5.2.2 溢价

市场先入者在先把新产品推向市场的时期，很少或几乎没有竞争对手，因而可以有空间制定边际利润较高的撇脂价格即溢价，如图 5-1b 所示，而在竞争者加入以后，要在激烈的竞争中获得同样的边际利润是非常困难的。重要的是，决定消费者是否选择产品和服务的三个主要因素是个人需求、个人经验以及产品和服务的口碑，因此市场先入者往往可以与消费者认知形成强大的联系，而且竞争者的加入及其市场营销活动，实际上更加强化了新产品的市场定位，使得市场先入者能够进一步强化消费者认知优势，从而提高产品和服务的品牌转换成本，这不仅包括资金成本，还包括时间成本、精力成本、心理成本、信息收集成本以及风险规避成本等。这样市场份额的扩大和溢价的优势综合作用，就可以使市场先入者获得很大的收益，而这些收益又可以为新一轮新产品的开发和市场导入提供必要的投入资金，如图 5-1c 所示。因此，比竞争对手更快地使产品上市，就能在产品生命周期中获得更多的收益。事实上，无论是对于新产品开发还是新产品的制造而言，产品晚进入市场对企业的盈利能力的负面影响要比对成本的影响更大。

5.2.3 快速响应竞争

创新是垄断利润的源泉，如果企业拥有快速使新产品进入市场的资源能力，即使竞争对手突然宣布新产品入市了，企业也能够作出适当的快速反应，至少也可以减少作为市场晚入者所处不利地位所带来的竞争劣势。

5.2.4 制定行业标准

对于创新产品来说，先进入市场的企业可以享有制定本行业标准的特权。许多情况下，这样的做法等于为竞争对手缔造了进入壁垒，从而可以延迟业内竞争的到来。全球最大的软件商美国微软就是一个很好的例证。微软早期的 DOS 操作系统凭借先入为主的优势，长期统治着个人电脑操作系统软件市场，后来的 WINDOWS 视窗操作系统也凭借先入为主的优势，已经成功地成为新一代操作系统软件的行业标准。

5.3 新产品的分类

新产品按照其与现有产品相比而言的创新程度，可以分为三大类：

- 派生产品；
- 换代产品；
- 创新产品（也称突破性产品或革命性产品）。

每一类新产品的开发与市场准入对企业都有相应不同的要求。创新程度越高的新产品则需要企业投入更多的资源。但是，每一类新产品对企业长期的成功发展都起着同样重要的作用。

5.3.1 派生产品

在这三大类新产品中，创新程度最少的一类新产品通常指的是派生产品。派生产品

(derivative product)，基本上是对现有产品的功能的综合和改进或者重新定位。派生产品通常是对现有产品进行改进以降低成本，或对现有产品的一些特征或功能进行简化或完善。例如，汽车行业中约定俗成的新年式新车（model-year）就是一种派生产品，即对当年已经推出的"新车"的款式和配置稍做调整和改进而推出的新产品。举例来说，2013年前半年推出的当然是正宗2013年新车，而新年式新车则称为2014年新车。派生产品只需在新产品设计和制造流程中稍做改动。与创新产品相比，派生产品需要投入的资源很少，因为派生产品是对现有产品的补充和延伸。派生产品对企业很重要，能够确保企业近期的现金流。通过不断地改进和延伸现有产品线，企业可以在短期内保持市场份额。正如前面所说的，每年对汽车进行的小小改进就是这类产品最好的例证。

一般企业能够很快地把派生产品推向市场，但这也不是绝对的。有时对产品设计进行小小改动将大大影响生产流程。是否需要进行这样的改动也需要经过深思熟虑（这一问题将在本章的后文加以讨论，同时将考虑产品与流程设计的相互影响）。

5.3.2 换代产品

在这三大类新产品中，创新程度居中的一类就是换代产品。换代产品（next-generation product）一般需要带给顾客更新的解决方案，从而能够拓宽产品族，既能够保持市场的活力，又能够延长产品族的生命周期。例如，美国英特尔公司就是通过不断更替的换代产品保证了持续增长的利润，也使得英特尔能在全球竞争最为激烈的行业中始终处于领先地位。从1971年英特尔推出的全球第一个微处理器4004微处理器到1982年的286、1985年的386、1989年的486、1993年的奔腾、1997年的奔腾Ⅱ、1999年的奔腾Ⅲ、2000年的奔腾Ⅳ微处理器到2003年的奔腾M处理器；从2006年推出的第一代酷睿双核处理器到2012年在全球同步推出的八核至强E5处理器，每一种换代产品似乎都在向消费者表明"英特尔的技术在不断创新、不断前进，不仅改变了公司的未来，也不断改变着世界的未来"。又如，汽车行业中采用的主要的车型变化也是换代产品很好的例证，如美国福特汽车公司自1964年推出第一代野马（Mustang）后，对这一车型不断进行改进推出换代产品，历经几十年的锤炼，使得福特野马已成为经久不衰的美国偶像。换代产品对企业利润收入的持续增长很重要，而利润收入又为换代产品的开发和市场运作提供了必要的投入，从而保证了顾客对换代产品的持续的忠诚度。

5.3.3 创新产品

在这三大类新产品中，创新程度最高的一类新产品就是创新产品（breakthrough product），也称之为革命性产品或突破性产品。创新产品的开发需要对产品设计或流程进行很大的变动。如果能够成功地进入市场，创新产品可以以全新的产品身份出现在市场中，同时将成为企业的核心业务，使得企业能够成为创新产品的市场先入者，从而获得先入为主的优势。例如，美国大来信用卡公司（DinersClub）于1950年发行的世界第一张信用卡、美国摩托罗拉公司于1973年推出的世界第一部手机、日本东芝公司于1985年推出的世界第一台笔记本电脑、日本丰田公司于1997年推出的世界首款批量生产的混合动力车，以及2012年美国谷歌无人驾驶汽车在美国内华达州获得全球首例驾驶许可证，这些革命性的产品已经深刻地改变了人们的生活和工作方式。在创新产品的开发中，管理层必须意识到重大流程开发的重要性，创新产品对企业创造并保持持续的竞争力是相当关键的，因为随着竞争加剧以及环境和技术发展的压力，使企业现有产品从长远的角度来看总会过时的。因此，创新产品不仅能够使企业在现有市场上获得成功，也能够在新的市场中获得成功，从而创造更长远的未来优势。

5.4 新产品开发过程

随着产品的生命周期越来越短，全球生态资源环境约束日益突出，低碳绿色生活方式悄然形成，企业要想获得成功必须：①不断地推出新产品概念；②把这些新产品概念转化为顾客需要的可靠的功能设计；③保证这些功能设计的可生产性；④开展产品全生命周期生态设计；⑤选择与顾客需求相匹配的流程。此外，如图 5-2 所示，企业还必须尽可能地缩短新产品开发的周期，综合考虑污染预防措施，选择绿色环保材料和易于拆解、循环利用的零部件，从而更好地履行产品回收、利用和最终处置的社会责任，提升产品综合竞争力。

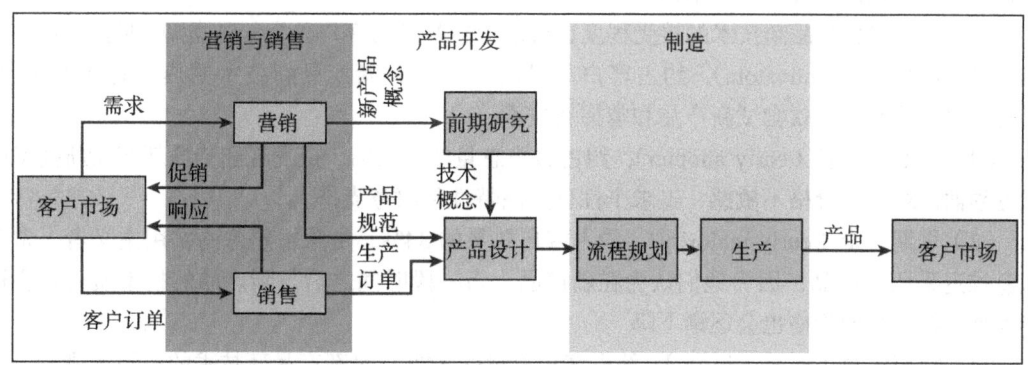

图 5-2 NPD 的串行开发模式

资料来源：Reprinted with the permission of The Free Press, a Division of Simon & Schuster Adult Publishing Group, from *Fast Cycle Time*: (How to Align Purpose, Strategy, and Structure for Speed) by Christopher Meyer. Copyright © 1993 by Christopher Meyer. All rights reserved.

对于每个行业，不论是电脑的心脏计算机芯片（CPU）制造还是美味薯片制造，对于制造企业来说，快速设计新产品并迅速地导入市场是很大的挑战。因此，越是成功的企业越是需要投入资源来精简新产品开发（new product development，NPD）流程，以缩短产品开发周期。

NPD 流程需要涉及多个职能部门的参与，营销部门（识别目标市场并预测产品需求）、研发部门（开发技术并设计产品）和运营部门（包括供应商的选择与制造流程的设计）都起着至关重要的作用。同时，财务、会计和信息系统部门等也对 NPD 流程起着重要的支持作用。如图 5-2 所示，企业三个主要职能部门（营销、研发和运营）是按串行方式工作的，只有前一项职能完成了，后一项职能才开始进行，因而整个 NPD 流程耗时很长。

为了缩短 NPD 流程的完成周期，现在都实行并行工作方式，如图 5-3 所示。这种实现各职能部门协调工作的开发模式被称之为并行工程（concurrent engineering），也称为并行设计（concurrent design）或同步工程（simultaneous engineering）。

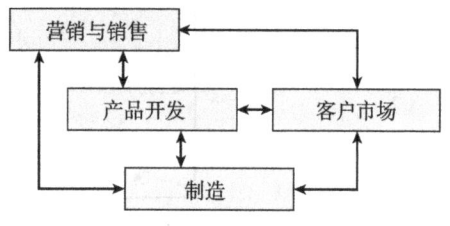

图 5-3 NPD 的并行开发模式

5.4.1 产品创意

NPD 流程开始于产品创意，新产品创意的来源有多种渠道。通常，从新产品开发的动力模式可以概括为两大类：一是通过发现和发掘市场需求来拉动，二是通过技术创新与技术进步来推动。前者的新产品创意主要来源于市场营销部门，因为他们通过市场调研，通过与客户的交流，倾听客户心声来挖掘创意并开发新产品，如果一种新产品以这种方式开发出来，一般称之为市场拉动型，即客户心声（voice of the customer）是新产品开发最主要的动力；换句话说，是客户需求把新产品从企业中"拉"向市场的。芬兰 Rovio 公司的手机游戏产品《愤怒的小鸟》风靡全球的秘籍就在于它像一部互动体验短剧，为客户烘培闲散时间缓解情绪的"娱乐小点心"。新产品创意的另一个主要动力是技术创新与技术进步；如果一种新产品以这种方式开发出来，一般称之为技术推动型，即客户通常还没有意识到对新产品的需求，而是由企业的研发部门开发出来并推向市场。

根据人们对新产品新技术的接受程度，可以把新产品的客户分为五种类型（见图 5-4）。

（1）创新者（innovators），约占客户总量的 2.5%，是新产品新技术的热衷者和关注者，富有冒险精神并且喜欢尝试新产品和掌握新技术。

（2）早期接受者（early adopter），约占客户总量的 13.5%，是发现和传播新产品新技术的意见领袖，对产品价格不敏感，追求个性化产品特性和服务支持。

（3）早期大众（early majority），约占客户总量的 34%，是深思熟虑的实用主义者，常常故意推迟采用新产品，因为他们认为在新产品上市一段时间之后，新产品的技术质量将会逐步提高，新产品的价格也会逐渐下降。

（4）晚期大众（late majority），约占客户总量的 34%，是新产品新技术的风险规避者，对新产品新技术感兴趣，但对产品价格非常敏感。

（5）落伍者（laggards），约占客户总量的 16%，是传统保守的产品消费者，对新产品新技术的接受非常慢，他们购买新产品的动机更多是出于社会压力或老产品被淘汰。

必须指出的是，技术推动型新产品同样需要有市场需求来保证其成功（摩托罗拉公司成功获得了投资并发射了 66 颗卫星组成的铱星卫星移动通信系统就是一个有技术推动但却没有什么市场需求的产品）。同时，虽然由技术推动的新产品比由市场拉动的新产品少，但许多创新产品都是技术推动的产物。

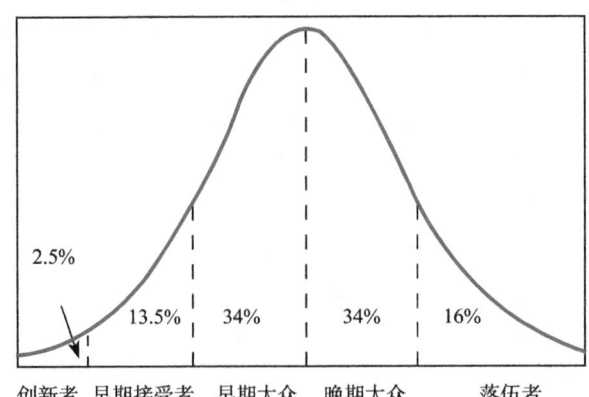

图 5-4 新产品技术接受生命周期及其客户类型

5.4.2 概念产品开发

新产品概念产生后,就需要进行进一步的开发和测试,即包括产品的初步设计(由研发部门进行)、市场和客户需求的详细分析(由营销部门进行)。

现在的企业已意识到有必要在NPD各方面都把客户考虑进去,如设计、制造、产品和服务的交付,而过去并非如此。由于竞争越来越激烈,不经常听取客户意见的企业就会发现他们输给了那些会倾听的企业。现在有许多方法可以获得客户的信息,如调研和集中讨论,下面我们将介绍一种可以将客户心声直接与产品和服务的开发流程相联系的方法。

5.4.3 面向顾客设计:质量功能展开

最好的产品和服务不是为客户设计而设计,而是同客户一起设计,真正融入客户心声,实现直至超越客户期望。这就要求企业必须不断地努力倾听客户心声并开发出新产品和服务,创造完美的客户体验。例如,对于宝马的客户来说,宝马车不仅仅是交通工具,还意味着速度、性能,其本质是客户驾驶乐趣。

质量功能展开(quality function deployment,QFD)是一种将顾客需求转化为产品设计标准的相当规范、准确的方法,这种方法运用跨职能部门(包括营销部门、设计工程部门和制造部门等)的团队方式来实行。丰田汽车公司就运用此法,大大缩短设计时间,减少了超过60%的成本费用。

QFD流程通过学习并听取顾客意见来决定优势产品的特性,这样的顾客反馈信息通常称为顾客心声。通过市场调查,找到顾客对产品的需求与偏好并加以分类,成为顾客需求属性。以汽车制造企业欲改进车门的设计为例,通过顾客调查和访问,发现各类重要的有关车门的顾客需求属性是"汽车在坡道上也能打开门"和"从外面关门很方便"。确定了顾客需求属性后,就根据顾客心声来衡量各顾客需求属性的相对重要性。然后,再力邀消费者将本企业这一产品与其竞争对手的产品进行比较,从而得出产品竞争性评估。QFD流程帮助企业从顾客的角度来选择对顾客重要的产品特性,并能够与其竞争对手的产品特性作出综合比较,因而能够帮助企业对需要改进的产品特性有更好的理解与关注。

顾客需求属性信息是被称为质量屋(house of quality)矩阵的基础,如图5-5所示。通过建立质量屋矩阵,跨职能部门的QFD团队可以运用顾客反馈信息即顾客心声来进行工程设计、营销和运营决策。质量屋矩阵使得团队把顾客需求属性信息转化为具体运营或技术设计的目标。通过质量屋矩阵可以进一步发掘和细化重要的产品特性及其改进目标。QFD流程促使企业不同的职能部门彼此紧密地协调工作,从而更好地充分理解彼此的目标与问题。重要的是,质量屋矩阵最大的优点是使开发团队能够把注意力始终集中在让顾客满意的工作中心上。

除了QFD、NPD流程中产品设计阶段的其他重要组成部分还包括新产品模型的建立(包括物理模型和计算机生成的虚拟模型)、对新产品不同的构件及组件进行小批量的测试以及根据预计的产品生命周期进行详细的投资与财务的经济分析。此外,相关的制造工艺与流程方面的开发人员也应尽快投入到产品设计这一阶段,以确保新产品的设计与所需的工艺流程相匹配。对于NPD流程中的产品设计阶段来说,最关键的要数最后的产品初步设计项目的评审批准,因为只有获取批准,管理人员才有足够的信息来决定项目是否继续进行。

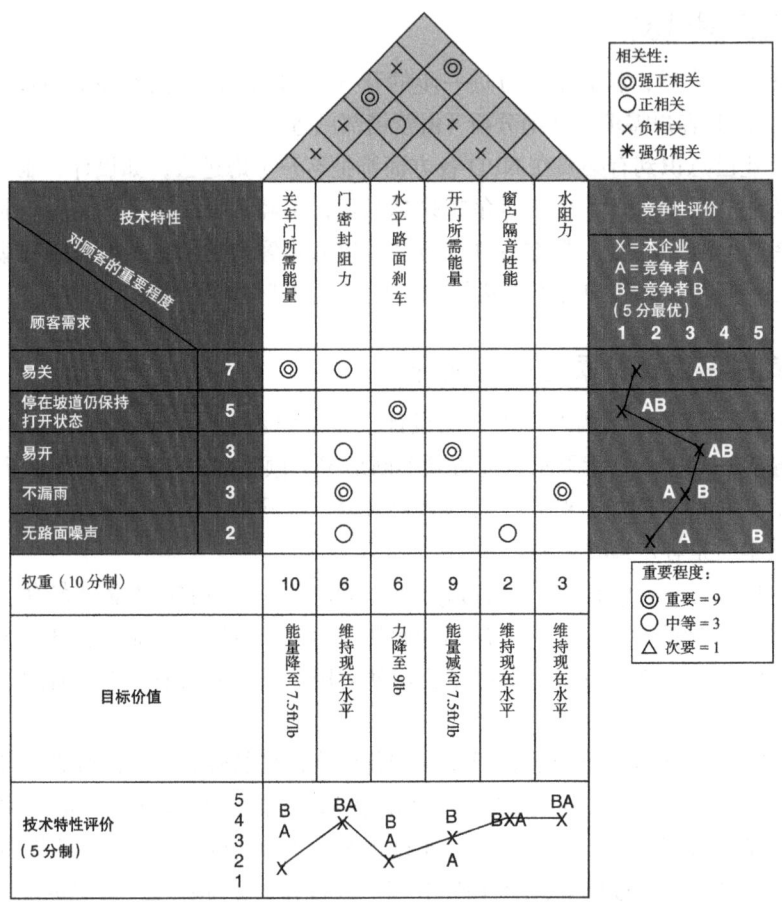

图 5-5 关于汽车门改进的完整的质量屋矩阵

5.4.4 供应商早期参与协同开发

随着产品生命周期越来越短，产品开发速度越来越快，企业不仅需要内部协同开发——通过建立跨职能团队实现企业内部市场营销、R&D 和制造等各个职能部门的协同开发，也必须与供应商和客户建立合作伙伴关系。例如，戴姆勒-奔驰通过供应商深度参与成功开发了超微型紧凑式汽车 SMART，S 代表了斯沃奇，M 代表了戴姆勒-奔驰，ART 意为艺术，代表了双方合作的艺术性。通用汽车则建立了供应商创新网络以充分利用其供应商的创造力。

由于供应商了解其专业领域的创新，对新技术、新材料、新零件、新部件或新工艺具有深刻的洞察力，供应商早期参与（early supplier involvement，ESI）协同开发，可以改进新产品潜在的生命周期，增加新产品的技术精度，加快新产品开发流程，降低原材料和零部件采购成本，提高新产品质量和技术水平，图 5-6 描述了新产品开发上市如何从传统的内部价值链转变为协同价值网的协同开发模式。

依据供应商参与的程度和深度的不同，可以将供应商早期参与协同开发分为四个层次，也即供应商集成层次。

第一层为无集成。供应商不参与新产品设计，供应商通常只是按照客户企业的设计和技术规格提供所需的原材料或零部件。

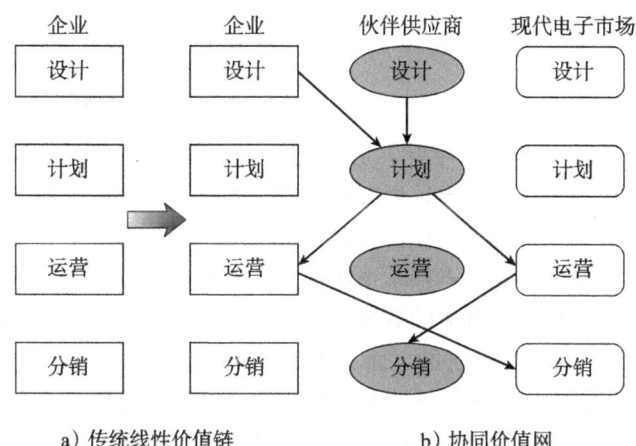

a) 传统线性价值链　　　　b) 协同价值网

图 5-6　新产品开发上市的传统线性价值链与协同价值网的协同开发模式比较

资料来源：Adapted from Navi Radjou, "Deconstruction of the Supply Chain," *Supply Chain Management Review*, November/December 2000, pp. 30-38. Copyright © 2000, Reed Business Information. Used with permission.

第二层为白箱。非正式集成，客户企业在进行产品设计和制定技术规格时向供应商进行咨询，但是没有正式的合作。

第三层为灰箱。正式的供应商集成，客户企业和供应商相互合作，建立协同开发团队，共同开发。

第四层为黑箱。客户企业向供应商提供接口需求，供应商对客户企业所需零部件和系统进行独立设计开发。

5.4.5　面向可制造性设计

英国伦敦商学院战略与国际管理学教授马基迪斯经过多年研究得出一个重要结论：成功创新不仅仅包括创造新产品或挖掘新创意，还包括实现新产品或新创意的规模化生产，使其得以为人们广泛使用。把一个功能性的产品设计转化为可制造的产品，产品设计师必须考虑许多方面。他们可以选择不同的方法和不同的材料。材料可以选择铁或铁化物（钢）、铝、紫铜、黄铜、镁、锌、锡、镍、钛或其他金属；非金属包括塑料、木材、皮革、橡胶、碳化物、陶瓷、玻璃、石膏、混凝土等；并且，这些材料都能用多种方法锻造、切割和成型。在许许多多的机械加工过程中，可以选择冲压、印花、车削、研磨、浇铸、注塑等。

面向可制造性设计（DFM）还要求把不可拆分的零部件数降到最低。在电子行业中，制造上通过组合不同电子元件中的电路来形成更大的集成电路。这样不仅是集成电路的速度得以提高，因为电子传输更快，而且减少了体积，提高了可靠性。如果电子电路有几个独立的电子元件组成，减少可能的连接就可以提高电路的可靠性。如图 5-7 所示，通过分析产品的制造和装

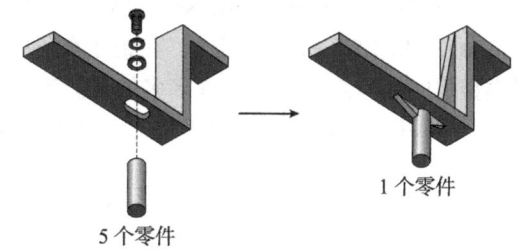

图 5-7　改变设计以减少托架上的零件数

资料来源：Bart Huthwaite. "Managing at the Starting Line: How to Design Competitive Products," Workshop at the University of Southern California-Los Angeles, January 14, 1991, p.7.

配过程中的可制造性，如何把一个简单的托架从 5 个零件减少到只有 1 个零件。

5.4.6 产品生态设计

人类只有一个地球！20 世纪下半叶，全球变暖、环境恶化、产品污染、能源短缺、可耕地、淡水资源等自然资源迅速减少导致生态问题骤然升温，全球生态环境保护问题也日益被人们所关注，很多企业开始使用产品生态设计（product ecological design）。丰田公司、本田公司、马自达公司、尼桑公司等日本整车企业均开展了产品生态设计，基于汽车产品全生命周期，收集能源资源消耗和废物排放的数据，避免过度设计，确保汽车产品所有零部件的寿命相似，分析各个生命阶段可以改进的方面，从而不断地推进汽车产品生态设计。

产品生态设计是指将环境因素纳入产品设计之中，在设计阶段就考虑产品生命周期全过程的环境影响，从而帮助确定设计的决策方向，通过改进设计把产品的环境影响降低到最低程度的设计理念。产品生态设计活动主要包含两方面的含义，一是从保护环境角度考虑，减少资源消耗，实现可持续发展战略；二是从商业角度考虑，降低成本、减少潜在的责任风险，以提高产品竞争能力。

最终设计阶段要拿出产品的全套工作图纸和说明书。在这一阶段，产品基本定型，紧接着就要开始进行工艺设计与流程选择。

最终设计阶段要拿出产品详细设计说明书。产品详细设计说明书是与产品生产相关的决策的基础，如物料的采购、设备的选择、员工的分配以及生产设施的规模及其布置。产品详细设计说明书一般常以全套的设计蓝图或工程图的形式提交，但也有关于详细的设计质量与零部件数量说明书、设计指南等多种形式。有形产品一般以传统的设计蓝图形式提交，而服务的设计说明书就比较宽泛了。

在面向可制造性设计的同时，还必须面向顾客设计，设计的基本原则是——易懂。产品的设计要让顾客很快领会，很快学会如何使用，并且不需要依赖指导手册。

5.5 制造型企业的流程选择

5.5.1 流程类型

对于制造型企业的产品产出流程组织方式，按其产品的产出量，主要可分为三大类型——项目型（project process）、离散加工型（intermittent process）和流水线（line-flow process），如图 5-8 所示。当然，在企业实践中，从项目型到离散加工型到流水线，这三大流程类型之间还连续存在着许许多多的过渡流程类型，但任何一家制造型企业在产品产出流程的组织中采用的都是这三大流程类型的组合方式。

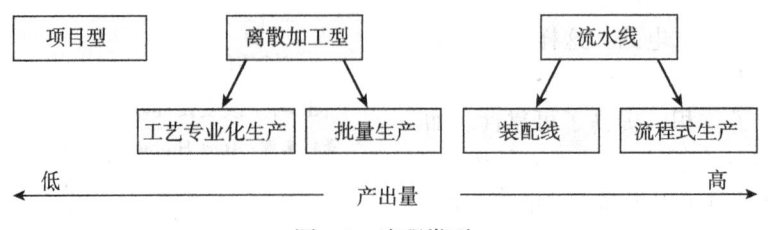

图 5-8 流程类型

1. 项目型

项目型通常是指单件产品的生产组织过程，如电影的制作或摩天大楼的建造。另一个很好的例子就是为印第安纳波利斯 500 汽车赛而定制的参赛汽车。项目型的优势是以其强大的柔性能充分满足顾客定制化的需求。项目型通常运用互联网解决问题的方式进行分析，正如本章附录中所介绍的。

项目型的可变成本相对而言非常高；反过来说，固定成本可以忽略甚至不存在（极端的例子是若只生产一件产品，所有的成本被摊销，因而也不存在固定成本）。

项目型需要技能熟练的员工，因为他们必须在最少的引导和监督下独立工作。此外，针对不同的定制化工作，员工需要接受专门的培训。

2. 离散加工型

如图 5-7 所示，离散加工型还可以进一步细分为工艺专业化生产与批量生产。工艺专业化生产是指多品种小批量产品的生产组织过程。一幅画的限量仿制、音乐会的组织、特别纪念 T 恤衫的发行等都是工艺专业化生产方式的好例子。

批量生产是指重复生产同一品种产品，通常批量比较大，其实质上是标准的工艺专业化生产。麦当劳就是批量生产方式的典范，一天 24 小时在重复生产汉堡包，一批 12 个。制鞋业采用的也是批量生产，其中一批是指同一款式、统一尺寸的鞋（有的制造设施如加工车间就是工艺专业化生产方式与批量生产方式的融合）。

离散加工型的可变成本比较高，尽管与项目型相比，通常略低于项目型的可变成本，然而离散加工型的固定成本很高。同样，虽然与项目型相比，对员工技能的要求相对低一些，但离散加工型对员工技能的要求仍比较高。

3. 流水线

与离散加工型一样，流水线也可进一步细分为两种：装配线生产与流程式生产。装配线生产方式是指按照一定速率，零部件按装配顺序从一个工作地点到另一个工作地点进行装配生产。例如，录像机和 CD 播放器等电子产品、汽车、厨房用品等。顾名思义，流程式生产是按照预先确定的步骤连续进行产品的生产。石油精炼与化工企业正是采用了流程式生产。

流水线的特征是高固定成本与低可变成本，而且是三大类运营组织过程中效率最高的。尤其在装配生产方式中，对员工技能的要求很低。员工只需学习一些标准的操作。流水线一般用来生产产量很大的产品，并且专业化程度非常高，因而是三大类运营组织过程中最不具有柔性的一种。

5.5.2 产品－流程矩阵

产品产出流程组织方式与产品结构性质之间的匹配关系广泛采用海斯（Hayes）和惠尔莱特（Wheelwright）提出的产品－流程矩阵（product-process matrix，PPM）来表示，如图 5-9 所示。矩阵中的横坐标表示产品结构与产品生命周期。随着产品生命周期的演变（由导入期、成长期、成熟期到衰退期），市场需求特性渐趋同一化，产品的产出量增加而产品结构（水平方向）变窄。纵坐标表示流程结构与流程生命周期。随着流程生命周期的发展（由导入期、成长期、成熟期到衰退期），生产运营流程的规模效应与学习效应逐渐凸显，自动化程度很高的专用设备与标准物流（垂直方向）变得经济可行。

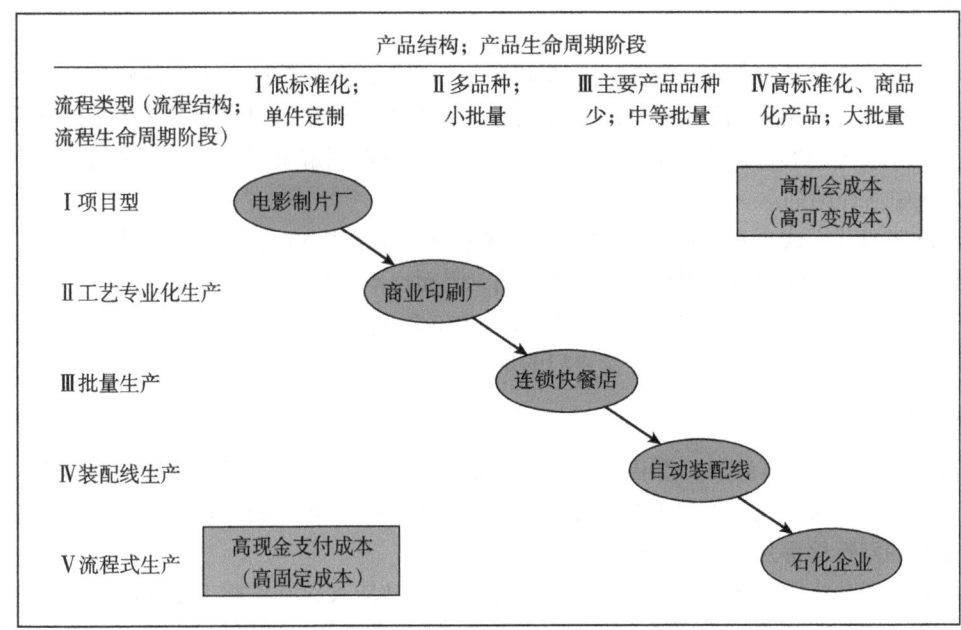

图 5-9 产品-流程矩阵

资料来源：Adapted from Robert Hayes and Steven Wheelwright, *Restoring Our Competitive Edge: Competing through Manufacturing*（New York: John Wiley & Sons, 1984）. Copyright © 1984, John Wiley & Sons, Inc. This material is used by permission of John Wiley & Sons, Inc.

在矩阵中对角线上列出了五种代表性的行业，都分别能够在矩阵中找出匹配其产品结构性质的流程组织方式，从而达到最好的技术经济性。然而，随着行业的技术发展，让企业也能够恰当地利用偏离对角线的匹配策略，提升自身的竞争优势，以出奇制胜。例如，沃尔沃公司在其汽车装配线上可以生产出任何车型的汽车。因此，在产品-流程矩阵中，沃尔沃的汽车装配线应位于流程结构第Ⅱ阶段与产品结构第Ⅲ阶段的交界处。因为，沃尔沃不能像福特汽车公司和通用汽车公司等竞争对手那样进行大批量生产，所以牺牲了传统的装配线的高效性。而另一方面，沃尔沃的汽车装配线却更加具有柔性，并能够进行更好的质量控制。矩阵中其他类型的产品-流程的匹配也可以进行类似的分析。

由图 5-9 中的产品-流程矩阵可见，当产品产出流程组织方式从矩阵的左上角演变到右下角时，其效率与成本优势逐渐凸现，但同时也逐渐损失了企业的定制能力与市场反应的柔性。因此，由矩阵的右上角演变到左下角往往是企业匹配策略的"雷区"。因为处于右上角的企业对市场的变化反应很慢，然而企业又想要在需要高产量、低成本的行业中竞争，但运用的却是高可变成本、定制化的项目型组织方式，从而使得企业损失市场的机会成本相当高，因为在项目型组织方式下的高价会让顾客流失而另谋他所。

处于左下角的企业能够生产出比实际需求还要多的产品，然而企业的现金支付成本很高，因为固定成本过高，这与流程式生产需要投入大型的资本密集型设备密切相关。

如果把产品-流程矩阵拆分开来，如图 5-10 所示，就比较容易理解其逻辑原理。其中，图 5-10a 显示的是传统的产品生命周期曲线，从产品创意（产品概念的产生）阶段到产品衰退期。图 5-10b 显示的是产品生命周期的不同阶段的产品变化频率。从逻辑上说，大多数产品的变化产生于正式投产开始前的那段产品生命初期，也就是说项目型比较适合这一阶段。产品可能会有很多变化,如设计简化、增加特征、更新材料等,产品变化都是为了进一步完善产品或者进一步扩大市场,而离散加工型的柔性正可以适应进行这些产品变化。进入产品的成熟期,产品几乎很少进行改动,而管理的重点主要在于如何降低成本,这一阶段恰恰可以充分利用流水线的高效率与低成本优势。

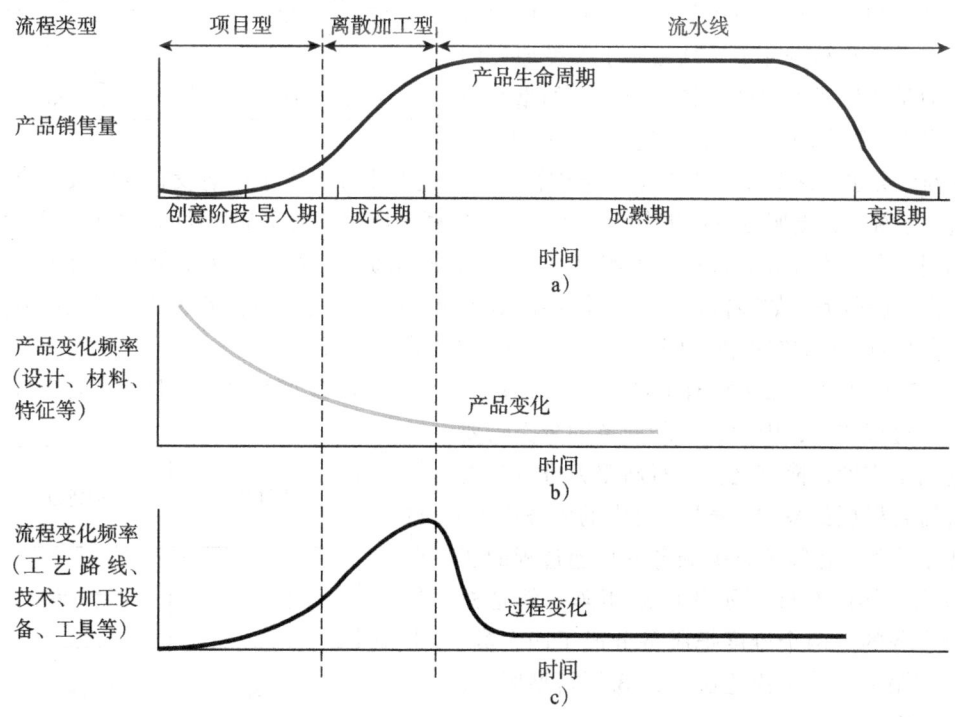

图 5-10 产品与流程的生命周期

如图 5-10c 所示的产出流程的变化在正式投产初期频繁发生,因为这一阶段需作出许多有关生产布局、设备和工具等方面的调整改进,目的在于增加生产过程的适应性并降低生产成本,因此产品设计师与工艺工程师一起努力工作,以提高产品性能并降低成本。进入成熟期后,即开始全面生产时,产品产出流程就几乎很少进行改动,而且产量也保持稳定。但到了衰退期又要进行一些改动,主要是为了适应产量的减少而采用不同的设施设备。

在产品生命周期的初期,当产出量较小时(当然是在产品开发阶段),通常采用离散加工型,将所有相同类型或功能相同的设备集中放在一起工作,以生产出不同的产品。随着产出量的增加,将根据完成产品的加工过程的流水线来布置设备或工作流程,以提高产品的生产率。

5.6 新服务的分类

正如第 1 章中所讨论的,服务在许多方面与有形产品不同。最重要的是,服务更为复杂,因为不仅涉及最终"服务"的交付,还包括顾客参与服务过程本身。

苏珊·约翰逊(Susan Johnson)等人把新服务分为两大类:派生服务(incremental service)和创新服务(radical service,也称革命性服务),如表 5-1 所示,这两大类又可细分为三小类。

在派生服务中，服务线拓展型是对现有服务增加新的服务项目，如餐馆餐单新增的菜目、航空公司新增的空中航线及大学新增的课程等。服务改进型是一种改进现有服务特征的新服务，如火车和飞机上的电子票就是很好的例子。风格转变型是新服务中最常见的一类，对那些影响顾客的感知、情感和态度的方面进行适度地可视化转变。这些转变并不是从根本上改变原有的服务，而是从形式上改变，如一家餐馆的重新装修或是飞机外壳上的新标识就是这一类型的代表。

表5-1 派生服务与创新服务的分类

派生服务	创新服务
服务线拓展型	开创型
服务改进型	挖掘型
风格转变型	填补型

创新服务也称之为革命性服务或突破性服务。创新服务提供了以前没有的新服务或是新服务过程系统。创新服务也可细分为三小类：开创型是指对尚未完全开发的市场提供新服务，一般利用信息技术和计算机技术来实现，如电子银行系统；挖掘型服务对拥有现有服务的既有市场提供新服务，如零售业的智能卡（smart card）开发就是这类服务的良好例证；填补型是指向企业的现有顾客提供新服务，如在超市中开设自助银行。

正如前面所述，服务比有形产品复杂得多，因为服务不仅涉及最终"服务"的交付，还包括服务过程本身，因此，对新服务的分类需要考虑这两个维度；换言之，即对新服务进行分类时，既需要根据最终"服务"（提供的服务内容）的变化来分类，还需要根据服务的传递过程的变化来分类。如图5-11所示的两维矩阵，就是根据影响服务的这两个维度把服务分成了四大类：①粉饰型服务；②多样化服务；③创新型服务；④渠道开发型服务。

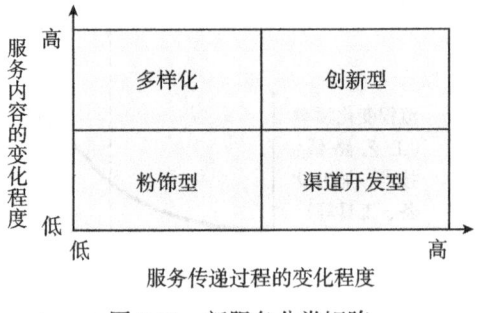

图5-11 新服务分类矩阵

5.6.1 粉饰型服务

粉饰型服务（window dressing），如图5-11所示两维矩阵的左下角，其影响服务的两个维度的变化都很小，也就是说，需要提供的服务内容以及服务的传递方式都没有多大变化，只是"锦上添花"。粉饰型服务的例子有餐馆餐单新增的菜目、航空公司新增的空中航线及大学新增的课程等。粉饰型服务通常对企业现有服务的运营影响很小，并能在相对较短的时间内进入市场。

5.6.2 多样化服务

多样化服务（breadth-of-offering），如图5-11所示两维矩阵的左上角，是指需要提供全新的服务内容，而服务的传递方式需要保持原来不变。例如，美国著名的连锁酒店管理集团万豪从最初的单一餐饮理念发展到服务多个特定的细分市场，实现了多样化服务，如费尔菲德酒店、居家酒店、庭园酒店和万豪旅馆。每一类酒店都专注于不同的市场细分，每一类酒店的特定"服务内容"都不一样，如提供的房间的大小、娱乐休闲和附加服务（如送餐服务、健康中心、商务支持服务等）都有所区别，但提供这些服务的基本传递方式并没有多大区别。对于那些开发多样化服务的企业来说，如何高效地传递多样化服务至相应的市场细分则是一大挑战。

5.6.3 创新型服务

创新型服务（revolutionary），如图 5-11 所示两维矩阵的右上角，需要提供的是全新的服务内容及全新的传递方式。相对于其他类型的服务，创新型服务进入市场的时间一般比较长，需要较高的资金投入。例如，联邦快递开创了隔夜速递服务，运用了飞机而不是传统的地面交通工具。PRICELINE.COM 也是创新型服务的又一个好例子，开创了通过互联网实现在线预订宾馆房间和飞机票的服务。

5.6.4 渠道开发型服务

渠道开发型服务（channel development），如图 5-11 所示两维矩阵的右下角，需要提供的服务内容没有多大变化，但需要采用全新的传递方式。自动取款机就是一个很好的例子。传统的砖泥型零售商（brick-and-mortar）现在通过互联网在其网页上出售商品也是一例。在开发渠道开发型服务时，管理者必须认识到服务过程开发的重要性，因为顾客希望通过新渠道获取与原来通过传统的、他们所习惯方式所得的相同质量的服务。

5.7 新服务开发过程

新服务开发（new service development，NSD）过程与新产品开发（new product development，NPD）过程基本相似，主要的区别在于服务不仅涉及最终"服务"的交付，还包括服务过程本身。因此，开发服务的时候，必须同时设计服务内容及其传递过程。因为服务是无形的，而不是能够"看得见摸得着"的，所以很难把服务从服务过程中分离出来。NSD 过程开始时与 NPD 流程一样，开始于创意阶段。新服务创意的来源也有多种渠道，可能来自于营销部门或顾客（市场拉动或顾客心声），也可能来自于服务运营部门（服务运营推动）。与制造业不同，服务业的研发焦点主要集中在研究如何传递服务的运营流程上。

NSD 过程也分为与 NPD 流程类似的四个阶段：第一个阶段——设计阶段（design phase），包括对新服务目标以及战略的制定、服务概念的开发及测试。第二个阶段——分析阶段（analysis phase），需要进行财务分析并考虑与服务传递相关的供应链问题。只有顺利通过这两个阶段，即评审获取批准后，新服务项目才能继续进行下去。第三个阶段也是 NSD 过程中资源最密集的阶段——开发阶段（development phase），包括完成服务的详细设计和测试、服务传递过程的详细设计和测试、员工的培训以及服务的试运行。只要新服务项目通过了测试和试运行，才可以进入第四个阶段——全面上市（full launch phase），即将新服务投入市场。

迄今为止，对于 NSC 过程的研究远没有对 NPD 流程的研究成熟。虽然在新服务设计开发阶段——特别是与顾客接触程度有关的研究已经投入了很多精力，但整个 NSD 过程的研究文献很有限。为此，苏珊·约翰逊等人提出了一系列建议，为未来进一步研究 NSD 指明了方向。这些建议包括：

（1）NSD 过程是非线性的，因为新服务难以标准化，新服务的传递过程也难以通过专业化的渠道来实现。

（2）NSD 过程中规划阶段的竞争力在于创新服务的能力，而实施阶段的竞争力则在于派生服务的能力。

（3）服务失败以及随后的弥补措施源自于采用了临时的 NSD 过程或没有竞争力的 NSD 过程，而不是因为服务得不好。

（4）个人 NSD 的有效组合管理将降低一个企业 NSD 项目的总风险，并提高高回报的可能性（类似于采用共同基金的投资组合管理）。

（5）NSD 类似组合的管理可以满足不同种类的顾客需要。

5.7.1 服务过程设计方法——顾客接触度法

服务企业通常按照服务行业（金融服务、健康服务、交通服务等）来进行分类。尽管这种分类对提供综合的经济数据是很有用的，但是这种分类对于运营管理的目标却不是很合适，因为它难以揭示服务的过程。相比之下，在制造业中却可以找到一些十分具有启发性的术语来对生产过程进行相当合理的分类（例如，离散加工型和流程式生产）。当把它们运用到制造环境中时，它们就可以十分自然地表现出制造过程的实质。虽然在服务业中，我们也有可能用同样的术语对服务过程进行描述，但是必须用一些附加信息来反映出顾客介入服务系统的事实。我们认为，将一个服务系统在生产功能方面与其他服务系统区分开的信息，就是服务产生过程中顾客接触的程度。

顾客接触是指顾客参与到服务系统之中；服务创造是指提供服务本身所涉及的工作过程。在这里，顾客接触的程度可以粗略地定义为顾客在这一服务系统中的时间与为顾客提供服务总时间的百分比。一般来说，顾客与服务系统之间接触的时间越长，两者在服务过程中的相互影响作用就越强。

从顾客接触这一理念中可以看出，具有高顾客接触度（high degree of customer contact）的服务系统比低顾客接触度（low degree of customer contact）的服务系统通常更难以管理，也很难合理化。在高顾客接触度的服务系统中，顾客可以影响到服务的需求时间、服务的本质以及服务的质量，这是由于顾客参与了这个过程。

表 5-2 说明了银行中高顾客接触度与低顾客接触度的服务系统之间的差异。从中我们可以看到，每一个设计决策都受到了顾客是否参与服务过程的影响。同时还可以看到，后台完成的工作（本案例中银行的处理中心）所工作的对象不是顾客，而是顾客需要的报表、数据库以及发票等信息。因此，我们将采用与设计制造工厂相同的原则来设计服务后台，即使工作时间内的信息处理量最大化。

表 5-2 银行中高顾客接触度与低顾客接触度的服务系统之间的主要差别

设计决策	高顾客接触度服务系统（分行办公室）	低顾客接触度服务系统（银行处理中心）
设施选址	必须接近顾客	接近供货、运输、员工、港口
设施布局	考虑满足顾客的生理和心理需求及顾客期望	着眼点应放在提高运营效率上
产品设计	服务环境以及有形产品决定了服务的特性	顾客在服务环境之外，决定服务的特性的因素较少
过程设计	顾客对服务过程的各个阶段具有直接的迅捷的影响	顾客基本没有参与大多数后台服务过程
进度表	在服务进度表中必须对顾客的影响予以考虑	顾客关心的是进展情况
运营计划	顾客订单不能被搁置，否则会失去市场机会	可以通过库存来均衡需求
员工技能	直接参与服务的员工也是服务产品的主要构成部分，因此员工必须具备能够很好地与顾客交流沟通的能力	员工仅仅需要专业技能

(续)

设计决策	高顾客接触度服务系统（分行办公室）	低顾客接触度服务系统（银行处理中心）
质量控制	质量标准取决于顾客，因此是可变的	质量标准一般是可以测量的，因此是固定的
时间标准	由顾客的需求决定，时间标准不严格	时间标准相对严格
工资支付	易变的产出，要求计时工资制	产出固定，允许基于产出量的计件工资制
能力计划	为了避免失去市场机会，服务能力必须适应高峰时的需求	可以通过一定的库存水平以使服务能力保持在平均需求水平上

显然，顾客的影响多种多样，因而导致高顾客接触度的服务系统内部做相应变化。例如，一家银行支行既提供单一服务，如只需几分钟的取现，也提供复杂业务，如需要一个多小时的贷款申请。此外，这些服务的范围包括从自动取款机的自我服务，到需要银行职员与顾客像一个团队一样共同工作来完成贷款申请等方面的工作。

为了更好地理解服务的一般管理内涵，罗杰·施米勒（Roger Schmenner）提出了一个根据两个主要维度对服务进行分类的方法：第一个维度是指顾客沟通与顾客定制化的程度，即前面所讨论的顾客接触程度；第二个维度是指劳动力密集程度与服务提供的及时程度。罗杰·施米勒从两个主要维度开发了服务过程矩阵，如图5-12所示。

		顾客沟通与顾客定制化的程度	
		低	高
劳动力密集程度与服务提供的及时程度	低	服务工厂 · 航空公司 · 运输公司 · 宾馆酒店 · 度假胜地与娱乐场所	服务工作室 · 医院 · 汽车维修中心 · 其他维修服务
	高	大众服务 · 零售业 · 批发业 · 学校 · 商业银行的零售业务	专业服务 · 医生 · 律师 · 会计师 · 建筑设计师

图5-12 服务过程矩阵

资料来源：Roger W. Schmenner, "How Can Service Businesses Survive and Prosper?" *Sloan Management Review* 27, no. 3 (Spring 1986), pp. 21-32, by permission of publisher. Copyright © 1986 by Massachusetts Institute of Technology. All rights reserved.

（1）服务工厂（service factory），具有低劳动力密集程度和低顾客交流与顾客定制化的特征。衡量劳动力密集程度，即劳动力成本与资本成本的比率。资本密集型服务，例如航空公司和宾馆酒店在设施和设备上的资本投资远远高于其劳动力支出。同时，顾客定制化程度低，提供标准化服务，更像是一家流水线工厂。

（2）服务工作室（service shop），具有低劳动力密集度，但高度的顾客交流与顾客定制化的特征。资本密集型服务，例如医院具有较高的资本投资，顾客定制化程度高，医生与病人必须在诊断与治疗阶段充分沟通才能取得令人满意的个性化诊疗结果。

（3）大众服务（mass service），具有高劳动力密集，但相对较低的顾客交流与顾客定制化的特征。例如，全球最大的跨国快餐连锁集团麦当劳2012年财政总收入为275.67亿美元，在全球119个国家和地区拥有34 480家连锁快餐店，而且每家快餐店的菜单基本相同，顾客定制化程度很低。全球麦当劳的可口可乐统一规定保持在摄氏4度，这个温度的可乐味道最为甜美，面包的厚度统一规定为17毫米、面包中的气泡则为0.5毫米，这样的面包在口中咀嚼时味道最好、口感最佳，因此，顾客无论在纽约、巴黎、柏林还是上海惠顾麦当劳，都可以吃到同样鲜美的食品，享受到同样快捷友善的服务，感受到同样整齐清洁的环境，让顾客真正感知物有所值。

（4）专业服务（professional service），同时具有很高的劳动力密集度，很高的顾客交流与顾客定制化的程度。

不同类型的服务组织的管理问题不同，服务过程分类矩阵为服务业的管理者提供了相应的服务组织开发的战略视角。例如，那些劳动力密集程度较低的服务组织通常是资金密集型且需要很高的固定成本，像服务工厂和服务工作室，这类企业很难根据需求的变化调整其服务能力，因而必须加强需求管理，避免需求高峰期和需求低谷期。

对于劳动力密集程度高的企业来说，其管理者面临的问题与劳动力密集程度较低的企业不同——员工的管理是重中之重，必须把重点放在员工的招聘、培训与规划上。

更重要的是，这样的服务分类方法打破了行业障碍，让管理者更好地理解企业的优劣势，有助于不同行业的管理者相互之间取长补短。

5.7.2 服务组织的设计

服务组织的设计包括詹姆斯·赫斯凯特（James Heskett）称为"服务视图"的四要素。第一个要素是确认目标市场（谁是我们的顾客）；第二个要素是服务理念（如何让我们的服务在市场中独树一帜）；第三个要素是服务策略（我们服务所包括的内容以及运营的重点是什么）；第四个要素是服务传递系统（提供服务所需的服务过程、员工要求及服务设施是什么）。

选择目标市场、建立服务内容（即服务包）是管理者要决策的首要问题，这直接关系到服务理念、服务策略以及服务传递系统设计的决策。

服务的设计和开发与典型的制造型企业的产品的设计和开发的主要不同点在于：

第一，服务过程与服务本身必须同时开发。事实上，在服务中过程即是服务（这样说是基于一般的认识，许多制造型企业正使用像"并行工程"和"面向可制造性设计"这样的概念作为设计手段，以实现产品设计与过程设计更紧密的结合）。

第二，虽然支持服务的设备和软件可以受到专利权的保护，但是服务运营过程缺乏和产品制造一样所受到的法律保护。

第三，服务内容（即服务包）与有形产品不一样，整套服务内容构成了开发过程的主要产出。

第四，服务的许多方面常常取决于加入企业前员工所接受的培训，尤其是对于许多专业服务公司如律师事务所和医院，员工必须先要进行资格认定。

第五，很多服务组织提供的服务是24小时营业、年中无休的。日常服务组织如理发店、便利店及餐馆都具有这样的灵活性。

5.7.3 顾客服务接触的设计

卡尔·艾布里希特（Karl Albrecht）与罗恩·兹姆克（Ron Zemke）在《服务在美国》中谈及管理服务型企业的核心问题，认为"顾客与企业任何一个部门的每一次接触都是'真实的'，会产生或好或坏的印象"。如何管理这些"真实的"接触在于对服务提供过程的详细设计，规范服务的良好方法有很多。图 5-13 中的服务系统设计矩阵给出了六种选择。

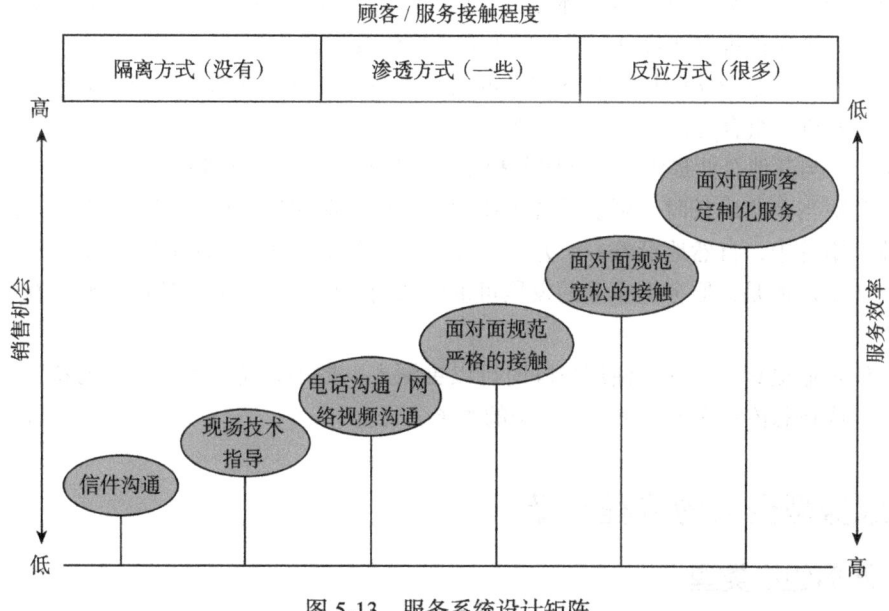

图 5-13 服务系统设计矩阵

矩阵的最上端表示顾客与服务接触的程度：隔离方式表示服务实际上与顾客是分离的，渗透方式表示与顾客的接触是利用电话或面对面地沟通，反应方式既要接收又要回应顾客的要求。矩阵的左边表示一个符合逻辑的市场建议，也就是说，与顾客接触的机会越多，销售出商品的机会就越多。矩阵的右边表示随着顾客对服务系统施加影响的增加，服务效率的变化情况。

正如人们猜测的那样，服务系统的效率随着与顾客接触的增多而降低。面对面的接触提供了更多的销售机会，从而可以销售出更多的产品，弥补了这一缺点。反之，较少的接触，例如邮件，可以使服务系统更有效，这是因为顾客不能对服务系统施加明显的影响（或不干扰）。然而，这种方式使得销售出额外商品的机会很少。

某些服务方式的位置是可以改变的，如图 5-12 所示的"面对面规范严格的接触"。该服务方式表示那些在服务过程中很少有变化的情况——在创造服务过程中，顾客和服务者都没有太多的随意性。这使人想起了快餐店和迪士尼乐园。"面对面规范宽松的接触"则表示这样一些情况，即服务过程通常是可以接受的，但是，在如何执行该过程或作为服务过程一部分的商品方面，是可选择的。全天候的饭店或者汽车销售代理商都具有这方面的特点。"面对面顾客化服务"指那些必须通过顾客与服务者之间的相互交流来建立服务规格的服务接触。律所和医疗服务属于这一类型。同时，服务系统资源的集中程度决定了这一服务系统是反应式、隔离式还是渗透式。可以举例，广告公司资源被启用，以准备迎接一家大客商的正式访问，或者一个手术组设法准备一个紧急外科手术。

5.7.4 矩阵使用策略

服务体系矩阵可以在运营和策略两方面加以应用。运营性应用反映在识别员工要求、运

营核心和技术革新上,这些我们前面已经讨论过。策略性应用则包括:

(1)实现运营和市场营销策略的集成。对两者进行权衡的要求变得更明确,更重要。至少对于分析目的,主要设计变量具体化了。例如,矩阵表明,服务企业若计划采取规范严格的接触形式,则在销售方面就可以投入较少的高技能员工。

(2)明确阐述企业实际提供服务究竟可以有哪些服务方式的组合。当企业将列在对角线上的服务方式进行组合时,服务过程将变得多样化。

(3)允许与其他企业提供的特殊服务相比较,这有助于突出企业的竞争优势。

(4)表明当企业成长时,可能适合企业的发展或生命周期发生了变化。在制造型企业的产品-流程矩阵中,自然地沿着一个方向(随着规模增大,由离散加工型转向流水线)演变。然而,与此不同的是,服务型企业的发展可沿着对角线的任一方向,从而权衡潜在的销售机会和效率。

(5)使企业更具灵活性。使用矩阵时可以更深入,把小公司或私人企业的特定服务产品放入其中,或在总体水平上考虑一个大型的服务公司。

5.8 服务型企业的流程选择

5.8.1 服务组织类型

服务组织主要分为以下三大类型。

(1)服务型企业,是指那些主要业务是需要通过与顾客相互沟通联系来提供服务的企业。包括人们最熟悉的银行、航空公司、医院、律师事务所、零售商店、餐馆等。这类服务组织又可以进一步细分为:基于设施的服务(facilities-based service),也就是顾客必须到服务设施现场才能接受服务;上门服务(field-based service),即服务的提供和享用发生在顾客的环境中(例如家庭清洁与维修服务)。通过一定的技术可以将许多基于设施的服务转变为上门服务。比如牙科救护车把牙医带进您的家,某些汽车维修服务有流动维修业务,电视直销把购物中心发送到你的电视荧屏上。

(2)客户支持服务机构,是指为企业外部已经购买企业的产品或服务的客户提供支持服务。比如接待并解决 800 位投诉客户的投诉问题,以及产品维护与维修服务等。

(3)对内服务,是指一种支持大型企业活动的服务。这些服务包括诸如数据处理、会计、工程设计以及维修等。服务的顾客是大型企业中需要这种服务的各个职能部门(一个内部服务组织常常会跨出只为总公司服务的范围,并向总公司以外的企业提供服务,从而成为一个专业服务组织)。

三种常用的现场服务方式是生产线方式(以麦当劳为例)、自助服务方式(以自动取款机和加油站为例)和个体维护方式(以诺德斯特龙百货公司为例)。

5.8.2 生产线方式

以麦当劳为先锋的生产线方式涉及的不仅仅是生产一个"巨无霸"所需要的步骤,而且正如西奥多·莱维特所提到的那样,应将快餐服务作为一个制造过程而不是一个服务过程。这种理念的价值在于它克服了服务概念本身固有的许多问题;也就是说,服务隐含着服务员对服务对象的辅助或征服,而制造则避免了这层含义,因为制造的核心在于物而不是人。因此在麦当劳,"将服务内容定位于有效的生产而不是参加者或其他"。莱维特注意到,除了麦当劳市场营销技巧和财务技巧外,企业认真地控制着"每个输出口核心功能的实施——在一个相当清洁、秩序井然和令人愉快、彬彬有礼的服务环境中,快速地提供统一的稳定质量的食物"。系统地用设备替代人并有计划地使用技术,使麦当劳独具魅力,获得了其他任何企业也不能比拟的为顾客所钟爱的地位。

莱维特列举了几项麦当劳运营的事实来说明它的经营理念。请注意防故障程序(poka-yoke)的广泛应用:

- 麦当劳的油锅可一次油炸最佳数量的食物。
- 用一把宽口铲子定量摄取每一种大小不同的油炸食物(雇员从不接触产品)。
- 储藏空间根据预先规定的已包装和已测量产品的组合来设计。
- 在每个设施的周围提供充足的垃圾箱,以保持清洁(大出口处为停车区提供自动清扫器)。
- 汉堡包用彩色编码纸包裹。
- 整体设计和设施规划相当严谨,全都落实到麦当劳设备和系统的技术之中。服务员唯一可能的选择就是规范地按设计者的意图去操作。

5.8.3 自助服务方式

与生产线方式不同,拉威洛克(C. H. Lovelock)和杨(R. F. Young)提出,应通过让顾客在服务过程中发挥较大作用来改善服务过程。自动取款机、自助服务加油站、沙拉酒吧以及汽车旅馆的室内咖啡机等都提高了对顾客的服务水准,因为提供服务的一部分负担被转移至客户。显然,这种理论需要服务公司在销售中使顾客相信自助服务能帮助他们。最后,拉威洛克和杨提出了几条建议,包括:建立顾客信任,改善成本、速度和便利性,确保有关程序被有效地使用。实际上,自助服务将顾客转化为"部分雇员",他们必须观察在其之前进行自助服务的人的操作,来学习如何去做,并靠低价的服务来获得补偿。

5.8.4 个体维护方式

个体维护方式主要是将大众定制的理念应用于服务。通过此法,区别对待每个顾客,提供服务的企业拥有一个数据库记录下顾客的喜恶偏好。在诺德斯特龙百货中,这些信息通过"个人手册"手工记录,而在丽思·卡尔顿中则通过电子手段正规地记录下来。在丽思·卡尔顿中,这些信息随后便传遍整个企业。下面的例子是汤姆·彼得斯对诺德斯特龙的个体维护方式的描述:

一位顾客几次光顾某一百货公司的男装部之后,仍未买到合身的套服,为此他写信给公司经理。经理随即派了一名裁缝带着一套合身的新套服到那位顾客的办公室,亲手交给顾客并换回顾客所购套服,这一切全是免费的。

这件事情发生在一家年销售额 13 亿美元的特色服装零售商——总部在西雅图的诺德斯特龙公司。该公司每平方英尺[⊖]的销售额大约是一家普通店的 5 倍,而收到顾客的信后,反应最强烈的人是谁呢? 主席约翰·诺德斯特龙(John Nordstrom)。

⊖ 1 英尺≈0.304 8 米。

提供这种服务的服务员将得到很好的报酬，诺德斯特龙给销售人员每小时的报酬是其竞争对手的两倍，另加6.75%的佣金。顶尖的销售人员每年要经手超过100万美元的商品。因此，诺德斯特龙是在为其顾客和销售人员而生存。在它独特的组织图中，顾客处于最顶端，下面则是销售和辅助销售人员，然后才是部门经理、商店经理，而处在最底层的是董事会。

销售人员都随身携带一本"个人手册"，上面记录着其所有顾客的大量信息。据贝斯蒂·桑德斯（Besty Sanders）所述，成功的销售人员经常随身带三四个不断"长胖"的手册。这位副总裁曾成功地使公司业务打入棘手的南加州市场。一位新加入的诺德斯特龙之星这样说："我的目标是每天都发展一位顾客。"而整个系统也帮助他做到了这一点。实际上，他有一个没有上限的预算用于给顾客寄送贺卡、鲜花和感谢函。此外，公司还鼓励他引导其顾客到商店的其他部门，以便帮助顾客完成一次成功的购物之行。

此外，无论是在此项业务还是在其他任何业务中，他都得到了或许是最为大度的退款政策的支持：不论顾客带回任何东西要求退货，都不会遭到拒绝。桑德斯副总裁经常说，"信任顾客"和"顾客是我们的老板"在诺德斯特龙理念中至关重要。总裁吉姆·诺德斯特龙（Jim Nordstrom）也曾经对《洛杉矶时报》记者说："即使顾客把轮胎推进商店要求退货，我也不会在意。要是他们说他们付了200美元，就还给他们200美元现金。"尽管桑德斯承认有一些顾客"偷窃"商店的商品——"从店里租用长袜"。但是因为有99%的顾客从"诺德斯特龙为您提供没有问题的服务"的企业宗旨中得到了实际的好处，因此也愿意从公司购买商品，他们的良好意愿和行动远远抵消了某些顾客的不良行为所造成的损失。这样，企业就随着无可比拟的热情一起成长起来。

对顾客的服务不存在固定的模式。在诺德斯特龙有什么必须遵循的政策吗？没有。桑德斯对一群深感惊奇的硅谷行政人员解释道："我知道这会使律师们为难，但我们的全部'政策手册'里只有一句话：在任何时候都要使用您最佳的判断力。"一位公司经理将其解释为："不要犹豫不决，不要妄想从我们这里偷去现成的服务方法。"

不论采用哪种方法，设计良好的服务系统的七大特点是：

（1）服务系统的每一个要素都与企业运营的核心相一致。例如，当运营核心为实现快速交货时，运营过程中的每一步都应有助于加快交货速度。

（2）系统对于用户是友好的。这意味着顾客可以很容易地与系统进行交流，也就是说系统有明确的标志、可理解的形式、逻辑化的服务过程以及能够解答顾客疑问的服务人员。

（3）系统具有稳定性。这就是说，它能够有效地应付需求和可用资源的变化。例如，如果计算机出现故障，有效的备用系统会立即到位，以保证服务继续进行。

（4）系统具有结构化特点，保证服务人员和服务系统提供一致性服务。这意味着需要由人员完成的任务有可操作性，而技术支持则是有益和可靠的。

（5）系统为后台和前台之间提供有效的联系方式，以确保其间没有遗漏的机会。换句话说，降低或减少不同职能部门之间的阻碍。

（6）系统对有关服务质量的证据加以管理，以使顾客了解系统所提供服务的价值。许多服务都在现场之外做了很多工作，但却没能让顾客知晓，这尤其体现在对服务进行改善的工作中。如果不能通过明确的交流使顾客意识到服务已经得到改善，那么这一改善工作就不能起到最大的作用。

（7）系统所耗费的都是有效成本。但在提供服务的过程中，系统对时间和资源的浪费应达到最小。

本章小结

由于全球的竞争越来越激烈，而科技也愈加发达，产品生命周期越来越短。因而企业必须持续不断地设计、开发并推出新的产品与服务。企业比竞争对手推出新产品越早，获取的利润就越多。利润来自两方面，一是竞争对手努力赶上时的新产品溢价，二是市场先入者可以抢占很大的市场份额。为了取得这样的成功，当今的企业必须整合良好且规范。

新产品或服务可以分为几类，取决于其革新程度。企业需要有这几类产品的组合，以确保在短期与长期中获得平衡。

开发新产品或服务的过程不像以前那样困难了。尽管在这方面，新服务的开发仍然落后于新产品的开发。那些对新产品和服务的开发投入必要资源的企业具有明显优势，因为他们不仅领先于竞争者，也可以对竞争对手带来的意外作出迅速反应。

选择哪一种运营流程也是很重要的成功因素。各种流程都可以制造产品或提供服务，而每一种运营流程有自身的特点。因此，对管理者来说，在选择的时候分清各流程的特征以确保所提供和交付的产品和服务能够满足顾客的需求是很重要的。也就是说，企业的流程必须与其所服务的市场中顾客的需求相一致。

复习思考题

1. 为什么有效的新产品（服务）开发过程对企业很重要？
2. 比竞争对手更快地开发新产品有何优势？
3. 描述三类新产品并讨论每一类产品对资源的需求及对企业制造流程的影响。
4. 请讨论根据企业需要提供的服务内容和服务的传递方式的变化两个维度，把服务分成四种不同的新服务。
5. 指出创新服务与派生服务的区别。
6. 描述"顾客心声"的含义。
7. 指出新产品创意的两种方法。
8. 阐述新产品开发过程的四个主要阶段。
9. 什么是并行工程？为什么说它对成功的新产品开发相当重要？描述面向可制造性设计的概念，并指出其与并行工程密切相关的原因。
10. 阐述新服务开发过程的四个主要阶段。
11. 对于制造企业而言，三大类工艺流程分别是什么？在运营特征上有何区别？
12. 为什么说能认识到产品生命周期的不同阶段与不同工艺流程之间的关系，对管理者来说非常重要？
13. 确定下列服务企业中的"高接触度"和"低接触度"作业。
    （1）牙医诊所；
    （2）航空公司；
    （3）会计事务所；
    （4）汽车行。
14. 你认为在服务系统设计矩阵中，可驾车驶入的教堂、校园中的自助食品出售机、酒吧中的自助饮料机等应处于什么位置？
15. 请在给出下列问题答案的基础上总结出一些基本的设计原则：
    （1）列出你偏爱的产品，你最喜欢哪一方面？
    （2）列出你最不喜欢的产品，指出你最讨厌哪方面？
    （3）以上有没有共同的原因？例如产品功能是否比外观美丽更重要（如房间里的壁炉或空调，汽车中的传动系统或马达）？产品的设计有自己的风格是不是更重要（如汽车、服饰、房间或家具）？
16. 选择一个产品，列出其在设计、制造中需考虑的问题。产品可以是音响、电话、桌子或厨房用具等物品。考虑设计的功能和美学因素，以及有关可制造性的重要因素。
17. 用服务系统设计矩阵为一家百货店设计服务方式，考虑包含下列功能：邮购（即目录销售）、电话订购、五金部、文具部、服装部、化妆品部、顾客服务部（例如，接受投诉）。

18．与上一个问题要求相同，对于一家医院考虑下列行为和关系：医生与病人、护士与病人、付费、取药、常规化验、挂号、诊断型检查（如X光拍片）。

19．研究运营过程的第一步是展开对运营过程的描述。通过描述运营过程，我们能够更好地判定运营系统工作的好坏，或提出改进建议。我们都很熟悉快餐店。请试着描述一下快餐店的运营过程，比如说麦当劳。在描述运营过程中，请回答下列问题：

（1）服务包中哪些方面比较重要？
（2）服务人员需有哪些技能和品行？
（3）顾客会怎样变化其需求？
（4）顾客与服务者之间的交互直接接触能否具有更多的技术因素？是否能够使之自助化？
（5）如何使之尽力接近设计良好的服务系统的七大特点？

◎ 互联网练习

登录麦格劳-希尔公司的主页（www.mhhe.com/pom），浏览那些提供不同运营过程的不同企业。这些企业通常在网页上登出企业的新产品，那些拥有强大新产品开发能力的企业，如吉列、3M和惠普也是很好的资料源。请至少选择两家企业，描述它们正在推出的新产品分别属于哪一类新产品？

◎ 案例分析 5-1

最好的零件是无零部件

美国NCR公司成立于1884年，是一家拥有100多年历史的世界领先计算机公司。组装NCR公司的新型2760电子现金出纳机的速度很快。事实上，威廉姆R. 斯普尔格（William R. Sprague）闭着眼睛也能够在不到两分钟之内完成装配。为了实现这种简便的装配，NCR公司的高级制造工程师斯普尔格坚持认为，应该设计不用螺钉或者螺栓便可以将零部件组装在一起的销售网点终端。

整个终端仅包括15个供应商生产的零部件，比公司以前的低档的2160型终端减少了85%的零部件和65%的供应商，而且只需要用原来装配时间的25%便可以组装完毕。安装和维护也非常容易。斯普尔格说："这完全归因于我们简化了下游的业务活动，包括现场服务。"

面向可制造性设计是一种新的技术方法。NCR公司的产品是目前因该方法受益的最佳案例之一。其他热衷于DFM的企业有福特、通用汽车、IBM、摩托罗拉和惠而浦公司。从1981年起，从主要的家用电器到喷气式飞机发动机的齿轮箱，通用电气公司在100多个开发项目中应用了DFM方法。通用电气公司估计，从成本节约或者从市场份额增长中，利用DFM这个理念净赚了2亿美元。

螺钉与螺母

杰弗里·布斯劳（Geoffrey Boothroyd）是DFM的支持者之一，他是罗得岛大学工业与制造工程教授，也是Boothroyd Dewhurst公司的联合创始人。这个小湖区公司已经开发了几个计算机程序，用于分析装配简易性设计。

布斯劳认为最大的收益来自于节约了螺钉和其他紧固件。在供应商发票上，虽然每个螺钉、螺母仅有几美分，共计占一个典型产品原材料成本的5%。但加上所有相关成本，如安装螺钉并紧固零部件的时间和使用那些普通零部件的代价，能占到总装配成本的75%。"紧固件是第一个需要剔除的东西。"他说。

斯普尔格通过计算发现，若NCR公司的2760型产品设计中包括螺钉，则它的生命周期内的总成本会是每个螺钉125 000美元。他说:"小零件如螺钉的巨大影响主要是使间接费用增加,从而增加了损失。"他认为这是可以理解的,因为新产品开发项目"会受到多种因素的影响,甚至会使项目搁浅,所以准时的超额预算要好于滞后的准确预算"。

最终NCR在既定时间内将其简化的终端推向市场,并且没有忽略任何微小细节。产品在1月末,即在开始开发的24个月后正式推向市场。设计从一开始便是一种无纸的、跨职能部门的工作。产品只是存在于计算机中的模型,直到团队所有成员(工程设计人员、制造人员、采购人员、顾客服务人员和关键供应商)都满意时为止。

同时开发的还有印刷线路饭、塑料壳的铸模和其他零部件,可消除设计者将产品"隔墙"扔给制造者,制造者再考虑如何生产而造成的时间滞后。斯普尔格说:"拆掉设计和创造间的围墙以利用并行工程是一个突破。"

在设计过程中应用计算机辅助设计软件,团队可在计算机屏幕上设计出每个零部件的三维模型。软件也用于分析最终产品和零部件的性能和可靠性。接着,在计算机工作站屏幕上装配仿真的零部件,确保它们能恰当组装。在设计进程中,定期用Boothroyd Dewhurst的DFM软件检查。这促进了设计的改进,将零部件数由最初的28个减至15个。

无实体模型

当团队内每个人都竖起拇指时,就把有关零部件的数据直接电传到不同供应商的计算机辅助制造系统中。NCR设计者相信,所有一切都会像预计的那样进行运转,他们再也不用很麻烦地来做实体模型了。

DFM能成为对付国外竞争对手的强有力武器。几年前,IBM采用Boothroyd Dewhurst软件分析最早出现在日本的点阵打印机时,发现它可以生产得更好些,使打印机IBM Proprinter的零部件减少了65%,装配时间削减了90%。布斯劳教授坚持说:"几乎所有在日本制造的产品都可以用DFM加以改进,而且通常是大幅度的改进。"

讨论题

NCR方法解决了什么样的开发问题?

资料来源:Otis Port, "The Best–Engineered Part Is No Part at All," *Business Week*, May 8, 1989, p.150.

案例分析 5-2

中式网络食品神话

绿盛集团(GREENFULL)组建于2004年,前身是杭州绿盛食品有限公司,成立于1993年。1995年12月,绿盛推出主打品牌"绿盛牛肉干","绿盛牛肉干,优化生命的能量"随着企业先进的品牌理念与优质的产品,迅速席卷了大半个中国。1999年绿盛完成销售额1 000多万,2002年达到3 200万;2005年实现了3.3亿。绿盛集团目前的销售网络覆盖全国20多个省,100多个地级市,2万多家网点,集团销售额从2001年起以每年翻一番的速度迅猛递增。

2005年12月,作为国内传统制造业的代表,绿盛集团与作为国内互联网产业的代表、网络游戏商天畅科技联手打造的中国第一网络食品——"绿盛QQ能量枣",一石激起千层浪,绿盛与天畅的战略合作也被称为R&V非竞争性战略联盟,引起了国内外的高度关注。2008年1月,绿盛集团总裁林东入选美国《福布斯》,成为继阿里巴巴总裁马云之后第二位登上《福布斯》的浙江籍和首位温州籍企业家。

早在2004年年底,绿盛集团就打算推出一项新产品——"绿盛QQ能量枣",即把牛肉干作成枣子的外形,类似于缩短的牛肉香肠,但又与传统香肠类食品不同,"绿盛QQ能量枣"除去了传统香肠类食品必用的亚硝酸钠(这是一种致癌物质)和防腐剂,再加上使用纯牛肉作为原料,不加面粉,因此,能量更高,营养更好,而且更加安全。

天畅网络科技有限公司是国内知名的原创网络游戏开发商,也是浙江省动漫游戏行业的领军企业。此时,天畅科技刚好在自主开发国内首款全3D历史玄幻民族网游《大唐风云》，这款拥有完全自主知识产权的3D网络游戏产品被权威的"2005中国游戏行业年会"评为"2005年度最受期待网络游戏"。

作为同在澳大利亚墨尔本拉筹伯大学（LA TROBE UNIVERSITY）管理和法律学院攻读过MBA的同学，一次偶然的机会，绿盛集团总裁林东来到天畅科技参观，天畅科技总裁郭羽向林东介绍了即将推向市场的3D网络游戏《大唐风云》，这突然令林东想起了007系列电影里故事与宝马汽车的完美结合，当时觉得这是只有在国外才有的遥不可及的商业合作，而现在这样一款3D网络游戏就摆在面前，为什么不能利用一下呢？

绿盛企划部经过进一步研究发现，目前中国网民数量已超过1亿，其中相当一部分因长时间在电脑前工作、学习、娱乐而经常延误正常的吃饭时间，或者在体力下降时，仍会继续奋斗在电脑前。假如能提供一种营养丰富且食用方便的食品，使这些特定人群能不花费任何时间而增加体力，一定会大受欢迎，但是目前中国市场上尚无准确地针对这一群体的食品出现，绿盛集团决定将"绿盛QQ能量枣"打造成中国第一网络食品，以关怀网民的全新概念推向市场。

带着这样的战略构思，绿盛集团成立了3N网络食品标志，并且实施了3N（NET-NATURAL-NUTRITIONAL）战略，与网络游戏商天畅科技联手打造中国第一网络食品——"绿盛QQ能量枣"。2005年12月12日，在"绿盛QQ能量枣"上市发布会上，双方正式宣布结成R&V战略联盟。

在R&V战略联盟合作中，传统食品商与网络游戏商开始将对方的产品互相植入对方的产品。

绿盛集团在牛肉干食品"绿盛QQ能量枣"的整个外包装全部印上了天畅游戏产品《大唐风云》的主角形象，一举摆脱了传统食品的形象，使得中国网络第一食品的称号名不虚传。同时，由于"绿盛QQ能量枣"不仅在现实中有增加能量的功能，而且在游戏中也成为游戏人物的一种能量补充剂，使得游戏玩家一边从印有"太平公主"的绿盛牛肉干包装袋中取出"绿盛QQ能量枣"吃着的同时，可以一边望着眼前已定格在电脑屏幕中《大唐风云》游戏里的那家绿盛牛肉店，想象着游戏中《大唐风云》波澜壮阔的场景，激荡心怀的故事情节，以及游戏主角的能量激增而活力四射的激情等，从而使得"绿盛QQ能量枣"不仅有了功能性作用，还有了体验性的文化作用，这是一般食品所无法做到的。

天畅科技则在《大唐风云》游戏中设计出了"绿盛牛肉店"，游戏玩家在这虚拟的牛肉店中能够购得高、中、低三个级别的"绿盛QQ能量枣"，不同级别的产品价格不同，魅力指数不同。无论是什么游戏人物吃了"绿盛QQ能量枣"，体力都能迅速激增，变得极富激情，而且吃了高级的"绿盛QQ能量枣"后就能够刀枪不入，甚至起死回生。同时，在真实世界里绿盛集团的牛肉干"绿盛QQ能量枣"也可以先在网上下单然后通过实体物流配送系统送到玩家手里，在杭州市内20分钟就送货上门；或者你也可以按照游戏里的店址按图索骥——你若真的跑到杭州清河坊95号看一看，会发现还真的有这个店，真的可以买到"绿盛QQ能量枣"尝一尝。

绿盛与天畅的这种R&V战略联盟合作，不仅让绿盛集团食品迅速地在游戏中扩展开来，并带动了真实世界里实体产品的消费，也使得天畅科技也极具创新地把一款普通的网络游戏变成了一个具有绝妙吸引力的一个广告载体，游戏中的道具、场景，甚至情节皆可成为广告，大大提高了其网络游戏产品的附加值。

资料来源：
（1）http://www.3nfood.com/cn/about_com01.asp，2011年9月；
（2）陈劲等，《正在爆炸——R&V：一个整合全球资源的中国自主创新案例》，浙江大学出版社，2006；
（3）http://www.randv.com，2011年9月。

讨论题

你认为绿盛与天畅合作开发中国第一网络食品的成功的关键要素在哪里？

第6章

项目管理

学习目标

- 指出了项目管理在一定组织和资源条件下所必需的协调和激励项目成员的沟通技能,以及合理规划和安排一个项目时间进度计划的技术技能。
- 阐述了项目经理在组织和协调一个项目所有的活动中所扮演的角色。
- 介绍了应用关键路线计划技术来识别当前最需要投入的活动。
- 指出了与项目赶工相关的时间-费用权衡模型。
- 讨论了一些常涉及项目管理技术的评论。

引 例 中国载人航天工程:从载人飞天到太空漫游

1992年9月21日,中共中央政治局召开常委扩大会议,正式批复载人航天工程可行性论证报告,自那一天起,中国载人航天工程正式立项,代号"921工程"。中国载人航天工程是我国航天史上迄今为止规模最大、系统组成最复杂、技术难度和安全可靠性要求最高的跨世纪国家重点工程,由航天员系统、空间应用系统、载人飞船系统、运载火箭系统、发射场系统、测控通信系统、着陆场系统、空间实验室系统等组成。

从远古的"嫦娥奔月"神话到明代万户的飞天尝试,为了实现从载人飞天到太空漫游的千年飞天梦,按照中国航天事业发展规划,中国载人航天工程计划分三步来实施。

第一步是发射载人飞船,建成初步配套的试验性载人飞船工程,开展空间应用实验。

1999年11月20日,中国载人航天计划中发射的第一艘无人实验飞船"神舟一号"在酒泉卫星发射基地顺利升空,经过21小时的飞行后顺利返回地面。

2003年10月15日,中国第一艘载人飞船"神舟五号"成功发射,中国首位航天员杨利伟成为浩瀚太空的第一位中国访客。"神舟五号"首次载人太空飞行21小时23分钟的成功,标志着我国已成为世界上继俄罗斯和美国之后第三个能够独立开展载人航天活动的国家。

第二步是突破航天员出舱活动技术、空间飞行器的交会对接技术,发射空间实验室,解决有一定规模的、短期有人照料的空间应用问题。

2005年10月12日中国第二艘搭载太空人的飞船"神舟六号"成功发射,"神舟六号"是中国第一艘执行"多人多天"任务的载人飞船,这也是世界上人类的第243次太空飞行,标志着中国开始实施载人航天工程的第二步计划。

2011年9月29日中国第一个目标飞行器和空间实验室"天宫一号",在酒泉卫星发射中心发射,飞行器全长10.4米,最大直径3.35米,由实验舱和资源舱构成。同年11月1日,"神舟八号"飞船顺利升空两天后,实现了与"天宫一号"首次自动交会对接。

2012年6月16日,"神舟九号"飞船乘长征二号F遥九火箭腾空而起,这是长征火箭的第 165 次发射，也是神舟飞船的第四次载人飞行，中国航天员一行三人第一次入住"天宫一号"并值守，其中，刘洋也成为中国第一个飞向太空的女性。

2013 年 6 月 11 日，"神舟十号"飞船成功进入太空在轨飞行 15 天，先后与"天宫一号"实现了自动和手动控制交会对接，完成了一系列空间科学实验，首次开展了中国航天员太空授课活动，拉开了我国天地往返运输系统首次应用性太空飞行序幕。

第三步是建造载人空间站，解决有较大规模的、长期有人照料的空间应用问题。

作为人类开展空间探索的最佳平台，空间站是中国载人航天工程"三步走"发展战略的最高目标。我国载人空间站工程分为空间实验室和空间站两个阶段实施：2016 年前，研制并发射空间实验室，突破和掌握航天员中期驻留等空间站关键技术，开展一定规模的空间应用；2020 年前后，研制并发射核心舱和实验舱，在轨组装成载人空间站，突破和掌握近地空间站组合体的建造和运营技术、近地空间长期载人飞行技术，并开展较大规模的空间应用。

资料来源：http://www.cmse.gov.cn/，中国载人航天工程网，2013/07/30。

许多企业，尤其是一些高新技术企业，通过不断地推出最新技术的新产品战略来维持竞争优势。举例来说，美国英特尔公司就是通过不断地推出新一代产品保证了持续增长的利润，也使得英特尔能在全球竞争最为激烈的行业中始终处于领先地位。

对于服务业来说，快速响应客户需求变化的能力也是其成败的关键。一次对新产品或新服务的广告战役的设计和推出，一次对新金融服务工具的开发，甚至对一次奥林匹克运动会的规划，都是在服务业中项目管理的实例。设计和开发企业的网站的工作也是服务业利用项目管理理念获益的案例。

新产品或新服务的设计、开发或推出常常都被看成是一个项目。企业推出和提供新产品或新服务的速度，在很大程度上取决于企业在所有所需的活动中——通常是相关的活动中，理解和应用项目管理理念的能力。

项目管理技术对于环境复杂多变、费用高、进度要求严格的复杂生产系统也是其成败的关键。这类复杂生产系统的产品提前期比较长，关键是生产的重复性较低，甚至是一次性的，像建筑工程、造船、飞机制造和人造卫星的制造等。

项目经理在项目管理中起着非常重要的作用，必须致力于以下三个要素的管理：

- 时间（time）：确定项目从启动到完成的周期，以及安排完成项目的时间进度计划。
- 绩效（performance）：确定项目是否达到或超过客户的质量要求？
- 成本（cost）：确定与项目相关的直接或间接成本是多少？与项目计划相符吗？

项目管理包括两部分主要内容：一部分非常强调组织和人的行为；另一部分则侧重于技术方法（如构建项目网络和识别关键路线等）。在本章中，虽然我们将侧重于项目管理的技术方法的学习，而把"人力资源"的管理问题留到相关的人力资源管理与组织行为学课程中学习，但我们必须强调的是，"人力资源"的管理也是同样重要的，项目管理的成功离不开项目团队的共同努力。

6.1 项目管理定义

6.1.1 项目与项目管理

本质上来说，项目就是为达到特定的目标而进行的组织活动。在技术的意义上，项目（project）可以定义为一系列相关的工作或任务，这些工作或任务通常会有一些主要的产出结果，同时也需要在规定时间内完成。这样，项目管理（project management）则可定义为计划、组织和控制资源（人员、设备和物料），使其满足项目的技术、成本和时间方面的要求。

项目通常被认为是一次性的工作，但是事实上，很多项目都是可以重复的，或者其经验又可以被类似背景的其他项目或产品所借鉴。一个项目的结果可能与另一个项目的产出结果相同。对于房地产开发企业、生产定制化产品或小批量产品的企业，如智能云计算网络、火车机车或线形加速器的生产企业，其每次的产出都可以视为一个项目。

一般业务流程管理与项目管理之间有着一些明显的不同。其一，组织结构不同。与一般重复性业务流程管理采用的正式组织结构不同，项目管理需要由来自不同职能部门的不同专业人员组成一个项目团队共同完成一个项目，而当项目结束后项目团队也就解散了。由于项目团队通常是为了完成某个项目而由不同职能部门的不同专业人员构成的专门组织，因此，特别需要项目管理者的沟通技能，从而使团队成员建立能够配合默契、责任心强、积极性高的高效团队。

其二，管理的任务本身不同。由于项目是不可重复的，"柔性"在成功的项目管理中就显得非常重要。项目的一次性和特殊性使你永远无法在项目开始之前就能够完整地理解和清晰地定义项目内容，因此必须在整个项目生命周期内不断地进行项目计划。有效的项目管理要求在项目生命周期中不断地监控、更新或重新制定项目计划。

项目是以工作说明书（statement of work，SOW）作为起点的。工作说明书可以是要达到的目标的书面描述、要完成的工作描述，以及确定项目开始时间和完工时间的初步计划，还可能包含预算和完成步骤（里程碑）的形式的绩效评价指标与要提交的书面报告。

如果计划完成的工作非常艰巨，通常称之为计划（program），不过人们常常将计划和项目这两个术语不加区别地使用。计划的组织复杂性高，时间跨度长达几年，需要由不同企业的不同专业人员共同来完成。譬如新型外太空火箭系统的开发以及国家医疗保健系统的建立均可视做计划。

进一步细分项目就得到了任务（task）或活动（activity），任务的时间跨度一般不超过几个月，通常由一个小组来完成。

如果需要的话，可以对任务进行进一步细分，即分成更具实际意义的子任务（subtask）。

工作包（work package）是合并在一起分配给某一组织单元的一系列活动。它也同样符合项目管理应遵循的合同形式。工作包提供了"该做什么"、"何时开始"、"何时结束"、"工作预算"、"绩效评价指标"以及"某一特定时间点要达到的特定目标"，这些特定目标被称为项目的里程碑（project milestone）。在新产品开发项目中，典型的项目里程碑可以是设计阶段的完成、原型产品的制成、原型产品测试通过以及新产品正式投入试制等。

6.1.2 项目工作分解结构

工作分解结构（work breakdown structure，WBS）是项目管理的核心。这种把目标细分成越来越小的部分的过程，清晰地定义了系统，便于企业理解目标并成功地实现目标。我们采用下面的向右缩进的格式来表示从上到下递减的工作分解结构：

层次	
1	计划
2	项目
3	任务
4	子任务
5	工作包

图 6-1 显示了开一家新餐馆项目的工作分解结构。注意，通过层次编号定义特定活动是很方便的。例如，"确定需要的员工人数"（第三项）的层次编号为 1.1.1（在第一层是第一个任务，在第二层是第一个任务，在第三层也是第一个任务）。类似地，"安装设备"（第 17 项）的层次编号为 1.2.3。

层次						
1	2	3	4	5		
×					1.0	开一家新餐馆
	×				1.1	招聘员工
		×			1.1.1	确定需要的员工人数
		×			1.1.2	招聘员工
			×		1.1.2.1	发布广告
			×		1.1.2.2	初选应聘者
				×	1.1.2.2.1	面试
				×	1.1.2.2.2	证书验证
		×			1.1.3	聘用并培训新员工
	×				1.2	采购和安装厨房设备
		×			1.2.1	设计菜单
			×		1.2.1.1	开发菜谱
			×		1.2.1.2	确定必需的设备
		×			1.2.2	采购设备
			×		1.2.2.1	获取报价
			×		1.2.2.2	选择供应商
		×			1.2.3	安装设备
			×		1.2.3.1	连接电路
			×		1.2.3.2	连接排水设施

图 6-1 开设一家新餐馆部分工作的工作分解结构

成功获取良好的工作分解结构的关键要素是：

- 允许每个活动独立工作。
- 每个活动的规模大小以可管理为标准。
- 给予执行权。
- 监控和评价绩效。
- 提供需要的资源。

6.2 项目管理的组织因素

如前所述,在规定时间内成功地完成一个项目,需要对项目管理中技术方法和人力资源管理都有充分的理解。技术方法是确定影响整个项目完成周期的关键活动;人力资源管理是解决团队领导权和成员激励等问题。

6.2.1 项目经理的角色

项目经理在传统组织结构中一般有着独一无二的角色。大多数项目管理团队需要跨越不同职能部门,由不同技能的专业人员构成。团队成员通常包括来自工程设计部门、运营部门、市场营销部门以及来自风险管理、系统管理、审计、法律支援等支持服务部门。因此,项目经理就必须经常跨越传统的职能部门去获得完成项目所需要的各种支持。在大多数情况下,这种跨部门支持若没有正式职权是无法获取的,因此,项目经理必须营造一种高度依赖于技术专长和社交技能的协同文化。

失去了传统职能部门经理的职权和相应的奖惩系统,项目经理必须在多元化的工作环境中建立自己的威信,去赢得团队成员的信任、尊敬以及自己行为的可信度,甚至是通过正确的决策来示范。

6.2.2 高效的项目团队

1. 建立高效项目团队关键因素

在现今复杂而成熟的技术环境中,重新构建项目团队是非常重要的。项目团队的特性和最终绩效都依赖于包括人力资源和组织结构等多种因素。虽然每个组织都有绩效标准,但项目经理却普遍认为,有一些因素对建立成功的项目团队很关键,它们可分为四个范畴:

(1)任务相关变量,是衡量任务执行好坏的直接标准,包括在预算内按时高质生产的能力、创新及变化的能力。

(2)人员相关变量,影响团队内部的工作,包括良好的沟通、高度的参与、解决冲突的能力,相互信任以及对项目目标的奉献度。

(3)领导变量,主要与项目团队内各个领导职位有关。这些职位可能是通过传统的方式(如由项目经理或任务领导指派)产生的,也可能是通过对个人专长、信任、尊重、可信度、友谊和领悟能力以及工作中表现出来的个人开发能力等方面的考察,由民主选举产生。典型的领导特征包括组织和指挥任务的能力,促进集体决策、激励、调解冲突、解决问题、营造舒适的工作环境以及满足成员需求的能力。

(4)组织变量,包括组织的整体氛围、"指挥——控制——职权"结构、方针、程序、规章制度、地区文化、价值观和经济条件等。

需要指出的是,项目经理在描述一个高效团队的特性时,不仅关心与任务相关技能以在预算内按时高质地完成任务,同时也关心团队成员和领导质量。

2. 高效项目团队建设的过程

高效项目团队的建设是一个动态的过程,可以分为五个阶段,如图6-2所示,分别是形成期(forming)、震荡期(storming)、规范期(norming)、执行期(performing)和休整期

（adjourning）。

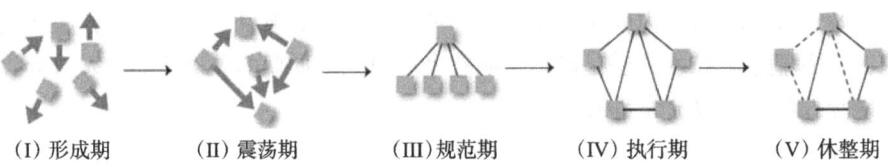

图 6-2　项目团队发展的五个阶段

（1）**形成期**。形成期是团队成员开始相互认识、相互了解的阶段，总体上有积极的愿望，渴望项目启动，但对自己的职责及其他团队成员的角色都不是很了解。因此，在这一阶段，团队成员会表现出激动、期望、怀疑、焦虑和犹豫等情感特征，项目经理需要进行项目团队的指导和构建工作。当每位项目成员都已经意识到自己已是项目团队中的一部分时，这一阶段就完成了。

（2）**震荡期**。在震荡期，项目工作正式开始。然而，随着工作的开展，各方面问题都会逐渐暴露出来，团队成员可能会发现，现实与先前的预期不一致，项目任务繁重而且困难重重，项目成本或进度限制太过紧张，工作中可能与其他团队成员合作不愉快，这些都会导致冲突发生。因此，在这一阶段，团队成员的情感特征是挫折与焦虑并存，士气低落，项目经理需要利用这一时期，创造一个相互理解和相互支持的工作环境。当项目团队成功度过震荡期时，项目经理也已经在每个团队成员的心中建立了领导力。

（3）**规范期**。经过震荡期之后，项目团队逐渐趋于规范，项目团队开始表现出凝聚力，亲密的项目团队关系开始形成，项目团队成员逐渐认同了项目团队运作环境，建立了共同的愿景，相互之间也产生了默契。因此，在这一阶段，项目经理应当转换为项目团队的支持者，通过建立更广泛的授权与更清晰的权责划分，将管理工作的重点从人际关系协调逐渐转向工作绩效和生产率的加速提高。

（4）**执行期**。经过形成期、震荡期和规范期的逐步发展，整个项目团队的结构完全功能化并得到高度认可，所有团队成员融为一体，相互之间开放、坦诚、及时地进行沟通，互相帮助，共同应对困难的问题和复杂的挑战，创造出很高的工作效率和满意度。因此，在这一阶段，项目经理需要公平地分享团队的执行成果和成功的喜悦，同时密切地关注项目团队所处环境的动态变化而进行必要的变革。

（5）**休整期**。在这一阶段，高水平的工作绩效已不再是项目团队成员首要关心的问题，他们的注意力已经转移到项目收尾工作之中，已经在为项目团队的解散做准备了。为了形成新的项目团队发展阶段，项目经理有必要为项目团队成员获得更多的新项目信息。

3. 高效项目团队的障碍

作为一个职能团队，项目团队具有一定的动态性。此外，由于其往往备受关注，项目团队常常具有特殊的意义，并要求完全达到项目的预期效果。但是项目团队出现问题的可能性显而易见，问题出现的原因主要是在项目团队中存在着一些障碍，包括：①观点相左；②角色冲突；③权力争斗。项目团队若要成功地完成项目，就一定要克服这些障碍。

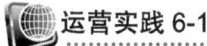
运营实践 6-1
休斯电子公司发射通信卫星的项目管理技术

休斯电子公司（Hughes Electronics）的商业直播卫星（DBS）可通过美国最大的卫星服务供应商泛美卫星集团（PanAmSat）向美国、加拿大的全境以及南美洲部分地区提供 150 个频道的转播服务，内容涵盖了电影、有线电视和体育节目。现在，休斯电子公司已经拥有 300 万用户，年收入超过 600 万美元。其设在加州塞贡多河的卫星制造厂非常与众不同。不像传统的制造厂，那里没有装配线，没有传送带，没有严格的监管，由 6 名员工组成的团队来完成卫星发射前最后的总成工作。为了成功地应对高科技产业不断增长的挑战，休斯电子公司采用了许多项目管理的思想，并在实际生产中积极应用。他们建立了跨部门甚至是跨国界的交叉合作团队。在项目执行的过程中，实现了多项直接关系 DBS 商业卫星发射的技术突破。例如，休斯电子公司在全球首次采用了视频压缩技术，成功地使负责接收地面无线信号和转播的"异频雷达收发机"比设计频率提高了 4 倍。

资料来源：Special thanks to Hans Thamhain, Bentley College.

6.3 项目控制

美国国防部是项目管理最早的应用者之一，已经公布了一系列规范的标准项目控制报告形式，其中有很多可以为采用项目管理的企业直接采用或经修订后使用。随着计算机图形和图像技术的发展，这些标准项目控制报告可以迅速生成标准化项目控制图，如图 6-3 所示。

图 6-3a 是关于甘特图应用的例子。甘特图是亨利 L. 甘特在一战时期发明的，又称为横道图或条形图，该图既显示了所需的时间，也显示了活动执行的顺序。例如，图中"粗生产规程"和"生产计划"两个相对独立的活动可同时进行。而所有其他的活动必须从上到下依次进行。

图 6-3b 直观地表示了人工费用、物料费用和管理费用的比例，其价值在于可以清楚地识别成本的构成和数量。

图 6-3c 表示的是各职能部门如制造、财务等部门中人工工时的百分比。这些人工工时的比例与其在项目总人工成本支出中所占的比例密切相关。例如，制造部门的人工工时占项目总人工工时的 50%，该份额对应的人工成本占项目总人工成本支出的 40%。

图 6-3d 的上半部分为这些项目完成的进度，垂直的虚线表示当日的位置。如图 6-3d 所示，项目 1 已经出现了延误，因为尚有工作要做；项目 2 暂时停工，因为在项目计划的工作线上有一段空隙；项目 3 则是不间断地工作着。图 6-3d 的下半部分是实际总成本和项目计划总成本的比较。正如我们看到的那样，出现了两块成本超支区域。

图 6-3e 是项目的里程碑图。图中这三个里程碑标志着项目中需要检查的特定时间节点，检查的目的是确定项目是否按照进度进行以及项目应该完成的进度。设置里程碑的最佳时机是在一项活动关键活动完成之时。在本图中，这些关键活动是"下达采购订单"、"收到发票"以及"收到物料"。

还可以使用其他形式的标准报告，更详细地报告比较项目进展中的成本状况如成本计划状况报告（cost schedule status report, CSSR），或可作为制定支付决策依据的有关报告如利润报告。

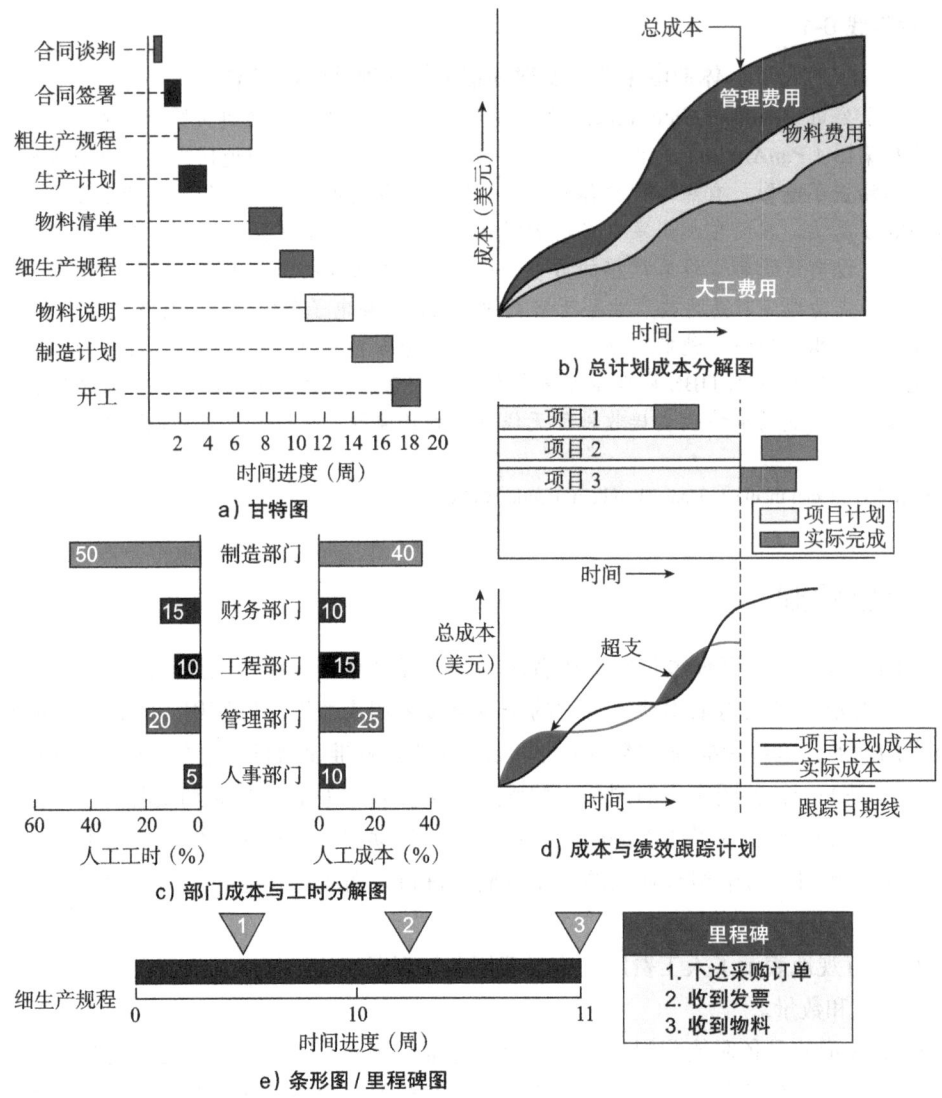

图 6-3 项目控制图解示例

6.4 关键路线计划技术

关键路线计划技术（critical path scheduling）指的是一套用于计划和控制项目实施的图形技术。在任何给定的项目中，需要考虑 3 个因素：时间、成本和资源的可用性。这里的时间是指项目从开始到完成的总时间；成本是指所有与项目直接有关的成本，包括物料成本和人工成本；资源不但包括项目所需的人员，也包括分配给项目使用的设备和设施。关键路线计划技术已发展到了既可运用单个方法也可以综合运用多种方法的阶段。

计划评审技术（program evaluation and review technique，PERT）和关键路线法（critical path method，CPM）是两种最著名的关键路线计划技术。它们都产生于 20 世纪 50 年代。PERT 是由美国海军特别计划委员会于 1958 年制定北极星导弹研制计划时，作为一种计划与管理技术而最先使用并由此发展起来的。CPM 则是由雷明顿－兰德公司（Remington-Rand）

的克里（J. E. Kelly）和杜邦公司的沃尔克（M. R. Walker）在 1957 年提出的，当时是为了帮助一个化工厂制定停机期间的维护计划而采用的。

关键路线计划技术用网络图形描述出一个项目的全貌，并提示要将注意力集中在关键路线上，因为其决定了项目完成的时间。为了使关键路线计划技术最大限度地发挥作用，应用关键路线计划技术的项目必须具有以下的特点：

（1）工作或任务可以明确定义。它们的完成标志着项目的结束。
（2）工作或任务相互独立，可以分别开始、停止和进行。
（3）工作或任务有一定的顺序。它们必须按照顺序依次完成。

建筑业、飞机制造业以及造船业一般都符合上述要求，因此在这些行业中，关键路线计划技术得到了广泛的应用。在前面我们也曾经提到，项目管理和关键路线计划技术的应用在那些迅速变化的行业中也变得更加普及。

项目管理技术在医疗保健行业也有了越来越广泛的应用，这使得患者在医院就诊的时间越来越短。在这里，每个患者都被看作一个项目，而他们分别要经历的治疗过程则是项目中的活动（值得注意的是，为所有患者提供标准步骤的"治疗路线"。例如，麻省总医院为每位要进行冠状动脉替代管手术的患者都建立了一个五天的"治疗路线"，并在当日治疗内容清单中说明了当日要进行的治疗）。

6.5 基于时间技术

PERT 和 CPM 都强调，必须通过分析作为项目计划和控制基础的任务网络，来发现所需时间最长的工作路线。PERT 和 CPM 两者都使用节点和箭头表示活动。最初，PERT 和 CPM 最根本的区别在于：PERT 用箭头表示活动，而 CPM 用节点表示活动。其他方面的区别在于：PERT 对完成活动所需的时间采用三点时间估计——乐观时间、悲观时间和最可能时间，而 CPM 只使用最可能估计时间。由于这一差别，PERT 最初主要用于高科技研发项目（如登月计划），因为此类项目的主要特点是不确定性；而 CPM 最初则用于工厂维护的常规的活动计划。所以 PERT 主要针对时间，而 CPM 主要针对成本。但是，随着时间的推移，PERT 和 CPM 这两个特点都变得不再明显。这主要是因为 CPM 的使用者也开始使用三点时间估计，而 PERT 的使用者也经常使用节点表示活动。

我们认为用节点表示活动在逻辑上比用箭头更加容易理解。三点时间估计可以估计在规定时间完成任务的概率。因此，本书中全部采用了节点表示活动，至于活动时间是用单点时间估计还是用三点时间估计则取决于要实现的目标，并将 PERT 和 CPM 这两个术语不加区别地使用，尽管 CPM 较之 PERT 可能使用得更为广泛。

从某种意义上来讲，这两种技术的发展都应归功于它们的先驱——甘特图的广泛应用。对于小项目，使用甘特图可以直观地将各种活动和时间联系起来，但对于超过 25 或 30 个活动组成的项目，其可视性就很差了，操作也很困难；而且，甘特图也不能提供确定关键路线的直接方法。不过，尽管存在着理论上的缺陷，甘特图仍然具有很大的实用价值。

6.5.1 单点时间估计的关键路线法

下面以一个项目为例，介绍建立一般项目计划的方式。请注意，每一项活动的时间都只给出唯一的最可能估计值（三点时间估计将在稍后讨论）。

实例

许多试图进入笔记本电脑市场的公司都以失败告终。现假设你的公司仍相信该市场有很大的需求，因为现有产品的设计不符合客户要求。它们或者太重，或者太大，或者太小，甚至不能安装标准键盘。你设想中的笔记本电脑将是：如果需要，可以小到能放进衣服的口袋，其理想的尺寸是不大于 5 英寸 ×9.5 英寸 ×1 英寸[⊖]，配有一个可折叠的键盘以及一个以太网卡的插槽。它主要针对的是经常出差的商务人员，但它也面对包括学生在内的更广阔的市场。价格定位在 175～200 美元。

该项目可以定义为设计、开发和制造微型电脑的样机。在瞬息万变的电脑市场上，关键是要在不到一年的时间内将新产品投放市场。因此，要求该项目小组在大约九个月即 39 周的时间里制造出样机。

项目小组首先要完成的任务就是建立项目网络图，并估计在 39 周的时间内完成样机的概率。下面是建立该网络图的步骤。

步骤 1：活动识别

项目小组确定下列活动是该项目的主要活动：A）设计微型电脑；B）样机试制；C）评估自动生产线设备；D）样机检测；E）编写生产线设备评估报告；F）编写试制报告（在报告中对样机试制方法进行总结）；G）编写总结报告，包括设计、设备和方法等方面内容。

步骤 2：确定活动之间的次序及网络图构建

与项目小组成员讨论后，项目经理建立了活动之间的优先次序表以及相应的网络图，如图 6-4 所示。图中节点表示活动，箭线表示活动完成的顺序。

活动描述	CPM 活动的描述和时间估计		
	代码	紧前活动	时间（周）
设计	A	—	21
样机试制	B	A	4
设备评估	C	A	7
样机检测	D	B	2
编写设备评估报告	E	C, D	5
编写试制报告	E	C, D	8
编写总结报告	G	E, F	2

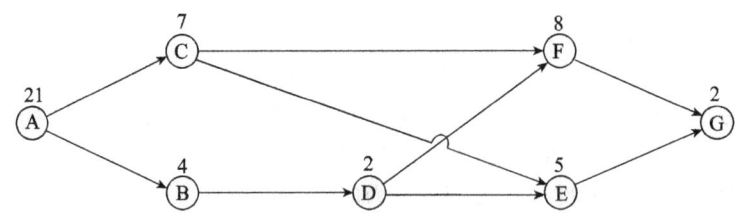

图 6-4 微型电脑设计项目的 CPM 网络图一

建立网络图时，要注意确保活动顺序的正确性，同时还必须保证活动之间的逻辑关系。例如，如果设定活动 A 后面是活动 B，活动 B 后面是活动 C，活动 C 后面是活动 A，那么这个顺序显然是违反逻辑的。

步骤 3：确定关键路线

路线（path）是指在网络图中上下相关的活动的序列。

⊖ 1 英寸≈0.025 4 米。

关键路线（critical path）是网络图中完成时间最长的相关活动序列。换句话说，关键路线的长度决定了项目的最短完工时间。为了找出关键路线，我们先简单找出网络从头至尾所有可能的路线，并计算它们的期望完工时间，用时最长的那条就是关键路线。本例有如下四条不同的路线：

路　线	完工时间（周）	路　线	完工时间（周）
A-C-F-G	21+7+8+2=38	A-B-D-F-G	21+4+2+8+2=37
A-C-E-G	21+7+5+2=35	A-B-D-E-G	21+4+2+5+2=34

路线 A-C-F-G 用时为 38 周，超过了其他路线，所以它是本项目的关键路线。项目完成的时间不会比 38 周更短。由于项目要求完工时间为 39 周，所以可以按时完成项目。如果要求完工的时间小于 38 周，那么项目就会有一个或多个活动要被压缩或者加速完成。

步骤 4：确定松弛时间（slack time）

总松弛时间可以看作是在不影响整个项目按时完工的前提下，既定活动的开始时间可以拖延的最大限度。为了计算出每个活动的松弛时间，需要定义下列四个时间术语。

- 最早开始时间（early start time，ES）：活动可以开始的最早可能时间。
- 最早结束时间（early finish time，EF）：最早开始时间加上完成活动所需的时间。
- 最迟结束时间（late finish time，LF）：在不影响项目工期的情况下活动的最晚完成时间。
- 最迟开始时间（late start time，LS）：最迟结束时间减去完成活动所需的时间。

为了定义活动的松弛时间，就要计算该活动的最早开始时间（ES）和最迟开始时间（LS），以及最早结束时间（EF）和最迟结束时间（LF）。

最早开始时间（ES）与最迟开始时间（LS）之差 [或者是最早结束时间（EF）和最迟结束时间（LF）之差] 就是松弛时间，而 ES 与 EF 之差（或者 LS 与 LF 之差）就是完成该活动所需的时间。

因此，$EF-ES=LF-LS=$ 活动完工时间。

我们用下面的步骤来演示以上各时间值与总松弛时间的计算。

步骤 4.1：计算每个活动的 ES 和 EF

每个活动最早开始时间（ES）是从第一个活动开始，依次在网络图中"向前递进"计算的。我们把第一个活动 A 的 ES 设定为 0，代表着项目的开始。为了计算 A 紧后的活动（即 B 和 C）的 ES，只需在 A 的 ES 值上简单地加上 A 的完工时间即可，即在 0 上加 21 周。这样，最早可以开始 B 或者 C 的时间为项目开始后的第 21 周，也就是 A 的完工时间（也就是说 ES_B 或 ES_C=0+21=21）。同样，活动 D 的 ES 为 B 的 ES（21 周）加上 B 的完工时间（4 周）为 25 周（ES_D=21+4=25）。

在网络图中重复使用这样的过程。如在某活动前有超过一个的紧前活动，那么该活动的 ES 值为各个紧前活动的 ES 值与紧前活动自身用时之和中最大的一个，这个最大值就是该活动开始时间的约束条件。例如：

$$ES_F=\text{MAX}(ES_C+C,\ ES_D+D)$$
$$ES_F=\text{MAX}(21+7,\ 25+2)$$
$$ES_F=\text{MAX}(28,\ 27)=28 \text{ 周}$$

式中，C——活动 C 的完工时间；

D——活动 D 的完工时间。

因此，我们在项目开始的第 28 周才能开始 F 活动。同样，可以容易地计算出 ES_E=28

周，ESG=36 周（EF 的值等于活动的 ES 值加上各活动的完工时间）。

步骤 4.2：计算每个活动的 LS 与 LF

为计算各活动的 LS 值，我们只需从项目完成时开始，反向进行计算 ES 的程序。LS 是在不影响整个项目完成时间的情况下，每个活动最迟开始的时间。从项目完工时开始向项目开始时计算，这就是所谓的"向后递推"。

我们从最后一个活动 G 开始。已经计算出关键路线用时为 38 周，所以在 38 周后完成项目就要求我们最晚开始活动 G 的时间为第 36 周（由于活动 G 自己的完工用时为 2 周）。同样，$LSF=LSG-F=36-8=28$ 周，$LSE=LSG-E=36-5=31$ 周。其他活动的 LS 值可用同样的方法计算。

如果一个活动是超过一个活动的紧前活动，则选择这些活动的 LS 值与该活动完工用时之差的最小值为该活动的 LS 值，这是该活动最晚开始时间的限制条件。例如：

LSC=MIN（$LSF-C$，$LSE-C$）

LSC=MIN（28-7，31-7）

LSC=MIN（21，24）=21 周

因此，C 活动的最迟开始时间为项目开始后的第 21 周。同样，LED=25 周，LSA=0 周。在微型电脑设计项目的案例中，各活动的最早开始时间与最迟开始时间在图 6-5 中列出。正如各活动 EF 与 ES 之差为活动自身用时，各活动的 LF 与 LS 之差也是活动完成时间。在图 6-5 中也列出了 EF 与 LF 的值。

活动	松弛时间的计算和关键路线的确定		
	LS-ES	松弛时间	是否在关键路线上
A	0-0	0	是
B	22-21	1	否
C	21-21	0	是
D	26-25	1	否
E	31-28	3	否
F	28-28	0	是
G	36-36	0	是

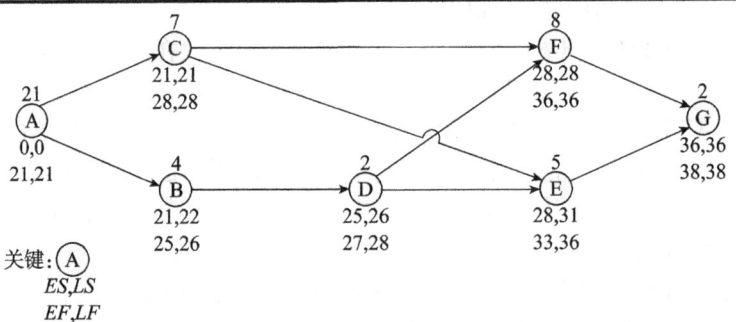

图 6-5 微型电脑设计项目的 CPM 网络图二

步骤 4.3：计算每个活动的松弛时间

如前所述，各活动的松弛时间是该活动 LS 与 ES 之差或者 LF 与 EF 之差。在本案例中，E 的松弛时间为 3 周，而 B 和 D 都是 1 周。注意，那些在关键路线上的活动（如 A、C、F、G）是没有松弛时间的，这是因为处在关键路线上的任何活动一旦被拖延，都会直接影响整个项目的完成时间。项目完工时间是通过网络图分析并与完工期限比较而得出的。因此，为了不影响已计算出的项目完工用时，关键路线上的活动是没有松弛时间的，除非完工期限较长。在本例

中，完工期限为 39 周，而计算完工时间为 38 周，关键路线上的活动共有 1 周的松弛时间。

步骤 5：最早开始与最迟开始计划表

最早开始计划表是所有活动的最早开始时间的列表。如果活动不在关键路线上，则本活动的完成和下一个活动的开始时间就产生了松弛时间。这些松弛时间意味着项目安排的灵活性，聪明的项目经理懂得利用它们。最早开始计划表是为了使各活动和项目尽早完成。

最迟开始计划表是在不影响项目工期的情况下，最可能迟开始的活动的时间列表。使用最迟开始时间表的目的是通过推迟购买原材料、使用人工及其他成本直到必需时的方式来实现节约。

6.5.2 三点时间估计的关键路线法

如果单点时间估计可靠性不高，最好的解决办法是使用三点时间估计。三点时间估计不仅需要估计活动时间，而且要估计整个项目在规定时间完成的概率。简言之，估计的活动时间是一个加权平均值，其中，赋予最可能时间以最大权重，而赋予最长完成时间和最短完成时间以较小的权重。网络图的估计完成时间用基本统计方法计算。

我们继续使用微型电脑设计项目的案例，只是现在每个活动有三个估计时间。我们用如下七个步骤解决此问题：

步骤 1：识别项目要完成的每项活动（与单点时间估计相同）。
步骤 2：确定活动顺序，构建反映顺序关系的网络图（与单点时间估计相同）。
步骤 3：对完成每个活动所需的时间做三点时间估计。

- 乐观时间（用 a 表示）：活动完成的最小可能时间（活动在较短的时间内完工的可能性很小，通常设定为 1%）；
- 最可能时间（用 m 表示）：对所需时间的最准确估计。因为 m 是最可能出现的时间，它通常服从下一步骤即步骤 4 要讨论的 β 分布。
- 悲观时间（用 b 表示）：活动完成需要的最大可能时间（活动在较长时间内完工的可能性很小，通常设定为 1%）。

一般情况下，这些数值要从从事活动的人员那里获得。

步骤 4：计算每个活动的期望时间（expected time，ET）。
其计算公式如下：

$$ET = \frac{a+4m+b}{6}$$

该公式基于 β 概率分布，赋予了最可能时间（m）4 倍于乐观时间（a）和悲观时间（b）的权重。β 分布的灵活性极大，可用于项目管理活动中通常发生的许多形式，具有确定的区间点，限定可能的活动时间范围是在 a 和 b 之间，为简单起见，允许直接计算活动的平均值和标准差。图 6-6 列出了四种典型的 β 分布曲线。

步骤 5：计算活动时间的方差（σ^2）。
方差（σ^2）与每一个期望时间（ET）有关，可用如下的计算公式：

$$\sigma^2 = \left(\frac{b-a}{6}\right)^2$$

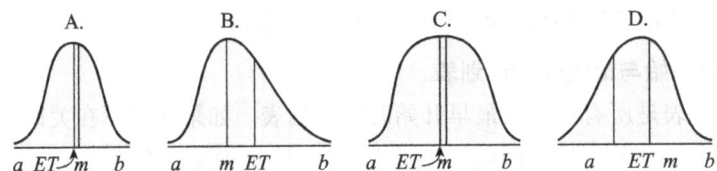

曲线 A：活动时间的不确定性非常小，因为曲线 A 是对称的，且其期望时间（ET）几乎与最可能时间（m）重合
曲线 B：提前完成活动的概率较大，一旦情况出错，其期望时间（ET）将远远大于最可能时间（m）
曲线 C：近似服从矩形分布，因此，提前完成活动的概率与延期完成活动的概率几乎一样，且其期望时间（ET）几乎与最可能时间（m）相等
曲线 D：提前完成活动的概率较小，但其期望时间（ET）将小于最可能时间（m）

图 6-6 典型的 β 分布曲线

由上式可知，方差等于活动的两个极端时间差的 1/6 的平方。当然，时间差越大，方差就越大。在微型电脑设计项目的案例中，各个活动的期望时间（ET）和方差（σ^2）如表 6-1 所示。

表 6-1 活动的期望时间和方差

活动描述	代码	时间估计（天）			期望时间（天）	活动方差（σ^2）
		a	m	b	(a+4m+b)/6	[(b-a)/6]^2
设计	A	10	22	28	21	9.00
样机试制	B	1	4	7	4	1.00
设备评估	C	4	6	14	7	2.78
样机检测	D	1	2	3	2	0.11
编写设备评估报告	E	1	5	9	5	1.78
编写试制报告	F	7	8	9	8	0.11
编写总结报告	G	2	2	2	2	0.00

步骤 6：找出网络图中所有路线，并计算它们的期望时间和方差。

使用表 6-1 中的数据，各路线的期望时间可以由该路线上各活动的期望时间简单相加求和得出。同样，各路线的方差也可由对各活动方差求和得出，从而得到表 6-2 中各路线的期望完工时间和方差。

表 6-2 各路线的期望完工时间和方差

路线	期望完工时间/周	方差（σ_p^2）
A-C-E-G	35	13.56
A-B-D-F-G	37	10.22
A-B-D-E-G	34	11.89
A-C-F-G	38	11.89

步骤 7：确定项目在限定日期的完工概率。

项目在限定日期的完工概率取决于可在限定日期内完工的各路线的完工概率。在微型电脑设计项目的案例中，项目完工期限是 39 周，也就是说，我们要计算项目在 39 周或更短时间内完工的概率。这就要求我们计算出网络图中可以在 39 周或更短时间内完工的所有路线的完工概率。所有的路线和项目本身都必须在 39 周或更短的时间内完成，所以项目在限定日期的完工概率为各路线完工概率的最小值。

利用表 6-2，我们现在可以构建对各路线的概率分布，并计算各路线在 39 周或更短时间内的完工概率，如图 6-7 所示。注意：为计算各路线在 39 周或更短时间的完工概率，我们要使用各路线的方差 σ_p^2 的平方根 σ_p 的值。

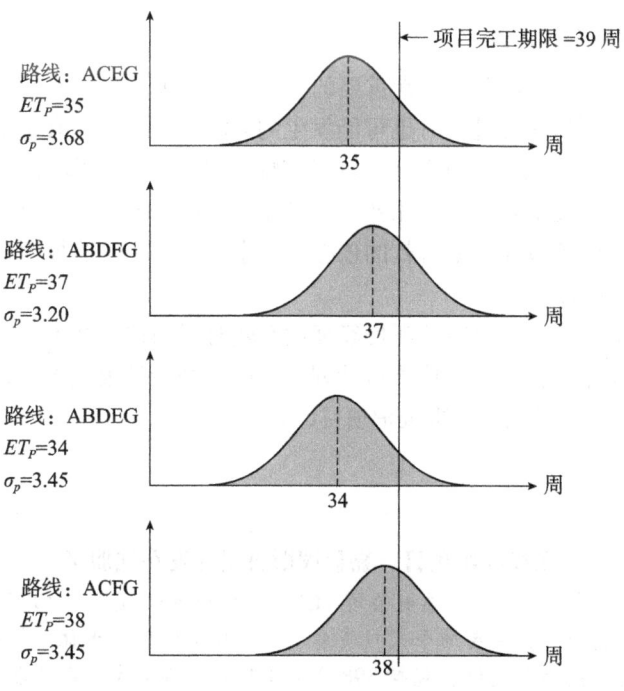

图 6-7　各路线在 39 周或更短时间内的完工概率

在图 6-7 中，39 周纵线左侧的阴影区域的面积就是各路线在 39 周或更短时间内完工概率的值。我们可使用附录 B 或附录 C 中的正态分布表查得这些概率的值。为使用正态分布表，我们要计算与各路线相关的 Z 值，即标志着各路线完工时间与 39 周之间差距的标准差。其计算公式为：

$$Z = \frac{D - ET_p}{\sigma_p}$$

式中　D——项目限定完成日期；

　　　ET_p——各路线的期望完工时间；

　　　σ_p——各路线的标准差。

利用上述方法可以求得各路线的 Z 值，列于表 6-3 中。结合从附录 B 或附录 C 中查得的各路线的相应概率，我们把各路线在 39 周或更短时间内的完工概率的最小值确定为限定日期内项目的完工概率的近似值。

表 6-3　各路线的 Z 值及在 39 周或更短时间内的完工概率

路线	Z 值	完工概率
A-C-E-G	1.09	0.862 1
A-B-D-F-G	0.63	0.735 7
A-B-D-E-G	1.45	0.926 5
A-C-F-G	0.29	0.614 1

概率（项目完工时间＜ 39 周）=MIN[（0.862 1），（0.735 7），（0.926 5），（0.614 1）]=0.614 1

因此，项目在 39 周内完工的概率为 61.41%，尽管在关键路线上由平均活动时间决定的期望时间为 38 周。

6.5.3 实时监控项目计划

随时保证准确执行项目计划是非常重要的。实时监控项目计划对项目的进展情况进行跟踪，并能识别即使在项目正常进行时也可能发生的问题。例如，在有些情况下，有必要从不在关键路线上的活动（即有松弛时间）向处在关键路线上的活动（即无松弛时间）调拨一些有限的资源，诸如人员、设备和设施。此外，实时监控项目计划还可以监督执行过程中的费用支出情况，这常常是向承包商分期付款的依据。而事实上，实时监控项目计划却往往得不到很好的执行，甚至被搁置了。

也许发生这种情况的主要原因是项目经理没有随时强调这项技术，这样做的恶劣后果使项目计划也蒙上了阴影。在实时监控项目计划技术中，经验是很重要的，不容忽视。项目经理必须支持实时监控项目计划并负责维护项目计划。

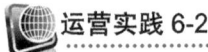
运营实践 6-2

在线经纪项目：嘉信理财公司开发在线服务

美国最大在线经纪公司——嘉信理财公司（Charles Schwab）成立于 1974 年，是美国第一家从事贴现票据经纪业务的公司，主要向个人投资者、独立投资经理和退休计划提供品种繁多的金融服务。该公司拥有庞大的销售网络，包括 398 家分支机构、办公室、电话服务中心、自动应答服务和网上服务。

1995 年，嘉信理财公司还没有任何网上业务。但到 1998 年，嘉信理财公司便拥有了 220 万网络用户，每周进行 40 亿美元的证券交易，超过了该公司所有交易量的一半。嘉信理财公司的成功不是偶然的，公司 CEO 查尔斯·施瓦布和大卫·波特鲁克认为，虽然在网络竞争中降低价格使他们花费了数百万美元，但他们仍坚信网络服务是公司未来成功的关键。

1995 年，当公司信息办公室主管道恩·里普瑞从一位下属处得知，有一种新软件可以连接公司不同的计算机系统时，在线项目开始了。虽然有很多方法可以解决技术上的挑战，但是工程人员却选择了一个简单的网上股票交易系统。通过它，嘉信理财公司可以接收网上订单，可以向客户的个人电脑发布信息。这个系统虽然看上去简单易用，但还是失败了。原因在于那时大多数网上交易系统之间并不兼容，每个订单都要打印后再输入新的系统中。

但是里普瑞和施瓦布立即看出了该项目的长远意义。几周之内，一个网上交易项目团队就成立了。开始时有 30 位成员，这个团队成为了公司电子经纪部的前身，也就是直接听命于波特鲁克的"在线经纪"。

同时，其他经纪公司如美国第二大在线经纪公司电子交易集团（E*Trade）和美国第五大在线经纪公司美国交易集团（Ameritrade）也开始开发自己的网上交易产品，市场竞争日益激烈，压力也开始加大。投资者在初期交易时需要开设账户，递交支票（或电汇），但是之后的交易他们只需登录 www.schwab.com 就可以直接买卖各种证券了。在这种服务中，投资者每交易 1 000 股的股票，需要交纳 39 美元的手续费（下次起减为 29.95 美元）。与之相比，通常佣金数会随交易量的增加而成比例增加。

为鼓励客户使用公司的网站，"在线经纪"为客户提供了一个免费的网络教育中心，推出了"告诉我，给我看，让我做"的教程。

在一次有限保密的董事会议上,"在线经纪"宣布该服务执行后的头两周,就增加了 25 000 个新网络客户——为其全年目标的一半。自 1996～1998 年,"在线经纪"由 60 万增至 220 万网络账户,交易资金则由 420 亿美元增至 1 740 亿美元。今天,所有活跃账户总数已经超过 700 万,管理资产总额超过 10 000 亿美元,嘉信理财公司总市值高达 280 多亿美元。

"在线经纪"项目成功的关键因素在于:

- "在线经纪"通过对熟客的金融服务进行了内部改革;
- "在线经纪"虽不是一个新产品,但却是嘉信理财公司核心业务的延伸;
- 项目完成得迅速且成本合理。

资料来源:Erick Schonfield," Schwab Puts It All Online," *Fortune*, December 7, 1998, pp. 94–100; Andrew Rafalaf, "Schwab Takes on New Role as Educator," *Wall Street and Technology*, April 2000, p. 21; John Donohue, Joe Spinelli, and Phil Schefter," Look—at Amex and Schwab Models—Before Leaping into CorporateVentures," *American Banker*, June 29, 2001, pp. 26–27.

6.6 时间-费用权衡模型

事实上,项目经理对完成项目的成本的关心程度绝不亚于对完工期的关心程度。因此,时间-费用权衡模型(time-cost trade-off model)就应运而生了。这一扩展了 PERT 和 CPM 的模型,试图为整个项目建立一个最小成本计划,以控制项目执行期间的费用支出。

最小费用计划(时间-费用权衡)

最小费用计划的基本假设是活动的完成时间与完成项目的费用之间存在的一定关系。一方面,需要有资金来加速项目某项活动的进展;另一方面,需要资金来维持整个项目的进行。为了缩短项目的完工期而投入的与加速项目的某项活动的进展相关的费用称为活动的直接费用(activity direct cost),计入项目的总直接费用。这些为使活动加速完成而产生的费用也被称为赶工费用(crash cost)。与人员相关的赶工费用包括为缩短总的完工期而出现的加班费等。另一种形式的赶工费用是采取空运方式(代替较慢的邮寄或者铁路运输)加快交货速度而造成的额外支出。

与维持整个项目正常进行有关的费用称为项目的间接费用(project indirect cost),包括日常管理费用、设施和资源的机会成本,以及在有合同约束下的罚款和奖金支出。因为活动的直接费用和项目的间接费用随时间的变化而变化,所以制定项目计划的关键问题之一就是寻找最小总费用的项目完工期,换句话说,就是找到时间-费用权衡的最优决策点。

寻找时间-费用权衡的最优决策点的过程可分为五步,下面我们利用图 6-8 来说明优化过程的步骤。假设项目的间接费用在项目的前八天保持不变,以后则按每天 5 美元的速度增加。

步骤 1:绘制 CPM 网络图

网络图中各个活动应标出:

(1)正常费用(normal cost,NC):活动的最低期望费用(在图 6-8 中每个节点下面列出的费用较小者)。

(2)正常时间(normal time,NT):正常费用对应的完工时间。

(3)赶工时间(crash time,CT):活动完成的最小可能时间。

(4)赶工费用(crash cost,CC):赶工时间对应的费用。

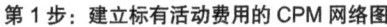

活动的时间和成本一览表				
活动	正常时间	赶工时间	正常使用	赶工费用
A	2	1	$6	$10
B	5	2	9	18
C	4	3	6	8
D	3	1	5	9

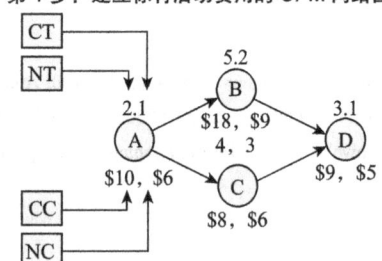

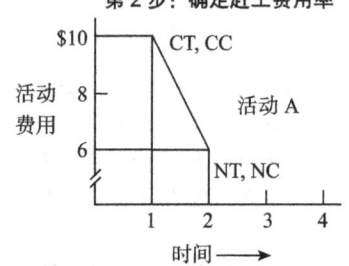

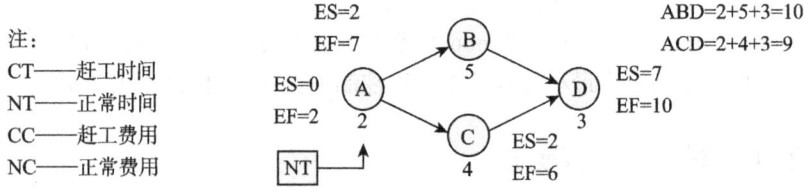

图 6-8 最小费用计划（时间-费用均衡）示例

步骤 2：确定每项活动的赶工费用率（单位为天）

活动的时间和费用之间的关系可用图表示：标出点（CC，CT）的坐标，将该点与坐标点（NC，NT）连接起来，连接曲线可以是凹曲线、凸曲线、直线或者其他形式的曲线。图形的形式主要取决于活动的实际费用结构，如图 6-8 所示。对于活动 A，我们假设时间和费用之间是线性关系。这种假设在实际工作中很常见，有助于计算赶工费用率，因为赶工费用率的值就等于直线的斜率，可用公式斜率＝（CC-NC）/（NT-CT）直接计算出来（在不能用线性假设时，赶工费用必须用图形确定，因为活动工期在每一天都可能缩短）。

活动的赶工费用率的计算过程如表 6-4 所示。

步骤 3：计算关键路线

从前面介绍过的简单网络图中，可以得知该计划的正常完工期为 10 天，关键路线是A-B-D。

表 6-4 计算每项活动的赶工费用率

活动	CC-NC （美元）	NT-CT （美元）	$\dfrac{CC-NC}{NT-CT}$ （美元/天）	赶工费用 （美元/天）	活动可能缩短的时间（天）
A	10-6	2-1	$\dfrac{\$10-\$6}{2-1}$	4	1
B	18-9	5-2	$\dfrac{\$18-\$9}{5-2}$	3	3

(续)

活动	CC−NC（美元）	NT−CT（天）	$\dfrac{CC-NC}{NT-CT}$（美元/天）	赶工费用（美元/天）	活动可能缩短的时间（天）
C	8−6	4−3	$\dfrac{\$8-\$6}{4-3}$	2	1
D	9−5	3−1	$\dfrac{\$9-\$5}{3-1}$	2	2

步骤 4：在费用增加最小的前提下缩短关键路线的完工时间

最简单的办法是从正常完工计划入手，找到关键路线，将关键路线上赶工费用率最低的活动的完工时间减少一天，然后重新计算并寻找新的关键路线，在新的关键路线上同样逐日减少完工时间。重复这一步骤，直到获得满意的完工时间或完工时间不能进一步缩短为止。表 6-5 示例了逐日减少完工时间的过程。

表 6-5 逐日减少项目完工时间的计算表

当前关键路线	每项活动当前可缩短的天数（天）	每项活动的赶工费用率（美元/天）	赶工费用率最低的活动	网络图中所有活动的总费用（美元）	项目完工时间（天）
A-B-D	所有活动时间和费用都是正常的			26	10
A-B-D	A−1, B−3, D−2	A−4, B−3, D−2	D	28	9
A-B-D	A−1, B−3, D−1	A−4, B−3, D−2	D	30	8
A-B-D	A−1, B−3	A−4, B−3	B	33	7
A-B-D, A-C-D	A−1, B−2, C−1	A−4, B−3, C−2	A①	37	6
A-B-D, A-C-D	B−2, C−1	B−3, C−2	B&C②	42	5
A-B-D, A-C-D	B−1	B−3	B	45	5

① 为减少关键路线总完工时间 1 天，缩短活动 A 的时间 1 天，或同时缩短 B 和 C 的时间（B 或 C 单独缩短工期都只能修改关键路线，而不能缩短总完工时间）。

② B 和 C 必须一起压缩才能缩短关键路线工期 1 天。

步骤 5：作出直接费用、间接费用及总费用的曲线，以制定最小费用计划

如图 6-9 所示的是前八天每天费用为 10 美元，以后每天增加 5 美元情况下的间接费用曲线。直接费用曲线可以从表 6-5 获得，项目的总费用就是这两个费用之和。

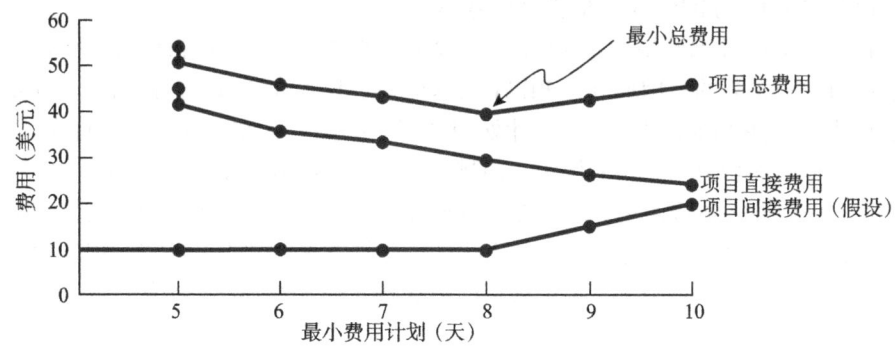

图 6-9 费用曲线和最小费用计划示意图

对每天的直接费用与间接费用求和就得到了总费用曲线。可以看出，该曲线的最小值是工期为八天的计划，其值为 40 美元 = 直接费用（30 美元）+ 间接费用（10 美元）。

6.7 关于 PERT 与 CPM 的评论

使用 PERT 和 CPM 时需要做一些假定。下面总结了一些重要的假定及对它们的评论。当使用三点时间估计时，对操作人员来说，最为困难的地方就是对统计学理论的理解。对活动的 b 分布、三点时间估计、活动方差以及正确使用正态分布评价项目完成的概率等，都是产生误解的根源，会导致操作人员对计划的执行产生不信任和抵触情绪。因此，管理上必须确保负责监督和控制项目活动的人员懂得统计学。

（1）假定：组成项目的各项活动可以作为实体加以识别（也就是说每个活动都要有清晰的开始和结束时间）。

评论：项目，尤其是复杂项目，其内容会随着时间的变化而变化，因此，最初制定的网络图可能会与以后的显著不同。事实上，恰恰是识别各项活动的结构网络图的方法，使得项目进展过程中的变化减小到最小，因而逐渐限制了项目进行中适应环境变化所必需的柔性。

（2）假定：项目活动序列的关系可以被指定和网络化。

评论：活动的序列关系通常不能事先指定。事实上，在有些项目中，安排某些活动的顺序要视前面活动的情况而定。PERT 和 CPM 在基本形式上都未能提供解决这一问题的方法，尽管在活动结果不确定的路线上（每一活动都可以有多种不同的结果），它们都已建议允许项目经理使用一些其他工具。

（3）假定：对项目的控制应把重点放在关键路线上。

评论：通过加总活动的期望时间值获得的最长时间路线（或者说零松弛路线）并不一定最终决定项目完工时间。理论上，我们认为关键路线上的活动是导致项目成败的关键，但是在实际工作中，影响项目进展的活动却常常是非关键路线的活动。因此，有人建议用"关键活动"的概念来代替"关键路线"的概念，并以之作为项目控制的重点。在这种方法中，应该将注意力放在那些存在很高潜在偏差的活动上，并建立"次关键路线"。"次关键路线"上的活动与关键路线上的活动不重复，尽管存在松弛时间，但该线路上出现一个或几个活动的延迟而影响整个项目工期时，它就成了关键路线。显然，网络图中存在的并行路线越多，网络图中存在一条或几条"次关键路线"的可能性就越大。相反，网络越接近单一活动的序列，网络图中存在"次关键路线"的可能性就会越小。

（4）假定：PERT 中活动服从 b 分布，并假设项目的方差等于关键路线各活动的方差之和。

评论：因为一系列的原因而导致 PERT 技术最初选择了 b 分布，但是由于 b 分布自身的特点，也使得在应用 PERT 时，需要统计处理的部分必然要存在一些问题。首先，事实上，该假定是对 b 分布的均值和方差的修正，用哪一个，什么时候与基本准则相对比，这些都被认为是确定的。因此，不可避免地产生类似 10% 的 ET 偏差及 5% 的活动偏差的错误。其次，b 分布假定活动时间的分布具有单峰性、连续性，并具有确定端点的特点。但其他具有同样特征的分布会产生不同的均值和方差。最后，要获得三个"有效"时间估计并代入公式计算是很困难的。因为，找到活动的一个时间估计都常常是个难题，更不要说三个，而且，对 a 和 b 值的主观估计也不会对这个问题的解决有所帮助。

另外一个问题有时也会出现。尤其是当 PERT 或 CPM 用在政府转包工程时，常常"驱使"承包商故意"沿着"或"绕开"关键路线。这是由于在许多政府合同中，有提前完工的费用激励，或者类似"在规定成本外增加一定额度"的条款来刺激承包商缩短工期。由于承包商对项目工期有着主要的影响力，这就使得关键路线上活动的承包商对获得额外资金的欲望有了更多的杠杆效应。另一方面，出于政治原因，承包商认为有必要对他们的期望完工时间和活动描述进行"模糊处理"，以使其处在或不处在关键路线上。

最后，项目执行过程中应用关键路线法的成本也引起了争议，虽然应用 PERT 和 CPM 的成本很少会超过项目总成本的 2%，但是加入了工作分析图和其他各种报告后，应用成本将大幅提高，但也很少会超过总成本的 5%。因此，这些新增的成本往往低于计划改进和项目时间缩短而节约的成本。

50 多年来，PERT 和 CPM 的关键路线技术已通过自身成果得到证明，它们还将在未来继续作出贡献。面对快速变化的商业环境以及由此而来的高昂费用，管理者必须快速有效地计划和控制公司的活动。这些工具内在的特性赋予了管理者用合理方式构造复杂项目的能力，同时还使项目经理能及时发现可能拖延项目的问题，分隔职责区域。当然，也包括在预算内尽量缩短时间的能力。这些益处从根本上扩展了项目管理的应用。

6.8 项目管理软件

项目管理软件已经成为当今项目经理的必备工具。项目经理不用再依靠人工绘制网络图并费时耗财地、艰巨地校正网络图，以反映项目进展的最新变化和状况。现在，通过使用众多的项目管理软件包，项目经理可以很容易地掌握项目的进展变化，并利用软件包频繁地对项目进行快速更新。

项目管理软件主要可以分为两大类：①桌面产品，如 Microsoft Project 和 Primavera Project；②网络授权产品，如 Plan View 提供的项目管理软件。

决定项目管理软件包购买决策的关键因素始终是价格。科罗拉多州丹佛的汉普顿集团（Hampton Group）的迪克·比鲁斯把当前项目管理软件按价格分为三类：在低端市场上，即价格低于 100 美元，有 TurboProject、Milestone Simplicity 和 Project Vision，这些项目管理软件可以自动绘制网络图，准备意外状况报告，并可以产生一些简单的甘特图和 PERT 图。

大型跨职能部门的项目还需要项目经理和项目管理软件的有机融合。最新开发出来的中端市场上（即价格在 300～500 美元）的软件可获得很好的效果，它们可以模拟项目进展，并对项目活动进行再计划。在大型项目中，中端市场的软件可以重点考虑项目预算、估计项目所需的人员数量，还可以计划和监控项目成员的人工工时和成本。像 Microsoft Project 和 Primavera Project 就是中端市场的软件产品的领导者。

高端市场上（价格在 400～20 000 美元）的软件就如同一个专家，可以进行与众不同的思考。这种高端软件一般是供同时管理多个项目的经理使用，主要包括 Microsoft Project 2000、Primavera Project Planner、Open Plan、Cobra 和 Enterprise PM。

本章小结

由于越来越多的新产品不断投入市场，产品生命周期不断缩短。企业快速推出新产品、新增设施以及各种应对变化的能力，都取决于对项目管理理念和技术理解的程度。

成功的项目管理需要技术方法和人力资源两方面的管理。技术方法方面是指找到项目团队应该集中精力进行的关键活动；而人力资源方面则是指为保证项目按期完工，对项目成员实施必要的激励。

虽然本章的大部分内容讲的都是网络图技术的应用，但是有效的项目管理的内容远比建立一个 CPM 或 PERT 计划难，它还需要清晰地识别项目的各个责任，需要一个简单的时间进度报告系统和一个卓越的人力资源管理计划。

项目失败的原因很多，但最重要的原因是不能够实时监控项目计划。新进入项目团队或者有过不佳工作经历的成员往往不能按照程序办事，不但没有努力完成自身的工作，甚至影响整个项目的完工期限和总费用。这种态度长期下去，必将迫使项目计划不得不重新修订。

◘ 复习思考题

1. 请定义项目管理。
2. 请定义或者描述下列概念：工作分解结构、计划、项目、任务、子任务、工作包。
3. 在企业中，项目管理的角色和传统的部门经理有何不同？
4. 高效工作团队有哪些关键特征？
5. 请说出项目计划没有被很好地执行的原因？
6. 请讨论图 6-3，若你是一位项目经理，你还想从图中得到哪些信息？
7. 请问一个项目具备了什么特征才能应用关键路线计划技术？什么类型的项目服从关键路线分析？
8. 最小费用计划有哪些基本假定？它们现实吗？
9. 请评论"对项目的控制应把重点放在关键路线上"。
10. 为什么有的承包商希望工程项目处在政府项目的关键路线上？为什么有的却避免这样？
11. "赶工"在项目管理中是什么意思？你会在什么时候这样做？

◘ 互联网练习

由于大量项目管理软件包的出现，项目管理技术得到了越来越广泛的应用。你的上司要求你在互联网上查找并确定六种现有的项目管理软件包。他要求你上交一份对这些软件包的评价备忘录（一页 A4 纸，如果必要，也可附加）。你可以使用以下的参考格式完成备忘录：

- 软件名称
- 软件提供商的名称和地址
- 价格
- 硬件要求
- 描述
- 特点
- 针对对象

我们推荐的搜索关键词：项目、管理、软件。

◘ 应用举例

例题 1

下表描述了一个项目中各个活动所需的完成时间，请完成表后的问题：

活动	紧前活动	时间（天）	活动	紧后活动	时间（天）
A	—	1	F	C, D	2
B	A	4	G	E, F	7
C	A	3	H	D	9

（续）

活动	紧前活动	时间（天）	活动	紧后活动	时间（天）
D	A	7	I	G, H	4
E	B	6			

1. 请绘制网络图；
2. 标出最早开始时间和最早完成时间；
3. 指出关键路线；

4．如果活动F的完成时间由2天变为4天，会发生什么？

解答

1～3题的答案如下图所示。

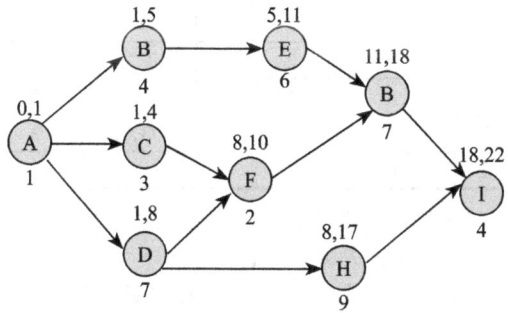

4．变化后新的关键路线为：A-D-F-G-I，项目完成时间为23天。

例题 2

下表显示了某建筑项目各个活动的紧前活动、正常/赶工时间、正常/赶工费用。

活动	紧前活动	需要时间（周）		费用（美元）	
		正常	赶工	正常	赶工
A	-	4	2	10 000	11 000
B	A	3	2	6 000	9 000
C	A	2	1	4 000	6 000
D	B	5	3	14 000	18 000
E	B, C	1	1	9 000	9 000
F	C	3	2	7 000	8 000
G	E, F	4	2	13 000	25 000
H	D, E	4	1	11 000	18 000
I	H, G	6	5	20 000	29 000

1．指出项目的关键路线和期望完工时间。
2．如果项目完工期缩短3周，哪项活动将被压缩，最后的项目总费用将如何变化？

解答

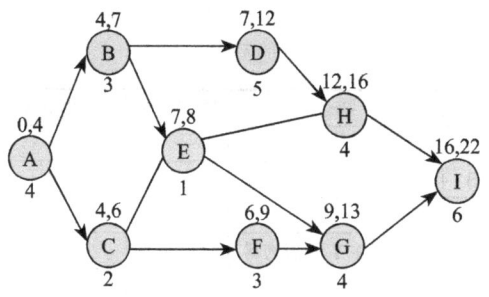

1．关键路线为 A-B-D-H-I；
正常完工时间为22周。

2．

活动	赶工费用（美元）	正常费用（美元）	正常时间	赶工时间	每周费用（美元）	可能减少的工期周数
A	11 000	10 000	4	2	500	2
B	9 000	6 000	3	2	3 000	1
C	6 000	4 000	2	1	2 000	1
D	18 000	14 000	5	3	2 000	2
E	9 000	9 000	1	1		0
F	8 000	7 000	3	2	1 000	1
G	25 000	13 000	4	2	6 000	2
H	18 000	11 000	4	1	2 333	3
I	29 000	20 000	6	5	9 000	1

第一周：关键路线（CP）为 A-B-D-H-I，费用最低的活动为 A，为 500 美元。关键路线不变；

第二周：同上；

第三周：由于 A 不可再被压缩，可以压缩的活动为 B（3 000 美元）、D（2 000 美元）、H（2 333 美元）或 I（9 000 美元）中每周费用最低者，故选择 D（2 000 美元）。

完工时间压缩三周后项目总费用为（单位：美元）：

A	11 000
B	6 000
C	4 000
D	16 000
E	9 000
F	7 000
G	13 000
H	11 000
I	20 000
总费用	97 000

习题

1. 请使用 CPM 为下面的活动制定项目计划：

活动	紧前活动	时间（周）
A	—	6
B	A	3
C	A	7
D	C	2
E	B, D	4
F	D	3
G	E, F	7

（1）请绘制网络图；
（2）指出关键路线；
（3）完成项目需要多少时间（周）？
（4）活动 B 的松弛时间是多少？

2. 美国蒸汽涡轮和发电机公司为世界上主要的电力企业生产发电系统。涡轮/发电机组通常是按特殊订单制造的，生产周期一般在 3~5 年时间，每套机组的成本为 800 万~1 500 万美元。

管理层已经通过传统的计划技术，例如计划图、甘特图以及其他现场控制技术对生产过程进行了计划。但是，管理层正打算在每个独立的发电机组的制造项目中使用 CPM 项目计划与控制法。

下面是发电机组制造项目的所有活动列表：

活动	紧前活动	时间（周）	活动	紧前活动	时间（周）
a	—	8	i	h	9
b	a	16	j	i	13
c	a	12	k	i	7
d	a	7	l	j	36
e	b, c	22	m	k	40
f	c, d	40	n	l, m	9
g	e, f	15	o	g, n	10
h	—	14			

（1）请绘制网络图；
（2）找出关键路线；
（3）若项目工期缩短 2 周，哪些活动可以压缩？
（4）若项目工期缩短 10 周，哪些活动可以压缩？

3. 研发部计划决定向某大型项目投标，该项目是开发商用飞机的新型联络系统。下表给出了活动的时间以及活动的次序。

活动	紧前活动	时间（周）	活动	紧前活动	时间（周）
A	—	3	F	C, D	6
B	A	2	G	D, F	2
C	A	4	H	D	3
D	A	4	I	E, G, H	3
E	B	6			

（1）请绘制网络图；
（2）指出关键路线；
（3）假设要尽可能地缩短项目完工时间，可以选择的活动为 B、C、D、G（均可缩短两周），你将选择哪个？
（4）请指出新的关键路线，计算最早完工时间。

4. 某建筑工程可被分解为以下 10 个活动：

活动	紧前活动	时间（周）	活动	紧前活动	时间（周）
1	—	4	6	3	6
2	1	2	7	4	2
3	1	4	8	5	5
4	1	3	9	6, 7	5
5	2, 3	5	10	8, 9	7

（1）请绘制网络图；
（2）计算关键路线；
（3）若活动 1 与活动 10 不可压缩，而活动 2~活动 9 都可以压缩一周的时间，赶工费用为 10 000 美元/周。要使项目总工期缩短 4 周，哪些活动可以压缩？

5. 一家制造商收到了一份特别的订单，生产其从未生产过的一定数量的产品，该产品是由两个零件 X 和 Y 组装而成的。计划员决定应用 CPM 进行生产计划，工程师准备了项目活动的列表：

活动	描述	紧前活动	期望时间（周）
A	计划生产	—	5
B	订购零件 X 所需物料	A	14
C	生产零件 X	B	9
D	订购零件 Y 所需物料	A	15
E	生产零件 Y	D	10

(续)

活动	描述	紧前活动	期望时间（周）
F	组装 X 和 Y	C, E	4
G	检查组装情况	F	2
H	完成	G	0

（1）请构建 CPM 网络图；
（2）确定关键路线；
（3）计算项目完工时间；
（4）找出有松弛时间的活动，并指出它们的松弛时间。

6．下面是某项目的 CPM 网络图，活动完成时间在图中标出：

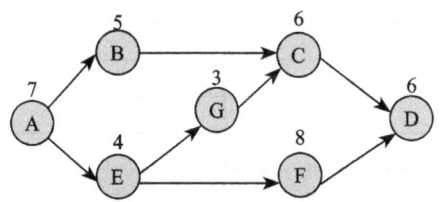

（1）请找出关键路线；
（2）计算项目完工时间；
（3）假设活动 F 可以缩短 1 周，活动 B 可以缩短 2 周。项目完工时间会如何变化？

7．下表显示了某项目的计划。

工作	紧前工作	a	m	b
1	—	2	3	4
2	1	1	2	3
3	1	4	5	12
4	1	3	4	11
5	2	1	3	5
6	3	1	2	3
7	4	1	8	9
8	5, 6	2	4	6
9	8	2	4	12
10	7	3	4	5
11	9, 10	5	7	8

（1）请构建相应的网络图；
（2）指出关键路线；
（3）项目的期望完工时间是多少？
（4）项目在 30 天或更短时间内的完工概率是多少？

8．下面是一项工程的网络图，节点上面标出了活动时间（单位：天）：

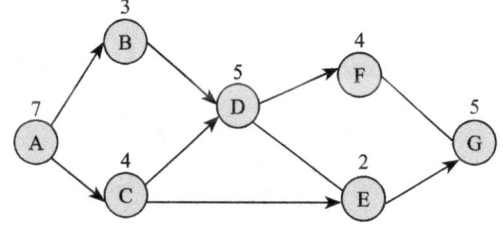

（1）请计算关键路线；
（2）下表给出了活动的正常完工时间、赶工时间以及对应的费用：

活动	正常时间	赶工时间	正常费用（美元）	赶工费用（美元）
A	7	6	7 000	8 000
B	3	2	5 000	7 000
C	4	3	9 000	10 200
D	5	4	3 000	4 500
E	2	1	2 000	3 000
F	4	2	4 000	7 000
G	5	4	5 000	8 000

如果要使项目完工时间缩短 4 周，可缩短哪项活动的完工时间？请计算出赶工时的项目总成本。

9．一家连锁百货公司总店的会计部门负责向采购代理商提供月度库存报告，相关过程如下表，请应用关键路线法确定：
（1）完成全部过程需要多少时间？
（2）在不影响任何后续活动的最早开始时间的前提下，哪项活动可以延迟？

	工作与描述	紧前工作	时间（周）
a	开始	—	0
b	获得客户订单	a	10
c	获得本月库存记录	a	20
d	平衡订单和库存记录	b, c	30
e	部门总库存记录	b, c	20
f	确定下一阶段的订货数量	e	40
g	为代理商准备库存报告	d, f	20
h	结束	g	0

10．按下图显示内容完成问题：

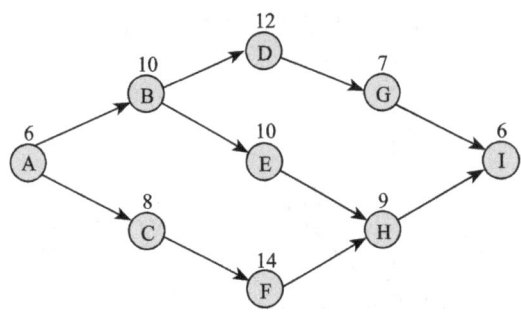

（1）确定项目的关键路线和最早完工时间；

系。请逐步说明如何才能完成计划并指出关键路线。

11．下面的 CPM 网络图已经估计了正常时间，列于表中：
（1）请确定关键路线；
（2）完成项目的工期是多少？
（3）确定有松弛时间的活动，并计算松弛时间；

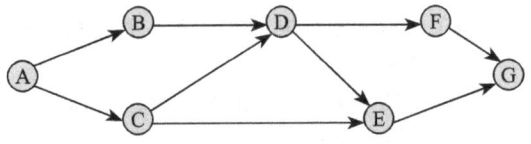

活动①	正常时间（周）	正常费用（美元）	赶工时间（周）	赶工费用（美元）
A	6	6 000	4	12 000
B	10	10 000	9	11 000
C	8	8 000	7	10 000
D	12	12 000	10	14 000
E	10	10 000	7	12 000
F	14	14 000	12	19 000
G	7	7 000	5	10 000
H	9	9 000	6	15 000
I	6	6 000	5	8 000

①一项活动的时间不能压缩为小于赶工时间。

（2）如果项目完工时间缩短 4 周，并假设成本增加与时间缩短之间呈线性关

活动	时间（周）
A	7
B	2
C	4
D	5
E	2
F	4
G	5

（4）下表是正常时间、赶工时间和费用。为使原计划缩短 2 周，应该缩短哪些活动？增加的费用是多少？关键路线有无变化？

活动	正常时间	赶工时间	正常费用（美元）	赶工费用（美元）	可能减少的周数	预计每周费用
A	7	6	7 000	8 000		
B	2	1	5 000	7 000		
C	4	3	9 000	10 200		
D	5	4	3 000	4 500		
E	2	1	2 000	3 000		
F	4	2	4 000	7 000		
G	5	4	5 000	8 000		

案例分析 6-1

伯克商学院哈维大楼扩建项目

为了提高教学水平，伯克商学院最近决定缩减教学班的平均规模。对学院教务长琳达·科恩来说，这一举措意味着她必须为学院多聘用 35 位教师，同时还要为这些教师增设办公室。初步的分析认为，最经济的方式是在对伯克商学院现有的办公楼——哈维大楼进行扩建，增加办公室。

学院负责财务的副院长约翰·耶特斯全面负责办公楼的扩建项目。为了在秋季开学前完成项目，他决定使用其在大学运营管理

课程中学到的一些项目管理技术。这要求他首先界定出项目包含的各个活动,并明确不同活动之间的关系。

约翰知道,他要进行的第一个步骤就是获得学院理事会对项目的认可。一旦成功,他必须要获得建筑许可证,同时准备购买办公家具的预算,然后就轮到招募新教师了。得到了所需的许可,实际的建筑施工就可以开始了。首先要完成的是建筑物外部施工,然后是景观美化工作和内部装修。内部装修完成后,城市消防管理人员将对办公楼进行最后的检查,以颁发消防许可证。在所有的外部施工和内部装修都结束后,还要进行总清扫活动(景观美化工作此时也必须完成),最后是办公家具的安装。完成以上的工作,新教师就可以搬进他们的新办公室了。

作为对即将召开的理事会的准备,约翰估计了项目中各个活动的正常费用,并制作出了项目的最初预算。约翰对各个活动的期望费用和期望工期列于下表中,同时表中还列出了为保证项目在秋季开学前完成而加快某个活动进展速度的赶工费用和赶工时间。

活动	正常时间(周)	正常费用(千美元)	赶工时间[1](周)	赶工费用[2](千美元)
A. 获得学院理事会许可	4	10	2	16
B. 获得建筑许可证	2	5	2	5
C. 建筑(外部)施工	21	1 500	17	1 700
D. 征询家具报价	4	3	4	3
E. 招募新教师	30	150	27	165
F. 订购家具	16	200	12	240
G. 完成内部装修	6	110	3	131
H. 景观美化	4	68	2	80
I. 获得消防许可证	1	2	1	2
J. 总清扫	2	20	1	26
K. 安装家具	1	12	1	12
L. 建筑交付使用	—	—		
总计		2 080		2 380

[1] 赶工时间为活动可能的最短完成时间。
[2] 赶工费用为活动加速后的总费用,假设费用增加于工期缩短的周数之间呈线性关系。

讨论题

1. 请指出正常工期和正常费用下,哈维大楼扩建项目的最短工期和总费用。
2. 如果你是项目经理,你将如何在费用最低的条件下使整个项目工期缩短一周时间?缩短两周呢?
3. 如果约翰决定在尽可能短的时间内完成项目,项目的最短工期是多少?这时的总费用是多少(不考虑任何不必要的费用)?
4. 在如愿获得学院理事会许可后的第四周,约翰在申请建筑许可证时遇到了麻烦。由于起初学院校园原有的125英亩的土地被分成了许多1英亩大的单位区域,扩建项目就必须为其用地的每一个单位区域分别申请建筑许可证,同时还必须获得紧靠工地的土地的许可证。这些新增的许可证申请需要多花两周的时间,同时申请费用也将增加4 000美元。如果约翰还想在问题1中得出的工期内完工,他应该采取什么活动使项目费用尽可能少?

资料来源:© Mark M. Davis.

第7章

运营流程的绩效衡量与分析

学习目标

- 阐明了如何对企业的所有活动进行流程管理。
- 提出了评价运营流程的各种绩效衡量方法。
- 揭示了企业如何通过对运营流程的分析,深入了解流程的绩效并及时加以改进。
- 介绍了服务蓝图的概念,并阐明了如何运用服务蓝图来评价服务业的运营流程。
- 介绍了业务流程的概念,并揭示了它如何帮助管理者从一个更广的视角来管理企业。
- 介绍了标杆管理和业务流程再造的概念,并揭示了其在企业迈入世界一流进程中所扮演的重要角色。

引例　汉堡快餐店的运营流程与运营战略之间的紧密联系

在快餐时代来临之前,汉堡包像其他餐馆中的三明治食品一样,通常是根据顾客的订单来进行定制的。当餐馆接到顾客订单后,就根据顾客的要求开始将汉堡包肉片从冰箱里拿出来并放在烤架上。顾客可以选择肉饼的烤熟程度(如偏生、半熟或完全熟透),并加入顾客选择的调味品。肉饼可以选择烘烤或不烘烤。然而,用这种传统方式制作的汉堡包质量很大程度上取决于厨师的技术。因此,即使在同一家餐馆的不同厨师制作的汉堡包,也是质量各异。此外,由于汉堡包都是在接到顾客订单后才开始制作的,因此,用这种传统方式准备汉堡包需要一个相对较长的交付期,如图 7-1a 所示。

20 世纪 50 年代,美国三大快餐连锁店汉堡王、麦当劳以及随后的温迪(Wendy's)的出现,彻底改变了汉堡包烹饪和交付的方式。汉堡王和麦当劳不像当时大多数传统的餐馆那样根据顾客的订单提供多样的食品,而是专供几个特色品种。然而,这两家快餐店虽然都有向顾客快速提供低成本食品的能力,却采取了不同的运营流程来为企业特定的目标市场服务。

企业管理者的基本角色的实质是管理企业业务流程,包括管理与业务流程相关的人员。现在管理者意识到任何一组活动都可视为一个流程(process),比如说处理一份工资单、处理一份求职信、处理一份采购单、处理一次顾客投诉及更改一个产品设计等。此外,管理者也承认,这些单个的流程并不是在真空中单独运行的,而是与其他职能部门的其他流程有着密切的联系,从而"跨越"职能部门,形成更大、更复杂的业务流程。

正如我们在本书前面章节中所学到的,流程选择是运营战略(operation strategy)的一部分。企业一旦选定了流程并将其"搭建"到位,就必须对其运行进行管理。这里的"管理"是指需要识别关键流程的绩效衡量方法,并以固定的时间间隔对其进行监控,以确保达到预期标准和目标；这里的"管理"也包括发现问题时采取必要的纠正措施。流程绩效衡量方法可以分为两大类：整体衡量法，适用于衡量所有流程的整体绩效；个体衡量法，适用于衡量具体的单个流程的绩效。这两类方法都是很必要的。

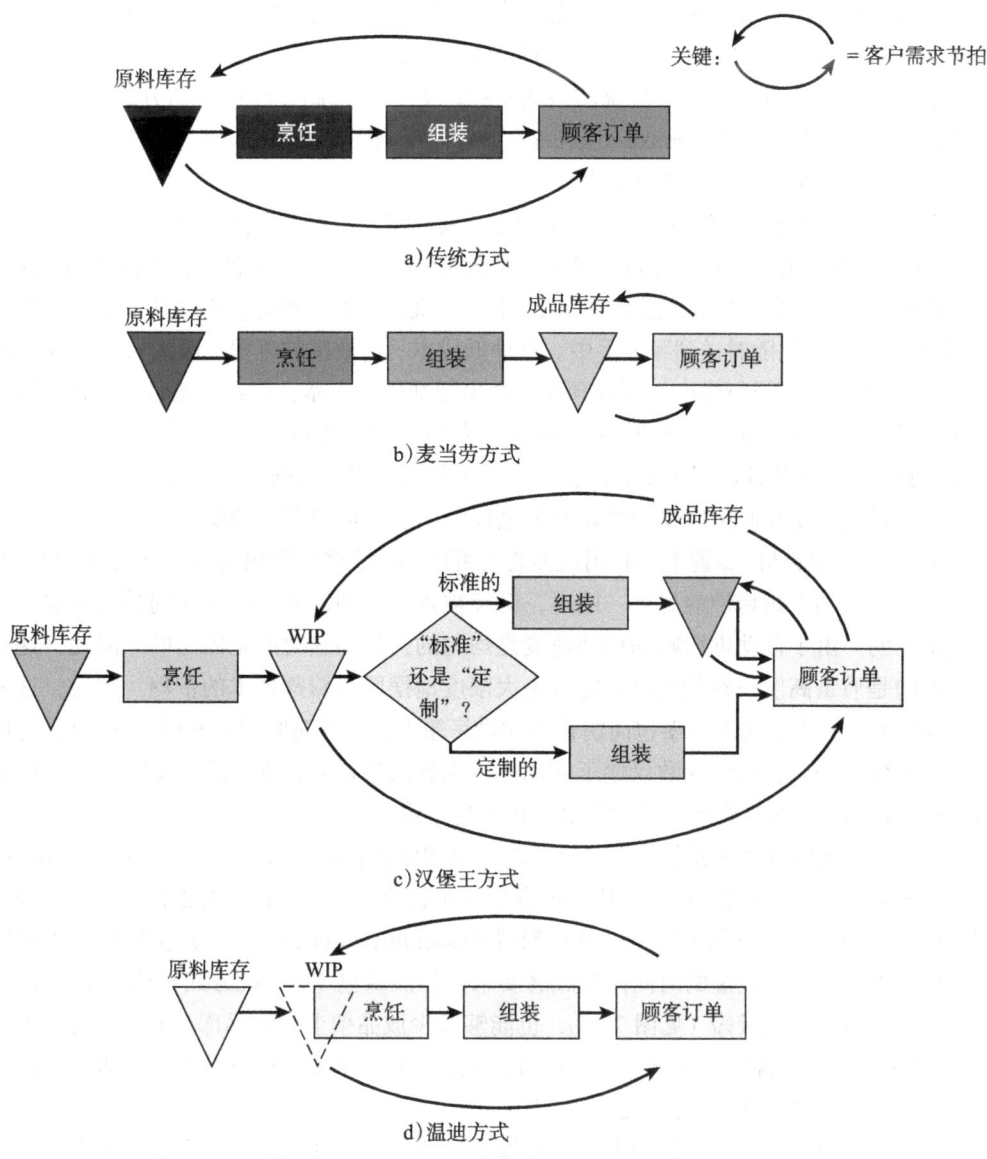

图 7-1 不同方式制作汉堡包的流程图

在越来越激烈的市场竞争环境下，业务流程的绩效标准在不断提高，这就需要企业在快速设计和推出新产品的同时，也需要不断地提高产品的交货速度和质量。因此，业务流程也必须相应地不断改进。为了使管理者更好地进行流程改进，通常使用标杆管理（benchmarking，本章后文将进行详述）来比较企业与标杆企业的流程绩效，寻找差距，从而为管理者在开创世界一流企业的进程中提供必要的信息。一旦通过比较找出差距，企业就需要按照标杆管理标准制定相应的改进目标并对业务流程进行重组，从而使企业能够不断地赶超世界一流企业。

7.1 流程的选择

我们先通过分析一下不同餐馆所采用的不同的制作与交付汉堡包的方式，就可以对管理者在选择流程时所面临的权衡境地有一定的体会。通过分析也可以使我们识别不同流程的优势与劣势，以及不同流程所适应的不同的目标市场的特征。

在本章引例中，我们介绍了传统的餐馆根据顾客订单来制作汉堡包的方式（见图 7-1a），这种流程一般称之为订货型（make-to-order）。下面我们将接着介绍美国三大快餐连锁店麦当劳、汉堡王以及温迪提供汉堡包的方式。

麦当劳是成批地将汉堡包肉饼放在烤架上，每批有 12 个汉堡包肉饼。面包片同样也是以 12 片为一批进行烘烤。之后进行"组装"（就是把干酪、生菜、洋葱、番茄酱等调味品和佐料加入汉堡包）和包装。当然，这也是以 12 个为一批进行的。接着，将这些成品放到成品架（即成品库存区），可以随时送到顾客手中。这种低成本、高效率的流程一般称为备货型（make-to-stock），即根据库存进行生产，可以预先生产出标准化的产品，然后再随时根据顾客需求可以快速地送到顾客的手中（见图 7-1b）。因此，麦当劳的主要目标市场定位在有儿童的家庭上，对他们而言，交货速度很重要。因此，麦当劳的很多广告都强调快速服务。

汉堡王利用高度专业化的移动烘烤师来烹饪汉堡包。他们把生的汉堡包肉饼放在一个灼热的烘烤炉中不断移动的装置上，利用这种装置可以同时烘烤汉堡包肉片上下两面。90 秒后，当汉堡包肉片移动至烘烤炉的另外一端时，已经被烤得恰到好处。面包片同样也是这样在烘烤炉上烘烤的。由于移动烘烤师的移动速度是均匀的并且加热时间是固定的，因此，这套系统烹饪出的是质量高度一致的食品，能够最大限度地摆脱对厨师技术的依赖。但是，这种流程的柔性却非常有限。由于汉堡包肉饼在移动烘烤箱上加热的时间都是 90 秒，故汉堡包肉饼的厚度必须保持一致，从而导致汉堡王在制作巨无霸汉堡包时，唯一的方法就是将汉堡包肉饼做得更大，因为其厚度必须与常规的汉堡包保持一致。

烤好的汉堡包肉饼放在面包片上并储存在保温的储藏箱中，这就是一种在制品（work-in-process，WIP）库存，是对标准化的成品库存的一种补充。然后，再随时根据顾客订单完成后续的制作，这种流程一般称为按照订单装配型（assembly-to-order）。汉堡包肉饼的 WIP 库存使得汉堡王能够在相对较短的时间内按顾客要求制作汉堡包（与传统方式相比），同时由于这种方法的补货时间相对较短（见图 7-1c），也能够减少成品架上的成品库存水平（与麦当劳相比）。汉堡王的流程的优势在于能够快速地按照顾客订单组装汉堡包并交付给顾客。所以，汉堡王有一句口号："用您自己的方式去拥有"。

温迪采用的是另外一种不同的方式。在顾客高峰期，厨师预计到顾客的到来而稍微提前将汉堡包肉饼放在烤架上进行烤烘，随时等候顾客的订单。一旦顾客惠顾并下订单后，员工就把汉堡包肉饼从烤架上拿下来并根据顾客的特定要求加入不同配料，顾客甚至可以看到汉堡包制作的全过程。所以相对于麦当劳和汉堡王，温迪的汉堡包可以说是一个高质量的定制产品，既新鲜又快速，而且还符合顾客的口味。值得权衡的是，由于温迪的流程是从烤汉堡包肉饼开始的，所以比汉堡王定制的汉堡包还要稍微慢一些（见图 7-1d）。

综上所述，以上不同公司制作汉堡包的流程都各有其优劣，如表 7-1 所示。值得一提的是，无论是麦当劳、汉堡王还是温迪，这三大快餐连锁店的成功之道，就是需要通过广告和促销手段来吸引各家的流程所适合的目标市场的消费群体。

表 7-1　不同公司制作汉堡包的流程比较

公　司	成　本	柔　性	速　度	质　量
传统餐馆	高	很高	很慢	很高 / 可变
麦当劳	低	低	快	低 / 一致
汉堡王	中等	中等	中等	中等 / 一致
温迪	中等	高	慢	高 / 一致

7.2　流程绩效衡量

企业取得成功的关键因素是其衡量流程绩效的能力。这些不断反馈给管理层的绩效衡量结果为管理者的决策提供了必要的数据信息，从而可以正确判断出公司是否达到了预期的目标或标准。正如著名管理大师彼得·德鲁克所言："如果不能衡量业务流程绩效，就不能很好地管理它。"如果没有适当的方法对流程绩效进行衡量，管理者就不可能对其公司的运行绩效进行评价，也无从与其他公司进行比较。没有这些流程绩效的衡量方法，管理者就会像那些遇到海难、漂浮在大海上的船长一样，放眼望去，没有陆地，没有指南针，也没有其他任何能够指引方向的工具。

然而，面对越来越多的流程绩效的衡量方法，管理者必须从中选择出那些对企业成功至关重要的方法。对特定的行业和特定的细分市场而言，一些衡量方法往往比另一些方法重要。像在快餐业，一个关键衡量标准是交货速度；而在一家高档餐馆，其关键衡量标准则可能是菜单菜色的丰富性和服务质量。

在当今信息时代，管理者与其他人一样，需要面对各种报告所提供的各种数据信息，并以此来衡量公司绩效。因此，对管理层而言，很有必要去识别那些对企业成功至关重要的主要绩效指标信息。

1. 生产率

衡量投入转化为产出的有效程度的指标称为生产率（productivity）。换言之，生产率反映了资源的有效利用程度。因此，我们可以把生产率定义为投入与产出之比：

$$生产率 = 产出 / 投入$$

对于一个业务流程，理想的情况下，我们可以用总产出除以总投入来求得其总生产率。但是，投入往往都是以不同形式出现的，比如说，一个业务流程中投入的人工是以小时度量的、投入的固定资产如办公大楼是以平方英尺度量的、投入的原材料是以磅度量的等。所以，若将诸如小时、平方英尺和磅等不同量纲的度量单位的投入资源全都放在一起进行计算出总投入是不合适的，除非我们能够将所有的投入资源都折算成统一的量纲（如货币）来度量。然而，这样的生产率难以反映各种不同投入资源的有效利用程度，运营经理也就不能很好地了解整个流程的运营绩效了。因此，一般管理层会采用单要素生产率和多要素生产率来衡量运营流程的绩效。单要素生产率表示为单个投入资源的投入与总产出之比；多要素生产率表示为一组投入资源的投入与总产出之比，其中，"总产出"可以用"总的产出数量"和"总收益"来表示。表 7-2 给出了一些常用的单要素生产率衡量的实例，实例中采用的都是管理者熟知的度量单位，从而便于管理者利用这些单要素生产率了解实际运营绩效。从表 7-2 中也可以看出，生产率可以反映出各种不同投入资源的有效利用过程，包括劳动力、原材料、设施和设备等。

表 7-2　单要素生产率衡量的实例

企业类型	单要素生产率（总产出/单要素投入）
餐馆	顾客数/人工时间
商场	销售额/平方英尺
养鸡场	鸡肉磅数/饲料磅数
发电厂	千瓦/煤的吨数
造纸厂	纸张吨数/木材吨数

生产率是一个相对绩效指标；换言之，只有在进行比较时生产率才是有意义的。比如说，对于一家餐馆，上周的生产率是每个工时接待 8.4 个顾客，这有什么意义呢？（毫无意义！）比较生产率可以通过两种方式来进行：一种方法是一家企业可以与其同行业内的同类企业进行比较，若条件允许，可以利用行业数据进行比较（例如，比较不同特许经营商店的生产率）。另一种方法是在同一家企业内依据不同时间段来计算生产率，这样可以比较不同时间段的生产率。

2. 能力

能力（capacity）或称生产能力，是指一个流程在一定的时间内所能实现的最大产出量（output），也就是一个流程的最大产出率（output rate）。在制造型企业中，"能力"这一绩效指标一般用单位时间内的产出量来表示，例如汽车装配厂每小时所装配的汽车数量；而在服务型企业中，"能力"一般用单位时间内所服务的人数来表示，例如快餐店每小时所能提供就餐的顾客数。常见的能力衡量的实例如表 7-3 所示。

表 7-3　能力衡量的实例

企业类型	能力
快餐店	每小时顾客数
酿酒厂	每年啤酒桶数
汽车装配厂	每小时所装配的汽车数量
造纸厂	每年纸张吨数
大学	每期每班学生数

由表 7-3 可见，服务型企业与制造型企业不同，服务流程的能力这一绩效指标一般需要考虑"顾客"，因为"顾客"通常是服务流程不可分割的一个组成部分（由于顾客频繁参与服务流程，因此，顾客既可以看作是投入，也可以看作是产出）。

设计能力（design capacity）指的是企业在标准工作环境下的理想产出量，即当单位产出成本最小时的产出量，也就是系统的设计能力。根据产品、流程以及企业的目标不同，设计能力可以建立在每周五天、每天一个班次的标准工作环境的基础上。

在实际运营中，还必须区分最大能力与持久能力：最大能力（maximum capacity）指的是最大限度地使用投入资源时所能达到的最大可能产出。通常企业只能在短期内维持以最大能力进行有效产出，因为以最大能力进行运营会导致更高的能源成本、加班补贴以及由于没有时间进行预防性维修而引起的更高的机器故障率，而且由于工作时间延长而造成的员工疲劳也会造成故障率上升以及劳动生产率下降。因此，短期内可使用最大能力满足高峰需求，但持久能力才是一种能够维持长时期运营的能力水平。

衡量企业可用能力即设计能力的利用程度的指标，被称为能力利用率（capacity utilization），其定义如下：

$$能力利用率 = 实际产出 / 设计能力$$

例如，若一家汽车装配厂的设计能力为每周装配 3 600 辆，而某周的实际产出为 2 700 辆。在这种情况下，这家汽车装配厂那周的能力利用率就只有 75%，即

能力利用率 =2 700/3 600=75%

根据以上的定义，能力利用率有可能超过 100%，但这对管理层来说是一个预警信号：可能会引起额外的运营成本。

至此，以上我们都是从"产出"角度来衡量"能力"的，只要产品是同质的（如汽车、音响等），就可以用单位时间内的产出量来衡量"能力"。然而，若产品是高度异质的，尤其当流程要求大相径庭时，一般从资源的"投入"角度来衡量"能力"更有意义。例如，假设一个柔性加工中心可以加工费时五分钟到两小时不等的零部件，那么加工中心每周的产出量会随着所需加工的零部件种类不同而出现很大的差异。在本例中，我们可以从资源的"投入"角度来更好地衡量这一柔性加工中心的"能力利用率"：

能力利用率＝加工中心实际使用时间 / 加工中心总的可用时间

随着流程柔性的不断提高，企业将产出更多品种的产品，这种衡量"能力"的方式将会越来越盛行。这种方式同样也适用于要求员工技术多样化的劳动密集型服务业。以医生为例，外科医生的工作包括进行外科手术、提供门诊服务、参加例会等。再以大学教授为例，除了教授学生以外，还需要进行科研活动、为企业和社会提供咨询服务等。很显然，在上述两例中，最适用的能力衡量方式就是每周所投入的工作时间。

3. 质量

衡量流程质量的指标常常是以出错率（defect rate）来表示的。在制造型企业中即指产品的次品率，次品是指那些质量不过关的产品，包括内部质量问题（在产品交付给顾客以前就发现的）和外部质量问题（由顾客发现的）。关于流程质量和控制的内容将在第 8 章及其附录 8A 中进行详细阐述。

此外，还有一些其他方法可以对流程总体质量进行衡量。例如，随着人与环境和谐相处需求的增加，环境问题越来越被人们所关注，对运营流程中所产生的有毒废弃物的衡量也成为流程质量的一个重要衡量标准。同样，废料和原材料的浪费量也成为一个重要的衡量指标。

4. 交货速度

很多企业都面临着交货速度（speed of delivery）带来的越来越大的竞争压力。以前花几周几个月才能交付的产品，现在要求在几天甚至几小时就交付顾客。联邦快递公司就是一个很好的例子，它提供快速的、24 小时的包裹速递服务有效地提升了公司的价值。

交货速度的度量有两个维度：一个是从下达订单到将产品交付到顾客手中所需的时间，这称为产品的提前期（lead time）。生产标准化产品的企业通过成品库存，可以明显缩短提前期。在这种情况下，成品库存往往能立即满足订单产生的即时需求。但是生产顾客定制化产品的企业则没有成品库存的优势，这类企业的产品常常需要较长的交货时间。

交货速度的另一个衡量维度是交货时间的可靠性。在某些情况下，交货时间的可靠性比提前期更为关键。换言之，无论是中间商还是最终用户，几乎所有的客户都不喜欢不稳定的交货期，这种不稳定会对作业计划安排、能力利用率甚至对流程的总效率都会产生负面影响。因此，交货时间的不稳定性越小越好。

5. 柔性

如今，很多企业都把竞争优势建立在能提供满足不同顾客需求的定制化产品上。这种能及时提供顾客定制化产品的能力通常被称为敏捷制造（agile manufacturing）。柔性（flexibility）

则是用来度量企业对满足不断变化的顾客需求，而对自身业务流程进行调整的有效程度的指标。

柔性有三个衡量维度：第一种柔性是指一个流程能够由生产某一种产品向生产另一种产品的转换速度。例如，很多美国汽车制造企业每年都至少会暂时关闭几周的时间，来完成不同车型的转换，这就可以反映出该领域流程的柔性程度。

第二种柔性是一个流程对产量变化所要求的反应速度。那些能更快地适应产量波动的企业显然比那些不能很快适应这种波动的企业更为灵活。服务型企业尤其应该具有这方面良好的柔性，因为它们不可能将顾客需求存储起来（例如，周六晚上就餐的顾客不可能等到周一早上再就餐）。因此，诸如零售商店、餐馆、康复中心等服务机构必须能够及时调整自己的能力，使其在每个小时内既能为几个顾客提供服务，也能为几百个顾客提供服务。但是制造业中的流水线则不能达到相同效果的调整。一条流水线的产量是固定的，因此，必须寻求其他方法来保持供需平衡。例如，家电和汽车制造商通常会在销售淡季进行折扣销售来刺激需求，因为他们不可能通过关闭整条生产线来调整产量。

第三种柔性的量度是一个流程同时产出一种以上产品的能力。因此，同时能生产更多种类产品的流程的柔性越好。这种类型的柔性在生产定制化产品时显得尤为重要。例如，戴尔公司的生产流程的柔性使得其能满足每个顾客不同的需求。

6. 流程周转率

流程周转率（process velocity）是一种相对较新的流程绩效指标，也称为产出效率。流程周转率是指产品或服务通过整个流程的总产出时间，即产出周期（throughput time）与完成产品或服务本身的增值时间的比率。注意，增值时间是完成产品本身的生产或服务本身的交付所用的时间。例如，如果一个产品的产出周期为6周，而实际增值时间为4个小时，那么该产品的流程周转率为：

流程周转率 = 产出周期 / 增值时间

流程周转率 =（6周 ×5天/周 ×8小时/天）/4小时 =60

在本例中，流程周转率为60，这表示完成整个产品的产出过程所需的时间是用于产品本身的生产时间的60倍，也就是说，流程周转率和高尔夫得分一样，越低越好。

超过100的流程周转率也是较常见的。例如，美国最大的论文出版商UMI公司（University Microfilm International）完成一篇文稿的产出周期需要150天，而真正的增值时间只需要2小时。因此，对于UMI而言，其流程周转率为：

流程周转率 =（150天/篇 ×8小时/天）/（2小时/篇）= 600

若UMI公司可以将其产出周期缩短到60天，那么就能把流程周转率降到240。詹姆士·沃迈克和丹尼尔·琼斯为我们举出了另一个流程周转率的实例。在他的《精益思想》（Lean Thinking）中，分析了一桶可乐的价值流。在他们的分析中，他们所确定的增值时间只有3小时，而一桶可乐的产出周期却要319天，则每一箱可乐的流程周转率为：

流程周转率 =（319天 ×8小时/天）/3小时 =851

通过上面的例子我们可以发现，流程周转率的概念不但适用于制造业，也适用于服务业；不但适用于流程的某个特定环节，也适用于整个流程。一个企业需要关注的是流程周转率即整个产出周期的效率，即需要关注产出周期——从开始生产到完成以及准备发运交付这段时间。但是，从更广泛的意义上来看，流程周转率所考察的产出周期可能要从顾客下达订单一直到最后的收款或支票兑现。

然而以往的企业，特别是美国企业，往往主要关注增值时间的效率，而增值时间只是产品整个产出周期中很小的一部分。

7.3 流程分析

7.3.1 术语定义

为了便于流程分析，便于理解流程的重要特征，首先我们先定义一些常用术语。

1. 混合式流程

我们所接触到的生产产品以及提供服务的流程一般都包括一个以上的步骤（step）或环节（stage），这类流程一般被称为多步流程（multistage process）。在多步流程中，对于每一步骤所采用具体流程的类型都可能不相同，这样的流程也称之为混合式流程（hybrid process）。例如，在坐落于马萨诸塞州海恩斯的著名的Cape Cod薯片公司的薯片制作流程中，清洗土豆是一个连续流程，炸制是成批进行的，而包装则在一个流水线上进行。对于同一行业来说，不同的企业可能会采用不同的流程来生产相同或相似的产品。比如也有些薯片生产商在炸制阶段采用的是连续流程而非成批方式。再比如，麦当劳汉堡包的烹饪和包装采用的都是成批方式，这种方法能够生产出高度标准化的产品；而汉堡王则是通过连续移动的"移动烘烤师"来烹饪汉堡包肉饼，然后再随时根据顾客订单完成后续的组合包装并交付给顾客。

2. 备货型与订货型

每一阶段（或步骤）所采用的流程类型取决于企业的运营战略以及所生产的产品类型。备货型系统（make-to-stock system）对应的是高度标准化的产品，可将其存储在库存中以快速地将产品交付给顾客。这种产品的未来需求通常是可预料的。然而，相较之下，订货型系统（make-to-order system）关注的则是顾客定制的差异化产品。注意，订货型系统比备货型系统需要更高的柔性。因此，订货型系统交货速度较慢，效率较低，价格也比较昂贵。

尽管如此，备货型系统所能提供的是品种较少的高度标准化产品，产品多样性差，为了在获得大规模生产的成本和速度的同时提高产品的多样性，很多企业开始采用延时细分策略，即尽可能推迟客户定制阶段的到来。例如，瑞典家居连锁店宜家在最后喷漆阶段允许让等候在其"居室美化中心"的顾客自行调配出喜好的颜色。

3. 模块化

模块化（modularization）是实现大规模定制的最好方式，即在获得大规模生产的快速和低成本的同时，尽量考虑顾客定制化要求。采用"模块化"方式，最终产品可以是由多个独立生产的标准化构件组装起来的。"模块化"方式在计算机行业运用非常广泛，举例来说，假设一家电脑公司生产4种不同类型的中央处理器、3种不同类型的输入/输出装置，以及2种不同类型的打印机。对顾客来说，虽然这家电脑公司只生产9种（4+3+2）标准化构件，却有24种（4×3×2）不同的电脑组装方案。汽车流水装配线也是"模式化"的好实例：各家供应商的汽车标准零部件送到装配线，再按顾客要求选择相应的标准零部件，组装成一辆顾客定制的汽车。采用"模块化"方式也能够应用于服务业，例如，印度餐馆能通过组合4种不同类型的面食、3 种沙司以及 5 种不同的肉类制作出 60 种不同的佳肴（4×3×5）。

图 7-2 分别比较了备货型、订货型以及模块化系统的流程图。

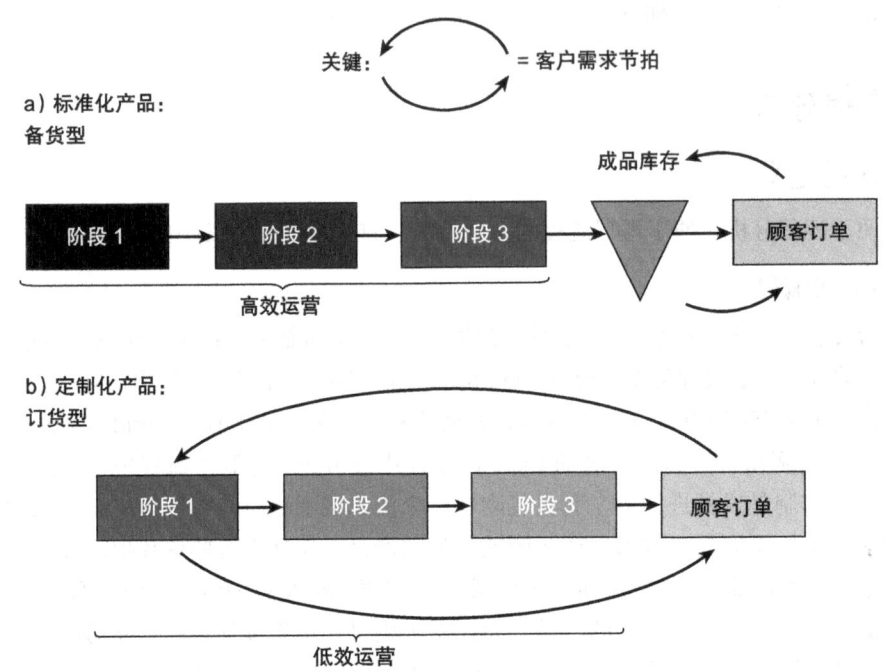

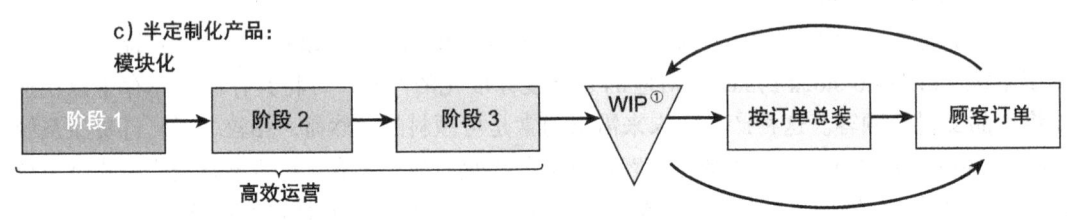

图 7-2　备货型、订货型与模块化流程的比较

① WIP 包括组件和构件库。

4. 紧密度和相关性

一个流程各个阶段之间的关系通常用流程的紧密度（tightness）来表示。像流水线一般被认为是流程的紧密度非常高，因为各个流程阶段之间的相关性（dependence）比较大。换言之，如果在流水线的前几个阶段发生了机器故障，那么所有后续步骤都会马上停下来，这种各阶段之间的高度相关性是相邻环节之间缺乏缓冲库存引起的。缓冲库存越大，环节之间的相关性就越弱，独立性就越强，整个流程就越"松弛"。成批生产流程就是一个非常典型的独立性较强的例子，它的缓冲库存以在制品（work-in-process，WIP）的形式存在。在这种流程中，某一环节的失败不会影响到其他环节，除非之间的在制品库存已经告罄。

5. 瓶颈

在多步流程中，每一步骤（环节）的能力各不相同，原因也包括整个流程的各个步骤所使用的不同设备的产出率（output rate）各不相同。在这种情况下，能力最低的那一个环节称之为该流程的瓶颈（bottleneck），流程中存在的瓶颈不仅限制了整个流程的产出率，而且还限制了其他环节生产能力的发挥。如果提高了该环节的生产能力来缓解瓶颈负荷，就有可能使瓶颈"漂移"到另一个环节上。这样一来，其他设备的潜能也就不能完全地发挥出来了。

实例

一家面包店的经理想要估计一下公司每小时制作面包的能力（磅 / 小时）。下图所示的是面包制作流程的简单示意图：

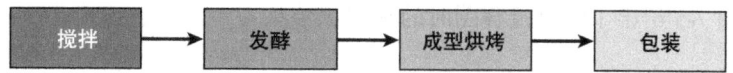

制作面包需要四个步骤：第一步是搅拌，将生面及所有的配料都加入搅拌器，制成生面团；第二步是发酵，将生面团放入发酵箱或发酵炉的可控环境中，以便监测其湿度和温度；第三步是烘烤，将发酵面团制作成面包后进行烘烤；最后一步是包装，在送往每个零售店之前对面包进行相应的包装。

假设面包店有以下的设备：

步骤	能力（工时 / 台）	机器数量（台）
搅拌	60	3
发酵	25	6
成型烘烤	40	4
包装	75	3

（1）面包店现有的能力为多少（磅 / 小时）？
（2）面包制作流程的瓶颈是什么？
（3）如果通过增加设备来提高瓶颈能力，那么面包店新的能力为多少？

解答

（1）～（2）通过计算面包制作流程的每一个步骤的能力来计算该面包店的总能力。

步骤	能力（工时 / 台）	机器数量（台）	总能力（工时）
搅拌	60	3	180
发酵	25	6	150
烘烤	40	4	160
包装	75	3	225

从上表我们可以看出，发酵是整个面包制作流程的瓶颈。因为发酵的能力最小，故决定了该面包店的总能力为 150 磅 / 小时。

（3）如果购买一台新的发酵炉，那么发酵的能力将达到 175 磅 / 小时。但烘烤又成为了整个面包制作流程的瓶颈。因为这时烘烤的能力最小，为 160 磅 / 小时。这样，该面包店的总能力在购买了新的发酵炉之后将变为 160 磅 / 小时。

7.3.2 能力与需求

在上面的实例中，我们只关注了面包制作流程的能力而忽视了面包的需求。当我们分析流程的能力需求（capacity requirement）时，一个更重要的原则是我们不能混淆流程的能力和产品的需求（demand）。比如，如果产品的需求小于最弱环节的能力，那么就不存在任何瓶颈（在上面的实例中，如果面包的需求小于 150 磅 / 小时，那么该流程就不存在瓶颈），也就不需要增加额外设备。只有当需求超过一个或多个环节的生产能力时才需要考虑瓶颈问题，并考虑增加新设备。

7.3.3 流程图

流程图（process flowcharts）是流程分析中最基本也最常用的工具，借助于流程图，管理者可以一步步地了解整个流程。图 7-3 给出了绘制流程图时的常用符号及其含义。

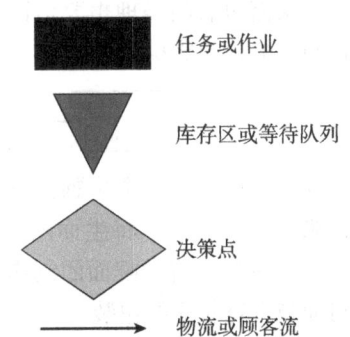

图 7-3 流程图中的常用符号及其含义

实例

一家位于夏威夷的薯片制造商为整个夏威夷岛的各个零售商店、宾馆以及旅游景点提供毛伊岛风味罐式油炸薯片。薯片制作流程相对来说比较简单。首先将每周进货一次的生土豆进行清洗和削皮。全部完成后把土豆切成薄片，并马上放入一个大罐中油炸。（削皮和油炸是成批进行的，而切片则是以连续流程方式进行的。）油炸后，剔除炸焦的薯片，加入各种佐料，并置于箱中。该流程的第一阶段以每天 2 班、每班 8 小时的工作负荷进行生产。 相比之下，由于包装设备的生产能力较大，包装作业每天只需花 8 小时就可以了。 油炸过的薯片的包装分为 1 盎司和 8 盎司两种。流程的最后一步则是将包装好的薯片装入箱子等待发送（一箱可装 24 包 1 盎司的薯片或 12 包 8 盎司的薯片）。

可以将整个流程图绘制如下：

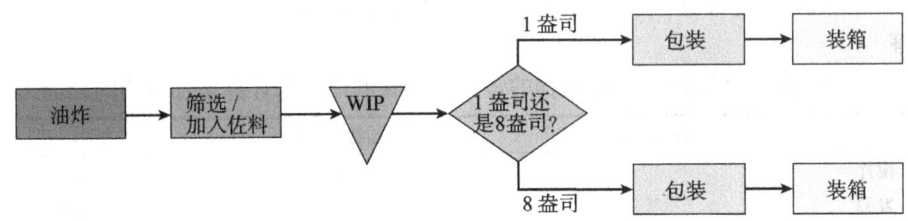

为了对该薯片制造商进行进一步分析，现在给出整个流程各个环节的信息：

步骤	能力	机器数量（台）
削皮	600 磅 / 小时	2
切片	1 500 磅 / 小时	1
油炸	250 磅 / 小时	2
包装（1 盎司）	160 包 / 分钟	2
包装（8 盎司）	30 包 / 分钟	1
装箱（1 盎司）	5 箱 / 分钟	2
装箱（8 盎司）	4 箱 / 分钟	1

若每周薯片的需求为 30 000 箱 1 盎司的薯片、5 000 箱 8 盎司的薯片：

（1）请使用 Excel 软件，建立一个 Excel 电子表格显示出薯片制作流程中所有的步骤，并计算每一步骤的能力（磅 / 周)(注：1 磅约等于 16 盎司）。

（2）指出流程中的瓶颈。

（3）请给出消除瓶颈的一些建议。
解答
（1）见下面的 Excel 电子表格。

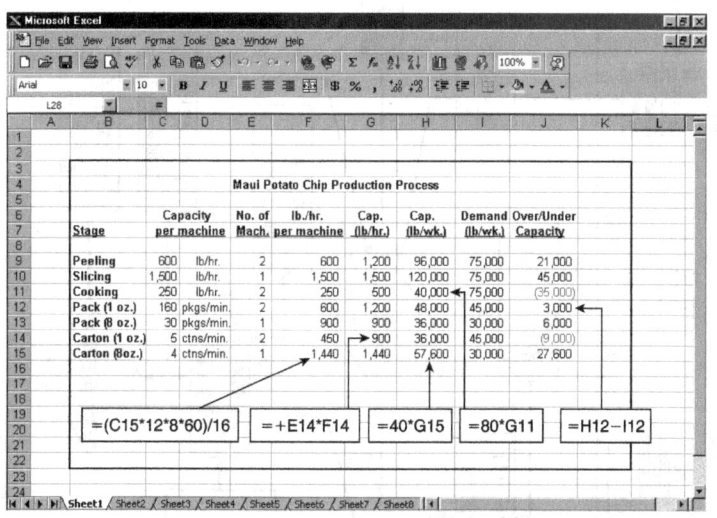

（2）从 Excel 电子表格给出的计算结果表明："油炸"和"装箱（1盎司）"两个环节都是瓶颈，因为其需求都超过了其最大生产能力。

（3）由 Excel 电子表格给出的计算结果可见，需要增加 2 台油炸机进行油炸，还需增加 1 台装箱机进行 1 盎司包装的装箱。

利用流程图可以综合分析整个流程中的各个步骤（环节）的生产能力，因此可以使管理层对需要解决的主要流程问题有透彻的认识。此外，流程分析与改进的基本问题可以概括为以下三个问题，故在进行流程分析时，通常也需要画三张不同的流程图，从而能够分别表达以下这三个问题：①目标的流程；②流程的现状；③有效的改进方案。

7.3.4 服务蓝图

与制造业的流程分析一样，服务业流程分析的最基本、最标准的工具也是流程图。1978年，林恩·肖丝塔克提出服务蓝图（service blueprint），把可视线（line of visibility）的概念引入流程图，从而将服务业的流程系统以类似流程图的图示方式表示，并强调了在服务蓝图中对潜在的失误点（fail point）的识别。

林恩·肖丝塔克令人信服地证实了服务业运用"蓝图"非常广泛，任何一个大型的服务型企业的一个特定职位职能就是"蓝图的监管人"。最近，有些企业开始在计算机上运行服务蓝图，一旦出现问题，高管就能在第一时间内检测出服务流程任一部分的问题，从而更有效地作出相应的决策，更有利于问题的解决。图 7-4 所示的是一个贴现票经纪业务的现金账户的服务蓝图。

开发服务蓝图的一个关键要素是可视线。可视线将服务前台与后台划分开来：在可视线以上的部分称为服务前台（front-of-the-house），在前台所有的活动都是与顾客直接接触的，顾客可以得到服务的有形证据。在可视线以下的部分称为服务后台（back-of-the-house），在后台所有的活动则是在顾客不在场的情况下进行的。因此，在可视线以上的前台服务应注重提供服务质量，而后台作业则应注重流程效率。

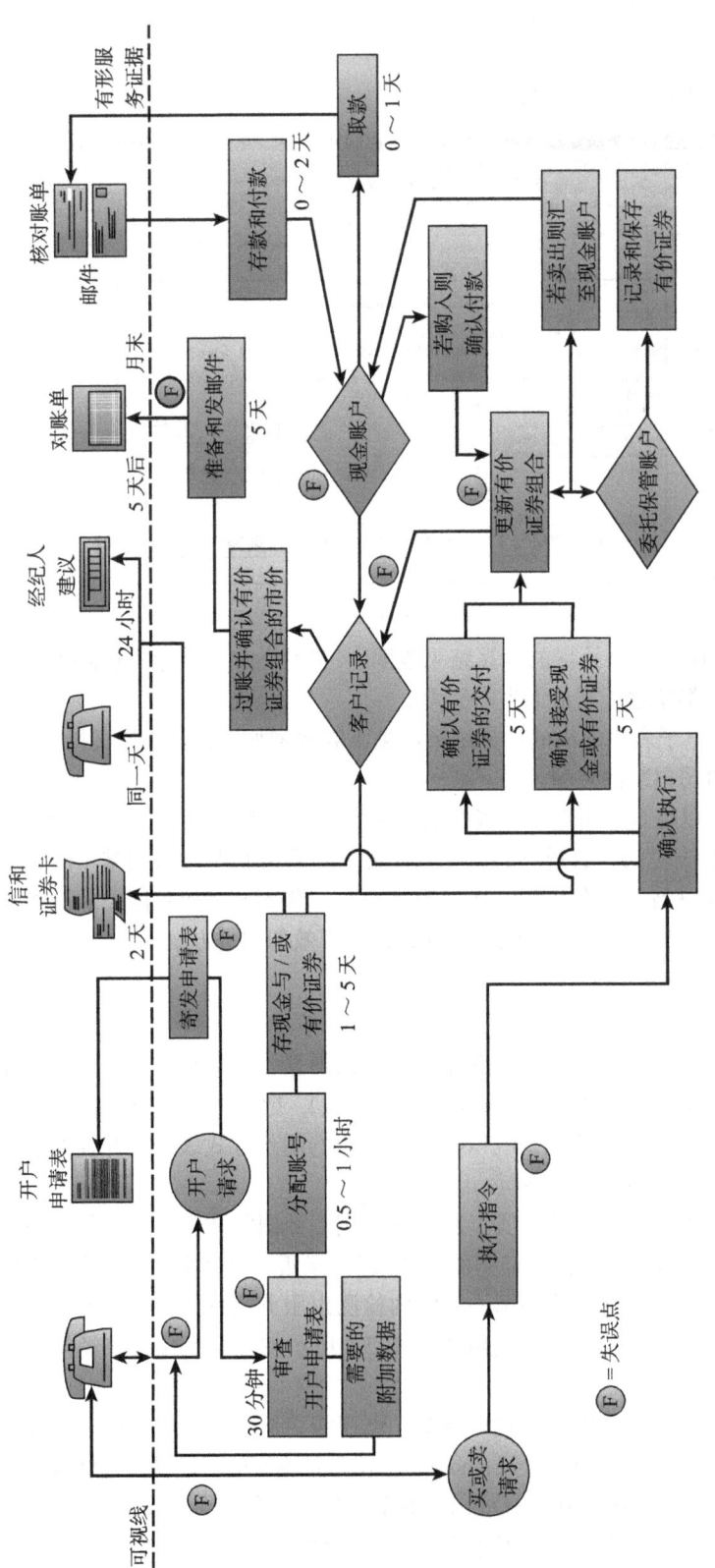

图 7-4 一个贴现票经纪业务的现金账户的服务蓝图

林恩·肖丝塔克曾在《哈佛商业评论》上以一个简单明了的擦鞋之角的服务蓝图及其赢利分析为例，进一步讨论了开发服务蓝图的基本步骤。

（1）识别流程。开发服务蓝图的第一步是绘制整个服务流程的流程图。图7-5图示了擦鞋之角的服务流程的全部步骤，其服务很简单，因此其流程图也很直观。尽管如此，如果在流程图中能够详细说明一下"抛光"步骤，将更有利于整个的流程分析。

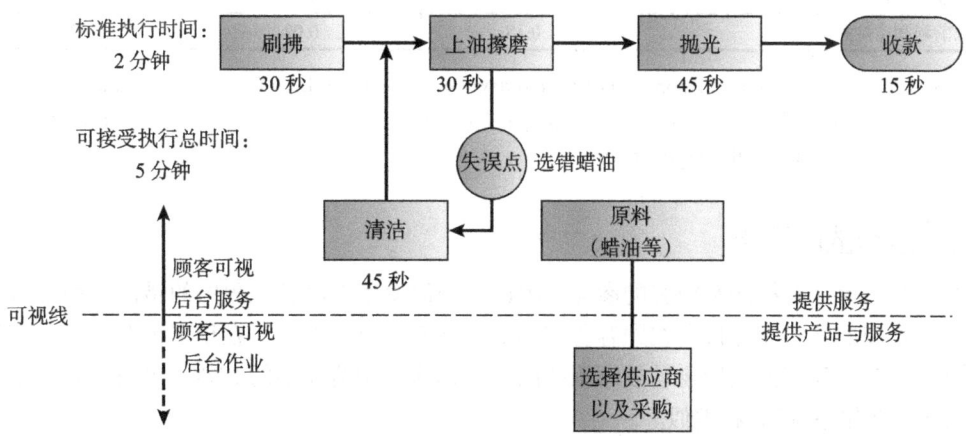

图 7-5 擦鞋之角的服务蓝图

资料来源：Reprinted by permission of *Harvard Business Review*. From G. Lynn Shostack, "Designing Services That Deliver," January–February 1984, p. 134. Copyright © 1984 by the Harvard Business School Publishing Corporation; all rights reserved.

（2）识别失误点。绘制整个服务流程的流程图后，服务蓝图的开发设计者就需要识别潜在的失误点，比如在"上油擦磨"步骤可能会选错蜡油颜色，因此，流程设计时需要设计故障预防装置或程序来防止失误点的产生，同时需要设计一个子流程来纠正可能的错误。失误点的识别和自动故障预防装置或程序的设计是服务蓝图开发的关键步骤，在设计阶段识别出潜在的失误点可以大大降低服务失误率，提高顾客对服务的感知能力。

（3）建立标准执行时间。由于所有的服务都依赖于时间，而时间通常也是一个主要的成本决定要素，因此，服务蓝图的开发设计者应该给整个服务流程建立一个标准执行时间。

（4）赢利分析。对于擦鞋之角而言，整个服务流程的标准执行时间为2分钟。同时，如果在服务过程中出现了失误，顾客在标准执行时间的基础上最长可以接受的等待时间为3分钟。因此，无论服务延迟是源于什么原因，都将因顾客的离去而大大影响利润水平。在表7-4中，定量分析了延迟2～4分钟的成本及其税前利润。从表中的结果可以看出，只要顾客等待时间超过4分钟，就肯定出现利润亏损。因此，服务蓝图的开发设计者必须要建立一个服务执行时间的标准来确保赢利能力。

表 7-4 擦鞋之角的盈利分析

	执行时间		
	2分钟	3分钟	4分钟
价格（美元）	0.50	0.50	0.50
成本（美元）			
服务成本（每分钟0.1美元）(美元)	0.20	0.30	0.40

(续)

	执行时间		
	2分钟	3分钟	4分钟
蜡油（美元）	0.03	0.03	0.03
其他运营成本（美元）	0.09	0.09	0.09
总成本（美元）	0.32	0.42	4.52
税前利润（美元）	0.18	0.08	（0.02）

资料来源：Reprinted by permission of *Harvard Business Review*. From G. Lynn Shostack, "Designing Services That Deliver," January–February 1984, p. 134. Copyright © 1984 by the Harvard Business School Publishing Corporation; all rights reserved.

7.3.5 自动故障预防

服务的流程一般都涉及顾客的参与。因此，任何发生在服务流程中的错误会都暴露在顾客面前，管理层几乎没有机会在顾客受其影响之前对其进行纠正。在很多情况下，尤其是涉及自助服务时，我们就应用自动故障预防的概念，这与制造业中的POKA-YOKE的概念（日语，意为"防错系统"）相类似。

应用自动故障预防的实例很多，比如飞机上可自动关启洗手间的灯的门锁，为了避免忘了锁门所引起的尴尬，洗手间的灯只有在门锁上的情况下才会亮。另一个例子是宾馆的自动故障预防——电子门卡，一般需要顾客进房后将电子门卡插在一个特定插槽中，房间的电路才会接通。这样，房客在房间时就不会找不到门卡了。而同时，房客不在房间时电源也就自动切断，从而节省了宾馆的能源成本。

运营实践 7-1
通用电气医疗系统自动诊断潜在故障

位于法国郊区巴黎布克的通用电气医疗系统欧洲公司（GEMSE）的客户服务中心接到一个呼叫。该呼叫来自GEMSE自己的医疗系统——一个帮助临床医生诊断病情的核磁共振成像系统（magnetic resonance imaging, MRI）。核磁共振成像系统运用远程维护系统（telemaintenance），通过内置自动诊断设备通知呼叫中心，它检测到一个MRI部件存在潜在故障，在该部件失灵前应予以更换。随即技术人员带着更换部件出现在MRI诊断现场，就在病人尚未意识到这个潜在问题的存在时，技术人员已经在不停机的状态下完成了部件更换，核磁共振成像系统继续提供着清晰图片，协助医生进行诊断。

MRI系统是非常尖端的医疗成像设备，能帮助医院完成各种各样危急病症的临床诊疗。MRI系统一旦停机，会使整个医院陷入混乱，医院需要重新安排病人的就诊时间，而且还要另想办法处理急救病人的诊疗问题，而这两者都会造成一些不必要的额外成本支出。从医疗和运营成本两方面考虑，尽量保证整个核磁共振成像系统正常运行非常重要，换言之，GEMES为顾客提供的核磁共振成像诊疗服务为其医疗系统增加了极其重要的价值，同时拥有行业领先技术的诊断医疗系统也提高了GEMES的竞争优势。

通用电气医疗集团隶属于通用电气公司，是医学影像、信息技术、医疗诊断、患者监护、疾病研究、药物研发以及生物制药等领域的全球领先者。

7.4 业务流程

在这里，我们把业务流程（business process）定义为："一组跨职能部门的、与其他流程或业务流程相辅相成的任务或活动的逻辑序列。"换言之，业务流程就是跨越组织结构图中的"白区"（white space），把不同的职能部门联系起来以完成共同的任务和目标。在表7-5中列举了一些典型的业务流程及其相关联的职能部门。

表7-5 一些典型的业务流程的实例

业务流程	相关联的职能部门
新产品开发	运营部门、市场营销部门、财务部门、工程设计部门
订单执行	市场营销部门、运营部门、会计部门
供应链管理	采购部门、运营部门、会计部门
资产管理	运营部门、会计部门、财务部门
人员招聘	人力资源部门、运营部门、会计部门

业务流程分析

业务流程的分析方法与本章前面所述的流程分析方法基本一致。然而，根据上述的定义，每个业务流程的分析者需要认识到对自身业务流程的分析是依赖于其他业务流程（或流程）的输出的；同样地，其他业务流程（或流程）也依赖于其业务流程的输出。业务流程的分析方法包括标杆管理和业务流程再造，我们将在接下来的部分中详细介绍。

同样，衡量业务流程的绩效方法与前面所述的衡量流程的方法也基本相同。此外，除了前面所述的运营绩效指标之外，通常还有一些针对不同业务流程的特定的绩效指标。在表7-6中列出了一些典型的业务流程的关键绩效指标（key performance index，KPI）。

表7-6 一些典型的业务流程的关键绩效指标

业务流程	关键绩效指标
订单执行	服务水平（库存满足订单率）
	提前期（从接受顾客订单到交货的时间）
供应链管理	及时交货率
	提前期（从供应商的供货到向顾客交货的时间）
新产品开发	上市时间（从产品概念的产生到投入市场的时间）
	市场份额（新产品的市场占有率）
人力资源管理	员工流动率
	员工满意度

分析业务流程的第一步是定义流程的边界。一开始，我们就要弄清楚：①流程从哪里开始，到哪里结束；②流程的输入和输出分别是什么；③企业内还有哪些其他流程影响到被评估的目标业务流程，或者受到目标流程的影响。在定义流程边界的同时，我们也就定义了流程的范围，这是很关键的。范围过大会导致流程的分析过于复杂，从而也就很难进行管理。在这种情况下，分析结果通常很难理解、衡量并进行最终的有针对性的改进。反之，流程范围越小，改进的潜能也就越低。

我们可以在企业内各个组织层次上进行业务流程分析，分析的详细程度常用粒度（granularity）来表征。一般在较高组织层次上进行的、不很注重细节描述的业务流程分析通常被认为是大粒度的流程分析，而进行较多细节描述的业务流程分析则被称为小粒度的流程分析。

其次，当确定了被评估的目标业务流程的边界后，企业就必须把该业务流程与企业的总体战略联系起来，也就是说，企业必须清楚地了解被评估的目标业务流程是如何增强企业竞争优势的。例如，如果企业是通过低成本和快速交货的战略来与竞争对手进行竞争的，那么就应该从目标流程如何有助于企业实现低成本和快速交货的目标来进行分析和改进。通过与企业的总体战略相结合进行分析，才更易于识别衡量目标流程的关键绩效指标。

业务流程分析的第三步是绘制流程图。流程图能使我们直观地分析业务流程，使分析者和流程的执行者都能清楚地了解流程边界以及该流程分析所涉及的各个步骤。在绘制流程图时，弄清楚各个步骤之间的先后关系或并行关系、每个步骤所需的时间以及各个步骤所需的资源是很重要的。作为绘制业务流程的流程图的一部分，通常把各个步骤按照职能部门来划分，以更清楚地显示业务流程的跨职能关系，如图 7-6 所示。

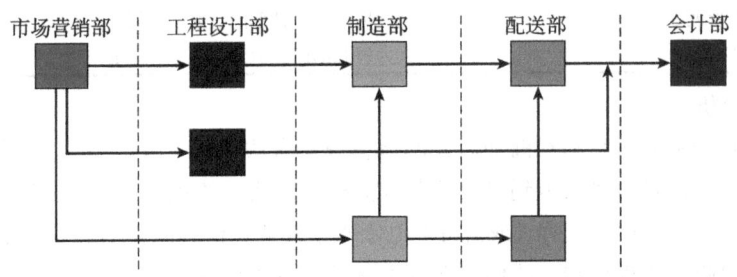

图 7-6　按照职能部门绘制的业务流程图

正如以上所述，企业战略为确定被评估的目标业务流程的关键绩效指标提供了依据。对目标业务流程进行了评估之后，接下来，就需要对目标业务流程进行标杆管理。对照企业内部以及外部的一流的业务流程，结合关键绩效指标和标杆管理，管理层就能清楚地识别出目标业务流程中需要改进的主要问题。

最后，通过业务流程再造对业务流程进行改进，寻找问题产生的根源。但是，仅仅知道如何对业务流程进行再造是不够的，成功实施业务流程再造与再造流程本身同样重要。最后，应定期不断地对目标业务流程进行评估分析，以保证目标业务流程能够不断地赶超一流的业务流程。

7.5　标杆管理

标杆管理又称为基准化管理，指将企业在特定领域的绩效表现与业内领先的企业或世界一流企业的绩效水平进行比较，寻找差距，从而确定提升企业绩效水平和竞争力的改进方案。标杆管理可以跨越传统的行业界限，从而跨行业寻找与确定标杆或基准企业，以促进企业搜寻、发现和实施全新的和创新的方式，提高绩效水平和竞争力。例如，标杆管理的先驱施乐公司想要实现产品的快速交货，就对以快速准确服务而闻名的、位于美国缅因州自由港的著名邮购公司比恩开展了深入的研究，找出差距，改进业务流程，并收到了成效。

运营实践 7-2

在联邦快递公司，流程管理就意味着业务运营的实际工作的系统监测。这种跨产品组、跨职能、跨部门的监测方法可以用来对公司的基本流程、活动和任务进行协同研究、分析和改进。

联邦快递的五个核心业务流程为：①提供路线指导；②获得并保留顾客；③顾客服务；④运输、追踪、快递产品；⑤开发票、收账。联邦快递采用的是一种客户驱动型的流程管理，它首先关注的是顾客的需求，以确保设计出满足顾客期望的流程。这种利用分析技术来找出标准化工作流程的方法同时也为流程的持续改进创造了机会。

联邦快递公司同样重视流程绩效衡量。"你无法管理你不能衡量绩效的流程。"这句格言一直鼓励着公司对顾客满意度和服务质量进行评估。联邦快递公司的绩效评价体系采用了流程质量指标（process quality indicator，PQI）来衡量流程的产出绩效，并采用了流程质量、整个流程各个步骤的运行周期、流程成本等其他一些绩效指标。譬如，公司的核心业务流程之一的"运输、追踪、快递产品"的 PQI 是："整个公司每天在配送中心、机场目的地、车站目的地的迟到的运输工具（飞机和卡车）的统计总数。"

联邦快递认识到公司未来的成功取决于很多因素，其中就包括改进业务流程的能力。公司坚信只有充分利用业务流程分析工具（比如流程管理）来改进运营流程，才能在市场上与竞争对手进行竞争。然而，是否能充分利用流程管理技术还要看一线管理人员的能力以及是否能够对他们进行有效的激励。管理者必须掌握分析、沟通和决策技能，所以联邦快递公司也向管理者提供了相关培训，以确保他们能掌握这些必要的技能。

资料来源：Adapted from a letter from Fred Smith, CEO, FedEx, to FedEx management, October 7, 1996.

要想在竞争激烈的全球化竞争中获取竞争优势，企业就必须在各自行业领域和目标市场中的关键绩效指标上达到最佳状态。要想做到这一点，企业必须与其他领先企业的绩效水平进行比较，并采取必要的改进。像 AT&T、杜邦公司、福特汽车公司、IBM 公司、伊斯特曼柯达公司、美利肯公司（Milliken）、摩托罗拉公司及施乐公司等这些在业内居于领先地位的企业，都把标杆管理作为一种标准管理工具，从而使企业既提高了产品质量，又提高了生产率。

施乐公司首席执行官大卫·凯恩斯将标杆管理定义如下：

标杆管理就是一个将产品、服务和实践与最强大的竞争对手或是行业领导者相比较的持续流程。

大卫·凯恩斯在定义中强调了以下几个关键要素。持续流程意味着标杆管理是一种持续、渐进的过程，而不是一次性的实践。由于随着竞争的日趋激烈，今天被顾客普遍接受的绩效标准明天也许就被淘汰了。企业只能时刻地监测自己以及竞争对手的绩效表现，这样才能及时地了解企业所处的地位。像马尔科姆·鲍德里奇国家质量奖（MBNQA）的要求之一就是企业是否参照其他企业进行了标杆管理。

标杆管理意味着赶超绩效基准（标杆）。企业既可以参照自己内部的标杆，也可以参照外部竞争对手甚至世界一流企业进行标杆管理。对于管理层来说，仅仅在制造部门进行标杆管理是不够的，还应该将其推广到企业的其他职能部门中。

标杆管理也不应该只局限于直接的竞争者，应该集中参照那些全球知名的、世界一流的企业的业务流程或运营管理。换言之，正如施乐公司的罗伯特·开普所著的书《标杆管理是寻求成为绩效领先者的最佳实践》。

7.5.1 标杆管理的对象

标杆管理是一种激发创新的管理工具，可以运用于企业很多业务领域。罗伯特·开普指出了标杆管理的对象主要包括三个：①产品和服务；②业务流程；③绩效衡量。

1. 产品和服务

运用标杆管理识别顾客所期望的产品或服务的特征和功能,而这些信息可以以产品目标和技术设计实践的方式应用于产品规划、设计和开发之中。

2. 业务流程

标杆管理是业务流程的改进和再造的基础,而这些变革又可以成为持续质量改进创新实践的一个有机组成部分。

3. 绩效衡量

对产品、服务以及流程进行标杆管理的最终目的是为那些对企业成功至关重要的关键绩效衡量指标建立一系列有效的目标基准。

7.5.2 标杆管理的步骤

罗伯特·开普根据自己在施乐公司成功进行标杆管理的经验,将成功实施标杆管理的活动划分为五个阶段:计划、分析、整合、行动和完成。

1. 计划

计划阶段识别需要进行标杆管理的领域,确定标杆管理的对象;确定用作参照的标杆企业;决定所需收集资料的方法并收集资料。

2. 分析

分析阶段深入了解企业现行的业务和流程,以及所参照的标杆企业的业务和流程,找出差距,拟定未来的目标绩效基准。

3. 整合

整合阶段是在前两个阶段的工作基础上,确定需要改进的目标领域。在整合阶段,标杆管理需要与企业战略和远景目标紧密结合起来,并贯穿于企业整个计划过程,需要所有管理层的共同参与和协作。

4. 行动

行动阶段制定行动计划并投入实施。标杆管理的精髓在于创造一种创新环境,使每一个员工在实际工作中能够按企业愿景目标工作,并自觉地进行学习和变革,以实现企业的远景目标。

5. 完成

完成阶段的企业已经处于领先地位,并且能够全面整合所有相关业务流程的最佳业务实践,从而确保企业整体的最佳绩效水平。

7.5.3 标杆管理的类型

标杆管理可以分为以下四类:①内部标杆管理;②竞争标杆管理;③职能标杆管理;④通用标杆管理。

1. 内部标杆管理

内部标杆管理是以企业内部相似的运营实践和业务流程为基准的标杆管理。内部标杆管理通常是识别企业内部现行的最佳运营实践的起点,也是了解业务流程现状乃至寻找差距的第一步,这是确定未来的改进目标基准所必需的。内部标杆管理尤其适用于多址分布的企业(包括制造业和服务业的企业)。

2. 竞争标杆管理

竞争标杆管理是直接以最强的竞争者为基准的标杆管理。竞争标杆管理的目标是与业内其他企业的绩效与实践进行比较,以获得改进目标基准的相关信息。竞争标杆管理的实施通常比较困难,因为竞争对手的关键信息往往不易获得。

3. 职能标杆管理

职能标杆管理是不管所比较的企业所处的行业如何,而以其最佳的职能领域实践为基准进行的标杆管理。职能标杆管理具有以下的优点:首先,由于标杆企业是非直接竞争的其他行业领先者,因此,企业可以比较容易得到标杆企业的合作。此外,也比较容易识别出在特定的职能领域绩效最佳的企业。前面所述的著名邮购公司比恩的标杆管理就是一个典型的职能标杆管理案例。其他像通用电气公司在信息系统领域、约翰·迪尔公司在物流领域、福特汽车公司在自动装配线的卓越表现等都成为企业进行职能标杆管理的标杆对象。

4. 通用标杆管理

通用标杆管理是以在所有行业中最佳的工作流程为基准进行的标杆管理。通用标杆管理可以很容易地识别出那些采用创新工作流程的企业,因此,可以提出更易于被组织成员接受的目标基准。像美国联邦储备银行的票据扫描流程以及花旗银行的文件处理流程都已成为企业进行通用标杆管理的标杆对象。

7.6 业务流程再造

多年以来(可以一直追溯到 19 世纪),企业的组织和架构都是在追求效率最大化和控制企业成长规模之间进行权衡的。然而,随着全球化经济的出现以及世界各个角落越发激烈的市场竞争,如今关乎企业成功的竞争优势要素已经从效率转变为创新、速度、服务及质量。

为了提高工作效率,工作设计(job design)通常是按照劳动分工原则(division-of-labor),把工作划分成一系列由相对独立的不同职能部门的人员承担的不同部分。然而,这种分工方式虽然提高了每个职能部门每个人员工作的效率,但也有其先天不足之处。由于每个职能部门的每个人员只需要关心自己的那一部分工作,从而导致了每个职能部门的每个人员缺乏对整个工作流程的责任感。这些常规的业务流程的结构被划分成了很多不同部分,因此,业务流程本身就缺乏整合性来保证其总体竞争优势,例如兼顾质量和服务。这种整合性竞争优势要素的转变迫使管理者重新考虑企业运营方式,并重新设计核心业务流程,这就是流程再造的目的所在。为了做到这一点,我们必须从基础入手,应用本章已经讨论过的一些知识,以便我们能更好地理解这些业务流程。

7.6.1 再造的定义

对企业进行根本性再思考和彻底性重构的过程就是再造。再造其实就是为了更好地服务顾客而对企业进行的严格从零开始的重新设计。再造所关注的是整个流程，而非单个职能部门的单个人员完成单个任务。再造的关键要素之一是"跳跃思维"——识别并放弃陈规陋习，它们往往是现行业务运行方式的基础。如果只进行小规模的渐进式改变，这些陈规陋习仍将继续存在。

再造的基础之一是计算机网络技术的运用。随着数据库管理、处理速度和网络功能的飞速发展，利用计算机网络技术的优势来开发创新方法已较为常见。但是，现在很多企业只是简单地将现有的人工系统"复制"到计算机网络上，因此，他们依然在困惑：为什么系统"自动化"以后，以前存在的问题仍旧存在呢？

20世纪90年代，福特公司精简应付账款部门的过程就是再造的范例。起初，管理层运用传统方法，决定从500人的部门中裁员100人（裁员率达20%）。然而，调查显示，马自达公司的应付账款部门只有5人。虽然马自达公司规模比不上福特，但这也不足以成为部门规模如此巨大差异的理由。随后，福特公司决定重新考虑应付账款部门的问题。

在福特的旧系统中，应付账款部门的500名员工不停地处理单据，比如说，把卖方发票和采购订单及收据进行对账。当账目无法一一对应时，员工们就会花大量时间来做文书工作，这就是付账延迟的主要原因。而在新的系统中，借助于计算机网络技术，所有的文书工作都被取消了。收到货物的时候，码头上的验货员马上利用计算机网络将每笔来货和采购订单对照起来，他有权在收到货物后对计算机网络发出付款命令。这样一来，账单就变成了在收到货物后就立即支付，而不是在收到发票后才支付。随着文书工作的大大减少，应收账款部门的人数减少到了125人（减少了75%），这些人不仅能处理以前要500人才能完成的工作，而且速度更快了。

花旗银行也为我们提供了一个如何有效地再造文件处理流程的好案例。在两年的时间里，花旗将其员工精简了15%（达14 000人），使其运营费用减少了12%。数据处理中心的数量也从240家减少到了60家，而管理层希望最终把这个数字降到20家。虽然这些节约的费用都来自于传统费用的减少，但其中很重要的一部分是流程再造的结果。

7.6.2 再造流程的特征

基于多年成功地再造企业流程以更好地满足市场需求的经验，通过反复实践，迈克尔·哈默和詹姆斯·钱皮总结出了流程再造的如下几个特征。

1. 工作合并

通过再造，将多项工作合并为一，因此，就将不再需要基于专业化分工的流水线方式了，不再需要专业化人员了，取而代之的是多面手（能够担负起胜任整个流程工作的责任），这被称为横向工作压缩。通过将多项工作合并为一，可以消除职能部门之间和员工之间的信息沟通失误。此外，工作流程周期也大大缩短了，整个工作流程的责任也比较明确。

2. 员工决策

决策成了每个员工工作的一部分，这样，就不再需要传统的管理费用、高昂的等级制管理层来进行统一决策，这被称为纵向工作压缩。这样有利于更快速地反应顾客需求，降低管理费用，同时也增强了员工的自主权，从而增强了员工的工作积极性和对工作整体绩效的责任感。

3. 业务流程的各个步骤按其自然顺序进行

通过业务流程再造，业务流程不再是按照强制性的顺序来进行。取而代之地，我们应该按照业务流程的自然顺序，决定下一个步骤的运行，这样可以使得多个步骤能够同时并行或交叉进行，从而缩短了整个流程的产出周期。

4. 流程的柔性化

不像传统的流水线是完全刚性的，因此只能生产标准化产品，再造流程可以生产多种产品来满足不同目标细分市场和每个顾客的不同需求。这种柔性化的流程的优势在于：与传统的非常复杂的流水作业相比，相当精练简洁。

5. 跨职能工作

再造流程突破了传统职能部门的划分。比如说，所有采购业务都通过采购职能部门进行的方式不再存在，对于办公用品等小型采购业务来说，就由各个部门分散进行各自的采购可能更为有效。

7.6.3 再造的关键问题

近年来，制造型企业和服务型企业为了能够对市场作出更快速的反应，也为了提高企业运营的整体效率，纷纷采用了业务流程再造。然而，只有很小一部分的企业取得了成功，而失败原因之一就是企业管理层无法将 BPR 与企业总体战略有效地联系起来，常常是 BPR 成了独立的管理创新方法，而不得不与像全面质量管理（TQM）、自我管理团队（self-managed work team）、外包（outsourcing）等其他管理创新项目一并竞争企业有限的资源。

一个成功的 BPR 项目必须与企业总体战略结合起来实施。换言之，BPR 是企业的战略决策问题，而非战术决策问题，至少也是战略业务单元的战略决策问题。这两种实施 BPR 的不同方式的比较如表 7-7 所示。

表 7-7 BPR 的战略实施方式与战术实施方式的比较

	战术实施方式	战略实施方式
范围	职能部门	战略业务单元
重点	单个流程	所有关键的核心流程
目标	流程的工作流	整体再造：工作流、系统、结构、激励、文化
角色	独立的改进方案	所有改进方案
结果	费用、人数、空间的减少	利润、回报率、市场份额的上升

与所有需要企业作出重大变革创新的项目一样，业务流程再造的成功实施关键在于企业高层领导的承诺和参与。

本章小结

无论制造业还是服务业，流程存在于任何业务环境中。企业运用的流程类型以及流程的运行绩效都直接关系到企业能否成功。所以，管理者应该了解流程的工作原理并对其运行绩效进行持续衡量。流程分析是流程管理中一个不可分割的组成部分，可用来识别流程的瓶颈以及亟待改进的地方。

任何流程都有多种绩效衡量指标。因此，对于每个管理者来说，有必要找到关键的衡量流程的绩效指标，以便能获得合适的信息，作出更为明智有效的决策。

为了更有意义,关键绩效指标应有参照基准。一般以企业内部在一定时期内的发展趋势作为参照的基准,也可以以在一段时间内持续获得的行业数据为参照的基准。然而最近,很多企业开始以行业外的成功企业为参照的基准,以便找出与在某特定职能部门或特定类型的流程最为出色的企业。这种优中择优进行比较的方法就是标杆管理。

使用适合的绩效衡量指标和标杆管理对于那些希望立足于全球市场的企业来说很关键。在当今竞争如此激烈的环境中,游戏规则不断改变,行业标准不断提高,只有那些知己知彼的企业才能生存下去。

如今,管理者也认识到很多流程都是跨职能部门的,曾经只用于制造部门的流程图和流程分析,也能应用于业务流程上。

制造业中得到的经验教训同样也能用于服务业,但是必须把顾客的直接参与考虑在内。这种服务业的运营流程分析工具被称为服务蓝图。

为了改进流程,使之更有效和高效,通常使用业务流程再造来对流程进行从零开始的重新设计。这种方法使得在利用最新技术的同时,也能引发最新颖的创新思维。

■ 复习思考题

1. 请问流程的绩效衡量为何重要?
2. 如何理解"生产率是一个相对量"?
3. 分别简述衡量质量、交货速度和柔性的典型绩效衡量指标。
4. 管理层采用特定绩效衡量指标的标准是什么?
5. 什么是标杆管理?对于那些参与全球竞争的企业而言,为什么标杆管理如此重要?
6. 标杆管理可以分为哪几类?
7. 请简述备货型和订货型的流程方式的不同之处。
8. 请问模块化是如何做到使企业在提高效率的同时,又能向顾客提供多样化产品的?
9. 瓶颈的定义是什么?瓶颈如何影响流程的产出率?
10. 请简述流程图的主要要素。
11. 服务蓝图和流程分析有何区别?
12. 业务流程与一般流程有何区别?
13. 请描述在亚马逊网站购买图书的订单执行流程,并绘出相应的流程图。
14. 业务流程再造指的是什么?近年来,为什么有这么多的BPR项目没有成功?

■ 互联网练习

登录并浏览麦格劳–希尔公司的运营管理企业网站(http://www.nhhe.com/pom),详细描述该企业的流程,并绘出流程图。

■ 习题

1. 你父母来探望你,你决定带他们去一家高档的餐馆共进晚餐。当你驾车抵达后,会有一名服务生帮你把车停到停车场。一进餐馆,告诉服务员你的名字,她会请你稍候。于是你到休息室叫了杯饮料。过了一会儿,你就被叫号并被带到主餐位就座,与父母一起进餐。

   (1) 请绘出你去餐馆就餐的服务蓝图,图中必须指出可视线和相关流程。
   (2) 你觉得这个流程的优劣在哪里?

2. 你把车停在当地加油站换油并对车子稍做校调。你去取车时把油箱加满油,接着付了油费和修理费。请绘出这一过程的服务蓝图(包括可视线)。

3. 作为一家小型比萨连锁公司的地区经理,你刚收到了所负责地区的两家分店的下列数据：

	A 分店	B 分店
销售额（美元/周）	8 500	12 500
顾客人数（人/周）	2 150	4 175
员工工作总时间（工时/周）	440	535
总的服务范围（平方英里）	1 275	1 650

(1) 针对这两家分店，请定义至少三种生产率的衡量指标并分别计算出来。
(2) 根据这些生产率衡量指标，分析并比较这两家分店的运营绩效。
(3) 为什么生产率会有所不同？

4. THP玉米花公司为不同的专业食品提供高质量的玉米花。最近每周市场需求为2盎司装的6 000箱，8盎司装的5 000箱（2盎司每箱有24包，8盎司每箱有12包）。加工玉米花的工厂每周工作5天，每天工作8小时。现在，工厂有下列设备和能力：

设　备	能　力	每批所需时间	数量
玉米花机	50磅/批	6分钟	3
包装机（2盎司）	40包/分钟		2
包装机（8盎司）	20包/分钟		1
装箱机（2盎司）	1分钟/箱		2
装箱机（8盎司）	1分钟/箱		1

(1) 请绘出玉米花加工和包装的流程图。
(2) 计算流程中每一步骤的能力利用率（假设生产恰能满足每日需求）并找出存在的瓶颈（注：1磅约等于16盎司）。
(3) 如果存在瓶颈，你该怎么办？

5. 快速税务服务公司在新英格兰设立了多家分理处，提供低成本的税务准备服务。为了有效加快客户纳税申报单的处理速度，公司运营经理建立了以下流程：客户一走进分理处，就有接待员来接待每位客户，并通过询问几个简单的问题来判断客户需要什么服务，这一步骤大约要花费5分钟。随后，如果客户的纳税申请书比较复杂，接待员就会把他们介绍到专业税收专家那里进行咨询；如果比较简单，则会有助理咨询师前来服务。前者平均费时为1个小时，而后者为30分钟。通常，在纳税高峰期，分理处会有6名专家和3名助理，每天的办公时间为10小时。申请书完成以后，就通知客户到出纳员处（每个分理处有2位出纳员）结账，每个客户大约要花费6分钟。在纳税高峰期，每天每个分理处会接待100名客户，其中70%会要求专家服务。

(1) 请绘出以上服务的流程图。
(2) 找出纳税期内的瓶颈。
(3) 计算客户平均通过专家服务和助理服务的时间（假设没有等待）。

6. DDS美食店开设了外卖区和堂吃区。外卖区有4个柜台，而堂吃区有10个座位。外卖订单一般花3分钟完成，而在堂吃区，虽然服务员只花2分钟就能把所点食物送上，但是顾客平均要花12分钟来喝咖啡，吃面包圈。每天的高峰时间为早上7点到8点，大约有100个顾客前来，其中60%的顾客会选择外卖区。

(1) 为了防止员工过度疲劳，管理层认为员工利用率不应超过80%，根据这个标准，早上7点到8点这段时间应该安排多少员工？
(2) 计算高峰期外卖柜台和堂吃座位的能力利用率。

7. 某医院的门诊所收到联邦政府公文，要求其分析一下门诊所医护工作的完成情况。为了进行这项分析，医院聘请了一个商学院学生为其设定并诠释病人在该门诊所就医的流程。她的报告包括以下信息：

走入门诊所，每个病人需填一张表格，大约花5分钟；然后大约再等3分钟，会有一个初诊护士来诊断病情的严重程度，这一步大约2分钟；根据护士的诊断，病人要么去看正式医生，要么去看专职护士直接处理，要么马上被送去急诊室。正式医生的病人在正式看病前平均等待12分钟，平均就医时间为15分钟，而由专职护士接待的病人平均等待18分钟，治疗时间17分钟。随后，无论是由正式医生还是专职护士接待的病人都要去出纳处结账。在出纳处的平均等待时间为5分钟，平均结账时间为6分钟。

(1) 该诊所病人的平均通过时间为多长？分别计算由正式医生接待的、由专职护士接待的以及送入急诊室的病人的平均通过时间。

（2）分别计算看正式医生和专职护士的流程周转率。

案例分析 7-1

你和你的室友正准备在校园公寓里开一家克莉丝汀曲奇公司，在晚上为饥饿的学生提供新鲜的曲奇。你需要评估一下公司生产流程的初步设计，以便你能够对销售价格、盈亏状况以及接受订单的能力等进行预算。

业务概念

你们的创意是依照顾客订单要求的配料来烘烤出新鲜的曲奇。曲奇能1小时内在你们的公寓中制作完成。

你们生产的曲奇与从商店购买的曲奇相比有以下几大优势：首先，你们的曲奇完全是新鲜的，都是在接到订单后才开始制作的。所以，顾客拿到的是刚从烤炉里出来的热乎乎的曲奇。

其次，与著名的史蒂夫冰淇淋一样，你们有多种配料可供顾客选择，包括碎巧克力、M&M巧克力豆、石楠条馅、椰子、可可豆、胡桃以及葡萄干。顾客可以打电话来预订，并告知他们所希望加入的配料。你们则保证提供新鲜曲奇。简而言之，你们为校园内任何角落的同学提供最新鲜、最美味的曲奇。

生产流程

烘烤曲奇的流程其实很简单：把所有配料混合加入食品加工机；用勺子把曲奇面团舀到托盘上；把托盘放入烤箱；烘烤；把曲奇从托盘上拿下并小心地装入盒子。你和室友已经有了所有必要的设备：一个食品加工机、曲奇托盘以及勺子。你的公寓有一个小烤箱，一次能放入一个托盘。你的房东支付所有电费。所以，可变成本只包括配料（估计0.6美元/打）、曲奇包装盒（0.1美元/个，每个盒子可装12块曲奇）以及你的时间（你的时间值多少钱呢）。

接着要进行的是对整个生产流程的详细检验，需计算每个步骤所需的时间。第一步是接收订单，你的室友已经想好如何以100%的正确率快速处理（事实上，你和室友将利用校园电邮系统接受订单，并通知对方到时来取货。因为这一步可在电脑上自动进行并不占用你的时间），所以以后的分析中将忽略这一步。

你和室友已经对所有手工作业进行了计时。手工作业第一步是把配料拌和碗洗干净。加入所有配料，并将混合后的配料倒入食品加工机。拌和碗最多能装3打曲奇所需的配料。接着你把曲奇面团舀到托盘上，一次一打。无论这一批要做多少曲奇，洗碗和混合大约都需要6分钟。也就是说，混合2打曲奇所需的面团和配料的用时与混合1打的并无区别，都是6分钟。但是，舀一托盘的曲奇面团要花2分钟。

第二步由室友进行。即将装有曲奇面团的托盘放入烤箱，并设定温度和时间，这一过程需要1分钟。所以整个烘烤时间为10分钟，其中第1分钟你的室友对烤箱进行设定。因为烤箱一次只能烤一盘，烤第二盘又会花费10分钟。

室友还负责这个流程的最后一个步骤，即把曲奇从烤箱内取出并放在旁边冷却5分钟，然后进行装盒和收款。从烤箱内取出烤盘的时间可忽略不计，因为这一步必须快速完成。包装花2分钟，收费花1分钟。

这就是克莉丝汀曲奇店按打生产的曲奇生产流程。有经验的烘烤师都知道，实际的曲奇生产流程都会采取一些简化方法。比如说，生产每晚的第一批曲奇时，烤箱都需要预热。但是，这些复杂的步骤现在都可以省略了。画一张曲奇生产流程的流程图，然后开始你的分析。

曲奇店开业前急需解决的几个关键问题

开业前，你先要设定价格和接收订单的规则。有些问题只能在你开业后尝试用不同的方法制作曲奇后才能解决。但在开业前，你们起码要有一个初始计划，而且要尽可能的详细,以便能算出每晚要花在这上面的时间以及能赚到的钱。比如说,你们在进行市场调查来确定可能性需求时,你就会详细制定你的订单政策。所以,回答以下关于运营方面的问题对你会有所帮助。

1. 完成一个紧急订单要花多少时间?
2. 假设你每晚营业4小时,你能完成多少订单?
3. 你和室友要花多少时间来完成每个订单?
4. 因为你的烤盘正好能装一打曲奇,所以你将按打来生产和出售曲奇。如果有人订两打曲奇,你是否会给打折呢?三打呢?更多呢?如果打折,打多少折扣呢?完成一个两打的订单是否比完成一打的要花更多的时间?
5. 你需要多少食品加工机和烤盘?
6. 是否可以改变你们的生产流程以便能在更少的时间内或者以更低的成本生产更好的或更多的曲奇?比方说你们想扩大生产,你的生产流程中是否存在瓶颈作业?如果增加一台烤箱,会有什么影响?如果租借一台烤箱,你愿意支付多少钱?

需要进一步思考的问题

1. 如果没有室友合作,准备自己单干,那么会发生什么情况?
2. 对于紧急订单,你是否应该特别照顾?假设你刚把一盘曲奇放入烤箱,有人打电话给你,"十万火急"地预订一打不同风味的曲奇。你能否同时完成这两个订单?如果不能同时满足,对于那个紧急订单,你应该收多少费用?
3. 什么时候你可以答应送货?你如何快速浏览你的预订单(未完成订单的列表)并告诉顾客何时出货?应该允许多久的安全时间余量?
4. 在进行业务计划阶段,还应考虑哪些因素?
5. 由于每个订单都不同,所以产品必须是依据订单进行生产。如果你想转而生产标准化产品,应该如何改变生产系统?如何改变订单接受流程?

资料来源:Copyright © 1986 by the President and Fellows of Havard College, Harvard Business School. Case 9-686-093. This case was prepared by Roger Bohn with the assistance of K. Somers and G. Greenberg as the basis for class discussion rather than to illustrate either effective or ineffective handling of an administrative situation. Reprinted by permission of the Harvard Business School.

第8章

质量管理

学习目标

- 介绍了在质量管理发展历程中占据重要地位的大师及其特别贡献；
- 讨论了产品质量和服务质量的不同维度；
- 定义了质量成本的构成要素；
- 阐述了全面质量管理和六西格玛质量管理；
- 介绍了世界三大质量奖及其促进和鼓励企业提供高质量产品与服务的重要作用。

引 例 美德瑞达有限公司鲍德里奇国家质量奖梅开二度

美德瑞达有限公司（MEDRAD, Inc.）创建于1964年，是全球市场领先的高科技医疗设备制造商与分销商，旨在实现和改善计算机断层成像、磁共振以及心血管疾病的诊断和临床治疗流程。美德瑞达是拜耳医药保健（Bayer Medical Care）的旗下公司，全球总部坐落于美国宾夕法尼亚州沃伦德尔市，产品包括面向放射医学和心脏病学领域的液体注射系统、用于安全治疗心血管疾病的介入器材，以及磁共振兼容附件和设备维修。

美德瑞达有限公司自2003年获得制造型企业的鲍德里奇国家质量奖，2010年再次脱颖而出，问鼎鲍德里奇国家质量奖。美德瑞达持续成功源自公司的成功理念：提供高质量医疗保健产品和服务、确保持续的增长和盈利、提供一个愉快而待遇丰厚的工作场所。美德瑞达在企业内创造了决策下放的环境，以支持高绩效的组织文化。决策的制定点就在客户的现场，客户可以是外部顾客，也可以是内部员工，或是美德瑞达其他利益相关方，这种决策模式可以使组织迅速而灵活地响应业务部门、顾客和员工的需求。美德瑞达的战略规划流程以三个时间段被系统化地自上而下地展开：十年规划聚焦于愿景和战略；五年规划重点于组织架构设计及产品生命周期管理；年度规划则将长期战略的元素转变为未来一年的行动方案。客户心声（即深层次捕捉顾客期望、偏爱与厌恶的流程）的输入是战略规划流程最重要的驱动力。五个常青记分卡目标（evergreen scorecard goals）生成企业战略规划，并链接到最重要的12个业务部门具体目标，从而使得美德瑞达能够灵活而敏捷地识别医疗保健行业迅速变化的市场和不确定的经济环境。

作为提供高质量医疗保健产品和服务所付出努力的回报，美德瑞达在过去几年的美国和欧洲市场，许多产品一直保持着市场领导地位，更值得一提的是，许多产品的市场占有率比最接近的竞争对手高两倍以上。采用NPS⊖测评体系，美德瑞达的全球客户满意度自2001

⊖ NPS（net promoter score），即净推荐值等于推荐者所占百分比减去批评者所占百分比，是计量客户将会向其他人推荐企业产品或服务可能性的指数，是顾客忠诚度重要分析指标，专注于顾客口碑如何影响企业成长。

年的50%稳步增长到2010年的63%，超出50%的同行业最好的标杆学习值。

资料来源：National Institute of Science and Technology（NIST）website, www.quality.nist.gov；www.medrad.com, 2013-01-01.

质量对顾客从来都是非常重要的，所以每位管理者都应该优先考虑质量，无论是其身处制造业还是服务业。然而，要从顾客的角度定义质量是非常困难的，因为质量对于不同的人有着不同的含义，这也是当今管理者所面临的主要挑战之一。同时，由于全球化竞争的加剧以及顾客的相关知识更加丰富，现在提供的产品和服务的质量水平在不断提高。多方面的原因使得服务的质量尤其难以管理。与产品质量不同，服务质量往往主观性较强，即使在完全相同的环境下，顾客与顾客之间也有很大差异。所以，一位顾客认为的优质服务可能被另一位顾客视为低劣的服务。

质量难以定义是由于质量是一个非常宽泛的概念，包含多个不同的维度，有形产品和服务均是如此。优秀的管理者应该识别出那些对于他们的顾客最重要的质量维度。

管理者必须关注质量的另一个原因是，质量和成本是密切相关的。生产劣质产品带来的是很高的成本。低劣的质量造成顾客不满，于是顾客就带着他们的业务转投他处。因此，产品和服务的高质量是保持顾客忠诚度和长期顾客关系的要素，而顾客忠诚度和长期顾客关系能够显著增加企业的利润。

随着全球化竞争的加剧，产品和服务的市场已经从卖方市场（顾客依赖于产品和服务提供商的仁慈）转为买方市场（顾客有很大的余地来选择所需要的产品和服务）。随着越来越多的消费者能够在网上自由地从世界的任何角落购买产品和服务，这种趋势只会加强。在这样一个竞争激烈的环境中，管理者逐步了解到顾客忠诚度的重要性，同时也认识到保持顾客忠诚度的一个关键要素就是提供高质量产品和服务的能力。仅仅使顾客满意已经不够了，如今顾客忠诚度取决于企业"取悦"其顾客的能力。不过，正如我们所看到的，质量可以有很多种含义，因此，每个企业需要识别出对于它所关注的市场最为重要的那些特殊质量要素。

从历史的角度来看，质量运动可以追溯到20世纪20年代，当时沃尔特·休哈特提出了统计过程控制的概念，用以测量和监控过程质量。不过，休哈特的质量概念并没有被工业界广泛接受。直到第二次世界大战期间，企业才被迫接受休哈特的质量概念，这是由于当时大量的原材料投入了军工品的生产，用以支持战争并且劳动力严重缺乏。

二战后，在美国，战争期间被压抑的消费需求释放出来，形成了对产品空前的需求。在这样的市场环境中，企业集中力量生产出大量产品来满足巨大的需求，而往往牺牲了产品质量。就在这一时期，W. 爱德华·戴明和约瑟夫·朱兰这两位本章中即将介绍的质量大师，教授日本的管理者通过贯彻"第一次就把事情做对"的管理理念来降低成本和提高质量。他们的努力获得了成果，日本产品的质量显著改善，到20世纪70年代，日本产品已经进入世界最优之列。

美国质量运动始于1980年美国国家广播公司（National Broadcasting Company，NBC）一个主题为《如果日本可以，为什么我们不可以？》的纪录片，该片介绍了戴明对改进日本产品质量所作出的杰出贡献。纪录片播放后的那个上午，戴明的电话不停地响起，都是美国的管理者为改进公司产品质量而向这位质量大师求助的。

今天，提供高质量的产品和服务已成为每一个企业获得长期成功的必须要求。

8.1 质量管理大师

多年来，质量革命中涌现出许多杰出人物，其中，沃尔特 A. 休哈特、W. 爱德华·戴明、约瑟夫 M. 朱兰、艾蒙德·费根鲍姆、菲利普·克劳斯比和田口玄一等人因其卓越贡献和先进思想而被人们称为质量大师。尽管这些质量大师在如何看待质量上有很多共同点，每个人还是各自在质量运动中留下了自己的特殊印记。因此，他们关于质量的理念是有着明显差异的。表 8-1 所示的是三位最杰出质量大师的质量理念的比较。

表 8-1 三位质量大师的质量理念的比较

	克劳斯比	戴明	朱兰
质量定义	符合要求	低成本条件下可预测的一致性和可靠度，适应市场需要	适用性（满足顾客需要）
高层管理者责任程度	对质量负有责任	对 85% 的质量问题负责	工人对质量问题所负的责任少于 20%
绩效标准/动机	零缺陷	质量有很多"测度"；运用统计方法度量各个领域的性能；零缺陷是关键	避免通过发起运动来做到完美的工作
一般方法	预防而非检验	通过持续改善减少变异；停止大批量检验	对质量的全面管理方法，尤其重视人的因素
结构	质量改进的 14 步法则	质量管理的 14 个要点	质量改善的 10 个步骤
统计过程控制（SPC）	拒绝统计意义上的可接受质量水平（要求 100% 的完美质量）	必须运用质量控制的统计方法	建议使用 SPC，但警告可能导致对工具的依赖
改进的基本方法	一个流程而不是一个项目；改进目标	不断减少波动；取消没有方法的目标	项目团队方法；设立目标
团队工作	质量改进团队；质量理事会	员工参与决策制定；打破部门之间的界限	团队和 QC 小组方法
质量成本	成本是不符合要求造成的，质量是免费的	不存在最优，不断改进	质量不是免费的；存在最优
采购和收货	申明要求；供应商是自身业务的扩展；大多数错误是由采购人员造成的	检验滞后；在 AQL（可接受质量水平）下允许次品进入系统；要求有统计证据和控制图	问题是复杂的；进行正式调查
供应商评级	进行，买方质量审核毫无用处	不进行；质疑大多数评价体系	进行，但要帮助供应商改进质量
独家供应		可以	不可以，可能造成忽视提高竞争优势

资料来源：Modified from John S. Oakland, *Total Quality Management*（London：Heinemann Professional Publishing Ltd., 1989），pp. 291-92.

8.1.1 沃尔特 A. 休哈特

前面已经提到过，休哈特是贝尔实验室的一位统计学家，研究工业过程中的随机性。他开发了一套体系，能够让工人判定一个过程的波动是由偶然因素还是必然因素引起的。如果一个过程只表现为随机波动，那么就可以认为是"受控"。如果一个过程表现为非随机波动，就要找出引起波动的原因并加以改正，以使过程回到受控状态。除了建立现代统计过程控制的基本方法，休哈特还提出了图 8-1 中的"计划（plan）- 执行（do）- 检查（check）- 行动

（act）"（PDCA）循环。在 PDCA 循环提出之前，企业通常会在开展管理活动时确定开始点和结束点，而 PDCA 循环运用循环模型来强调需要进行持续改进。休哈特在统计过程控制中的开拓性工作对戴明和朱兰产生了巨大的影响。

8.1.2 W. 爱德华·戴明

对统计过程控制（statistical process control，SPC）的透彻理解是戴明质量方法的基石。日本人对戴明 SPC 理论的印象非常深刻，于是他们邀请戴明向日本的管理者及员工传授 SPC。戴明强调在质量管理中组织整体方法的重要性，因此他坚持让高级管理者出席他的讲座，使他们明白仅仅依靠质量管理部门自身无法支撑和保持在整个企业范围进行持续改进质量的努力。日本人为了纪念戴明对日本企业的成功所作出的巨大贡献，以他的名字命名了日本表彰在质量方面出类拔萃的企业的最高奖项——戴明奖。在日本，每年都有数以百万计的人们通过电视观看戴明奖颁奖仪式的现场直播（美国企业在改进质量上有了显著进步的一个证明是一家非日本企业佛罗里达电力和照明公司被授予了戴明奖）。

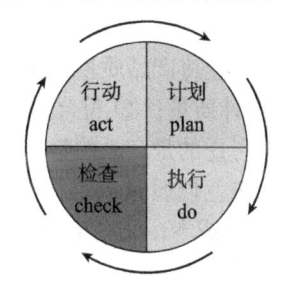

图 8-1 休哈特的 PDCA 循环

资料来源："The PDCA Cycle" from *Deming Management at Work* by Mary Walton, copyright © 1990 by Mary Walton. Used by permission of G. P. Putnam's Sons, a division of Penguin Putnam, Inc.

戴明的主要贡献之一是证明了生产更高质量的产品要花更多的成本这个观点是错误的。他揭示出的真相恰恰相反：事实上，一道高质量工序比一道低质量工序所耗费的成本要少。如果保证产品第一次生产就合格，便削减了返工和修理所花费的不必要的劳动力和废料成本，从而大大节省了成本。

戴明还把计划-执行-检查-处理（PDCA）循环介绍给了日本人。

戴明认为，一个企业 85% 的质量问题可以归结到管理部门上，因为他们有权作出影响现有运营体制和业务的决定。戴明对福特、新罕布什尔公司和佛罗里达电力和照明公司等企业的广泛咨询经验支持了他的这个观点。经过多年的总结提炼，戴明提出了改进质量的 14 个要点，如表 8-2 所示。

表 8-2 戴明改进质量的 14 个要点

1	坚持不懈地改进产品和服务质量	8	消除畏惧心理
2	采用新的质量思想	9	打破部门界限
3	停止依靠大量检验达到高质量	10	取消针对工作人员制定的口号、勉励语和奋斗目标
4	停止只根据报价奖励合作企业的行为	11	取消数字定额
5	持之以恒改进生产和培训系统	12	消除让员工为自己的才能感到自豪的障碍
6	建立在职培训制度	13	设立生动活泼的教育和再培训项目
7	培养领导能力	14	采取行动使计划真正落实

资料来源："14 Point System" from *Deming Management at Work* by Mary Walton, copyright © 1990 by Mary Walton. Used by permission of G. P. Putnam's Sons, a division of Penguin Putnam, Inc.

8.1.3 约瑟夫 M. 朱兰

与戴明一样，朱兰也在二战结束后不久访问日本，以帮助日本重建工业基础。朱兰也和戴明一样强调产品质量的重要性，这个思想使他在日本期间致力于传授质量概念及其在工厂层面的应用。朱兰在日本公司经验的基础上发展出一套质量理论，该理论主要关注三个领域：① 质量计划；② 质量控制；③ 质量改善。

朱兰将产品质量定义为满足顾客需要的适用性，他进一步把适用性定义为由五部分组成：① 设计质量；② 符合性质量；③ 实用性；④ 安全；⑤ 现场使用。在评价产品的适用性时，朱兰考虑的是产品的整个生命周期。

朱兰以质量成本作为介绍其质量方法的框架。为此，他把质量成本分为三个主要种类：① 预防成本；② 鉴定/检验成本；③ 故障成本。所有这些都将在本章的后面部分详细阐述。

8.1.4 艾蒙德·费根鲍姆

1956年，艾蒙德·费根鲍姆提出了全面质量控制的概念，此概念始于质量是组织中每个成员的责任的认识。他强调部门之间的交流，特别是对于产品设计控制、来料控制和生产控制等方面。和朱兰一样，他推崇质量成本框架，并强调仔细地度量和报告这些成本。他认为需要一种新型的质量专业人员，即复合型的质量控制工程师，这一点又和朱兰的观点相似。仅靠统计学的单独运用已经不够了。日本人吸收了这一思想并将其扩展为"全公司范围的质量控制"。为了纪念他对改善质量的贡献，马萨诸塞州质量奖后来以艾蒙德·费根鲍姆命名。

8.1.5 菲利普·克劳斯比

与身为统计学家的戴明和朱兰不同，克劳斯比是科班出身的工程师，并在制造业开始了他的职业生涯。在数家大公司主要任职于与质量相关的职位后，他于1979年在佛罗里达建立了自己的"质量学院"。

克劳斯比的理念在某些方面与戴明相类似，认为任何组织都能够通过改善过程质量来减少总成本。在他早期的一本著作中，克劳斯比宣称"质量是免费的"。他认为，提供低质量的产品和服务带来的成本是巨大的。他估计提供低质量的成本要占到制造型企业收入的25%和服务型机构运营费用的40%。克劳斯比还称，那些成功贯彻了质量计划的企业可预期将其质量成本减少至低于销售的2.5%。

8.1.6 田口玄一

田口玄一在提炼质量管理理念和发展质量工具方面都作出了重要的贡献。田口玄一用工程学的方法来设计质量，致力于用实验设计来提高产品的产量和性能。他强调使波动降低到最低程度，这也是他理论体系的基石。朱兰强调的是企业的质量成本，而田口玄一则关注整个社会的质量成本。他进一步发展了朱兰的外部故障成本的概念，不仅包括提供缺陷产品的企业的成本，还包括接收该产品的企业的成本，以及购买并使用了该产品的顾客的成本等。他从工程和哲理的双重视角揭示了不合格产品造成的损失，希望管理者关注他们的产品和服务质量。

8.2 质量定义

8.2.1 产品质量

大卫·戈文（David Garvin）对有形产品确定了八个不同的质量维度（quality dimension），企业可以在这些方面展开竞争：①性能（performance）；②特征（features）；③可靠性

（reliability）；④耐用性（durability）；⑤符合性（conformance）；⑥维护性（serviceability）；⑦美观（aesthetics）；⑧感知质量（perceived quality）。

1. 性能

性能是对产品主要工作特性的衡量。由于性能通常可以用明确的定量指标来衡量，产品的性能指标经常被用以与竞争产品进行比较和评判高下，例如，对于一辆汽车，它的性能指标主要包括动力性、燃油经济性等。汽车动力性主要以最高车速、加速时间和汽车所能爬上的最大坡度三个指标来评定。汽车燃油经济性在美国是以每加仑汽油能行驶的英里数来衡量，而在中国和欧洲则以汽车行驶百公里的燃油消耗量表示。

2. 特征

特征是产品提供的"铃声和哨声"。特征并不是产品的主要特性，是附加到产品上的各种次要的感知特性。尽管如此，它们对于顾客来说却有可能非常重要。比如，无钥匙启动系统、天窗、立体声音响可能成为一个第一次购买汽车的人考虑的决定性因素。

3. 可靠性

产品的可靠性是指该产品在规定时间内出现故障的可能性。可靠性通常用出现故障的平均时间（MTBF）、单位时间的故障率以及其他标准来衡量。高可靠性对于飞机、电脑和复印机这类产品来说很重要。比如，施特劳斯电脑以"无故障"电脑系统得以在激烈竞争的电脑产业中争得一席之地；没有活干而感到无聊的 Maytag 公司修理人员和美国西尔斯公司的巨能电池也是产品高可靠性的范例。

4. 耐用性

耐用性是指产品的预期使用寿命。例如一个节能灯，当节能灯灯丝烧坏时，整个产品都得被更换；又如一辆汽车，消费者必须评估是换一辆新车还是修理现有的这辆。

5. 符合性

产品的符合性主要是面向工序的，它指的是该产品及其零部件与现有标准的符合程度。

6. 维护性

维护性关注的是一个产品被维修的难易程度及修理的速度、能力和礼貌。该质量维度有时候在设计阶段不受注意。例如，雪佛兰曾设计了一款汽车，它的火花塞只有把整个引擎拉出来才能取下。修理的速度也很重要，它影响着有一定覆盖范围的那些产品的总量。以城市的急救服务为例，急救车需要修理和维护的频率及时间直接影响了该城市在合理的覆盖水平下所需的护理车总量。

7. 美观

美观显然是高度依赖于个人评价标准的质量维度，因而是很主观的。事实上，从美观的角度来说，一部分顾客认为的高质量可能对于另一部分顾客来说很低劣。因此，企业有机会在这个质量维度上寻找到一个非常特殊的市场。

8. 感知质量

据大卫·戈文的理论，感知质量与制造该产品的企业的声誉直接相关。通常来说，人们得不到产品质量的全部信息，特别是当一种新产品首次推向公众的时候。于是，消费者便依赖于生产该产品的企业过去的表现和声誉，通过该企业其他产品先前的表现来获得一个感知的价值。

8.2.2 服务质量

帕拉苏莱曼、茨塞默和贝瑞（Parasuraman，Zeithaml & Berry）基于感知服务质量与期望服务质量之间的服务质量差距建立了服务质量概念模型，并提出以下10个"一般"因素或者维度影响了企业提供给客户的服务质量的水平：①有形性（tangibles）；②可靠性（reliability）；③响应性（responsiveness）；④能力（competence）；⑤礼貌（courtesy）；⑥可信赖性（credibility）；⑦安全性（security）；⑧接触度（access）；⑨沟通（communication）；⑩了解客户（understanding the customer）。经过进一步系统深入研究，帕拉苏莱曼、茨塞默和贝瑞最终将影响服务质量的10因素进行了合并，提炼出了服务质量的五个维度：①可靠性（reliability）；②有形性（tangibles）；③响应性（responsiveness）；④保证性（assurance）；⑤移情性（empathy）。其中，可靠性主要与服务结果相关，而其他四个维度则主要与服务过程质量相关。尽管如此，这五大服务质量维度都更加强调顾客对服务质量的感知，强调服务质量的最终评价者是顾客而不是服务提供者企业自身。

1. 可靠性

服务可靠性与有形产品可靠性的定义不同。服务可靠性是可靠地、准确地履行服务承诺的能力。例如，你是否每个月都能够准时收到银行对账单，并及时核对对账单准确性？

2. 有形性

有形性是服务的物质实体方面，包括有形的服务设施、设备、人员和沟通材料。因为服务是无形的，顾客常根据相关的有形性来评价服务质量，有形的环境条件是服务人员对顾客更细致的照顾和关心的有形表现。

3. 响应性

响应性是指帮助顾客并迅速提供服务的愿望。让顾客等待，特别是无原因的等待，会对质量感知造成不必要的消极影响。出现服务失败时，迅速解决问题会给质量感知带来积极的影响。在误点的航班上提供补充饮料可以将旅客潜在的不良感受转化为美好的回忆。

4. 保证性

保证性是指服务人员所具有的知识、礼节以及表达出自信与可信赖的能力。保证性包括如下特征：完成服务的能力、对顾客的礼貌和尊敬、与顾客有效的沟通、将顾客最关心的事放在心上的态度。

5. 移情性

移情性是设身处地地为顾客着想和对顾客给予特别的关注。移情性有以下特点：接近顾客的能力、敏感性和有效地理解顾客需求。

有形产品质量维度与服务质量维度的差异，主要在于服务系统中的顾客参与程度。

8.2.3 质量新视角

1. 技术质量和功能质量

与制造业一样，在服务业中注意到技术质量和功能质量之间的区别是很重要的。技术质量指产品或服务的核心要素；功能质量指顾客对服务质量的感知。比如，医生对病人进行的药物治疗的适当性是对医疗的技术质量的一个衡量标准，而该医生的"床边行为"——他有多投入，他是否倾听并解释，他付出多少关心使病人生理和心理上都感到舒适——则是对医疗的功能质量的一个衡量标准。

顾客很容易评价功能质量，因为它主要取决于提供产品和服务的企业与其顾客之间的相互关系。然而，顾客则不一定能够评价技术质量，因为他们没有所需要的技术知识。比如，除非有大量汽车方面的知识，否则顾客无法肯定新车的技术说明书说的是什么或者修理工是否合适地辨别并解决了汽车的故障。与之类似，我们中的绝大部分人没学过牙科，我们不知道牙医是否像辨识墙上的洞一样辨识了牙齿上的洞！为了弥补缺乏评价技术质量所需知识的缺陷，顾客往往希望通过一些客观的衡量标准来帮助他们作出评价。比如，当我们评价一位医生的水平时，我们会考虑他在哪里受教育、他有多少经验以及他是否已被业界认可。当我们评价一个 MBA 计划时，我们会以该学校是否是公认合格和拥有博士学位的教职工比例来作为技术质量的衡量标准。大多数顾客在适当评估技术质量上的无能为力使功能质量变得更为重要。优秀的管理者在质量的这两个方面都会给予关注。

2. 预期服务质量和感知服务质量

用于定义服务质量的另一个方法是衡量顾客对所接受的服务的满意程度。顾客对服务的满意程度与他们对于服务预先的期望和他们对于所提供服务的感知这两方面有关。顾客在多种因素的作用下形成某种预期。他们会考虑先前经历的一般服务和所接受过的每种特殊服务的体验。比如，顾客对一家服装零售店的服务形成了一种预期，这种预期来自于顾客与其员工在电话中的交流，同样也来自于他们在另一家服装零售店所得到的服务。顾客也会根据从其他人那里听到的有关服务而形成预期。如果你从朋友那里得知她在某家旅馆过得很愉快，你就很可能期望当你到那里时也得到同等水平的服务。顾客还会从提供服务者的广告和促销中形成预期。优质服务承诺能够带来顾客，但是仅仅一个承诺是不够的。顾客只有在服务达到甚至超过他们的预期时才会感到满意。服务绩效会被顾客对服务质量的知觉渲染，因此，预期（expectation）、服务绩效和对服务绩效的感知（perception）这三者之间的关系可用下式来描述：

$$顾客满意度 = 感知服务绩效 - 预期服务绩效$$

该等式显示了提高顾客满意度的两种方式：提高顾客对服务绩效的感知或降低他们的期望。但是顾客满意度高会使下次服务的预期变得怎样呢？顾客很可能会期待再次接受如此高水平的服务，从而给服务提供者增加了难度。

这个顾客对服务满意度等式是动态的：每次的服务都会影响顾客对下次服务情况的预期，因此管理服务绩效和预期对达到高水平的顾客满意度同样重要。然而在管理者考虑如何管理好服务绩效之前，他们必须明白服务质量是什么？顾客需要什么？如何才能达到他们的要求？

8.3 质量成本

根据朱兰模型，我们把质量成本分成三个主要部分：①预防成本；②鉴定成本；③故障成本。故障成本又可以进一步分成内部故障成本和外部故障成本。

质量总成本是这三部分成本的总和。每种成本一般在总成本中所占的百分比列于表 8-3 中。

表 8-3 典型的质量成本比率（%）

种类	费根鲍姆	朱兰和戴明
预防成本	5～10	0.5～5
鉴定成本	20～25	10～50
故障成本	65～70	内部：25～40 外部：20～40
质量总成本	100	100

资料来源：A.V. Feigenbaum. *Total Quality Control*, 3rd ed.（New York: McGraw-Hill, 1983），p. 112; and Joseph M. Juran and F.M. Gryna, *Quality Planning and Analysis*（New York: McGraw-Hill, 1970），p. 60.

缺陷产品的成本包括鉴定成本和内部及外部故障成本，这占到一件产品总成本的 15%～25%。低质量引起的成本包括更多常规的、可见的部分，诸如浪费、返工、检查及回收，以及常被看作"不可见"的部分，诸如顾客补偿、抱怨处理、损失或浪费能力和过多的加班费用。

8.3.1 预防成本

根据定义，预防成本（cost of prevention）是一个组织努力预防出现缺陷产品和服务而产生的成本。这部分包括在机器、技术以及教育和培训计划上的投资，这些都是用来减少加工中产品缺陷的数量的。这部分还包括实施公司质量计划、收集、分析数据和卖方保证的成本。由于回报很高，所有的质量大师都很支持在这个部分的投资，这些回报包括从增加的顾客满意度、减少废料损失、返工费用，从而获得的利益。

8.3.2 检验/鉴定成本

检验/鉴定成本（cost of detection/appraisal）是指评估产品的质量而产生的成本。这部分成本包括来料检查、工序改造的检查和测试、设备维修测试和破坏性测试中损坏的产品。

8.3.3 故障成本

故障成本（cost of failure）与不符合要求和达不到要求的产品相关。这部分还包括了顾客抱怨的评估和处理所产生的成本。如前所述，我们进一步把故障成本分为外部故障成本和内部故障成本。

内部故障成本（internal failure cost）是那些在系统内产出缺陷时发生的成本。它们仅包括在产品到达顾客手中之前发现的缺陷所造成的成本。内部故障成本包括废料、返工/返修、重新测试返工/返修产品、停工、工序变化而带来的生产损失、对缺陷产品的处理等。

外部故障成本（external failure cost）是那些在产品到达顾客手中之后所产生的成本。它包括召回、退换费用、实地调研费用、诉讼的法律费用、顾客不满意、降为次等品而造成的收益损失、顾客流失或者信誉损失所形成的成本。

现在一般认为,在预防上增加的开支明显减少了鉴定和故障成本,从而减少了质量总成本。"防患于未然"这句格言很适用于质量管理。

与此同时,戴明认为改进过程本身可以降低质量总成本。一个改善过的过程既能减少生成缺陷的数量,又能减少预防和鉴定的成本。戴明模型和质量传统观点的比较列于图8-2中。

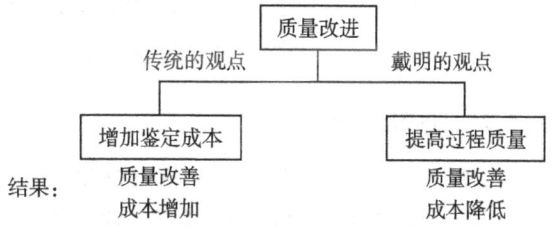

图8-2 对质量改善的成本的两种观点

当缺陷产品或服务被消灭后,同时会产生两种直接效果:首先,产出更多的优质产品(因而生产能力增加了);其次,单位生产成本减少了,因为故障成本减少并生产了大量的无缺陷产品或服务。比如,如果一个塑料注射器塑造工序每生产100个筒身有15个报废,因而只有85个可以销售,生产这15个废品的成本就必须分摊到这85个产品上。如果工序质量得到改善,每生产100个筒身仅报废5个,则有95个可供销售,那么现在仅有5个废品的成本要分摊到95个合格品上,而不是先前的85个合格品上。

又比如,一家尝试着改善质量和降低成本的银行会发现这样推进了其生产力。该银行这样来衡量贷款操作方面提高的生产力:贷款笔数除以所需资源(劳动力成本、计算机时数、借贷表格等)。在质量改善计划之前,产能为0.266 0 [2 080/(11.23美元×640小时 + 0.05美元×2 600表格 + 500美元系统成本)]。在质量改善计划完成后,劳动时间降至546小时,程序所需表格2 100,产能变为0.308 8,或者说增加了16%。

8.4 客户满意保证

大多数服务型企业认为实现全面客户满意(total customer satisfaction)是不可能完成的企业使命。事实上,全球领先的服务型企业都已认识到全面客户满意不仅仅是目标,而且是企业势在必行的使命。在这部分中,我们将讨论实现全面客户满意的两种策略:服务补救和服务保证。

8.4.1 服务补救

一个不容置疑的事实是,在服务提供过程中,不可避免会出现服务失误和失败,特别是顾客参与程度很高的服务系统。尽管企业无法防止所有服务失败,但可以实施服务补救策略。服务补救直接关系到顾客满意度和顾客忠诚度,成功的服务补救可以将一位抱怨的甚至愤怒的不满意顾客转变为一位忠诚的顾客。研究表明,顾客再次购买意愿与现场解决顾客抱怨的问题的能力存在很强的相关关系。具体来说,通常在对产品和服务不满意的顾客中只有4%会直接告诉企业,如果顾客抱怨的问题在现场得到快速解决,95%的顾客会有再次购买意愿,然而,如果顾客抱怨的问题推延到事后解决,有再次购买意愿的顾客将下降到70%。从95%下降到70%,这就意味着25%的顾客流失率,这将严重影响企业盈利能力。另一项有趣的调查统计显示,如果顾客抱怨的问题没有得到快速处理,顾客平均会向其他11个人诉说不满意的服务经历；相反，如果顾客抱怨的问题得到了快速解决，顾客平均只愿将其不满意的服务经历告诉其他5个人。可见，服务补救是降低顾客流失率和顾客的"坏口碑"扩散与影响的第一道防线，因此，在服务型企业中，必须认识到"犯错是人，补救是神"！

任何的广告效应都比不了口碑效应。他们不满和感到不高兴的理由，在96%的不抱怨的顾客中，91%的不会再次光临；而不满意的顾客则会将经历告诉10～20人。

8.4.2 服务保证

通常被保证的是诸如汽车、洗衣机和电视机之类的产品，这使得这些产品能够在规定的时间内正常，要不然能够免费修理或者更换。不太常见的是对服务的保证。然而，克里斯多夫·哈特提出，服务保证是从顾客处获得服务绩效反馈的有力工具。

要使一个服务保证成功有效，它必须具备以下特征：①无限制条件；②易于理解和沟通；③有意义；④易于实行；⑤易于收集。比如，在联邦快递，服务保证是：如果您的包裹没有被准时送到就不收钱。位于美国缅因州自由港的著名邮购公司比恩承诺："全方位100%满意。"如果你购买了一件比恩公司的产品却不满意，你可以更换一件或者得到退款，且不管你买了多久。

从质量的角度出发，无条件服务保证为管理提供了持续的顾客反馈。如果它易于实行和易于收集，顾客就会使用该服务承诺来倾诉他们的不满意而不是转到别处去购买（参见"运营实践8-1：优质服务保证是NDD公司获得成功的关键"）。

 运营实践 8-1

优质服务保证是 NDD 公司获得成功的关键

NDD公司（Northeast Delta Dental）是一家坐落于新罕普夏州康珂的非营利牙齿保险公司，它把近些年来的成长和成功主要归功于它的优质服务保证（guarantee of service excellence，GOSE）。

NDD公司的总裁汤姆·瑞佛欧说，有服务保证就"……像让水通过软管，你打开压力阀就能发现所有的洞在那里。一个像GOSE这样的无限制服务保证被合理设计和实行时，能够快速识别出现有系统中存在的所有缺陷。"

NDD公司的优质服务保证计划包含以下七个要素：
（1）NDD公司的平稳运作。
（2）特殊顾客服务。
（3）对投诉快速处理。
（4）所参与牙医不乱开账单。
（5）证明卡准确快速地更换。
（6）适时的员工手册。
（7）市场服务联络。

保证的每一个要素都被清楚地解释，当服务的某要素没有做到时，顾客可以获得一定数额的退款——没有争论，不会被问及任何问题！

资料来源：Special thanks to Tom Raffio, president and CEO of Northeast Delta Dental.

8.5 企业质量创新

正如质量运动获得了推动力，管理者期望通过推行一些创新，以使他们能够整合整个企业中的质量工作。这些创新是为了提供一个一般性的框架方法来识别质量问题,从而全面改善公司的产品和服务。两个最为成功并已被许多企业采纳的创新是全面质量管理和六西格玛质量。

8.5.1 全面质量管理

全面质量管理(total quality management,TQM)可以被定义为一个全企业范围以全员参与为基础的管理方法,致力于生产高质量产品和服务。正确运用 TQM 时,应把组织作为一个整体,TQM 不是分散的、孤立的项目,它覆盖了整个组织的各个职能部门和各个层次,包括供应商在内。

1. TQM 的要素

有四个主要因素是所有成功的 TQM 项目所必需的:①领导能力;②员工参与;③产品/过程优秀;④关注顾客。

(1)领导能力。一个组织管理层的领导能力是一个成功 TQM 项目制定和执行的主要基石。当一个 TQM 计划被正确执行时,它应该是全公司范围的,超越了传统的职能范围,并且包括企业的所有员工,因此它需要想象力、计划和沟通,而所有这些都是最高管理层的职责。研究表明,管理层的全面负责是成功实施此类计划的关键要素。

最高管理层可通过一些方法来显示它对于 TQM 计划的负责,即把 TQM 计划贯彻到企业整体战略中,并通过行动和语言显示质量是组织运作优先考虑的内容。

(2)员工参与。员工参与是成功实施 TQM 计划的另一个必要因素。通过让全体员工参与决策制定流程,管理层能够获得那些最接近问题并最能提出可行解决方案的员工的投入。员工参与在大多数世界级的企业非常普遍,能够充分利用全体员工的技能和知识。

员工参与的一个关键要素是每个员工都有责任检查他工作的质量。这是指从这个工人开始并扩大到其工作范围之外的质量,其范围包括工作班组、所有部门、零部件供应商和服务部门。这个观点改变了以往经常遭到反对的做法,由一个 QC 巡检员(通常由 QC 部门派出)来决定质量的好坏。

(3)产品/过程优秀。产品/过程优秀包括产品质量设计和故障分析。它还包括统计过程控制(SPC)和其他分析工具(将在本章后面部分及附录 8A 中讨论)。

过程控制关心的是在产品生产或服务进行中监控质量。过程控制计划的典型目的是及时提供正在生产的产品指标是否达到设计标准的信息,以及察觉那些预示着将来生产的产品有可能达不到顾客要求的过程变化。当纠正的工作进行时,如更换陈旧零件,机器被彻底检修,或者一个新的供应者被发现,过程控制就进入了实际控制阶段。过程控制概念,特别是以统计为基础的控制图,不仅运用于制造领域,同样也用于服务领域。

做到产品/过程优秀的一个根本管理思想是持续改善(continuous improvement)的概念。它有一般含义和 TQM 特别含义。一般含义是不断进行的、改善组织每个部分和所有产出的努力。特别含义是致力于对完成工作的过程进行持续不断的改善。

在日本企业,持续改善的概念就是改善(kaizen)。它可以被定义为消除错误并提高交付给顾客的产品的质量的系统方法。实现改善的途径之一是将故障预防程序或防止缺陷措施用于生产产品的方法之中。马萨诸塞州水城的联邦电力控制公司(United Electric Control)是制造业辛戈奖(Shingo Prize)的获得者,该公司把它在质量上的改善归功于将防故障程序引入了制造过程。在制造业,防故障程序往往需要对某一零件进行重新设计,因此它仅适用于某一方面。如前所述，防故障程序在服务业的一个好例子是飞机上配备的洗手间，只有当门锁上后灯才能打开，这样就确保了个人隐私。同样，娱乐公园的高度杆确保了适合乘骑的高度。

（4）关注顾客。在设立可接受的质量水平时必须考虑顾客对于质量的感知。换句话说，一件产品是不可信赖的，除非顾客说它可信赖；一次服务是不迅速的，除非顾客说它迅速。把顾客的质量要求转换成营销需求（或产品开发）方面的规范，以准确地确定顾客想要的是什么，并让产品设计者开发符合需要的质量水平的产品（或服务）。这也反过来要求我们对质量有一个可操作性的定义、一个从多种维度的理解和一个收集顾客对这些规范的看法的程序。一件产品或服务的质量可被定义为设计的质量（产品质量）和符合性质量（过程质量）。设计质量（design quality）指产品在市场上的内在价值，因而这是公司的战略性决策。

符合性质量（conformance quality）是指产品或服务与设计规范符合的程度。它也具有战略意义，但是完成符合性所涉及的活动是一个战术的、日常的过程。很明显，产品或服务有可能是高设计质量但是低符合性质量，反之亦然。

公司的运作职能和质量部门主要关注符合性质量。完成所有的质量规范是制造部管理层（对于产品）和部门运作管理层（对于服务）的职责。

设计质量和符合性质量都应该提供符合顾客目的的产品。这常被称为产品的适用性，它必须鉴别那些顾客希望的产品（或服务）维度并制定一个质量控制计划来确保达到这些维度。

2. TQM 的执行

如表 8-4 所示，公司采取了一些方法来执行 TQM。但是，只有当质量完全被整合进公司的日常运作中，TQM 计划才能真正成功。

表 8-4 全面质量管理项目的三个学派

	全面质量宣传	全面质量工具	全面质量整合
显著特点	训词，大量谈及质量，一般是一场营销活动，希望通过不花费额外支出就能创造购买需求	特殊工具的介绍，即统计过程控制、员工参与计划和/或质量循环	对组织所有要素的认真回顾；努力使供应商和顾客参与进来
基本原理	管理层可能真的相信质量比大众知道的要好，或者也可能是制造一种烟幕，如"每个人都在做这件事"、"这正是这些天在做的"	大客户坚持要求执行团队项目，或竞争对手引入的成功计划创造了"轰动"效应	通过基于质量的差异化来提高收益的系统性努力
质量职责	没有变化；组织委任特殊职能部门负责质量	不考虑职能分工的低水平组合	分担责任，高级管理层有责任创造一个鼓励质量的环境
结构变化	组织无变化	职能领域或过程的变化	通过大动作在组织内整合职能部门，使顾客和供应商都参与到整个生产过程中
员工态度和行为的典型代表	全面质量只不过是一个时尚，"很快就会过去"，聪明的员工懂得把头低下去——他们按照领导的期望谈论质量，但是明白一切如常	"是个好主意，糟糕的主管是不会真正严肃对待质量的"；聪明的员工参加研讨会并运用合适的工具来弥补他们所负责的领域中明显的缺陷，但是会小心地不去触及根本	"至少，我们获得了把事情做对的机会"；忠实的员工学习全面质量的观点，积极寻找改善组织绩效的机会，挑战传统假设，并寻求顾客和供应商参与
质量专家的角色	警察长，监督员	常驻专家，顾问	战略领导者，变革代理人

资料来源：Eric. W. Skopec, Strategic Visions Inc（used by permission）.

一个成功的质量计划在组织中的执行不是一件简单的事，因此，曾经有过很多失败的尝试。爱德华·福克认为企业之所以不能成功采用全企业范围的质量计划，主要有两个原因："对战略计划和核心能力关注不够，以及陈旧、过时的文化。"

除这两个基本的原因外，一些企业还识别出了以下障碍，它们是一个组织要想真正成功实施一个质量计划所必须克服的：

- 缺乏全公司范围的对质量的定义。
- 缺乏对既定战略计划的改变。
- 缺乏对顾客的关注。
- 组织内部沟通贫乏。
- 缺乏真正的员工授权。
- 缺乏员工对高级管理层的信任。
- 把质量计划视为快速的修修补补。
- 受短期经济利益驱使。
- 政治和势力问题。

8.5.2　六西格玛质量

摩托罗拉深受日本制造的超高质量产品的影响，在 20 世纪 80 年代提出了一个质量改善计划，这就是六西格玛质量计划。六西格玛质量计划的目标是减少过程波动，达到每 100 万次仅产生 3.4 个错误（六西格玛的定量分析将在本章附录 8A 中进行）。六西格玛对于需要不断进行大量运作交易活动的服务型公司和大量生产的制造型公司来说非常重要。比如，如果以下过程仅有 99% 的可靠性（相当于 4σ 质量），将会分别产生如下数量的错误：

- 每小时丢失 20 000 封邮件。
- 每天有 15 分钟时间供应的饮用水不安全。
- 每周有 5 000 次错误的外科手术。
- 每天在绝大多数主要机场有两次过长或过短的降落。
- 每年开出 200 000 份错误的药物处方。
- 每月有 7 个小时断电。

多年来，六西格玛质量计划已发展成为一种减少组织内各种形式浪费的管理工具。六西格玛质量计划的方法论提供了一种通用的语言，并设立了整个组织都适用的目标。例如，2004 年开始，3M 公司采用六西格玛管理方法，配合政府积极实施节能，通过这些六西格玛项目的实施预计每年节能 229 200 千瓦时。

为了确保顾客的要求能在符合性基础上得到满足，组织需要开发能够满足这些要求的过程。作为一项管理革新，六西格玛有效地提供了一个管理框架和相关方法，在减少浪费的总体目标下来分析和评估商业流程。六西格玛改善过程通常从识别一个要被解决的问题开始，然后制定一个解决问题的计划，将六西格玛质量理念变为行动，将目标变为现实，这就是六西格玛改进的 DMAIC 模式，即定义（define）、衡量（measure）、分析（analyze）、改善（improve）和控制（control）五个阶段构成的过程改进方法论⊖。

⊖ Greg Brue, Six Sigma for Managers, New York: McGraw Hill, 2005.

- 定义（D）：界定核心业务流程和关键顾客，从顾客角度出发，识别出关键业务流程。
- 衡量（M）：确定关键业务流程的出错机会，衡量测算关键业务流程的质量水平。
- 分析（A）：综合应用质量管理方法和统计分析工具，分析造成质量缺陷问题的原因及其根源。
- 改善（I）：针对质量缺陷问题，特别是关键质量问题，找出最佳解决方案，拟定行动计划和实施行动计划。
- 控制（C）：采取控制措施，确保进行持续改善。

六西格玛与任何企业质量革新一样，六西格玛的成功推行必需依赖于企业自上而下强有力的支持，首先需要最高管理层的支持和激励的结合才能获得成功。像通用电气这样的公司，许多高级执行官的分红都与六西格玛的实施情况联系在一起。

六西格玛计划成功实施的一个关键因素是对组织内全体员工进行挑选和培训，从而使减少波动和浪费及增加产出的理念成为每个人日常工作的一部分。为了达到这个目标，公司挑选了一些重要员工即黑带来领导主要的改进项目。这些六西格玛项目领导人要接受使用统计软件作为定量改进工具的强化培训，在团队合作和沟通方面也要进行培训。

运营实践 8-2

六西格玛质量是通用电气成功的关键

没有哪个组织比美国通用电气公司更能证明六西格玛质量的影响力了，它首先被公司卓越领袖杰克·韦尔奇采用，韦尔奇把通用电气销售和利润的持续增长很大程度上归功于六西格玛质量计划。今天，六西格玛质量已被视为通用电气企业文化中不可分割的一部分，通用电气每一种新产品和新服务项目都将是六西格玛设计（design for Six Sigma，DFSS），在全世界范围各个层次上的各个运作都会考虑六西格玛质量。

在通用电气，六西格玛是一个高度规范的流程，它为公司提供了一个通用电气的语言，系统地减少错误，目标是为它的顾客提供近乎完美的产品和服务。它的全体员工都要接受六西格玛质量计划的战略、统计工具和方法的培训。

通用电气在其六西格玛计划中明确了三个关键要素：顾客、过程和员工。通用电气认识到它需要在业务的每个方面都使顾客感到高兴，包括准时送货、产品性能、服务和可靠性。通用电气从顾客角度看待它的过程，也就是常被称为"由外至内的思考"。通过理解顾客的观点，通用电气可以在现有产品和服务中加入重要价值。全体员工参与是通用电气改善质量的方法的一个重要部分，因而通用电气为员工提供机会和激励措施，促使他们致力于使顾客满意。

资料来源：GE's Six-Sigma website, www.ge.com/sixsigma.

8.6 评价和奖励质量：世界三大质量奖

为了鼓励和促进企业生产高质量的产品和服务，政府和准政府组织开始认可提供了出色质量的产品和服务的企业。事实上，大多数国家都有某些质量奖项来表彰杰出的公司。比如，日本有戴明奖，欧盟有 EFQM 卓越奖。有些国家奖项，如美国的马尔科姆·鲍德里奇国家质量奖（MBNQA）分若干类别来表彰杰出企业。其中，美国鲍德里奇国家质量奖、EFQM 卓越奖和日本戴明奖被誉为世界三大质量奖，其评审所依据的标准，是众多世界卓越企业的成功经验总结，反映了当今企业组织管理实践的最前沿。这些质量奖项及其评审标准所代表的卓越绩效模式准则,为全球众多国家和地区开展质量奖评审工作提供了有益的借鉴。

8.6.1 马尔科姆·鲍德里奇国家质量奖

1. 背景

1987年,美国制定了《马尔科姆·鲍德里奇国家质量改进法案》,作为表彰美国企业在全面质量管理(TQM)和提高竞争力方面作出的杰出贡献,马尔科姆·鲍德里奇国家质量奖是由第26任美国商务部部长马尔科姆·鲍德里奇提出并以其名字命名的。最初设立三个类别奖项:制造业、服务业和小企业。1999年鲍德里奇国家质量奖扩展到教育机构和医疗卫生组织两个类别,2007年又将慈善组织、贸易和专业协会及政府部门等非营利组织等纳入其中。鲍德里奇国家质量奖自1988年实施以来,截至2013年3月,仅有92个组织99次获得这一荣誉,两次获奖的组织只有摩托罗拉公司、丽思·卡尔顿酒店、得克萨斯铭牌公司、阳光新鲜食品公司、美德瑞达、北密西西比医疗服务中心和MESA产品公司等七家。鲍德里奇国家质量奖是全球影响力最大的质量奖项,其评审标准——卓越绩效评价准则也成为全球传播最为广泛的组织卓越经营管理指导、评价标准。

表8-5 马尔科姆·鲍德里奇国家质量奖获得者

年份	制造业	非制造业(包括服务类、医疗类、教育类和非营利组织类)	小企业
2012	洛克希德·马丁公司导弹与火控分部	北密西西比医疗服务中心(医疗类) 欧文市政府(非营利类)	MESA产品公司
2011		肯考迪娅教育和出版社(非营利类) 亨利·福特医疗中心(医疗类) 施尼克医疗中心(医疗类) 南中心基金会(医疗类)	
2010	美德瑞达(MEDRAD)公司雀巢普瑞纳宠物用品公司	爱德维科特医疗中心撒玛利亚医院(医疗类) 蒙郡公立学校(教育类)	弗里兹-尼克尔斯有限公司 肯·诺伦管理公司 斯图特集团
2009	霍尼韦尔公司	哈特兰德医疗中心(医疗类) 阿拉巴马州药物临床开发研究协调中心(非盈利类)	美国中途岛公司
2008	北美嘉吉谷物加工公司	伯特利·山谷医疗中心(医疗类) 伊尔德尔·斯特泰斯菲尔学校(教育类)	
2007		仁惠医疗中心(医疗类) 夏普医疗护理中心(医疗类) 珊瑚泉城政府(非营利类) 美国军备研发和工程中心(非营利类)	领先科技镀锌板轧钢公司
2006		北密西西比医疗服务中心(医疗类) 普瑞米尔公司(服务类)	MESA产品公司
2005	阳光保鲜食品公司	狄·麦克·德蒙特石油公司(服务类) 瑞查兰德学院(教育类) 捷克斯公立学校(教育类) 堡森卫理公会教医院(医疗类)	帕克·佩莱斯凌志汽车销售及服务公司
2004	百麦公司	肯尼思·蒙方特商学院(教育类) 罗伯特·伍德·约翰逊大学附属汉密尔顿医院(医疗类)	得克萨斯铭牌公司

(续)

年份	制造业	非制造业（包括服务类、医疗类、教育类和非营利组织类）	小企业
2003	美德瑞达（MEDRAD）公司	波音飞机公司服务支持部（服务类） 卡特彼勒金融服务公司（服务类） 第三特区 15 社区联合学校（教育类） 潘撒可拉教会医院（医疗类） 圣鲁克医院（医疗类）	斯托尼公司
2002	摩托罗拉公司商业、政府和行业解决方案事业部	SSM 医疗护理中心（医疗类）	布兰奇·史密斯印刷产品分部
2001	克拉克美州票证公司	楚加奇社区学院（教育类） 纽约珍珠河社区学院（教育类） 威斯康星－斯塔特大学（教育类）	派尔紧急服务公司
2000	丹那公司 KARLEE 公司	国际运作管理公司	Los Alamos 国民银行
1999	STM 微电子公司美洲区	丽思·卡尔顿酒店 BI 公司	阳光新鲜食品公司
1998	波音飞机公司 太阳能涡轮公司		得克萨斯铭牌公司
1997	3M 牙科产品分部 旭创公司	美林证券公司 施乐商业服务	
1996	ADAC 实验室	Dana 商业信贷	Custom 研究公司 Trident 精确制造公司
1995	阿姆斯特朗世界工业公司 建筑产品运作公司 科宁公司电信产品分部		
1994		AT&T 消费者沟通服务 GTE 目录公司	Wainwright 工业公司
1993	伊斯特曼化学公司		Ames 橡胶公司
1992	AT&T 网络系统集团交换机系统业务单元 德州仪器公司安全系统和电子集团	AT&T 通用卡服务 丽思·卡尔顿酒店	Granite Rock 公司
1991	旭创公司 ZYTEC 公司		Marlow 工业公司
1990	凯迪拉克汽车公司 IBM 罗彻斯特公司	联邦快递公司	华莱士公司
1989	米里肯公司 施乐公司商业产品和系统		
1988	摩托罗拉公司 西屋电气公司商业核燃料事业部		环球冶金公司

资料来源：National Institute of Science and Technology（NIST）website, www.quality.nist.gov.

2. 鲍德里奇奖标准

为了评估和认可有效的质量系统，鲍德里奇奖负责人在全国专家的评论和观测基础上制定了一个全面的程序和一套全面的质量标准，因此鲍德里奇奖标准反映了众多人综合的经验和智慧。作为一套原则，它不属于任何一派，即它不偏向任何一个体系。然而，鲍德里奇奖标准设计灵活，它从三个大的方面来评估质量：①方法或系统的稳定性；②这些系统在整个组织中的展开或整合；③这些系统产生的结果。

鲍德里奇奖质量标准关注如图8-3所示的七个动态相关的部分，它为鲍德里奇奖标准提供了一个整体的框架。

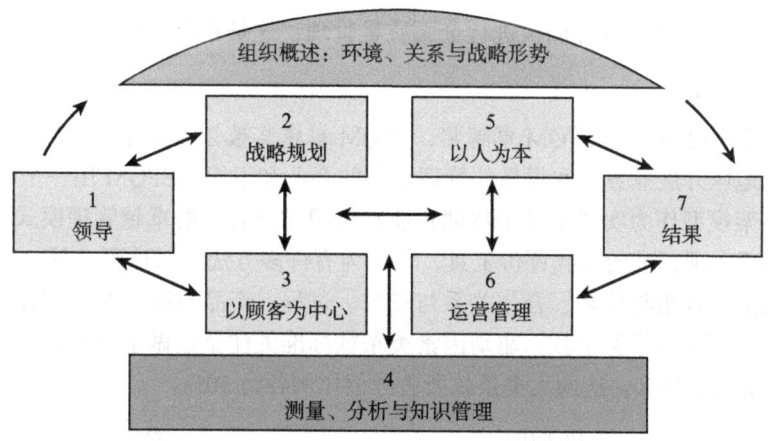

图8-3 鲍德里奇奖标准的总体框架图

资料来源：*2004 Criteria for Performance Excellence*, U.S. Dept. of Commerce, Baldrige National Quality Program, National Institute of Standards and Technology, Gaithersburg, MD 20899 (www.quality.nist.gov).

鲍德里奇奖卓越绩效评价准则包括七大类评价要求条款，总分为1 000分。其中1～6大类为过程类条款，用"方法－展开－学习－整合"（A-D-L-I）四个要素进行评价，所占分值为550分；第7大类为结果类条款，用"水平－趋势－对比－整合"（Le-T-C-I）四个要素进行评价，所占分值为450分，每个大类的权重如表8-6所示。

正如日本人在考虑质量时对方法和结果都很强调，鲍德里奇奖标准把大约一半的分值给了质量过程（方法和手段），一半给了结果（结果和趋势）。方法或过程是所达到的结果的一个先行指标；反之，结果检验所运用的过程是否适当和有效。

表8-6 2012年度鲍德里奇奖评奖标准——项目标准

类别	条款	分值	合计
过程类	1 领导	120	550
	2 战略策划	85	
	3 以顾客为中心	85	
	4 测量、分析与知识管理	90	
	5 以人为本	85	
	6 运营管理	85	
结果类	7 经营结果	450	450
总分			1 000

资料来源：*2004 Criteria for Performance Excellence*, U.S. Dept. of Commerce, Baldrige National Quality Program, National Institute of Standards and Technology, Gaithersburg, MD 20899 (www.quality.nist.gov).

8.6.2 欧洲质量奖与EFQM卓越奖

欧洲质量奖（European Quality Award，EQA）由欧洲质量管理基金会（European Foundation for Quality Management，EFQM）设立。1988 年，14 家欧洲公司的总裁在欧洲委员会的认可下建立了 EFQM。EFQM 的使命是：

- 激励和帮助欧洲公司参与到改进活动中，这些活动最终会带来顾客满意、员工满意、社会影响和经营成果方面的杰出表现。
- 支持欧洲公司的管理者加快进行全面质量管理，这是获得全球化竞争优势的一个决定性因素。

欧洲质量奖现已更名为 EFQM 卓越奖，EFQM 卓越奖被誉为世界三大质量奖项之一，旨在表彰在欧洲地区开展业务并取得最佳管理绩效的企业和组织。EFQM 用一个叫"EFQM 卓越模型"的框架模型作为实践工具来帮助企业和组织建立合适的卓越管理模式。EFQM 卓越模型是一个基于九项标准的自我评价工具，它认为有许多方法可以达到卓越。如图 8-4 所示，其中领导、人员、政策与战略、合作关系与资源、过程、产品与服务等五项标准是驱动因素类条款，其余四项是结果类条款。驱动因素类条款标准关注企业做了什么，而结果类条款标准关注于企业完成了什么。这两大类条款所占分值比例各为 50%。

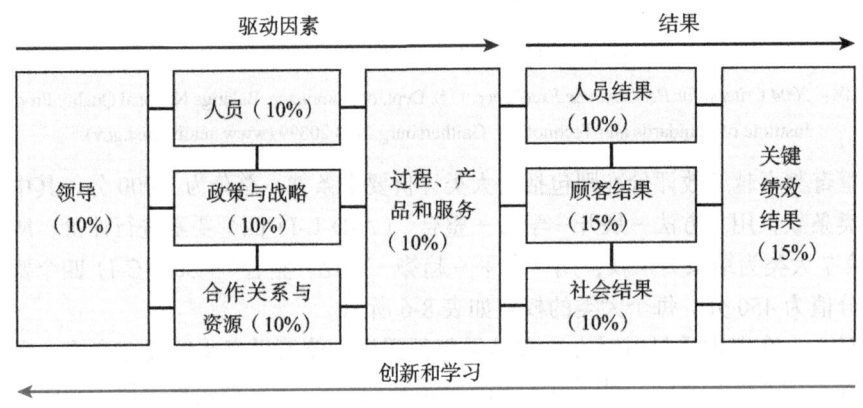

图 8-4　EFQM 卓越模型

8.6.3　戴明奖

日本在 1951 年设立了戴明奖，以彰显生产高质量产品的重要性。该奖项以美国统计学家 W. 爱德华·戴明命名，他于 1950 年造访日本，并在那期间做了数场讲座，为日本战后统计质量控制的发展作出了巨大贡献。戴明奖由日本科学家和工程师联盟（JUSE）管理。戴明奖被誉为世界三大质量奖项之一，也是目前历史最久的质量奖项。

戴明奖委员会自 1984 年起允许外国公司申请和获得该奖项。佛罗里达能源与电力公司在 1989 年获得了戴明奖，从而成为第一个申请并获得该奖的美国公司。如下所述，个人和组织都是戴明奖的颁发对象。

戴明奖有三个类别：戴明奖个人奖、戴明卓越传播推广服务奖和戴明实施奖，其中又以戴明实施奖最具影响力。

（1）戴明奖个人奖：颁发给个人或团体的戴明奖。这类奖项颁发给那些对 TQM 研究或统计方法在 TQM 方面的运用，以及传播 TQM 作出了杰出贡献的个人或团体。

（2）戴明卓越传播推广服务奖：颁发给主要活动在日本以外的个人的戴明奖。这类奖项颁发给那些对TQM的传播、推广作出重大贡献的个人。每3～5年评选一次。

（3）戴明实施奖：颁发给包括公司、研究机构、组织的分支机构、运营的业务单元和总部等组织。也颁发给那些实施与其管理哲学、经营范围/类型/规模以及管理环境相适应的TQM的组织。

戴明奖把质量看作是由过程来决定的，因此总目标是对确保质量的形成过程进行控制，并注重统计质量控制技术的应用。戴明奖的授奖范围已经从日本国内扩展到国外。截至2011年，共228家组织获得戴明实施奖（组织奖），其中日本188家，日本海外40家。

本章小结

产出和提供高质量的产品与服务是企业获得长期成功的决定性因素。质量不再被视为仅仅是狭义的相对缺陷的概念。管理者现在意识到质量有许多维度，他们必须识别出那些对于所服务的细分市场最为重要的维度。

近几十年来，产品和服务的质量有了显著的提高，这在很大程度上是由于日益加剧的全球化竞争。可以预见，在不久的将来，竞争还会持续，我们可以预测产品和服务的质量也会继续提高。

因而，质量管理作为一个战略问题，不应该成为一个交给别人去做的事情。质量必须整合到企业的内外部（见表8-4）。管理者运用新的质量概念获得了回报，而更为重要的是，把这些概念专门化和综合化，使之融入到整个企业中去。

复习思考题

1．质量是免费的吗？试讨论。
2．辨别以下各项属于质量的哪个维度：
   （1）IBM个人电脑；（4）大学；
   （2）学校注册手续；（5）旅行日志；
   （3）牛排餐厅；（6）电视机。
3．供应商和客户之间达成了这样一个协议，供应商必须确保所有部分在运送到客户之前都在公差范围内。对于该客户来说，质量成本的结果是什么？
4．在第3题描述的情形中，对于供应商来说，质量成本的结果又是什么？
5．如果流水线工人被要求采取质量控制，那么他们的生产率会下降。试讨论。
6．“你不是在检查产品的时候加入质量，而是在生产产品的时候加入质量。"试讨论这个表述的含义。
7．你如何使你所在的学院或大学符合鲍德里奇奖标准？
8．鲍德里奇奖申请过程对于那些没有获奖的公司有何益处？
9．ISO 9000标准最主要的贡献是什么？
10．比较ISO认证过程和马尔科姆·鲍德里奇国家质量奖标准，二者有何主要不同点？
11．组织质量失败有哪些原因？该如何克服？
12．六西格玛成功的主要原因有哪些？
13．看看你的家居状况是否符合质量奖，如果不，请描述。

案例分析 8-1

2000年8月9日，世界领先的轮胎和橡胶产品供应商普利司通/凡士通轮胎公司，正式宣布公司将自愿召回650万条越野AT型号轮胎，它们大部分被安装在福特公司的畅销运动车——探险者上。在接下去的几个月中，装有凡士通公司的越野轮胎的福特探险者被揭露与大量翻转事故有关，这些事故导致了在美国高速公路上超过170人死亡、超过700人受伤以及在世界其他地方超过40起死亡事故。

福特和凡士通在媒体和公众前开始对保留条款开炮，它们互相指责该为事故负责。随着两家公司的领导都要求查清责任，国会调查也开始来确定这些事故的原因。在普利司通/凡士通开始召回那些轮胎的那段时间，多重产品可靠性官司开始针对这两个公司。

2001年5月，开始申明召回轮胎的10个月后，普利司通/凡士通宣布不再向福特公司提供轮胎，并引用"焦点事件"这样的词，意指越野者的安全。一天后，福特时任总裁兼CEO雅克·纳瑟宣布召回1 300万辆装有凡士通越野AT型号轮胎的福特越野者和皮卡，申明对"这些轮胎是否可以在未来保障顾客的安全"缺乏信心。

当越野者在相对较高速度行驶的情况下，没有任何报警，越野AT轮胎的轮胎面会从轮胎中脱离出来，导致轮胎的爆裂。越野者这种重型车与其他SUV车一样，有很高的重心，而且它的大部分重量在它的中轴上面。最重要的是，当发生爆裂时，探险者有发生翻转的倾向，这会对大部分开车的人造成死亡或严重伤害。

在设计中，为了将野性、空间、舒适度和平稳行驶集于一身，福特把豪华汽车的车厢装配在狭窄的车辆框架上。这样，福特需要为探险者同时设定更高的负荷限制和较低的轮胎压力要求。不幸的是，虽然这些组合满足了消费者对大小和美感的要求，却忽视了美国人的开车习惯：他们习惯开快车，忽视对轮胎的维护，而对安全性能的关注表现在安全带、安全气囊和滚动条的结构等方面，以确保他们在事故中免于伤害。然而这些对于配备充气不足轮胎的汽车如探险者，在发生翻车时是鲜有作用的，福特建议的轮胎压力是26psi（每平方英时多少磅），小于凡士通建议的30psi。另外，福特和凡士通公司都没有向探险者的买主强调维持必要的轮胎压力的重要性。在寒冷的季节里，轮胎会每个月减少一两磅的压力。实际上，报告说在凡士通2000年召回轮胎中有8%的轮胎压力低于23psi。

财政影响

自从在2000年8月召回650万条轮胎后，普利司通/凡士通公司作为对这些召回轮胎的修补和生产者，由于召回和参与可靠性损害赔偿花费了7.5亿美元，在2000财年中亏损了5.1亿美元。普利司通还分担了2001财年美国子公司2亿美元的损失。从2000年8月开始召回以来，日本的普利司通股票跌掉了超过一半的价格，而且普利司通2000财年合并报表净利润比1999年低了80%，为10年来的最低点。在2001年1月，凡士通替代轮胎的销售额比2000年1月跌了40%。

在2000年8月的轮胎召回使福特花费了5.5亿美元，而且公司现在面临着成百上千宗官司，将会使损失累计超过5.9亿美元。2000年8月的召回后，福特宣布召回超过100万条安装在探险者上的凡士通轮胎。在2001年5月，它又召回另外130万条安装在SUV和皮卡上的越野轮胎。福特估计要花费30亿美元来更换这些轮胎。福特表示，它将在2001年第二季度花费21亿美元。福特官员表示他们预计在第二季度每股将损失35美分，并且搁置他们的股票回购计划。而且，由于2001年5月的召回导致轮胎缺乏，使得福特巡游者卡车停产2周，估计两个福特探险者工厂停产各1周。

汽车设计与制造

新车型的创造涉及很多方面的平衡。为了同时响应顾客的需求和竞争的压力，汽车制造者经常面对市场、工程、生产方法和安全性等方面的矛盾。在设计粗犷、大空间和舒适的探险者时，福特SUV的工程师则根据管理层先前的决定，将一个豪华的车厢装在狭窄的车筐和前端吊架上。

在20世纪80年代后期的探险者原型设计和测试期间，福特已经在应对超过800起的由其布兰科Ⅱ型车的翻转问题引起的法律诉讼，最后为这些花费了近24亿美元。布兰科Ⅱ型车有一个相对较高的重心，这个车特殊的"双Ⅰ梁"悬挂系统的空气稳定性较差。尽管有这些问题，福特还是决定在探险者上应用相同的悬挂体系，因为这样可以在已有的生产线上生产新SUV。最后的结果是一个重型车有一个高的重心，它的大部分重量都高于轴，一个刚性的阶梯和可弯曲的页性弹簧在强的张力被拉开时释放重量。当车辆开得太快突然来个急转弯或突然改变方向，都会造成车辆的翻转。

福特内部关于探险者和凡士通越野轮胎的留言和电子邮件当然现在被法院公开了，它们揭露了福特早在1987年就意识到：轻微的翻转力是机车速度的2~4倍。SUV的开发者被催促"尽快设计，以提高车辆的稳定性或帮助维持乘客的安全"。福特的工程师努力去使探险者更稳定和更易于操作，包括它的悬挂系统、重量和高度、驾驶特性和轮胎压力。一份1989年的福特内部工程报告上说，探险者的原型"演示了一个会翻转的结果……与之相随的是大量的轮胎和轮胎压力的数据"。一份测试报告显示，在处理机动问题上，这个原型比布兰科Ⅱ型车更倾向于在转弯时发生车轮脱离地面的现象。另外，虽然布兰科Ⅱ型车的安全数据仍然在怀疑中，但是测试报告显示，探险者"在机动性能上，与布兰科Ⅱ型车一样需要考虑是否适于生产"。另一份内部报告中提到了"如果不对悬挂、框架和金属片进行改进，探险者相对较高的引擎位置会不利于进一步提高它的稳定指数（防止翻转的衡量方法）"。福特的工程师在1990年还提供了四种提高探险者稳定性的方法：①将底盘加宽2英寸；②降低引擎的位置；③降低推荐轮胎压力；④加固弹簧。福特的管理层选择了较低的轮胎压力为26psi（虽然普利司通/凡士通推荐的是30psi）和加固弹簧。

到1995年，福特已经更换了双Ⅰ梁悬挂系统，虽然它们没有降低引擎和加宽底盘。新的更轻的悬挂系统却升高了而不是降低探险者的重心。

福特选择用凡士通的越野AT P235轮胎来装备探险者，然而福特内部文件揭示，消费者协会（Consumer Union，CU）测试探险者的结果是："凡士通的P225以高信赖度通过了测试，但是p235没有"。福特的管理层"意识到了使用P235的潜在危险，但是还是接受了；CU测试并没有呈现一个真实的世界，我觉得不通过CU测试并不会带来危险，除非那会导致很多惊人的官司"。

轮胎设计与制造

装在福特探险者上的越野AT型号轮胎是由凡士通根据福特的规范生产的。防热性就是在这些规范中需要确定的性能指标。在设计探险者时使用的防热性标准是在1968年建立的，那差不多发生在20年前，是基于当时驾车行驶的路面状况而建立的。虽然当时所有的SUV生产者都安装B级轮胎，但福特指定需要一种低防热C级轮胎。C级轮胎必须满足额定压力和额定负荷下，以50mph速度行驶2小时和在85mph速度下再行驶90分钟时达到的防热标准。福特为越野AT型号轮胎建议的压力是26psi，尽管凡士通建议30psi的压力。

很多钢丝子午线轮胎的生产者在轮胎面和钢丝之间安装一层尼龙，目的是降低钢丝对橡皮轮胎面的摩擦。与其他不同构造的轮胎相比，这种安全特性降低了轮胎面脱离的可能性。在调查探险者翻转原因期间，轮胎专家证实了费用是不安装尼龙层的唯一原因，根据消费者的估计，每个轮胎尼龙层的费用从几美分到1美元不等。安装在探险者上的凡士通越野AT型号轮胎没有这些尼龙安全层。

20世纪60年代的美国，钢丝轮胎是很坚固的，寿命也长，而且可以提高汽油公里数，被认为是轮胎技术的革新。但是，轮胎制造者试图继续通过改变钢丝结构和连接，从而攻克使钢与橡皮正确地粘着在一起的难题，就像将水与油混合一样。橡胶越是新，粘着性越是强，粘着性越强，它就能更好地黏附在钢丝和其他轮胎组件上。

轮胎是一种高工艺要求的产品，包括一大堆零部件如胎面、侧壁等，需要很多成熟的设备。为了达到汽车厂家要求的低廉价格，轮胎制造者运用高度自动化的工厂来达到可观的经济效益。所以，在工厂的不同地方制造不同的轮胎零件，在所有的设施里需要大量的在制品目录清单。不同的零件集中放在一起，一个加一个，在大规模生产设备上进行最后的流水线安装。散落在工厂各个角落的有粘性的橡胶在制品经常沾粘碎屑，这些碎屑大大降低了橡胶的强度。

虽然凡士通 P235/75R-15 越野 AT 型号轮胎在美国各个地方都有工厂，但被控诉胎面脱离最多的是凡士通在伊利诺伊州的迪凯特厂。1996 年，凡士通在伊利诺伊州收到了比其他地方高出 10 倍的关于轮胎的投诉。这样的投诉在 1997 年下降了 50%，在 1998 和 1999 年就更低了。

凡士通采用了一个厚板系统，用于包裹住被挤压的钢丝的长橡胶层，而迪凯特厂没有采用这种方法。迪凯特厂采用的过程叫粒化，通过搅拌橡胶粒与乳化剂来形成一种新的橡胶成分。据报道，凡士通已经发现粒化过程处理过的橡胶与用厚板系统的橡胶的化学成分不同，相对更弱，因为乳化剂明显会使橡胶脆化和胎面开裂。

凡士通的前雇员，包括在迪凯特厂那些有缺陷的轮胎生产时的生产工人和轮胎测试者，在政府和诉讼对这些产品和质量过程表示怀疑的期间作出了表示或给出了证词。结论是这样的：

- 工人在生产过程中刺破那些在撤去的涂层和侧壁上形成的空气泡，如果轮胎通过了空气泄露测试，它就继续回到生产线上。
- 一种化学溶剂苯，被加到老的干橡胶上，在它们已经因为放置时间太长而失去粘性之后（过量应用苯会降低轮胎的质量）。
- 在痛苦的两年半钢铁工人罢工期间，劳工与管理层之间关系紧张。
- 在罢工期间，凡士通替换了部分技术熟练的工人。
- 12 小时班制要求工人有高的生产配额，时薪制是基于轮胎生产配额数基础上的，从而忽略了质量；
- 检查者每小时要检测 100 个轮胎，导致很多轮胎被粗略地检查甚至没有受到检查。

除了这些事件，普利司通的总裁承认普利司通和凡士通的轮胎没有应用统一的质量控制标准。"普利司通的轮胎有问题，我们在东京的技术人员会很快赶来帮助解决，"他说，"但是如果这些问题发生在凡士通轮胎上，他们什么都不会做。"

讨论题

1. 除了提到的财政开支，还会有什么与低质量的凡士通和福特探险者有关的其他开支，不管是在公司内或公司外？
2. 确认是福特和凡士通管理层的哪些决定导致了质量问题？哪些决定是合理的？
3. 对于福特和凡士通来说，什么是此次事故的潜在原因？

资料来源：Copyright 2002 by James Salsbury and Mark Davis.

这个案例描述了一个真实的商业情境，并且它正准备使用从公共资源中获得的信息。福特和凡士通与此案例没有直接的联系，并且不需要就此事件发表自己的观点。

第8章附录

流程改进的质量管理工具

学习目标

- 介绍了各种用于分析和改进流程质量的质量管理工具。
- 详述了运用统计分析改进流程质量的两种主要方法（抽样检验和统计过程控制）。
- 定义了在统计抽样中出现的两类错误。
- 区分了计数型 SPC 和计量型 SPC。
- 论述了田口方法及其与传统统计质量控制方法的不同。
- 描述了六西格玛所隐含的定量方法。

8A.1 统计质量控制工具

无论是制造型企业还是服务型企业在运营管理过程中，都有多种质量控制工具可用来帮助管理者改进流程质量。在这些质量控制的基本工具中，除了检查表（联列表），有七种著名的统计质量控制工具，它们分别是：①流程图；②直方图和柱状图；③排列图（或称帕累托图）；④散点图；⑤趋势图；⑥因果分析图（或称鱼骨图）；⑦统计过程控制。这些统计质量控制工具可以用于收集、描述和分析关于各种流程的数据，包括制造流程和服务流程，其中一些工具可直接简便地使用，但另一些则需要首先对统计学有一定的了解。然而，不论采用何种工具，其使用目的都是为管理层提供准确的信息，以助于他们就如何设计和改进流程质量的问题作出更好的决策。图 8A-1 提供了一个将这些不同质量控制工具合理地进行综合应用的框架结构。就像图中所建议的那样，为了找到流程质量缺陷的根源，必须持续不断地使用这些工具进行持续改进。

本节将介绍前六种统计质量控制工具和另一种用于采集收集数据的检查表（或称联列表）。统计过程控制将在本章的后面部分详细介绍。

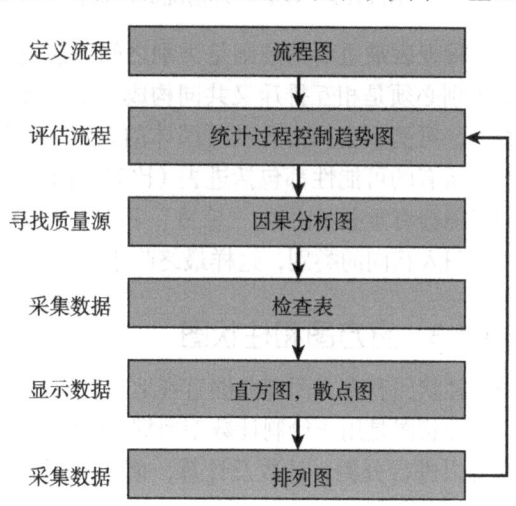

图 8A-1 不同质量控制工具的应用框架

8A.1.1 流程图

流程图（process flowchart）显示了生产一件产品或提供一项服务所需的每一个步骤。正如前面第 7 章所述，任务或作业用矩形表示，排队等待或库存用倒三角形表示，决策点用菱形表示。连接这些活动的箭头表示流程的方向。在服务业中，服务流程图通常称之为"服务蓝图"。

在第 7 章中提到使用流程图分析的主要目的是将生产特定产品或提供特定服务所要求的各项任务进行合理排序，并找出限制其最大能力的瓶颈；而从质量改进的角度来看，流程图的目的是识别出在整个流程中可能导致缺陷发生的步骤。

8A.1.2　检查表（联列表）

我们一般在收集某一流程的数据时，会记录事件发生的频率并在检查表上用每种记号对应一种具体情况。例如，如果一家公司想要收集所接到的顾客对其产品（如真空吸尘器）的各种投诉信息，他们会对各种投诉进行不同归类，然后记下每种投诉的频率（见图 8A-2）。

检查表的另一个例子是，餐馆经理想通过收集前来就餐的团体人数的信息，以确定需求的类型，从而决定如何安排餐桌，以更有效地满足顾客需求。为了收集这些数据，餐馆经理可以用一张检查表来记录到达餐馆内的每个团体的人数（见图 8A-3）。

投诉类型	频率
接线太短	𝍲 IIII
尘袋弄脏不易更换	𝍲
太重	𝍲 𝍲
经常出现故障	𝍲 II
零部件不是随时都正常运转	III
其他事由	IIII

图 8A-2　顾客投诉情况的检查表

团体顾客	人数
1	IIII
2	𝍲 𝍲 𝍲 𝍲 III
3	𝍲 𝍲 II
4	𝍲 𝍲 𝍲 𝍲 𝍲 I
5	𝍲 𝍲
6	𝍲 II
>6	II

图 8A-3　餐馆就餐团体人数的检查表

检查表最重要的规则是类别之间不能重叠并且所有的类别都需要考虑在内，换言之，各个类别必须是相互排斥又共同构成一个全集。对同一家餐馆来说，如果是一张数据混淆的检查表，可能不会列出各就餐团体的人数，而是按"夫妻、家庭、朋友"来统计。这些类别没有将所有的可能性都包括进去（比如，商业团体就不属于以上类别中任何一种），而且类别之间可能会有重叠（比如，"家庭"和"朋友"）。此外，不同的人在收集数据时不一定会把同一个组归入相同的类别，这样最终收集的数据很可能就没什么意义。

8A.1.3　直方图和柱状图

柱状图和直方图都能够直观地显示数据的变化。

柱状图是用于绘制计数型数据（也称为"类别"数据或"属性"数据）的图表，对这些数据可以进行分类、计数及计算，而不是测量得到的。例如，一位经理可以计算一条流水线的日产量（见图 8A-4）。

直方图用于显示测量得到的连续的计量型数据。例如，一位质量控制检查员要测量某个零件上一个孔的直径。由于数值范围是连续的，我们必须首先决定如何对其进行分组。在这个案例中，我们可以采用 0.010、0.025、0.050 或 0.100 英寸作为组距，这取决于孔径的变化范围大小。如果组距过小,可能在每一组里只包含一个数据;反之,如果组距过大,可能所有的数据都落在一组内。直方图的组距必须长度相等并且不能交叉重叠(见图8A-5)。

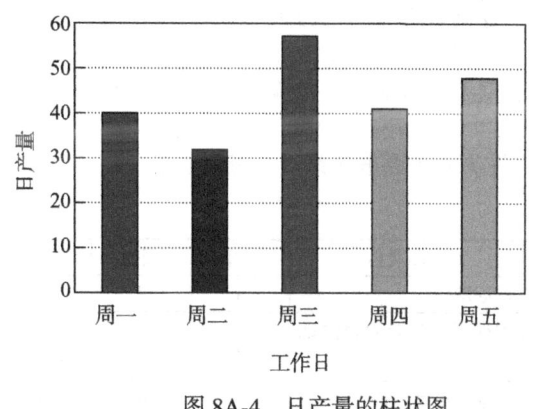

图 8A-4 日产量的柱状图

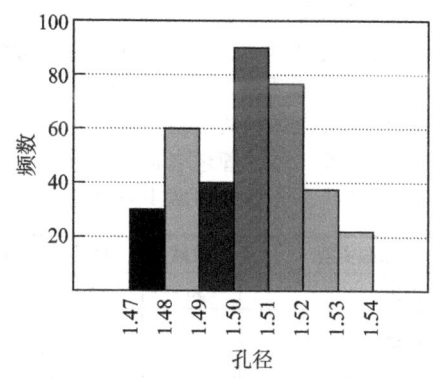

图 8A-5 孔径的直方图

8A.1.4 排列图

排列图是建立在帕累托原理基础之上的特殊柱状图,也称帕累托图,或有时称为帕累托分析法。如图 8A-6 所示,缺陷发生的频率按降序排列,而特别添加的累计百分比线是为了便于累计缺陷数量。排列图聚焦于那些发生频率最高的缺陷,可用于帮助管理者确定采取流程改进行动的优先次序。

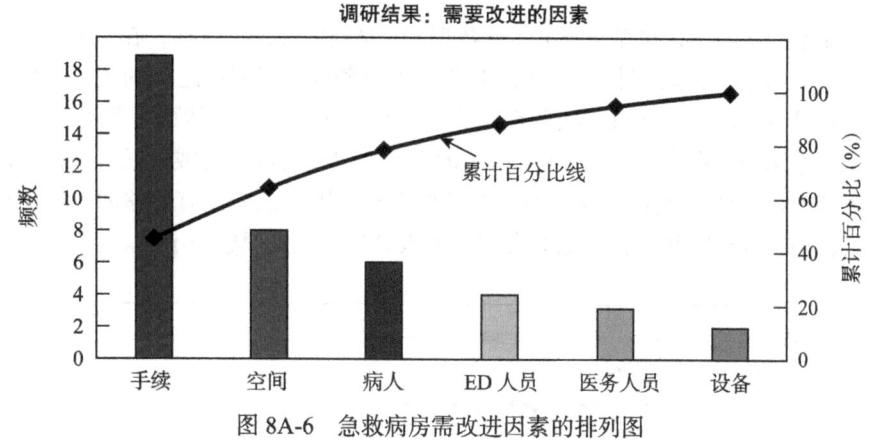

图 8A-6 急救病房需改进因素的排列图

图 8A-6 是一个排列图的例子,它展示了一份医院内部调研的反馈情况,调研内容是关于急救病房流程中哪些因素亟待改进。

然而,缺陷发生的频率本身并不能代表该缺陷的重要程度。比如,制作一份关于大学生对学校餐饮服务的抱怨情况的柱状图,有可能对排队等待抱怨的频率是对食物质量抱怨的两倍,但是学生认为食物质量比排队等待重要五倍。排列图可以给出所考虑因素的权重以保证经理们能对那些最需要关注的事项采取改进行动,下面将以"运营实践 8A-1:联邦快递优先处理的缺陷"为例来说明。

运营实践 8A-1

联邦快递优先处理的缺陷

为了确保能以最高的质量速递包裹，联邦快递使用服务质量指数（SQI）来衡量其每个服务点每天的速递情况。每个服务点的 SQI 都是用某特定日每种缺陷出现的频数乘上各自权重得出的。为了阐明 SQI 是如何计算的，下表列出了可能出现的各种缺陷、各自实际的权重以及在假设区域内每种缺陷出现次数的理论数值。

如果不算权重，管理者使用帕累托分析法，将优先考出现频数最高的缺陷。而算上权重后，管理者就会首要考虑减少包裹丢失的问题。

缺陷类型	权重	频数	加权值	缺陷类型	权重	频数	加权值
包裹丢失	50	1	50	延迟取货	3	3	9
包裹损坏	30	1	30	寄往国外的包裹目的地不详	3	2	6
隔夜晚到	10	2	20	过量的电话询问	1	4	4
隔天晚到	10	2	20	国内当天迟到	1	2	2
追踪	3	5	15	遗漏速递证明	1	2	2
国际优先国内隔天晚到	10	1	10	国外当天迟到	1	1	1
重复的抱怨	10	1	10	发票调整	1	1	1
				该地区 SQI: 180			

资料来源：Special thanks to Bob Wall, FedEx.

8A.1.5 散点图

散点图显示的是两个计量型（而不是计数型）变量间的关系。例如，在一家高级餐馆，你想要了解顾客等待点菜的时间长短和他们对所提供服务的满意程度之间的关系。你可以以分为单位来计量等待时间，并通过一项调查（得分在 1～10 分）来评估顾客满意度。

对这个餐馆来说，存在类似图 8A-7 所示的关系：等待时间过短或过长都会降低顾客满意度。如果等待时间过短，顾客会觉得他们被催促点菜，因为他们没有足够的时间研究菜单决定点什么菜；如果等待时间过长，他们会因服务人员响应太慢而感到不满。

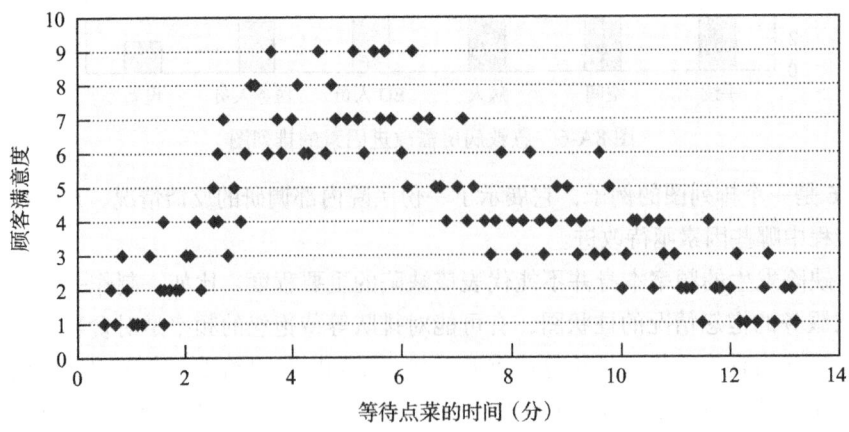

图 8A-7　餐馆的顾客满意度和等待时间的散点图

8A.1.6 趋势图

趋势图显示的是变量随时间的变化。例如，一个工厂主管要追踪每天生产某一产品出现的缺陷数量。他记录下每天出现的缺陷数量并把它们描到趋势图上（见图8A-8）。该趋势图显示在7月20日那个周末之后，出现的缺陷数量有显著下降（经过深入调查表明，那一周工人们刚好结束了一个教他们如何使用已安装的新设备的培训课程）。

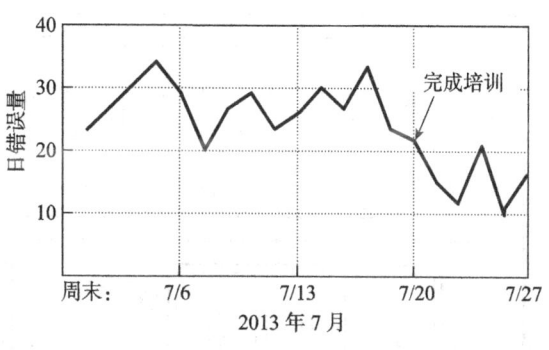

图 8A-8　日缺陷量的趋势图

8A.1.7 因果分析图（鱼骨图）

因果分析图也称为鱼骨图，或石川图（根据最先提出这一工具的石川馨的名字命名）。因果分析图看上去像鱼骨，问题或缺陷（即后果）标在"鱼头"。在鱼骨上长出鱼刺，上面按出现机会多寡列出产生生产问题的可能原因。因果分析图有助于说明各个原因之间如何相互影响，也能表现出各个可能的原因是如何随时间而依次出现的。因果分析图首先需要确定原因的主要类别，然后对于每个原因都要问"为什么"，直到找出该类别最根本的原因。图8A-9显示了某家餐馆的顾客抱怨情况的因果分析图。如果顾客抱怨服务员态度粗鲁，那么在采取合适的流程改进行动前，首先要找出导致服务员态度粗鲁的原因。在这个例子中，服务员态度粗鲁可能是由于他们太匆忙，而他们之所以匆忙是因为他们每人被指定要服务的餐桌过多，因此分派餐桌任务的过程应成为管理行动的目标，而不是告诫服务人员要更懂礼貌。

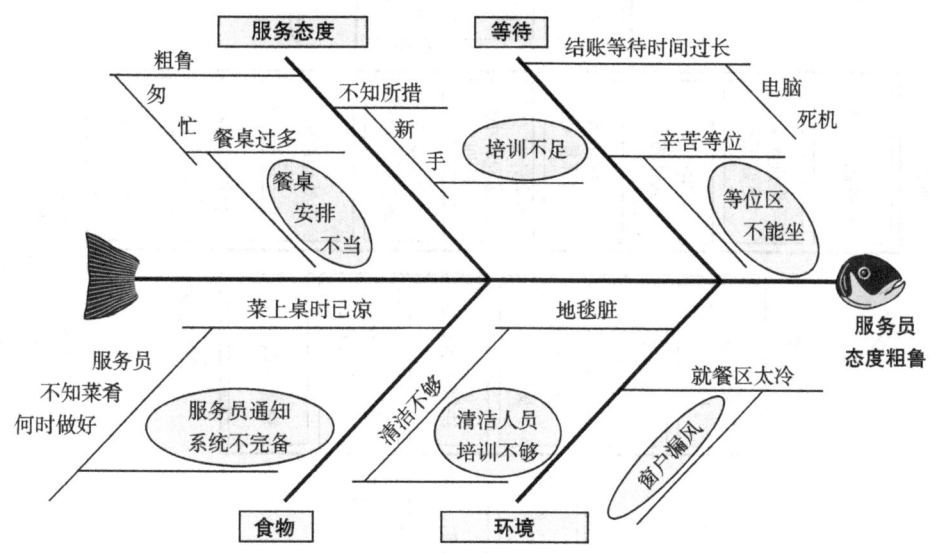

图 8A-9　一家餐馆的顾客抱怨情况的因果分析图

8A.2 质量管理和策划新工具

随着企业经营管理环境的动态变化和运营管理的创新变革，先后产生了新的七种质量

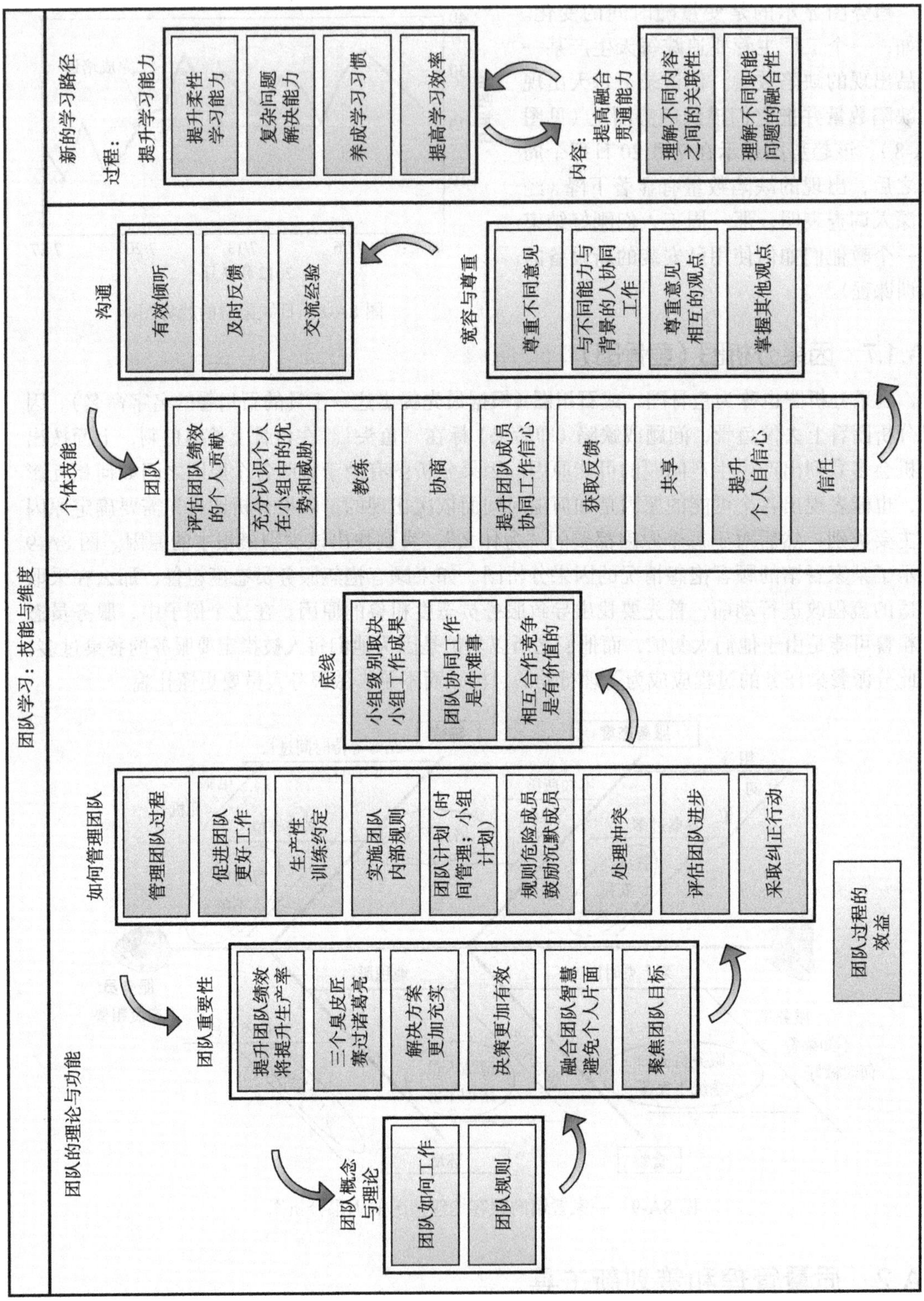

图 8A-10　团队学习目标的亲和图

管理与策划工具，它们分别是：①亲和图；②关联图；③树图；④矩阵图；⑤优先矩阵图；⑥ PDPC 法；⑦网络图。与前面七种统计质量控制工具强调数据分析不同，这些质量管理和策划新工具更注重对文字资料的整理，更加面向经营管理和策划活动，是团队使用的重要工具，因而在使用质量管理和策划新工具时，最需要注意的是尊重团队成员的意见，以团队的形式来进行，这也是新老七种工具最大差异所在。本节将介绍前六种质量管理和策划新工具，最后的网络图以及基于网络图的网络计划技术已经在第 6 章展开了详细讨论。

8A.2.1 亲和图

亲和图法（affinity diagram），是由日本学者川喜田二郎（Kawakita Jiko）研究开发并加以推广应用的一种质量管理和策划方法，故又称为 KJ 分析法。所谓亲和图法，就是通过小组或团队讨论或头脑风暴会议集思广益产生新的想法，并将所有的想法按亲和性或相似性进行分组分类整理，从而找出相互间关系，并达成小组或团队共识。

为了建立亲和图，小组或团队成员提出自己的经验、意见和想法，这个过程可以借助写卡片或粘纸贴完成，每个想法写一张，然后将这些卡片或粘纸贴收集起来放在会议桌或会议室墙上，小组或团队成员通过不断移动卡片进行分类组合，直到全体成员对分组分类结果满意为止。

亲和图法的主要优点是建立了每个人对各种想法参与讨论的平台，所产生的亲和图是小组或团队成员联合建立的对所分析问题的概念模型。图 8A-10 是"团队学习目标"的亲和图例子。

8A.2.2 关联图

与亲和图法相似，关联图（interrelationship digraph）也称关系图，用于将关系纷繁复杂的问题因素，按因果关系有逻辑地分类组织起来，厘清复杂问题、整理语言文字资料的一种图形方法。为了建立关联图，小组或团队首先确认问题的存在，所有成员自由地提出导致存在问题的重要因素，并用明确的语言标示出问题和因素的名称，再用图形圈起来；然后，确定问题和各种因素之间的因果关系，并用箭头线连接起来；在此基础上，根据图形进行分析讨论，检查有无不够确切或遗漏之处，复核和认可上述各种因素之间的逻辑关系；最后将重要因素或关键驱动因素用双线或粗线醒目地标示出来，并确定从何处入手解决问题。图 8A-11 是一家医院分析"外科手术病人为何晚出院"的关联图例子，关联图清晰地显示"预先没有出院计划"是导致外科手术病人出院晚的诸多因素中的关键驱动因素。

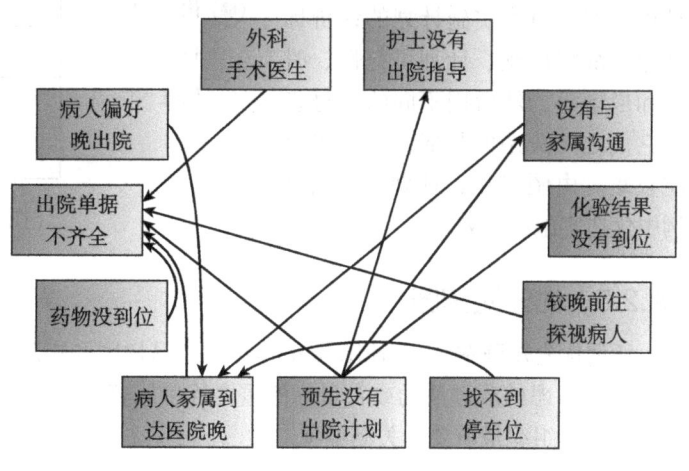

图 8A-11 外科手术病人出院晚的的关联图

8A.2.3 树图

树图（tree diagram），也被称为系统图，它按照"主目标—分目标—行动—具体行动"的顺序，将主目标分解或者分层，以不断地细化质量改进内容，旨在使笼统的主目标分解成较具体的执行策略，使之变得更易于小组或团队成员一致理解和共同解决。树图可以自左而右，也可以自上而下地展开。图 8A-12 是一个树图的基本结构示意图。

图 8A-12 树图的基本结构示意图

8A.2.4 矩阵图

所谓矩阵图（matrix diagrams），就是从问题的各种关系中找出成对要素，并按数学上矩阵的形式，把问题及与其有对应关系的各个因素按行和列排成图，并在其交点处标出两者之间的关系，从中确定关键点的方法。图 8A-13 是一个流程改进目标实现的 5 个不同的实施计划的矩阵图例子：首先将 5 个不同的实施计划放在矩阵图的左边，而矩阵图的上方是用于评价每个实施计划的评价标准包括战略匹配、计划可行性、时间和成本等，然后用不同的符号表示它们之间关系的强弱，并赋以相应权重。由图可见，计划 2 应该是例中优选实施的计划。

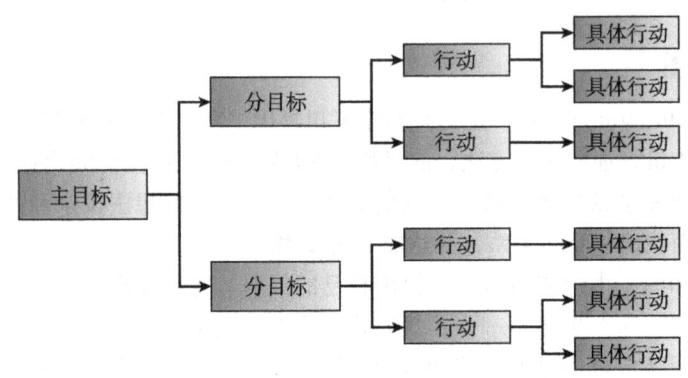

◉ 优秀 = 9
○ 良好 = 3
△ 较差 = 1

标准 计划	战略匹配	可行性	时间	成本	总计
计划 1	◉	○	△	◉	22
计划 2	◉	◉	◉	△	28
计划 3	○	○	○	△	10
计划 4	○	△	△	◉	16
计划 5	△	△	△	◉	14

图 8A-13 矩阵图

8A.2.5 优先矩阵图

所谓优先矩阵图（prioritization matrices）是树图和矩阵图的结合，主要用于帮助管理决策者确定所考虑的改进活动或者目标的重要程度，优先矩阵图的目的就是促使改进小组或团队重点关注对组织最重要的关键事项。

8A.2.6 PDPC 法

PDPC 法（process decision program charts）也称为过程决策程序图法，所谓 PDPC 法，是

为了完成某个任务或达到某个目标，在制定行动计划或进行方案设计时，预测可能出现的障碍和结果，并相应地提出多种应变计划的一种方法。

8A.3 统计质量控制方法

统计质量控制方法有两大类：①抽样检验，用于评估已生产的零件或产品的质量以及服务质量；②统计过程控制（SPC），用于评估正在进行的过程是否在规定界限内运行。我们很快会看到，虽然两种方法对结果的解释不一样，但它们用的是相同的数学计算方法。

上述两大类统计质量控制方法又分别可进一步细分成两个子类：第一种方法采用计数型数据（即数据可被计数，如生产的不合格零件的数量或不满意的顾客数量）；第二种方法采用计量型数据（即数据可被测量，如一根电缆的长度或一瓶饮料的重量）。每种方法都可用于抽样检验或统计过程控制（见图 8A-14）。

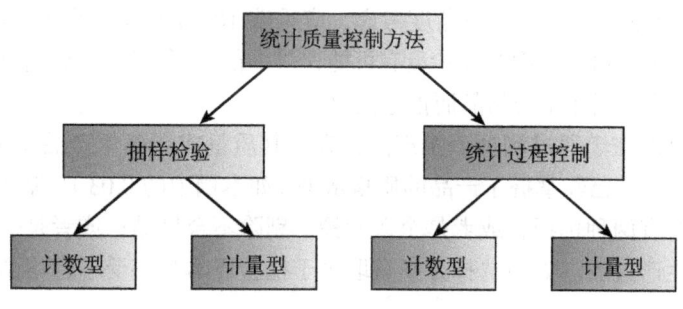

图 8A-14 统计质量控制方法

8A.4 抽样检验的两类错误

当我们从更大的总体或者过程的产出中进行抽样，而不是监测整个总体或产出情况，那么样本结果有可能没有代表总体或过程的实际情况，如图 8A-15 所示，抽样检验存在两类错误风险（弃真风险和取伪风险），但这两类风险是可以控制在一定概率以下的，从统计检验的原理可知，这两类的错误都是可以控制在一定概率以下的。其中，第一类错误风险（弃真风险）是总体本身是合格的却被认为是出错或者过程处于稳定状态却被认为失控，这种虚发警报的错误称为 α 错误、第 I 类错误或生产方风险，通常将犯 α 错误的概率记为 α。第二类错误风险（取伪风险）是总体出错却被认为合格或者过程失控却被认为运行正常，这种漏发警报的错误称为 β 错误、第 II 类错误或需求方风险，通常将犯 β 错误的概率记为 β。如何平衡第 I 类错误和第 II 类错误发生是决定样本容量和控制界限时的一个主要考虑因素。

		总体或过程的实际情况	
		合格或受控	出错或失控
样本显示的总体或过程	合格或受控	一致	β 错误，第 II 类错误
	出错或失控	α 错误，第 I 类错误	一致

图 8A-15 统计质量控制方法

8A.5 抽样检验

8A.5.1 计数型抽样方案设计

如前所述，抽样检验是对已有产品进行检查，以确定有多大比率的成品符合规范。这些产品不仅包括收到的另一家公司的产品，由本公司接收部门评估；也包括公司加工后的成品部件，并在生产阶段或稍后的仓储阶段由公司专职人员进行检验评价。

进行抽样检验离不开抽样方案。在这节中，我们将举例说明计数型一次抽样方案的制订过程，即通过评估一个样本来判断产品总体质量（制订其他方案时，可能用到两个或两个以上样本。请参阅朱兰和格林纳所著的《质量规划与分析》一书对这些方案的具体讨论）。

成本决定检验方式。当未经检验的不合格品造成的损失成本大于检验成本时，应当进行全数（100%）检验。例如，假定一件次品会导致 10 美元损失，如果一批产品中平均不合格品率为 3%，则次品的损失成本期望值为 0.03×10 美元，即每件 0.30 美元。因此，如果每件产品的检验成本小于 0.3 美元，从经济角度考虑，应采取 100% 检验。然而，100% 检验并不代表可以检出所有的不合格品，因为检验员有可能误将一部分不合格品当作合格品而检验通过，或者误将一部分合格品当作不合格品而拒绝接收。

抽样方案的目的在于通过测试该批产品，查明其质量或者确保产品质量达到预期标准。如果一个质量监控人员已经掌握了产品的质量水平（如本例中的 0.03），那么他就不会进行不合格品抽样。这时有两种选择，或者是全数检检，剔除不合格品；或者是一个都不检验，任由不合格品进入生产过程。如何选择方案只取决于检验成本和接受不合格品造成的成本两者哪个更经济。

一个计数型一次抽样方案是由 n 和 c 决定的。其中，n 是指样本容量的大小，c 是指容许不合格品数。n 的大小可以在 1 到整个批量（通常定义为 N）的范围内取值。容许不合格品数 c 表示要使该批产品不被拒收，样本中被查出的不合格品的最大允许数量。n 和 c 的值由四个因素（AQL、α、LTPD 和 β）共同决定，这四个因素将产品生产方和需求方的目标加以量化。生产方的目标是确保抽样方案以较低概率拒收合格的产品批次。如果一批产品中包含的次品数不超过规定的水平——可接收质量水平（AQL），就称这批产品合格。需求方的目标是确保抽样方案以低概率接收不合格的产品批次。如果一批产品中包含的次品数超出某给定数值——批允许不合格品率（LTPD），就称该批产品不合格。一批合格产品被拒收的概率用希腊字母 α 来表示，称作生产方风险。一批不合格产品被接收的概率用希腊字母 β 来表示，称作需求方风险。对于 AQL、α、LTPD 和 β 的值的选择是一个经济决策问题，一般要权衡成本，更主要的是取决于公司的策略或者合同要求。

有一个关于惠普公司的幽默故事。惠普公司在第一次与一个非常强调质量的日本供应商打交道时，一直坚持一次性采购 100 条电缆的 AQL 为 2%。在签订采购协议时，因为日本供应商不想在协议中有 AQL 这一规定，双方发生了激烈的争论；而惠普公司坚持 AQL 为 2% 而不妥协，日本供应商最终只好同意了。当日本供应商的包装箱到达后，惠普公司发现包装箱内有两包产品。一包里面有 100 条好电缆，另一包里有两条电缆，并附有一张便条，上面写道："我们给贵公司送去 100 条高质量电缆。由于贵公司坚持 AQL 为 2%，所以我们同时在箱中装入两条有缺陷的电缆，只是我们不理解贵公司要它们有什么用。"

下面的例子引用了一个标准的抽样检验表，来说明在制定抽样方案时，如何运用 AQL、α、

$LTPD$ 和 β 这四个参数。

实例

n 和 c 值的确定

高技术企业生产 Z 波段的雷达扫描器用以监测计速路段。扫描器中印刷线路板是外购的。供应商按 2% 的 AQL 生产这种线路板，并愿意以 5% 的概率承担相当于 AQL 水平或更低的次品率的批量被拒收的风险（α），高技术企业认为 8% 以上（包括 8%）的次品率（$LTPD$）是不可接受的，并且要确保这样低质量的批量被接收的概率不超过 10%（β）。一大批线路板正由供应商送达交货，为了确保这批线路板的质量，问 n 和 c 该选取什么值？

解答

该问题中的参数有 $AQL = 0.02$，$\alpha = 0.05$，$LTPD = 0.08$，$\beta = 0.10$，我们可以从表 8A-1 中找出 c 和 n 的值。

表 8A-1 摘自 $\alpha = 0.05$、$\beta = 0.10$ 的一个抽样方案表

c	LTPD/AQL	n·AQL	c	LTPD/AQL	n·AQL
0	44.890	0.052	5	3.549	2.613
1	10.946	0.355	6	3.206	3.286
2	6.509	0.818	7	2.957	3.981
3	4.890	1.366	8	2.768	4.695
4	4.057	1.970	9	2.618	5.426

首先，用 AQL 除 $LTPD$（0.08/0.02 = 4），然后，在表的第 2 列中找到等于或略大于 4 的值，该值是 4.057，相应的 $c = 4$。

最后，在表的第三列中找出 $c = 4$ 同一行的值（1.970），并用 AQL 的值除以这个值得到 n 的值：$n = 1.970/0.02 = 98.5 = 99$。

我们得到了合适的抽样方案是：$c = 4$，$n = 99$。

8A.5.2 OC 曲线

如上述举例的抽样方案虽然已经满足了我们判断质量好与坏的要求，但对于质量介于好与坏之间的产品批次，我们却难以判断该方案是否有效。因此，通常利用抽样特性曲线（OC 曲线）将抽样方案用图形表示。每一条 OC 曲线都是 n 和 c 的特定取值的唯一组合，它们简要表明了在各种次品率下产品批次被接收的概率。实际上，我们在制订一个抽样方案时是按照下面的方法进行的：在 OC 曲线上确定两点，其中一个点由 AQL 和 $1-\alpha$ 决定，另一个点由 $LTPD$ 和 β 决定。由 n 和 c 的一般取值确定的 OC 曲线可以经计算或查表得到（见图 8A-16）。

对于一个能准确判断产品批量的质量好坏的抽样方案，在其所设定的 AQL 值处，斜率趋于无穷大（垂直）。如图 8A-16 所示，次品率位于 2% 左侧的批量总能被接收；而次品率位于 2% 右侧的批量将经常被拒收。然而这样的曲线形状仅在全数检验的情况下才有可能存在，而不可能出现在真正的抽样方案中。

OC 曲线在 AQL 和 $LTPD$ 之间的区域内比较陡峭，其斜率会随 n 值和 c 值的改变而不同。如果 c 保持不变，样本容量 n 的增大将导致 OC 曲线更加陡峭，若 n 保持不变，减小 c（最大不合格品数）也能达到同样的效果，且曲线将更加接近原点。

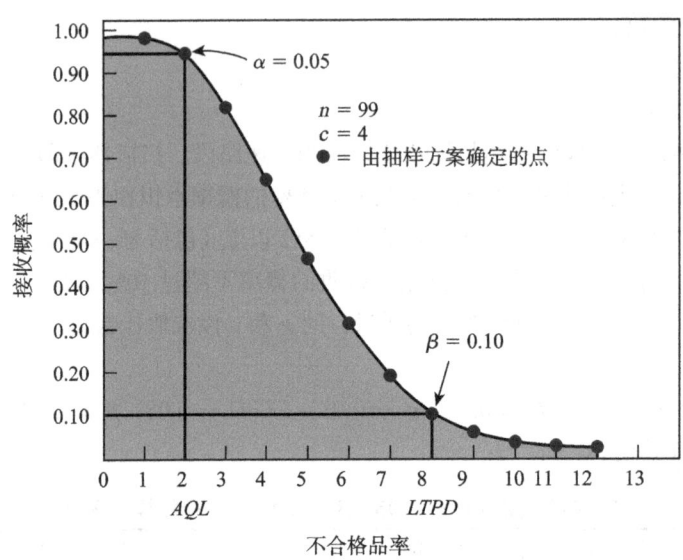

图 8A-16 当 $AQL = 0.02$、$\alpha = 0.05$、$LPTD = 0.08$ 和 $\beta = 0.10$ 时的 OC 曲线

抽样的批量的大小对质量预防的影响相对较小。例如，考虑几个具有相同容量（20 单位）的样本，它们分别来自几个大小从 200 单位到无穷大不等的批量。如果已知每批有 5% 的次品率，则根据样本容量为 20 单位，该批被接收的概率范围为 0.34～0.36。这意味着，只要批量大小是样本容量大小的倍数，那么无论批量多大，其结果都没什么差别。这一点似乎难以置信，但是从统计学角度（长期平衡的趋势）来看，无论货物是一卡车还是一箱，得出的结果都是一样的，而不是一卡车货就应该有更大的样本容量。

8A.5.3 计量型抽样方案设计

当我们采用计量型方法来决定是否要接受整批产品时，也要对产品进行抽样。不过不是数出样本中不合格品的数量，而是测出样本中每个产品质量特性值的变化指数并计算出样本均值。然后将样本均值同事先确定的控制界限进行比较以决定是否接受整批产品。

在计量型抽样方案设计中必须要考虑三个因素：① 拒绝一批合格产品的概率（犯 α 错误）；② 接收一批不合格产品的概率（犯 β 错误）；③ 样本容量 n。

实例

ABC 电子公司外购了一种 50 欧姆的电阻器（电阻器是用于阻碍电路中电流的电子器件。欧姆是测量电阻器阻碍电流能力的单位）。根据历史数据分析，此类电阻器的标准差为 3 欧姆。如果样本容量 $n = 100$，并要求达到 95% 的置信度，请求出合适的控制界限（换言之，犯 α 错误的概率为 1-95% = 5%）。

解答

计算控制界限（CL）的公式为：

$$CL = \mu \pm z_{\alpha/2} \frac{\sigma}{\sqrt{n}} \tag{8A-1}$$

式中　μ ——期望的总体均值。

　　　$z_{\alpha/2}$ ——对应特定 α 水平的标准差倍数（$\alpha/2$ 表明这是一个双侧分布，且两侧发生 α 错误的概率相等）。z 的值可从本书后的附录 B 或附录 C 正态分布表中查到（查表可得，双侧检验中 95% 的置信度对应的 z 值为 1.96）。

σ——总体的标准差。

代入得：

$$CL = 50 \pm 1.96 \times \frac{3}{\sqrt{100}}$$
$$= 50 \pm 0.588$$

因而，控制下限（LCL）为 49.412，控制上限（UCL）为 50.588（见图 8A-17）。

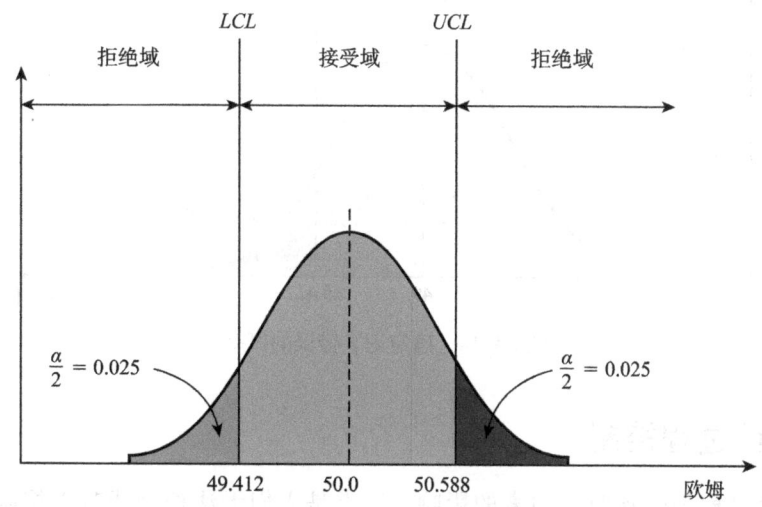

图 8A-17　建立计量型抽样方案的控制界限

故该电阻器的抽样检验步骤为：①从电阻器中随机抽取一个样本，容量大小为 100 单位；②测出样本中每个电阻器的电阻值；③计算样本均值；④把样本均值与已知的控制界限比较，如果样本均值落在区间（49.412，50.588）内则接受该批次，否则拒绝。

实例

继续上述电阻器问题，我们可以允许每个电阻器的电阻值在一定范围内变化，但是如果电阻低于 49 欧姆，电路中会出现严重的问题。当平均电阻值小于等于 49 欧姆时，我们接受该批次的概率为多少？

解答

图 8A-18 描述了该情形。需要注意的是，原先确定的控制界限没有发生变化。接受不合格的产品批次或犯 β 错误的概率，即在均值为 49 的曲线下方与横轴围成的区域内接受域的面积占总面积的百分比（注意这是个单侧检验，因为 β 错误只出现在曲线下方的右侧）。

犯此类错误的概率求解如下：

$$LCL = \mu + z_\beta \frac{\sigma}{\sqrt{n}}$$

式中　z_β——对应于特定 β 水平的标准差倍数。

代入得：

$$49.412 = 49 + z_\beta \times \frac{3}{\sqrt{100}}$$
$$0.412 = (z_\beta)\, 0.3$$
$$z_\beta = 1.373$$

查书后的正态分布表得 $z=1.373$,曲线下方对应的接受域的面积比率为 0.085 3。因而在这些条件下犯 β 错误的概率为 8.53%。

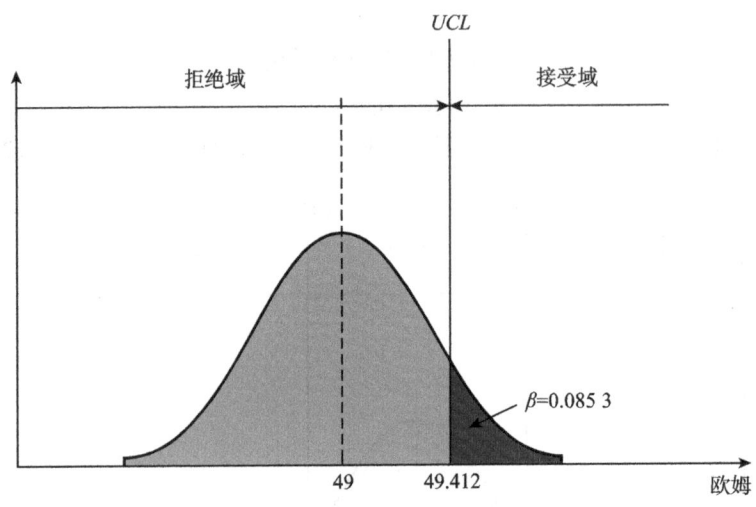

图 8A-18 确定犯 β 错误的概率

8A.6 统计过程控制

任何一个过程都受到两类因素的影响,一类是人们无法控制或难以控制的随机因素(random cause),也称偶然因素或一般因素(common cause)。由随机因素引起质量的波动称之为随机波动。由于这种波动是不可避免的却波动的变化幅度较小,对质量的影响也微小,故被看作背景噪声而听之任之,由此,我们称仅有随机因素影响的过程为正常的过程。在随机因素影响过程的同时,还存在另外一类相对稳定的因素作用于过程,称之为异常因素或可查明因素(assignable cause)或系统因素。由异常因素引起质量的波动称为异常波动,对质量的影响大,而且采取措施不难消除,故在过程中异常波动及其造成异常波动的原因是管理者关注的对象。

统计过程控制是一种定量方法,它通过对重复性过程进行监控来判断其是否正常运行。SPC 实时地收集过程数据并将过程当前的测量值同该性能的标准值进行比较。接着,它运用类似在抽样检验中用到的简单统计技术来决定过程是否发生了变化。SPC 使得管理者和员工可以辨别过程内在的随机波动和那些可能表明过程已经发生变化的异常波动。

SPC 的核心是了解过程发生的波动。每个过程的波动情况都不一样。有些过程波动范围很大,而有些只有细微的波动。通过仔细分析目标过程的随机波动,我们可以将该过程当前状况同其期望值(由该过程以往的情况决定)加以比较。

SPC 运用统计学方法(尤其是发挥抽样调查的作用)来精炼对过程波动的基本理解。中心极限定理(central limit theorem)告诉我们无论分布的实际形状如何,当给定样本容量大小,从该总体分布中反复进行抽样,计算样本均值并在图上画出分布曲线,那么这些样本均值将呈正态分布。如果你不相信,可以拿一副纸牌为例。如果每张纸牌用其封面值表示(A = 1,纸牌的编号大小就代表其值,J = 11,Q = 12,K = 13),一副纸牌就代表了所有纸牌的一个均衡分布:每个数值都有 4 张牌。一副纸牌的总体平均数是 7,如果你从一副牌中抽取几组

4张牌的样本,有多少组样本的均值会是1呢?一个样本含有4张A的可能性极小,有多少组样本的均值会是13呢?同样,只有4张K组成的样本才能得到这个均值,所以可能性也极低。另一方面,考虑一下有多少种办法可以构成均值为7的样本:4张7、3张6和1张9,还有其他许多种不同组合。如果洗过牌后抽取一个样本,计算该样本均值并在图上描点,再重新洗牌重复前面的操作,你会发现你所抽取的各个样本的均值分布呈钟形(或正态)曲线,而不是像一副牌中各种纸牌数量均匀分布一样呈一条水平线。

那么除了均衡分布之外其他分布的情况呢?中心极限定理还有效吗?你可以用纸牌做同样的实验,指定所有红牌的值为4,所有黑牌的值为10。整副纸牌的均值还是7,但是现在纸牌的分布形状却是双峰型。像以前那样抽取样本,计算出每组样本的均值,在图上描出各均值点并连成曲线,图像很快就呈现钟形。当然,样本容量越大,曲线就越平滑。

如果假定样本均值呈正态分布,那我们就可以用我们熟知的正态分布的性质来理解过程的波动。例如,如图8A-19所示,如果是一个正态分布:

- 分布是两边对称的;
- 68.3%的分布曲线位于均值(μ)±1倍标准差(σ)之间;
- 95.4%的分布曲线位于$\mu \pm 2\sigma$之间;
- 99.7%的分布曲线位于$\mu \pm 3\sigma$之间。

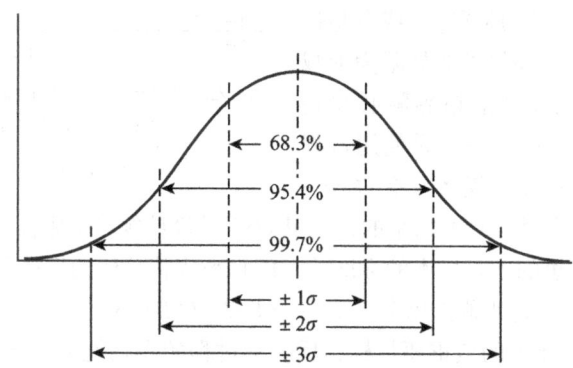

图8A-19 相同均值(μ)不同的标准差(σ)的正态分布曲线的概率分布

如果我们对长期波动情形已知的过程进行连续抽样,并且描出样本均值点,则可以观察样本均值的变化来判断该过程是否按预期的方式运行,或者它是否已经发生了变化。

统计控制意味着一个过程只存在内在的随机波动而没有出现任何异常波动。统计控制能够科学地区分随机波动与异常波动,但是并不能表明一个过程生产的产品或提供的服务的质量是好是坏,这是由于一个运营流程生产的产品或提供的服务质量是好是由其顾客决定的,取决于顾客需求和产品和服务的规格和规范,换言之,一个在受控状态下的过程生产的产品或提供的服务也可能是顾客不能够接受的。

8A.6.1 过程能力

当过程处于统计控制状态时,是指过程不存在异常因素。只有当过程处于统计控制状态时,对过程能力进行分析才是有意义的。

通过比较过程波动和设计规格要求的控制界限,可以判断过程是否具有满足顾客需求的产品和服务的能力。在图 8A-20a 中，展示了一个有能力满足顾客需求的过程：这个过程在顾客要求的设计规格内是处于统计控制状态——即设计规格要求超出 ±3σ 之间的控制界限，而过程波动则在控制界限之内；图 8A-20b 中所示的过程是没有能力满足顾客需求的——即设计规格要求都落在控制界限之内，而过程波动则超出了 ±3σ 之间的控制界限。

如果一个过程有能力满足顾客的需求，那么它就能开始为顾客生产产品或提供服务，而管理者可以通过 SPC 来监控整个产品和服务的运营过程；反之如果一个过程没有能力满足顾客的需求，那么满足顾客需求的唯一途径是对整个运营过程生产出的所有产品或提供的所有服务进行全检。

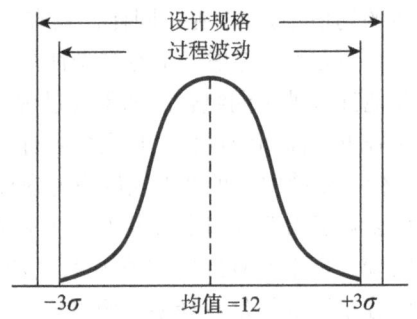

a) 有能力过程：设计规格超出 ±3σ 之间控制界限，实际上此过程所有产出都能满足顾客需求

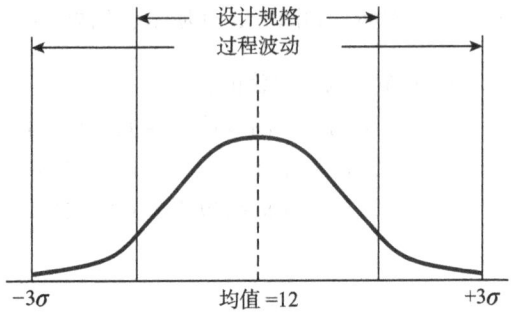

b) 无能力过程：设计规格都在控制界限之内，此过程大部分产出都无法满足顾客需求

图 8A-20 过程能力分析

8A.6.2 过程能力比率

为了让过程处于受控状态并且在设计规格允许范围内，设计规格界限必须等于或者超过过程控制图的上下界限。如果控制界限为加减 3 倍标准差（3σ），那么设计规格界限必须超过 6σ。有一个快速决定的方法就是使用过程能力比率。这个比率是把设计规格容差（$USL-LSL$）除以 6σ（代表过程能力）计算出来的，这里 USL 是设计规格上限而 LSL 为设计规格下限。如下面公式所示，公式里的 σ 是样本的标准差，用它来代替总体的标准差 σ。

$$\text{过程能力比率} = C_p = (USL-LSL)/6\sigma \tag{8A-2}$$

C_p 是我们描述过程能力的最重要指标，反映了过程的潜在能力。最小过程能力比率通常设为 1.33，但随着经济繁荣、产品数量急剧增长、高科技蓬勃发展，原来的质量标准已不能适应当前的需求。如六西格玛管理目标是过程质量水平达到六西格玛，则过程能力比率 $C_p = 2$，即要求设计规格容差 $= USL-LSL = 12\sigma$。

8A.6.3 过程能力指数

过程能力比率（C_p）不能明确地指出过程能力与目标值（设计规格中心）的符合程度，所以必须用到另外一个性能指标 C_{pk}，来判断过程的均值是否接近规格上限 USL 或者规格下限 LSL。

$$C_{pk} = \min[(\bar{X}-LSL)/3\sigma, (USL-\bar{X})/3\sigma] \tag{8A-3}$$

当 C_{pk} 等于过程能力比率时，过程均值位于规格上下限的中间。否则，过程均值就更靠近两个 C_{pk} 值中的较小的规格界限。请看下面这个例子。

实例

某产出过程生产平均直径 2 英寸，标准差 0.03 英寸的某种零件。规格上限为 2.05 英寸，规格下限为 1.9 英寸。

解答

根据这些信息，可以计算出过程能力比率 C_p 和过程能力指数 C_{pk}。

过程能力比率 $C_p = (2.05-1.90)/(6\times 0.03) = 0.833$

LSL 对应的 $C_{pk} = (2-1.90)/(3\times 0.03) = 1.11$

USL 对应的 $C_{pk} = (2.05-2)/(3\times 0.03) = 0.56$

根据过程能力比率我们可以总结出该过程无法生产符合该种设计规格的零件。C_{pk} 分析指出，过程均值接近规格上限。由这些信息，可以改进产出过程来提高过程能力比率并使平均值靠近规格界限的中心线。这些也许只要对某机器工具的设置进行简单调整就能做到。

8A.7 SPC 图

SPC 图实际上是一种基于中心极限定理的特殊类型的趋势图。先计算出过程均值（通常参照过程过去的绩效），再根据已抽取的样本容量大小来计算控制界限。这些控制界限通常确定为样本均值加减 3 倍标准差（$\mu \pm 3\sigma$），因为在正态分布中，无论 μ 和 3σ 如何取值，99.73% 的区域会落在 $\mu \pm 3\sigma$ 之间。SPC 图的 X 轴代表时间，Y 轴则代表过程均值的变化。一个计数型控制图的中心线代表该数值的长期平均值，比如产品缺陷率，而计量型控制图的中心线就是过程的平均值。

对于每组样本，我们计算出样本均值（某一数值在样本中出现的百分比或者是平均测量值）然后把点描绘在曲线图上。每组样本均值都画上后，我们开始注意这一过程是否有异常波动。例如，根据正态分布的性质，各个均值点应如前所述按比例分布在中心线两侧。如果我们发现分布的波动太小或者太大，就表示可能有某种异常因素影响该过程。如果这些点没有均匀分布在中心线两侧，同样表示可能存在某种异常因素。假如我们发现一排连续多个点子上倾或连续多个点子下降，也表明可能是某个异常因素在作怪。当我们观察一张 SPC 图时，我们主要寻找异常波动的证据——根据我们对该过程的了解，它并没有按照预期的方式运行。图 8A-21 中的统计过程控制图显示只存在随机波动的一个过程，即处于统计控制状态的过程，所有的点均落在控制界限以内（$UCL=\mu+3\sigma$ 为控制上限，$CL=\mu$ 为中心线，$LCL=\mu-3\sigma$ 为控制上限），其中，大部分的点落在落在 $\mu \pm \sigma$ 之间，大约 1/3 点落在 $\mu+\sigma$ 与 $\mu+2\sigma$ 之间或 $\mu-\sigma$ 与 $\mu-2\sigma$ 之间，只有 5% 的点落在 $\mu+2\sigma$ 与 $\mu+3\sigma$ 之间或 $\mu-2\sigma$ 与 $\mu-3\sigma$ 之间的区域。

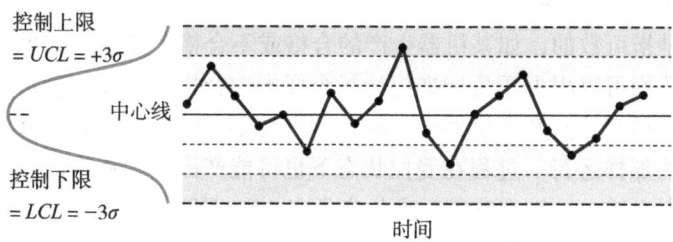

图 8A-21 统计过程控制图

由于抽取样本时还在 SPC 图上画出了各点，"波动太小或太大"或"异常波动的根据"的不确定性促使解释控制图原理的规则不断趋于完善。当一个过程处于统计控制状态时，是指过程不存在异常波动，图 8A-22 显示了判断异常波动的规则，包括出现了可查明原因（也即异常原因），点子超出控制限以外，出现了链（在中心线同侧连续多点称为链）、趋势（递增或递减）、循环等，这些指导性或者启发式的规则仅仅用于使对控制图中波动的解释更加规范化。

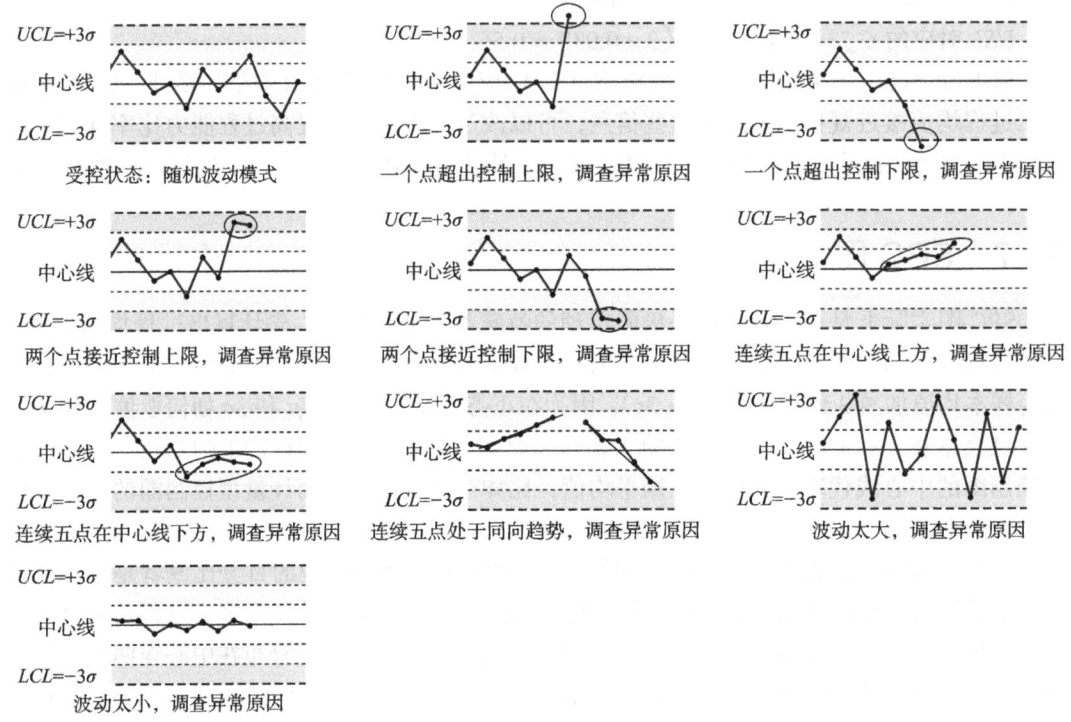

图 8A-22　控制图决策规则

当一个过程显示出异常波动时被称为"失去控制"（请记住，"失去控制"并不是指此过程正在生产不合格产品。一个过程在失控时也可能生产比通常情况还少的次品。问题的关键在于根据我们对此过程的了解，它没有按照预期的方式运行）。我们在过程中发现异常波动时，需要尽量找出引起异常波动的异常因素。换言之，我们应寻找可查明原因：人员、设备或物流中发生的变化。

8A.7.1　计数型 SPC 应用

计数型数据是指可数的，如某机器生产的合格或不合格产品数。如果我们从该机器生产的产品中抽样，我们可以根据质量标准统计每个样本中合格产品和不合格产品的数量。然后将每个样本中不合格产品数与该机器生产的长期平均不合格品率比较，从而判断该过程是否正如我们所期望的那样运行。过程在受控状态下也可能产出不合格产品。比如，某特定过程的长期不合格品率为 20%，即意味着产出的产品有 20% 是不合格的！该过程会继续以同样的不合格品率生产（换言之，处在受控状态），但是不合格产品依然被生产出来。而另一方面，如果一道过程通常的不合格品率是 20%，而由于发生一些变化使得该过程现在仅仅生产 5% 不合格产品，该过程处于失控状态，但产出品质量却提高了！我们的目标是找出造成任何异常波动的原因并消除它（如果该过程正产出更多的不合格品）或维持它（如果该过程的产出质量得到改善）。

1. 计算控制界限

一张计数型控制图的中心线是所讨论数值的长期平均值。比如，对于 p（不合格品率）控制图，中心线为 $\bar{p}$（念作"p 拔"），即长期平均不合格品率。

$$中心线 = \bar{p} = 长期平均值$$

$$样本标准差\ s_{\bar{p}} = \sqrt{\frac{\bar{p}(1-\bar{p})}{n}}$$

从而有：

$$CL = \bar{p} \pm Z_{\alpha/2}\sqrt{\frac{\bar{p}(1-\bar{p})}{n}} \tag{8A-4}$$

控制上限（UCL）和控制下限（LCL）通常表示为 $\bar{p} \pm 3s_{\bar{p}}(Z_{\alpha/2}=3)$。

从而有：
$$控制上限 = UCL = \bar{p} + 3s_{\bar{p}}$$
$$控制下限 = LCL = \bar{p} - 3s_{\bar{p}}$$

如果计算出的 LCL 为负数，则 $LCL = 0$。

2. 计数型 SPC 的样本容量

样本容量对于成功地实施 SPC 至关重要。在计数型数据收集中，样本容量必须足够大，使之可以进行统计。例如我们知道某一机器的缺陷率为 5%，那么如果样本容量仅为 5 的话，我们几乎不能回答"该过程正以通常的缺陷率生产吗？"计数型 SPC 的通常规则是必须有足够大的样本容量，以期在样本中可以进行两次计量统计。所以如果缺陷值为 5%，则样本容量至少达到 40 单位才有可能找到两个缺陷产品。当然，我们并不是检查每个产品，某些样本有可能偶尔多于或者少于两个缺陷产品。我们一直在寻找一种能表示样本中产品缺陷数的模式，它能反映过程是否存在异常波动。

3. 决定长期计数水平

由于长期计数百分比是决定中心线的关键因素，为了计算 SPC 图的控制界限，有足够多的关于该过程的历史信息是很重要的。

8A.7.2 计量型过程控制：$\bar{X}$-R 图的应用

计量型数据是可以被测量的，如长度或重量。在构造计量型控制图时要考虑四个主要问题：①样本容量；②样本数；③抽样频率；④控制界限。

1. 样本容量

当统计过程控制应用于制造型企业时，最好选取较小的样本容量。这里有两个主要理由。首先，样本需在一个合理的时间长度内抽取，否则，有可能在抽取样本中过程已经发生变化。其次，抽取的样本越大，其成本也越高。

一般样本容量可取四五个单位。不管其总体的分布如何，这样大小容量的样本均值近似服从正态分布。样本容量大于 5 时，其控制图的控制界限较窄，且更为敏感。实际中，为了检测更细小的过程变化，可能需要更大的样本容量。但是，当样本容量超过 15 时左右，最好是用 $\bar{X}$-σ 图，而不用 $\bar{X}$-R 图。使用 R 图的一大优点是极差 R 比起标准差来更容易计算。

2. 样本数

控制图一旦建立，就能将所抽取的每个样本与控制图进行比较，并判定过程是否受控。建立控制图时，为了谨慎起见（从统计学的角度），建议抽取至少 25 个样本。

3. 抽样频率

多长时间抽取一次样本是抽样成本（以及破坏性试验的单位成本）与调整系统过程后的收益之间权衡的结果。通常，最好的方法是一开始对过程抽样频繁一些，并随着对过程信心的增强而逐渐减少抽样频率。例如，一开始可以每半小时抽取一个 5 单位的样本，而最后则一天抽取一次样本就足够了。

4. 控制界限

在计量型 SPC 中，在制定控制界限时标准的做法是控制上限位于中心线上方 3 倍标准差处，控制下限位于中心线下方 3 倍标准差处。这意味着 99.7% 的样本均值有望落在这两条控制界限之间（即 99.7% 的置信度）。这样，如果有一个样本均值落在如此之宽的范围之外，我们就有足够的证据证明该过程失控。

8A.7.3 如何构造 $\bar{X}$-R 图

$\bar{X}$ 图是根据从过程中抽取的样本的均值绘制的图。$\bar{\bar{X}}$ 是这些样本均值的平均值。

R 图是根据各个样本极差绘制的图，用于观察波动率的变化。极差是指样本中最大值与最小值之差。如前所述，R 值简化了方差计算，可以作为标准差来使用。$\bar{R}$ 是每个样本极差的平均值。这些术语的明确定义如下：

$$\bar{X} = \frac{\sum_{i=1}^{n} x_i}{n} \tag{8A-5}$$

式中　$\bar{X}$——样本均值；
　　　i——样品序号；
　　　n——样本容量。

$$\bar{\bar{X}} = \frac{\sum_{j=1}^{m} \bar{X}_j}{m} \tag{8A-6}$$

式中　$\bar{\bar{X}}$ 样本均值的平均值；
　　　j——样本序号；
　　　m——样本总数。

$$\bar{R} = \frac{\sum_{j=1}^{m} R_j}{m} \tag{8A-7}$$

式中　R_j——样本中最大值和最小值之间的差值；
　　　$\bar{R}$——全部样本极差的平均值。

E. L. 戈兰特和 R. 莱温沃斯算出了一张表，利用此表我们可以很容易地计算 $\bar{X}$ 图和 R 图的控制上限和下限。计算公式如下：

$$\bar{X} \text{ 图的控制上限} = \bar{\bar{X}} + A_2 \bar{R}$$
$$\bar{X} \text{ 图的控制下限} = \bar{\bar{X}} - A_2 \bar{R}$$

$$R \text{ 图的控制上限} = D_4\overline{R}$$
$$R \text{ 图的控制下限} = D_3\overline{R}$$

A_2、D_3 和 D_4 的值可从表 8A-2 中获得。

表 8A-2 由 $\overline{R}$ 决定的 $\overline{X} - R$ 图 3σ 控制界限系数

样本容量 n	$\overline{X}$ 图系数 A_2	R 图系数	
		控制上限 D_3	控制下限 D_4
2	1.88	0	3.27
3	1.02	0	2.57
4	0.73	0	2.28
5	0.58	0	2.11
6	0.48	0	2.00
7	0.42	0.08	1.92
8	0.37	0.14	1.86
9	0.34	0.18	1.82
10	0.31	0.22	1.78
11	0.29	0.26	1.74
12	0.27	0.28	1.72
13	0.25	0.31	1.69
14	0.24	0.33	1.67
15	0.22	0.35	1.65
16	0.21	0.36	1.64
17	0.20	0.38	1.62
18	0.19	0.39	1.61
19	0.19	0.40	1.60
20	0.18	0.41	1.59
$\overline{X}$ 图的控制上限 $= UCL_{\overline{X}} = \overline{\overline{X}} + A_2\overline{R}$		R 图的控制上限 $= UCL_R = D_4\overline{R}$	
$\overline{X}$ 图的控制下限 $= LCL_{\overline{X}} = \overline{\overline{X}} - A_2\overline{R}$		R 图的控制下限 $= LCL_R = D_4\overline{R}$	

注：所有系数都是基于正态分布。

实例

我们为一个过程构造了 $\overline{X} - R$ 图。表 8A-3 列出了全部 25 个样本的观察值，图的最后两列列出了样本均值 $\overline{X}$ 和极差 R 的平均值。

$\overline{X}$ 图的控制上限 $= \overline{\overline{X}} + A_2\overline{R} = 10.21 + 0.58 \times 0.60 = 10.56$

$\overline{X}$ 图的控制下限 $= \overline{\overline{X}} - A_2\overline{R} = 10.21 - 0.58 \times 0.60 = 9.86$

R 图的控制上限 $= D_4\overline{R} = 2.11 \times 0.60 = 1.26$

R 图的控制下限 $= D_3\overline{R} = 0 \times 0.60 = 0$

表 8A-3 来自一个过程的样本容量为 5 的样本观测值

样本序号	样本数据					平均值 $\overline{X}$	极差 R
1	10.60	10.40	10.30	9.90	10.20	10.28	0.70
2	9.98	10.25	10.05	10.23	10.33	10.17	0.35
3	9.85	9.90	10.20	10.25	10.15	10.07	40
4	10.20	10.10	10.30	9.90	9.95	10.09	0.40

(续)

样本序号	样本数据					平均值 $\bar{X}$	极差 R
5	10.30	10.20	10.24	10.50	10.30	10.31	0.30
6	10.60	10.30	10.50	9.90	9.80	10.22	0.80
7	9.98	9.90	10.20	10.40	10.10	10.12	0.50
8	10.10	10.30	10.40	10.24	10.30	10.27	0.30
9	10.30	10.20	10.60	10.50	10.10	10.34	0.50
10	10.30	10.40	10.50	10.10	10.20	10.30	0.40
11	9.90	9.50	10.20	10.30	10.35	10.05	0.85
12	10.10	10.36	10.50	9.80	9.95	10.14	0.70
13	10.20	10.50	10.70	10.10	9.90	10.28	0.80
14	10.20	10.60	10.50	10.30	10.40	10.40	0.40
15	10.54	10.30	10.40	10.55	10.00	10.36	0.55
16	10.20	10.60	10.15	10.00	10.50	10.29	0.60
17	10.20	10.40	10.60	10.80	10.10	10.42	0.70
18	9.90	9.50	9.90	10.50	10.00	9.96	1.00
19	10.10	10.30	10.20	10.30	9.90	10.16	0.40
20	10.60	10.40	10.30	10.40	10.20	10.38	0.40
21	9.90	9.60	10.50	10.10	10.60	10.14	1.00
22	9.95	10.20	10.50	10.30	10.20	10.23	0.55
23	10.20	9.50	9.60	9.80	10.30	9.88	0.80
24	10.30	10.60	10.30	9.90	9.80	10.18	0.80
25	9.90	10.30	10.60	9.90	10.10	10.16	0.70
				$\bar{\bar{X}}$ =		10.21	
				$\bar{R}$ =			0.60

图 8A-23 给出了 $\bar{X}$ 图和 R 图，并将所有样本的均值和极差也标注在上面。从图上看，尽管第 23 个样本靠近图的控制下限，但所有点都落在了控制界限以内。$\bar{X}$ 图显示了过程与目标平均值的接近程度。R 图显示了过程中分布波动率的变化程度。

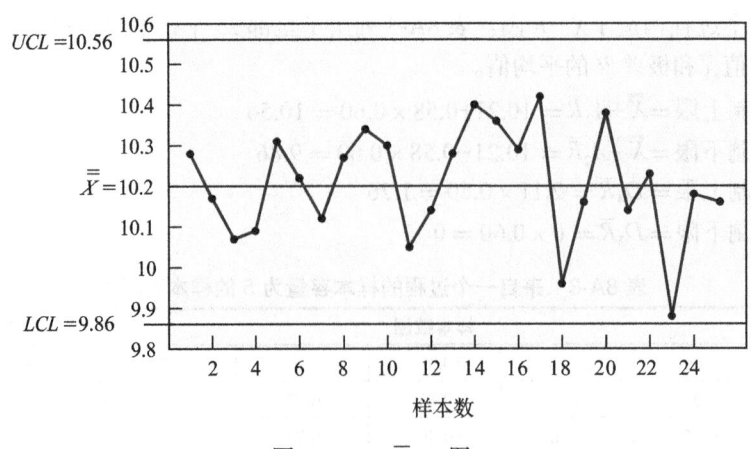

图 8A-23 $\bar{X}$ – R 图

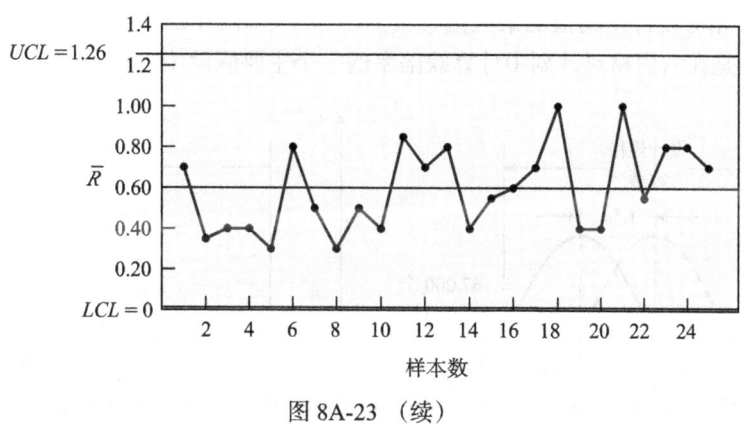

图 8A-23 （续）

8A.8 六西格玛

8A.8.1 六西格玛管理

作为一种减少组织内各种形式浪费的管理工具，六西格玛管理在实践中得到了不断的充实和发展，新六西格玛管理不仅仅是一种质量改进的方法，也已经发展成为使企业保持持续改进、增强综合领导能力、不断提高顾客满意度以及经营绩效的一种管理理念和系统方法。

8A.8.2 六西格玛计算

如图 8A-24a，设计规格容差等于过程的波动幅度为 $\pm 3\sigma$，且设计规格平均值等于过程平均值。这时过程能力比率 C_p 为 1。在这些条件下，我们预期该过程生产的零件中 99.74% 是合格的，或者说每 100 万件中有 2 700 件次品。

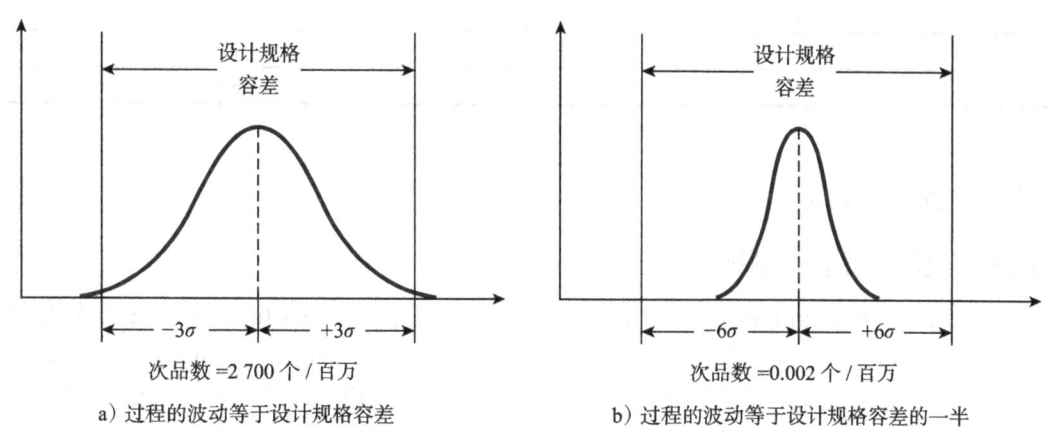

a) 过程的波动等于设计规格容差　　　　b) 过程的波动等于设计规格容差的一半

图 8A-24　六西格玛的目标

如图 8A-24b 所示，六西格玛的目标是将过程波动幅度减少至设计规格容差的一半（设计平均值仍等于过程平均值），这时 $C_p = 2.0$。在这些条件下，次品率为每 10 亿件（ppb）中有 2 件次品。然而在决定与六西格玛相关的缺陷数量时，我们还应考虑过程的实际平均值同设计平均值的接近程度，这由过程能力指数 C_{pk} 来表示。基于大量不同过程的历史数据，过程的实际平均值相对设计平均值的最大偏移量为 1.5σ（见图 8A-25a 和 8A-25b）。两个平均值间偏移量的大小是在六西格玛计划中计算缺陷率的一个主要假设（见表 8A-4）。

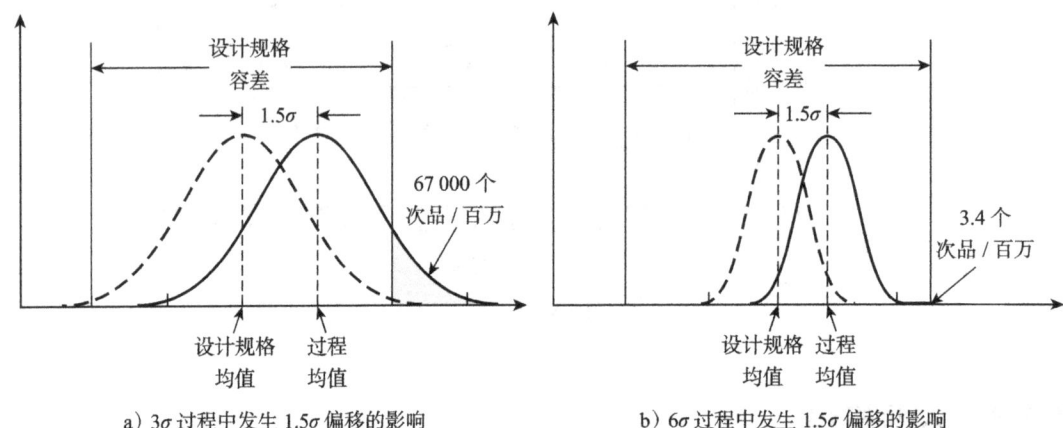

a）3σ 过程中发生 1.5σ 偏移的影响　　　b）6σ 过程中发生 1.5σ 偏移的影响

图 8A-25　3σ 与 6σ 过程中发生 1.5σ 偏移的影响

表 8A-4　不同西格玛水平下的缺陷率（假设实际均值偏离设计均值 1.5σ）

质量的西格玛水平	每 100 万的缺陷数
1.5σ	500 000
2.0σ	308 300
2.5σ	158 650
3.0σ	67 000
3.5σ	22 700
4.0σ	6 220
4.5σ	1 350
5.0σ	233
5.5σ	32
6.0σ	3.4

8A.9　田口方法

8A.9.1　田口方法的基本思想

田口方法（Taguchi method）提出了质量损失函数（quality loss function，QLF）的概念，为质量波动的定量统计分析奠定了基础，同时还提出了信噪比（signal to noise ratio，SNR）的概念，为试验设计充实了新的内容，为解决过程的动态性、稳健性以及测量误差等问题开辟了新途径。一些公司诸如福特汽车、ITT 和 IBM 等都已经采用了田口方法的思想，结果使他们节约了数百万美元的产出成本。

田口方法是一种处理试验的基本统计技术，用于决定生产产品时产品变量和过程变量的最优组合。最优意味着以最低的成本达到最高的一致性。这是一个复杂耗时的过程。例如，在设计一个新产品的生产过程时，你会发现一道仅有 8 个过程变量（机器速度，切削角度等）的简单加工步骤竟有多达 5 000 种不同的组合方式（指包含所有因素的设计）。因而，试错法不能有效地找出使产品在最低成本下达到最高一致性的组合。田口找到了该问题的一种解决办法，即仅关注在组合中代表产品或过程整体产出情况的那个部分。他发明了一种直观的方法来选择所有试验次数的最佳子集。这种方法利用部分因子设计，从而大大方便了那些没有接触过统计学方面知识的人。

田口也因为提出质量损失函数（QLF）的概念而闻名，QLF将质量成本与过程的变动直接挂钩。田口利用这种功能，从本质上指出任何偏离目标质量水平的结果都会给社会造成损失。举个例子，如果一个不合格轮胎被轧平，社会将损失本应改动或者修补这只轮胎的生产者的生产时间。如果生产者不改动这个不合格轮胎，社会将损失修理人员花在修补轮胎上的时间，而他们本来可以用这些时间做其他非修理性的、却能为社会带来价值的工作。下文的讨论源自约瑟夫·特纳的一篇文章，其中详细阐述了质量损失函数这个概念。

8A.9.2 "越出界限"是否真的越了界?

人们都普遍承认质量会随着波动的减小而提高。理解这一点是相当直观的一件事。如果火车总能准时到达，那么列车时刻表就可以更准确。如果服装尺码都统一，那么按目录订购就可以节省时间。但很少有东西是按照减小波动的原则去考虑的。对于工程人员而言，必须更明确地定义这些波动。活塞与气缸必须匹配，门与门框必须吻合，电子元件必须是兼容的，各袋食品中必须有相同数量的葡萄干，否则产品质量就不符合验收标准，消费者就会产生不满。

然而，工程师也知道波动率不可能为零。因此，设计者建立了一些规范，这些规范不仅定义了成品的目标值，而且还定义了该目标的可接收范围。例如，如果某一尺寸的目标值是10英寸，那么设计规格就可能是 10 ± 0.02 英寸。这就告诉生产部门，尽管它应以精确的10英寸为目标尺寸，但是尺寸在 9.98～10.02 英寸的产品也是可以接受的。

对于这种规范的一个传统解释是：任何零件只要落在允许界限内都是好的，而一旦超出了该界限的零件就都是坏的（如图8A-26所示）（请注意，在全部允许界限内，成本为零；而一旦超出界限，成本就会急剧增加）。

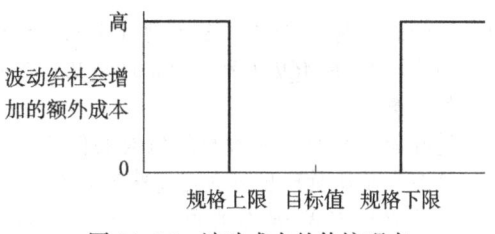

图 8A-26 波动成本的传统观点

田口反驳了这种关于波动成本的传统观点，并指出两点理由：

（1）对于顾客而言，一个刚好处于设计规格界限内的产品与一个刚好超出界限的产品没有实质性的区别。相反，一个位于目标值处的产品的质量与一个位于边界附近的产品的质量就有很大的区别。

（2）随着顾客的要求越来越高，越来越迫使流程管理者竭力减少流程波动。但在图8A-26中没有反映出企业管理者承受的这种压力的管理思想。

田口提出更科学的质量损失函数图应如图8A-27所示。请注意，在田口这个图中，成本曲线是一条连续光滑的曲线。有许多实践例证可以证明这个想法是正确的：变速齿轮传动过程中的齿轮啮合、电影胶片拍摄及放映的速度、工作中心或百货商场的温度等。几乎对于任何可度量的东西，顾客看到的都是一条可接受度随着目标值的偏离而渐变的曲线，而不是一条突变的曲线。图8A-27中的抛物型曲线更好地反映了顾客眼中的质量损失函数，而不是传统意义上的图 8A-26。

哪些是造成社会损失的因素呢？从企业内部来看，产品生产过程波动性越大，缺陷率就越高，公司就要花费更多的成本用于测试和检验产品质量的一致性。在企业外部，如果产品质量没有达标，顾客将会发现产品用不了多长时间或者运行不稳定。即使产品满足了在正常使用下的设计规范要求，但在不利的波动条件下，产品也可能完全无法使用。

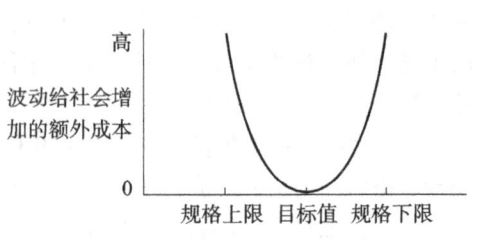

图 8A-27　田口关于波动成本的观点

■ 本章小结

本附录介绍的各种质量管理工具为生产高质量的产品和服务提供了必要基础，其中统计质量方法扮演了一个非常重要的角色。抽样检验为我们提供了一个评估已经生产出的产品的方法。统计过程控制的目的是关注那些生产产品的过程。

如果了解了一个过程的内在波动，管理者和员工可以通过观察过程来确定它是否按预期运行。当过程出现异常波动，就要找出波动的原因（可查明原因），并消除（如果过程恶化了）或维持（如果过程得到改进）。由于 SPC 图上很容易看出波动，管理者和员工们可以容易地发现异常波动并找出其可查明原因。

本附录介绍的质量改进概念如六西格玛和田口方法，为我们提供了另一些不断"提升横杆"（进一步提高过程质量）的方法。

■ 复习思考题

1. 讨论达到零可接收质量水平（AQL）和达到大于零的 AQL（例如 2% 的 AQL）之间的权衡。
2. 过程能力指数允许过程均值有些偏移。讨论在产品质量产出方面这意味着什么？
3. 讨论 P 图与 $\bar{X}-R$ 图的用途和它们之间的区别。
4. 在供应商和顾客之间的一个协议中，供应商必须保证所有零部件在运抵顾客之前都处于规格范围内，这对客户的质量成本有什么影响？
5. 如第 4 题所述情形，对于供应商的质量成本又有什么影响？
6. 讨论田口方法的逻辑性。
7. 能否想出一种方法，用一副纸牌模拟其他分布并测试中心极限定理。
8. 第 I 类错误和第 II 类错误之间的区别是什么？
9. 帕累托图和柱状图的区别是什么？
10. 用检查表记录在学校或者商场的停车场停放的 40 辆汽车的不同颜色，并将结果用柱状图表示出来。
11. 用第 10 题中的数据画出帕累托图。
12. 用检查表记录下每 20 个文件组成一组占用的存储空间，这些文件可以是 Word、Excel 和 PowerPoint（或与之等同的）文件，总共收集 60 个数据。选择恰当的组距，把包含这三类文件的每组数据画在一张直方图上。从图中能得出什么结论？

■ 互联网练习

请到 GE 公司（或其他任何成功实施了六西格玛的公司）网站，描述六西格玛在整个组织中扮演的角色及它如何改进了公司的整体状况。

应用举例

从保险公司的某个部门每天抽取已完成的表格，用以检查该部门的工作质量。为了给该部门建立一个试行标准，每天抽取一个容量为100份的样本，共抽取15天，结果如下：

样本	样本容量	有缺陷的表格数
1	100	4
2	100	3
3	100	5
4	100	0
5	100	2
6	100	8
7	100	1
8	100	3
9	100	4
10	100	2
11	100	7
12	100	2
13	100	1
14	100	3
15	100	1
		总计 =46

1. 用95%的置信度（$1.96s_{\bar{p}}$）制定一个 p 图。
2. 将所收集的15个样本数据标在图上。
3. 对这个过程有何评价？

解答

1. $\bar{p} = \dfrac{46}{15 \times 100} = 0.030\,7$

$s_p = \sqrt{\dfrac{\bar{p}(1-\bar{p})}{n}} = \sqrt{\dfrac{0.030\,7 \times (1-0.030\,7)}{100}}$

$= \sqrt{0.000\,3} = 0.017$

$UCL = \bar{p} + 1.96s_p = 0.030\,7 + 1.96 \times 0.017$
$= 0.064$

$LCL = \bar{p} - 1.96s_p = 0.030\,7 - 1.96 \times 0.017$
$= -0.003 \text{ 或 } 0$

2. 不合格品数描点如下：

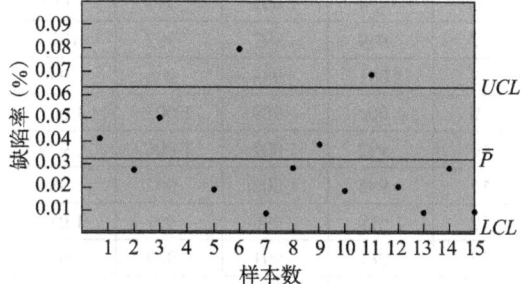

3. 在15个样本中，有两个超出了控制界限。由于控制界限是按95%或20个中只有1个可能超出控制界限来确定的，因此我们认为该过程失控，需要对其进行检查，找出这么大变化的原因。

习题

1. 一个金属加工厂生产连接杆，其外部直径规格是 1 ± 0.1 英寸。一个机器操作员在一段时间里抽取了几个样本，测得样本的外部直径均值为1.002英寸，标准差为0.003英寸：
   (1) 计算本题的过程能力比率和过程能力指数。
   (2) 这些数值能告诉你有关该过程的哪些特征？

2. 从正在生产的过程中抽取10个样本，每个样本中有15个部件，用这些样本建立一个 p 控制图进行控制。样本和每个样本中的不合格品数如下。

   (1) 制定一个95%置信度（1.96倍标准差）的 p 控制图。

样本	n	每个样本中的不合格数
1	15	3
2	15	1
3	15	0
4	15	0
5	15	0
6	15	2
7	15	0
8	15	3
9	15	1
10	15	0

(2) 根据标出的数据点,你有何评价?

3. 电路用的电阻是在高速自动机床上进行生产,设机床被设置为大批量生产1 000欧姆的电阻。

为了设置机床和建立一个控制图用于控制生产过程,抽取其15个样本,每个样本包含4个电阻。全部样本及其测量值如下:

样本号	测量值(欧姆)			
1	1 010	991	985	986
2	995	996	1 009	994
3	990	1 003	1 015	1 008
4	1 015	1 020	1 009	998
5	1 013	1 019	1 005	993
6	994	1 001	994	1 005
7	989	992	982	1020
8	1 001	986	996	996
9	1 006	989	1 005	1 007
10	992	1 007	1 006	979
11	996	1 006	997	989
12	1 019	996	991	1 011
13	981	991	989	1 003
14	999	993	988	984
15	1 013	1 002	1 005	992

请绘制一个 $\bar{X}-R$ 图并标出上列全部值。从控制图上,你能对该过程作何评价?(用如表8A-2所示的 3σ 控制界限)

4. 假定你是一所地方医院新任命的助理管理人员,你的第一个项目是调查由饮食服务部门向患者提供的伙食的质量情况。你向400名患者每餐递交一份简单的问卷,请他们在问卷上回答对伙食是否满意,调查一共为期10天。在这个问题中,为简化起见,我们假设每天从1 200份饮食问卷当中收回1 000份答复,结果如下:

时间	对饮食不满意的总人数	样本容量
10月1日	74	1 000
10月2日	42	1 000
10月3日	64	1 000
10月4日	80	1 000
10月5日	40	1 000
10月6日	50	1 000

(续)

时间	对饮食不满意的总人数	样本容量
10月7日	65	1 000
10月8日	70	1 000
10月9日	40	1 000
10月10日	75	1 000
	6 00	10 000

(1) 根据问卷结果构造一个 p 图,使用95.4%的置信度(两倍的标准差)。
(2) 你对调查结果做何评价?

5. 州和地方警察部门想分析区域的犯罪率,以便他们能将巡警从犯罪率降低的区域转向犯罪率升高的区域。这个城市与城镇在地理位置上已经被划分成了几个区域,每个区域有5 000名居民。警察了解到人们并不是将所有的罪案和攻击事件都向警局报案。人们或者是不想牵涉进去,因为他们认为攻击事件还没严重到要去报案,况且向警察报案又太麻烦,或者是因为种种原因不愿花费时间向警察报案。因此,每个月警察要用电话随机抽取一个区域5 000名居民中的1 000名了解犯罪事实(保证不透露报案者的姓名)。从一个区域收集的过去12个月的数据如下:

月份	犯罪案件	样本容量	犯罪率
1	7	1 000	0.007
2	9	1 000	0.009
3	7	1 000	0.007
4	7	1 000	0.007
5	7	1 000	0.007
6	9	1 000	0.009
7	7	1 000	0.007
8	10	1 000	0.010
9	8	1 000	0.008
10	11	1 000	0.011
11	10	1 000	0.010
12	8	1 000	0.008

构造一个95%置信度(1.96)的 p 控制图并将每月的数据标上。假如该区域接下来三个月出现的犯罪案件数目是:1月=10(样本容量为1 000);2月=12(样本容量为

1 000）；3月=11（样本容量为1 000）。关于这个犯罪率，你将作何评价？

6．一些市民向市议员抱怨，要求法律在防止犯罪发生和保护市民方面要平等。这些市民认为这种平等保护应解释为在犯罪率高的区域应比犯罪率低的区域得到更多的警察保护。因此巡警和其他预防犯罪的措施（如设置街灯、清理废弃区域和建筑物）应按犯罪发生的比例配备。按与习题5类似的方式，这个城市被划分为20个地理区域，每个区域包含5 000名居民。从每个区域抽取一个容量大小为1 000的样本，下表列出了过去一个月中每个区域的犯罪案件数量：

区域	犯罪案件	样本容量	犯罪率
1	14	1 000	0.014
2	3	1 000	0.003
3	19	1 000	0.019
4	18	1 000	0.018
5	14	1 000	0.014
6	28	1 000	0.028
7	10	1 000	0.010
8	18	1 000	0.018
9	12	1 000	0.012
10	3	1 000	0.003
11	20	1 000	0.020
12	15	1 000	0.015
13	12	1 000	0.012
14	14	1 000	0.014
15	10	1 000	0.010
16	30	1 000	0.030
17	4	1 000	0.004
18	20	1 000	0.020
19	6	1 000	0.006
20	30	1 000	0.030
	300		

如果p图的分析结果表明各区域犯罪率却有不同的话，应加强对哪些区域的保护？为使你的建议有一定说服力，选择95%的置信度区间（$z = 1.96$）。

7．欧德·佛斯坦丁饮料公司开发了一条复杂的饮料生产线，其目标顾客群是那些两人都参加工作并且没有孩子的夫妇。这个细分的消费者市场常被称为"丁克族"（即双份收入，没有孩子）。因此这条新饮料生产线的产品标签定为"丁克族的饮料"。饮料会由调整好的自动装置设备装入瓶中，保证每瓶平均装入量为11盎司。据以往数据可确定该自动装置设备的标准差为0.16盎司。每小时在过程中随机抽取36瓶作为一个样本，计算出其平均装入量并表示在$\overline{X}$图上。

（1）画出$\overline{X}$控制图，控制界限为±3倍标准差，正确标出UCL和LCL。

（2）周一上午抽取的样本的平均装入量数据如下：

小时	上午7:00	上午8:00	上午9:00
平均装入量	11.09	10.95	10.82
小时		上午10:00	上午11:00
平均装入量		11.06	11.23

在控制图上画出每小时的平均装入量。你认为该过程是否处于受控状态？

8．埃里森·乔恩负责管理全国联网的各家高级宾馆总共800个房间预订服务，她正在审视自己工作的效率。以往数据分析显示，处理好一份顾客预约平均需要5分钟，标准差为30秒。每天，埃里森随机抽取25个预约处理时间作为一个样本。

（1）创建一个过程控制图，置信度为95%。

（2）如果抽样结果显示平均预约处理时间明显超过了控制上限，有哪些原因是可能造成预约时间过长？你将如何改进这些问题？

（3）如果平均预约处理时间明显低于控制下限，应该引起埃里森重视吗？为什么？

9．你刚刚从纽约旅行归来，你在纽约住的是家一流的宾馆。每晚需花费250美元，住宿费另加35美元停车费，你在宾馆逗留期间对其提供的该服务水平很不满意。

（1）画出因果分析图，找出造成你不满的主要原因和可能导致每一类原因的第二层原因（不包括价格因素）。

（2）你打电话向该宾馆抱怨，该宾馆经理请你帮她收集一些数据以便她能找出问题的根本原因。你收集了100个抱怨情况，数据如下：

原因（选自问题1的结果）	频率
1.	16
2.	11
3.	27
4.	42
5.	4

（3）用以上数据作出帕累托图，在坐标轴上按比例标上刻度。这一信息对于该经理改进她工作中的服务质量有何帮助？

10. 你刚从佛罗里达乘航班回来，对自己在飞机上的经历很不满。

（1）画出因果分析图，找出造成你旅途不愉快的可能主要原因以及导致每种原因的第二层可能原因。

（2）你打电话向航空公司抱怨，该公司经理请你帮他收集一些数据，以便他能找出问题的根本原因。你收集了100个抱怨情况，数据如下：

原因（从第一问中得出）	频率
1.	6
2.	22
3.	14
4.	43
5.	10
6.	5

案例分析 8A-1

本案例说明一家银行如何应用本附录论述的7种基本SPC工具中的一些工具以及相关概念，以改进顾客服务。它介绍了一家大型银行的总办公室中实施QC计划的情况。每天平均有500名顾客打电话给这个办公室。调查表明，如电话在响了5次之后还没人应答，顾客就会十分气愤，并且通常不再给公司打电话。相反，在电话仅响了两声后就迅速应答，会使顾客更放心地在电话中同公司做交易。

选择一个主题

电话接待被选做QC主题有下列几种原因：①电话接待是顾客从公司获得的第一印象；②这个主题与公司的电话接待口号"不让顾客等待，避免在各分机之间不必要的转接"相符；③该主题还与当时在全公司范围内开展的"提倡友好对待遇到的每个人"的活动相一致。

首先，总办公室工作人员讨论为什么目前的应答方法会让打电话的人等待。图C8-1说明了一种经常出现的情况，即当顾客B打进电话时，总机接线员正和顾客A谈话。让我们看看为什么顾客必须等待。

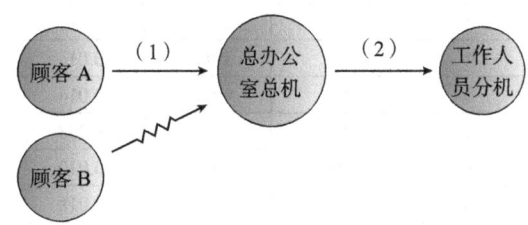

图C8-1 顾客必须等待的原因

在第（1）阶段，总机接线员接到顾客呼叫，但由于缺乏经验，不知道该将顾客的呼叫接往哪儿。在第（2）阶段，受话方（工作人员）不能快速应答电话，可能是因为他不在场，而别的人又不能接这个电话。结果是总机接线员必须将这个电话转到另一个分机，同时向顾客道歉耽搁了他的时间。

因果图和情形分析

为了充分理解这种情况，QC小组成员决定进行一次关于顾客等待超过5次响铃的调查。QC成员在一次头脑风暴法讨论会上分项列举了一些因素，并把它们列在因果图上，见图C8-2。然后，总机接线员利用检查表对几个因素在12天内（6月4日～16日）的发生情况进行了统计（见图C8-3a）。

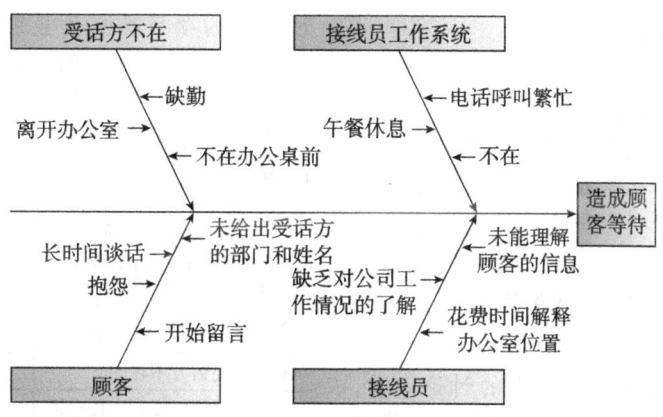

图 C8-2　因果分析图

日期	该部门没有人接电话	受话方不在	没有一个接线员（其他人离开了办公室）		
6月4日	\\\\	＃＃ \	＃＃ ＃＃ \		24
6月5日	＃＃ \\\	＃＃ \\\	＃＃ ＃＃ \\		32
6月6日	＃＃ \	\\\\	＃＃ ＃＃ \\\		28
6月15日	＃＃	＃＃	＃＃ \\\\		25

a）检查表——用于识别问题

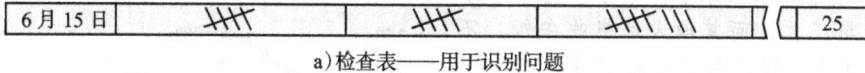

b）呼叫者必须等待的原因

		每日平均数（次）	总数（次）
A	一个接线员（其他人离开了办公室）	14.3	172
B	受话方不在	6.1	73
C	该部门没有人接电话	5.1	61
D	未给出受话方的部门和姓名	1.6	19
E	询问有关办公室的位置	1.3	16
F	其他原因	0.8	10
	总计	29.2	351

注：时期：12天，6月4日～16日。

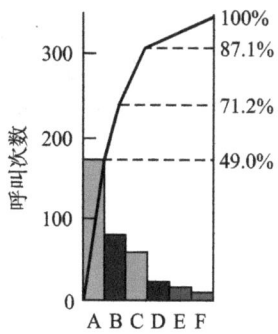

c）呼叫者必须等待的原因（帕累托图）

图 C8-3　呼叫者等待的原因

检查表分析结果

检查表记录的数据意外地揭示了"只有一个总机接线员"（其他人离开办公室）以绝对多数列于榜首，总共出现了 172 次。在这种情况下，值班的总机接线员在电话繁忙时就得处理大量的呼叫。每天平均有 29.2 名顾客需等待较长时间，这占每天收到的电话总数的 6%（见图 C8-3b 和图 C8-3c）。

设置目标

在经过热烈并富有建设性的讨论之后，员工们决定制定一个 QC 计划的目标，将打电话需要等待的人数减少到零。也就是说，所有打进来的电话都将立刻得到处理，不让顾客等待。

措施和执行

（1）按三个不同班次吃午餐，在任何时间都要留下至少两名总机接线员值班。而此前一直用的是两班倒体系，中午仅留下一名总机接线员工作，而其他人休息吃午饭。不过，自从调查发现这是造成顾客在电话上等待的一个主要原因后，公司就从办事处找了一名助理总机接线员。

（2）要求所有员工在离开岗位时要留言。该规定的目的在于当受话方不在其办公桌跟前时，简化总机接线员的工作。新计划在上午的员工例会上进行了解释，并号召全公司的支持。为了帮助实施这种办法，在办公室周围设置了一些告示栏，以便发布新消息。

（3）编制一本电话簿，列出人员名单和他们各自的工作。该电话簿是专为总机接线员设计的，设计这个电话簿并不是为了让总机接线员了解每个员工的工作细节，而是为了能使总机接线员按适当的线路呼叫。

确认结果

尽管等待呼叫的人数没能减少到零，不过所列的项目都有了显著改进（见图 C8-4a 和图 C8-4b）。延迟的主要原因——"有一名总机接线员"（其他人离开办公室）——在控制期间内的接连调查中，从 172 起猛跌至 15 起。

	打电话的人必须 长时间等待的原因	总数		平均每日	
		前	后	前	后
A	一个总机接线员（其他人离开了办公室）	172	15	14.3	1.2
B	受话方不在	73	17	6.1	1.4
C	该部门没有人接电话	61	20	5.1	1.7
D	未给出受话方的部门和姓名	19	4	1.6	0.3
E	询问有关办公室的位置	16	3	1.3	0.2
F	其他原因	10	0	0.8	0
	总计	351	59	29.2	4.8

a) QC 效果（质量控制前后比较）

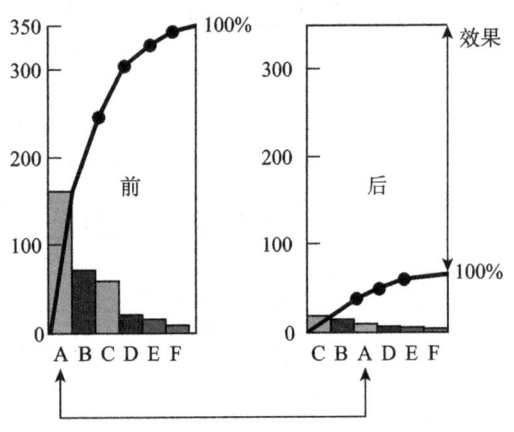

b) QC 效果（帕累托图）

图 C8-4　QC 效果

该问题按照原因进行了分类，并按所耗费的时间数顺序列出。用直方图表示如图 C8-4b 所示，其中 100% 表示所耗时间的总数。

第三部分

设施决策与战略能力规划

- 第9章　设施选址与战略能力规划
- 第10章　设施布局

第9章

设施选址与战略能力规划

学习目标

- 介绍了选址备选方案的评估框架;
- 定量和定性地分析了影响制造型与服务型企业的选址决策的各种因素;
- 讨论了区别影响制造设施与服务机构选址决策的不同的关键因素;
- 介绍了选址决策的评估工具——地理信息系统。

引 例　Fluor 公司

　　Fluor 全球选址战略公司是一家从事选址决策的专业咨询公司。公司的一个客户决定把新的发电厂建在俄亥俄州,原因是该州的各种税收激励政策及其位于美国中心地带的地理优势。为了确定在俄亥俄州建厂的具体位置,该企业给 Fluor 公司提供了如下信息:

　　(1) 发电厂离商用机场的距离必须在 50 英里以内。
　　(2) 发电厂所建地能够提供的制造工人数量必须超过 5 000 人。
　　(3) 发电厂离 230 千伏输电线的距离必须在 5 英里以内。
　　(4) 发电厂离 12 英寸或者更粗的天然气管道的距离必须在 5 英里以内。

　　Fluor 公司应用了地理信息系统软件来搜索在俄亥俄州内满足上述四个选址标准的潜在地区。Fluor 公司利用 GIS 软件,可以将符合上述四个选址标准的搜索结果集成到一张地图上,这样很容易就搜索出全部符合上述四个选址标准的地区。

　　资料来源:Special thanks to Fluor Global Location Strategies.

　　无论何时,无论制造业和服务业的企业,只要高级管理层决定筹建制造设施或服务设施,就需要作出一个长期决策,因为这样的设施一般都需要大量资金投入,且投资的回收期非常长。正如在第 2 章讨论的那样,筹建设施涉及多项战略决策,包括:

　　(1) 应该建多大?
　　(2) 何时建造?
　　(3) 建在什么地方?
　　(4) 采用怎样的流程运营?

　　例如,通用汽车公司在田纳西州的斯普林希尔筹建土星分厂时,就考虑了上述的全部决策因素。这些决策的每一项都显著地影响了公司多年的运营计划,因此每一项决策都对公司的成功有着巨大的影响。又如,作为其全球战略的一部分,美国玩具反斗城公司在日本选定了新潟作为进军日本市场的首址,而美国迪士尼公司则选择了在上海建造中国内地的第一个迪士尼主题乐园。

服务后台的筹建同样需要大量资金投入，如联邦快递公司设在田纳西州孟菲斯市的主配送网络中心，又如花旗银行设在南达柯卡州苏福尔斯市的信用卡运营部。相对而言，与顾客直接接触的服务前台一般需要的资金投入较少些。然而，服务前台的选址往往风险很高，因为在选定位置的成功运营不仅仅与所在地区的人口统计特性有关，也与所在位置的独特地理优势有关。餐饮业有一句谚语恰如其分地说明了选址对这类服务型企业的重要性，那就是"成功最重要的三个因素是选址、选址和选址"。

对制造型企业和服务后台而言，管理层在扩大产能的时候必须考虑很多的问题，这些问题包括：人们是否应该关闭已有的设施？人们能否扩大已有的设施？新设施是否需要采取与现有设施不同的流程？作出这些决策的首要标准是成本最小化；相反，服务前台的选址决策的首要驱动因素是潜在的收益。

全球经济一体化和价值取向多元化进一步增加了选址决策的复杂性。当地风俗、税收率、税收激励政策和法律法规等因素必须考虑在内，同时还要考虑基础设施，即道路、通信和商业支持等因素。例如，爱尔兰吸引制造型企业和服务型企业都很成功，这是因为爱尔兰相对较低的成本、受到良好教育的劳动力、基础设施以及税收激励政策所致。又如沿美国边境墨西哥商业区的筹建，随着北美自由贸易区的建立，这些企业可以把产品免税运往美国，因此，很多美国公司看中了墨西哥廉价的劳动力而纷纷在当地投资建厂。

错误的选址决策对制造型企业和服务型企业都意味着高昂的代价，因为作为一个长期决策，管理层要承担决策后果很多年。因此，错误的时间、错误的设施选址决策会导致错误的战略能力规划或者错误的流程选择，必将给企业利润带来很大的负面影响。即使管理层认识到了这个错误决策，决定出售这个设施，那么早期的投资大部分也将无法收回，因为该设施的筹建往往缘于企业特定的目的。因此，管理层在做选址决策时必须慎之又慎。

9.1 制造设施选址

制造型企业的设施选址决策通常涉及制造型企业的制造工厂、仓库和配送设施。一般在制造过程中体积和重量逐渐减少的产品，即"重量减少型"产品的制造企业，应按照靠近原材料供应地的原则来选址，当原材料消耗尽时需要重新选址。如木材加工厂往往位于树木易于砍伐的森林里，而且木材加工厂隔几年就要搬迁一次，以靠近树木易于砍伐的地方。相反，一般在制造过程中体积和重量逐渐增加的产品，即"重量增加型"产品的制造企业，应按照接近消费者即靠近市场的原则来选址。如软饮料制造商往往位于主要城市附近。上述两种情况中，企业的选址目的都是降低配送成本。

随着世界经济日趋全球一体化，管理者需要用全球战略眼光来看待设施选址决策问题（参见"运营实践9-1：波士顿科学公司在爱尔兰的选址"）。低劳动力成本的收益通常可以补偿远距离的交通成本的损失，但是，除了成本以外，在选址时还要考虑很多其他因素。如果一个企业向全球化企业战略转变，那么其选址决策要变得复杂得多。在衡量不同选址备选方案的优劣时，就需要评估定量和定性因素（一个常用于定量地比较不同选址备选方案的定性因素的方法就是本章后面将要介绍的因素评分法）。

9.1.1 定性因素

影响企业选址决策的定性分析的因素主要包括：

- 当地基础设施；
- 劳动力的受教育程度和技能水平；
- 产品本土化比例要求；
- 政治经济稳定性。

1. 当地基础设施

当地基础设施是支持制造型企业运营所必需的因素，可以分为两大类：制度保障和交通设施。随着制造型企业的运营日趋灵活，更须快速响应客户需求，制造商更加需要当地的制度保障、供应商灵活快速的响应支持，要求联结供应商和制造商的交通运输网络必须有效、可靠。

2. 劳动力的受教育程度和技能水平

当今的企业运营流程日益复杂多变，这就要求劳动力接受过良好的教育、掌握一定的技能，重要的是，还必须具有持续学习热情和学习能力。随着计算机信息、网络技术的广泛应用以及移动通信基础设施的不断发展，有助于企业提供更便利、更快捷的服务，如遍布全球的移动互联网和客户支持中心，以及日新月异的新技术，包括柔性制造、极端制造、机器人技术、纳米技术以及实现"自动化"、"数字化"等新技术的广泛应用也要求劳动力受过特殊的培训，要求劳动力接受过良好的教育。新加坡近年来在商业上的成功很大程度上要归因于新加坡政府在教育和培训上的大量投资。

3. 产品本土化比例要求

产品本土化比例要求是指出售到他国的出口产品必须有一部分是在出售地生产的最小比例要求。这就保证了出售地的工作岗位，减少了进出口两国的差异。例如，在菲律宾出售的汽车就必须在菲律宾当地装配，因此，每个在菲律宾出售汽车的制造商都在当地设有装配厂，尽管制造商认为菲律宾的汽车需求很小，直接进口汽车更经济。

4. 政治经济稳定性

政治经济不稳定性指的是政治经济波动的频率与强度。像中东和北非动荡局势就提供了大量在不稳定政治经济下进行选址决策的诸多难题的佐证。

运营实践 9-1

波士顿科学公司在爱尔兰的选址

波士顿科学公司（BSC）是一家一次性医疗器械制造商，总部在马萨诸塞州的纳提克。公司强调顾客支持的重要性，因此决定在快速增长的欧洲市场上设立分厂。分析了欧洲大陆和英国几个潜在的备选地址后，BSC公司选定爱尔兰是最适合公司运营的地点。选择爱尔兰的原因很多，其中包括：

（1）爱尔兰是个政治稳定的民主社会，与美国很相似；
（2）电信基础设施的复杂性和稳定性与美国也很相似；
（3）爱尔兰政府和发展局提供财政支持和税收激励政策；
（4）爱尔兰人具有强烈的职业道德、良好的教育水平和几乎统一的语言；
（5）现有的服务支持和以前的成功范例证明了爱尔兰适合商业的运营；

（6）爱尔兰的公司税率和劳动力成本在欧洲最低。

公司的决策结果是把分厂设在爱尔兰。

现在，BSC 公司在高威有 400 000 平方米的厂房，雇用了 2 500 名员工。最近，爱尔兰的成功经历使 BSC 公司在库克拓展了 200 000 平方米的厂房，雇用了 700 名员工。

资料来源：Special thanks to Doug Horka and Mike Nazzaro of Boston Scientific Corp.

9.1.2 定量因素

影响企业选址决策的定量分析的因素主要包括：

- 劳动力成本；
- 配送成本；
- 设施成本；
- 汇率；
- 税率。

1. 劳动力成本

不同地区的劳动力成本不同，相差很大。同时，劳动力的教育和技能水平乃至学习热情和学习能力要求是影响劳动力的成本的一个重要因素，必须与企业的需求相匹配。例如尽管在很多地区劳动工资可能很低，但劳动力往往缺乏一定的教育和技能，缺乏学习热情和学习能力，劳动生产率低下，反而失去了劳动力成本的优势。

2. 配送成本

全球经济一体化和价值取向多元化使得全球配送和运输成本日益凸现出其重要性。除了运输成本，产品交货需要的时间也要考虑在内。因此，很多案例显示，北美和欧洲较长的提前期和较高的交货成本经常不敌亚洲制造产品的低成本优势。

3. 设施成本

对于设施选址决策，包括公路、铁路、航空、海运等在内的交通基础设施能力是至关重要的。当然，能源和电信基础设施能力也必须同时满足要求。此外，当地政府是否愿意改建升级基础设施以满足所需，对选址决策也有重要的影响。在很多国家，当地政府与跨国投资企业都建立了良好的合作伙伴关系，为跨国投资企业优惠提供土地、厂房和受过良好培训和教育的劳动力。

4. 汇率

国家之间汇率的变动对企业市场销售和利润有着巨大的影响。当本国本币汇率下降而外汇汇率上升时，有利于促进本国出口增加而抑制进口，这就使得本国出口工业和进口替代工业得以大力发展，从而使整个国民经济发展速度加快，反之本国本币升值则压缩了本国出口企业的利润空间和市场。如 1994 年人民币汇率并轨以来，在长达 10 年的时间中，人民币兑美元的汇率仅从 8.70 上升至 8.28，而 2008 年金融危机以来，人民币升值速度不断加快，今天人民币兑美元的汇率已经升至 6.05，这就大大降低了我国产品的出口竞争力，也影响了跨国投资企业在我国的设施选址决策，自 2012 年 3 月起消费品巨头佳顿撤回了位于我国番禺的工厂，许多跨国公司打算回岸（reshoring）或正在积极考虑回岸策略。

5. 税率

不同国家甚至一个国家的不同地区的税率都是不同的、差别很大。例如，在美国一些州有收入税和销售税，而另一些州却没有。除了收入税和销售税，考虑的其他税种还有财产税和所得税等。在西方很多国家，如法国和德国，所得税可能高达收入的50%。为了吸引跨国企业的投资，许多国家都提供税收方面的激励政策。如有些国家免除制造商前5年或10年的税收，之后才正常收税。

9.2 服务机构选址

与制造型企业一样，服务型企业在走向全球化过程中同样需要考虑很多问题（参见"运营实践9-2：美国玩具反斗城公司进军日本市场"）。例如，麦当劳在墨西哥开设第一家餐馆的时候，由于墨西哥没有基础设施能够支持它的运营，麦当劳只有建立自己的配送中心，为零售店的食品准备所有原料供应，包括汉堡包、墨西哥鸡肉卷甚至法国炸鸡。又如，在俄罗斯，麦当劳给当地的农民示范如何种植土豆和莴苣，以满足麦当劳高品质产品的要求。相反，麦当劳在美国或西欧开设新店时，只需通过电话与当地供应商建立合作关系即可。

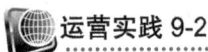
运营实践9-2

美国玩具反斗城公司进军日本市场

1991年12月20日，美国玩具反斗城公司——世界上最大的玩具零售商——在日本的第一家零售店开张了。这听起来像一个美国式的成功故事，然而，之后的两年里，玩具反斗城公司在美国走过的成功道路却在日本变成了荆棘之路。玩具反斗城公司在进军日本市场以前，已经先后在加拿大、英国、德国、法国、新加坡、中国香港特别行政区和中国台湾地区、马来西亚等地顺利地开设了分店。

1990年1月，玩具反斗城公司正式申请在日本的新潟建立第一家零售店，这一举措遭到了当地玩具零售商的抵制，他们借助于《大型零售商店法》中的有关规定提出了抗议，还组织了一个游说团来抗议政府对美国公司进入日本市场所给予的支持。玩具反斗城公司直接通过美国贸易代表和其他渠道来寻求帮助。美国持续不断的政治压力和广泛的舆论最后迫使日本通产省不得不接见当地的游说团，并将限制零售法的申请处理时间规定在18个月内。1990年4月，玩具反斗城公司扫除了进入日本玩具市场第一个大障碍。

然而，玩具反斗城公司还面临着另外一个障碍，因为玩具反斗城公司的成功之处主要在于其零售价格比建议零售价格还要低，这一价格优势的取得是通过大量购买形成的规模经济而取得的。在自身利益受到严重威胁的情况下，日本的玩具制造商决定联合起来不将自己的产品卖给玩具反斗城公司。但日本的Nintendo主要依赖于玩具反斗城公司将其产品卖到美国和其他主要市场，因此Nintendo的倒戈导致了这项抗议活动的最终瓦解。

许多大型日本公司采取的民间对抗手段正逐渐取代来自官方的壁垒。事实上，官方的进入壁垒正日趋减少。

资料来源：Condensed from Mark Mason, United States Direct Investment in Japan: Trends and Prospects, California Management Review, California Management Review, Vol.35, No.1（September 1992），pp.98-115.

9.2.1 选址策略

为了更好地服务于顾客，服务机构需要采用多种选址策略，这取决于它们需要满足的顾客需求。表 9-1 显示了几种满足不同顾客需求的选址策略。

表 9-1 服务机构的顾客需求与选址策略

顾客需求	选址策略
顾客感到饥饿，因为短途飞机上不提供餐饮服务	在机场开设餐馆（如波士顿的劳根机场开设了力格海鲜餐馆）
顾客需要更多的便利以节约时间	将不同类型的服务机构合并一处（如汽车加油站与便利店开设在一起）
顾客不愿在大型购物商场频繁购物因为太费时	增加一些提供便利服务的机构如快餐店和银行（如沃尔玛大买场内开设了麦当劳快餐店）

9.2.2 选址决策的计算机辅助工具

随着地理信息系统（GIS）的发展，服务机构能够比以前更加快速、精确地实施选址分析。GIS 使用大型数据库来展示地图，因此，可以使服务业经理鸟瞰他们感兴趣的地区，也可根据经理的需要在地图上显示地理数据。

除了 GIS 系统，还有很多非图形计算机应用软件使用了如回归分析等预测方法，帮助服务机构的经理评估备选地址方案的优劣。

9.2.3 服务机构类型

服务机构的选址决策主要取决于企业提供的服务类型以及企业如何把服务传递给顾客。根据服务机构与顾客的接触程度，可以把服务机构分为三类：

- 与顾客直接接触的服务机构；
- 与顾客间接接触的服务机构；
- 与顾客没有接触的服务机构。

1. 与顾客直接接触的服务机构

与顾客直接接触的服务机构因其服务过程需要与顾客高度面对面地接触，而被形象地比喻为"砖泥型"。这种类型的服务机构有餐馆、宾馆、银行分支机构、医院、超市、大型商店和小服装店等。设立这种类型的服务机构的企业通常拥有众多分散的服务机构，这些服务机构的成功关键在于所选位置的销售收入。因此，多个服务机构的选址决策一般需要采用非常复杂的预测模型，来分析各个潜在位置的销售收入。

2. 与顾客间接接触的服务机构

像电话呼叫中心和电子商务与移动商务企业只需要通过电话手机或互联网与顾客联系，并不需要与顾客面对面地接触。这种类型的服务机构有宾馆、飞机航班的呼叫中心、汽车出租代理（预订服务）经纪人业务和金融服务、网购业务等服务机构。呼叫中心同样可以用于制造型企业提供顾客服务支持，这种类型的服务机构通常需要给顾客提供一个网站作为沟通联系的渠道，在选址时一般不需要考虑接近顾客的原则，因此，这种类型的服务机构的选址与下面将讨论的服务后台的选址非常类似，实际上，呼叫中心与网站通常只需选定一个位置以充分利用规模经济效应。

3. 与顾客没有接触的服务机构

与顾客没有直接接触的服务机构通常称为服务后台。因为顾客并不需要到服务现场参与服务过程，这种类型的服务机构在很多方面与制造型企业非常类似。这种类型的服务机构又可以分为两种：

- 商品的加工与配送；
- 信息的处理与传递。

在制造设施的选址决策中，商品配送中心不仅需要考虑设施的运营成本，还要考虑配送成本，目的是把两部分成本的总和降到最小。如沃尔玛的地区配送中心就是制造设施选址的一个很好的例证。

除了配送商品，服务后台机构还需要考虑产品的制造流程，因此，通常也被称为准制造机构。布鲁格百吉饼的产品配送供应中心就是一个准制造机构的例子——百吉饼的和面和成形都是在配送供应中心加工完成的，但百吉饼后期的蒸烤则在零售点加工完成。

然而，对专门从事信息服务的后台机构而言，只能够减低设施的运营成本，因其不同地方的运输成本差异较小甚至可以忽略微小差异。例如，在美国，长途电话的费用和邮件的费用基本是一样的。因此，在这种情况下，像提供银行支票处理业务、为零售商或信用卡公司提供顾客账单服务业务的企业，在选址决策中最关心的就是降低设施运营成本。

与制造型企业一样，在服务型企业选址决策中，定量和定性因素都需要考虑，而且不同的服务机构所考虑的影响因素并不完全相同，这些影响因素的重要性也会因不同的服务机构而异。从企业运营的角度看，其实影响服务型企业选址的运营因素与制造型企业的一样，尤其是服务后台机构的选址决策与制造型企业非常类似。只是与制造型企业不同的是，服务前台机构还需要考虑与顾客有关的影响因素，因为这些因素对企业的销售收入有着重大的影响，一般来说主要包括下列因素：

- 平均家庭收入；
- 平均家庭人口；
- 人口密度；
- 交通便利。

9.3 选址方案评估方法

在对选址备选方案进行评估与比较时，需要进行定性和定量分析。常用的评估方法有因素评分法与重心法，下面将对这两种方法做详细阐述。此外，一般采用回归分析法来预测服务前台的销售收入状况。实际上，企业通常会同时考虑不同的方法，以从不同的角度来评估选址备选方案。

9.3.1 因素评分法

因素评分法也许是在选址方案评估时应用最广泛的一种方法，因为其删繁就简，把非常复杂的问题转化为一种易于理解的模式。关键是尽管因素评分法的分析结果是以定量的形式表达的，实际上却综合考虑了定量和定性两方面的因素。此外，因素评分法是最常用的一种方法，还在于这种方法非常易于使用，一般只有以下六个步骤：

（1）列出选址决策所需考虑的具体标准或因素（参见"运营实践9-3：服务后台的选址

标准");

（2）根据每个因素之间的相对重要性，赋予每个因素一个权重；
（3）给每个因素选取一个统一的取值范围（如 1 ~ 100）；
（4）给每个备选地址的每个因素评分；
（5）将每个因素的评分值与其权重相乘，计算出每个因素的加权分值；
（6）累计每个备选地址的所有因素的加权分值，计算出每个备选地址的总得分，选择总得分最高的备选地址作为最优决策方案。

实例

下面举例说明因素评分法的具体应用：低息信用卡银行（LCCDIB）正在为其信用卡运营公司选址，已经筛选出了两个备选地址，公司的管理层决定使用下列标准（参见"运营实践 9-3：服务后台的选址标准"）进行最后的选址决策，并已经根据各标准相对于公司选址决策的重要程度，赋予了每个标准（因素）一个权重，给出了两个备选地址的每个因素评分值。

下面计算出了每个因素的加权分以及每个备选地址的总得分。

因素	权重	A地评分	B地评分	A地加权分	B地加权分
15英里以内受教育的劳动力人数	20	60	75	1 200	1 500
可能兼职的人数（学生）	10	45	20	450	200
离电信基础设施距离	25	80	90	2 000	2 250
离高等教育机构距离	5	50	35	250	175
生活成本指数	15	85	80	1 275	1 200
人文环境	10	65	40	650	400
犯罪率	15	95	90	1 425	1 350
总分	100			7 250	7 075

根据因素评分法，总分最高的 A 地应会中选。因素评分法涉及非常多的定量化分析，使用表格，可以使管理层很方便地看到调整各种因素权重对选址决策的影响。

需要指出的是，尽管本例中的因素权重总分是 100，但这并不是一个必需条件。真正重要的是，因素的权重值必须要真正反映出选址时每个因素之间的相对重要性。如果因素对选址决策同等重要，那么应赋予同样的权重。因此，在比较评估各备选地址方案的优劣时，赋予因素的权重的实际值并没有相对值有意义，当然，为了方便计算，也可以对权重进行归一化处理。

运营实践 9-3

服务后台的选址标准

Fluor 全球选址战略公司给一家公司的总部、研发中心的办事机构或后台服务机构提出了下列选址标准：

（1）人口特征（数量、受教育程度、多样性等）；
（2）劳动力特征（数量、种类/分布、受教育程度、就业人数等）；
（3）劳动力替代的可能性（军人配偶、学生、失业人数等）；
（4）离商业机场距离（包括提供"专业服务"的国际航空港）；
（5）离人口中心距离；
（6）离电信设施距离（CO、POP 以及光纤网等）；

(7) 离高等教育机构距离；

(8) 生活质量特征：
- 生活质量指数；
- 生活成本指数；
- 人文环境；
- 犯罪率。

资料来源：Special thanks to Fluor Global Location Strategies.

9.3.2 重心法

对备选的地区、子地区、社区进行评估分析一般称为宏观分析；而对特定的地点位置进行评估分析一般称为微观分析。重心法是微观分析的一个常用的方法。重心法是一种定量方法，常用于判断设施选址的最优位置，其判断依据是尽量降低货物产地和销售地或配送地之间的运输费用。制造型企业常用此法来决定制造工厂与配送设施的相对位置。服务型企业也可以采用此法选址。例如，布鲁格百吉饼、必胜客等都有自己的配送中心，以便于把食品运送到各个零售店。沃尔玛的配送中心就是一个只配送货物的服务机构范例。

重心法也适合于为传统的"砖泥型"零售商选址，如超市、商场以及批发点。这些服务型机构的选址决策主要取决于所服务地区的人口稠密度以及每个顾客的平均购买量。

重心法首先要在 X 和 Y 坐标系中标出所涉及的每一个已有的零售点的位置，目的在于确定各零售点之间的相对距离。如图 9-1 列举了一个重心法的实例。

通过求出各零售点运输成本最低的 X 坐标和 Y 坐标来找到重心，即配送中心或服务支持设施的设立的位置。可以采用下面的公式计算出重心的位置：

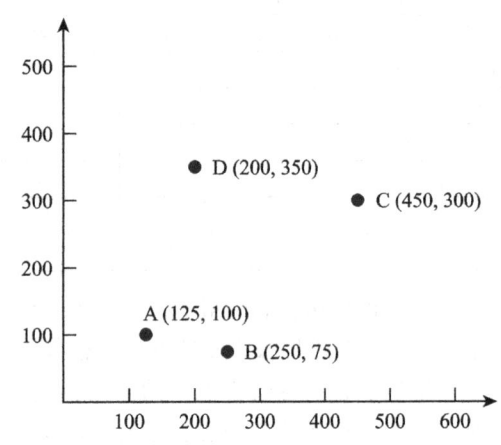

图 9-1 YOBSC 公司配送中心的选址案例中的坐标图

$$C_x = \frac{\sum d_{ix} V_i}{\sum V_i} \quad (9-1)$$

$$C_y = \frac{\sum d_{iy} V_i}{\sum V_i} \quad (9-2)$$

式中 C_x——重心的 X 坐标；

C_y——重心的 Y 坐标；

d_{ix}——第 i 个零售点的 X 坐标；

d_{iy}——第 i 个零售点的 Y 坐标；

V_i——运入第 i 个零售点或从第 i 个零售点运出的货物量。

实例

YOBSC 公司在主要城市中心区有四个零售店。现在，每家零售店都独立准备制作面包、点心的原料（如面粉、糖、酥松油等）。这四家零售店的位置已标在图 9-1 坐标图上。公司的管理层基于减低成本及保证公司产品一致性的考虑，决定建立一个配送中心，这样就可以在配送中心集中准备原料供应，再分运到四个零售店。问题是在什么位置建立这个配送中心最合适呢？

解答

每家零售店每周预计的产品销售量及其在坐标图中的位置如下表所示。

零售店位置	X 坐标	Y 坐标	产品销售量 / 磅[①]
A	125	100	1 250
B	250	75	3 000
C	450	300	2 750
D	200	350	1 500

① 1 磅 =0.454 千克。

下面采用 Excel 电子表格，利用式（9-1）和式（9-2）计算出重心的位置，从而确定配送中心的最优位置。

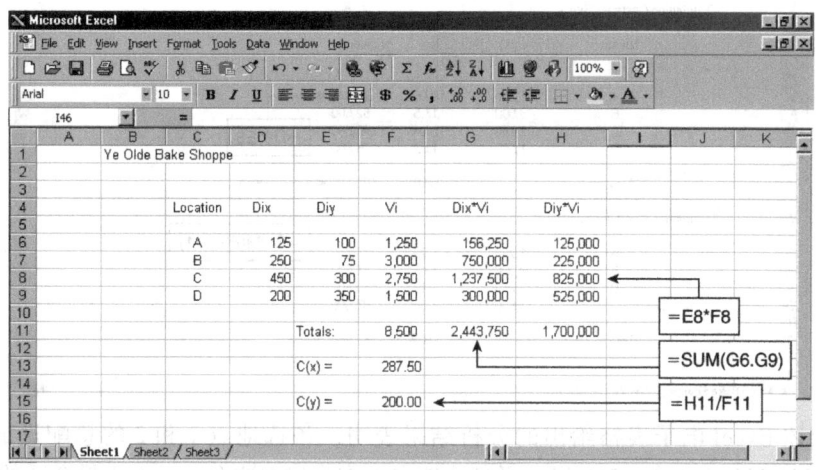

Excel 电子表格给出的计算结果表明，重心的 X 和 Y 的坐标分别为 287.5 和 200，这就为公司的管理层的选址决策提供了选择起点，当然，考虑到具体的地理、交通环境，在最终的选址方案确定下来之前，管理层也可以根据需要重新调整计算重心的位置。

9.3.3 电子表格法

根据重心法找出的成本最小化的最优位置可能根本就不可能建立一个配送中心，比如该位置恰好位于居民区，或者是离主要公路很远，或者已经被其他企业占用（尽管如此，该位置确实为公司的管理层的选址决策提供了选择起点）。因此，更加现实的办法是从满足要求的几个备选地址方案中进行选择决策，即对每个备选地址采用重心法来评估分析，选择配送成本较低的方案，从而降低了典型的重心法的分析结果不可行的可能性，因为这种方法不像典型的重心法那样具有无限解集。

实例

在前面的实例中，假设 YOBSC 公司确定了两个备选地点 1 和 2。现在，公司的管理层需要在两个备选地点中进行决策，对两个备选地点 1 和 2 来说，产品的生产成本一样，选址决策的目标是降低配送成本。每个备选地点的相关决策信息如下表所示：

零售店位置	产品销售量	离地点 1 的距离	离地点 2 的距离
A	1 250	19.5	23.0
B	3 000	17.5	12.5
C	2 750	20.6	18.0
D	1 500	11.2	25.0

解答

利用重心法的评估逻辑，采用 Excel 电子表格，计算出每一备选地点的总配送成本（为了区别于典型的重心法，将配送成本的单位定义成磅－英里）。

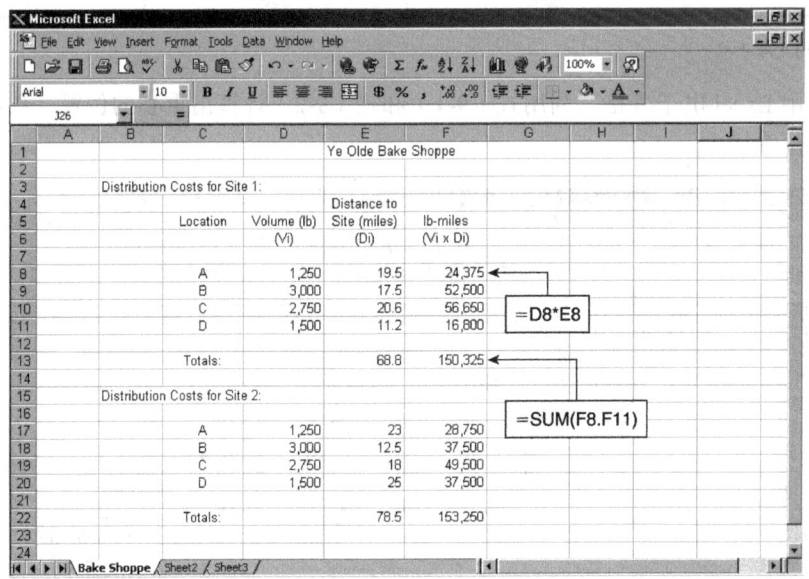

根据上述 Excel 电子表格给出的分析结果表明，备选地点 1 和 2 的总配送成本分别为 150 325 和 153 250，这样，就可以选择备选地点 1 作为建立这个配送中心最合适的位置。

9.4 战略能力规划

企业的生产（服务）能力水平决定了企业的竞争力边界，具体来说，企业的生产（服务）能力水平决定了企业的市场响应速度、成本结构、劳动力构成、技术水平、管理支持模式和基本库存策略。如果能力不足，企业将会由于生产（服务）响应速度慢满足不了顾客需求或者眼睁睁地看着其竞争对手抢占了企业市场份额而失去顾客；如果能力过剩，企业就需要降低产品价格以刺激市场需求，而且既不能充分利用劳动力，又会带来过多的库存积压，甚至企业为了能够在市场中站稳脚跟，而不得不寻求转向其他利润空间更少的产品，从而削减了企业的竞争力。因此，合理规划企业的生产（服务）能力，也是一项重要的长期的运营战略决策。

9.4.1 影响能力的因素

企业的生产（服务）能力受企业内部和外部因素的共同影响。外部因素包括：①政府法规（工作时间、安全性、环境污染等方面）；②工会协议；③供应商供应能力。内部因素包括：①产品和服务设计；②员工和岗位（员工培训、激励、学习、工作满意度和工作方法等方面）；③生产（服务）系统的布局和流程；④设备能力和维护；⑤物料管理；⑥质量控制体系；⑦产品混产决策；⑧管理能力。

9.4.2 能力的基本概念

在服务型企业中，顾客需要直接到服务设施现场接受服务，因此，常常需要区分清楚最大能力和最优能力两个概念。克里斯托弗·洛夫洛克总结了服务型企业的经理们在努力使顾客需求和服务能力相匹配时可能遇到的四种情况，如图 9-2 所示。

（1）顾客需求超过最大服务能力将导致顾客流失；
（2）顾客需求虽然小于最大服务能力，但超过最优能力将导致顾客服务质量下降；
（3）顾客需求和最优服务能力相等；
（4）顾客需求低于最低服务能力，导致能力闲置。

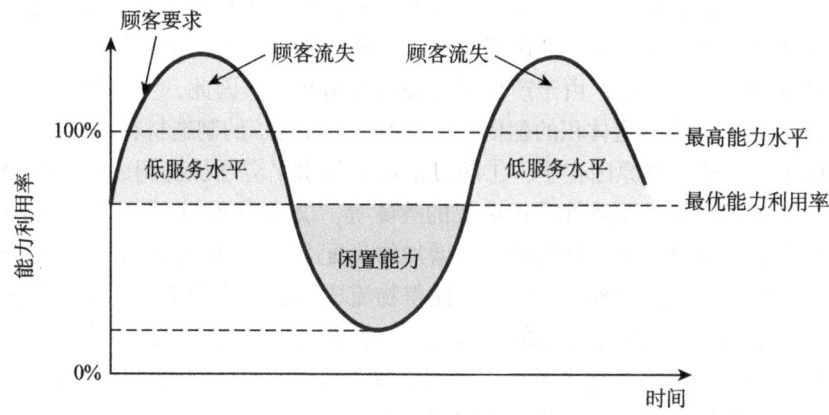

图 9-2　服务系统中需求与能力的比较

资料来源：Managing Services, 2nd ed by Christopher Lovelock, © 1992. Adapted by permission of Pearson Education, Inc., Upper Saddle River, NJ.

1. 最佳运行水平

最佳运行水平是指当企业运营系统中的单位产出成本最小时的能力，如图 9-3 所示。随着企业的规模大小而移动单位成本曲线，当到达最佳运行水平时，就可以得到规模经济效应，而一旦离开了这一最佳运行水平点，就会出现规模不经济效应。

2. 规模经济与规模不经济

规模经济的概念对大家来说是非常熟悉的。规模经济是指随着生产（服务）规模的扩大，单位产出成本也随之下降。对一个给定规模的企业，规模经济与最佳运行水平相关。如图 9-3 所示，规模经济并不是出现在平均成本曲线之间，而是出现在平均成本曲线上。

图 9-3 显示了不同规模的企业 A、B、C、D 的最佳运行水平点 V_A、V_B、V_C、V_D。其中，从企业 A 到企业 B 到企业 C 的最佳运行水平变化，可以看出单位成本会随着产出规模的提高而降低，也就是说，显现了规模经济效率。而当企业变得更大的时候，如图 9-3 中的企业 D 则出现了规模不经济（diseconomies of scale），使得企业反而失去了运营效率。

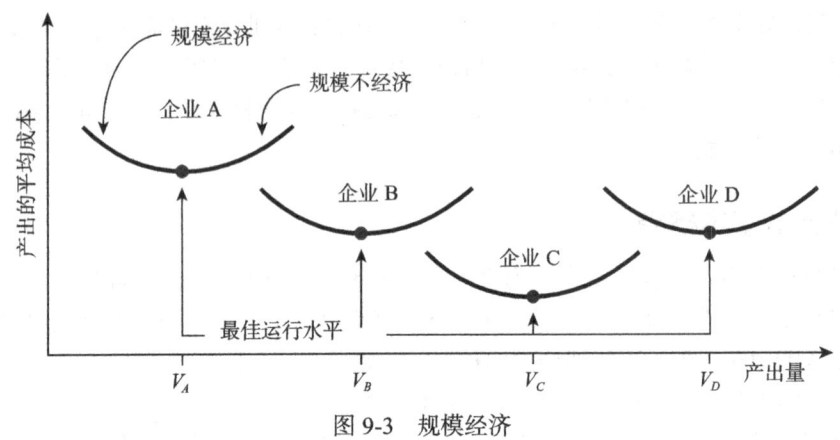

图 9-3　规模经济

产生规模经济的主要原因有：①随着规模的扩大，产出量的提高，单位产品分摊到的固定成本下降，从而使得单位产出成本下降；②随着产出量的增大，企业能够获取更大的数量折扣，从而减少了原材料成本；③随着产出量的增大，企业能够利用经验效应提高劳动力和设备的专业化程度，从而降低单位产出成本；④规模经济效应还与大型的设施设备有关，例如，在酿酒和炼油生产过程中，由于产出量与输出管道相关，因此，生产能力的翻倍只需增加 40% 的成本，这是因为管道体积的翻倍只需要原来的 140% 的制造材料。

导致规模不经济的主要原因在于：①超过最佳运行水平会增加协调成本，如加班、超产排产、因超负荷运行而缺乏预防性维护造成的故障等。②如图 9-3 所示，规模不经济也可以发生在规模较大的企业里，因为规模过大会增加物流配合、人员协调的成本，由于大制造厂通常比小制造厂要求更大的物理空间区域，使得物流成本通常也会更高。③规模过大会导致组织机构庞大，也是产生规模不经济的原因之一。企业规模过大，增加了管理层级，会使得部门之间的协调困难，使得管理者与员工沟通交流会变少。调查表明，对于有工会的企业，平均每百名员工的抱怨率会随着企业规模的增大而增加。④企业规模过大，自然会带来更大的风险。首先是自然灾害包括地震、火灾、洪灾和飓风等突发事件对于规模大而产能集中的企业的风险要比规模小而产能分散的企业的风险要大得多，其次战略失误、管理危机、工厂罢工等不良事件对于规模大而产能集中的企业的损害远远大于规模小而产能分散的企业。

尽管确切找到最佳规模和最佳运行水平很难，企业还是经常制定最大规模政策以寻求规模经济。因此，真正的挑战是如何预测不同规模、不同产出量的变动带来的成本变动。这就需要谨慎评估每种情况下的规模经济的不同成因。

随着全球电子商务与移动商务的发展，全球经济一体化的推进，人们经常能够看到规模不经济的来临要比预期的要早些。随着市场需求的复杂多变，技术水平的不断提高，企业生产（服务）规模正在通过外包战略向小型化、虚拟一体化发展，比如钢铁、汽车、电子产品等行业，问题是，外包决策会严重影响到企业对核心竞争力的识别和控制，因此，最近的全球离岸大潮中也不乏回岸声音。

3. 能力柔性

能力柔性是指在一个相当短的提前期内及时提供客户所需的产品（服务）的能力。能力柔性的实现依赖于柔性工厂、柔性工艺（流程）、柔性工人以及是否能够制定出利用外部其他企业生产能力的柔性运营策略。敏捷制造就是另一个反映制造过程快速反应市场变化的能力的术语。

（1）柔性工厂。也许能够实现工厂最终柔性的是建立一种"零切换时间的工厂"，在那里，有可自由移动的机器设备、易拆卸的隔墙以及容易获取并且便于重新组装的生产工具，这样的工厂可以快速地适应市场变化。服务行业中一个类似的例子可以很好地说明这一点：一个可以灵活拆卸组装及移动机器设备的工厂，就像是带着大帐篷四处巡回表演的瑞林兄弟大马戏团。

（2）柔性工艺（流程）。柔性工艺（流程）可以简述为柔性的生产制造系统和简单的、易拆装的机器设备组成。这两种技术方法都必须能够保证工厂可以迅速且低成本地在不同种类的产品生产线之间转换生产，从而也就实现了人们所说的范围经济（从定义上讲，如果多种产品在一起混合生产所耗费的成本低于单独生产这些产品时的成本的总和，就称之为范围经济）。

（3）柔性工人。柔性工人应掌握多种技能，以便随时可以方便地从一个工种转换到另一个工种上。相对于专业工人而言，他们需要经过更为广泛的培训。同时，柔性操作工人的工作还需要有主管人员和其他职员的配合，以适应工作指令的灵活变化。

（4）外部生产能力的利用。利用外部其他企业生产能力的柔性运营策略有两种：外包或共享生产能力。外包的典型例子是位于加利福尼亚的日本银行的支票兑现业务的外包。共享生产能力的例子是当某公司的某条航线非常拥挤，而另一公司的某航线空闲时，航线不同、季节性需求不同的两家国内航空公司就交换使用飞机（可以将飞机重新上漆以代表不同航空公司）。

4. 能力平衡

在一家生产完全平衡的工厂里，生产第1阶段的产出恰好完全满足生产第2阶段投入的要求；生产第2阶段的产出又恰好完全满足生产第3阶段的投入要求；依次类推。然而，实际生产中达到这样一个"完美"的设计既是不可能的，也是不必要的。这是因为：第一，每一生产阶段的最佳运行水平通常并不一样。举例而言，部门1在每月生产90～110单位产品时效率最高，而它的下一生产阶段部门2，每月生产75～85件时效率最高；第三生产阶段（部门3）生产效率最高时，每月产出150～200件。第二，变化的产品需求以及来自于生产过程本身的一些问题也会导致生产不平衡的现象发生。除非生产完全是在自动化生产线上进行的，究其本质，一条自动化生产线和一台大型机器没有什么区别。

解决生产系统不平衡问题的方法有很多。其一，增大瓶颈阶段的生产能力。可采取的一些临时措施有加班工作、租用设备、通过外包形成额外的生产能力等。其二，可以在生产瓶颈之前预留缓冲库存，以保证瓶颈环节持续运转。其三，如果某一部门的生产依赖于先前某一部门的生产，那么就重复设置前一部门的生产设备，以便充足地生产供应后续部门的生产所需（实质上还是消除瓶颈）。

9.4.3 能力策略

对制造型企业来说，增加生产能力有三种主要策略：前瞻型、中庸型和反应型，每种策略都各有优劣，企业采取何种策略在很大程度上取决于制造设施运营特性以及企业的总体战略。

1. 前瞻型策略

前瞻型策略通常也称为能力超前策略，是指管理层预期未来需求会增长而让能力超前的策略，以保证迅速反应并及时满足需求的增长，如图 9-4a 所示。对于前瞻型策略而言，尽管企业投入的产能在运营初期的固定成本只能分摊到相对较小的产出量上，但其基本目标是要使由于产能不足而无法满足客户需求所造成的销售损失及相应的机会成本最小化。这种策略最适合劳动密集型企业，即劳动力成本通常在总制造成本中占主要部分的企业，诸如成批装配型企业（如制衣、制鞋企业等）。此外，这种策略也适合于其市场正在不断成长中的企业，一方面可以保证迅速反映市场需求的增长，另一方面也避免了长期闲置生产能力的风险。

2. 中庸型策略

中庸型策略采取的是生产能力的增长与需求的增长相接近的中庸策略，如图 9-4b 所示，通常当需求达到总产能的 50% 左右的时候，就需要增加生产能力。与反应型策略一样，这种策略的问题是在产能不足时，如何才能最好地满足客户需求。

3. 反应型策略

反应型策略通常也称为能力滞后策略，是指保证生产能力充分利用的策略，除非企业计划的产出量被全部售出，否则不增加生产能力。在这种情况下，只有当需求达到了 100% 的能力利用率，企业才考虑增加新的生产线，如图 9-4c 所示。反应型策略的目标是要使运营成本最小，保证企业始终按照最优产出量进行生产。这种策略最适合流程式运营企业，不论企业产出量多大、可变成本多低，但企业的固定成本很高，只有当能力利用率很高时，企业才能获利。例如造纸厂、酿酒厂和炼油厂等资本密集型企业。

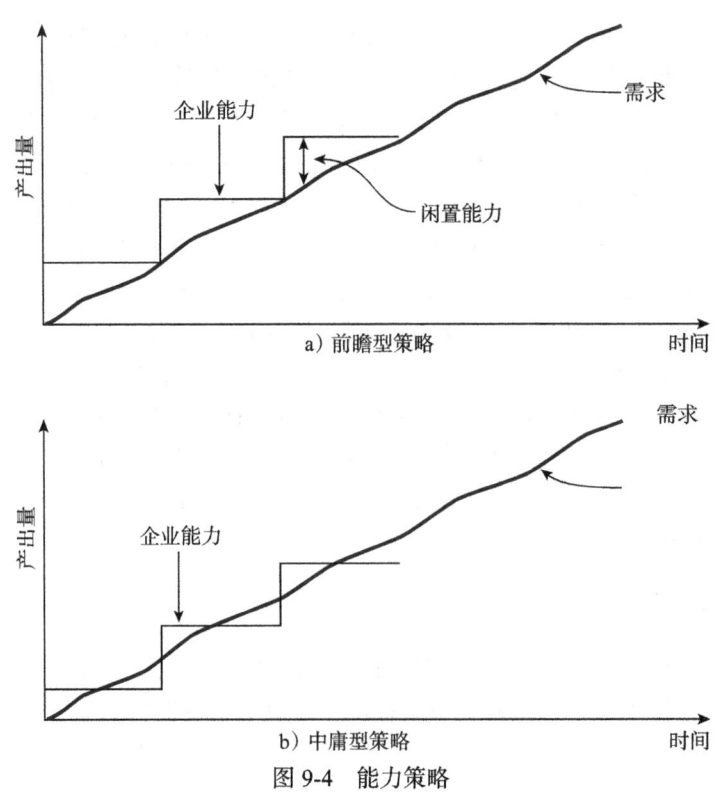

图 9-4 能力策略

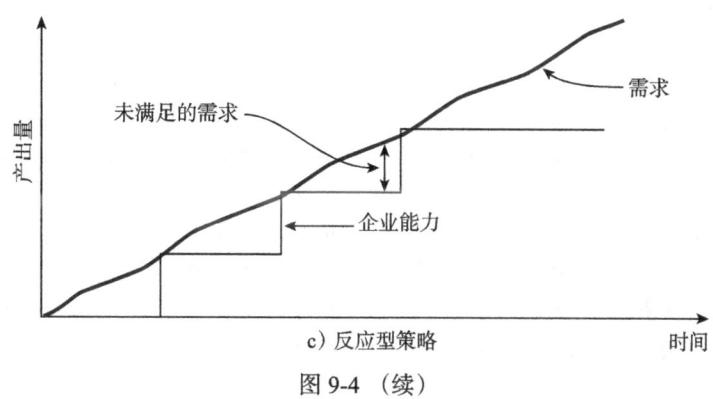

图 9-4 （续）

与中庸型策略一样，这种策略的主要问题是在产能不足时，如何才能最好地满足客户需求。一种方法是如果企业还有其他分厂也生产同样的产品，可以暂时在那些分厂生产（尽管可能无效率），必要时也可以增加班次或者加班。

9.4.4 能力计划

能力计划的目标是制定出一种最节省成本的能力水平来满足市场需求。能力计划从时间跨度的角度可以分为三种：长期计划（超过1年）、中期计划（6～12个月）和短期计划（少于6个月）。

本章的重点放在长期能力规划上，因为这关系到企业的主要战略投资决策。在计划生产能力需求量时（如一个新厂的能力需求），典型的长期能力规划还必须考虑面向预期的未来每一条产品线的需求、每一家工厂的生产能力以及整个企业生产网络的任务分配等问题，一般可以按以下步骤进行：

（1）预测每条产品线的需求量；
（2）预测每条产品线上每种产品的需求量；
（3）计算满足每条产品线的预测量所需投入的设备数与劳动力人数；
（4）对计划期内的设备与劳动力作出合理配置。

9.4.5 能力衡量

正如在第7章中详述的那样，能力是指一个流程或者设施在一定的时间内所能实现的最大产出量。对于制造型企业而言，"能力"经常用产品的产出量来表示，例如，每周生产出的电视机数量、每年生产出的石油桶数、每月生产出的洗涤剂加仑量。而对于服务型企业，能力通常用更短的时间内所投入的流程或者设施所能实现的产出量来衡量，因为在与顾客接触过程中，时间就显得至关重要，例如餐馆里每小时所能提供就餐的人数、呼叫中心每小时所能提供的呼叫次数、宾馆前台每小时所能提供接待的客人数。

能力利用率指的是可用能力即设计能力的实际利用程度。例如，一家呼叫中心或许有1 200个工作站（可用生产能力），但实际上，在给定的某天内只有600个工作站有操作员，在这种情况下，呼叫中心那天的能力利用率就只有600/1 200，即50%。

本章小结

不管是服务型企业还是制造型企业，在哪里建造、何时建造设施以及设施规模有多大之类的决策对企业的成功都至关重要。因而，为了确保备选地能够支持企业的长期战略和经营目标，慎重的选址分析和能力规划是必不可少的。此外，选址决策是非常复杂的，定量和定性的因素都得涉及。

与运营管理今天要探讨的很多问题一样，选址决策和能力规划受到了迅猛发展的全球化、信息化、网络化、移动化、协同化的趋势的共同影响。越来越多的企业更加强调核心竞争力，管理人员也改变了能力规划的视角，同时更加依赖于供应商。市场全球化进程的加剧也极大地影响了选址决策，因为必须要考虑到外国提供的廉价劳动力和其他激励政策。

复习思考题

1. 列出规模经济的实际制约条件，即在什么情况下企业应该停止扩大经营规模？
2. 讨论下列组织或机构所面临的生产或服务能力平衡问题：
   （1）机场；
   （2）大学的计算机中心；
   （3）服装加工厂。
3. 对于那些把企业设在美国的外国公司而言，他们要考虑的首要的能力规划问题是什么？
4. 医院要考虑的服务能力规划问题主要有哪些？与制造型企业考虑的问题有什么不同？
5. 制造型企业在国外选址时要考虑哪些因素？
6. 服务业中的市场营销设施布置难题存在于哪些方面？给出一个服务型企业的例子，它的设施布置目标是使顾客在服务系统中的时间最长。
7. 列出高端、完全服务型宾馆连锁企业，如希尔顿、Hyatt、万豪等的选址标准（完全服务型指的是宾馆具有餐馆、鸡尾酒会、会议室以及可以提供各种会议、婚礼服务的多功能场所）。
8. 列出首要目标是提供房间自助汽车旅馆选址的因素，如第六旅馆、白日旅店和 EconoLodge 旅馆等。
9. 在为制造企业直接向零售商供货的配送中心选址时，要考虑哪些主要因素？

互联网练习

参观一家 ASP 的网站，它会给你一张详细的地图，包括两个地址之间的距离和行走时间。估计一下从你家到学校要花多少时间，大约是多少公里。用同一张 ASP 地图查看从你学校到最近的麦当劳之间的距离。

应用举例

例题 1

贵都宾馆（Luxury Hotel）在为其预约呼叫中心重新选址，现列出了下列影响选址决策的因素，并为每个因素分配了权重，如下表所示：

因　素	权　重
可获得的劳动力数量	30
技能水平	15
电信基础设施	45
劳动力成本	50
是否接近交通主干道	25
总计	165

（续）

一位咨询师分别考察了三个备选地点，并给每个地点的因素评了分值，结果如下表所示：

因素	地点A的评分值	地点B的评分值	地点C的评分值
可获得的劳动力数量	65	80	90
技能水平	50	45	75
电信基础设施	90	70	40
劳动力成本	75	90	85
是否接近交通主干道	80	85	55

1. 你会推荐哪个备选地点作为呼叫中心？
2. A地的劳动力成本的分值要达到多少才能使A地和B地的得分持平？
3. 基础设施因素的权重要达到多少才能使A地变成呼叫中心的偏好地址？

解答

1. 我们建立了下面的Excel电子表格来计算每个地址的总得分：

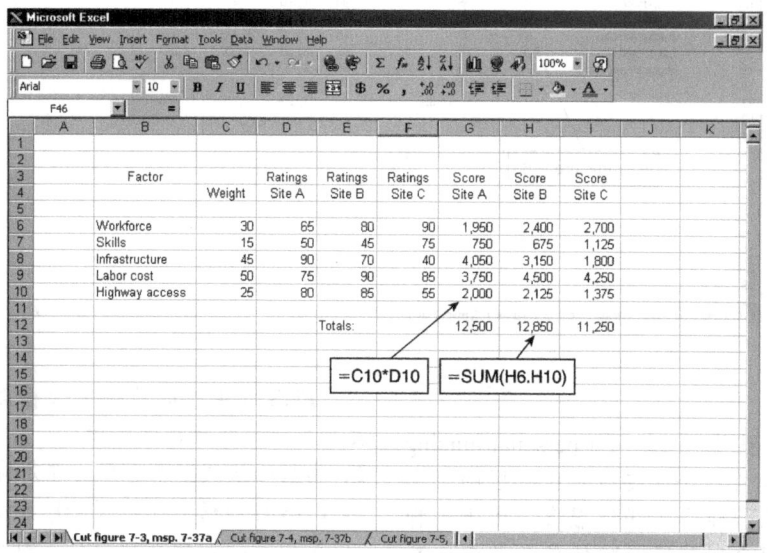

根据上述分析，我们推荐得分最高的B地作为呼叫中心，总得分是12 850分。

2. 要确定A地的劳动力成本变为多少才能使A地和B地的总得分持平，我们同样建立一个Excel电子表格，然后提高劳动力成本分值直到两地得分一样，这样求得的结果是82，如Excel电子表格所示：

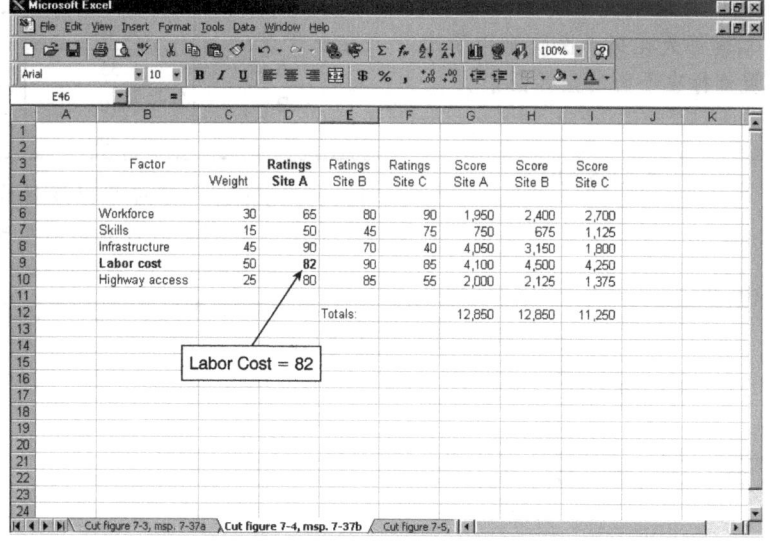

3. 如下面的 Excel 电子表格所示，基础设施权重分数要达到 63 才能使 A 地变为呼叫中心的偏好地址：

	A	B	C	D	E	F	G	H	I
3		Factor		Ratings	Ratings	Ratings	Score	Score	Score
4			Weight	Site A	Site B	Site C	Site A	Site B	Site C
6		Workforce	30	65	80	90	1,950	2,400	2,700
7		Skills	15	50	45	75	750	675	1,125
8		Infrastructure	63	90	70	40	5,670	4,410	2,520
9		Labor cost	50	75	90	85	3,750	4,500	4,250
10		Highway access	25	80	85	55	2,000	2,125	1,375
12						Totals:	14,120	14,110	11,970

Infrastructure = 63

例题 2

私人护理服务公司（personal nursing service, PNS）在一个主要城市中心区的三家医院里给病人提供个人护理服务。由于种种原因，根据每个医院所分配的任务即病人数在最后时刻常常会改变。因此，PNS 的护士每天早上都要向总部汇报他们的任务。PNS 随后用车辆把她们送到各自的医院。晚上，PNS 再用车把护士们接回总部，这样在护士们回家之前，他们可以以文件的形式记录下汇报。所以，车辆每天在每个医院里跑两次。每个医院的位置都标在下面的坐标图中。

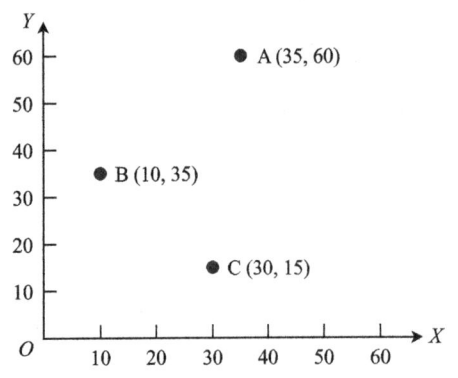

PNS 近年来的业务有大幅度的增长，于是他们计划扩大医院规模：
1. 用重心法找出新总部的理想位置；
2. PNS 计划在坐标轴 $X=20$，$Y=5$ 处建立第四家医院。如果计划通过，新总部应该建立在什么地方？

解答

从坐标图中可以看出现在的三家医院的坐标位置如下：

医院	X 坐标	Y 坐标
A	35	60
B	10	35
C	30	15

1. 利用 Excel 电子表格以及现在三家医院的位置，我们可以计算出新总部的位置，如下面的 Excel 电子表格所示：

求得的结果是新总部的位置位于坐标轴 $X=25.00$，$Y=36.67$ 处。

第9章 设施选址与战略能力规划　257

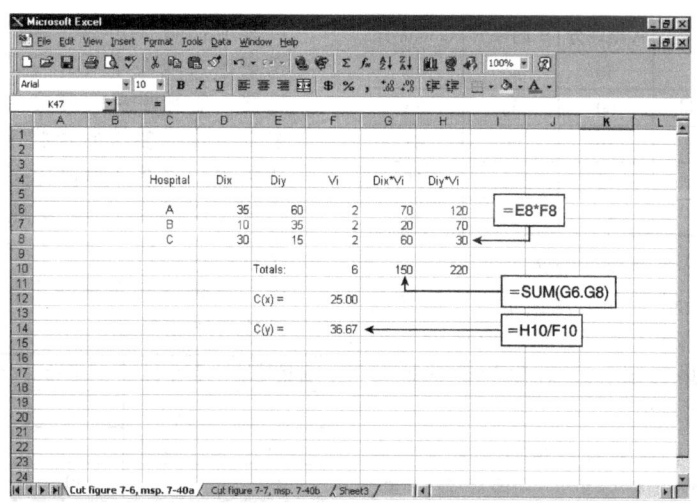

2．只要把第四家医院的坐标值也代入 Excel 电子表格中，就可以重新计算出新总部的位置，如下页的 Excel 电子表格所示。

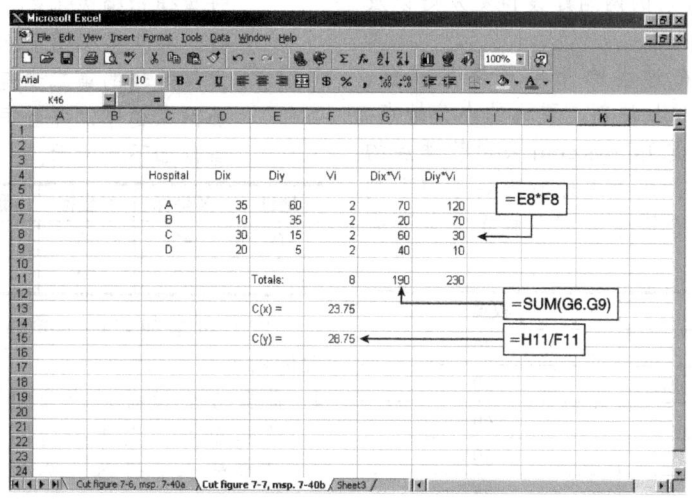

如果 PNS 计划建第四家医院，新总部的理想位置是在坐标轴 $X=23.75$，$Y=28.75$ 处。

习题

1．极速救护车服务公司正在选找一个既可作为总部又可作为救护车车库的新址，若你被任命为选址小组的领导，选址小组已列出了选址时必须要考虑的因素，并且给每个因素分配了权重，如下表所示：

因素	权重
离医院的距离	25
超过 65 岁的人口数量	30

（续）

因素	权重
是否靠近交通主干道	15
养老院的数量	20
当地税收激励	10
总计	100

选址小组找到了三个地方并给每个因素进行了相应的评分：

因素	A地评分	B地评分	C地评分
离医院的距离	30	45	75
超过65岁的人口数量	60	55	35
是否靠近交通主干道	80	90	65
养老院的数量	45	60	55
当地税收激励	85	70	80

（1）你会推荐哪个地址给选址小组？

（2）如果"是否靠近交通主干道"因素权重减少到5，而"当地税收激励"因素权重增加到20，对你的选址决策有什么影响？

2. Edtoys.com是一家通过网络给儿童提供各种教育玩具的虚拟公司。一旦收到订单，公司就会立即电传给供应商要求直接发货给客户，因此，Edtoys.com不需要保留玩具的库存或发送货物。管理层主要关注的是尽可能把公司的网站建设得更友好以及扩展客户群。

Edtoys.com在过去的几年里发展迅猛，因而需要给公司选找更新、更大的办公地点。一家咨询公司在与Edtoys.com公司管理层的几位成员商谈后，认为选址时需要考虑下列因素，并且给每个因素分配了权重，如下表所示：

因素	权重
离商学院的距离	20
是否靠近交通主干道	20
电信基础设施	40
生活质量	30
离主要港口距离	25
总计	135

咨询公司找到了两个地址并且给每个地址的因素分配了相应的分数：

因素	A地评分	B地评分
离商学院的距离	70	55
是否靠近交通主干道	40	75
电信基础设施	75	90
生活质量	60	85
离主要港口距离	80	50

请问咨询公司应推荐哪个地址给Edtoys.com？

3. 帕托拉诺比萨饼公司是一家意大利连锁餐饮企业，需要拓展在亚洲的市场，特别是在中国内地的市场。可是由于缺乏食品供应商，管理层决定建立自己的配送和物流中心，这样餐馆的食物就可以部分或者全部在中心准备（如做比萨饼的面团可以在物流中心准备好）。发展规划的第一步是为将要开业的三家餐馆选址，下表列示了这三家餐馆的X轴和Y轴的坐标位置以及预计的年销售额。

餐馆地址	X坐标	Y坐标	预计年销售额（元）
A	20	45	2 500 000
B	35	15	4 000 000
C	5	50	1 800 000

（1）画出坐标图并在图中标出每个餐馆的位置。

（2）假定运送的产品量与销售额成正比，计算使运输成本最小化的物流中心位置，并在坐标图上标出这个位置。

（3）发展规划的第二步是在坐标图上再增加两家餐馆，并且每家餐馆的预计销售额如下表所示：

地址	X坐标	Y坐标	预计年销售额（元）
D	45	10	3 200 000
E	30	30	1 400 000

请问新增加的两家餐馆对物流中心的位置的确定有什么影响？

4. 简氏办公设备供应公司是一家小型零售连锁企业，主要是向高级经理人员提供昂贵的办公设备。公司最近在华盛顿特区开了三家店，供货地点是得州的达拉斯。下表提供了这三家店在X轴和Y轴上的坐标以及每年的销售额。为了减少运输费用，管理层决定在华盛顿特区建立一个配送中心。

地址	X坐标	Y坐标	年销售额（美元）
华盛顿中心区	60	53	745 000
马里兰郊区	13	78	483 000
弗吉尼亚郊区	21	42	612 000

（1）画出坐标图并在图上标出三家店的位置；

（2）假定运送的产品量与销售额成正比，计算使运输成本最小化的物流中心的位置，并在坐标图上标出这个位置。
5. 简·达沃佳是简氏办公设备供应公司的主席，要为配送中心选取最优地址，现有两个地址可供选择，这两个地址离三家零售店的距离如下表所示：

店址	离 A 地距离 / 英里	离 B 地距离 / 英里
华盛顿中心区	17	14
马里兰郊区	10	12
弗吉尼亚郊区	25	18

为了节省成本，请问简·达沃佳应该选择哪个地点？

6. 美食家是一家专门为高收入家庭服务的高档食品连锁企业，需要新建一家为三个富人区服务的超市，一项市场调查显示这三个社区的每个家庭每周的购物量是一样的：

社区	家庭数量	X 轴坐标	Y 轴坐标
史密斯镇	12 800	93	81
琼斯维利	17 300	27	116
摩尔城	9 500	75	34

请问超市的最优位置应选在哪里？

7. 一家房地产咨询公司发现有两个地址符合美食家连锁店的要求，这两个地址离三家社区的距离如下所示：

社区	A 地（英里）	B 地（英里）
史密斯镇	7.5	9.7
琼斯维利	4.6	3.1
摩尔城	8.0	6.2

请问美食家连锁店的新超市应建在什么地方？

8. 冷气（Cool Air）是一家汽车空调生产企业，目前在三家不同的工厂——工厂 A、工厂 B 和工厂 C 生产产品 XB-300。最近，管理层决定把所有的压缩机（汽车主要部件）放在工厂 D 独立生产。

（1）根据重心法与图 9-5 和表 9-2 所给的信息决定工厂 D 的最佳位置。假定运输成本和货物运输量成正比（不收附加费）。

（2）参见（1）的有关信息。假设管理层决定把 B 工厂生产的 2 000 个压缩机转到 A 工厂生产。这对 D 工厂的选址有影响吗？如果有，那 D 工厂应放在什么位置？

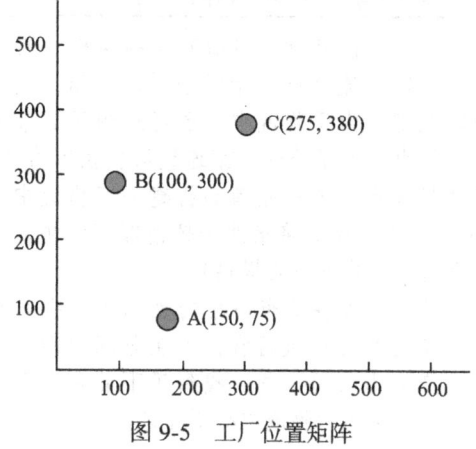

图 9-5 工厂位置矩阵

表 9-2 每家厂压缩机的年需求量

工厂	压缩机的年需求量
A	6 000
B	8 200
C	7 000

案例分析 9-1

创建于 1983 年的佛蒙特州伯灵顿布鲁格百吉饼房是一家百吉饼零售连锁企业，现已成长为在全美拥有超过 300 家连锁店的企业。这些连锁店位于主要商业区、郊区商业中心地带或者是交通便利、服务快捷的地区。除了百吉饼，连锁店还提供款式多样的奶油干酪、汤、咖啡、熟三明治，顾客可以堂吃，也可以带走享用。

每家布鲁格百吉饼房全天都在烘烤百吉饼，这样可以提供给顾客新鲜出炉、热气腾腾的百吉饼。但是，为了保证提供给顾客最高品质的百吉饼以及所有连锁店的百吉饼大小和品质一样，布鲁格准备建立生百吉饼物流中心。这个物流中心的职责是和面、捏制百吉饼以及发酵（在控制温度和湿度的环境下使面饼体积变大）。然后，生百吉饼再送到各个连锁店，在连锁店里把饼放到沸水里煮，最后烘烤成品。

目前，布鲁格在波士顿地区拥有超过30家的连锁店，其中大部分位于市中心、北面郊区和波士顿西部。在波士顿南部有4家连锁店，每家连锁店的地址和平均每天的百吉饼销售量如下表所示。

地址	城市	平均日销量
莫里斯大道45号	麻州多切斯特	180
花岗岩街356号	麻州东弥尔顿	135
华盛顿街2100号	麻州汉诺威	165
林肯街211号	麻州星汗姆	120

目前，物流中心向四家连锁店提供百吉饼，这四家连锁店位于沃伯恩、麻州、波士顿西北部。由于物流中心已经达到了其最大配送能力，为了给这四家连锁店提供百吉饼，管理层决定在波士顿南部新建一家物流中心（这样做还考虑到将来波士顿南部百吉饼的供给也由这个物流中心提供）。

诺德·布鲁是布鲁格的创始人，也是布鲁格现在的首席执行官，正在与麻州的一家房地产咨询公司合作，找到了下面两个备选地址作为潜在的物流中心所在地。

地址	城镇
德比大街50号	麻州星汗姆
独立大道100号	麻州昆西

讨论题

1. 在因特网上找出一家ASP，在这家ASP提供的地图上指出两个备选地址之间的距离和行程，分别求出从两家物流中心的备选地址到四家连锁店的距离和行程。
2. 诺德·布鲁还可以把百吉饼的运送工作转包给当地的一家食品运输服务商，运输费用为每英里每打百吉饼5美分。以此费用作为标准，诺德·布鲁应该选择哪个地址作为物流中心所在地？
3. 还有一种方法是用公司的卡车来运送货物。诺德·布鲁估计司机每天必须向四家连锁店各运输一次，司机和卡车每小时的成本是3美元，其中包括司机的工资。在这种情况下，诺德·布鲁应选择哪个地址作为物流中心所在地？
4. 你会推荐上述哪一种运送方法（外包还是自营），为什么？
5. 在为波士顿南部的物流中心选址时，诺德·布鲁还需要考虑哪些其他因素？

资料来源：© 2005 by Mark M. Davis.

第10章

设施布局

学习目标

- 介绍了制造型与服务型企业不同的设施布局方式；
- 阐述了工艺原则布局（过程原则布局）设计方法；
- 介绍了客户需求率（节拍）的概念及其与产品原则布局（对象原则布局）的产出能力之间的关系；
- 阐述了装配线平衡的步骤及相关因素；
- 讨论了在当今日趋缩短的产品生命周期与顾客日趋增加的定制化产品需求下设施布局的新趋势。

引　例　TACO的厂区新布局降低了库存和产出时间

　　TACO新任总裁——约翰·怀特发现TACO厂区堆满了存货而且产品的交货要花数周甚至数月时间，同时，产品在厂区的产出时间即从开始生产到完成为止也要花费大量时间。厂区布局是根据生产流程设计的，即所有的机加工设备集中放在一个地方，所有的装配设备集中放在一个地方，所有的喷漆设备集中放在一个地方，其他类型相同的设备也是如此。因此，TACO的产品从一个地方传送到另一个地方要花费很多时间，而且经常在完成所需加工过程之前要等待很长时间，这些长时间的等待就是因过多存货积压所致。

　　TACO是一家老牌的新英格兰制造企业，位于罗得岛州的克兰斯顿，从20世纪早期约翰的祖父创业以来就一直生产循环机泵（循环机泵用在热水加热系统中把冷水推到管子中），民用和工业用的循环机泵TACO都生产，前者的产量很大，后者的产量较小，通常是根据顾客特定的需求来设计和生产。

　　在分析了企业生产的各种产品后，TACO按照产品导向而非流程导向重新设计了厂区布局，三个主要生产车间被分成三个主产品线——一个生产车间用来生产大批量的民用泵，在这个车间里建了一条装配线。在中间的生产车间，建立了成组技术制造单元，每一个单元用于生产定制的家用产品，生产批次可在100～600台之间变化，所有这些制造定制的家用泵的设备都按照生产泵的顺序采用了U型布局，在这个车间里有几个生产单元，因此，一个典型的生产单元可以由设备工具、装配区甚至小的喷漆棚组成。第三个生产车间生产小批量的产品，通常是一些体积较大的商业品，这些产品的需求很少，有时甚至一种设计只生产一台或两台。这个车间采用单一流程布局，在很多方面像装配线，但与装配线的区别是产品在每个工作站（即加工中心）停留的时间很长，而且每个工作站都设计得很灵活，以适应各种不同产品的生产需要。

　　TACO的产品导向布局减少了30%的在制品库存，减低了50%的产品平均产出时间。以前产品的产出时间要以周计甚至以月计，而现在只需要以天来计，必要的话，甚至可以以小时来计。新布局带来的另一个好处是 TACO 能够增加超过 50% 的产出量而不需要额外增加厂区空间。TACO 新的设施布局是使企业目前能够成为产品市场主要占有者的主要原因之一。

资料来源：TACO.

　　企业的设施规划包括设施选址和设施布局决策。设施布局决策需要确定部门的位置，部门内各工作组、工作站（服务台）、机器设备、在制品库存点（顾客等待休息点）以及其他设施的相对位置，以确保企业内部的畅通工作流（制造型企业内）或特殊的工作流，即确保顾客与工作人员的流入与流出的便捷（服务型企业内）。

　　对企业管理层来说，如何选择最合适的设施布局方式需要综合考虑很多因素，这对制造型企业与服务型企业都是一样的。产品原则布局（对象原则布局）像装配线，生产运营效率很高却缺乏一定的柔性；相反，工艺原则布局（过程原则布局）具有很强的柔性，适合于多种产品（对象）需求，但会出现大量的在制品库存（顾客等待），而且效率较低。因此，企业选择何种布局方式一定不能草率，因为不论是从产品成本或是市场竞争能力的角度来看，企业内部的设施布局是否合理，都将极大地影响公司的长期成功，即影响企业的运营效率、运营成本及长期运营战略的实现。此外，设施布局不仅需要大量的固定成本投入，还需要耗用大量的时间。

　　总的来说，设施布局决策的主要依据涉及运营系统对产品和服务的需求，各个设施所需的物理空间及其相互之间的运输距离、物流量，建筑物本身内外部形状及其可用空间，等等。

　　设施布局决策的目标是确保企业内部的畅通工作流（制造型企业内）或确保顾客与工作人员的流入与流出的便捷（服务型企业内）。随着计算机信息技术的发展，现在已经有很多软件包可以帮助管理层设计出双效（有效率、有效果）的设施布局方案（参见"运营实践 10-1：使用规划软件改进制造流程"）。

10.1　制造型企业的基本布局方式

　　对于制造型企业而言，设施布局有三种基本方式：工艺原则布局、产品原则布局和定位布局。此外，还有一种综合考虑了工艺原则布局与产品原则布局两种方式的优点的混合方式，通常称之为成组技术或单元式布局。对于服务型企业而言，服务后台的布局决策与制造型企业非常相似，表 10-1 比较了制造型企业、服务后台与服务前台布局决策的不同依据。

　　工艺原则布局也称为车间布局或功能布局，是一种将相同类型或功能相同的设备集中放在一起工作的方式，比如将所有的车床集中放在一个生产车间，将所有的冲压机床集中放在另一个冲压车间。被加工的零件根据预先设定好的工艺流程顺序，从一个生产车间转移到另一个生产车间。工艺原则布局方式适用于产品品种多、批量小的离散型制造企业。

　　产品原则布局也称为装配线布局，是一种根据完成产品的加工过程来布局设备或工作流程的方式。如果采用产品原则布局的设备只连续生产某种产品或少数几种产品，通常也称之为产品线或装配线布局。产品原则布局方式适用于重复型生产的企业。例如，小家电（烤面包机、熨斗、搅拌器）、大家电（洗碗机、电冰箱、洗衣机）、电子产品（个人计算机、平板电脑、智能手机）和汽车的生产制造都是按照产品原则布局的。

表 10-1　制造型企业、服务后台与服务前台布局决策的不同依据的比较

制造型企业与服务后台	服务前台
直线型（或进行适当变型）工作流程	一目了然的服务流程
工作流迂回往返最少	合适的供等待时使用的设施
生产时间可预先估计	便于与顾客进行沟通
在制品少	易于顾客监督
开放厂区便于每个人目视到厂区里的工作动态	拥有充足的服务窗口和明确的进出口
瓶颈作业可被控制	服务部门与流程合理安排，以易于顾客看到想让他们看到的东西
工作站之间距离较近	等待区和服务区之间的面积平衡
物料搬运最少	走动距离最少
没有不必要的物料重新处理	物品摆放有序
易于根据条件的变化进行调整	每平方英尺的设施有很强的盈利能力

成组技术或单元式布局是将不同的机器组成加工中心（或工作单元），来对形状和工艺要求相似的零件进行加工。成组技术布局与工艺原则布局的相似之处在于加工中心用来完成特定的工艺过程，与产品原则布局的相似之处在于加工中心生产的产品种类有限。单元式布局通常采用 U 型布局，以方便操作工人从一个加工中心移动到另一个加工中心。

由于加工对象即产品的体积或重量庞大，移动比较困难，产品须固定在一个位置，需要工作人员、设备等生产资源移动到加工对象之前而不是加工对象本身移动，例如，飞机、轮船制造与建筑工程都是采用定位布局方式。定位布局的定量方法目前在布局问题研究文献中很少提到，这是由于现场空间的限制问题在定位布局时特别突出。

许多制造型企业都经常将工艺原则布局与产品原则布局两种方式结合起来使用。例如，某一给定生产区域可能采用工艺原则布局，而另一区域则可以采用产品原则布局。人们也会经常发现总体上是按产品原则布局的工厂（零件加工、组装、总装等），在零件加工阶段采用工艺原则布局，而在装配部门采用产品原则布局。同样，成组技术布局经常用在总体上是按工艺原则布局的工厂里。

随着企业内外部环境的动态变化，企业的布局方式也需要不断变化与调整。需求变了，布局也需要随之改变；技术变了，布局也需要随之改变。在第 3 章讨论的产品-工艺（过程）矩阵中，随着产品需求量的变化，最适合企业的设施布局也会随之变化。因此，具体选择哪一种布局方式并不是长期固定不变的决策。

10.1.1 工艺原则布局

工艺原则布局方式中最常用的一种布局方法，是对具有相似与相同工艺流程的工作部门进行布局，使其相对位置达到最优。在许多设施规划中，最优的布局经常意味着将彼此之间物流量较大的部门相邻布局。对于一个制造或配送设施布局的设计的最基本的目标就是物流成本最小化；而对于服务设施布局的设计的最基本的目标就是实现顾客与工作人员的流入与流出的便捷，即顾客与工作人员通过服务流程的时间最小化。

1. 流量法：部门之间物流成本最小化

考虑下面的例子。

实例

假如一个玩具厂有六个车间，我们可以对其设施布局进行规划，以使车间之间的物流费

用最少。首先，我们先进行一个简单化的假设，假设所有的车间都有同样大小的空间，假如为 40 英尺 × 40 英尺，这座建筑物有 80 英尺宽，120 英尺长（这样可以与车间的尺寸相一致）。我们想要知道的第一件事是部门之间的物流量以及物料是怎样进行运输的。如果公司还有另外一家生产相似产品的工厂，那么有关物流特征的信息可以从档案中得到。另一方面，如果这是一条新的产品线，上述信息就不得不从日常的物流单据中得出或者根据技术人员如工艺师或工业工程师的估计得到。当然，这些数据不论来源如何，都必须加以修正，以反映出设施布局方案在项目生命期内的物流特征。

我们假设以下信息是可以得到的。我们会发现所有的物料都被装进一个标准尺寸的木箱里用叉车进行运输，叉车每次运输一箱物料（这样构成了一个"单位物流量"）。现在，我们假设在相邻的车间之间单位物流量的运输成本为 1 美元，每隔一个车间就增加 1 美元。预计第一年玩具厂运作所需的物料运输量即物流量已在图 10-1 中列出；可提供的玩具厂建筑空间的大小及初始设施布局方案在图 10-2 中列出。

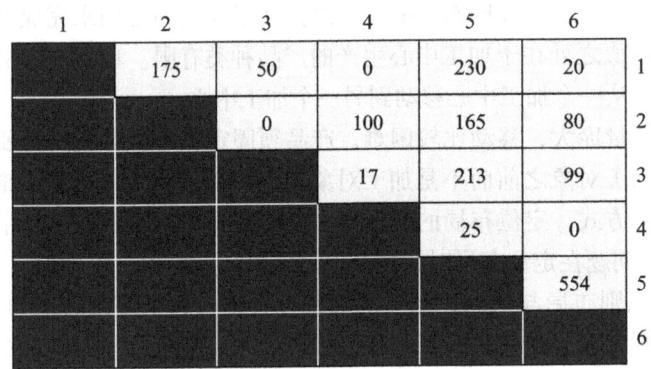

图 10-1　车间之间的物流量表　　　　　　图 10-2　建筑面积和车间位置

有了这些信息之后，第一步就是用一个模型表示出车间之间的物流，如图 10-3 所示。这就提供了初始的设施布局方案，下面我们就要对其进行改进。

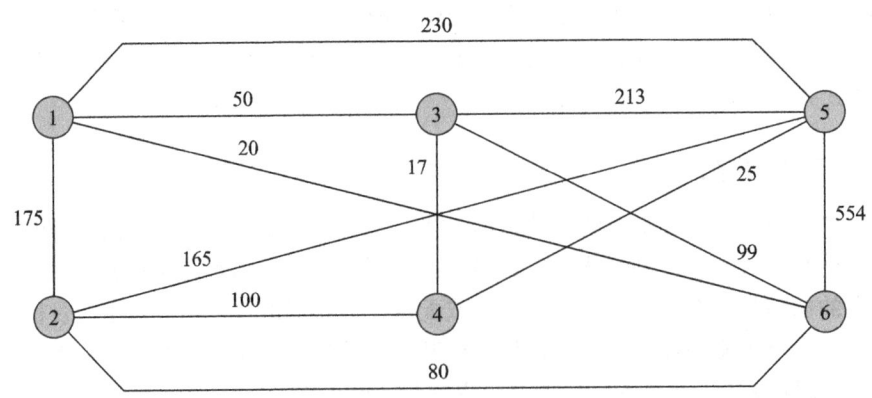

图 10-3　用年物流量表示的车间流程图

第二步将每两个部门间的物流量与基本运费相乘来得出初始的设施布局方案的物流成本。图 10-4 提供了以下信息：车间 1 和车间 2 之间的年物流成本是 175 美元（1 美元 ×175 次运输），车间 1 和车间 5 之间的成本是 460 美元（2 美元 ×230 次运输），依次类推（距离是从图

10-2 或图 10-3 而不是图 10-1 得到的)。

第三步就是要研究如何改进车间的布局以降低成本。在流程图和成本矩阵的基础上,将车间 1 和车间 5 布局得更近一些似乎能减少它们之间高额的运输成本。然而这将会改变其他几个车间的布局,并因此而影响它们之间的运输成本和第二种方案的总成本。图 10-5 列出的是车间 5 和它的一个邻近车间重新布局后的情况(这里,任意选择车间 3 进行调整)。图 10-6 中列出的是重新布局后的

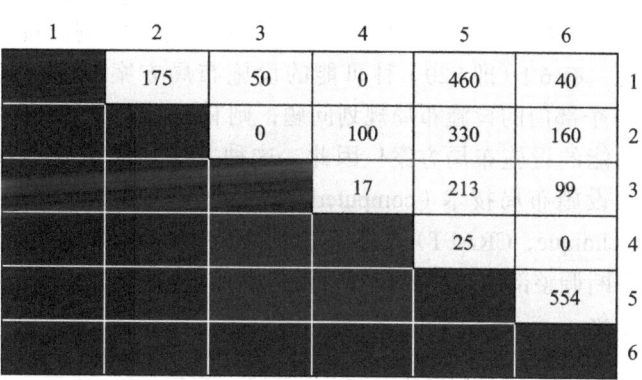

图 10-4 成本矩阵—第一个方案

注:图中只标出了对成本产生影响的物流量。

成本矩阵,显示出了成本的变化。注意总成本比初始方案的总成本低了 345 美元,尽管在本例中,采用了试算法(任意选择车间 3 进行调整)得出了更低的总成本,但即使对于一个很小的问题,通常也很难通过简单的观察就得出正确的"重新布局"。改进后的设施布局方案如图 10-7 所示。

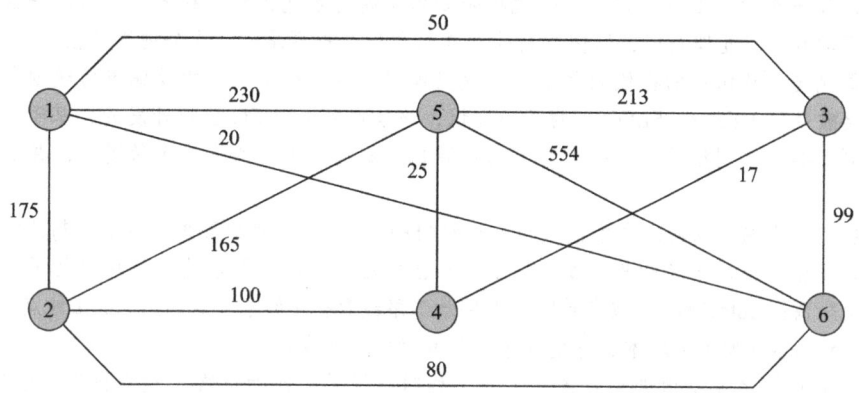

图 10-5 调整后的车间流程图

注:图中只标出了对成本产生影响的物流量。

	1	2	3	4	5	6		净成本变化
1		175	100	0	230	40	1	+50 -230
2			0	100	165	160	2	-165
3				17	213	99	3	
4					25	0	4	
5						554	5	
6							6	

总成本:1 878 美元　　　　　　　　　总成本差异:-345

图 10-6 成本矩阵—第二个方案

到目前为止，在许多可能的设施布局改进方案中，我们仅仅交换了两个车间的位置。实际上，对一个有六个车间需要进行设施布局规划的玩具厂来说，有6！（即720）种可能的设施布局方案。倘若是一个10个部门的设施布局规划问题，则有10！（即3 628 800）种可能的设施布局方案！因此，这种方法一般需要计算机辅助设施布局技术（computerized relative allocation of facilities technique，CRAFT）软件来完成，CRAFT软件利用搜寻技术，不断调整部门之间的位置，目标是使部门之间总物流成本最小化。

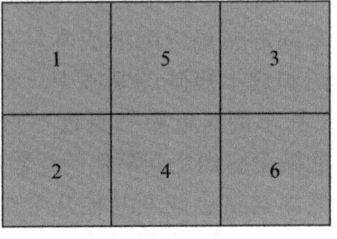

图10-7　调整后的车间流程图

问题到这儿并没有结束，还有其他因素必须考虑。假如我们根据物料运输成本确实试算得到了一个好的设施布局方案，在本玩具厂的案例中，缝纫车间与喷漆车间相邻，喷漆车间的产品喷漆未干之前，缝纫车间的绒布、线头和碎布颗粒将可能飘到漆品上，从而影响玩具质量。总之，像这些物料运输成本之外的因素也需要在设施布局规划时加以考虑。

运营实践 10-1

使用规划软件改进制造流程

今天，设施布局规划者面临的一个挑战是如何快速有效地找到一种方法，用以评估拟议中的设施布局变动和物料处理系统，以使物料处理成本和移动距离最小。这个挑战是在一次为期三天、由一家电器制造企业组织的在线软件培训会议上提出来的。这家企业的设施布局规划者学习了使用厂区物流软件包（FactoryFLOW）的基础知识，该软件包是由CC公司开发的、基于计算机的设施布局规划工具。培训组评估了一个现有的计算机控制装配平台的设施布局提案，并试图找出改进的办法。

厂区物流软件通过以输出文本报表和AutoCAD设施布局图两种形式，显示了物流的路径和成本，定量地评估了设施布局和物料处理系统。厂区物流软件利用下述输入信息评估了物流和物料处理成本及距离：AutoCAD设施布局图、零件加工路线数据（如零件名称、来/往地点和移动量）、物料处理系统特性（如固定成本、可变成本、装卸时间和速度）。

设施布局规划者提供地理位置图，工业工程师则提供零件加工路线及物料设备信息。然后，输入数据并分析当前的设施布局提案花了半天时间。输出图形和报表显示物料处理距离每年超过4.07亿英尺，物料处理成本每年超过90万美元。

在分析完输出文本报表和物流路线后，在第二个半天里提出了一些备选设施布局方案。一个备选方案是把16个塑料压缩机旋转90度，这样压缩机可以正对着组装区；再把主计算机控制装配线旋转90度，使得它们也靠近组装区。因为物料处理系统的主要运送工具是一个空中行车，所以减少空中行车的长度就变成了主要的问题。使用厂区物流软件来评估备选设施布局方案，输出报表显示每年物料处理成本从超过100万美元减少到792 265美元；同样，为减少物流的运输距离，空中行车的长度从3 600英尺减少到700英尺。

厂区物流软件使短时间内完成这个项目成为可能，而且这个公司的设施规划者拥有了一个可以进一步评估设施布局和物料处理系统的工具。

2. SPL法

对于另外一些设施布局规划问题，实际上很难得到各个部门之间的物流量，在这种情况下，理查德·缪瑟（Richard Muther）提出了经典的系统化布局规划（systematic layout planning，SLP）方法，一般也称为系统布置设计方法。系统化布局规划的主要依据就是根据部门之间关系的紧密程度来决定互相之间的相对位置，这种方法通过各个部门之间相互活动关系分析，建立一个活动相关图，表示各个部门之间的密切程度。这里，活动相关图类似于各个部门之间的物流量图，根据活动相关图中各个部门之间密切程度的不同赋予不同的权重，进一步建立活动相关线图，在此基础上，用试算法进行不断调整、改进，直到得到满意方案，最后，再根据建筑物空间的大小合理地安排各个部门位置。图10-8就是一层百货商场的系统化布局规划案例。

从	至				实际面积 (m^2)
	2	3	4	5	
1. 收银台	I 4	U —	E 1	U —	100
2. 玩具销售区		U —	I 1	A 1, 4	400
3. 酒品销售区			U —	X 1	300
4. 音像销售区				X 1	100
5. 甜品销售区					100

A ⟶ 表示关系密切程度
1, 4 ⟶ 表示关系密切原因

a）活动相关图（基于表a1和表a2）

a1）关系密切原因对照表

原因代号	关系密切原因
1	顾客类型
2	共享管理人员
3	空间共享
4	心理因素

a2）关系密切程度与相关线对照表

关系代码	关系密切程度	相关线（线型和颜色）	权重
A	绝对重要	≡≡≡（红）	16
E	特别重要	══（黄）或（橙）	8
I	重要	──（绿）	4
O	一般	─（蓝）	2
U	不重要	无	0
X	禁止	～～～（褐）	-80

图10-8　一层百货商场的系统化布局规划案例

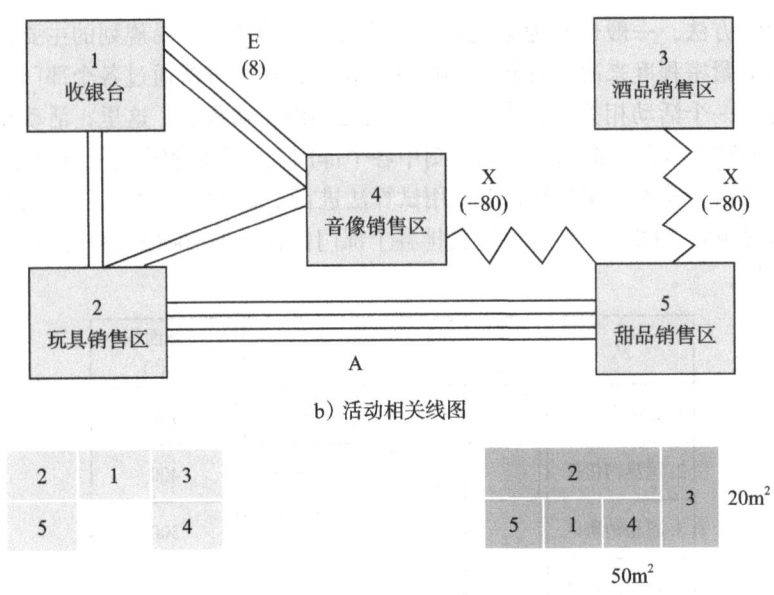

b）活动相关线图

c1）初始设施布局规划方案　　　c2）根据各区面积和建筑空间调整后的最终规划方案

图 10-8 （续）

10.1.2 产品原则布局

当产品的需求量很大而且能够持续很长一段时间保持稳定，通常需要采用产品原则布局方式代替工艺原则布局方式。前者更具成本有效性，即按照完成产品的生产流程顺序来安排生产资源，我们通常称之为装配线。尽管装配线的直接手工操作与机器加工的比率可以有很大范围的变化，既有100%的手工线，也有自动线，即所有的加工操作均由机器自动完成。如，汽车装配线从手工线到自动线，装配线上的工具从简单的锤子和扳钳，到自动焊接和喷漆的机械手，非常繁多；电子产品的装配线也从手工零件组装线到自动零件插入、自动焊接与自动检测线，变化很广。

1. 装配线

装配线是一种特殊的产品原则布局形式。一般来说，"装配线"一词指的是由一些物料运输设备连接起来的连续生产线。通常假定装配线的节拍一定，并且所有工作站的加工时间基本相等。在这种广泛的定义之下，不同类型的装配线有很大差异，主要体现在物料运输设备（皮带或传送器、天车）、装配线平面布局的类型（U型、直线型、分支型）、节拍控制形式（机动、人动）、装配品种（单一产品或多种产品）、工作站的特性（工人可以坐、站、跟着装配线走或随装配线一起移动等）和装配线的长度（几个或许多工作站）等方面。

使用部分或全部装配线装配的产品包括玩具、家用电器、汽车、花园设施、香水和化妆品以及种类繁多的电子器件等。事实上，可以说任何有着多种零部件并进行大批量生产的最终产品在某种程度上都采用装配线生产。很明显，装配线是一种很重要的技术；为了真正理解它在管理上的需求，我们应当弄明白装配线是怎样平衡的。

在装配线设计中需要着重考虑的是人的因素，早期的装配线是机动的，也就是说，装配线是按照预定的节拍运行的，而不管每一个工作站的作业是否已经有效完成。在这种结构的装配线中，落后的操作人员不得不忙于赶工，从而容易造成操作失误。

近几年来，最初由日本制造企业提出的人动装配线在许多企业替代了机动线。在人动线上，操作人员不用忙于赶工，可以一直继续作业，直到所分配的作业满意地完成，才允许继续流向下一个工作站。人动线上的产品质量比机动线要高得多。例如，一个日本制造企业接管了一家美国电视机制造公司以后，使得100台电视机的缺陷率从160个下降到4个。在每天电视机的产出量和操作人员保持不变的情况下，质量如此奇迹般地得以提高，很大部分要归因于日本安装了人动装配线，替代了美国先前的机动线。

在我们开始分析装配线之前，有两个重要运营管理术语需要定义，如图10-9所示：

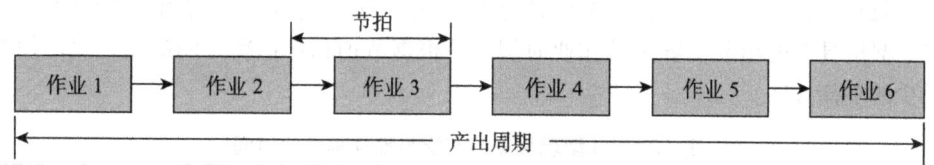

图10-9 两个重要运营管理术语的比较

- 产品间隔时间是指在一个工作站上完成相邻两个产品的实际时间，通常称之为节拍（takt time，瑞典语"节奏或节拍"）。不仅我们将看到节拍决定了装配线的生产能力，在我们的分析中，就将用节拍表述产品间隔时间。
- 产品完工时间是指完成一个产品的总时间，即从开始到完工的成总时间，通常称之为产出周期。特别是从客户的角度出发，产出周期决定了装配线的节拍，因此产出周期对于定制产品的交货时间的确定非常重要。我们将用产出周期表述产品完工时间。

2. 装配线平衡

装配线是由一系列工作站组成的，每个产品以相同的时间间隔顺次经过各个工作站，这种时间间隔就称为节拍（即相邻两产品通过装配线尾端的间隔时间）。每个工作站，或者加工零件，或者完成装配作业，每个工作站要完成的工作由许多作业组成。作业也称为工作要素或工作单元。这些作业可以用动作-时间分析来进行描述。一般来说，这些动作都是由生产线上不能被再分解的动作组成，如再分解，就会产生多余动作。

一个工作站要完成的工作总量与分配到该工作站的作业总数是一致的。装配线平衡问题就是将所有作业分派到各个工作站，以使每个工作站在节拍内都处于工作状态，完成最多的工作量，从而使各工作站的未工作时间（闲置时间）最少。因受产品设计和工艺技术约束下的作业关系影响，装配线平衡问题变得更加复杂，这种复杂的作业关系就称为作业次序关系，它决定了装配过程中作业完成的先后次序。

（1）装配线平衡的步骤简述如下

① 使用一个流程图表示作业先后次序关系。流程图由圆圈和箭头组成。圆圈代表各个作业，箭头表示作业先后次序。

② 确定生产所要求的节拍（T），计算公式为：

$$T = 每天的生产时间 / 每天的计划产出量$$

③ 用下面的公式确定满足要求节拍的工作站的理论最小数量（Nt）：

$$Nt = 完成作业所需的总时间 / 节拍$$

④ 选用将所有作业分配到各工作站的第一规则，若该规则遇到问题，则采用第二规则。

⑤ 向工作站 1 分配作业，一次一项，逐项增加，直至作业完成所需时间等于节拍，或者由于时间或操作次序的限制其他作业不能再行增加为止。重复该过程向工作站 2 分配作业，然后是工作站，直至所有作业分配完毕。

⑥ 用下面的公式评估装配线平衡后的效率：

效率 = 完成作业所需的总时间 / 实际工作站数目 (N_a) × 节拍

⑦ 如果结果不尽如人意，用其他决策准则重新对装配线进行平衡。

实例

一家玩具公司要在一个传送带上组装 J 型玩具车，每天需产出 500 辆。目前公司采用一个班次、每天工作 8 小时制，其中 1 小时为午餐午休时间（即净生产时间为 7 小时），表 10-2 列出了 J 型玩具车的组装步骤及其作业时间。请根据节拍和作业次序的限制，找出使工作站数量最少的平衡方案。

表 10-2　J 型玩具车的装配步骤及其作业时间

作业	时间（秒）	描述	紧前的作业
A	45	安装后轴支架，拧紧 4 个螺母	—
B	11	插入后轴	A
C	9	拧紧后轴支架螺栓	B
D	50	安装前轴，拧紧 4 个螺母	—
E	15	拧紧前轴螺栓	D
F	12	安装 1# 后车轮，拧紧轮轴盖	C
G	12	安装 2# 后车轮，拧紧轮轴盖	C
H	12	安装 1# 前车轮，拧紧轮轴盖	E
I	12	安装 2# 前车轮，拧紧轮轴盖	E
J	8	安装前轴上的车把手，拧紧螺栓和螺钉	F, G, H, I
K	9	上紧全部螺栓和螺钉	J
	195		

解答

① 画出流程图，如图 10-10 所示，列出了表 10-2 中的次序关系（箭头长度无实际意义）。

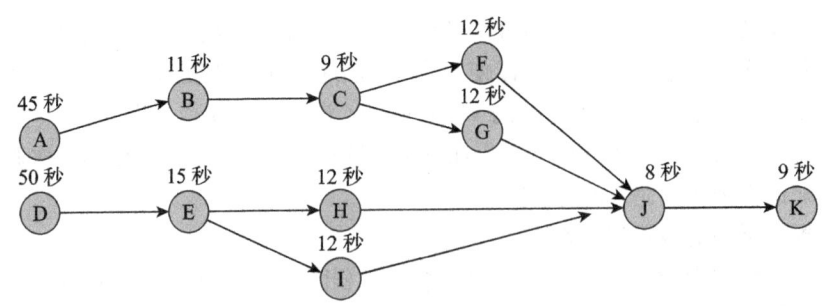

图 10-10　J 型玩具车的流程图一

② 计算节拍，这里必须把时间单位换算为秒，因为作业时间是以秒表示的：

T = 每天的工作时间 / 每天的产量 = 7×60×60/500 = 25 200/500 = 50.4（秒/辆）

③ 工作站数量的理论要求最小值（实际数量可能会大一些）：

N_t = 完成作业所需的总时间 / 节拍 = 195 秒 /50.4 秒 = 3.87 → 4（取整）

④ 选择作业分配规则。研究表明,对于特定的问题,有些规则会优于其他规则。一般来说,首先安排有许多后续作业或者持续时间很长的作业,因为它们会限制装配线平衡的实现。在这种情况下,我们使用如下规则:

a) 按后续作业数量的多少来安排作业。

作业	后续作业数量	后续作业
A	6	B, C, F, G, J, K
B 或 D	5	C, F, G, J, K(对于B)
C 或 E	4	H, I, J, K(对于E)
F, G, H 或 I	2	J, K
J	1	K
K	0	—

在第一规则遇到问题时,采用第二规则。

b) 按作业时间最长规则安排作业。

⑤ 给工作站1、2安排作业,依此类推直至所有作业安排完毕。表10-3列出了实际的平衡的结果,并用图10-11表示出来了。

表10-3 根据后续作业最多规则来平衡装配线

	作业	作业时间(秒)	剩余时间(秒)	可安排的紧后作业	紧后作业最多的作业	时间最长的作业
工作站1	A	45	5.0 空闲	无		
工作站2	D	50	0.0 空闲	无		
	B	11	39.0	C, E	C, E	E
工作站3	E	15	24.0	C, H, I	C	
	C	9	15.0	F, G, H, I	F, G, H, I	F, G, H, I
	F①	12	3.0 空闲	无		
	G	12	38.0	H, I	H, I	H, I
工作站4	H①	12	26.0	I		
	I	12	14.0	J		
	J	8	6.0 空闲	无		
工作站5	K	9	41.0 空闲	无		

① 若最长时间相等,任选其一作业。

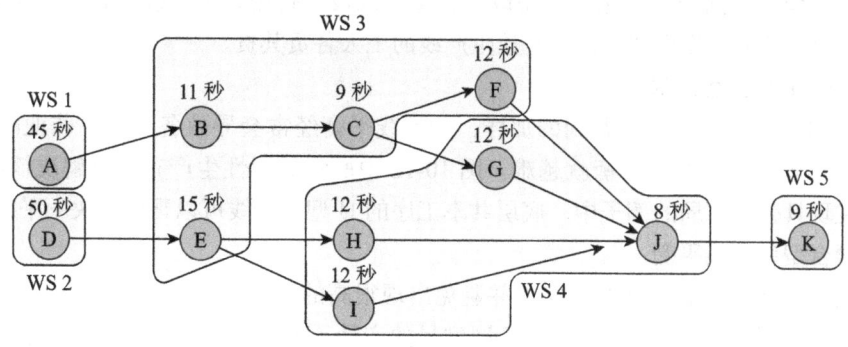

图10-11 J型玩具车的流程图二

⑥ 计算效率：

效率 = 完成作业所需的总时间 / 实际工作站数目（Na）× 节拍 =195/5 × 50.4=77%

⑦ 评估平衡方案：效率为 77% 意味着装配线不平衡或闲置时间达 23%（1-77%=23%）。从表 10-3 中我们可以看到，有 57 秒的闲置时间，最轻松的工作站是工作站 5。

能不能得到一个更好的平衡方案呢？在本例中，答案是肯定的。用规则②平衡装配线，并用规则②作为第二规则，就会得到一个更好的平衡方案（这里将给出一个可行的四个工作站的平衡）。

（2）作业分解

最长的作业时间通常决定了生产线上最小可能的节拍。最长作业时间就是节拍的下限，除非有可能将作业分解到两个或更多的工作站内。

考虑下面的例子：假设一条装配线的作业时间（秒）分别为：40，30，15，25，20，18，15。装配线每天运行 7.5 小时，每天的产出量为 750 台小车。

满足 750 台 / 天的节拍是 36 秒，因为（7.5 × 60 × 60）/750=36。

现在的问题是，有一种作业的时间为 40 秒，大于 36 秒，对该作业应如何处理呢？有许多种方法可使时间为 40 秒的作业适合 36 秒的节拍，如下所列：

① 作业分解：是否可以通过作业分解的方法，使一个作业分解到两个工作站呢？

② 增加工作站：将作业分配到两个工作站，有效工作时间将减少 50%。必要的话，增加的工作站可以分配相同的作业，以进一步减少有效工作时间。这种方法常常用于几个作业合并到一个工作站，以提高工作站效率。如在本例中，最初的两个 40 秒和 30 秒的作业可以合并到一个工作站，再增加一个相同的工作站。这样，该工作站组的有效工作时间将变为 35 秒，即（40+30）/2，低于节拍（36 秒）。

③ 作业共享：作业能不能在相邻工作站进行一点共享，这样紧邻的工作站就能完成该工作站的部分作业？作业共享与作业分解不同，对于作业共享而言，邻近的工作站只是提供协助，而不是独立完成作业中的某一部分。

④ 聘用操作技能高的工人：因为该作业的作业时间超出节拍的 11%，聘用操作更快的工人也许能满足 36 秒的要求。

⑤ 加班：以每 40 秒生产 1 件的速度进行生产，1 天能生产出 675 件，比 750 件的需求量少 75 件。生产 75 件需要加班 50 分钟，即 75 × 40/60=50。

⑥ 重新设计：对产品进行重新设计并使作业时间稍微减少是有可能的。

其他减少作业时间的办法包括设备改进、生产线设立备用人员、改变材料以及由多技能工人组成一个团队来操作生产线而不是让生产线的工人各负其责。

（3）柔性和 U 型生产线布局

正如我们在前面的例子中看到的那样，装配线平衡经常会导致各工作站作业时间不等。事实上，节拍越小，装配线平衡就越难。图 10-12 中所示的柔性生产布局是解决该问题的一个办法。在玩具公司布局的例子中，底层共享工序的 U 型生产线可以帮助解决不平衡问题。

（4）混合型装配线平衡

为了满足顾客对产品的多样化需求并避免出现很高的库存，许多制造商经常要在同一生产线上在指定的时间内（日或周）生产不同型号的产品（即实现多种产品混合循环生产）。为了说明这一点，假设我们的玩具公司有一条为 J 型和 K 型玩具车支架打孔的生产线，不同类型的小车打孔所需的时间不同。

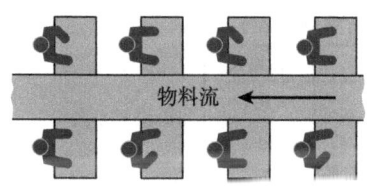

劣：操作者被分开，没有机会进行交流（一般美国工厂采用组装线）

优：操作者可交换，操作人员可增减，经培训后可自动平衡不同的生产速度

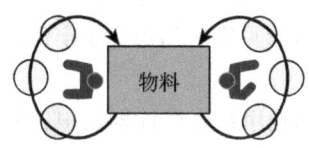

劣：操作者被围起来，没有机会与第三个操作者一起工作以提高产量

优：操作者可相互帮助，可以与第三个操作者一起工作以提高产量

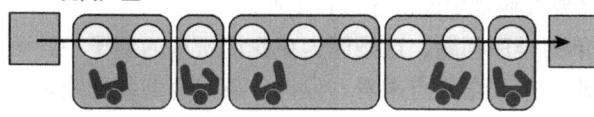

劣：直线型很难平衡

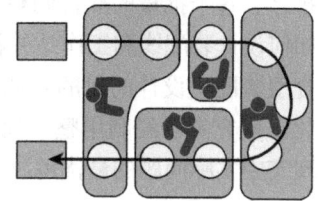

优：U型的一个特点就是操作者容易进入，这里5个操作者可减至4人

图 10-12　柔性装配线布局

资料来源：Robert W. Hall, *Attaining Manufacturing Excellence* (Homewood, IL: Dow Jones-Irwin, 1987), p.125.

实例

假设最后的组装线要求有相同数量的J型和K型玩具车支架。我们想要找到装配线的节拍，使得生产线平衡，产出等量的J型和K型玩具车支架。当然，可以先用几天时间生产J型玩具车支架，然后再生产相同数量的K型玩具车支架，但这样会导致不必要的在制品库存。

如果我们想要减少在制品库存量，可以建立一条混合型装配线来生产两种支架，既可以大大减少在制品库存量，又可满足使J型和K型支架产出量相等的要求。

J型和K型玩具车的加工时间分别为6分钟/个、4分钟/个；一天的工作时间为480分钟（8小时）。

解答

$$6J+4K=480（假定J型和K型支架产出量分别为J、K）$$

因为要产出等量的J型和K型玩具车支架，即J=K=48，所以每天要生产48个J型支架和48个K型支架，或每小时生产6个J型支架和6个K型支架。

下表为 J 型和 K 型支架的一种平衡方案。

平衡的混合产品生产次序（每天重复 8 次）

产品次序	J J	K K K	J J	J J	K K K	
作业时间	6 6	4 4 4	6 6	6 6	4 4 4	每天重复 8 次
最小节拍	12	12	12	12	12	
总节拍			60			

该生产线以最小节拍 12 分钟、每小时生产两种支架各 6 个来实现平衡。

另一个平衡方案是 JKKJKJ，时间为 6，4，4，6，4，6。这个方案的最小节拍为 10 分钟，每 30 分钟生产 3 个 J 型支架和 3 个 K 型支架（JK，KJ，KJ）实现平衡。

混合型平衡的简单性（在均衡生产计划的条件下）可以参见安广门田对于丰田汽车公司的运营描述：

① 丰田的总装线是混合型产品线。每天的生产数量都是用月生产计划表中各型号的汽车总量除以工作天数得出的平均数。

② 为了与每天的生产计划相适应，每天要根据不同的产品组合计算相应的生产节拍。为了保证按节拍生产的实现，各种产品要按照规定的次序进行生产。

混合型装配线看起来是一个简单的排序问题，这是因为在我们所举的例子中，两个模型很好地满足了某一指定时期内的需求。从数学观点来看，设计一条混合型装配线是非常困难的，而且无法提供多个工作站的最优作业分配方案，因为混合型装配线要涉及多个批量、多批量的排序、每个批量的准备调整时间、装配线上工作站的规模以及作业的变动等诸多因素。问题是如何设计装配线和工作站并精确地说明每个工作站所分配的作业。

混合型装配线设计的目的是使装配线上赋闲时间最少化，以及不同型号的产品的无效转换最少化。研究者已经利用整数规划法、分支界定法以及仿真方法进行了理论研究，但还不能找出现实中实际问题的最优解决方案。

10.1.3　有关装配线的新思想

广泛采用装配线进行生产可以大大提高生产率。以前，人们一直把焦点放在劳动力的充分利用上，也就是设计装配线来减少工人的空闲时间，设备和设施的利用却被忽视了。以往的研究总是想方设法找到最优的解决方案，总把问题看成是一成不变的。

关于装配线的新观点有着更为广阔的前景，其目的是要使装配线具有更高的柔性，使工作站具有更大的可变性（如规模和工人数量），使可靠性不断提高（通过日常的预防性维护来实现），并使产品的质量得以提高（通过工具的改进和培训来实现）（参见"运营实践 10-2：福特如何获得装配线的柔性"）。

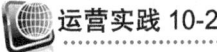
运营实践 10-2

福特如何获得装配线的柔性

位于密歇根州维瑟姆的福特汽车公司的装配厂提供了另一个很好的案例，即如何通过精心的设计在装配线上装配几种不同类型的产品。

维瑟姆装配厂产出马克 VIII 型、林肯大陆和林肯 Town 三种型号汽车。使情况变得更为复杂的是：林肯大陆车是前轮驱动单体式底盘的汽车，而马克 VIII 型和林肯 Town 车是后轮驱动标准框架式底盘的汽车。林肯大陆和林肯 Town 车的装配线可以根据 67%～75% 比例产出后轮驱动车型，以平衡混合装配线。尽管马克 VIII 型车是在独立的装配线上装配的，但三种型号的汽车都在同一个车间里喷漆。目前，马克 VIII 型车的装配线每小时可以产出 10 辆，林肯大陆/林肯 Town 车的混合装配线每小时可以产出 42 辆。

10.1.4 成组技术（单元式）布局

成组技术（单元式）布局是将不同的机器分成单元来生产具有相似重量、形状和工艺要求的产品。成组技术布局现在被广泛应用于金属加工、计算机芯片制造和装配作业。成组技术应用的目的是要在采用车间布局的生产过程中获得产品原则布局的益处，主要包括：

（1）改善人际关系：工作单元由几个工人组成一个小团队来完成整个单元任务。

（2）提高操作技能：在一个有限的生产周期内，工人只能加工有限数量的不同零件，重复程度高，有利于工人快速学习和熟练掌握生产技能。

（3）减少在制品和物料运输：一个单元完成几个生产步骤，可以减少零件在车间之间的传送。

（4）缩短生产调整时间：加工种类的减少意味着模具的减少，从而可提高模具的更换调整速度。

10.1.5 成组技术布局的开发步骤

将工艺原则布局转换为成组技术布局可通过以下三个步骤来实现：

（1）按照一个通用步骤的顺序将零件进行分簇，该步骤需要开发并维护一个计算机化的零件分类与编码系统。尽管许多公司都已开发了简便程序来对零件进行分簇，但这种系统的支出仍然很大。

（2）识别零件簇的物流类型，以此作为工艺布局和重新调整的基础。

（3）将机器和工艺组成工作单元，在此过程中经常会发现，有一些零件由于与其他零件联系不明显而不能分组，还有的专用设备由于在各加工单元中都通用，而不能具体分组到任一单元中去。这些无法分组的零件和专用设备都放到"剩余单元"中。

10.2 服务型企业布局

从运营角度看，服务型企业设施布局设计的总体目标是确保顾客与工作人员的流入与流出的便捷，使工作人员的行走时间最小化。对于服务前台而言，还需要使顾客的行走时间最小化；但是，从市场营销角度看，设施布局设计的总体目标通常是实现收益最大化。这两个目标之间常常有冲突，因此，管理层的任务就是必须综合考虑两方面问题，以权衡设施布局设计的利弊。例如，处方药中心通常位于药店的后面，顾客需要穿过整个药店才能到达，这样设计的目的就是鼓励顾客购买非处方药。

10.2.1 服务型企业设施布局的类型

在本章前文阐述了制造型企业设施布局的三种基本方式，以此为框架，下面将分别讨论服务型企业不同类型的设施布局方式。

1. 过程原则布局

过程原则布局适用于顾客需求差异化较大、顾客化程度较高的服务型企业。能够很好地说明按照服务过程原则布局方式的例子是医院里的急救病房，放射科、血液化验科、药房分别位于医院的特定区域，需要这些服务的病人必须分别走到提供相应服务的区域。大型餐馆的厨房可以看作是按工艺流程布局的，在餐馆里，甜品和面包的烘焙放在烘烤房里进行，水果和蔬菜的削皮、切片或切块放在准备区进行，要烹调的生肉和海鲜放在屠宰房准备，甚至连烹饪间也可以认为是按工艺流程布局的，油炸食品放在一个地方，烘烤食品放在另一个地方，炒菜则放在第三个地方。

2. 对象原则布局

能够很好地说明按照服务对象原则布局方式的例子是自助餐流水线，各种食品（如色拉、热菜、冷菜、甜品、饮料等）按照特定的顺序放在不同的餐台上，顾客在沿自助餐流水线走动时，可以按照自己的喜好到相应的餐台上选取食品。

3. 定位布局

服务型企业采用定位布局的例子有：①汽车维修部（所有的流程如刹车维修、加油等汽车都固定在一个位置进行）；②医院的手术室（因做手术的病人是不能移动的，病人需要固定在手术台上，医生、护士以及手术用的设施及器材都需要围绕着病人布局）；③中式餐馆，顾客需要的所有不同的菜都按照桌位送到顾客面前（有时甚至需要在顾客面前的桌子上准备）。

10.2.2 服务型企业设施布局的考虑因素

在服务型企业的设施布局设计中，还有其他许多服务特有的一些因素必须加以考虑。首先，对于零售服务企业，每平方英尺的成本支出一般较高（相对于制造企业的空间成本而言），因此，设施布局时必须使每平方英尺（或每平方米）的销售收入达到最大化。为了实现这个目标，像餐馆之类的企业就必须减少服务后台的运营面积，例如厨房，以给顾客腾出更多的餐位与就餐空间。实现这个目标的方法之一在前面章节讨论过，那就是采用准制造设施或者中心配送区，这样食物可以比较经济地在成本相对较低的地方准备。另一个方法是位于东京的一家日式牛排连锁店 Benihana 采用的方法，其布局的策略是把厨房从后台移到餐厅的前台，使顾客能够参与食物准备的过程。

其次，在服务型企业的设施布局设计中，必须加以考虑的服务特有的因素是顾客在接受服务过程中的现场体验感，因此，良好的服务包装对于提高顾客的满意度至关重要。玛丽·乔·比特纳提出服务场景来描绘服务型组织所在的物理环境及其对顾客与工作人员的心理感受的影响。服务场景由三个主要因素组成：环境条件，空间布局及其功能性，徽牌、标志和装饰品。

1. 环境条件

环境条件指的是运营组织的背景特征，包括噪声水平、照明、温度（通常来说，餐馆的价格水平和照明亮度负相关——餐馆灯光越暗淡，食品价格就越昂贵）。在很多较好的餐馆里可以看到悬挂在桌子上方的吊灯，这让顾客有种私密感；而在很多快餐店里看到的深嵌入天花板里的灯光则给顾客传递了另一种感觉。

2. 空间布局及其功能性

对于制造型企业，设施布局设计的目标是使两地之间的物流成本最小化。与制造型企业不同，服务型企业的设施布局设计的目标既要考虑使工作人员的行走时间最小化。对于服务前台而言，还需要使顾客的行走时间最小化，同时还要使每个顾客的收益最大化，这是通过尽可能地向顾客提供服务机会以促使顾客消费来实现的。例如，去拉斯维加斯娱乐场参观的顾客在排队过程中身边有一排角子老虎机，这样，顾客在等待的时候就可以顺便玩玩。再比如，瑞典的一家家具连锁店宜家家具以及康涅狄格州诺沃克的一家奶制品商店 Stu Leonard，它们的设施布局设计得像个单通道的迷宫，顾客在进门之后，要一步步地走完整个商店才能走出来。

3. 徽牌、标志和装饰品

徽牌、标志和装饰品是服务型组织中具有重要社会意义的标识物。例如，银行通常用石柱和石壁等向顾客传递一种安全感；大型法律公司和咨询公司的办公室则用黑木制装饰品和厚地毯来暗示成功和传统价值观；穿着燕尾服、白衬衣、戴着白帽子和系着白围裙的侍者传递给顾客的信号是"我能满足你的服务要求"。

本章小结

正如我们在本章引例中看到的那样，设施布局方式的选择决策对公司长期的成功有着重大影响，因此不能草率地作出决定，而是要仔细分析运营需求之后再做决策。制造型企业的设施布局决策需要考虑的主要问题是：为了适应未来的产品需求与产品组合的变化，设施布局应具有怎样的柔性？有人认为最佳的策略是使用可移动设备，这样对于一些要到期的合同，就可以通过方便灵活的移动设备来节省物流时间。这虽然听上去很吸引人，但现有的厂房建筑、固定设备的限制以及因此造成的厂区分隔，都使得这个策略成本高昂。

在服务业中，特别是特许加盟企业，研究设施布局变得异常重要，因为所选定的设施布局方案可能会成百次，甚至上千次地复制。因此，相比一个制造工厂而言，一个快餐连锁企业错误的设施布局对其收益的影响实在是快得多、深远得多。

复习思考题

1. 健身中心适合采用什么样的布局方式？
2. 装配线平衡的目的是什么？如果有一个工人，无论其怎样努力，工作速度总是比同一条装配线上另外的10个人慢20%，你该如何处理这种情况？
3. 对给定的装配线进行平衡，你如何确定闲置时间比率？
4. 使混合型装配线变得切实可行的必要条件是什么？
5. 为什么成组技术布局是困难的？
6. 在服务业中，设施布局在哪些方面反映的是一个市场问题？举出一个服务系统布局的例子，该布局要被设计成使顾客在系统中的逗留时间达到最长。
7. 请就近参观一家大宾馆并描述出其设施布局。
8. 请描述出一家银行支行的设施布局。
9. 你会如何设计一家非预约诊所的设施布局？
10. 请参观两家不同的超市，看看它们的设施布局有什么异同之处？

互联网练习

用"PLANT"与"LAYOUT"作为关键词,在网上搜索、查找一个企业的厂区布局的详细内容。或者到麦格劳-希尔公司运营管理网址 http://www.mhhe.com/pom 下,去参观一个企业的工厂运营实况,并简述该企业的运营设施布局方案。

应用举例

例题 1

一所大学的咨询部门有四个房间,每个房间都用来处理特定的问题:A 房间用于处理学生来函,B 房间用于日程安排咨询,C 房间用于处理年级申诉,D 房间用于处理学生咨询。办公室长 80 英尺,宽 20 英尺。每个房间的面积是 20 英尺×20 英尺。目前房间是按 A、B、C、D 的顺序以直线型布局。人流量表示一个房间每个咨询人员与其他房间咨询人员的接触次数。假设所有的咨询人员权重相等;人流量为:AB=10,AC=20,AD=30;BC=15,BD=10,CD=20。

1. 根据物料运输成本的方法评估该布局方式。
2. 交换各房间的工作职能以改进布局方式。用与 1 同样的方法评估改进的程度。

解答

1. 根据物料运输成本的方法评估该布局方式。

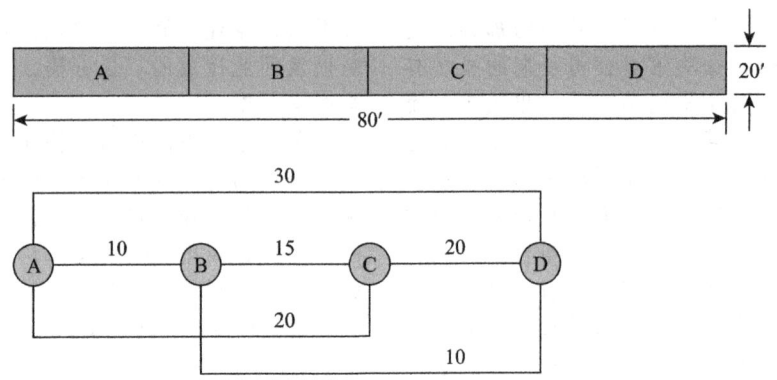

使用玩具公司例子中物料运输成本的计算方法,我们可以得到下列成本,假设不相邻的房间成本是在初始单位距离运输成本的基础上加倍。

$AB=10\times1=10$;$AC=20\times2=40$;$AD=30\times3=90$;

$BC=15\times1=15$;$BD=10\times2=20$;$CD=20\times1=20$。

现在成本 =195。

2. BCDA 是一种更好的布局方式:

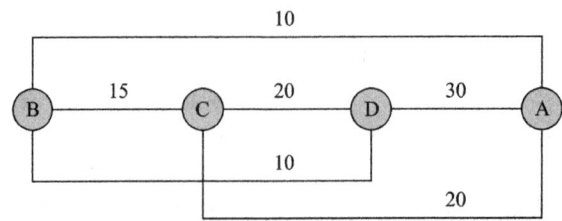

$AB=10\times3=30$;$AC=20\times2=40$;$AD=30\times1=30$;$BC=15\times1=15$;

$BD=10\times2=20$；$CD=20\times1=20$。

改进后成本 = 155。

例题 2

下列作业必须按给定的次序和时间在装配线上完成：

作业	作业时间（秒）	紧前作业
A	50	—
B	40	—
C	20	A
D	45	C
E	20	C
F	25	D
G	10	E

（续）

作业	作业时间（秒）	紧前作业
H	35	B, F, G

1. 画出流程图。
2. 若以 8 小时工作日计算生产 400 单位产品所需最少的工作站数量的理论值？
3. 使用最长作业时间原则以最少的工作站数量来平衡装配线，使得每天可以生产 400 单位产品。
4. 计算装配线的效率。
5. 你的解决方案有何管理问题？

解答

1. 画出流程图：

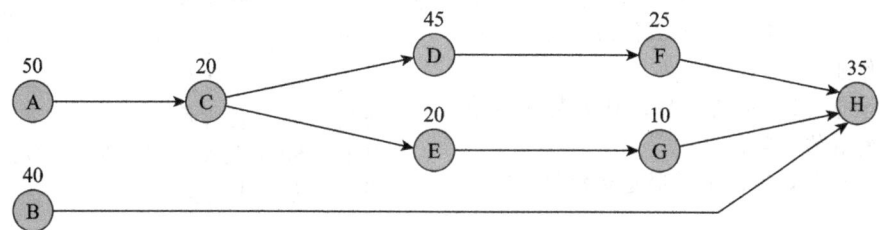

2. 当 $D=400$ 时，最少工作站数量的理论值是：

Nt = 完成作业所需的总时间 / 节拍 = 245 秒 /（60 秒 × 480 分钟 /400 单位）= 245/72 = 3.4 个工作站

3. 使用最长作业时间原则的平衡方案：

	作业	作业时间（秒）	余留时间（秒）	可行的保留作业
工作站 1	A	50	22	C
	C	20	2	—
工作站 2	D	45	27	E, F
	F	25	2	—

（续）

	作业	作业时间（秒）	余留时间（秒）	可行的保留作业
工作站 3	B	40	32	E
	E	20	12	G
	G	10	2	—
工作站 4	H	35	37	—

4. 计算效率：效率 = 完成作业所需的总时间 / 实际工作站数目（Na）× 节拍 = 245/4 × 72 = 85%。

5. 有。问题是工作站 4 的利用率只有其他三个工作站的 50%。

习题

1. 一条装配线要生产两种类型的卡车：B 型和 D 型，生产 B 型车每辆需要 12 分钟，生产 D 型车每辆需要 8 分钟，日产出量要求为 24 辆/天。请建立一个平衡的混合型生产顺序来满足这个要求。

2. 根据装配线要求制定的作业及其操作顺序在下表中给出，请将这些作业安排到各工作站以形成一条装配线，这条装配线每天运行 7.5 小时，每天要求产出 1 000 个单位产品。

作业	作业时间（秒）	紧前作业
A	—	15
B	A	24

（续）

作业	作业时间（秒）	紧前作业
C	A	6
D	B	12
E	B	18
F	C	7
G	C	11
H	D	9
I	E	14
J	F, G	7
K	H, I	15
L	J, K	10

（1）计算节拍；
（2）基于要求的1 000个单位的日产出量用最长作业时间原则来规划平衡装配线，并注明每一个工作站能安排哪些作业；
（3）根据（2）中的条件，计算装配线平衡后的效率；
（4）生产开始后，市场部意识到他们低估了市场需求，决定将产出量提高到1 100个单位。你将采取什么行动？如果可能的话，请作出定量分析。

3．一条装配线每天要运转7个小时，日产出量为420个单位。下表给出了该产品的作业、作业时间和作业的先后次序：

作业	作业时间（秒）	紧前作业
A	15	—
B	15	—
C	45	A, B
D	45	C

（1）计算节拍及所需最少的工作站数；
（2）画出流程图；
（3）求出装配线平衡后的效率。

4．下面的工艺原则布局问题已经给出了初始方案。假设流量已知，每单位产品每英尺的运输费用为2美元，请计算该布局的总费用。如下表所示，每个车间都是100英尺长、50英尺宽，以车间的中心为基准，用直线距离来测量。

		车间			
		A	B	C	D
车间	A	0	10	25	55
	B		0	10	5
	C			0	15
	D				0

```
       100'   100'   100'
  50' ┌────┬────┬────┐ 50'
      │ A  │ B  │ C  │
      └────┴────┼────┤ 50'
                │ D  │
                └────┘
```

5．一条装配线每天要运转8个小时，日产出量为480个单位。下表给出了该产品的作业、作业时间和作业的先后次序。请用作业时间最长规则平衡该装配线，并求出装配线平衡后的效率是多少？

作业	作业时间（秒）	紧前作业
A	20	—
B	40	A
C	35	B
D	35	B
E	35	C, D

6．一条装配线设计为每天运行7.5个小时，每天稳定提供的产量为300个单位。下表列出了作业及其作业时间。
（1）画出流程图。
（2）节拍是多少？

作业	作业时间（秒）	紧前作业
A	70	—
B	40	—
C	45	—
D	10	A
E	30	B
F	20	C
G	60	D
H	50	E
I	15	F
J	25	G
K	20	H, I
L	25	J, K

（3）工作站的理论最小数量是多少？

(4) 用最长作业时间规则给各工作站安排作业。
(5) 装配线平衡后的效率是多少？
(6) 假设需求增加了10%，应如何作出反应？

7. 需要设计一条高效率的装配生产线以生产新的产品。这条装配生产线的作业以及作业顺序如下表所示。作业是不能够被分割的，因为分割任何一个作业都是非常昂贵的。
   (1) 请问最小理论节拍是多少？
   (2) 若采用最大后续作业数量规则来平衡装配线，使得满足节拍只需要10分钟这一条件，则需要工作站的最小数量是多少？装配线平衡后的效率是多少？

作业	作业时间（分钟）	紧前作业
A	3	—
B	6	A
C	7	A
D	5	A
E	2	A
F	4	B, C
G	5	C
H	5	D, E, F, G

8. 西蒙床垫厂正计划开发一条新的生产"皇枕"床垫的装配线，目前的计划是在一条装配线上生产，即在地上的轨道中通过一条链条把"皇枕"床垫传送到各个工作台加工，这样，工人就完全环绕着床垫工作，加工工具则悬挂在天花板上，从而避免了工具使用混乱或环绕着工作台传送。装配线的流程从弹簧底架开始直到床垫完成下线，共需要12个作业，这些作业、作业时间和作业的先后次序如下表所示：

作业	作业时间（秒）	紧前作业
A	1	—
B	3	A
C	4	B
D	1	B
E	5	C
F	4	D
G	1	E, F
H	2	G

（续）

作业	作业时间（秒）	紧前作业
I	5	G
J	3	H
K	2	I
L	3	J, K

初步计划每个工作日的工作时间为7.5小时，对"皇枕"床垫的需求是每天70个。
(1) 画出流程图。
(2) 计算节拍。
(3) 理论上工作站的数量是多少？
(4) 合理平衡装配线。
(5) 假定计划采用车间布局方式（工艺原则布局），请讨论并比较车间布局方式与装配线布局方式（即产品原则布局）的特点与优劣。

9. XYZ制造公司接到了一份合同，合同要求在6个月内每周得提交20 000单位的货物。XYZ制造公司每年工作250天，每周的工作时间为40小时，1个班次。下表所示是所需要完成的作业、作业的先后次序及作业时间：

作业	作业时间（秒）	紧前作业
A	150	—
B	120	A
C	150	B
D	30	A
E	100	D
F	40	C, E
G	30	E
H	100	F, G

(1) 请合理平衡装配线以满足需求。
(2) 计算节拍。
(3) 装配线的效率是多少？
(4) 假设供应商需要您增加10%的产出量，应如何作出反应？

10. 下表所示是要在一条装配线上操作的作业：

作业	作业时间（秒）	紧前作业
A	20	—
B	7	A
C	20	B
D	22	B

（续）

作业	作业时间（秒）	紧前作业
E	15	C
F	10	D
G	16	E, F
H	8	G

每个工作日的工作时间为7小时，对成品的需求是每天750个。

（1）计算节拍。

（2）理论上工作站的数量是多少？

（3）画出流程图。

（4）根据作业先后关系和最长作业时间规则来平衡装配线。

（5）（4）中装配线平衡后的效率是多少？

（6）假设需求从每天750个产品增加到800个产品，应该怎么办？

（7）假设需求从每天750个产品增加到1 000个产品，应该怎么办？

第四部分

综合计划与库存决策

- 第11章 综合计划
- 第12章 独立需求的库存管理机制
- 第13章 相关需求的库存管理机制

第11章

综合计划

 学习目标

- 阐述了综合计划如何起着衔接企业长期战略计划与短期作业计划的作用。
- 提出了两类综合计划的决策策略:调整供给策略(从运营的角度来考虑)和调整需求策略(从市场营销的角度来考虑)。
- 介绍了三种制定综合计划的基本策略并比较了不同的基本策略的优劣。
- 给出了与综合计划相关的边际成本和总成本的定义。
- 介绍了服务业的综合计划工具——收益管理概念。

 引 例 宾尼-史密斯的综合生产计划

总部坐落在美国宾夕法尼亚州伊斯顿市的宾尼-史密斯公司(Binney & Smith),于1903年开始生产绘儿乐(Crayola)画笔,迄今已逾百年历史。绘儿乐画笔已成为颜色、欢乐、品质、安全及创意的代名词,绘儿乐画笔颜色也由1903年的8种丰富到今天的120多种。自2010年开始,超过10多亿支绘儿乐画笔采用太阳能作为能源进行生产,以太阳能面板产生的能量创造出来的绘儿乐画笔,定能创意无限。

从历史统计数据上看,绘儿乐画笔每年市场需求都出现了季节性波动,一般在6~8月的美国返校销售季节进入旺季,受返校季节因素影响,这三个月的旺季市场需求量一般超过了全年市场销售量的50%。

每年绘儿乐画笔厂一般每天安排3个班次,每天工作24小时,每周工作5天。尽管如此,这并不足以满足6~8月的返校销售旺季的市场需求。因此,绘儿乐画笔厂四月就开始多生产"额外画笔"库存起来,以等待夏季的销售高峰期来临。此外,为了增加绘儿乐画笔生产能力,在4~7月绘儿乐画笔厂会雇用临时季节工,并且在销量高峰来临的前一个月要求所有员工在星期六和星期天都要加班,而且在周末加班的员工将得到双倍的工资,但是管理层担忧的是员工因此造成的过度疲劳(每周工作7天),会给产品质量和产出率带来一定的负面影响,甚至会影响员工的士气。

宾尼-史密斯公司管理层面临的综合生产计划的决策问题也是其他运营主管需要面临的典型问题之一。通常只要企业的产品需求是呈周期性波动的,那么就很难找出一个正确的方案,因此,管理层只能在权衡包括质量、产出率、成本和员工士气在内的各种因素之后,作出折衷方案。

资料来源:Special thanks to Eric Zebley and Ken Deitrick at Binney & Smith.

长期战略计划要处理的是企业的长期发展与外部环境的关系问题,主要任务是确定企业长期发展的总目标以及如何获取实现总目标所需的资源。如何将企业的长期战略计划有效地贯彻、落实到日常的工作计划之中,则需要一个有效的分层计划体系,需要各层计划之间相互紧密联系,协调配合。例如,在汽车行业中,美国通用汽车公司通过五年战略规划,确定了企业五年内的汽车总产销量。然后,在中期计划中,将五年内汽车总产销量分解为各计划年度内各款车的产销量,如凯迪拉克、别克、庞蒂亚克(Pontiac)等。在短期计划中,确定具体每一款车型的产销量,如凯迪拉克-帝威、庞蒂亚克-阿兹台克等。

综合计划是一种中期计划,是衔接长期战略计划和短期作业计划之间的纽带。综合计划的计划跨度一般为1年,或更长一些时间如18个月,是对企业未来计划跨度内资源和需求之间的平衡所做的规划。它确定了企业在未来计划跨度内在产出率、劳动力水平、库存投资等方面应达到的水平,因此,综合计划又称综合生产计划,处理的是产品组(产品系列)的中期计划,确定的是产品组(即产品系列)产出的劳动力需求的总体水平,而不是具体工作任务所需的劳动力数量。

综合计划的目标是在给定的计划跨度内,以最少的成本实现企业的能力资源和市场需求之间的平衡。在综合计划的决策过程中,运营主管更适合稳妥应变型决策策略,即通过供给管理手段来调节能力资源;而市场营销主管更适合积极进取型决策策略,即通过价格诱导、广告、促销等市场营销手段,来调节市场需求。重要的是,只有通过生产运营部门与市场营销部门的密切合作,才能使一个综合计划达到双效(有效率、有效果)。

11.1 运营计划活动概述

正如本章前文所述,企业需要一个有效的分层计划体系。图 11-1 显示了制造型企业的分层计划体系以及综合生产计划在整个分层计划体系中的纽带作用。这些分层计划按计划跨度的长短可分为长期计划、中期计划与短期计划三个层次。

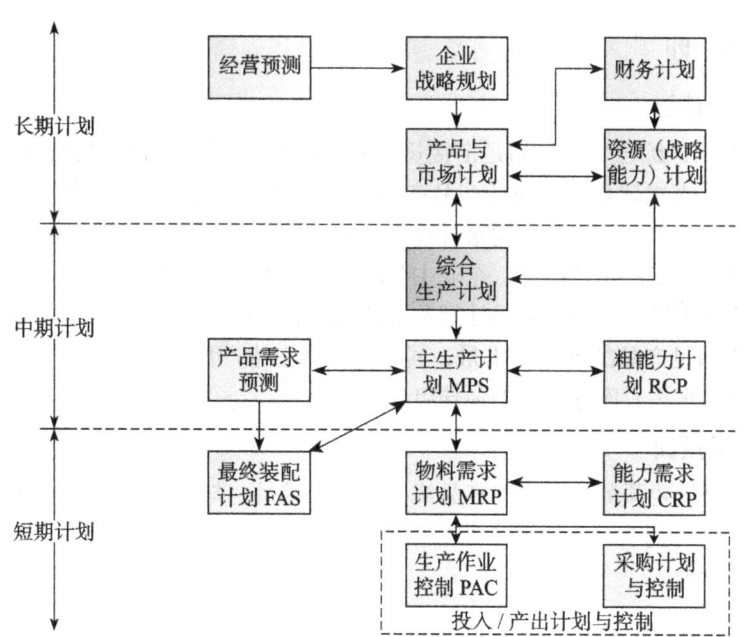

图 11-1 制造型企业的分层计划体系

长期计划一般每个计划年度滚动更新一次，即每年根据企业外部环境和内部条件的变化和实际执行的情况，对计划修订更新一次。长期计划的时间跨度一般为一年以上，具体的计划跨度因行业的不同而不同。对于那些需要数年时间来规划和建造厂房以及安装特殊设备的行业（如石化行业），计划跨度一般是 5～10 年，或更长一些。而对于那些可以不断扩增能力的行业来说（如服装业和许多服务行业），时间跨度一般是 2～5 年，或更短一些。

中期计划的计划跨度通常是 6～18 个月，一般为一年，故常称为年度计划，可以每隔一个月或一个季度滚动更新一次（通常在计划的初期按月滚动更新，而在计划的末期按季滚动更新，因为对计划末期的预测一般不会太精确）。不过，中期计划一般每隔一个季度进行滚动更新一次。

短期计划的时间跨度在 6 个月以下，一般为月或跨月计划，通常每周滚动更新一次。与长期计划一样，中期计划和短期计划的具体时间跨度也因行业的不同而不同。

11.1.1　长期计划

长期计划始于企业对 2～10 年的发展总目标的确定，由企业战略规划、产品与市场计划、财务计划以及资源（战略能力）计划等组成。企业战略规划需要结合企业内部能力水平和企业外部经济、技术、政治等环境进行分析，作出经营预测，确定企业的发展总目标，即企业的产品线（产品系列）、体现企业竞争战略的产品质量和价格水平以及市场渗透目标。产品与市场计划则把企业的发展总目标转化为各个细分市场和各个产品线的发展目标，其中长期生产计划是产品与市场计划的重要组成部分（基于对未来两年或更长时间需要产出的产品的市场需求的预测）。财务计划则从资金需要量和投资回报等方面对企业的发展总目标的可行性和经济性进行分析。资源（战略能力）计划则确定为实现企业的发展总目标和企业整体战略规划所需要的长期能力需求包括设施、设备和人力资源需求量，通常也被称为战略能力规划，详见第 9 章。

11.1.2　中期计划

1. 综合生产计划

如图 11-1 所示，综合生产计划是衔接长期战略计划和短期作业计划之间的纽带，要处理的是将预测的产品需求转化为企业的产品产出任务计划，计划焦点是如何有效地利用资源能力，最大限度地满足市场需求并取得最佳经济效益。综合生产计划确定了企业在未来 18 个月内、每个月或每个季度需要产出的、企业主要的产品组（产品系列）的产出总量。制定综合生产计划的主要依据来源于产品与市场计划及资源（战略能力）计划。综合生产计划的目标是确定在计划期内既满足产品的预测需求量，同时又使得总生产成本最小化的每个月或每个季度的产出率、劳动力水平、库存水平的最佳组合方案。

2. 产品需求预测

产品需求预测主要预测的是最终产品或备品的需求量，与综合生产计划的产出总量一起，将作为下一层次的计划——制定主生产计划的主要依据。产品需求预测信息的监控与整合的过程也称为需求管理。

3. 主生产计划

主生产计划（master production scheduling，MPS）确定了每一具体的最终产品在每一具体时间段内的生产数量和日期。主生产计划在短期内（一般为 6～8 周）通常是固定不变的，6～8 周以后，就会出现各种变化，而 6 个月以后，主生产计划可能会发生根本性的改变。如图 11-1 所示，主生产计划制定的主要依据取决于综合生产计划的输入文件，即产品与市场计划及资源（战略能力）计划。

4. 粗能力计划

粗能力计划（rough-cut capacity planning，RCP）也称为关键资源能力计划，是用来快速地检查一些关键资源能力，以确保主生产计划的可行性，从而避免主生产计划的能力约束。粗能力计划包括核查现有的生产和仓储设施、机器设备、劳动力等资源的可用性，以及主要供应商是否安排好了足够的供货能力。

11.1.3 短期计划

1. 物料需求计划

物料计划也称为物料需求计划，正如第 13 章所述，物料需求计划主要解决的是将主生产计划所规定的最终产品需求分解成各个自制零部件的生产计划，以及原材料和采购件的采购计划，以保证主生产计划按期完成。

2. 能力需求计划

能力需求计划（capacity requirements planning，CRP）用于检查物料需求计划的可行性，实际上也可以称为能力需求进度计划，因为能力需求计划根据物料需求计划所规定的计划订单或已下达的 MRP 订单，详细地安排每个工作中心的能力负荷大小及相应的工作时间，而且能力需求计划也可以帮助进一步核查粗能力计划的有效性。这里值得一提的是，能力需求计划与物料需求计划一样，其前提假设提前期固定而产能无限，因此，正如第 4 章精益思想所主张的均衡生产负荷的思想，其目的就是抑制由于意想不到的计划的变动所带来的波动放大反应。

3. 最终装配计划

最终装配计划（final assembly scheduling，FAS）确定了最终产品的短期出产进度计划。最终装配计划需要及时根据顾客的定制要求以及产品的最终特征要求，调整总成进度计划。例如，一家打印机制造厂会在最终装配计划阶段，按照顾客的定制要求来选择相应的控制面板进行打印机总成。

4. 投入/产出计划与控制

投入/产出计划与控制处理的是各种物料投产或物料采购的进度计划与控制报告和程序，以保证物料需求计划的按期执行。这里值得注意的是，与通过投入/产出计划与控制实行物料需求计划的推式系统不同，精益思想主张通过"一个流"（one-piece flow）暴露问题以消除一切无效劳动与浪费的 JIT 拉式系统，重视员工授权、全员参与、员工自治的人本管理，更加具有执行力，相对于推式系统，拉式系统非常干净有序且在制品库存少得多。因此，MRP 与 JIT 的融合策略也是推-拉式系统优势所在。

5. 生产作业控制

生产作业控制（production activity control，PAC）是一个相对较新的术语，用于描述车间作业进度计划与控制。具体来说，根据物料需求计划输出的派工信息，编制车间内部的设备或加工中心的作业顺序和作业完工期。从这个意义上说，主生产计划已经被细化为切实可行的日工作计划。

6. 采购计划与控制

采购计划与控制是根据物料需求计划输出的采购信息，编制物料采购计划，同时还需要进行物料的投入/产出计划与控制，因为通过投入/产出计划与控制不仅可以保证供应商及时供货，而且还可以及时掌握由于各种原因而重新计划采购的物料的交货状况。

以上简要地介绍了制造型企业的整个分层计划体系。值得指出的是，每一层计划方法都是为了寻求企业能力（资源）需求和可用能力（资源）之间的均衡，并在动态的能力均衡过程中不断地进行计划决策。因此，一个良好的计划体系必须完整，但不一定庞大臃肿，只需从上至下保证对其客户的一致承诺。

11.2 综合生产计划

综合生产计划确定的是产品组或产品系列的中期（6～18个月）的产出率。从图11-1可以看出，其目的是确定产出率、劳动力水平和现有库存的最佳组合方案，从而使得综合生产计划达到双效，既能够保证总生产成本最小化（有效率），又能够满足预期需求（有效果）。产出率是指每单位时间（如每小时或每天）生产出的产品数量。劳动力水平是指生产所需的劳动力总数。在任何给定时期内，若产品的产出量超过需求量，就会出现现有库存；反之，若产品的需求量超过产出量，就会出现短缺。库存可以转移到下一时期，但短缺不一定能转移到下一时期，这是由于顾客会因企业缺货马上转向别处购买产品，而不是等待到下一时期。

综合生产计划的形式因企业而异。在一些企业中，综合生产计划是一份正式报告，包括计划目标和计划前提；而在另一些企业中，特别是小企业中，综合生产计划可能是以非正式的形式表达，如口头传达等。

综合生产计划的制定过程也各不相同。综合生产计划通常是企业长期生产计划的具体实施，如图11-1所示。长期生产计划是企业长期计划的重要组成部分，决定了在未来两年或更长时间内，为了满足预测的市场需求，各主要生产线应该产出多少产品。综合生产计划人员根据长期生产计划的任务要求，决定如何有效利用现有资源更好地满足需求。此外，一些企业将市场需求量和所拥有的生产能力相结合，并以之作为综合生产计划的制定依据。例如，美国通用汽车公司的一个分厂想在某装配线上产出一定数量的、不同款式的汽车，综合生产计划人员就要根据所有车型的平均产出工时来制定全部综合生产计划。当然，对综合生产计划的调整，特别是车型款式的调整，会直接影响短期生产计划的制定。

另一种制定综合生产计划的方法是先通过模拟不同的主生产计划并计算相应的生产能力需求，以了解每个工作中心是否具有足够的劳动力与设备。如果生产能力不够，每个生产线都要确定加班、外包合同、增加员工等需求，并与粗能力计划相结合，然后通过试算法或其他定量计算方法进行修正，以得到最终的、并且希望是低成本的综合生产计划。

11.2.1 综合生产计划环境

图11-2显示了构成综合生产计划环境的内部和外部因素。一般来说，外部因素是在综

合生产计划人员直接控制之外的,但是也有些企业采用积极进取型决策策略——调整需求策略,即通过价格诱导、广告、促销等市场营销手段来调节市场需求,与此相关的内容稍后将在"收益管理"中讨论。

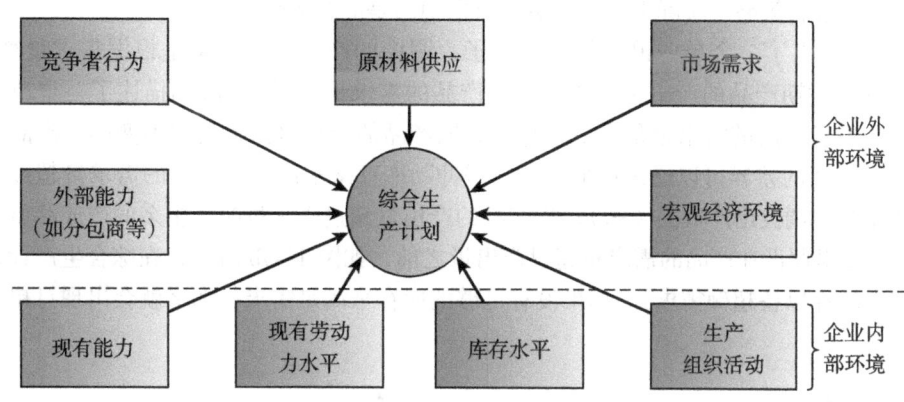

图 11-2 综合生产计划环境

即使如此,企业控制市场需求的能力也是有限的,因此,综合生产计划人员最终不能脱离稳妥应变型决策策略——调整供给策略,即通过供给管理手段来调节企业的内部因素,制定出切实可行的综合生产计划。企业各内部因素的可控性也不一样:比如企业现有生产能力通常在短期内不会变化,因为企业工会协议常常限制着劳动力的调配,管理高层也可能限制库存占用资金。尽管如此,企业依然可以通过不同的策略灵活地权衡劳动力水平、库存水平等内部因素,稳妥地应对市场需求的变动。

11.2.2 综合生产计划策略

在"稳妥应变型"决策策略下,制定综合生产计划的基本策略主要有三种,这些策略必须灵活地权衡劳动力水平、工作时间、库存水平和缺货拖欠等内部因素。当企业需要按常规调整劳动力水平时,很多企业通常会保持全职员工的稳定性,而通过人才市场或职业介绍所聘用一些临时工人。如果这些临时工人在聘用期间表现得非常好的话,也可能转为全职员工,当然,前提是企业需要更多的全职员工。

1. 追逐策略

当订货发生变化时,通过聘用或解聘工人以适应需求波动。这种策略的优点是库存投资小,无订单拖欠;缺点是容易造成劳资关系疏远,特别是当订单数量减少时,工人将会放慢生产速度,因为他们害怕订单一旦完成,他们就会失业。

2. 稳定劳动力水平:调整工作时间策略

通过柔性的工作进度计划或加班调整工作时间,进而调整产出率,即通过调整工作时间以适应需求波动。这种策略保持了稳定的劳动力水平,避免了追逐策略中聘用和解聘工人时所付出的情感代价以及聘用或解聘费用。

3. 平准策略

通过调节库存水平、允许订单拖欠和缺货等方法,来保持稳定的产出率和稳定的劳动力水平，以适应需求波动。这种策略的优点是人员稳定，产出均衡；缺点是降低了潜在的顾客服务水平，增加了库存投资，而且库存品可能会过时。

当企业只采用一种策略来应对需求波动时，称为单一策略。若采用两种或两种以上策略组合时，称为混合策略。实际上，企业更广泛采用的是混合策略。

图11-3a举出了一个单一追逐策略的例子，图中的产品的产出量是根据需求量变化的，换言之，每一时期产品的产出量等于同时期产品的需求量。图11-3b则描述了一个单一平准策略，图中不管产品的需求量是多少，每一时期产品的产出量都是稳定不变的。产品的需求量和产出量之间的差异可以通过产成品的"缓冲"库存来解决。当产品的需求量超过产出量时，就从库存中调拨出产成品（-I）；当产品的产出量超过需求量时，多余的产成品就存入库存中（+I）（这里假设在产品的需求量超过产出量之前，如图11-3b所示，在综合生产计划之初就有足够的库存以备超额需求）。如果没有足够的库存来满足需求，那么就会出现订单拖欠和缺货状况。

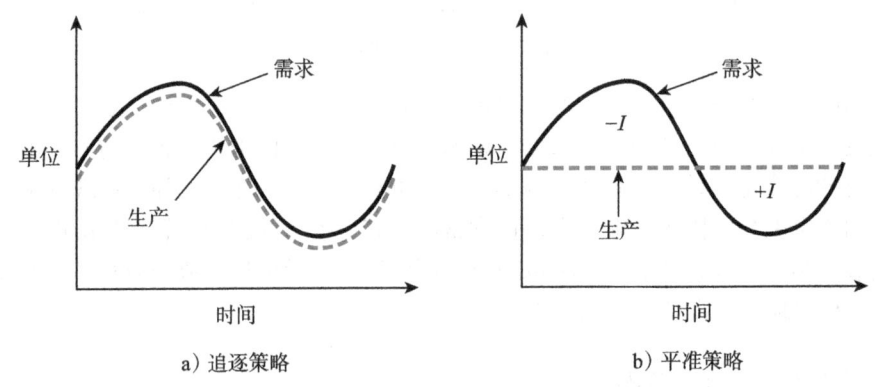

图 11-3　追逐策略与平准策略

一些行业由于自身特定的运营特点，往往偏重于某一种策略。例如，服务业就倾向于追逐策略，因为顾客也需要参与到服务过程中（如果一家餐馆在周六的晚上顾客盈门，而餐馆又不能提供相应的服务能力，那么顾客就会离去而不是等到周日的早上）。流程工业，如酿酒业和石化行业则倾向于平准策略，因为高固定成本要求企业必须在一个较高的设备利用率上开工。

除了上述的策略外，企业也可能选择将部分产品外包出去。这种策略类似于追逐策略，只是把聘用和解聘转化成了外包和不外包。使用外包策略以适应需求的波动是值得的，缺点是除非企业与供应商的关系特别稳固，否则企业就会失去对计划和质量的部分控制。正因为如此，大范围的外包被视为高风险策略。

11.2.3　相关成本

综合生产计划主要有四种相关成本，分别是：

（1）基本生产成本。基本生产成本是一定时期内生产某种产品的固定成本和可变成本，包括物料成本、直接和间接劳动力成本、正常工资和加班工资。

（2）与产出率变化相关的成本。这一类成本中典型的是与聘用、培训以及解聘人员相关的成本，还有增加班次导致的成本。

（3）库存成本。库存占用资金的成本是其中一个主要组成部分，其他组成部分包括存储费用、保险费、税收、损坏与折旧造成的费用等。

（4）延期交货成本。通常这一类成本很难计算，包括由于延期交货引起的赶工成本、企业信誉损失和销售收入下降等成本。

为了获得资金，运营主管一般要提交每年的、有时是每季度的预算申请。综合生产计划是预算成败的关键。综合生产计划的目标是在满足预测需求量的同时，确定产出率、劳动力水平、库存水平的最佳组合，使计划期内与生产相关的总成本最小。这样，综合生产计划为预算提供了依据。准确的中期计划增加了两种可能性：一是接受已申请的预算；二是在预算的范围内运营。

在下一节中，我们将举出制造业和服务业的中期计划的例子。这些例子比较了不同综合生产计划策略的优劣。

11.3 综合生产计划技术

企业一般采用试算法或图表法等方法来制定综合生产计划，计算机及图形软件的广泛应用使这些方法更加简便易行。试算法是通过计算不同综合生产计划的总成本，来选择一个总成本最低的方案。除了试算法之外，还有很多更复杂的计算方法，包括线性规划法、线性决策原则及各种启发式算法，其中线性规划法应用广泛。

为了正确制定和评价一个综合生产计划，一般综合生产计划的制定过程可以分为两个阶段：第一个阶段是在现有的资源能力条件下，制订一个可行方案以生产出足够数量的产品；第二个阶段就需要确定这个综合生产计划方案的相关成本。

有些成本在综合生产计划中有所体现，但在企业财务账目中却根本找不到。例如，存储成本在企业财务账目中就找不到，但是，与存储成本相关的单项成本却分别记在企业财务账目的各分类账中（如仓库租赁成本、保险费、税收等，折旧费则记在物料成本和劳动力成本里）。

11.3.1 总成本与边际成本

在开始讨论制定综合生产计划问题之前，首先需要区分综合生产计划的总成本和边际成本之间的差异。综合生产计划的总成本是指与综合生产计划相关的现金支付成本，包括物料成本、劳动力成本以及其他直接可变成本。总成本通常用于支持综合生产计划的劳动力和物料的预算中。

综合生产计划的边际成本指的是与综合生产计划方案相关的特有成本。不管采用何种综合生产计划方案，综合生产计划的边际成本都先要假定给定计划期内预测的总需求量是已知给定的，因此，边际成本就是超过该产量的最小经济意义上的成本。边际成本包括聘用和解聘成本、库存存储成本、加班费用等。为了说明两者之间的区别，下面将使用总成本法和边际成本法两种方法来解决 C&A 公司的综合生产计划问题，从两种方法的计算结果可见，最后的优化方案是一样的。尽管如此，边际成本法的优点在于不需要考虑与最终决策结果无关的成本数据。

11.3.2 一个简单的综合生产计划的例子

马特·考斯洛（Matt Koslow）是新英格兰衬衫公司的生产主管。公司在现有的生产能力下，需要马特制定一个既满足未来 6 个月的需求又使成本最小化的综合生产计划方案。工作伊始，马特首先从市场营销部门获得了未来 6 个月的衬衫需求的预测信息：

1月	2月	3月	4月	5月	6月
2 400	1 200	2 800	3 600	3 200	3 600

同时，马特掌握了如下相关的信息：

库存成本	每月每件衬衫 1.5 美元
缺货成本	每月每件衬衫 3 美元
聘用成本	每个工人 200 美元
解聘成本	每个工人 300 美元
单件衬衫工时	2 小时
正常人工成本	每小时 8 美元
期初聘用工人	30 人
期初库存	0 件衬衫
每个工人每天劳动时间	8 小时
每月的工作日	20 天

下面将使用边际成本法制定出最经济的追逐战略和平准策略。

（1）参看追逐战略的边际成本的 Excel 电子表格：

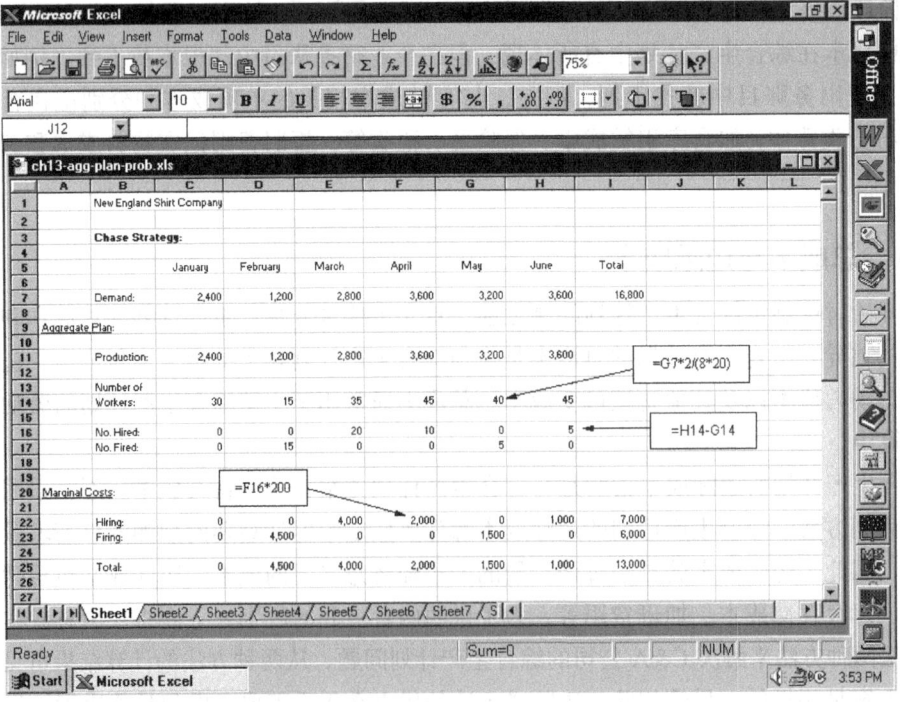

（2）参看平准策略的边际成本的 Excel 电子表格：

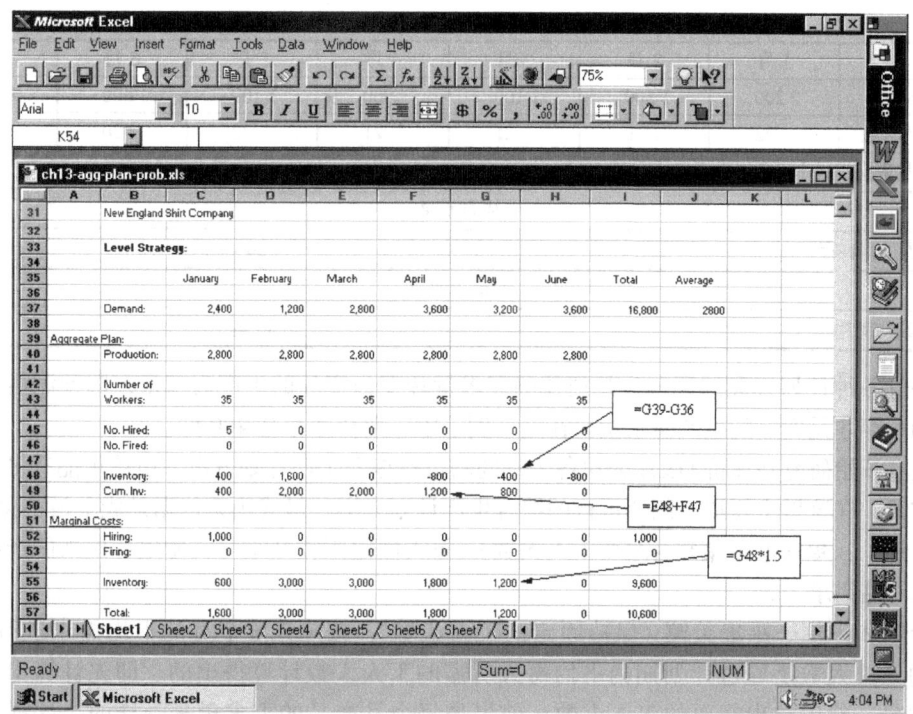

由表中可以看出，两种策略的边际成本分别是：

追逐策略：13 000 美元；

平准策略：10 600 美元。

因此，马特应选择平准策略。

11.3.3 试算法举例：D&H 公司

一个需求有显著季节变动的企业通常要制定年度生产计划，以适应最忙与最闲月份的需求。这里，为了清楚起见，特地举了一个计划期为 6 个月的综合生产计划的例子以说明试算法的一般原则。D&H 公司的有关信息如表 11-1 所示。每个计划方案都被详细列出并计算出了相应的总成本和边际成本值，其目的是可以对总成本法和边际成本法加以比较。

表 11-1　D&H 公司的预测需求与工作时间等有关信息

	1月	2月	3月	4月	5月	6月	总计
需求预测	2 200	1 500	1 100	900	1 100	1 600	8 400
每月工作天数	22	19	21	21	22	20	125
成本							
物料成本				200 美元 / 件			
库存成本				2.0 美元 / 件·月			
缺货成本				5 美元 / 件·月			
外包成本				375 美元 / 件·月			
招聘与培训成本				200 美元 / 人			
解聘成本				250 美元 / 人			
单位产品工时				5 小时 / 件			
正常人工成本（每天工作 8 小时）				12 美元 / 小时			

	1月	2月	3月	4月	5月	6月	总计
需求预测	2 200	1 500	1 100	900	1 100	1 600	8 400
每月工作天数	22	19	21	21	22	20	125
加班人工成本（是正常人工成本的1.5倍）				18美元/小时			
库存水平							
期初库存				400件			
劳动力水平							
期初聘用工人				30名			

评价各种计划方案的第一步是把预测需求量转变为实际的生产需求量，即预测需求量减去期初库存才是实际的生产需求量。在这个例子中，期初库存是400件。

现在开始研究并评价D&H公司各个不同的可行综合生产计划方案。虽然可能有多个备选计划方案，在这里主要提出四个可行的综合生产计划方案，最终决策依据是成本最小化。

计划1：单一追逐策略（改变工人人数），每天固定工作8小时，使生产出来的产品数量恰好与产品需求一致。

计划2：单一平准策略（保持固定的工人人数），按未来6个月的平均需求进行生产。固定的工人人数是通过计划期内平均每天所需的工人人数计算得出的。即先计算出6个月总需求量，然后求出需要的工人人数，前提是每个月产品的需求量是一样的。计算公式为[（8 400−400）件×5小时/件]÷（125天×8小时/每天）=40人。允许库存积压，缺货通过延期交货用下个月的生产量补足。

计划3：最低劳动力水平下外包策略（用固定的工人人数在正常的工作时间内生产最小预测需求（4个月））。用外包方式满足其他生产需求量。固定工人人数的计算是根据最小的月生产需求量确定该月需要的工人人数，计算公式为（900件×6个月×5小时/件）÷（125天×8小时/天）=27人，再把每月生产量与需求量之间的差额外包出去。

计划4：固定劳动力水平下加班策略（在前两个月，用固定的工人人数在正常的工作时间进行生产）。用加班方式满足其他生产需求量（固定劳动力水平—加班策略）。这种方法需要的固定的工人人数为：

1 100+900+1 100+1 600=4 700件（3～6月）

4 700件×5小时/件=23 500工时

23 500工时/8小时/天=2 938个工作日

2 938工作日/84天（3～6月）≈35人

分析完这四个方案的制订策略之后，下一步是确定每个综合生产计划的详细方案，表11-2～表11-5显示了详细的计划结果。接下来，就需要确定每个计划方案的相关成本，表11-2～表11-5也列出了每个计划方案的成本（包括总成本和边际成本），而且表11-6汇总了每个计划方案的成本结果，从表中可以看出单一平准策略就是成本最小化的决策方案。

11.3.4 综合生产计划在服务业的应用：图表法举例

图表法对于服务业综合生产计划的制定是非常有效的。下面以图森公园娱乐部门为例，说明了一个城市的公园娱乐部门如何选择全职员工、兼职雇员以及如何使用外包方式，完成为整个城市提供服务的任务。

表 11-2 计划方案 1：单一追逐策略

	A	B	C	D	E	F	G	H
1		January	February	March	April	May	June	TOTAL
2	Demand Forecast (units)	2,200	1,500	1,100	900	1,100	1,600	8,400
3	Working Days (per month)	22	19	21	21	22	20	125
4	Working Hours (per day)	8	8	8	8	8	8	
5								
6			Costs					
7	Material Cost		300	per unit				
8	Inventory holding cost		2	per unit-month				
9	Stockout cost		5	per unit per month				
10	Subcontracting cost		375	per unit				
11	Hiring and training cost		200	per worker				
12	Layoff cost		250	per worker				
13	Labor required per unit		5	hours				
14	Labor cost, regular		12	per hour				
15	Labor cost, overtime		18	per hour				
16								
17	Beginning inventory		400	units				
18								
19	Workers currently employed		30	workers				
20		=(B29*B$3*B$4/$C$13)						
21								
22	Pure Chase Strategy							
23		January	February	March	April	May	June	TOTAL
24	Demand Forecast (units)	2,200	1,500	1,100	900	1,100	1,600	8,400
25	Initial Inventory	400						
26	Production Requirements	1,800	1,500	1,100	900	1,100	1,600	8,000
27								
28	Aggregate Plan							
29	Workers required	51	49	33	27	31	50	=+$C$14*F32*$C$13
30	Workers hired	21	-	-	-	4	19	
31	Workers fired	-	2	16	6	-	-	
32	Units produced	1,800	1,500	1,100	900	1,100	1,600	8,000
33								
34	Costs – Full							
35	Regular production	108,000	90,000	66,000	54,000	66,000	96,000	480,000
36	Material costs	540,000	450,000	330,000	270,000	330,000	480,000	2,400,000
37	Hiring costs	4,200	-	-	-	800	3,800	8,800
38	Firing costs	-	500	4,000	1,500	-	-	6,000
39	Total full costs	652,200	540,500	400,000	325,500	396,800	579,800	2,894,800
40								
41	Costs – incremental							
42	Hiring costs	4,200	-	-	-	800	3,800	8,800
43	Firing costs	-	500	4,000	1,500	-	-	6,000
44	Total incremental costs	4,200	500	4,000	1,500	800	3,800	14,800
45								
46				=G30*$C$11				
47								

表 11-3 计划方案 2：单一平准策略

	A	B	C	D	E	F	G	H
21								
22	Pure Level Strategy							
23		January	February	March	April	May	June	TOTAL
24	Demand Forecast (units)	2,200	1,500	1,100	900	1,100	1,600	8,400
25	Initial Inventory	400						
26	Production Requirements	1,800	1,500	1,100	900	1,100	1,600	8,000
27								
28	Aggregate Plan							
29	Workers required	40	40	40	40	40	40	
30	Workers hired	=+B32+B25-B24	10	-	-	-	-	-
31	Workers fired		-	-	-	-	-	-
32	Units produced	1,408	1,216	1,344	1,344	1,408	1,280	8,000
33	Monthly inventory	(392)	(284)	244	444	308	(320)	
34	Cumulative inventory	(392)	(676)	(432)	12	320	-	=+E34+F33
35								
36	Costs – Full							
37	Regular production	84,480	72,960	80,640	80,640	84,480	76,800	480,000
38	Material costs	422,400	364,800	403,200	403,200	422,400	384,000	2,400,000
39	Hiring costs	2,000	-	-	-	-	-	2,000
40	Firing costs	-	-	-	-	-	-	-
41	Inventory carrying costs	-	-	-	18	480	-	498
42	Stockout costs	1,960	3,380	2,160	-	-	-	7,500
43	Total full costs	510,840	441,140	486,000	483,858	507,360	460,800	2,889,998
44								
45	Costs – incremental		=-(IF(D34>0,0,D34*$C$9))					
46	Hiring costs	2,000	-	-	-	-	-	2,000
47	Firing costs	-	-	-	-	-	-	-
48	Inventory carrying costs	-	-	-	18	480	-	498
49	Stockout costs	1,960	3,380	2,160	-	-	-	7,500
50	Total incremental costs	3,960	3,380	2,160	18	480	-	9,998
51								

表 11-4 计划方案 3：最低劳动力水平下外包策略计划

	Minimum Workforce with Subcontracting	January	February	March	April	May	June	TOTAL
24	Demand Forecast (units)	2,200	1,500	1,100	900	1,100	1,600	8,400
25	Initial Inventory	400						
26	Production Requirements	1,800	1,500	1,100	900	1,100	1,600	8,000
27								
28	Aggregate Plan							
29	Workers required	27	27	27	27	27	27	
30	Workers hired	-	-	-	-	-	-	
31	Workers fired	3	-	-	-	-	-	
32	Units produced	950	821	907	907	950	864	5,399
33	Monthly inventory	-	-	-	7	-	-	
34	Units subcontracted	850	679	193	-	143	736	2,601
35								
36	Costs -- Full							
37	Regular production	57,000	49,260	54,420	54,420	57,000	51,840	323,940
38	Material costs	285,000	246,300	272,100	272,100	285,000	259,200	1,619,700
39	Hiring costs	-	-	-	-	-	-	-
40	Firing costs	750	-	-	-	-	-	750
41	Inventory carrying costs	-	-	-	11	-	-	11
42	Subcontracting costs	318,750	254,625	72,375	-	53,625	276,000	975,375
43	Total full costs	661,500	550,185	398,895	326,531	395,625	587,040	2,919,776
44								
45	Costs -- incremental			=B34*$C$10				
46	Hiring costs	-	-	-	-	-	-	-
47	Firing costs	750	-	-	-	-	-	750
48	Inventory carrying costs	-	-	-	11	-	-	11
49	Subcontracting costs	12,750	10,185	2,895	-	2,145	11,040	39,015
50	Total incremental costs	13,500	10,185	2,895	11	2,145	11,040	39,776

表 11-5 计划方案 4：固定劳动力水平下加班策略

H41 =SUM(B41:G41)

=IF(C26-C32-B35>0,C26-C32-B35,0)

	Constant Workforce with Overtime	January	February	March	April	May	June	TOTAL
24	Demand Forecast (units)	2,200	1,500	1,100	900	1,100	1,600	8,400
25	Initial Inventory	400						
26	Production Requirements	1,800	1,500	1,100	900	1,100	1,600	8,000
27								
28	Aggregate Plan							
29	Workers required	35	35	35	35	35	35	
30	Workers hired	5	-	-	-	-	-	
31	Workers fired	-	-	-	-	-	-	
32	Units produced -regular	1,232	1,064	1,176	1,176	1,232	1,120	7,000
33	Units produced - overtime	568	436	-	-	-	72	1,076
34	Monthly inventory	-	-	-	276	132	(408)	
35	Cumulative Inventory	-	-	-	276	408	-	
36							=+G33*$C$15*$C$13	
37	Costs -- Full							
38	Regular production	73,920	63,840	70,560	70,560	73,920	67,200	420,000
39	Overtime production	51,120	39,240	-	-	-	6,480	96,840
40	Material costs	540,000	450,000	352,800	352,800	369,600	357,600	2,422,800
41	Hiring costs	1,000	-	-	-	-	-	1,000
42	Firing costs	-	-	-	-	-	-	-
43	Inventory carrying costs	-	-	-	414	612	-	1,026
44	Total full costs	666,040	553,080	423,360	423,774	444,132	431,280	2,941,666
45								
46	Costs -- incremental							
47	Overtime production	17,040	13,080	-	-	-	2,160	32,280
48	Hiring costs	1,000	-	-	-	-	-	1,000
49	Firing costs	-	-	-	-	-	-	-
50	Inventory carrying costs	-	-	-	414	612	-	1,026
51	Total incremental costs	1,000	-	-	414	612	2,160	34,306

表 11-6 四个计划方案的汇总比较

计划方案	总成本（美元）	边际成本（美元）
计划方案 1：追逐策略	2 894 800	14 800
计划方案 2：平准策略	2 889 998	9 998
计划方案 3：外包策略	2 919 766	39 766
计划方案 4：加班策略	2 941 666	34 306

图森公园娱乐部门（Tucson Parks & Recreation Department）负责开发和维护露天场地、公共娱乐节目、成人运动项目、高尔夫球场、网球场和游泳池等。它共有336个全职雇员（FTE）职位，其中216个FTE职位由全职雇员固定地负责全部场地的管理和常年维护工作，剩下的120个FTE职位由兼职人员担任：其中3/4是在夏季聘用，而剩下的1/4是在秋冬季及春季聘用，这3/4（90个FTE职位）的工作相当于800个夏季兼职工作：救生员、棒球裁判以及儿童夏季锻炼的教练。这90个FTE职位提供了800个兼职工作，因为许多工作只需要一个月或两个月，而FTE需要工作全年。

目前，图森公园娱乐部门的外包工作总预算不足100 000美元，主要用于高尔夫球场、网球场、图书馆和士兵公墓的维护。

考虑到城市劳工政策、可能的不良公众形象、城建服务条例等，按天或按周解聘或聘用全职员工是不大可能的。但聘用临时兼职雇员是要得到政府批准的，也是一直可行的。因此，在夏季聘用全职员工实际上是不可能的。在夏季，大约800个兼职工作的员工要处理同时发生的很多事情，以确保不超过一周40小时的计划工作水平；同时还需要很多更广泛的技能要求（如裁判员、教练、救生员、制陶教师、吉他手、空手道、肚皮舞和瑜伽教练），远远多于全职雇员所能提供的。

在这种情况下，该部门的综合生产计划有三种方案可供选择：

（1）现行方法，这种方法是在淡季维持中等水平的全职雇员与工作计划（如在冬季重建棒球场），在旺季聘用兼职雇员。

（2）常年维持一个较低水平的雇员数量，并外包目前全职雇员所做的其他工作（仍使用兼职雇员）。

（3）仅保留管理人员并外包所有工作，包括兼职工作（这需要和草坪及游泳池维护公司签署授权合同，并和新成立的私人企业签署合同，因为他们可以聘用和提供兼职服务）。

所有区域的工作都以全职工作或全职雇员的前提为共同的计量单位（FTE）。例如，假设同一周内30个救生员每人工作20小时，40个教练每人工作15个小时，35个棒球裁判每人工作20个小时，这就等于该周有（30×20）+（40×15）+（35×10）=1 550/40=38.75个FTE职位。虽然有相当数量的工作可以转移到淡季去做，但大多数工作仍须在需要时完成。

全职雇员包括三部分：①基本组，由关键部门员工组成，负责与市政府协调、制定政策、决定预算和衡量绩效等；②管理组，由领班和办公室职员组成，对一线工人负责，或者说他们的工作直接和一线工人相关；③116个全职职位的一线工人，具体负责完成各部门的工作，如清洗、平整高尔夫绿地和棒球场、修剪树枝、灌溉草坪等。

决定最佳策略所需的成本信息为：

全职雇员	
平均工资率	每小时4.45美元
额外福利	工资率的17%
管理费用	工资率的20%
兼职雇员	
平均工资率	每小时4.03美元
额外福利	工资率的11%
管理费用	工资率的25%
外包所有全职工作	1 600 000美元
外包所有兼职工作	1 850 000美元

6～7月是图森的需求高峰季节。表 11-7 表明了 6～7 月对人员的高峰需求。兼职服务达到了 576 个 FTE 职位（实际大约是 800 个不同雇员）。经过秋、冬季的需求淡季，3 月份对"一线全职"的需求达到 130 个，这是因为土地需要重新播种和施肥，7 月份增至 325 个。目前的方法是提前做计划，将这种全年的不均衡需求平衡到平均每年 116 个全年全职雇员。正如前面提到的，这样不必为适应不均衡的需求而聘用或解聘全职雇员。表 11-8 显示了三个方案的成本计算结果。表 11-9 汇总比较了每个方案的总成本。从表 11-9 中可以看出，图森公园娱乐部门的现行计划方案的成本是最低的，也即最优方案（计划方案 1）。

表 11-7　全职雇员与 FTE 兼职雇员的实际需求

	1月	2月	3月	4月	5月	6月	7月	8月	9月	10月	11月	12月	总计
天数	22	20	21	22	21	20	21	21	21	23	18	22	252
全职雇员	66	28	130	90	195	290	325	92	45	32	29	60	—
全职天数	1 452	560	2 730	1 980	4 095	5 800	6 825	1 932	945	736	522	1 320	28 897
FTE雇员	41	75	72	68	72	302	576	72	0	68	84	27	—
FTE天数	902	1 500	1 512	1 496	1 512	6 040	12 096	1 512	0	1 564	1 512	594	30 240

表 11-8　图森公园与娱乐部门的三个计划方案

计划方案 1：保持 116 个固定全职雇员，在淡季安排全年任务计划；继续使用 FTE 兼职雇员，以满足高峰期需求					
成本	年工作天数	工作小时数（雇员数 ×8 小时）	工资（全职：8.90 美元；兼职：8.06 美元）	额外福利（全职：17%；兼职：11%）	管理费用（全职：20%；兼职：25%）
116 个全职雇员	252	233 856	$2 081 318	$353 824	$416 264
120 个兼职雇员	252	241 920	1 949 875	214 486	487 469
总成本 = 5 503 236 美元			$4 031 193	$568 310	$903 733
计划方案 2：保持 50 个固定全职雇员和 120 个 FTE 兼职雇员；外包工作，以减少 66 个全职雇员（外包费用为 2 200 000 美元）					
成本	年工作天数	工作小时数（雇员数 ×8 小时）	工资（全职：8.90 美元；兼职：8.06 美元）	额外福利（全职：17%；兼职：11%）	管理费用（全职：20%；兼职：25%）
50 个全职雇员	252	100 800	$897 120	$152 510	$179 424
120 个兼职雇员	252	241 920	1 949 875	214 486	487 469
总计			$2 846 995	$366 996	$666 893
外包费用	$2 200 000				
总成本 =6 080 884 美元					
计划方案 3：外包所有 116 个固定全职雇员的工作，外包费用为 3 200 000 美元；外包所有 120 个 FTE 兼职雇员的工作，外包费用为 3 700 000 美元					
全职雇员					
兼职雇员					
全职工作外包费用			$3 200 000		
兼职工作外包费用			3 700 000		
总成本 =6 900 000 美元			$6 900 000		

表 11-9 三个计划方案的汇总比较

	计划方案 1：保持 116 个固定全职雇员和 120 个 FTE 兼职雇员	计划方案 2：保持 50 个固定全职雇员和 120 个；外包工作	计划方案 3：116 个固定全职雇员和 120 个 FTE 兼职雇员工作全部外包
工资（美元）	4 031 193	2 846 995	—
额外福利（美元）	568 310	366 996	—
管理费用（美元）	903 733	666 893	—
全职工作外包费用（美元）		2 200 000	3 200 000
兼职工作外包费用（美元）	————	————	3 700 000
总计（美元）	5 503 236	6 080 884	6 900 000

11.4 收益管理

服务业的综合生产计划策略不同于制造业，主要是由于服务业能力需求的波动更加复杂，服务业的服务能力一般不能储存起来以备将来使用。例如，餐馆星期一早上的空座位不可能储存下来以备星期六晚上顾客盈门时使用。因此，服务业不像制造业那样可以选择追逐策略、平准策略等多种策略，服务业一般只能采用追逐策略。换言之，服务业的服务能力必须能够满足顾客的需求。

尽管如此，服务业的主管可以采用"积极进取型"决策策略，即通过价格诱导、广告、促销等市场营销手段，来设法调节市场需求，使需求尽可能平缓。对于固定成本很高而可变成本很低的企业而言，重要的是如何提高能力利用率，虽然也需要企业在需求淡季通过价格诱导等手段以吸引顾客。这种通过综合需求管理（通过价格诱导）和供给管理（通过控制能力供给）实现企业收益最大化的新方法就称为收益管理或收入管理。收益管理的目标是尽可能提高企业的能力利用率，同时也尽可能通过价格诱导等手段设法调节市场需求的波动，根据需求的不同而采取不同的价格、提供不同的服务能力水平，设法争取每一个具有相应购买力的顾客。收益管理最初是由航空公司开发的，目的是及时调整不同航线的票价，充分利用每次航班的座位能力，以达到收益最大化。收益管理除了应用于对预订机票打折的航空公司，还应用于在周末打折的汽车租赁公司和宾馆酒店。本章先介绍收益管理的概念，在下一章中将详细阐述收益管理定量分析工具。事实上，在第 9 章已提及了有关收益管理定量分析问题。

服务型企业应用收益管理调节市场需求的波动之后，就需要确定服务能力水平即确定服务人员的总人数，有关供给管理方面的策略与前面讨论的制造型企业的内容是相似的。

为了充分发挥收益管理的优势，服务型企业必须具备以下特点：①市场可以细分；②固定成本很高而可变成本很低；③服务易逝性；④预订能力。

1. 市场细分

要想成功实施收益管理，企业必须能够细分市场。合理的市场细分可以使企业在需求的淡季，通过价格优惠把部分高峰期的需求诱导过来，也可以避免企业的所有顾客都享受价格优惠。

可以通过以下方法来细分市场：首先，给那些享受价格优惠的顾客规定重要的限制条件。例如，航空公司规定，只有周六晚间过夜的乘客或者是提前 7～30 天预订飞机票的乘客才有资格享受低价票，这些限制条件就将商务乘客排除在享受价格优惠的乘客之外，因为商务乘客通常是在一周的中期、短时间内购票。

其次，只在一周内特定的日期或一天内特定的时间段提供价格优惠。像电影院在非周末的时候提供低价票，目的就是使老年人可以享受到优惠。同样地，宾馆酒店常常在周末打折，因周末是非工作日，高级商务人员往往不会有商务应酬而会待在家里，因此宾馆酒店通过打折是希望吸引一般低消费者。

2. 高固定成本与低可变成本

固定成本很高而可变成本很低的企业可以在非常优惠的价格下依然能够收回可变成本。如果企业的成本结构是固定成本很高而可变成本很低，那么企业的利润就直接与销售量相关。换言之，就是销售量越大，利润也越大。

例如，如果一家宾馆的可变成本仅仅是清洁整理费 25 美元（包括清洗客房的人工费用、替换的消耗品费用，如肥皂、洗发水、被单、毛巾等），那么任何高于 25 美元的客房收费都是有利可图的（相对于晚上的空房而言）。

3. 服务易逝性

收益管理能够应用在很多服务型企业的一个潜在原因是服务能力的易逝性，即服务能力不能够存储起来以备将来使用（如果航空公司能够把每年的空座位存储到感恩节或圣诞节使用该多好啊！）。由于服务具有易逝性，因此只要有可能，服务业经理就会尽最大可能地提高能力利用率，即使需要非常优惠的折扣来吸引顾客——只要打折后的价格超过可变成本即可。

4. 预订能力

成功实施收益管理最后的一个要求是企业可以为预订的顾客提供价格优惠，这样，没有预订的顾客就享受不了价格优惠。比如宾馆通常与会议组织者合作以提前为顾客预订客房，当然价格最低。很多旅行团提前一年就开始制定旅行计划，以享受价格优惠。未预约的顾客或未预订的顾客一般需要支付较高的费用。

◘ 本章小结

综合生产计划把企业战略规划和资源（战略能力）计划转化为劳动力水平、库存投资和产出率的战术计划，并不涉及具体计划。但综合生产计划往往从实际的问题开始考虑，这是大有裨益的。

首先，需求波动客观存在，故计划体系必须要保持足够的柔性以应对这种波动。可以通过发掘多种渠道供货、对员工进行交叉培训以便应对各种不同的订单，在需求高峰时期可以通过快速调整计划等来获得柔性。

其次，综合生产计划决策一旦确定就必须坚持进行。但在实施前应该对其仔细分析，如用历史数据仿真，分析如果过去发生了这种情况，会产生什么样的后果。

由于顾客直接介入服务中，服务业一般采用追逐策略。但在确定的情况下，服务业可以应用收益管理的概念，即同时调整顾客的需求和企业的服务能力，这样企业可以达到最大化利润的目标。

◘ 复习思考题

1. 综合生产计划问题的基本可控变量是什么？四种主要成本是什么？

2. 区分综合生产计划中的单一策略和混合策略。
3. 比较 D&H 公司与图森公园及娱乐部门的最优计划,它们的共同点是什么?
4. 一般来说,预测精度与本章讨论的综合生产计划模型的实际应用的相关度是多大?
5. 制定综合生产计划时,如何确定已选定的计划跨度对企业来说是最好的?
6. 在什么条件下,运用收益管理概念对服务型企业最为合适?

应用举例

杰森公司(Jason Enterprise,JE)是一家为国内市场生产可视电话的企业,其产品质量虽非想象得那么好,但售价很低。JE 公司可以一边进行研发,一边观察市场反应。

现在,JE 公司需要制定一个为期 6 个月的综合生产计划,计划期是 1～6 月。假设现在授权你负责这个计划。相关信息如下:

需求数据							
	1月	2月	3月	4月	5月	6月	总计
需求预测	500	600	650	800	900	800	4 250
期初库存	200						

成本数据	
库存成本	10 美元/件·月
缺货成本	20 美元/件·月
外包成本	100 美元/件·月
招聘与培训成本	50 美元/人
解聘成本	100 美元/人
正常人工成本(每天工作 8 小时)	12.50 美元/小时
加班人工成本(是正常人工成本的 1.5 倍)	18.75 美元/小时

生产数据	
单位产品工时	4 小时/件
每月工作天数	22 天
期初工人人数	10

请问下列每个计划方案的成本是多少?
1. 追逐策略;变动工人人数(假设期初工人人数为 10)。
2. 工人人数不变;库存变动并允许缺货(假定期初工人人数为 10)。
3. 工人人数固定为 10;加班时间可变,允许库存积压。
4. 工人人数固定为 10;加班时间可变,不允许库存积压。

解答

1. 计划 1:追逐策略;变动工人人数(假设期初工人人数为 10)。

月份	(1) 生产需求量	(2)=(1)×4 生产所需时间	(3)=22×8 每人每月工时	(4)=(2)/(3) 所需人数	(5) 招聘人数
1月	300	1 200	176	7	0
2月	600	2 400	176	14	7
3月	650	2 600	176	15	1
4月	800	3 200	176	18	3
5月	900	3 600	176	20	2
6月	800	3 200	176	18	0

月份	(6) 解聘人数	(7)=(5)×50 招聘费用（美元）	(8)=(6)×100 解聘费用（美元）	(9)=(2)×12.5 正常人工总成本（美元）
1月	3	0	300	15 000
2月	0	350	0	30 000
3月	0	50	0	32 500
4月	0	150	0	40 000
5月	0	100	0	45 000
6月	2	0	200	40 000
总计		650	500	202 500

计划总成本为：

招聘费用（美元）	650	正常人工总成本（美元）	202 500
解聘费用（美元）	500	总计（美元）	203 650

2. 计划2：工人人数不变；库存变动并允许缺货（假定期初工人人数为10）。

月份	(1) 累计生产 需求量	(2)=22×8×10 可用生产时间	(3)=(2)/4 实际生产量	(4) 累计生产量	(5)=(1)−(4) 缺货量
1月	300	1 760	440	440	0
2月	900	1 760	440	880	20
3月	1 550	1 760	440	1 320	230
4月	2 350	1 760	440	1 760	590
5月	3 250	1 760	440	2 200	1 050
6月	4 050	1 760	440	2 640	1 410

月份	(6)=(5)×20 缺货成本（美元）	(7)=(4)−(1) 库存量	(8)=(7)×10 库存成本（美元）	(9)=(2)×12.5 正常人工总成本（美元）
1月	0	140	1 400	22 000
2月	400	0	0	22 000
3月	4 600	0	0	22 000
4月	11 800	0	0	22 000
5月	21 000	0	0	22 000
6月	28 200	0	0	22 000
总计	66 000		1 400	132 000

计划总成本为：

缺货成本（美元）	66 000	正常人工总成本（美元）	132 000
库存成本（美元）	1 400	总计（美元）	199 400

3. 计划3：工人人数固定为10；加班时间可变，允许库存积压。

月份	(1) 生产需求量	(2)=22×8×10 正常可用生产时间	(3)=(2)/4 正常 产出量	(4)=(1)−(3) 加班产出量	(5)=(4)×4 加班时间
1月	300	1 760	440	0	0
2月	460[①]	1 760	440	20	80
3月	650	1 760	440	210	840
4月	800	1 760	440	360	1 440

(续)

月份	(1) 生产需求量	(2)=22×8×10 正常可用生产时间	(3)=(2)/4 正常产出量	(4)=(1)-(3) 加班产出量	(5)=(4)×4 加班时间
5月	900	1 760	440	460	1 840
6月	800	1 760	440	360	1 440
总计				1 410	

① 460=300+(460-300)。

月份	(6)=(5)×18.75 加班费用（美元）	(7)=(3)-(1) 库存量	(8)=(7)×10 库存成本（美元）	(9)=(2)×12.5 正常人工总成本（美元）
1月	0	140	1 400	22 000
2月	1 500	0	0	22 000
3月	15 750	0	0	22 000
4月	27 000	0	0	22 000
5月	34 500	0	0	22 000
6月	27 000	0	0	22 000
总计	105 750		1 400	132 000

计划总成本为：

加班费用（美元）	105 750	正常人工总成本（美元）	132 000
库存成本（美元）	1 400	总计（美元）	239 150

4. 计划4：工人人数固定为10；加班时间可变，不允许库存积压。

月份	(1) 生产需求量	(2)=22×8×10 正常可用生产时间	(3)=Min[(2)/4,(1)] 正常产出量	(4)=(1)-(3) 加班产出量	(5)=(4)×4 加班时间
1月	300	1 760	300	0	0
2月	600	1 760	440	160	640
3月	650	1 760	440	210	840
4月	800	1 760	440	360	1 440
5月	900	1 760	440	460	1 840
6月	800	1 760	440	360	1 440

月份	(6)=(5)×18.5 加班费用（美元）	(7)=(3)-(1) 库存量	(8)=(7)×10 库存成本（美元）	(9)=(2)×12.5 正常人工总成本（美元）
1月	0	0	0	22 000
2月	12 000	0	0	22 000
3月	15 750	0	0	22 000
4月	27 000	0	0	22 000
5月	34 500	0	0	22 000
6月	27 000	0	0	22 000
总计	116 250			132 000

计划总成本为：

加班费用（美元）	116 250
正常人工总成本（美元）	132 000
总计（美元）	248 250

习题

1. 为某企业制定综合生产计划并计算年成本，需求预测为：秋季 10 000 件、冬季 8 000 件、春季 7 000 件、夏季 12 000 件。秋季期初库存为 500 件，秋季期初现有工人 30 人，但计划于夏季初聘用临时工，并与夏季末解聘。另外，已与工会达成协议，如果临时加班以防止季末缺货，则可以让正式工在春季、冬季加班，但秋季不能加班。相关成本是：临时工聘用费用 100 美元/人，解聘费 200 美元/人；库存成本 5 美元/件·季；推迟交货成本 10 美元/件；正常人工成本 5 美元/小时；加班人工成本 8 美元/小时；假定产出率为 0.5 件/工人·小时，每天工作 8 小时，每季为 60 工作日。

2. 制定 4 个月（2～5 月）的综合生产计划：2 月、3 月按需求预测进行生产，4 月和 5 月可利用加班和库存，但必须保持固定的工人数，即 3 月聘用的工人人数到 5 月不能发生变化。且政府规定，4 月和 5 月每个月加班不能超过 5 000 小时（2 月、3 月不能加班）。如果需求量大于供应量则应延期交货。1 月 31 日有 100 个工人。需求预测量如下：2 月 80 000 件、3 月 64 000 件、4 月 100 000 件、5 月 40 000 件。产出率为 4 件/工人·小时，每天工作 8 小时，一个月 20 个工作日。假设 2 月 1 日库存为零。相关成本为：聘用，50 美元/人；解聘，70 美元/人；库存成本，10 美元/件·月；正常人工成本，10 美元/小时；加班人工成本，15 美元/小时；推迟交货成本，20 美元/件。计算计划的总成本。

3. 为下一年制定综合生产计划。需求预测为：春季，20 000 件；夏季，10 000 件；秋季，15 000 件；冬季，18 000 件。春季初有 70 名工人和 1 000 件库存。工会规定每年只能在夏季初解聘工人。可在夏季末期招聘工人以便秋季开始正常生产。解聘与聘用工人人数应分别使夏季、秋季生产水平等于需求预测量。成本：聘用，100 美元/人；解聘，200 美元/人；库存成本，20 美元/件·季；延期交货成本，8 美元/件；正常人工成本，10 美元/件；加班人工成本，15 美元/件。产出率为 0.5 件/工人·小时，每天工作 8 小时，每季 50 个工作日。计算总成本。

4. DAT 公司要为生产线制定综合生产计划，相关数据为：

工作时间	1 小时/件
平均劳动力成本	10 美元/小时
每周工作	5 天，8 小时/天
每月工作日	每月 20 个工作日
期初库存	500 件
安全库存	0.5 月
延期交货成本	20 美元/件·月
库存成本	5 美元/件·月

下一年度全年预测为：

1月	2月	3月	4月	5月	6月
2 500	3 000	4 000	3 500	3 500	3 000
7月	8月	9月	10月	11月	12月
3 000	4 000	4 000	4 000	3 000	3 000

管理层倾向于保持固定的工人数和产量，用积压库存和缺货来消化需求波动。未满足的需求转移到下一个月。请制定一个能够满足需求和其他条件的综合生产计划。不必求最优解，只要找到一个答案并阐述寻找更优解的过程方法。可做任何必要假设。

5. Shoney 公司（SC）生产一种可以连接到个人电脑进行视频游戏的光盘游戏机。光盘比磁带读取速度快很多。因为这样一种电脑/视频连接，游戏变成了真实的体验。在一个由简单手柄驱动驾驶游戏中，玩家实际上是观看一段真实驾驶的光盘录像。根据玩家的动作（如撞击护栏），光盘根据片段瞬间作出移动，这样玩家就成了真实车辆事故中的一部分（当然是假的）。

SC 公司要为接下来的 12 个月制定综合生产计划。这个计划要求在计划期内保持固定的聘用员工水平。SC 公司在继续进行研究和开发活动，寻找新的软件，而且不愿意引发当地劳工的任何对立情绪。同样的道理，所有员工必须整周聘用，即使这不是成本最低的方案。

未来12个月的需求预测为：

月份	需求预测	月份	需求预测
1月	600	7月	200
2月	800	8月	200
3月	900	9月	300
4月	600	10月	700
5月	400	11月	800
6月	300	12月	900

制造成本为200美元/台，原材料和劳动力各占一半。库存成本为5美元/月。缺货导致的损失为20美元/台。计划初期可用库存为200台。每台光盘游戏机需要10个人工小时，每天工作8小时。请用固定的劳动人数制定综合生产计划。为简便起见，假设每月工作22天；7月除外，此时公司有3周假期（剩余7个工作日）。假设总生产能力超过总需求或持平。

6. Bentley化工公司（BBC）正忙于制定下个财政年度（7月～次年6月）的综合生产计划，由BBC公司的运营经理卡斯蒂先生负责，公司希望能最少使用资源能力满足市场需求。

卡斯蒂先生首先汇总了公司销售的各种产品并预测了四个季度的市场需求：

季　度	第1季度 （7～9月）	第2季度 （10～12月）
需求预测	10 000	9 800
季　度	第3季度 （1～3月）	第4季度 （4～6月）
需求预测	9 400	10 200

上个财政年度的3月1日即下个财政年度第1季度到来之前，BBC公司的库存有1 200单位，上个财政年度第4季度的预测需求为9 900单位。卡斯蒂先生知道每月每单位的库存成本是5美元，而且公司在计算库存成本时使用的是平均库存法。上个财政年度的3月1日即期初工人人数为40名，每个工人每天工作8小时，刚好可以生产4单位产品。对于下个财政年度，每个季度的工作天数如下：

季　度	第1季度 （7～9月）	第2季度 （10～12月）
每季工作天数	56	60
季　度	第3季度 （1～3月）	第4季度 （4～6月）
每季工作天数	61	63

每个正式工人每天的工资是53美元；但是加班工资为每天80美元。BBC公司有着非常严格的质量控制政策，公司不允许外包。除此之外，BBC公司希望保持公司在顾客中的口碑，因而必须及时满足顾客所有的需求。

卡斯蒂先生认为要满足顾客所有的需求是非常困难的，主要是他受到两个限制：①制定的是综合生产计划，不可能像短期计划一样精确；②只能按照预测的需求量制定综合生产计划，不可能保证预测完全精确。尽管如此，卡斯蒂先生还是相信自己的预测能力，决定不设置安全库存。

卡斯蒂先生有权调整工人人数，但由于工会的限制，每个季度招聘解聘的总人数不得超过工人总人数的25%（取整）。卡斯蒂先生知道他无论解聘还是聘用的总人数不得超过工人总人数（即他使用的工人总数）的25%。幸运的是，BBC公司所在的地区并不缺乏技术熟练的劳动力。

聘用及培训一个工人需要1个季度的时间并花费1 200美元。所有的新员工通常在聘用的第一个季度的第一天就上班，但这时他们根本不能被视为可用的劳动力，直到第一个季度培训完成后他们才能正式上岗。解聘一个工人的成本是1 000美元，并且只能在每个季度末解聘。

卡斯蒂先生相信自己已经掌握了所有需要的数据，因此开始制定综合生产计划。他选择的策略是尽量保持相对稳定的工人队伍，同时允许库存波动。

（1）利用下表，请完成卡斯蒂先生开始制定综合生产计划所需要的初始数据。

（2）利用下表，请完成卡斯蒂先生需要制定的综合生产计划。

（3）请问卡斯蒂先生制定的综合生产计划的总成本是多少？

（1）季度	（2）需求	（3）=（2）×2 所需生产时间	（4）每季工作天数	（5）每季可用生产时间（4）×8	（6）工人数量	（7）=（5）×（6）每季总工时	（8）=（4）×（6）×53 正常人工总成本（美元）	（9）缺货量	（10）缺货成本（美元）	（11）加班产量	（12）=（11）/4 加班时间
期初	9 900	19 800	63	504	40	20 160	133 560	0	0	0	0
1	10 000		56					0			
2	9 800		60					0			
3	9 400		61					0			
4	10 200		63					0			

（13）=（12）×80 加班费用（美元）	（14）外包产量	（15）外包成本	（16）招聘人数	（17）=（16）×1 200 招聘费用（美元）	（18）解雇人数	（19）=（18）×1 000 解雇费用（美元）	（20）期初库存	（21）期末库存	（22）=[（20）+（21）]/2 平均库存	（23）=（22）×15 库存成本（美元）
0	0	0	0	0	0	0	1 200	1 380	1 290	19 350
							1 380			

7. Cape Cod 的尼尔森海洋公司为顾客提供的一项服务是每年冬天储藏划船。此外，公司还应顾客的要求为划船的船身油漆，划船必须每年油漆一次以防止北极鹅附在船身。作为公司的老板戴维·尼尔森收到了油漆和存储下列型号划船的订单，并估计了油漆每种划船所需要的小时数，详见下表：

型号	订单量	油漆每种划船所需的小时数
大号（12'~19'）	38	6
中号（20'~34'）	31	12
小号（≥35'）	14	25

戴维聘用了一个临时工人在夏天为他干各种杂活。戴维可以在冬天（11月~次年4月）继续聘用这个工人并安排他油漆船身。如果他选择了这种方案，这个工人在6个月内每月将工作160个小时。戴维估计油漆划船的成本为每小时30美元，包括20美元劳动力成本与10美元的物料成本。因为船主可以等到春季划船下水时才付给戴维费用，所以戴维必须以18%的年利率或1.5%的月利率向银行贷款，以支付劳动力成本和物料成本。

戴维还有第二种方案可供选择，他可以让这个临时工人在4月才来干活，同时他聘用足够数量的工人在划船下水前油漆所有的划船。在4月末，他解聘所有的工人，只留下那个临时工人。聘用一个工人的费用估计为100美元，而解聘费用为每人75美元。

第三种方案是在4月聘用数量较少的工人并要求他们加班。在这种情况下，每个工人每周工作60个小时，即每月工作240个小时。加班工资为正常工资的50%，即10美元每小时。

请为这三种方案制定综合生产计划，你会推荐选择哪一种方案？

案例分析 11-1

下面是一个 XYZ 经纪公司的运营案例。XYZ 经纪公司坐落于华尔街的一栋写字楼内，主要处理注册代表的交易业务，这些注册代表是由全美各地超过 100 家的分公司组成。与其他经纪人公司一样，XYZ 公司的交易业务必须在 5 个交易日内完成。这 5 天期限可以使运营经理消除每天的交易波动。

股票市场的交易可以在一夜之间变得大起大落，这就要求运营经理准备好处理交易量的极度波动。例如，由于一些战争的国际谣传的影响，XYZ 公司的交易总量可以从前一天的 5 600 升至后一天的 12 000。

XYZ 公司经理和其他公司的经理一样，非常头痛交易量的预测工作。实际上，对于这种交易量的随机预测，经理能预测准一个月甚至一周就很了不起。

在这种极度波动的情况下，XYZ 公司的运营经理该如何设定交易能力？对于有着不同的约束和任务的经理们来说，答案自然各不相同。下面是同一公司的两个经理的对话。

经理 A：我们的交易能力是每天 12 000 个交易量。当然，要增加交易能力是个难题。例如，我们的交易量每天在 4 000 到 15 000 之间变化。这对我们的员工更新是件好事，因为在低交易量时期，我们解雇员工不会带来士气的问题（该部门的员工更新率每年超过 100%）。

经理 B：任何合理的预算值都要估计到 15% 的偏差交易量。但经纪行业的实际交易量和期望交易量之间几乎是毫不相关的，所以我认为预算值根本就不准确。我们保持每天 17 000 个交易量的交易水平。

为什么同一个公司的交易能力管理会如此不同？经理 A 主要负责资金运作——处理许可证、支票、现金等。与资金运作相关的人员是信使、职员、管理人员。设备有文件柜、备用柜和计算器等，这些都是简单的设备。

经理 B 负责处理订单——一种信息处理流程。相关人员有数据员、EDP 专家、系统分析员。设备也很复杂，有计算机、局域网、文件服务器、通信设备等，与各个分公司相连接。B 经理的部下开始都是用手工完成自己的工作，直到信息标准化及交易量下降才改用计算机来交易。

由于增加信息处理能力所需的时间很长，而增加最后 500 单位的能力成本却很少（仅需购买一些外设），经理 B 每天都保持了 17 000 个交易量的交易能力，即使每个月的平均日交易量从未超过 11 000，而每天的交易量从未超过 16 000。

因为未来股票许可证的极大不确定性，资金运作的情况完全不同。由于选择系统的高风险性——系统可能同未来的股票许可证不匹配，自动化资金运作功能至完全根据订单运作的尝试基本是失败的。

换句话说，经理 A 采用的是追逐策略，而经理 B 采用的是平准策略，但他们都希望融入对方的策略。经理 A 在发展计算机系统以处理信息化流程下的资金运作。经理 B 在努力地寻找订单处理过程中的可变变量，他们可以在淡季时停止使用。

讨论题

1. 两个部门运营管理的基本差异在哪里？
2. 对于两个经理来说，这些差异是否加剧了其运营策略的不确定性？
3. 哪些因素导致两个经理采用了现在的运营策略？
4. 混合策略或外包策略是否可行？
5. 低标准化带来的难题是什么？

案例分析 11-2

LBC 公司位于西班牙的巴塞罗那市郊外，生产一种销往西欧的餐桌。在过去的几年里，公司的销量稳步增长，这在很大程度上得益于欧盟成立后建立的西欧自由贸易区。

乔迪·格劳勒瑞（Jordi Garolera）是 LBC 公司的生产主管，正在制定未来 6 个月的综合生产计划。为了能够评价各种备选方案，乔迪收集了以下信息：

生产数据

每月 20 个工作日。
每个工作日工作 7.5 个小时。
每张餐桌耗费 2.5 个工时（平均）。
期初库存为 300 张餐桌。
期初工人人数为 25 名。

成本数据

正常人工成本为每小时 8 欧元。
聘用成本为每个工人 200 欧元。
解聘成本为每个工人 700 欧元。
每张餐桌消耗物料费为 100 欧元。
加班费：增加 50% 的工资。
库存成本：每月每单元 2 欧元。

缺货成本：每月每单元 10 欧元。

乔迪刚刚参加了一个市场主管们出席的会议，他们预测未来 6 个月的销量为 12 960 张餐桌，每个月的分布如下：

月份	1月	2月	3月	4月	5月	6月
预测销量	1 740	1 740	2 460	3 240	2 220	1 860

讨论题

1. 用 Excel 电子表格来比较单一追逐策略和单一平准策略的成本，你会推荐哪种策略？
2. 还有一种选择方案：乔迪可以考虑使用 30 个固定工人，用加班方式来消除缺货。请评价这种方案并与单一策略做比较。
3. 你建议乔迪选择哪种综合生产计划？这些计划的优点和缺点是什么？

第12章

独立需求的库存管理机制

学习目标

- 介绍了企业中不同类型的库存以及企业持有库存的机理。
- 指出了与持有库存和保管库存相关的各种成本。
- 给出了经典库存模型的定义及其适用的条件。
- 阐述了如何确定各种库存模型的经济订货批量和定期库存模型。
- 介绍了单期库存模型及服务业中的收益管理理念。
- 指出了当今库存管理的发展趋势以及企业中库存管理存在的问题。

引　例　阿尔法数字公司的苦恼

阿尔法数字公司的高阶主管每年都要对上一年度的工作进行总结回顾，同时讨论下一年度工作的主要问题。像往年一样，公司回顾活动安排在远离公司大楼、位于宾夕法尼亚州东部的一个风景区内的宾馆中举行。

第一天的会议进展得很顺利，临近傍晚，也就是晚餐之后，库存控制和上一年度的缺货统计开始进入议题。采购副主管提出可以通过在年初安排所有的项目需求物料的采购，以解决库存短缺的问题。

生产副主管马上驳斥这个建议，出人意料的是，他竟敲着办公桌大声说道："库存是万恶之源！"随后转身对高阶主管说，"高管先生，如果我们采取这个建议，就需要额外增加2.5万平方英尺的仓库来存储这些采购物料，你有吗？"高阶主管摇了摇头。"那么你，财务副主管，就需要额外增加500万美元来采购这些物料，你有吗？"财务副主管也同样摇了摇头。

"还有你，市场副主管，能否给出下一年度需求的准确预测？"市场副主管说："当然不可以，那是不可能的。"然后又转身向设计副主管说："你能否在下一年度对产品设计不做任何改变而保持原来的设计，可以吗？"设计副主管说："那是不太现实的。"所有的人都抬头看着站在桌边的生产副主管说："我们理解你的意思了。库存的确是万恶之源！"⊖

最近几年，有关库存管理的研究视角发生了很大变化。原先，管理者认为库存是企业的资产，因为库存是作为流动资产出现在企业财务报告的资产负债表中。然而，就像在本章引例中所看到的一样，情况并非如此。苹果公司现任首席执行官库克（Timothy D. Cook）指出，对于库存——"你就要像在管理乳制品那样，如果乳制品过了保鲜期，问题就来了！"

⊖ 这是一个真实的高层会议，只是出于商业机密，具体公司名称作了掩饰处理。

正如我们在后面的"运营实践12-1：高新技术企业的库存问题"案例中所看见的，产品生命周期正日趋缩短，产品被市场淘汰的可能性正日趋增大。同时也可以看到，在制造企业生产现场的过量库存掩盖了许多管理问题。而且，库存的持有成本通常是很高的，一般平均每年库存资金高达30%～35%——在某些情况下甚至更高。

由于以上的原因，如今的企业管理者则把库存看作企业的负债，就如美国通用汽车的广告中所说的，这些问题只要有可能，就必须减少或是消除。

现在的企业运营管理者讨论得最多的就是库存管理问题，他们认为库存非常重要，但需要降低各种库存品，从原材料、采购件、在制品，到最终的成品。

12.1 库存的定义

库存（inventory）是指企业中所储备的所有物料和资源。库存管理系统是指用来监制库存水平、确定应持有的库存水平、决定何时补充库存以及订货量的大小的一整套管理政策和机制。

广义的库存包括运营系统的投入要素和资源，如人力资源、资金、能源、设备以及原材料等；也包括运营系统的产出品，如部件、组件和产成品等，同时还包括运营过程中的半成品和在制品（work-in-process，WIP）。企业的库存构成因企业不同而不同：一个制造型企业的库存可能主要由劳动力、机器设备、运营资金以及原材料、在制品和产成品构成；一个航空公司的库存可能主要由座位构成；一个现代药房的库存可能主要由药品、电池和玩具等构成；而一个工程设计公司的库存可能主要由工程设计方案和图纸构成。

传统上，在制造业中，库存指的是与企业产品的产出有直接关系的物料以及组成产品一部分的物料。在服务业中，库存指的是有形产品部分以及用于服务管理的必要物料。等待服务的顾客也可以被看成是库存，类似于制造工厂中等待加工的零部件。

无论是制造业还是服务业，库存分析的基本目的则是确定以下两个问题：

（1）何时补充订货？

（2）订货量应该为多少？

从而将库存管理问题简化成"何时补充"与"补充多少"两个基本问题。正如第3章中所讨论的，许多企业都在努力地与供应商建立长期的合作关系，以便于供应商能够为企业全年的需求提供供货服务，从而将库存问题又从"何时补充"与"补充多少"而转变成为"何时补充"与"运送多少"两个问题。

12.2 库存的作用

所有的企业都需要持有一定的库存，其原因如下。

1. 避免不确定性

为了有效地进行库存管理，需要从三个方面来看待不确定性。首先是原材料供应的不确定性，从而导致原材料的库存。原材料供应的不确定性包括因意外的延期交货以及原材料短缺所引起的订货提前期的波动。其次是生产过程的不确定性，从而导致在制品库存。通过在生产过程中持有一定的在制品库存，可以吸收生产过程的意外波动，防止生产中断，从而保证生产与运营效率的提高。此外，在制品库存还可以削弱生产过程的波动。最后是企业的外部需求的不确定性。企业如果能够精确地预测产品的客户需求，才能及时产出产品以满足顾客的需求，然而，需求的不确定性使得企业难以充分把握需求的变化，因此，就需要持有一定的安全库存来解决需求波动的问题。

2. 支持战略计划

正如我们在第 11 章中所讨论过的，当企业采用平准策略时，就需要持有一定的产成品库存来缓冲生产过程中需求的波动。在平准策略下，当产品的需求量超过产出量时，就需要动用产成品库存，否则就会出现订单拖欠和缺货状况。反之，当产品的产出量超过需求量时，就需要将多余的产成品存入库存中。

3. 利用规模经济优势

每次订货的费用或作业切换时的调整准备费用都是固定费用，与批量无关。因此，订货或生产批量越大，单位平均费用就越低。尽管如此，我们需要权衡订货费用与库存费用的共同作用来确定具体批量。

此外，企业通常给大宗订单提供折扣，以刺激顾客的购买欲，从而及时地处理掉企业积压的库存。企业提供批量折扣的原因主要是企业需要降低库存积压、加快资金周转。而且，就运输成本而言，特别是在整车（火车或货车）集中运输的情况下，规模经济效应是值得企业考虑的。

12.3 库存成本

在进行库存管理决策时，需要考虑以下一些与库存相关的成本。

1. 库存持有成本

库存持有成本是持有库存所必需的费用，通常可以分为以下三个部分：存储成本、资本成本以及废弃/损耗成本。

存储成本包括仓储设施、折旧、保险、税收、运行、保安以及库存管理人员费用等。

资本成本指的是资金占用的机会成本。资本成本的变动主要是由于企业的财务状况发生变动，例如，如果企业有结余现金，那么资本成本就是没有把这些现金放入短期存款而损失的利息。如果企业有其他项目可以投资，那么机会成本就是投资那个项目可以得到的回报。如果公司通过贷款来持有库存，那么资本成本就是这些贷款的利息。

废弃/损耗成本指的是产品过期废弃、贬值、破损、失窃等形成的损失。特别是在需要引进更新更好的产品的高科技行业中，它显得更为突出。废弃/损耗成本也包括因产品生命周期比较短暂而形成的过期废弃和贬值的损失成本，如易碎品、易逝品以及各种药物。损耗成本包括因产品破损和失窃造成的损失成本。

2. 订货成本/调整准备成本

订货成本/调整准备成本是指那些与企业内部批量生产活动以及向外部供应商订货活动有关的固定费用，也就是说，这些成本与批量的大小无关。

调整准备成本是指作业切换时的调整准备时间的费用，包括安装调整刀具、夹具等专用器具。如果从一种产品切换到另一种产品不产生任何成本或时间损耗，企业将会进行许多小批量生产。这将降低库存水平,从而降低库存成本。目前的挑战就是要在较小批量生产情况下尽量降低这些调整准备成本,这也是在第 4 章中讨论的准时制生产(JIT)的管理目标。

订货成本指的是向外部供应商订货所产生的费用,包括商务谈判费用、通信费用、运输费、赶工费以及采购单处理费用等。

3. 缺货成本

缺货成本反映的是失去商机造成的损失。当库存消耗完毕而顾客又来了订单时,就产生了缺货成本。缺货不仅造成了利润的损失,而且造成了企业信誉的损失。因此,为了快速响应顾客需求,需要在库存持有成本和缺货成本间进行权衡,只是很难达到完美均衡,因为由于缺货造成的利润的损失、企业信誉的损失以及其他一些潜在的负面影响都是难以量化的。

4. 采购成本 / 加工成本

采购成本 / 加工成本是指采购原材料的实际成本。除非有数量折扣,采购成本一般是固定的(稍后将讨论)。

除了以上这些主要的成本构成,运输成本对批量也有一定的影响。但在确定批量时,运输成本一般在采购成本中考虑了。

12.4 独立需求与相关需求

在库存管理中,独立需求(independent demand)和非独立需求(dependent demand)是两个非常重要的基本概念。

简单来说,独立需求与相关需求之间的区别在于:独立需求是指物料的需求(需求数量和需求时间)与其他任何物料的需求无直接关系,是由企业外部市场环境决定的,是随机的、不确定的。相关需求也称为非独立需求(第 13 章将详细阐述),则取决于对其他物料的需求,通常,相关需求物料是其高层次物料的一个组件。

从概念上来说,相关需求可以直接根据对最终物料的独立需求精确地计算得到。在计算出相关需求物料的高层次物料的需求量的基础上,相关需求物料的需求量就可以马上计算出来。例如,如果一家汽车公司计划每天产出 500 辆汽车,那么很显然就需要 2 000 个车轮和轮胎(未加上备用轮胎)。在 500 辆汽车的产出水平上,对于车轮和轮胎的需求是相关需求,不是独立的。但是,对于汽车的需求是独立需求,是由企业外部市场环境决定的,与企业其他产品的需求无关。

为了确定独立需求的数量,企业通常依赖销售与市场部门。销售与市场部门采用各种需求预测技术,包括顾客调查、预测技术、经济和社会趋势,等等。由于独立需求是随机的、不确定的,所以必须持有库存以应付需求的波动。

运营实践 12-1

高新技术企业的库存问题

随着网络经济的神话在 2001 年破灭,全球经济陷入衰退,许多高新技术企业产生了高额库存损耗费用,网络设备巨人思科公司 2001 年第三季度库存 22.5 亿美元的网络设备产品被作为坏账冲销,导致思科公司损失 22.5 亿美元。

这些库存产生的原因是企业管理者没有能够预期到经济的衰退以及经济衰退造成企业销售的下降。在供应链的各个阶段都产生了大量过剩的库存，包括半导体制造商、电子合同制造商以及PC制造商和移动通信产品制造商。

下表所列的是供应链管理世界25强中一些高新技术企业及其相应的库存周转水平。

2009年供应链管理世界25强			2012年供应链管理世界25强		
企业名称	库存周转率	库存周转天数	企业名称	库存周转率	库存周转天数
戴尔公司	46.2	7.8	苹果公司	74.1	4.9
苹果公司	45.5	7.9	戴尔公司	35.6	10.1
索尼爱立信	15.4	23.4	三星电子司	17.1	21.1
三星电子公司	14.3	25.2	惠普公司	13.7	26.3
诺基亚公司	11.8	30.5	RIM公司	11.3	31.9
惠普公司	11.3	31.9	思科公司	11	32.7
思科公司	11	32.7	英特尔公司	5	72.0
英特尔公司	4.9	73.5			

资料来源：AMR Research, May 2009；Gartner, Inc., May 2012.

12.5 库存管理系统的类型

库存管理系统为库存的管理与控制提供了管理机制以及管理政策。库存管理系统负责订货与收货：决定订购的时机，跟踪"订购什么"、"订购多少"和"向谁订购"等事项。同时必须回答以下问题：供应商是否收到订单了？货物已经发出了吗？日期正确吗？是否建立了再订货及退回不必要货物的程序？

根据产品生命周期，可以将库存管理系统分为多期库存管理系统和单期库存管理系统。

对于产品生命周期较长的产品的最优库存水平的决策问题，一般涉及多个需求周期，可以多次订购、重复订购，所以，也称为是多期库存管理系统。而对于产品生命周期非常短的产品，通常也被认为是易逝品，一旦过期后，易逝品的价值就急剧下降，通常只有很小的残值。对于这类易逝品的最优库存水平的决策问题，一般仅仅涉及一个需求周期，故也称为是单期库存管理系统。

12.6 多期库存管理系统

12.6.1 定量模型与定期模型

一般有两种基本的库存系统模型：定量模型，也称之为Q系统；定期模型，也称之为P系统。

这两种模型的区别是，定量模型是"事件驱动"，而定期模型是"时间驱动"。也就是说，在定量模型中，只有在库存量消耗到规定的再订货水平下才能订货，因此，订货可能在任何时间发生，这主要取决于库存物料的需求状况。与之相对的是，定期模型取决于预先确定的订货间隔期，只有到了规定的订货时间才能订货。随着信息技术的进步，包括条形码、条形码扫描器以及POS机的出现，大大降低了库存盘点成本，从而推动了定量模型的应用。因此，大部分企业倾向于运用定量模型，反而慢慢疏远了定期模型。

运用定量模型时，必须在库存量降低到预先规定的再订购点（R）时，才进行订货，因而必须时刻连续地监控库存余量，所以说定量模型是一种连续观测系统，要求每次从库存里取走货物或者往库存里加入货物时，都必须对库存记录进行刷新，以确认是否已达到再订购点。而在定期模型中，库存盘点只在盘点期发生，在盘点期中间是不进行任何盘点的（尽管有不少企业可能同时采用两种库存系统）。

这两种库存系统的其他区别之处在于：

（1）定期模型的平均库存水平较高，因为要预防在订货间隔期即盘点期（T）发生缺货情况；而定量模型没有盘点期。

（2）定期模型更适用于向同一个供应商采购多种货物，因为同时订购那么多种货物，在订货成本上可以充分利用规模经济效应。

（3）定量模型的平均库存水平较低，所以定量模型更适用于贵重物品的库存管理。

（4）对于关键的和重要的物资如关键维修件，定量模型将更适用，因为定量模型对库存的监控更加频繁密切，这样可以对潜在的缺货情况作出更快的反应。

（5）由于每一次补充库存或货物出库都要进行记录，因此，维持定量模型需要的时间更长。

如图 12-1 所示的是这两种模型分别投入实际运用而成为一个实际库存运作系统的情况。由图中可以看到，定量库存系统强调订货量和再订购点。从系统运行程序上来看，每次每单位货物出库都要进行记录，并且立即将剩余的库存量与再订购点进行比较。如果库存已降低到再订购点，就需要订货量为 Q 的货物；如果没有达到再订购点，那么，库存系统就保持闲暇状态直到出现下一次的货物出库。

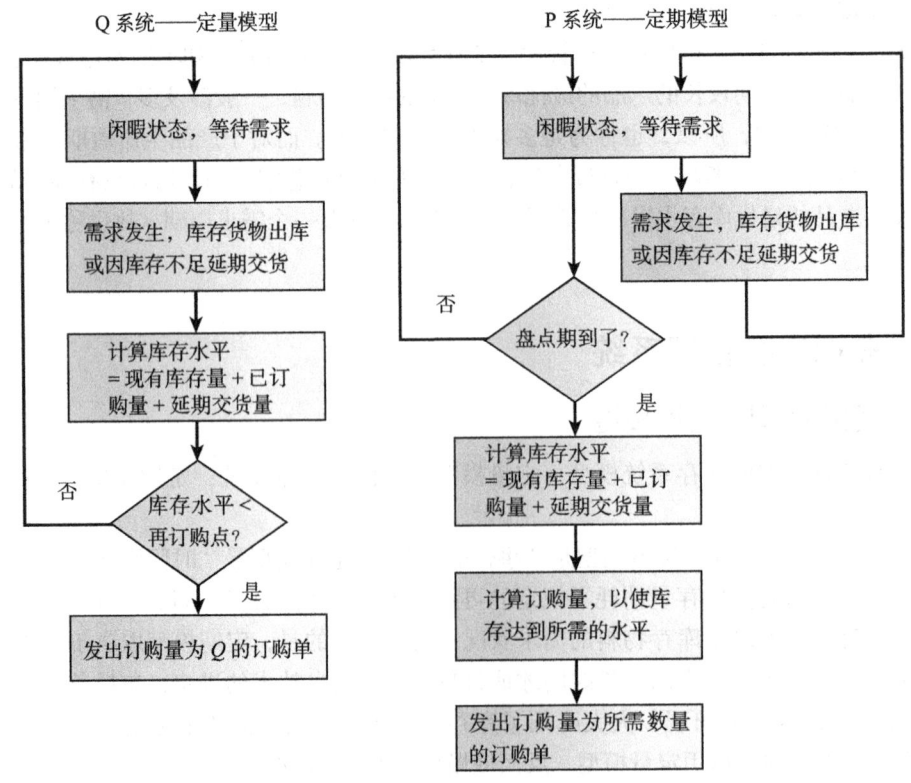

图 12-1　定量与定期模型

对于定期库存系统，只有当库存经过预先规定的盘点期（如每周或每月）进行盘点后才作出订购决策，而是否真正订购则取决于进行盘点时的库存水平。

12.6.2 定量模型

1. 基本定量订货模型

基本定量订货模型是最简单的定量订货模型，因为模型的所有条件都是确定的。如果每年对产品的需求量是 1 000 单位，那就是指确切的 1 000，而不是 1 000±10%。对于生产调整准备成本和库存持有成本也是一样的。虽然在实际中完全确定的情况几乎是不可能的，但这一假设却为我们对库存模型的研究提供了很好的基础。

定量订货模型的目标是确定再订购点 R，当库存水平到达再订购点时就必须订货，而且订货数量为 Q。再订购点也称为订货点，在定量库存系统中通常是一个预先规定的值。对于定量订货模型可以规范地表达如下：当库存量降低到 36 单位时，就再订购 57 单位，这里再订购点 R 为 36，订货数量 Q 为 57。

图 12-2 以及对求解最优订货量的讨论都是建立在对模型的前提假设的基础上：

- 产品需求是已知的、确定的，且在整个时期内保持稳定不变。
- 提前期 (L)，即从订购到收到货物的时间，是固定的。
- 单位产品的价格是固定的（无数量折扣）。
- 订货成本与调整准备成本是不变的。
- 对产品的所有需求都必须满足，不允许延期交货或缺货。
- 产品的需求是独立的，与其他产品的需求无直接关系。

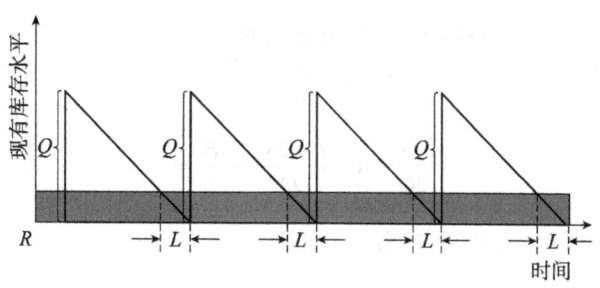

图 12-2 基本定量订货模型

如图 12-2 所示的关于 Q 与 R 的"锯齿状效应"表明，当库存水平下降到再订购点 R 时，就必须要发出订单订货了。所订购的货物将在提前期 L 的期末收到，且提前期 L 在这个模型中是保持固定不变的。

建立任何库存模型时，首先应在收益变量与效益指标之间建立函数关系。本库存模型中，我们关心的是成本，相关的等式如下所示：

总成本＝年采购成本＋年订货成本＋年库存持有成本

或

$$TC = DC + \frac{D}{Q}S + \frac{Q}{2}H \tag{12-1}$$

式中　TC——年总成本；

D——年总需求量；
C——产品单价；
Q——订货批量（最佳批量就称为经济订购批量）；
S——调整准备成本或订货成本；
H——单位产品的年库存持有成本。

注意：年库存持有成本通常以产品单价的百分率表示，即 $H = iC$，式中 i 是年库存持有成本的百分比率。

在等式的右边，DC 是指产品的年采购成本；$(D/Q)S$ 是指年订货成本（实际的订货次数 D/Q，乘以每次订货的成本 S）；$(Q/2)H$ 是指年库存持有成本（年平均库存 $Q/2$，乘以单位产品的年库存持有成本 H）。这些成本之间的关系如图 12-3 所示。

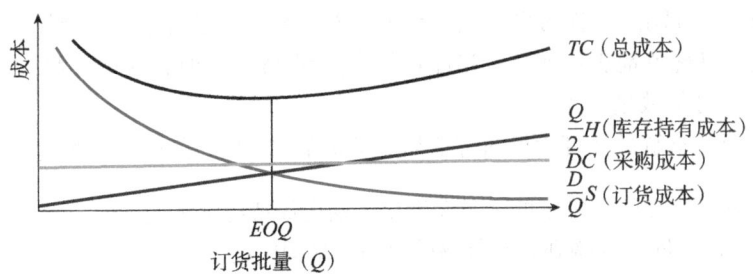

图 12-3 基于订货批量的年产品成本

建立模型的第二步是确定最佳订购批量 Q，以使总成本最小。在图 12-3 中，总成本最小出现在总成本曲线上斜率为零的地方。利用微积分，将总成本曲线对 Q 求一次导数，并使其等于零。对于我们所考虑的基本模型，著名的经济订货批量（economic order quantity, EOQ）也即经济批量（economic lot size）的具体计算过程如下：

$$TC = DC + \frac{D}{Q}S + \frac{Q}{2}H$$

$$\frac{dTC}{dQ} = 0 + \left(\frac{-DS}{Q^2}\right) + \frac{H}{2} = 0$$

由此可以解出经济订货批量 EOQ 为

$$EOQ = \sqrt{\frac{2DS}{H}} \tag{12-2}$$

因为这个基本模型假设需求与提前期都是固定不变的，故无需安全库存，因此，订货点 R 就可以简单地表示为

$$R = \bar{d}L \tag{12-3}$$

式中 R——再订货点（订货点）；
$\bar{d}$——每一时期平均需求量（常数）；
L——订货与收货之间的时间（常数）。

实例 12-1

确定经济订购批量和订购点，已知以下数据：
年总需求量 (D) = 1 000 件；
订货成本 (S) = 5 美元/次；

单位产品的年库存持有成本 (H) = 1.25 美元/件·年；

单价 (C) = 12.5 美元；

提前期 (L) = 5 天；

日平均需求量 ($\bar{d}$) = 1 000/365。

问订货批量是多少？何时订货？

解答

经济订货批量 $EOQ = \sqrt{\dfrac{2DS}{H}} = \sqrt{\dfrac{2 \times 1\,000 \times 5}{1.25}} = \sqrt{8\,000} \approx 89.44 \approx 89$（件）；

订货点 $R = \bar{d}L = 1\,000/365 \times 5 = 13.7 \approx 14$（件）；

通过四舍五入，可制订如下的库存政策：当库存水平下降到 14 件，就需要再订购 89 件。年总成本是 $TC = DC + (D/Q)S + (Q/2)H = 1\,000 \times 12.5 + (1\,000/89) \times 5 + (89/2) \times 1.25$
$= 12\,611.81$（美元）。

请注意：在这个例子中，求解订购批量和订购点时并没有用到产品的采购成本，因为该成本是固定的，与订购批量大小无关。读者应该注意到，在图 12-3 中，EOQ 附近的总成本曲线相对比较平坦，这很正常，说明 EOQ 附近的总成本只有很小的增加。因此，在这个例子中，为了简化管理和方便起见，我们可以采用 90 件为订货批量，同时并不会导致过多的成本增加。

值得指出的是，年总成本 TC 在批量 Q 取 EOQ 时达到最小成本值。有趣的是，这个最小成本值所对应的 EOQ 恰好使得持有成本和订货成本相等，即图 12-3 中持有成本和订货成本曲线的交点。

2. 边补充边消耗的定量订货模型

基本定量订货模型是假设一批订货在瞬间收货的，即补充率是无限大的，但这一假设并不符合企业实际。一般说来，在库存物资进行生产补充的同时，其消耗也同时进行着，这就是边补充边消耗的定量订货模型。特别是在生产系统中，某一部门是另一部门的供应商时，这种模型比较适用。举例来说，为了满足铝合金窗的订单，必须生产铝合金板，然后将铝合金板切割焊接，最后完成全部铝合金窗的订单。现在，企业也开始与供应商签订长期合同，一般是覆盖企业 6 个月或 1 年的产品或物料需求的一揽子订单或一揽子合同，因此，供应商愿意每周送一次货甚至更频繁一些。通常根据一揽子合同，事先规定合同期内每次供货批量，这个模型不同于前面我们所介绍的基本模型，因为引入了一个连续消耗率 d，如果我们用 d 表示对将要生产补充的物资的固定需求率（也就是消耗率），用 p 表示生产率，则我们可以推导出下列总成本公式（显然，生产率必须大于需求率或消耗率；否则，Q 将无穷大，从而导致连续不断的生产）：

$$TC = DC + (D/Q)S + (Q/2)H$$

然而，在这个模型中，正如图 12-4 所示，因为是边补充边消耗的，最大库存量到达不了 Q，平均库存量不是 $Q/2$，而是 $I_{max}/2$。因此，上述等式可以改为下式：

$$TC = DC + (D/Q)S + (I_{max}/2)H \tag{12-4}$$

$$I_{max} = (p-d)(Q/p) \tag{12-5}$$

式中，$(p-d)$ 是每一时期累计库存量；(Q/p) 是需要生产补充的时间。代入式（12-4）中，可以得出

$$TC = DC + \frac{D}{Q}S + \frac{(p-d)Q}{2p}H$$

利用微积分对 Q 求导，并使其等于零，可得经济生产批量（economic production quantity, EPQ）。

$$EPQ = \sqrt{\frac{2DS}{H}\frac{p}{(p-d)}} \qquad (12\text{-}6)$$

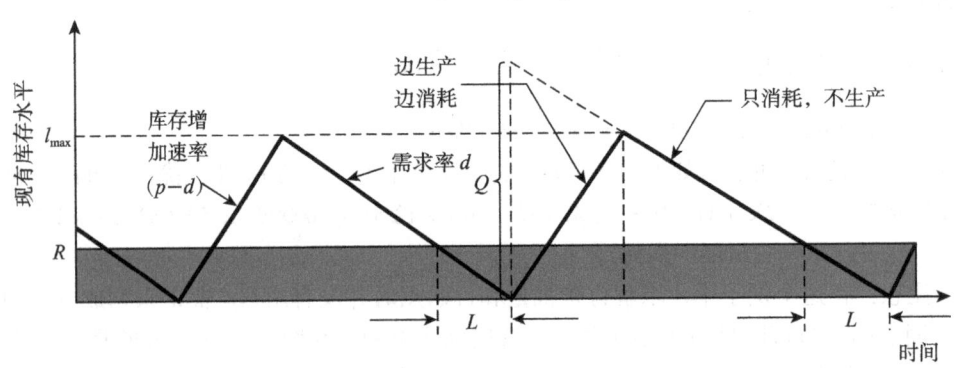

图 12-4　边补充边消耗的定量订货模型

EOQ 模型如图 12-4 所示，最大库存量 I_{max} 总是少于订货批量 Q。由式（12-6）可见，当生产率 p 趋于无限大时，右边的因子 $p/(p-d)$ 就趋于 1，这样就得到了基本的 EOQ 公式。

实例 12-2

产品 X 是某公司库存中的一个标准项目。产品 X 的总装线每天都运转。产品 X 的某一部件（称之为部件 X1）是在另一个部门中生产的，这个部门每天生产 100 个部件 X1。每天总装线上需要投入 40 个部件 X1。

已知下列相关数据，请问部件 X1 的经济生产批量是多少？订货点在哪里？

日需求率 $(d) = 40$（个/天）；

年总需求量 $(D) = 10\,000$（个）（即每天 40 个 × 250 个工作日）；

日生产率 $(p) = 100$（个/天）；

调整准备成本 $(S) = 50$（美元）；

单位产品的年库存持有成本 $(H) = 0.50$（美元/个·年）；

部件 X1 的单价 $(C) = 7$（美元）；

提前期 $(L) = 7$（天）。

解答

部件 X1 的经济生产批量和订货点的计算过程如下：

经济生产批量 $EPQ = \sqrt{\dfrac{2DS}{H}\dfrac{p}{(p-d)}} = \sqrt{\dfrac{2 \times 10\,000 \times 50}{0.50}\dfrac{100}{(100-40)}} = 1\,826$（个）；

订货点 $R = dL = 40 \times 7 = 280$（个）；

上述计算结果表明，当部件 X1 的库存水平下降到 280 个时，就需要进行生产补充，生产批量为 1 826 个。

当日产量为 100 个/天时，就需要生产 18.26 天，并能够为总装线提供 45.65 天（1 826/40 = 45.65）的需求量。从理论上说，该部门可以有 27.39 天（45.65 − 18.26 = 27.39）做其他工作，而不生产部件 X1。

3. 数量折扣模型

数量折扣模型适用于考虑了一定的数量折扣，会降低采购总成本，从而刺激顾客购买行为，加大采购批量的情形。数量折扣可以分为两类：累进折扣和比例折扣。比例折扣是指对所有采购数量都按同一比例给予折扣，而累进折扣是指只有超过规定数量水平的采购数量部分才给予折扣。例如，某一商品采购数量在 1~100 个时，单价为每个 65 美元，而采购数量在 100 个以上时，单价为每个 60 美元。现在，我们需要一次采购 250 个该商品。如果采用累进折扣，那么我们将按照每个 65 美元的单价支付前 100 个商品，而按照每个 60 美元的单价支付剩余的 150 个商品。如果采用比例折扣，那么我们可以按照每个 60 美元的单价支付所有的 250 个商品，本章中所讨论的数量折扣模型采用的都是比例折扣。因此，单位采购成本是由采购批量大小决定的。

为了确定数量折扣模型的最优订货批量，我们可以首先计算出不同的价格水平下相应的经济订货批量 EOQ（注意：如果用 H 而不是 i 来确定年库存持有成本，那么 H 将随着不同的价格水平 C 而不同）。如果 EOQ 可行，也就是说，EOQ 落在相应的数量范围之内，那么我们就选择单价最低的 EOQ。然而，经常出现的情形是一些 EOQ 并不一定能取得到，即 EOQ 不可行，并不一定落在相应的数量范围之内。在这些情况下，我们可以首先计算出不同的价格水平下相应的经济订货批量 EOQ，接下来计算出可以取到的 EOQ 下的总成本，而对于取不到的 EOQ，则计算其数量范围内的最小数量下的总成本。然后比较所有总成本，根据成本最小原则即总成本最低的最小数量或 EOQ 值就是所选择的最优订货批量。

一般程序是首先求出最大的订货量 Q（对应于最低的单价），如果 Q 可行，那么 Q 就是最优订货批量；如果 Q 不可行，那么计算次大的订货量 Q（对应于次低的单价），如果 Q 可行，那么就把对应于 Q 的成本与对应于比 Q 大的价格变化临界点的成本进行比较，然后根据成本最小原则来确定最优订货批量。

实例 12-3

考虑这样一个案例，有关数据如下：

年总需求量（D）= 10 000（个）；

订货成本（S）= 20（美元/次）；

年库存持有成本的百分比率（i）= 20%（即年库存持有成本占单价的 20%，包括存储、利息以及损耗等成本）；

单价（C），如下表所示：

订货批量（个）	单价（美元/个）
0 ~ 499	5.00 美元
500 ~ 999	4.50 美元
1 000 以上	3.90 美元

请问最优订货批量为多少？

解答

根据基本定量订货模型的公式：$TC = DC + \dfrac{D}{C}S + \dfrac{Q}{2}iC$

以及 $EOQ = \sqrt{\dfrac{2DS}{iC}}$

利用上述公式计算出不同的价格水平下相应的 EOQ：

订货批量（个）	单价（美元/个）	EOQ	可行性
0～499	5.00 美元	632	不可行
500～999	4.50 美元	667	可行
1 000 以上	3.90 美元	716	不可行

如图 12-5 所示的是订货量的多少与总成本的关系。利用上述介绍的一般程序，我们现在计算出单价为 4.50 美元、EOQ 为 667 时的总成本，以及单价为 3.90 美元、价格变化临界点 Q 为 1 000 时的总成本。计算过程如表 12-1 所示，比较两者的总成本，可以得出最经济订货批量为 1 000。

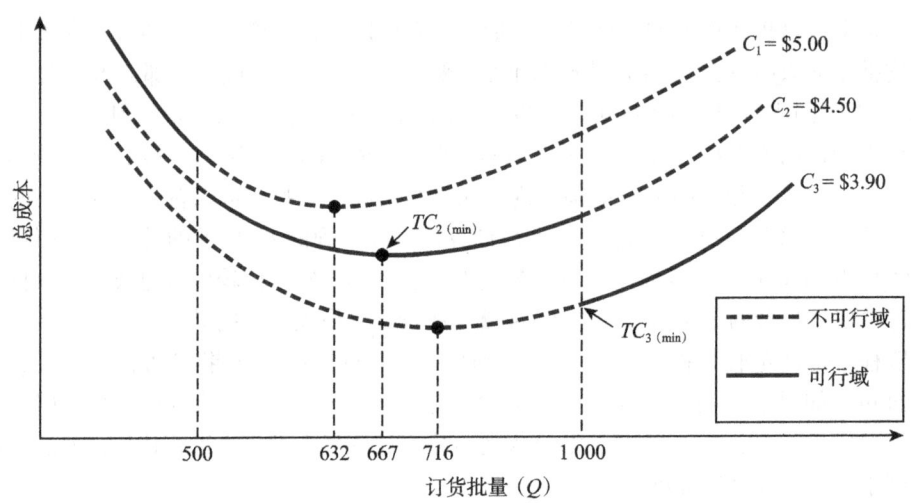

图 12-5 数量折扣模型的总成本曲线

表 12-1 数量折扣模型的总成本计算过程

	$Q = 667$，$C = 4.50$ 美元	价格变化临界点，$Q = 1\,000$
库存持有成本 $\left(\dfrac{Q}{2}iC\right)$	$\dfrac{667}{2}(0.20)4.50 = \$300$	$\dfrac{1\,000}{2}(0.20)3.90 = \$390$
订货成本 $\left(\dfrac{Q}{Q}S\right)$	$\dfrac{10\,000(20)}{667} = \$300$	$\dfrac{10\,000(20)}{1\,000} = \$200$
库存持有成本与订货成本	\$600	\$590
采购成本（DC）	10 000(4.50)	10 000(3.90)
总成本	$TC_{2(min)} = \$45\,600$	$TC_{3(min)} = \$39\,590$

从实践的经验来看，在考虑批量折扣问题时，随着订购批量的增大，价格折扣就越多，所以订购批量大于经济订货批量 EOQ 似乎往往更为有利。因此，我们在应用这一模型时，应该特别注意要对产品过时风险以及仓储成本作出有效的估计。

4. 安全库存与服务水平

前面所述的库存模型都是假设需求不变并且已知。但是，实际中的多数情况下，需求并不恒定，而是随着时间的变化而不断地变化着（比如每天都在变化着，每周都在变化着）。因此，必须建立安全库存以应对需求的变动。安全库存（safety stock，SS）是指在提前期中超出预期平均需求的额外的库存。

企业持有安全库存量取决于3个因素：①需求变动程度；②库存补充所需的提前期；③企业想为客户提供的服务水平。其中，服务水平（service level，SL）是指在提前期中，库存可以及时满足客户需求而不发生因缺货让客户等待的概率。因此，95%的服务水平就意味着在提前期中，现有库存可以保证95%的客户需求能够得到及时的满足，在需求服从正态分布情况下，这也意味着应该建立1.64倍的需求变动的标准差的安全库存，这里定义安全因子Z=1.64倍，而在给定服务水平即不发生缺货概率，通过查正态分布累积概率表即可得到安全因子Z值。

需求变动越大，所需安全库存就越大。同样，提前期越长，所需安全库存也越大。提高服务水平就意味着安全库存的增加。影响安全库存量的这三个因素如图12-6所示。

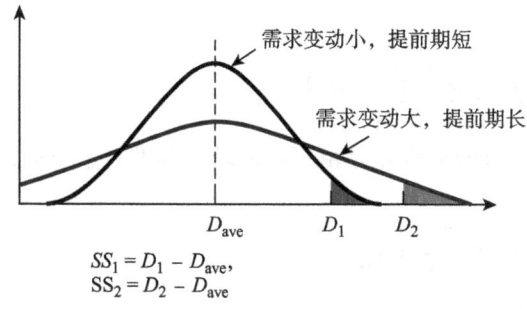
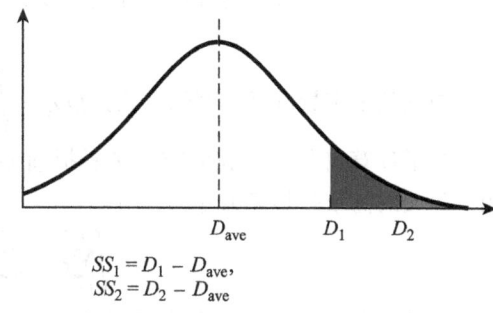

a）在固定的服务水平下，不同的需求变动程度和提前期对安全库存的影响

b）在固定的需求变动程度和提前期下，提高服务水平对安全库存的影响

图12-6 需求变动程度、提前期与服务水平对安全库存量的影响

定量订货模型即Q系统对库存水平进行连续监控，且当库存量降至某一订货点水平R时就发出订单进行新的订货，可见，在需求变动即不确定的需求环境下，缺货的危险只会发生在提前期，即介于发出订单与收到货物之间的那段时间。因此，需求确定的定量订货模型与需求不确定的定量订货模型之间的主要区别就在于订货点的决策不同，在这两种情况下，最优订货量是一样的，还是采用前面讨论过的需求确定时同样的方法确定。

不确定的需求环境下，通过设置安全库存来应对不确定因素，所以，订货点变为

$$R = \bar{d}L + Z\sigma_L \quad (12\text{-}7)$$

$$SS = Z\sigma_L \quad (12\text{-}8)$$

式中　R——再订货点（订货点）；

$\bar{d}$——每一时期平均需求量（常数）；

L——提前期即订货与收货之间的时间（常数）；

Z——安全因子即特定服务水平下的标准差；

σ_L——提前期内需求的标准差。

注意：当安全库存是正值时，其影响在于要提前订货，也就是说，没有安全库存的 R 只是提前期内的平均需求，比如，如果提前期的预期用量为 20，计算出来的安全库存为 5 单位，那么，当现有库存下降至 25 单位库存时，就应该发出订单重新订货了，而且安全库存越多，就应越早发出订单订货。

实例 12-4

考虑这样一个案例，有关数据如下：

日需求服从均值为 200 单位、标准差为 50 单位的正态分布，且每日需求都是相互独立的，假设需求是基于一年 250 天工作日的情况；

订货成本 (S) = 10 美元 / 次；

年库存持有成本 = 1 美元；

提前期 = 4 天；

服务水平 = 95%。

请问最优订货批量与订货点分别为多少？

解答

根据基本定量订货模型的公式：$EOQ = \sqrt{\dfrac{2DS}{H}} = \sqrt{\dfrac{2\times(200\times250)\times10}{1}} = 1\,000$（单位）

为了计算订货点，我们首先来看提前期内需求的标准差是由每日需求的标准差求出的，由于每天的需求是相互独立的，所以

$$\sigma_L = \sqrt{\sum_{i=1}^{L}\sigma_d^2} = \sqrt{\sum_{i=1}^{4}25^2} = \sqrt{4\times25^2} = 50$$

然后，根据 95% 的服务水平要求，安全因子 $Z=1.64$，这样，安全库存和订货点分别为

$$SS = Z\sigma_L = 1.64\times50 = 82 \text{（单位）}$$

$$R = \bar{d}L + Z\sigma_L = 200\times4+82 = 882 \text{（单位）}$$

这样，对于定量库存管理系统，为了满足 95% 的服务水平要求，只要库存降至 822 单位，就要发出 1 000 单位的订单进行订货。

5. 经济订货批量模型的实际应用价值

最近，一些行业以及咨询公司对经典库存模型提出争议似乎很新潮。相应地，来自学术上的公开争议却比较少。在制造业环境中，经典的经济订货批量模型最大的弱点是在订货批量上。根据 EOQ 公式，订货批量的确定需要考虑订货成本或调整准备成本、库存持有成本以及相应的需求率等，但在实际应用中，这些成本数据通常是很难测定的，甚至是错误的。而且，需求通常是波动的，很少是固定不变的。然而，EOQ 的实际应用价值其实就在于它的强壮性。为了说明这一点，我们不妨回到实例 12-1，进一步研究订货批量断变动时总成本的变化，正如我们在图 12-7 中看到的，当 Q 值在 30 ~ 290 变动时，总成本只在 12 600 ~ 12 700 元变动。这意味着在实际应用中不管是什么原因，如果通过修正使用一个与 EOQ 稍有差别的批量时，持有成本与调整准备成本之和的增量不会很大，也就是说，持有成本与调整准备成本对于批量大小的调整变动很不敏感，这一特性也称为 EOQ 的强壮性。埃利奥特·威斯（Elliot N. Weiss）通过多年以来许多企业一直采用 EOQ 公式来确定最优订货批量的事实很好地阐明了这个问题。

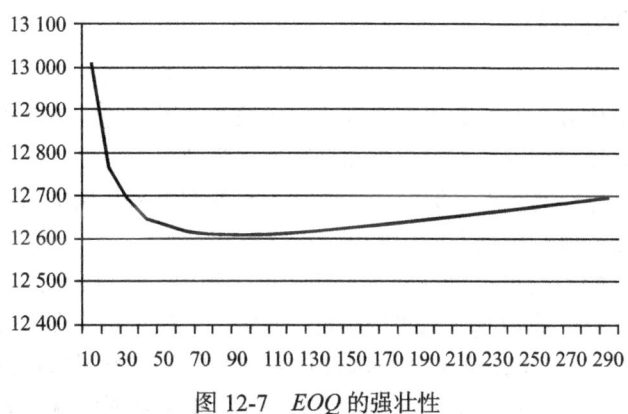

图 12-7　EOQ 的强壮性

此外，埃利奥特·威斯还论述了管理订货批量和库存控制之间的关系，指出目前的趋势是通过减小订货批量来降低库存成本。比如准时制生产系统，强调的是减小批量，而减小批量就意味着降低调整准备成本，问题的关键是理解这一逻辑关系，并能够运用到实际中去。由于降低调整准备成本会引起订货批量的减小作用，如图 12-8 所示。当调整准备成本下降了，总成本曲线就从 TC_1 变到 TC_2，从而引起经济订货批量从 EOQ_1 降到 EOQ_2，最低的总成本从 $TC_{1(min)}$ 降到 $TC_{2(min)}$。

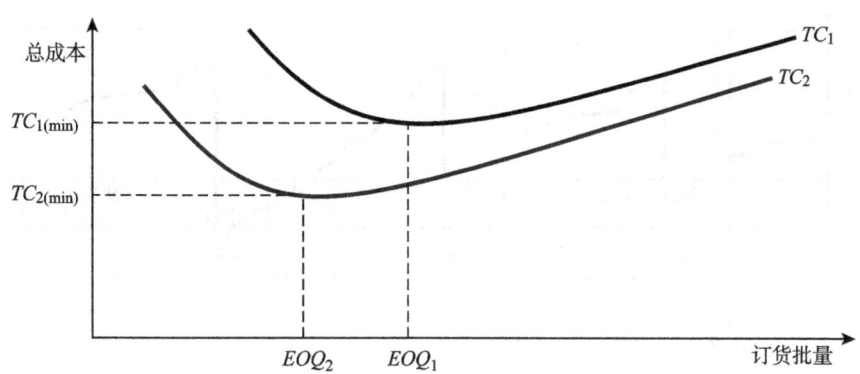

图 12-8　降低调整准备成本对订货批量和总成本的影响

实例

为了说明降低订货成本或调整准备成本所带来的影响，进一步把实例 12-1 中的订货成本（S）从 5 美元/次降到 1 美元/次，然后重新计算 EOQ 和总成本。

解答

经济订货批量 $EOQ = \sqrt{\dfrac{2DS}{H}} = \sqrt{\dfrac{2 \times 1\,000 \times 1}{1.25}} = \sqrt{1\,600} = 40$（件）（原例中是 89 件）；

年总成本是 $TC = DC + (D/Q)S + (Q/2)H = 1\,000 \times 12.5 + (1\,000/40) \times 1 + (40/2) \times 1.25 = 12\,550$（美元）（原例中是 12 611.81 美元）。

通过这个实例可以发现，对于多品种小批量生产方式，如果解决了品种切换之间的设备调整准备时间，也即调整准备成本 S，就可以减小经济订货批量 EOQ，降低总成本，实现小批量生产。为此，在企业实践中，日本丰田汽车公司通过技术方法和组织措施，实现了"三分钟换模"，从而创造了改变世界的机器——精益生产方式。

12.6.3 定期订货模型

对于定期订货模型,库存只在特定的时间进行盘点,如每周一次或每月一次。当供应商定期走访顾客,并提供其所有产品供顾客订购,或顾客为了节约运输费用而将其订单合在一起下达的情况下,采用定期进行库存盘点和订购就较为理想。另外,一些公司采用定期库存系统是为了方便安排库存的盘点。例如,分销商 X 每两周打来一次电话,那么员工就明白所有分销商 X 的产品都应进行盘点了。

常规的盘点期,特别是单一物资的盘点期,可以利用 EOQ 计算公式进行选择。一旦确定了该物资的经济订货批量 EOQ,就可以确定一年需要几次订货,那么每两次订货之间的间隔时间就可以确定了。譬如说,如果年需求量是 1 200 单位,而经济订货批量 EOQ 是 100 单位,那么就确定了每年需要 12 次订货,每两次订货之间的间隔时间就为 1 个月。

在定期订货系统中,通常需要为每一种库存物资建立一个最高库存水平,也称为库存最高水平。从图 12-9 中可以看到,最高库存水平和现有库存水平之间的差额就是需要订货的数量,每一期的订购数量不尽相同,订购数量的大小主要取决于每一期的库存使用率(图 12-5 中,Q_1、Q_2 和 Q_3 是不同的)。这里,负库存水平,图 12-5 中的第三阶段,可视为必须补充的缺货。因此,在定期订货系统中,订货间隔期是固定的,但是订货量是变化的;相反,在定量订货系统中,订货批量是固定的,但是订货间隔时间是变化的。

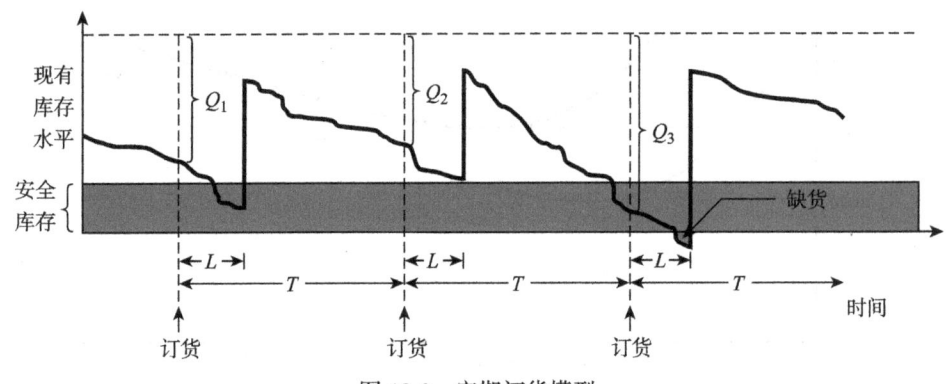

图 12-9 定期订货模型

由于定期订货模型即 P 系统只要求定期对库存进行盘点,发出订单订货之后,一个大批量需求就会使库存马上降至零点,而这种状况直到下一次盘点才会被发现,这个时候再发出新订单,需要一定提前期才能到货。这样,整个订货间隔期 T 和提前期 L 就可能一直处于缺货状态。因此,安全库存不仅仅要保证订货间隔期,还要保证从发出订单到收到货物之间的提前期都不断货。

可见,不确定的需求环境下,定期订货模型在盘点期发出订单,其中需要设置的安全库存和订货量分别为

$$SS = Z\sigma_{T+L} \tag{12-9}$$

$$q = \bar{d}(T+L) + Z\sigma_{T+L} - I \tag{12-10}$$

式中 q——订货量;

I——现有库存量;

T——订货间隔期即盘点期;

$\bar{d}$——每一时期平均需求量（常数）；

L——提前期即订货与收货之间的时间（常数）；

Z——安全因子即特定服务水平下的标准差；

σ_L——提前期内需求的标准差。

注意：平均需求量 $\bar{d}$ 可以采用预测值，需要的话也可以在每个盘点期加以修改，或者如果相近可以使用年平均值。

实例 12-5

考虑这样一个案例，有关数据如下：

日需求服从均值为 200 单位、标准差为 50 单位的正态分布，且每日需求都是相互独立的情况；

盘点开始的现有库存量 = 150 单位；

盘点期 = 12 天；

提前期 = 4 天；

服务水平 = 95%。

请问安全库存与订货量分别为多少？

解答

为了计算安全库存，我们首先来看 $(T+L)$ 期间需求的标准差是由每日需求的标准差求出的，由于每天的需求是相互独立的，所以

$$\sigma_{T+L} = \sqrt{\sum_{i=1}^{T+L} \sigma_d^2} = \sqrt{\sum_{i=1}^{12+4} 25^2} = \sqrt{16 \times 25^2} = 100$$

然后，根据 95% 的服务水平要求，安全因子 $Z=1.64$，这样，安全库存和订货量分别为

$$SS = Z\sigma_{T+L} = 1.64 \times 100 = 164 \text{（单位）}$$

$$q = \bar{d}(T+L) + Z\sigma_{T+L} - I = 200 \times (12+4) + 164 - 1\,000 = 2\,364 \quad \text{（单位）}$$

这样，对于定期库存管理系统，为了满足 95% 的服务水平要求，就要在盘点期发出 2 364 单位的订单进行订货。

12.7 单期库存模型

尽管所有的库存都面临着过时的风险，但有些产品因为其生命周期非常短暂而被认为是易逝品。易逝品一旦过期后，产品的价值就急剧下降，通常只有很小的残值，如新闻报纸和圣诞树等。这类产品的价值因为时间的变化而急剧变化（新闻报纸的生命周期是一天；圣诞树的生命周期大约是圣诞节前一个月的时间）。对于这类易逝品的最优库存水平的决策问题，一般仅仅涉及一个需求周期，故也称为是单期库存模型。

对于适用于单期库存模型的产品，具有以下特征：①产品只在一个需求周期内有效；②产品的需求变动性很大，但是按照已知的概率分布有规律地变动；③产品的残值或产品过期后的价值远远低于产品的初始成本。

12.7.1 期望利润矩阵法

确定这类产品的合理库存水平的目标是权衡销售每一单位所得的收益与每一单位产品过期后未被售出所带来的损失。因为这类问题中的需求遵循一定的概率分布规律，因此，我们

需要按照期望利润最大原则来确定最优库存水平。当概率分布是离散分布时，我们可以运用期望利润矩阵来解决这类问题。

实例

迪克·摩尔（Dick Moore）销售圣诞树。这些圣诞树是迪克在纽约郊外种植的，因为12月份的天气真不怎么样并且风雪很多，所以迪克通常在12月1日就砍伐圣诞树并在圣诞节前售出。迪克就这样经营圣诞树已经很多年了，并且每年都详细记录下了每年的销售状况。从这些记录中，迪克可以确定在一年中圣诞树的任何销售数量的概率如下表所示：

需求数量	需求概率（%）
500	15
550	20
600	25
650	30
700	10

迪克在当年的圣诞节前以每棵25美元的价格售出，每年种树和砍伐的成本是每棵10美元。如果圣诞树在12月底未售出，那么未售出的圣诞树将作为燃料烧掉，每棵只值5美元。请问迪克应该砍多少棵圣诞树？

解答

根据以上信息，我们可以得出下面的利润表，以确定不同的顾客需求量和不同的圣诞树数量之间的组合所能得到的净利润（注意：这里所定义的利润包括了圣诞树没有售出的机会成本，这并不是严格意义上的会计标准）。

需求概率	0.15	0.20	0.25	0.30	0.10	
顾客需求量	500	550	600	650	700	
圣诞树数量						期望利润（美元）
500	7 500	6 750	6 000	5 250	4 500	6 000
550	7 250	8 250	7 500	6 750	6 000	7 238
600	7 000	8 000	9 000	8 250	7 500	8 125
650	6 750	7 750	8 750	9 750	9 000	8 575
700	6 500	7 500	8 500	9 500	10 500	8 500

利润表中的价值可以分为三组：

第一组：所砍伐的圣诞树数量正好等于顾客需求量，利润为

$$P = D(SP - C)$$

式中　D——顾客需求量；

SP——每棵圣诞树的售价；

C——每棵圣诞树的成本。

因此，如果我们正好有550棵圣诞树的需求而正好砍伐了550棵圣诞树，则利润是

$$P = D(SP - C) = 550 \times (25 - 10) = 8\ 250（美元）$$

第二组：顾客需求量超过了所砍伐的圣诞树数量，这里需要考虑因缺货而损失的机会成本，利润是

$$P = Q(SP - C) - (D - Q)(SP - C)$$

式中　Q——圣诞树数量。

如果顾客需求量为 650 棵而我们只砍了 500 棵圣诞树,那么利润是

$$P = Q(SP - C) - (D - Q)(SP - C)$$
$$= 500 \times (25 - 10) - (650 - 500) \times (25 - 10) = 5\,250\,(美元)$$

第三组：所砍伐的圣诞树数量超过了顾客需求量,这里需要考虑不能售出的圣诞树是一种损失,利润是

$$P = D(SP - C) - (Q - D)(C - SV)$$

式中　SV——12 月底以后圣诞树的残值。

如果我们砍伐 700 棵圣诞树,而顾客需求量为 550 棵圣诞树,那么利润是

$$P = D(SP - C) - (Q - D)(C - SV)$$
$$= 550 \times (25 - 10) - (700 - 550) \times (10 - 5) = 7\,500\,(美元)$$

确定了利润表中所有的利润值后,接下去需要计算每一个圣诞树数量下的期望利润,即等于每一个顾客需求量下发生的概率乘以相应的利润值。例如,如果我们决定砍伐 600 棵圣诞树,那么利润期望值就是

$$EP(600) = 0.15 \times 7\,000 + 0.20 \times 8\,000 + 0.25 \times 9\,000 + 0.30 \times 8\,250 + 0.10 \times 7500$$
$$= 8\,125\,(美元)$$

最后,我们选择期望利润值最大的圣诞树数量。在本例中,迪克应该砍伐 650 棵圣诞树,因为此时的期望利润值最大为 8 575 美元,如上表所示。

12.7.2　报童模型

现在,我们进一步假设迪克可以预测到在一年中圣诞树的平均需求 μ 为 600 棵,标准差 σ 为 60 棵,并且圣诞树需求服从正态分布,同时定义：X = 需求,这是一个随机变量;$F(x) = Pr.(X \leq x)$ 为需求的累积分布函数,且 F 是一个连续分布函数;$f(x) = dF(x)/dx$ 为需求的概率密度函数。

那么,迪克可以选择生产 600 棵圣诞树。但是注意,正态分布的对称形状（即钟形）说明了需求大于或小于 600 的概率是相等的。如果需求少于 600 棵,迪克过量生产的每棵圣诞树将会损失掉 5 美元,即单位过剩成本 C_o = 10 美元 − 5 美元 = 5 美元;如果需求大于 600 棵,迪克供应不足的每棵圣诞树品将损失 15 美元,即单位缺货成本 C_u = 25 美元 − 10 美元 = 15 美元。很明显,缺货比过量生产更糟糕。这意味着迪克或许应该生产多于 600 棵的产品,尽管如此,应该多出多少呢?

为了建立报童模型 (newsvender model),注意到如果我们生产 Q 棵产品而实际需求为 X 棵,那么过量生产的数量就等于 $\max\{Q - X, 0\}$,也就是说,如果 $Q \geq X$,则过剩数量就是 $Q - X$;但如果 $Q < X$,则发生缺货,因此过剩数量为 0。因此,过剩数量的期望值为

$$E[缺货数量] = \int_0^\infty \max\{Q-x,0\}f(x)dx = \int_0^Q (Q-x)f(x)dx$$

同样地,缺货的数量就等于 $\max\{X - Q, 0\}$,也就是说,如果 $X \geq Q$,则缺货量就是 $X - Q$;但如果 $Q < X$,则发生过剩,因此缺货量为 0。可见,缺货数量的期望值为

$$E[缺货数量] = \int_0^\infty \max\{x-Q,0\}f(x)dx = \int_Q^\infty (x-Q)f(x)dx$$

这样,我们可以得到期望成本曲线为

$$F(Q) = C_o \int_0^Q (Q-x)f(x)dx + C_u \int_Q^\infty (x-Q)f(x)dx$$

与 EOQ 模型一样，利用微积分，将期望成本曲线对 Q 求一次导数，并使其等于零，则可以得到期望成本最小时最优产量（订货量）Q^*

$$\frac{dF(Q)}{dQ} = C_o F(Q) - C_u [1 - F(Q)] = 0$$

$$F(Q^*) = \frac{C_u}{C_o + C_u} \quad (12\text{-}11)$$

如果假设 F 是正态分布，我们可以进一步将式（12-11）简化为

$$F(Q^*) = \Phi\left(\frac{Q^* - \mu}{\sigma}\right) = \frac{C_u}{C_o + C_u} \quad (12\text{-}12)$$

其中，式（12-12）的右边称关键比率（critical ratio）或称服务水平（service level）；式（12-12）的左边 Φ 为标准正态分布的累积分布函数，这样经过标准化后，安全因子 Z 值可在标准正态表中查得，也就是说，根据关键比率或称服务水平，查标准正态分布表，即可确定 Z 值。

$$\frac{Q^* - \mu}{\sigma} = Z \quad (12\text{-}13)$$

于是，我们可以确定最优订货量为

$$Q^* = \mu + Z\sigma \quad (12\text{-}14)$$

现在我们回到圣诞树的案例。因为需求服从正态分布，故可以根据式（12-14）计算出最优订货量为 Q^*。为此，首先要根据关键比率或称服务水平确定安全因子 Z 值，即：

$$\frac{C_u}{C_o + C_u} = \frac{15}{5+15} = 0.75$$

然后，在标准正态表中查得 $\Phi(0.67) = 0.75$。因此，$Z = 0.67$ 且

$$Q^* = \mu + \sigma Z = 600 + 60 \times 0.67 \approx 640$$

这一最优结果可以理解为应生产多于平均需求 0.67 倍标准差的产量。因此，如果需求的标准差为 100 棵而不是 60 棵，那么答案就会是比平均需求多生产 $0.67 \times 100 = 67$ 棵，共 667 棵。

通过上述迪克案例的分析，我们可以将报童模型的基本思想总结如下：

（1）在需求不确定环境下，最优生产量或订货量是由需求的分布、过剩成本 C_o 和缺货成本 C_u 共同决定的。

（2）当需求服从正态分布时，如果 $C_u/(C_u + C_o) > 50\%$，则增加需求的变动性（即标准差），会引起最优生产量或订货量的增加，而如果 $C_u/(C_u + C_o) < 50\%$，则会使最优生产量或订货量减少。

12.8 服务业中的库存管理

在服务业中，服务具有很高的易逝性，正如第 11 章所讨论的，宾馆的客房不能因为客满而要求顾客延期到其他晚间再来住宿；同样地，飞机的座位一般也不能储存起来以备将来使用。

12.8.1 收益管理

因为服务业中的服务具有很高的易逝性，所以服务业中的库存管理问题与单期库存问题很相似。

正如第 11 章所讨论的,为了充分发挥收益管理的优势,服务型企业必须具备一些特点,包括具有固定成本很高而可变成本很低的成本结构。在第 11 章也提到过,包括航空公司、宾馆酒店以及汽车租赁公司等。对于这样的服务型企业,企业的成本结构中,可变成本所占总成本的比重一般是很低的,故企业的利润就与销售额直接相关。因此,这些企业的目标是通过尽可能提高企业的能力利用率以达到销售额最大化——即收入最大化,即使这意味着在折扣价格以后出卖可用能力——只要这些价格高于可变成本即可。例如,如果一家宾馆的可变成本仅仅是清洁整理费 25 美元,包括人工费用以及毛巾、肥皂、香波等消耗品费用,那么任何高于 25 美元的客房收费都是有利可图的。因此,与其以每晚 50 美元的优惠价收费而不让客房空着,也比以每晚 135 美元标准价收费收益要高。

对于这些服务型企业的管理者最大的挑战是如何确定不同的价格水平下的可用服务能力水平,赋闲的服务能力一般可以以折扣价提前售出。譬如,航空公司通常对提前 21 天预订的机票打折扣,而且这是所提供的最低价;同样地,大型会议通常对提前一年预订会场和宾馆的顾客,提供折扣。

同时,尽管如此,管理者并不想失去一个随机顾客,因为随机顾客是付全价的,而预订的顾客都是享受折扣价的。一旦失去一个随机顾客时,就会产生机会成本。对于不同的细分市场而采取不同的价格水平、提供不同的服务能力水平的管理方法就称为收益管理或收入管理。通过收益管理,服务业的管理者同时管理企业服务能力的供给。通过不同的价格水平调节需求:低价刺激需求,高价抑制需求;通过限制不同的价格水平的可用能力而控制能力供给。根据需求的不同而采取不同的价格、提供不同的服务能力水平,设法争取每一个具有相应购买力的顾客。

为了进一步说明服务型企业是如何利用不同的价格水平来调节需求,"运营管理实践:美洲航空公司的收益管理"介绍了美洲航空公司在马萨诸塞州波士顿和英国伦敦之间的不同航线的票价以及每种票价之间的限制条件,值得指出的是,头等舱和商务舱之间的服务水平是不同的,而在其他票价下乘客接受的服务水平是相同的(除了案例中所列出的一些票价,此外,在需求淡季,美洲航空公司还会推出各种特殊优惠的票价)。

运营实践 12-2

美洲航空公司的收益管理

收益管理已经在现今的航空业得到了广泛的运用,以实现企业的收入和利润的最大化。美洲航空公司是最先运用收益管理的企业之一:

(1)制定价格;
(2)对于不同的价格确定不同的航班能力;
(3)确定细分市场的必要限制。

下表所示是在马萨诸塞州波士顿和英国伦敦之间的不同航线的票价。

票价(美元)	需求状况	星期	提前预订时间(天)	其他限制条件
298	淡季	周二,周三	0	周六晚
338	淡季	其他时间	0	周六晚
548	一般	周中	7	周六晚
597	一般	周末	7	周六晚

(续)

票价(美元)	需求状况	星期	提前预订时间(天)	其他限制条件
824	高峰期	周中	7	周六晚
884	高峰期	周末	7	周六晚
2 920				无限制
7 538				商务舱
11 884				头等舱

注意:
淡季　11月1日～12月17日
　　　1月6日～3月15日
一般　9月30日～10月31日
　　　3月16日～6月15日
高峰期　12月18日～1月5日
　　　6月16日～9月29日
周中　周一～周四
周末　周五～周六

资料来源: Based on a telephone conversation on February 18,2002 with "Timirra", a reservation agent with American Airlines.

12.8.2 基于收益管理的单期库存模型

基于收益管理的单期库存模型对很多服务业企业都很适用,例如,航班超额预订,时尚产品的预订,大型会议对会场、宾馆的预订,大型体育赛事对专用服装、礼品的预订,等等。

实例

雅各布和伊万在马萨诸塞州西部拥有一个65个客房的小宾馆。在整个夏季,在这个地区有很多文化活动,包括波士顿交响乐团的演出。在此期间,他们的房价最高为每晚150美元。然而,客房通常在周末会客满,但在一周其他时间从不会住满。从历史数据上看,雅各布和伊万列出了下表来显示一周其他时间所有的晚间占用的客房数目(即从周日到周四)。

占用客房数	概率
45	0.15
50	0.30
55	0.20
60	0.35

整理一个客房的可变成本预计是25美元,雅各布和伊万最近接待了一批退休职工,他们的收入不是很高。这批退休职工正在为他们春季报刊做促销活动,希望宾馆能够给予老人房价一定的优惠,因为这批老人至少提前了一个月订房。这批老人保证如果宾馆每晚每个客房只收取95美元,他们可以在非周末时间即周日至周四内订出所有的客房。那么,雅各布和伊万应如何确定每晚的客房数目呢?

解答1

与圣诞树问题一样,我们先建立下面的利润表:

需求概率	0.15	0.30	0.20	0.35
顾客需求量	45	50	55	60
客房数量(每晚房价150美元)				期望利润(美元)

(续)

45	7 025	6 750	6 475	6 200	6 543.75
50	6 325	7 300	7 025	6 750	6 906.25
55	5 625	6 600	7 575	7 300	6 893.75
60	4 925	5 900	6 875	7 850	6 640.00

与圣诞树问题相同，利润表中的价值可以被分为三组：

第一组，每晚房价 150 美元的客房数量正好等于顾客需求量，利润为

$$P = D(SP - C) + (N - D)(DP - C)$$

式中　D ——顾客需求量；
　　　SP ——每晚标准房价；
　　　DP ——打折后的房价；
　　　C ——每晚整理客房的可变成本；
　　　N ——宾馆客房的总数。

那么，如果顾客需要 50 个客房，宾馆就安排 50 个标准价格房。那么利润是

$$P = D(SP - C) + (N - D)(DP - C) = 50 \times (150 - 25) + (65 - 50) \times (95 - 25)$$
$$= 7\ 300\ (美元)$$

第二组，顾客对标准房价的需求量超过了供应量，这里需要考虑因缺货而损失的机会成本（原来的标准房租给了退休人员），那么机会成本就是标准房价和打折房价的差价，利润是

$$P = Q(SP - C) + (N - Q)(DP - C) - (D - Q)(SP - DP)$$

式中　Q ——标准房数量。

如果顾客对标准房价的需求量是 60 间，而宾馆只准备了 50 间，那么利润是

$$P = Q(SP - C) + (N - Q)(DP - C) - (D - Q)(SP - DP)$$
$$= 50 \times (150 - 25) + (65 - 50) \times (95 - 25) - (60 - 50) \times (150 - 95) = 6\ 750\ (美元)$$

第三组，宾馆安排的标准房数量超过了顾客需求量，这里需要考虑没有将这些客房订给退休人员而丧失的机会成本，利润是

$$P = D(SP - C) + (N - Q)(DP - C) - (Q - D)(DP - C)$$

如果宾馆安排的标准房数量为 60 间，而顾客对标准房价的需求量只有 50 间房，那么利润是

$$P = D(SP - C) + (N - Q)(DP - C) - (Q - D)(DP - C)$$
$$= 50 \times (150 - 25) + (65 - 60) \times (95 - 25) - (60 - 50) \times (95 - 25) = 5\ 900\ (美元)$$

确定了利润表中所有的利润值后，接下来，宾馆需要计算每一个标准房数下的期望利润，即等于每一个顾客需求量下发生的概率乘以相应的利润值。例如，如果宾馆安排 55 间标准房，那么期望利润是

$$EP(55) = (0.15) \times (5\ 625) + (0.30) \times (6\ 600) + (0.20) \times (7\ 575) + (0.35) \times (7\ 300)$$
$$= 843.75 + 1\ 980 + 1\ 515 + 2\ 555 = 6\ 893.75\ (美元)$$

最后，我们选择期望利润值最大的标准房数。在本例中，雅各布和伊万应该每晚安排 50 个标准客房，而安排 15 个客房（65 − 50 = 15）来给退休人员，因为此时的期望利润最大为 6 906.25 美元。下面是采用 Excel 电子表格的解题步骤。

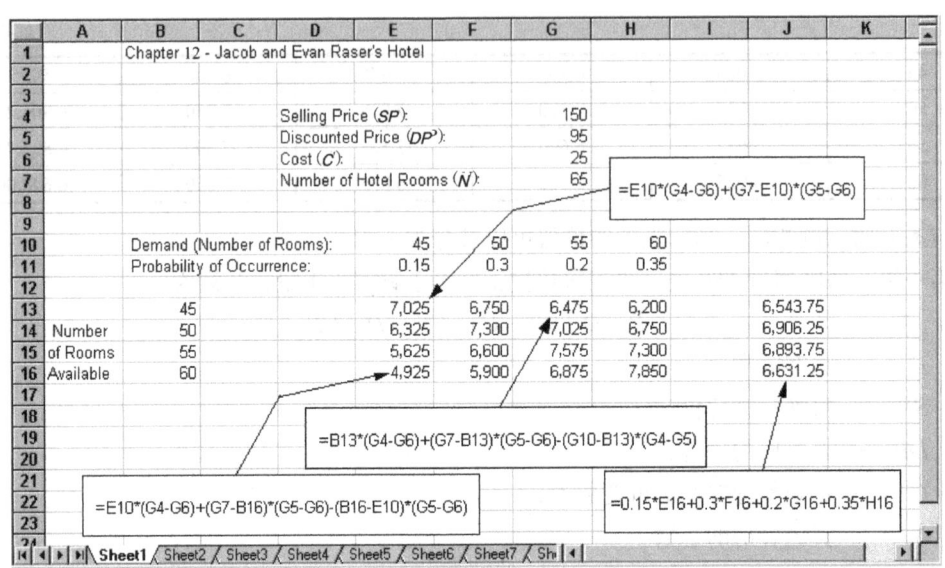

解答 2

利用报童模型,我们先建立下面的累积概率表:

占用客房数	概率	累积概率
45	0.15	0.15
50	0.30	0.45
55	0.20	0.65
60	0.35	1.00

由于宾馆一个标准客房的缺货成本 C_u 就是标准房价和打折房价的差价: C_u=150 美元 −95 美元 =55 美元,过剩成本 C_o 就是没有将这些客房打折给退休人员而丧失的机会成本: C_o=95 美元 −25 美元 = 70 美元,因此可以得到关键比率或服务水平,也即累积概率为

$$\frac{C_u}{C_o+C_u} = \frac{55}{70+55} = 0.44$$

因此,当我们满足 44% 的服务水平要求时期望利润最大,此时的标准客房数量应该是 50 个标准客房,而剩下的 15 个客房(65−50 = 15)则安排给退休人员。

12.9 库存管理的其他问题

12.9.1 实际成本的确定

对于大多数库存模型来说,只要库存管理系统满足模型的约束或假设条件,就可以得到最优解,这在理论上是很容易说明的,但是实际运用起来却比较困难。得到实际的订货成本、调整准备成本、库存持有成本以及缺货成本的数据非常困难,有时甚至是不可能的。问题的原因是会计数据通常是平均成本,而库存模型需要边际成本来确定合理的订货批量。如图 12-10 所示,对订购成本的线性假设与实际发生的成本进行了鲜明的对比。例如,一个采购员是拿薪金的员工,当他满负荷工作后若再加一份工作量所产生的边际成本是零;而若要再另聘一个采购员所产生的边际成本是呈阶梯性增长的(理论上,增聘一个采购员的边际成本就是增加一个采购员所产生的成本）。

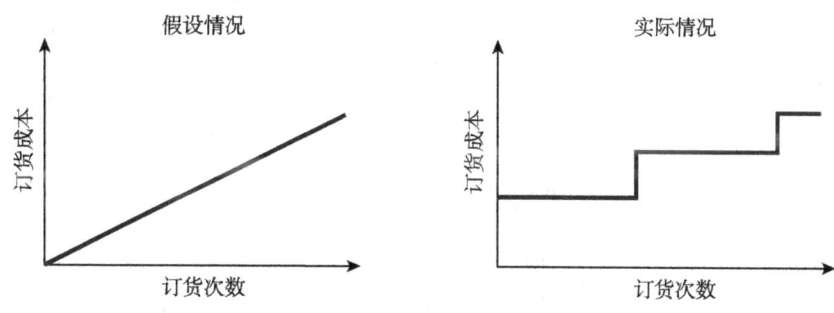

图 12-10　订货成本与订货次数的关系：线性假设与实际情况

在确定库存持有成本时也存在同样的问题，比如，如果有现成的没有占用的存储区存放库存，那么仓库成本可能为零。此外，大多数企业只能估计实际的库存持有成本，包括废弃/损耗成本（最多是一个推测值）、资本成本（取决于内部可用资金、其他投资机会、新的融资渠道）、保险成本（如果现有保险金高于现有资产的话，可以在零与新政策所需的成本之间）。因此，当我们将本章的库存模型运用到企业实际时需要考虑这些情况。

12.9.2　ABC 库存计划

所有库存管理系统都为以下两个主要问题所困扰：一是对于每一库存物资都保持充分的控制；二是确保现有的库存记录准确可靠。在这一部分中，我们将阐述 ABC 分类法——一个提供库存控制方法和库存周期盘点方法，以提高库存记录准确性的库存分析方法。

通过不断地盘点、发放订单、收货等方式来持有库存需要耗费大量的时间和资金。当这些资源有限时（通常是有限的），企业很自然地就会试图采用最好的方式，充分利用有限的资源来对库存进行控制。换句话说，此时重点应该集中于重要物资的库存。

18 世纪，维弗雷多·帕累托（Villefredo Pareto）在研究米兰的财富分布时发现，20% 的人口控制了 80% 的财富。这种少数具有重要的地位、多数居于次要地位的哲理广泛应用于许多方面，被称为帕累托法则。帕雷托法则适用于我们的日常生活，日常生活中的大部分决策不怎么重要，而少数决策却影响了我们的未来。在库存管理系统中也同样正确，少量库存物资占用了我们的大量投资（正如本书前文所讨论的，帕累托法则在质量管理中也同样用来鉴别最频繁出现的质量问题的种类）。

任何一个库存管理系统都必须确定对每种物资何时订货以及订购数量为多少。然而，大多数库存管理系统需要订购的物资种类如此繁多，以至于对每种物资都进行模型分析并仔细控制有些不切实际。为了有效地解决这一问题，可用 ABC 分类法把物资分成三类：A 类——占用资金多的物资；B 类——占用资金中等的物资；C 类——占用资金较少的物资。占用资金的大小是衡量物资重要程度的尺度，也就是说，一种成本虽低但用量极大的物资可能比成本虽高但用量极少的物资更为重要。

如果我们根据物资占用资金的多寡对库存中每年使用的物资进行排队时，通常会发现少数物资占用了大量的资金，而大多数物资占用的资金却很少。这个关系可以从表 12-2 中明显地看到。

表 12-2　库存物资的年占用资金额

物资编号	年占用资金额（美元）	所占总资金额的比重（%）	所占品种的比重（%）
22	95 000	40.7	8
68	75 000	32.1	12
27	25 000	10.7	7
03	15 000	6.4	13
82	13 000	5.6	10
54	7 500	3.2	9
36	1 500	0.6	11
19	800	0.4	14
23	425	0.2	10
41	225	0.1	6
	233 450	100.0	100

ABC 分类法把物资按价值分成三类：A 类物资的品种数量约为库存物资中资金占用量最高的 15%，B 类为接下来的 35%，C 类为最少的 50%。观察表 12-2 就会发现，表中的 A 类物资占 20%（10 种物资里有 2 种物资属于 A 类物资），B 类物资占 30%，C 类物资占 50%。这些数字很清楚地划分了各类的区别。以上分析的过程和结果在表 12-3 中清楚地显示了出来。在这个例子中，20% 库存物资占用了 72.8% 的库存资金。

表 12-3　ABC 分类法

类别	物资编号	年占用资金额（美元）	所占总资金额的比重（%）	所占品种的比重（%）
A	22, 68	170 000	72.8	20
B	27, 03, 82	53 000	22.7	30
C	54, 36, 19, 23, 41	10 450	4.5	50
		233 450	100.0	100

ABC 分类的结果并不唯一。分类的目标只是把重要的物资与不重要的物资分离开来。实际的划分标准取决于具体的库存问题以及有多少人力和时间可以用来对库存进行管理（如果有更多时间的话，企业可以适当增多 A 或 B 两类物资的种类）。

将物资进行 ABC 分类，其目的在于根据分类结果对每类物资采取适宜的控制措施。例如，从订货周期来考虑的话，A 类物资可以控制得紧些，每周订一次货；B 类物资可以两周订一次货；C 类物资则可以每月或每两个月订一次货。值得注意的是，ABC 分类与物资单价无关。占用资金很多的 A 类物资可能是单价不高但耗用量极大的组合，也可能是用量不多但单价很高的组合。与此相类似，C 类物资占用资金少可能是因为用量很少，也可能是价格很低。对于一个汽车服务站而言，汽油属于 A 类物资，应该每日或每周进行补充；轮胎、蓄电池、各类润滑油以及液压传动油可能属于 B 类物资，可以每 2～4 周订货一次；C 类物资可能包括阀门杆、挡风屏用雨刷、水箱盖、软管盖、风扇皮带、汽油添加剂、汽车上光蜡等。C 类物资可以每两个月或每三个月订货一次，甚至等用光后再订购也不迟，因为造成的缺货成本不是很高。

有时某种物资对于系统而言至关重要，一旦短缺会给系统造成重大的损失。在这种情况下，不管该物资属于哪一类，均应保持较大的存储量以防短缺。为了保证对该种物资进行比较严格的控制，可以强迫将其归为 A 类或 B 类，而不管它是否有资格归属为这两类。

12.9.3 库存精度

每个生产系统都规定了库存记录与实际库存之间允许的偏差大小范围。库存记录与实际库存不一致的原因有很多。例如，开放仓库中的物资既可以因为正常的生产而拿走，也可以因为其他目的而取走。正常生产取走物资可能因为时间仓促而未做记录。有时零件的放置地点不对，几个月后又冒了出来。有时零件存放在好几个地方，但是有些地方的记录可能丢失了，或者记录的位置不对。有时货单一到就做好了库存记录，但是货物始终未到。有的时候，一批零件在库房中做好了取走记录，但是由于顾客取消了订单导致零件重新放回库房，而库存记录未做相应修改。为了保持生产系统顺畅运行要求零件不发生短缺，为了保持生产系统的高效运行要求零件不过量储存，重要的是必须保持库存记录正确。

◘ 本章小结

本章介绍了两类主要的需求：①独立需求（指的是企业外部对最终产品的需求）；②相关需求（指的是企业内部对组成更为复杂产品的零部件的需求）。在大部分行业中，这两类需求都同时存在。举例来说，制造业的独立需求通常是指产成品、服务和维修所需的备品备件；相关需求是指生产最终产品所需的各种零部件与原材料。在消费品的批发和零售业中，大部分需求是独立的——每一个产品都是产成品，而批发商和零售商是不对任何产品进行进一步的组装或加工的。

本章还介绍了适用于易逝品的单期库存模型，并在这个模型的基础上进一步展开讨论了收益管理，从而为服务型企业提供了一个实现收入最大化的管理方法。

本章还强调了降低库存需要运营系统的知识，而不仅仅是选择某种模型代入数据进行计算的问题。首先，模型可能根本不适用；其次，数据并不一定很相关。最为重要的是要认识到，库存管理不再是一个权衡的问题或折衷的问题（通常认为订购量的确定是一个权衡的问题，也就是说，是对库存持有成本和调整准备成本的权衡问题。今天，企业都想减少这两种成本）。

事实是以往企业在库存方面进行了大量的投资，并且每年的库存持有成本占了库存总价值的25%～35%。因此，当今许多企业的一个重要目标就是降低库存，从而期望能够推动质量和运营效率的提高，同时大大降低成本。

◘ 复习思考题

1. 试区别麦当劳快餐厅、个人复印机制造商与药店的独立与相关需求。
2. 试区分在制品库存、安全库存和季节性库存。
3. 讨论影响库存量的成本的特性。
4. 在什么条件下，企业的管理者会倾向于采用定量订货模型，而不是定期订货模型？定期订货模型的劣势是什么？
5. 现在的企业有降低库存的趋势，那么如何才能降低库存？降低库存对企业、供应商以及客户分别会有哪些影响？
6. 请讨论在考虑数量折扣时确定订货批量的一般步骤。如果库存持有成本是一个固定的占单价的百分比率而不是常数，那么上述步骤会有哪些不同？
7. 请问库存管理决策需要解决哪两个基本问题？
8. 试讨论对调整准备成本、订货成本与库存持有成本所做的假设，并说明这些假设是否合理？
9. "库存模型的最大好处就是，只要成本估计得准确，你就可以直接拿来套用。"请对此观点加以评述。
10. 下面的情况下，你会采用哪种库存系统？

（1）为你的厨房采购新鲜食品。
（2）订购日报。
（3）为汽车购买汽油。
11．为什么需要将库存物资进行分类，正如ABC分类法所做的？
12．除了航空公司、宾馆酒店以及汽车租赁公司，还有哪些企业适用收益管理？
13．请给一家宾馆打电话，分别询问他们每个工作日与每个周末、旺季与淡季的客房价格，并解释他们定价的基本原理。

应用举例

例题 1

你从某个供应商处采购某商品的单价为 20 美元，预计下一年的需求量是 1 000 件。假设每次订货成本是 5 美元，每单位商品的年库存持有成本为 4 美元，请问你每次应该订购多少件？

（1）年总订货成本是多少？
（2）年总库存持有成本是多少？

解答

每次的订货量是 $EOQ = \sqrt{\dfrac{2DS}{H}} = \sqrt{\dfrac{2\times(1\,000)\times 5}{4}} = 50$（件）。

(1) 年总订货成本是 $(D/Q)S = (1\,000/50)\times 5 = 100$（美元）。

(2) 年总库存持有成本是 $(Q/2)H = (50/2)\times 4 = 100$（美元）。

例题 2

一家百货店销售特殊天气穿的运动衫（当然，也销售其他商品）。卡斯特先生负责男士服饰部门，他知道这种男士运动衫的一年需求量大约是 250 件，并且只能从制造商那里进货，而且无论每次运多少件运动衫，每次运输费都是 65 美元，每次订货成本是 6 美元。

制造商对男士运动衫的开价是 16.25 美元，但是如果卡斯特订 288 件，他们愿意降价 3%。当然，这意味着有些男士运动衫需要计入库存，每件男士运动衫的年库存持有成本是售价的 8.5%。请问卡斯特先生是否应该接受这份数量折扣？

解答

年总需求量 $(D) = 250$ 件。
订货成本 $(S) = 65 + 6 = 71$ 美元 / 次。

单位产品的年库存持有成本 $(H) = iC = 0.085 \times 16.25$。

$$EOQ = \sqrt{\dfrac{2DS}{H}} = \sqrt{\dfrac{2\times 250\times 71}{0.085\times 16.25}} \approx 160 \text{（件）}。$$

因为 160 < 288，相应的年总成本为
$TC(160) = 16.25 \times 250 + (250/160) \times 71 + (160/2) \times 0.085 \times 16.25 = 4\,283.94$（美元）；
$TC(288) = 0.97 \times 16.25 \times 250 + (250/288) \times 71 + (288/2) \times 0.085 \times 0.97 \times 16.25 = 4\,195.19$（美元）。

可见，年总成本 $TC(288) > $ 总成本 $TC(160)$，故卡斯特先生应该接受数量折扣。

例题 3

ESI 鞋业公司是一家提供各种鞋类及靴子的制造商。最近公司想在美国开始一项新业务并在制造厂的附近开设一家新商店。生产主管需要确定羊皮靴的数量。经精确分析之后，他确定了以下的数据：

羊皮靴的年总需求量：12 000 双；
商店的营业时间：240 天；
工厂的日生产率：200 双 / 天；
开始生产羊皮靴的调整准备成本：800 美元 / 次；
每双羊皮靴的年库存持有成本：60 美元 / 双·年。

请问生产主管应该安排多少的最优生产批量？

解答

年总需求量 $(D) = 12\,000$ 双；
日需求率 $(d) = 12\,000/240 = 50$ 个 / 天；
日生产率 $(p) = 200$ 双 / 天；
调整准备成本 $(S) = 800$ 美元；
每双羊皮靴的年库存持有成本 $(H) = 60$ 美元。

最优生产批量 $EOQ = \sqrt{\dfrac{2DS}{H} \dfrac{p}{(P-d)}} = \sqrt{\dfrac{2\times 12\,000\times 800}{60} \dfrac{200}{(200-50)}} \approx 653$（双）。

习题

1. 某产品的年需求量是2 500件。每次订货成本是5美元，年库存持有成本的百分比率是产品单价的20%。已知以下数据：

1～99	10.00美元/每件
100～199	9.80美元/每件
200以上	9.60美元/每件

   请问经济订货批量（EOQ）是多少？

2. 某商品的年需求量是1 000件。每次订货成本是10美元；每件商品的年库存持有成本是2美元。
   （1）每次应该订购多少件？
   （2）假设每次订500件或500件以上的商品时，订货将有100美元的折扣，你还会采取（1）中的最优订货批量吗？

3. X是某公司零部件库存中的一个标准部件。每年，企业随机地使用2 000件X，每件的单位成本为25美元。在平均库存水平下，每件的年库存持有成本包括保险和资本成本，大约是5美元。每次订货成本10美元。
   （1）标准部件X的经济订货批量是多少？
   （2）标准部件X的年订货成本是多少？
   （3）标准部件X的年库存持有成本是多少？

4. 向某公司采购某种原材料有三种价格，数量折扣取决于订货批量的大小：

少于100磅	每磅20美元
100～999磅	每磅19美元
超过1 000磅	每磅18美元

   每次订货成本是40美元，年需求量是3 000件。每磅的年库存持有成本是单价的25%。请问每次的经济订货批量是多少？

5. 过去，泰勒工业公司采用定期库存系统，每月对所有库存物品进行一次全面盘点。然而，不断增加的人工成本迫使泰勒公司不得不寻找新的方法来对库存进行管理，以减少人工成本，同时要求不能增加其他成本（如缺货成本）。下表列出了公司库存物品的20个随机样本。

物品编号	年使用量(美元)	物品编号	年使用量(美元)
1	1 500	6	750
2	12 000	7	2 000
3	2 200	8	11 000
4	50 000	9	800
5	9 600	10	15 000
11	13 000	16	10 200
12	600	17	4 000
13	42 000	18	61 000
14	9 900	19	3 500
15	1 200	20	2 900

   （1）请为泰勒公司推荐削减库存管理人工成本的方法？（请采用 ABC 分类法来解决）
   （2）第15号物品对于公司连续的运转非常重要。你将如何对它进行分类？

6. 最近，Magnetron微波炉制造公司在加工线上为邻近的装配线生产部件2104。已知下一年对于部件2104的需求量预计是20 000件。部件2104单价为每件50美元，库存持有成本是每年每件8美元，调整准备成本为每次200美元。加工线每年运转250天，装配线每天总成80件。而在工作日中，加工线每天可以产出160件。
   （1）请计算经济订货批量。
   （2）每年需要订货多少次？
   （3）如果部件2104可以以同样的成本价从另一公司购入，那么经济订货批量是多少？（瞬时交货）
   （4）如果从另一个公司订货的平均提前期为10个工作日、安全库存水平为500件，那么订货点是多少？

7. Garret涡轮制造公司以每天18小时一年

300个工作日进行工作。钛叶片在涡轮叶片机（TBM1）上生产率为每小时500个，平均使用率为每天5 000个。叶片的单价是每片15美元，库存持有成本每天每片0.10美元，包括其中的保险费用、投资利息以及空间的占有成本。TBM1的调整准备成本是每次250美元。提前期要求库存降至500时便开始生产。请为TBM1确定最优生产批量。

8. Alpha产品公司正面临着库存控制问题。公司没有足够的时间对所有库存物品都投入相同的精力进行管理。下表是公司库存物品的一些样本及其年使用量（用库存资金占有量来表示）。

物品编号	年资金占有量（美元）	物品编号	年资金占有量（美元）
A	7 000	K	80 000
B	1 000	L	400
C	14 000	M	1 100
D	2 000	N	30 000
E	24 000	O	1 900
F	68 000	P	800
G	17 000	Q	90 000
H	900	R	12 000
I	1 700	S	3 000
J	2 300	T	32 000

你可以为Alpha产品公司的库存控制系统提出一个合理的管理时间分配方案吗？请对表中的物品进行ABC分类。

9. CUI公司生产开关和继电器上的铜接头。公司希望能够确定最优订货批量Q，从而以最低的成本满足下一年的需求。铜的单价取决于订货量。下表是价格折扣以及其他相关数据信息：

铜的价格	2 499磅以下时，0.82美元/磅
	2 500～4 999磅，0.81美元/磅
	5 000磅以上，0.80美元/磅
年需求量	50 000磅
单位产品年库存持有成本	单价的20%
订货成本	每次30美元

请确定铜的经济订货批量。

10. DAT公司生产用于音响消费品的数字式音带。公司没有足够的人员来对每一种库存物品进行同样严格的管理控制，因此，需要你采用ABC分类法来进行管理，下表是有关库存记录数据信息：

物品编号	平均月需求量	产品单价（美元）
1	700	6.00
2	200	4.00
3	2 000	12.00
4	1 100	20.00
5	4 000	21.00
6	100	10.00
7	3 000	2.00
8	2 500	1.00
9	500	10.00
10	1 000	2.00

请采用ABC分类法为表中10种物品进行分类。

11. 麦克·科金斯（Mike Coggins）经营一家百吉饼店。每天早晨麦克都需要决定生产多少百吉饼。已知每打百吉饼的售价为5.25美元，而且任何百吉饼若放至第二天便只能以3.00美元的单价售出。麦克估计每打百吉饼的原材料和人工成本为3.75美元。为解决这个问题，麦克收集了以下相关数据信息：

	百吉饼的销售量（打）						
	12	14	16	18	20	22	24
	概率（%）						
工作日（周一～周五）	0.15	0.25	0.25	0.20	0.15	0.00	0.00
周末（周六～周日）	0.05	0.15	0.15	0.25	0.20	0.15	0.05

（1）每个工作日的早晨，麦克为获取最大的收益，应该生产多少打百吉饼？

（2）每个周末的早晨，麦克为获取最大的收益，又应该生产多少打百吉饼？

12. 索尼亚·格罗夫斯（Sonia Groves）在波

士顿市区开了一家拥有 100 个停车位的停车场。对于早起的顾客可以按照每天 12.00 美元收费，而且索尼亚知道只要按照这个低价位收费，就一定会吸引足够多的顾客；但如果按照每小时 6.00 美元收费，那么每天顾客平均停车时间为 3.5 小时。索尼亚收集了以下有关每天停车车位的需求数据信息：

停车车位的需求数量（个）	65	70	75	80	85
概率（%）	0.15	0.20	0.25	0.30	0.10

假设顾客停车一个小时就意味着占据了一个停车车位，那么索尼亚为获取最大的收益应该预留多少个停车车位提供给那些早起的人呢？

第13章

相关需求的库存管理机制

 学习目标

- 介绍了 MRP 到 ERP 的发展演变过程及其发展趋势；
- 讨论了 MRP 在 ERP 系统中的重要作用；
- 阐述了 MRP 的基本原理及其运算逻辑；
- 给出了构成物料需求计划系统的诸要素的定义；
- 阐述了物料需求计划在服务业中的应用；
- 讨论了如何将准时制生产方式融入 MRP。

 引　例　云端 ERP 的领导者

作为全球 ERP 解决方案的先驱和全球企业应用软件的领导者，SAP 公司成立于 1972 年，总部位于德国沃尔多夫市，在全球拥有 6 万多名员工，遍布全球 130 个国家和地区，并拥有覆盖全球 11 500 家企业的合作伙伴网络。其中，SAP 在中国拥有 200 多家合作伙伴，包括 IBM、惠普、埃森哲、德勤、华为、联想、东软、达美等企业。目前全球 188 个国家和地区的 232 000 家客户正在从 SAP 解决方案中获益，其中包括《财富》世界 500 强 80% 的企业、《多元化企业》50 强中 84% 的企业、《福布斯》全球最具创新力的 100 强 85% 的企业以及 85% 最有价值的品牌。自 2008 年金融危机以来，SAP 的股票市值已经从低谷上升了两倍多，远远领先于其他两大世界软件巨头微软公司（Microsoft）和甲骨文公司（Oracle），如下图所示，市场资本总值则从 2010 年 2 月的 500 亿美元增长到今天的 980 多亿美元，市盈率为 23.33 倍，而微软、甲骨文的市盈率分别只有 13.96 倍和 15.06 倍。

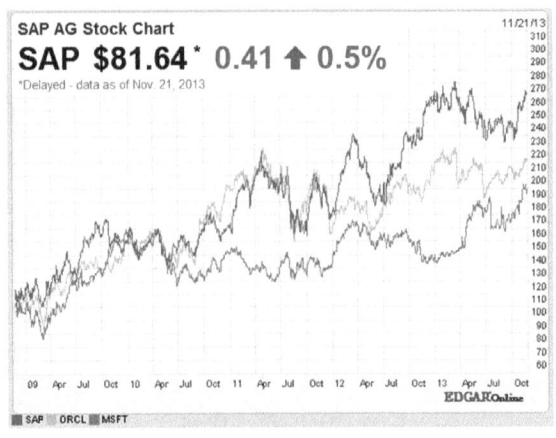

资料来源：http://www.nasdaq.com/symbol/sap/real-time, 2013/11/21.

自 2006 年谷歌公司（Google）的 CEO 埃里克·施密特（Eric Schmidt）首次提出"云计算"（cloud computing）的概念之后，美国、德国和日本等国政府纷纷大力支持云计算和大数据应用产业的发展。根据 IDC 最新发布的中国云计算市场的研究报告显示，云计算在中国市场的受关注度正日益提高，到 2016 年其规模将超过 10 亿美元。

近年来，作为全球 ERP 解决方案的先驱，SAP 为了加快发展为云端 ERP 的市场领导者，开始不断推进云计算战略布局：

- 2010 年 5 月，SAP 以 58 亿美元收购了移动平台和数据库业务的著名提供商 Sybase 公司。
- 2011 年 12 月，SAP 继续以 34 亿美元收购了总部位于加州圣马特奥市的 Success Factors 公司，这是一家在蓬勃发展的云计算软件市场上迅速崛起的企业，拥有超过 3 500 家客户，遍布 168 个国家和地区，收购前的 2011 年第三季度营收同比增长 77%。
- 2012 年 5 月，SAP 紧接着斥资 43 亿美元收购了一家基于云技术的商务网络领先企业 Ariba 公司。

互联网悄然进入了移动时代，随着云计算和大数据应用产业的发展，企业也悄然迎来了云管理时代的 ERP。云端 ERP 打破了国家与地区有形无形的壁垒，让企业从传统的注重内部资源管理利用转向注重外部资源管理利用，从企业内的业务流程一体化转向企业间的业务协同，其管理范围也延伸到网上采购、网上销售、在线资金支付、供应链物流管理等。

对于企业来说，很多产品，尤其是最终产品像汽车、冰箱、个人电脑、智能手机等的需求通常被称为独立需求，也就是说，这些产品的需求与其他产品的需求无关。前面第 12 章已经详细地阐述了关于这些产品的库存管理机制，尤其是重点介绍了适用于对这些产品在一定时期（如 1 年）内需求率为均匀的情况下的库存管理机制。然而，还有另外一些产品的需求如组成这些最终产品的部件和组件的需求并不是独立的，通常被称为相关需求，因为它们的需求是取决于那些使用到它们的最终产品的需求的，如对汽车轮胎的需求就要依赖于市场对于汽车的需求；同样地，对于个人电脑键盘的需求也要依赖于市场对于个人电脑的需求。从这两个例子中可以发现，不管是汽车还是个人电脑，一旦确定了对于最终产品的需求，那么构成这些最终产品的部件和组件的需求就能很容易地确定下来了。与独立需求的库存管理机制不同，非独立需求即相关需求的库存管理机制采用的是物料需求计划（material requirements planning，MRP）方式。

最初，MRP 主要是作为一个相关需求的库存管理机制来解决制造业的生产与库存管理问题。20 世纪 80 年代～20 世纪 90 年代中期，在 MRP 的基础上，进一步发展成制造资源计划（manufacturing resource planning，MRPII）和企业资源计划（enterprise resource planning，ERP），解决了企业业务流程一体化管理问题，其管理范围不仅仅局限于运营管理，而且还扩展到销售、财务、人力资本管理等，几乎已经渗透到了整个企业的每一个管理的角落。从 MRP 发展到 ERP，ERP 充分吸收了 MRP 和 MRPII 的优点，又融合了最新的互联网技术和先进的供应链管理理念，合理调配企业内部资源与外部市场资源，体现了快速响应客户需求的战略思想，如图 13-1 和图 13-2 所示。

由于市场竞争的加剧，企业需要不断降低库存，不断缩短提前期，因此，对于每种物料准确的需求数量和供货日期等信息的获取在今天就显得至关重要，而 MRP 的核心思想正是实现相关需求的物料必须"在需要的时候"，投入"需要的数量"。

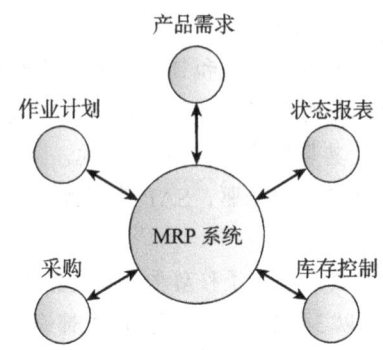

图 13-1 MRP 在生产与库存管理中所扮演的角色

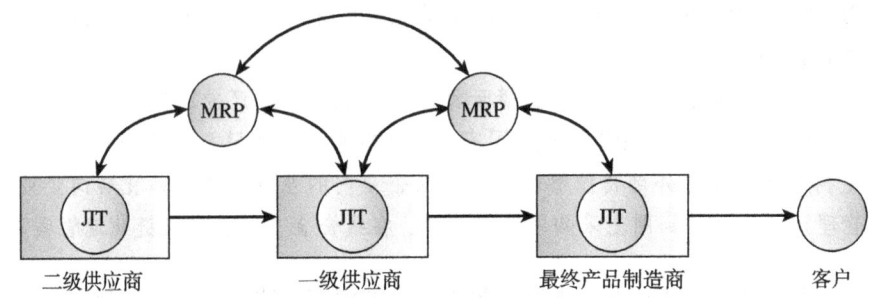

图 13-2 将 MRP 和 JIT 融入企业的供应链

根据中国电子商务研究中心监测数据显示，截至 2013 年 6 月，中国电子商务交易额达 4.35 万亿元，同比增长 24.3%，同时中国移动电子商务市场交易规模达到 532 亿元，同比增长 44.1%，并且依然保持快速增长的趋势。伴随着电子商务与移动商务的飞速发展，企业悄然迎来了云管理时代的 ERP。云端 ERP 打破了国家与地区有形无形的壁垒，让企业从传统的注重内部资源管理利用转向注重外部资源管理利用，从企业内的业务流程一体化转向企业间的业务协同，其管理范围也延伸到网上采购、网上销售、在线资金支付、供应链物流管理等。借助于云计算和大数据应用发展，云端 ERP 不仅能够帮助企业管理处理海量业务协同数据，还能将一体化信息交付速度提升 1 万倍，推动整个企业实现更智能的业务协同创新、更快速的业务协同流程和更便捷的业务协同交互，从而创造全新的业务协同价值。

13.1 主生产计划

在第 11 章中讨论过的综合生产计划，确定了具体的产品组的计划，但并没有确定具体的产品项目。在计划过程中下一个层次就是主生产计划。主生产计划（master production schedule, MPS）是一个分时段的计划，确定企业计划何时产出、产出多少最终产品项。如果企业的最终产品项的品种非常繁多或者非常昂贵，那么，主生产计划项目也可以选择构成最终产品项的关键零部件。例如，对一个家具公司来说，综合生产计划可以确定下一个月份或者下一个季度产出的床垫的总量，MPS 则进一步明确床垫的具体型号及尺寸大小。除了需考虑综合生产计划产出总量外，MPS 还必须考虑公司已经签约的订单合同量，并需要按时段（通常是每周）确定每种型号的床垫需要多少以及何时需要。

MPS 之后，进一步细化的计划过程就是 MRP，以计算和计划生产出 MPS 所确定的每种型号的床垫所需的所有原材料、零部件和外购件。

13.1.1 MPS 项目

一般作为 MPS 项目即 MRP 的最终项目的是企业的产成品，然而，由于受市场需求多样化影响，有的企业产品的派生系列不断增加，但是构成各种产品的零部件差异并不大，这时选择产成品作为 MPS 项目就不合适了。因此，企业应该根据企业的生产与运营方式和产品结构的特点来确定 MPS 的项目。

在面向库存生产方式（make-to-stock，MTS）下，由于市场需求比较成熟稳定，企业只需按现行的标准产品组织生产与运营，产品结构从产品层到零件层逐级往下，项目数量逐渐增大，因此，通常选择产品为 MPS 项目，如汽车、冰箱、个人电脑、智能手机等，如图 13-3a 所示。

在面向订单生产方式（make-to-order，MTO）下，由于市场需求动态多变，企业必须按客户订单组织生产与运营，造成企业产品的派生系列不断增加，但是构成各种产品的零部件差异并不大，因此，一般选择关键零部件为 MPS 项目，如图 13-3b 所示。

在面向订单装配方式（make-to-assemble，MTA）下，对于可配置性高的产品，为了快速响应市场需求，缩短交货期，企业则预先组织通用的零部件的生产与运营，在接到订单之后，再将相关的零部件装配成客户所需要的产品，因此，通常选择通用的零部件为 MPS 项目，如图 13-3c 所示。

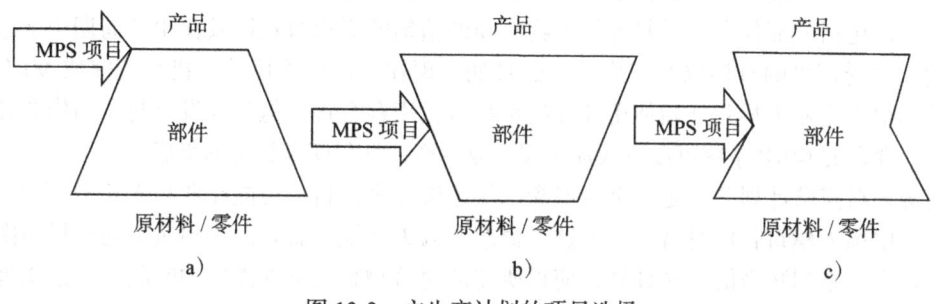

图 13-3　主生产计划的项目选择

13.1.2 时界

主生产计划中的柔性问题取决于以下几个因素：提前期、特定最终产品项所需的零部件、与顾客和供应商之间的关系、生产能力过剩的数量以及管理层是否愿意变革等。

图 13-4 是主生产计划时界的一个例子。在管理上，时界将主生产计划的计划期划分为三个时区，从而保证了主生产计划具有一定的柔性，允许顾客有机会在不同的层次上作出一定的改变（这里的顾客可以是企业自己的市场营销部门，它正在考虑产品促销、品牌多样化等类似的问题），同时又能够保证主生产计划的相对稳定性。注意，在图 13-4 中，对于最初八周，这个特定的主生产计划是冻结的。每个企业都有自己的时界和运营规则。冻结时区既可以规定为不允许改变，也可以规定为只允许最微小的改变。在中间时区，只要零件是可以获得的，就允许在一个产品组中对特定的产品进行改变。在应变时区，如果生产能力不变，并且不含有长提前期的物料项，那么对产品的任何改变都是允许的。

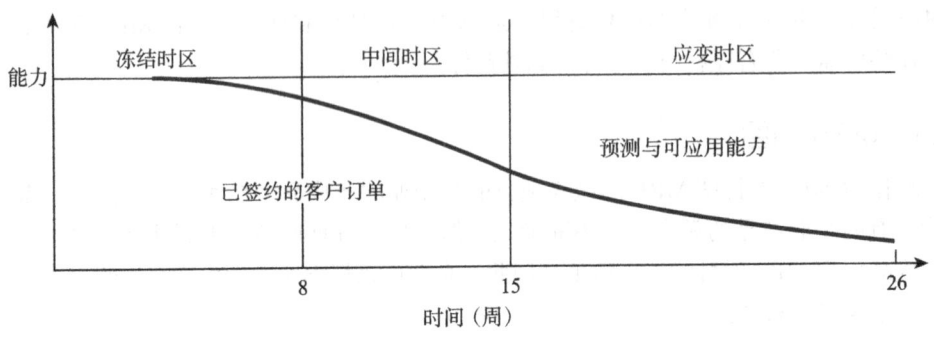

图 13-4 主生产计划时界

设置时界的目的是在生产运营系统中保持一个合理的控制流程。除非制定并遵守一些运营规则，否则整个生产运营系统将会非常混乱，并且充斥着过期的订单和持续的催查。

随着市场竞争的加剧，企业需要不断缩短提前期，增加产品选择机会，因此，企业一直在致力于缩短主生产计划的冻结期而又能够保证主生产计划的相对稳定性。为了达到这个目标，就要求企业大大加快对顾客的需求变动的反应速度，也就是说，在保证一个产品组或产品族的总供给量的同时，也要始终保持产品组或产品族内具体不同产品供给的柔性。

13.2 物料需求计划

物料需求计划过程是一个将来自于综合生产计划的主生产计划展开成零部件和原材料的需求计划，包括零部件和原材料等每个物料项的精确的需求数量以及在生产周期中下达订单的日期、接受订单的日期以及完成订单的日期。现在，可以采用计算机系统完成 MRP 功能了，虽然很多企业很早就开始使用计算机系统进行库存管理，但是并没有与车间作业计划系统集成，现在的 MRP 系统可以有效地实现企业生产计划与库存管理的集成。

其实物料需求计划并不是一个新概念，从逻辑上来分析，可能在罗马人建造宫殿、越南人造船、中国人建筑长城时就运用了这个概念，因为建筑商总是由于建筑工地的场地限制而被迫制定出一系列物料的发送计划，使得所需的建筑物料能够在需要的时间才到达工地。同时，借助于计算机技术的发展，物料需求计划的应用范围得到了很大的扩展，并且物料需求计划本身也得到了迅速的发展。现在，那些生产多种由成千上万的零部件和原材料构成的产品的企业，已经可以充分发挥 MRP 优势了。

13.2.1 MRP 的目标、目的与基本思想

一个基本的 MRP 系统的主要目的是控制库存水平、设计物料的运营优先级和计划运营系统的能力负荷。这些可以进一步详述如下。

（1）库存

- 订购准确的零部件；
- 订购准确的数量；
- 在准确的时间订货。

（2）优先级

- 按准确的完成日期订货；
- 保持订单完成日期有效。

（3）生产能力

- 制定一个完整的负荷能力计划；
- 制定一个精确的负荷能力计划；
- 计划的制定要有充裕的时间来预测未来的负荷能力。

MRP 的实质是"将正确的物料在正确的时间放到正确的地点"。在 MRP 系统中，库存管理的目标是提高顾客服务水平、库存投资最小化和生产运营效率最大化。

MRP 的基本思想就是：当出现物料的短缺导致整个生产计划的延迟时，就需要加快该物料的供货；而当出现主生产计划的推迟导致物料需求推迟时，物料的供货也需要相应地推迟。传统上，或者说典型的做法是，当一份订单完工进度落后于计划进度时，就需要花很大的努力赶工以赶上计划的进度。反之则不然，当一份订单由于某种原因要求推迟完成时间时，在计划中并不做适当的调整。这就造成了单向效应——完工进度拖延的订单需要加快赶工，但是完工进度提早的订单却没有被重新计划从而减慢了进度。除了尽可能少地利用生产能力，最好不要在真正需求形成之前拥有原材料和在制品，否则就意味着库存，因为库存会占用资金、占据仓库空间、妨碍设计变化，并且无法应对客户订单的取消和推迟问题。

13.2.2 MRP 的益处

最愿意采用 MRP 系统的是那些年销售额在 100 亿美元以上的制造型企业。对于这些企业来说，一个 MRP 系统是必需的，因为 MRP 系统不仅可以帮助企业确定生产线上所需投入的原材料、外购件和组件的准确数量，而且可以提高企业对运营系统的不断变化作出快速反应的能力。企业实施了 MRP 系统之后，很快就会得到 MRP 系统所带来的诸多益处，包括：

（1）价格更具竞争力；
（2）降低了销售价格；
（3）降低了库存水平；
（4）改进了顾客服务；
（5）对市场需求的反应速度加快；
（6）对主生产计划的改动更具柔性；
（7）降低了生产准备和调整费用；
（8）减少了机器闲置的时间。

除此之外，MRP 系统还能够：

（1）提前通知管理人员，以便他们能够在实际订单下达之前就看到计划进度；
（2）指出何时应加快进度，何时应减慢进度；
（3）能够应对客户推迟或者取消订单；
（4）能够适应客户改变订单数量；
（5）能够应对客户提前或推迟订单的交货期；
（6）能够制定辅助能力计划。

许多企业在实施 MRP 系统之后，都声称企业的库存投资降低了 40%（参见"运营实践

13-1："A 级企业通过实施 MRP 大大提高了获利能力"）。

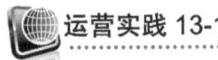
运营实践 13-1

A 级企业通过实施 MRP 大大提高了获利能力

这里介绍的是那些在实施 MRP 之后获得了巨大成功的 A 级企业。下表中所列的是三家 A 级企业及其实施 MRP 之后所取得的效益。

公司名称	主营产品	实施 MRP 之后所取得的效益
美国眼力健公司（Allergan）（美国波多黎各）	医疗保健品	库存从 87 天减少到了 49 天
		供应商送货及时率从 43% 上升到了 99%
		及时送货给顾客的比率从 40% 上升到了 100%
美国克拉克森公司（Clarkson）（美国内华达州斯巴克斯）	工业阀	库存降低了 30%，从而节约了 50 万美元
		预测的精确率达到了 90% 以上
		提前期从 6～8 周降低到了 2 周
澳大利亚卡夫食品有限公司 澳大利亚（墨尔本）	食品	库存资金从 900 万美元下降到了 600 万美元
		及时送货给顾客的比率从 40% 上升到了 100%
		成品库存降低了 18%

资料来源：Provided courtesy of the Oliver Wight Companies, New London, NH.

13.2.3　MRP 的适用范围

MRP 适用于各种具有工艺专业化的工作环境（在功能相同的设备上，小批量地生产出多品种的产品）。在表 13-1 中包括了流程工业，但是请注意，这里所指的流程只限于改变产品的生产类型，而不包括连续的流程，例如石化和钢铁行业。

表 13-1　MRP 适用的工业类型及其预期效益

工业类型	例子	预期效益
面向库存装配	最终产品由许多零部件组成并且储存在仓库里，以满足顾客的需要。例如手表、工具、家电	高
面向库存加工	最终产品是由机器加工制成的，而不是由零部件组装成的。一般是标准的库存项目，根据对顾客需求的预测来加工生产。例如活塞环、电开关	低
面向订单装配	最终的装配是根据顾客选择的零部件进行的。例如卡车、发电机、发动机	高
面向订单加工	物料项目是由机器根据顾客的订单进行加工生产的。一般是工业订单。例如轴承、齿轮、扣钉	低
面向订单设计	物料项目是根据顾客的订单来设计加工的。例如水轮发动机、重型机械设备	高
流程工业	诸如铸造、橡胶、塑料、特制纸、化学用品、油漆、酒、食品等工业	中等

从表 13-1 中可以看到，MRP 在装配型企业中具有最高的应用价值，而在加工型企业中应用价值最低。

还有一点要说明：MRP 在产品年生产量很小的企业中运行效果并不好，特别是对那些生产复杂而昂贵的产品且产品的技术含量很高的企业，经验显示，由于这些企业的产品的提前期太长而且太不确定，从而导致 MRP 系统无法处理。像这些企业面临的市场需求复杂多变且风险大，因此，并不适合采用物料需求计划，而是比较适合采用网络计划技术，即最好采用项目计划方法（已经在第 6 章中进行了讨论）。

13.3 MRP 系统结构

MRP 所需的输入要素主要由三部分组成：主生产计划、物料清单文件和库存记录文件。MRP 的输出报告主要包括主报告和辅助报告，如图 13-5 所示。请大家注意，图中并没有涉及能力问题，也没有任何向上层计划的反馈。对于这些问题，将在本章稍后的 MRPII 和能力需求计划部分进行讨论。

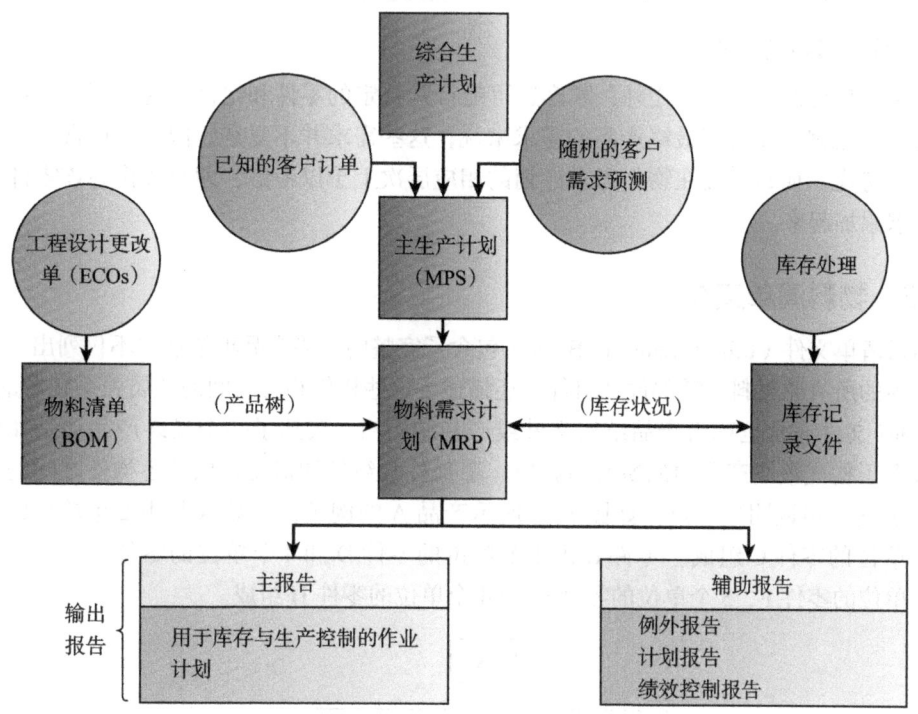

图 13-5 标准 MRP 系统的输入与输出概图

下面将详细介绍图 13-5。MRP 系统的基本工作流程是：基于企业的客户订单和市场预测，先建立一个最终项目的主生产计划，据此可以确定各个不同的时间段所需的相关物料需求量。物料清单文件表明了构成一个最终项目的所有物料项目（即零部件和原材料）及其相互间正确的数量关系。库存记录文件描述了如物料现有库存量和已订购的物料数量等库存状态。主生产计划、物料清单文件和库存记录文件就构成了制定物料需求计划的三个主要输入要素，从而将主生产计划转化为切实可行的、具体用于派工或采购的计划单。

13.3.1 产品需求

正如前面所说的，MRP 的最终项目的需求有两个主要来源：其一是已知客户下达的一些特定的订单，譬如销售人员得到的订单，或是企业内部部门之间业务发生的内部订单。这些订单一般都签有预定的交货期，但不涉及需求预测，只需要将这些订单简单地累计起来就可以了。其二是对随机的客户需求预测。这些是一般的独立需求订单。因此，需要把已知的客户需求和预测的需求综合起来，作为主生产计划的需求输入。

1. 可签约量

可签约量（available-to-promise, ATP），也称之为可承诺量，是指企业主生产计划中尚未确定客户订单时间和订单量的物料量，因此，企业可以利用 ATP 来签约，特别是对于临时的、新来的客户订单，从而快速地向客户承诺准确的交货量和交货期。例如，某公司在2月份的第1周产出了100件产品，其中35件是为了满足那些已经订货的顾客需要，剩余的65件就是为了满足预测的需求。然而，到了第2周，由于临时新来了一些新客户订单，市场营销部门因此又销出了40件，这样，第2周的可签约量变成了25件。

2. 对备用件的需求

除了对最终产品的需求之外，顾客还可能订购特定的零件和组件作为备用件，用于产品服务或产品维修。相对于最终产品的需求来说，这些需求并不复杂，因此，通常主生产计划并不予以考虑，而是直接在物料需求计划的相应层次上予以考虑，即直接作为该零件或组件的毛需求累加起来。

13.3.2 物料清单文件

物料清单文件（bill of material, BOM）包含了完整的最终产品项描述，不仅列出了构成最终产品项的所有原材料、零部件和组件，还描述了这些构件相互之间的从属关系和数量关系。

BOM 文件通常也称为产品结构文件或产品结构树，表达了一个最终产品项是如何构成的，包含了构成最终产品项的所有原材料、零部件和组件的信息，以及各构件之间的数量关系。为了进一步说明这一点，如图 13-6 所示产品 A 的例子，产品 A 是由 2 个单位的零件 B 和 3 个单位的零件 C 组成。零件 B 由 1 个单位的零件 D 和 4 个单位的零件 E 组成；零件 C 由 2 个单位的零件 F、5 个单位的零件 G 和 4 个单位的零件 H 组成。

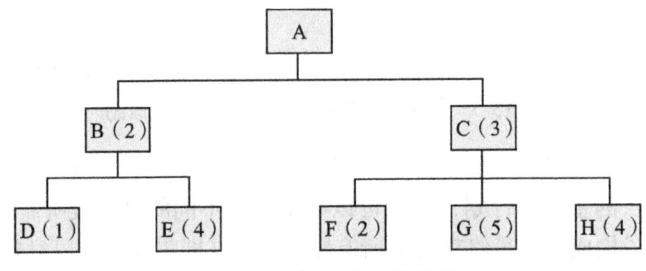

图 13-6　产品 A 的产品结构树

过去，物料清单文件通常采用缩排格式列出各部分构件，以便清晰地表明最终产品项所包含的相关物料以及物料之间的从属关系。表 13-2 以缩排格式显示了图 13-6 中的物料清单，两者之间的联系很容易比较出。然而，从计算机的角度来看，以缩排格式存放物料信息是非常低效的。为了计算在更低层次上每个物料项目所需的数量，每个物料项目都要进行展开并累加。如果以简单的单层式来存放物料信息，结果要有效得多，也就是说，每个列出来的物料项目都只列在其父项下面，包括 1 单位父项所需的数量。这样就避免了重复展开，因为每个子项只被父项包含了一次。表 13-2 显示了缩排格式和单层格式的零部件列表。

表 13-2 缩排格式和单层格式的零部件列表

缩排式零部件列表			单层式的零部件列表	
A			A	
	B（2）			B（2）
		D（1）		C（3）
		E（4）	B	
	C（3）			D（1）
		F（2）		E（4）
		G（5）	C	
		H（4）		F（2）
				G（5）
				H（4）

BOM 文件还包含了索引数据（也称指针），用来确认每个物料项的父项并允许在整个 BOM 中反向求溯。

在物料清单中的每个物料项目，都必须具有唯一的标识码，通常采用低层编码原则（low-level coding，LLC），这样特别有助于 MRP 系统逐层展开 BOM。如果所有相同的零件都出现在每个最终产品项的同一层次上，那么生产所需的零件和物料的总数量就可以很容易地计算出来。考虑图 13-7 所示的产品 L。例如，物料 N 既是物料 L 的输入，又是物料 M 的输入。因此，物料 N 要降至第 2 层（见图 13-7），以使所有的 N 在同一层上。这就是所谓的低层代码。如果所有相同的物料都被放置在相同的层次上，那么对计算机来说，扫描每一层并累计每个物料项目需要的数量就是一件很简单的事。同样，物料 S 和 T 被降到了第 4 层。

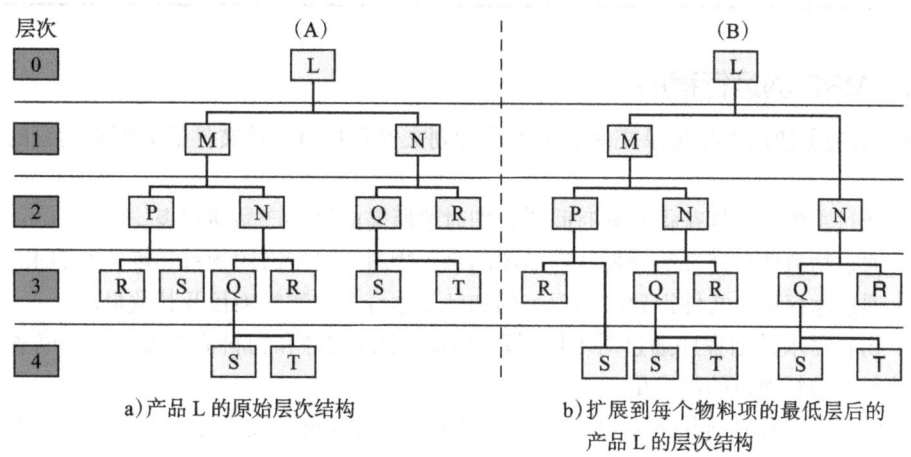

a）产品 L 的原始层次结构　　b）扩展到每个物料项的最低层后的产品 L 的层次结构

图 13-7 产品 L 的层级结构

13.3.3 库存记录文件

计算机系统中的库存记录文件是很冗长的。库存中的每一个物料都建立了单独的库存记录文件，而且包括每一个物料的各种详细信息，如表 13-3 所示，尽管表中的库存记录文件还是来源于比较早的版本的 MRP 系统，仍然可以看出包含在库存记录文件中的各种信息。MRP

系统根据特定的时间段即 MRP 术语时段来存取库存记录文件状态段的信息。在 MRP 系统运行时要访问这些库存记录。

MRP 系统是结合库存记录文件从产品结构的顶端开始向下分析，逐层展开计算 BOM 中的各层零部件或原材料的需求，要经过多次搜索才能确定引起零部件或原材料需求的父项。因此，MRP 系统允许生成一个反查记录文件。该文件既可以是库存记录文件的一部分，也可以以单独文件形式保存。反查需求允许在产品结构中由下向上逐层反溯物料需求，识别每个产生相关需求的父项。

库存状态文件通过及时登记库存事务来进行更新。库存状态的变化是由于入库、出库、废品损失、领料出错和订单取消等事务引起的。

表 13-3 MRP 系统中的库存记录文件

物料主数据	物料号		物料描述		提前期			标准成本		安全库存	
	订单数量		准备时间		生产周期			上年使用量		物料类别	
	允许废品率		切割数据		指针					其他	
库存状态	储位		控制平衡	时段						合计	
				1	2	3	4	5	6	7	8
	毛需求										
	计划收货										
	现有库存										
	计划订单下达										
辅助数据	订单详情情况										
	等待处理措施										
	盘点人员										
	跟踪情况										

13.3.4 MRP 的运行程序

MRP 系统是使用库存记录文件、主生产计划文件和物料清单文件的数据来运行的。运行的程序如下：

（1）通过主生产计划获得在某时间段，即时段所需的最终产品项列表。

（2）通过物料清单展开组成最终产品项的每个物料项目所需的物料和零件的需求。

（3）通过库存记录文件得到库存现有的和已下达订单的物料项目及其数量。

（4）物料需求计划程序通过对不同时段的库存记录文件和物料清单文件的不断查询来计算所需的每个物料项目的需求量。

（5）由主生产计划直接展开得到的每个物料项目的需求一般称为毛需求；毛需求再根据现有的库存数量以及已下达订单的数量调整得到净需求；净需求再根据每个物料项目所需的提前期来偏置（即倒推）计划订单下达的时间表。

若 MRP 运行程序没有考虑到能力的限制，那么就需要对主生产计划人工地进行能力平衡。这是一个不断重复的调整过程，主生产计划员先将一个试验性的主生产计划输入 MRP 运行程序中（同时输入的还有需要使用同样能力资源的其他物料项目），再将 MRP 运行程序的运行结果与实际能力资源做比较，从而判断是否具有可行性。然后，再根据两者的能力差异对主生产计划做相应调整，并再次运行程序，直到 MRP 运行程序的运行结果与实际能力资源相一致为止。虽然，看上去让计算机来不断地重复运行这些考虑到能力资源限制的各种模拟计划应该是轻而易举的，但事实上，整个调整过程通常工程浩大而且非常耗时。

为了应对如今更加复杂的问题，主生产计划通常需要成批地展开，而不是单个地展开为物料需求计划。虽然企业是按照每条主生产线来制定主生产计划，因而会将不同的主生产线的计划制定工作分配给不同的计划人员去完成，从而导致计划人员在能力资源有限的情况下，会为了满足自己负责的主生产线的能力资源要求而与其他计划人员展开竞争。然而，企业作为一个整体，需要每个计划人员从企业整个生产运营系统的角度来考虑能力资源的有效利用和及时交货之间的平衡问题。

13.3.5 MRP 的输出

因为 MRP 运行程序可以通过物料清单、主生产计划和库存记录文件获取数据，因此，无论是内容还是形式，输出报告基本上都没有予以限制。这些报告通常被分为主报告和辅助报告（随着 MRP 发展成为 MRPII 以及 ERP，又增加了很多其他的输出报告）。

1. 主报告

主报告是用于库存和生产控制的最主要或最常规的报告，包括：
（1）在未来某一时刻要下达的计划订单；
（2）执行计划订单的订单下达通知；
（3）重新计划的计划订单的交货期更改单；
（4）根据主生产计划作出的取消或延迟计划订单的取消/延迟通知；
（5）库存状态数据报告。

2. 辅助报告

辅助报告指的是在 MRP 运行程序中可选的一些附加报告，主要分为以下三类。
（1）计划报告，用于诸如预测在未来某一时刻的库存和需求的报告。
（2）绩效控制报告，用于那些停怠的物料，以确定这些物料的提前期、使用数量以及成本的实际情况和计划情况之间差异的绩效控制报告。
（3）例外报告（exceptions reports），用于指出那些严重偏差，包括一些错误、超出能力范围、订单推迟或过期、废品过多以及零件供应不足等问题。

13.4 一个简单的 MRP 例子

为了说明 MRP 运行程序是如何综合运用物料清单、主生产计划和库存记录文件等构成要素的，下面我们将举一个简单的例子来介绍如何计算组成最终产品项的每个物料项目需求数量、提前期、订单下达期以及计划收货期。

13.4.1 物料清单文件

假设我们要生产的产品 T，是由 2 个部件 U、3 个部件 V 和 1 个零件 Y 组成的。部件 U 是由 1 个零件 W 和 2 个零件 X 组成的；部件 V 是由 2 个零件 W 和 2 个零件 Y 组成的。如图 13-8 所示，是产品 T 的产品结构树。

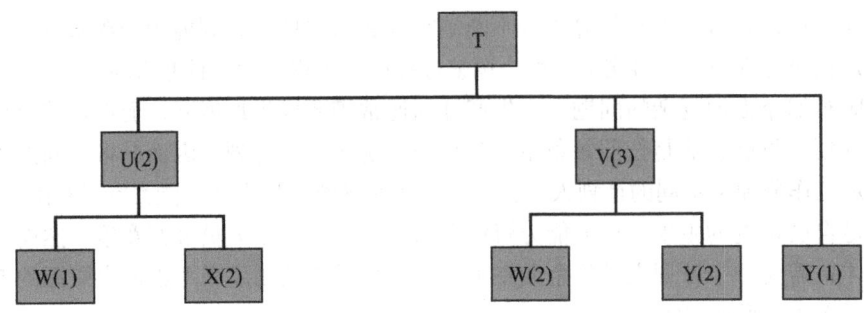

图 13-8 产品 T 的产品结构树

13.4.2 库存记录文件

接下来，我们需要考虑获得这些物料项目即零部件所需的提前期，这些零部件可以是自制的也可以是外购的。假设获得这些零部件所需的提前期、现有库存量和计划收货量如表 13-4 所示：

表 13-4 产品 T 的零部件的提前期

物料项目	提前期（周）	现有库存量	计划收货量[①]
T	1	25	—
U	2	5	5
V	2	15	—
W	3	30	—
X	2	20	—
Y	1	10	—

① 已经下达订单的零部件直到下一个提前期到来时刻才考虑计划收货，如本例中的部件 U 在第 3 周才考虑计划收货。

13.4.3 MRP 程序的运行

如果我们知道客户什么时候需要产品 T，那么我们就可以通过运行 MRP 程序生成一个 MRP 时间计划表，来确定构成产品 T 所需的所有物料项目何时订购、何时收货来满足客户对产品 T 的需求。

采用按需确定批量法制定的 MRP 时间计划表，如图 13-9 所示，这样，我们根据客户对产品 T 的需求（来自于主生产计划）、物料清单以及现有库存就可以制定出一个物料需求计划了。

从图 13-9 中可以看出，通过手工方式为成千上万个物料项目制定一个物料需求计划是不现实的——这需要大量的手工计算，还需要提供大量的有关库存状态的数据（包括现有库存量、已下达订单数量等）以及产品结构的数据（包括产品是由哪些物料项目组成的和每个物料项目所需的数量）。因此，我们必须借助于计算机技术。本章重点讨论了 MRP 运行程序所需的输入文件及其计算机系统的基本构成。综上所述，我们可以看出 MRP 运行程序与我们所举出的一个简单的 MRP 例子在基本逻辑上是相同的。

一般来说，主生产计划作为物料需求计划的基本输入源，主要对象是最终产品项。然而，如果最终产品项非常大或者非常昂贵，那么主生产计划的对象也可以选取主要的部件或组件。

Microsoft Excel - 15 - Dependent Demand (MRP) ex12 example.xls

File　Edit　View　Insert　Format　Tools　Data　Window　Help

	A	B	C	D	E	F	G	H	I	J	K
1	Part No: T	Week 1	Week 2	Week 3	Week 4	Week 5	Week 6	Week 7	Week 8	Week 9	
2	Gross requirements								100		
3	Scheduled receipts										
4	On-hand inventory								25		
5	Net requirements								75		
6	Planned order release							75			
7	Part No: U						+H6*2				
8	Gross requirements							150			
9	Scheduled receipts							5			
10	On-hand inventory							5			
11	Net requirements							140			
12	Planned order release						140				
13	Part No: V										
14	Gross requirements							225			
15	Scheduled receipts										
16	On-hand inventory							15			
17	Net requirements				+H17			210			
18	Planned order release					210					
19	Part No: W			+G12+F18*2							
20	Gross requirements					560					
21	Scheduled receipts										
22	On-hand inventory					30					
23	Net requirements					530					
24	Planned order release		530								
25	Part No: X										
26	Gross requirements					280					
27	Scheduled receipts										
28	On-hand inventory					20					
29	Net requirements					260					
30	Planned order release			260							
31	Part No: Y										
32	Gross requirements					420		75			
33	Scheduled receipts										
34	On-hand inventory					10					
35	Net requirements					410		75			
36	Planned order release				410		75				
37											
38		Note: data that are input are shown in shaded cells; all others are formulas.									

图 13-9　在第 8 期交货的 100 个产品 T 的物料需求计划

所有的生产运营系统都有能力和资源的限制。这就给主生产计划员的工作提出了挑战。图 13-10 展示了主生产计划员的工作环境。虽然综合生产计划提供了运营的一般范围，但是主生产计划必须明确到底产出多少。这些决策的制定要考虑许多职能部门的压力。

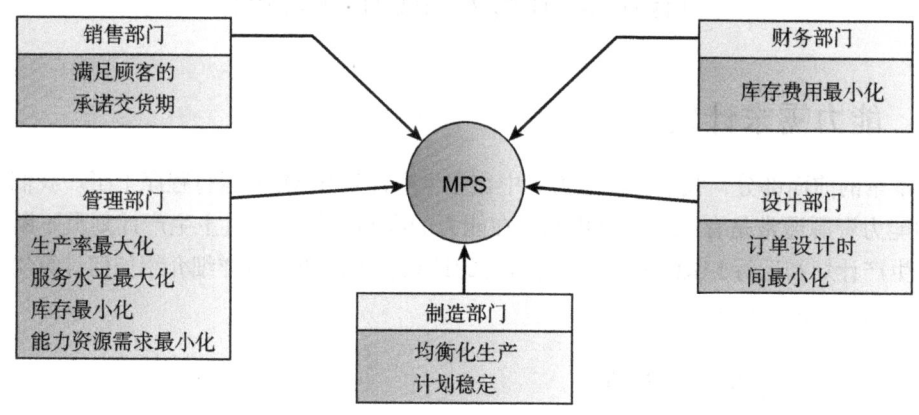

图 13-10　主生产计划员的工作环境

为了保证综合生产计划的切实可行，就必须在 MRP 系统中试运行主生产计划。最终生成的计划订单下达量（详细的作业计划）要经过核查，以确保所需的能力资源是可以获得的、订单完工期是合理的。一旦对产品进行了需求展开，并且低层的物料和零部件确定之后，原先看似合理的主生产计划可能需要的能力资源过多。如果这种情况发生（通常情况都是这样的），那么主生产计划就要根据这些能力资源限制进行修改，并重新运行 MRP 系统。为了保证制定良好的切实可行的主生产计划，主生产计划人员必须：

- 包括所有的需求：产品销售、库存的补充、备件备品以及内部需要；
- 绝不能忽视综合生产计划；
- 考虑对顾客订单的承诺；
- 各个层次的管理者都可见到；
- 客观地协调制造、营销和工程设计之间的矛盾；
- 明确所有的问题并进行沟通。

图 13-11 说明了综合生产计划与其主生产计划之间的关系。上半部分是一个综合生产计划，显示了每月床垫的总计划产出量，但是没有考虑床垫的类型。下半部分是一个主生产计划，确定了床垫的类型以及每周各种型号的计划产出量。接下来便进入物料需求计划（图 13-11 中没有显示），建立具体的物料和零部件的需求计划，确定用来生产床垫的棉胎、弹簧和硬木的需求数量和需求时间。

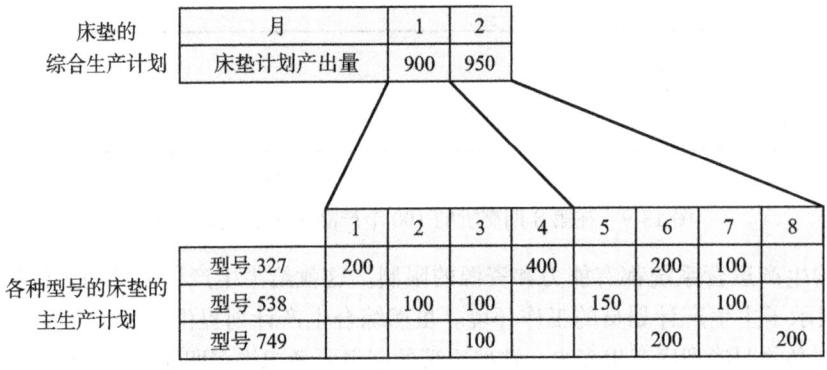

图 13-11　床垫的综合生产计划与其主生产计划

13.5　能力需求计划

在本章的前面部分，我们把注意力集中在主生产计划和 MRP 运行程序上了。我们提到了企业的能力资源通常是有限的，也提到了在能力的限制下如何通过主生产计划员不断人工地调整主生产计划和运行 MRP 程序来获得可行的计划。下面我们将详细介绍如何计算出能力以及解决能力约束的一般方法。

13.5.1　工作中心负荷的计算

每个工作中心一般都是一个按功能定义的中心，按工序流转到这里的工作要求、同样类型的加工过程和设备。从工作中心的角度讲，如果能力充足，那么问题就只是考虑工序的优先级的问题，也就是什么工作先做；然而，如果能力不足，主生产计划就要作出调整来解决这个问题。

表 13-5 是一个有不同工作任务的工作中心。值得注意的是，每周的能力已经计算好了，列在表中的底部，一共是 161.5 小时。3 周的工作计划中有 2 周低于工作中心能力，1 周高于其工作能力。

表 13-5 使用了利用率和效率两个术语。这两个术语各有其定义而且应用于不同的方面，有时会有些冲突。在表 13-5 中，利用率是指机器使用的实际时间；而效率是指机器在使用时的实际作业水平，效率通常定义为实际作业水平与额定标准输出或工程设计速率的比值。例如，在 8 小时工作制中，一台机器每天只用了 6 个小时，其利用率就是 6/8，或者是 75%。如果这台机器的额定标准输出为 200 个零件/小时，而实际上平均产出了 250 个零件，那么这台机器的效率就是 125%。注意，在这些定义中，效率可以超过 100%，而利用率则不能。

表 13-5 工作中心 A 的工作负荷

周	作业序号	单位量	调整准备时间（小时）	单位运行时间（小时）	总作业时间（小时）	合计（小时）
10	145	100	3.5	0.23	26.5	137.8
	167	160	2.4	0.26	44.0	
	158	70	1.2	0.13	10.3	
	193	300	6.0	0.17	57.0	
11	132	80	5.0	0.36	33.8	190.3
	126	150	3.0	0.22	36.0	
	180	180	2.5	0.30	56.5	
	178	120	4.0	0.50	64.0	
12	147	90	3.0	0.18	19.2	128.8
	156	200	3.5	0.14	31.5	
	198	250	1.5	0.16	41.5	
	172	100	2.0	0.12	14.0	
	139	120	2.2	0.17	22.6	

计算工作中心能力

以标准小时为单位，每周（5天）可用能力是 161.5 小时；计算过程为:（2 台机器）×（2 班）×（10 小时/班）×（85% 利用率）×（95% 效率）。

图 13-12 是 3 周内工作中心 A 的工作负荷示意图。第 11 周的计划工作量超过了工作中心 A 的能力，对此有以下几种解决方案。

（1）加班；
（2）选择可以完成该任务的其他中心；
（3）外包给其他单位；
（4）将第 11 周的一部分工作提前到第 10 周，将一部分工作推迟到第 12 周；
（5）就交货期重新谈判或者重新制定计划。

具有能力需求计划（capacity requirement planning，CRP）模块的 MRP 程序允许重新制定计划以平衡工作负荷。用到的两种技术是计划前移和计划后推——就是上面所说的第 4 种解决方案。主生产计划员的目标就是，尽量将图 13-12 中的负荷分布得更加均匀，使得其在可以获得的能力资源范围之内。

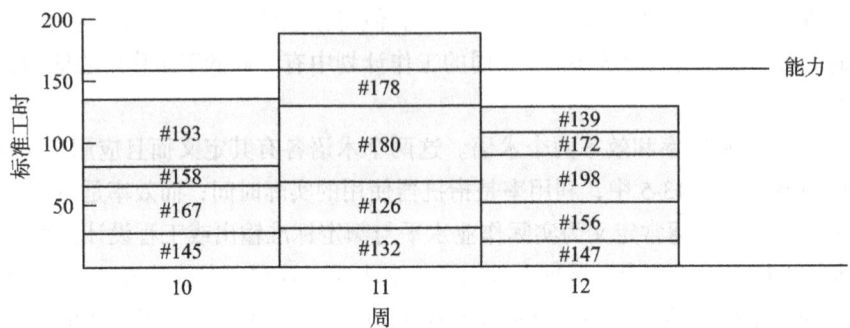

图 13-12 工作中心 A 的计划工作负荷

13.6 MRP 系统中的批量技术

在 MRP 系统中，批量的确定是一个复杂而困难的问题。批量是指在 MRP 中根据计划收货数量而下达的计划订单的数量。对于企业内部自制件，批量就是每次生产的数量；对于外购件，批量就是从供应商那里采购的数量。批量通常可以满足一个或多个时段的需求。

大多数确定批量的技术是用来权衡调整准备费用或订购费用与库存维持费用的，这些费用都与满足 MRP 计划过程所产生的净需求相关。虽然批量技术的运用会明显地增加制定 MRP 的复杂性，许多 MRP 系统还是根据一些常用的批量技术，提出了优化批量的可选方法。当对最终产品项进行完全展开之后，所计划的零部件数量可能会非常大。

以下四种是 MRP 系统常用的确定批量的技术：按需确定批量法（lot-for-lot, L4L）；经济订购批量法（EOQ）；最小总费用法（least total cost, LTC）；最小单位费用法（least unit cost, LUC）。

其中，按需确定批量法是最常用的方法，它有如下的特点：

- 计划订单下达的批量恰好与净需求相匹配。
- 计划订单下达的批量恰好等于每个时段的需求量，不会产生库存积压到未来时段。
- 库存维持费用最小化。
- 不考虑调整准备费用或能力限制。

表 13-6 显示了按需确定批量法确定的生产批量，可以看到，每个时段的生产批量都与净需求相一致。

表 13-6 利用按需确定批量法确定生产批量

周	1	2	3	4	5	6
净需求	50	60	70	60	95	75
生产批量	50	60	70	60	95	75

13.7 MRP 在服务业中的应用

MRP 的严密的处理逻辑和既不短缺又不积压的及时供货的思想同样可以应用到服务业，典型的应用就是配送需求计划（distribution requirements planning，DRP），如图 13-13 所示的供应和配送网络或称物流网络，包括产品制造商（OEM）、仓库、外部供应商、运输公司、配送中心、零售商，网络中下级网点向上一级网点供货，最底层的零售商直接将产品提供给客户。

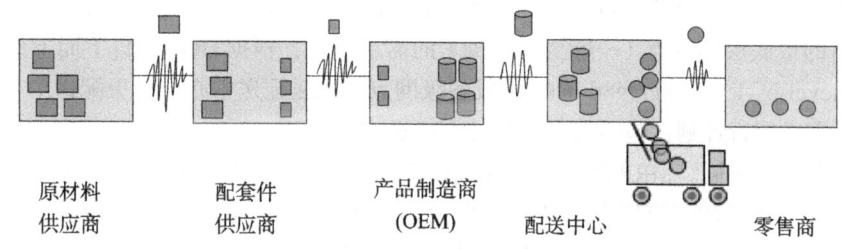

图 13-13　供应和配送网络

虽然图 13-13 中复杂的供应和配送网络的最底层的网点（一般为零售商）的需求属于独立需求，但其各级网点之间的需求关系可以应用 MRP 的逻辑处理，最低层网点的预计总需求量（相当于毛需求）由各网点根据以往的销售情况预测确定，其余网点的预计总需求量可按下级网点的计划发出订货量确定，这个类似 MRP 的逻辑处理过程，一般就称之为 DRP，如表 13-7 所示。

表 13-7　DRP 的处理过程

项目	提前期（周）	DRP 列表	1	2	3	4	5	6	7	8	9
零售点 A （批量：30）	1	毛需求			40	45		25			
		现有库存	80	80	80	40	25	25	0	0	0
		净需求				5					
		计划收货				30					
		计划订货			30			零售点 B			
配送中心 （批量：50）	1	毛需求			30			60			
		现有库存	10	10	10	30	30	30	20	20	20
		净需求			20			30			
		计划收货			50			50			
		计划订货		50			50				
OEM （批量：200）	2	毛需求		50			50				
		现有库存	90	90	40	40	40	190	190	190	190
		净需求					10				
		计划收货					200				
		计划订货			200						

注：零售商期初库存为 80 个单位；配送中心期初库存为 10 个单位；OEM 期初库存为 150 个单位。

在物流网络中，MRP 根据 BOM 来确定各种相关需求的期（需求时间）量（需求数量）标准，解决了企业产、供、销部门的物料信息的集成管理；DRP 通过应用 MRP 的运行逻辑根据配送清单（Bills Of Distribution，BOD）制订配送需求计划，可以确定供应与配送网络中各级网点的需求并及时发出订单，既能够避免短缺，又能够避免产生过量的存货以及由此可能产生的牛鞭效应，它与 MRP 既有联系也有区别，如图 13-14 所示。

（1）结构主体不同。DRP 采用配送网络结构文件也即配送清单（bills of distribution，BOD）代替 MRP 的产品结构文件 BOM，来确定产品供应与配送网络中各级网点之间的需求关系与期量标准。

（2）处理顺序不同。MRP 是从 MRP 最终项目需求（一般为产成品）出发，根据 BOM，自上而下地逐级展开（top-down level-by-level explosion），生成 BOM 中各级零部件或原材料项目的需求履行计划（Fulfillment Planning），包括采购计划或生产/加工计划；DRP 是从供应和配送网络的最底层的网点（一般为零售商）的需求出发，根据 BOD，自下而上地逐级汇集（down-top level-by-level aggregation），生成各级网点从地区配送中心、中央配送中心直至产品制造商的总需求履行计划，包括订货进货计划或送货计划。

（3）库存主体不同。MRP 的库存记录文件描述了每一项物料的库存状态记录，包含原材料、零部件和产成品的现有库存量和已订货量、物料出入库以及报废报失等状态记录；DRP 的库存记录文件描述的是同一产品在其物流网络的各级网点的库存状态记录。

同时，DRP 与 MRP 有着相同的假设"提前期预定"，因此，DRP 的最大的弱点是，其前提是基于对最底层网点的需求的良好的预测，否则，如果对最底层网点的需求预测不准的话，不准的需求信息将在沿着物流网络向上游传递的过程中被逐级放大，造成 DRP 被严重歪曲，从而失去其应用价值。

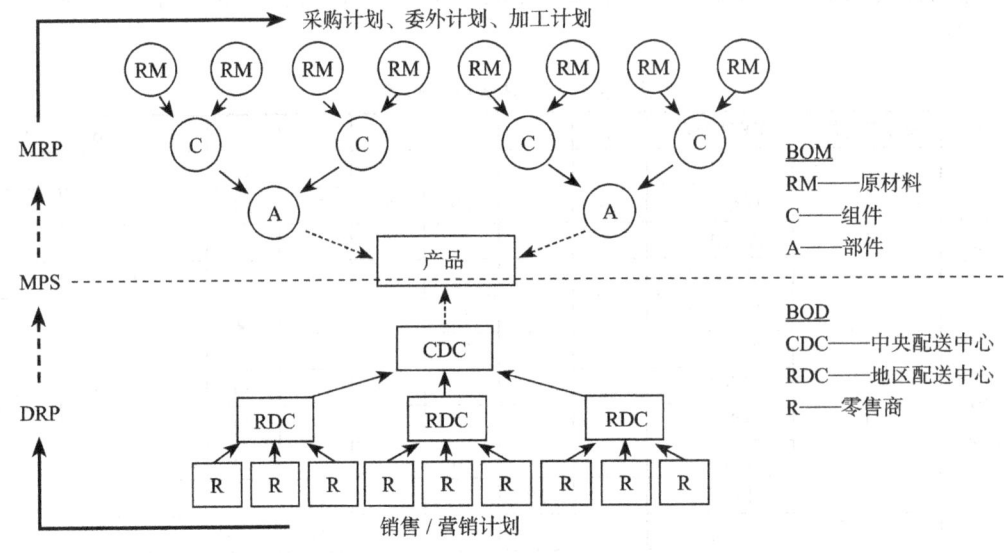

图 13-14 MRP/DRP 集成的物流网络

13.8 MRP 与 JIT

MRP 是一个比较完善的计划方法，其核心思想是通过"推动式"计划方式要求相关需求的物料必须"在需要的时候"，提供"需要的数量"，即按需要准时供货，但是由于任何计划都不可能把未来的情况考虑得十分周全，很多意料不到的事情会在计划的执行过程中出现，迫使管理人员要么修改计划，要么采取一切行动保证计划的实现，此外，零部件和产品的供货提前期（即采购提前期和生产提前期）也难以做到十分精确。

JIT 是一个充分体现了"just in time"的执行策略，其核心思想是通过"拉动式"计划方式要求只有在下道工序有需求时才开始"按需不多不少"准时供货，JIT 十分重视对物流的控制，重视全面质量管理，重视人本管理，主张通过授权员工、全员参与、自治管理，实现 JIT 的哲理以消除一切无效劳动与浪费，在激烈的市场竞争中永无止境地追求尽善尽美。

由此可见，MRP 与 JIT 各有所长，可以将两者结合起来，让各自的优势得到发挥，如图 13-15 所示，图的上半部分是一个 MRP 系统，能够产生一个比较完善的采购计划与生产、加工计划；图的下半部分是一个 JIT 系统，能够控制供应商及时供货、产品的及时生产与及时分销；其中，中间的车间作业控制和看板系统就是 MRP 和 JIT 系统的接口（包含能力控制和 U 形单元的优化）。

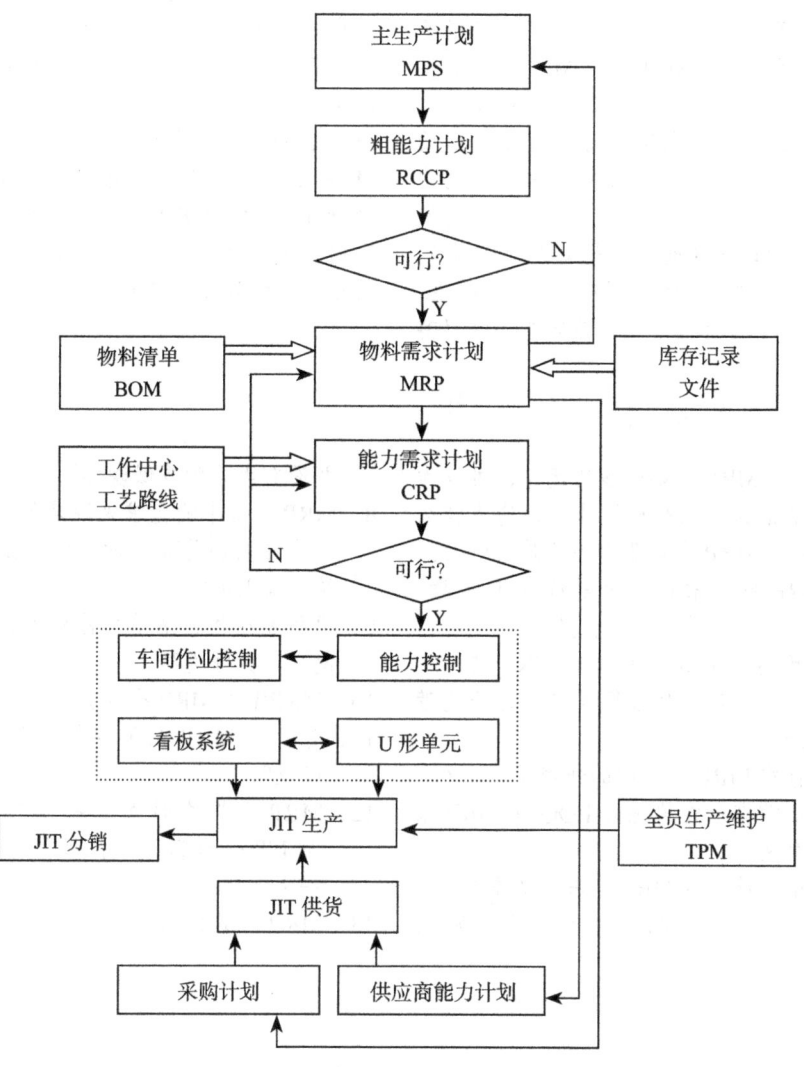

图 13-15　融合 JIT 的 MRP 逻辑流程图

● 本章小结

20 世纪 70 年代以来，MRP 已经从简单地确定时间计划发展为先进的生产方式的代表，该生产方式将组织中的各主要职能紧密地结合起来。在它的发展和应用中，MRP 作为一种计划的手段，其缺点也被充分地认识到了。这主要因为 MRP 的运行环境是一个动态的、经常出现跳跃的系统，而 MRP 在这个系统中试图处理的东西太多了。

然而，由于其出色的数据库以及同企业的密切联系，MRP 还是得到了认可。MRP 在帮助产生主生产计划这个方面也做得很好。在重复生产的企业中，JIT 和 MRP 系统往往被结合起来，JIT 将主生产计划作为其拉动力，但并不使用 MRP 制定的计划。运行的结果表明，这种生产方式的效果很好。

虽然 MRP 正努力地进入如餐饮业这样的准制造型服务业，但总的来说，MRP 在服务业的应用并不广泛。MRP 方法对服务的提供应该是很有价值的，因为服务的计划包括对最终服务的识别和对所需资源的追溯，如设备、空间和人员等。举例来说，一家医院的手术室计划做一个心脏手术。主生产计划就会确定手术的时间（也可以是好几个手术）。BOM 将会确定所需的设备和人员——医生、护士、麻醉师、手术室、心/肺器和心脏起搏器等。库存状态文件会列出资源的可获得性，并将所需资源提供给手术使用。MRP 程序接着制定一个计划，指明各种操作应该在何时开始、预期的完成时间、需要的物料等。对这个计划的核查使得能力计划能够回答以下问题，如"是否所有的物料和人员都是可以获得的"和"系统制定的计划是否可行"。

我们始终相信，MRP 最终将会在服务业的应用上取得进展。但是，之所以我们迟迟没有看到这种进展，是因为即使那些意识到 MRP 在服务领域的应用前景的从事服务业的经理也认为，MRP 只是一个管理工具而已。同时，他们更倾向于以人为中心，而对他们行业之外的管理工具充满怀疑。

复习思考题

1. 可以看到，MRP 有如此多的优点，可以为企业带来很大的利益和便捷，讨论为什么直到现在，MRP 在企业中还不是很流行。
2. 讨论 MRP 中的术语"计划订单下达量"和"计划订单接受量"的含义。
3. 许多使用者每周或每两周对 MRP 进行一次更新。试讨论，如果每天更新是否能带来更多价值。
4. 安全库存在 MRP 系统中的作用是什么？
5. 比较"提前期"在传统的 EOQ 和 MRP 系统中的意义。
6. 讨论主生产计划在 MRP 系统中的重要性。
7. 评论下面说法："MRP 仅仅列出了购物表，并没有去购物或做晚餐"。
8. MRP 系统中的需求来源是什么？这些需求是独立的还是相关的？它们是如何作为系统的输入的？
9. 说明要在物料清单文件和库存记录文件中使用的数据类型。
10. MRPII 和 MRP 有什么不同？
11. 为什么 MRP 在服务领域的应用不是很广泛？
12. MRP 一般被形容为一个"推动"系统，而 JIT 被形容为"拉动"系统。试评论一下。
13. MRP 与 ERP 系统有什么联系？

应用举例

例题 1

产品 X 由 2 个单位 Y 和 3 个单位 Z 组成，Y 由 1 个单位 A 和 2 个单位 B 组成，Z 由 2 个单位 A 和 4 个单位 C 组成。X 的提前期为 1 周；Y，2 周；Z，3 周；A，2 周；B，1 周；C，3 周。

物料 J	周					
	0	1	2	3	4	5
毛需求量			75		50	70

（续）

现有库存量：40						
净需求量						
计划订单接受量						
计划订单下达量						

1. 画出物料清单（产品结构图）。

2. 如果第 10 周需要 100 单位 X，请制定一个 MRP 计划表，指明每种物料应在什么时候下达计划订单以及订单数量是多少？

解答

1.

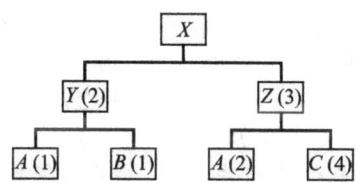

2.

		3	4	5	6	7	8	9	10
X	LT=1							100 ← 100	
Y	LT=2					200 ←		200	
Z	LT=3				300 ←			300	
A	LT=2		600 ←	200	600	200			
B	LT=1				400 ← 400				
C	LT=3	1200 ←			1200				

例题 2

产品 M 由 2 个单位 N 和 3 个单位 P 组成，N 由 2 个单位 R 和 4 个单位 S 组成，R 由 1 个单位 S 和 3 个单位 T 组成，P 由 2 个单位 T 和 4 个单位 U 组成。

	周					
毛需求量						
计划收货量						
现有库存量						
净需求量						
计划订单接受量						
计划订单下达量						

1. 画出物料清单（产品结构图）。
2. 如果需要 100 单位 M，每项物料各需要多少？
3. 分别列出单层式与缩排式物料清单。

解答

1.

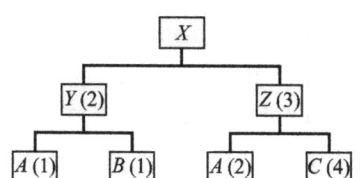

2. $M = 100$；$S = 200 \times 4 + 400 \times 1 = 1\,200$；

$N = 200$；$T = 300 \times 2 + 400 \times 3 = 1\,800$；

$P = 300$；$U = 300 \times 4 = 1\,200$；

$R = 400$。

3.

单层式 BOM	缩排式 BOM
M | N P	M
N | R S	N
R | S T	R
P | T U	S
	T
	S
	P
	T
	U

习题

1. 在下述关于物料 J 的 MRP 计划表中，根据毛需求量来确定正确的净需求量、计划订单接受量和计划订单下达量。假设提前期为 1 周。

2. 假设产品 Z 由 2 个单位 A 和 4 个单位 B 组成，A 由 3 个单位 C 和 4 个单位 D 组成，D 由 2 个单位 E 组成。每种产品的采购提前期或加工期为：Z，2 周；A、B、C、D 各 1 周；E，3 周。在第 10 时段需要 50 单位（假定这些物料没有库存）。
   (1) 画出物料清单（产品结构图）。
   (2) 制定一个 MRP 计划表，确定相应的毛需求量和净需求量以及计划订单下达和计划订单接受日期。

   注：从习题 3 到习题 6 使用下列 MRP 计划表来简化各个时段，包括计划收货等数据的处理过程（在实际应用中有许多不同的技术，但最重要的是保持跟踪现有库存状况、计划收货状况、需求状况以及计划订单状况）。其中，可以使用下列 MRP 计划表来计算这些数据：

3. 1 个单位 A 由 3 个单位 B、1 个单位 C 和 2 个单位 D 组成。B 由 2 个单位 E 和 1 个单位 D 组成。C 由 1 个单位 B 和 2 个单位 E 组成。E 由 1 个单位 F 组成。

   物料 B、C、E、F 的提前期为 1 周；A 和 D 的提前期为 2 周。

   假设，物料 A、B 及 F 使用按需订货法确定批量；物料 C、D、E 的批量分别为 50、50 和 200。物料 C、E、F 的期初库存分别为 10、50 与 150；其他各种物料的期初库存均为 0。预计在第 5 周收到 10 个单位 A，第 4 周收到 50 个单位 E，第 4 周还收到 50 个单位 F，没有其他的计划订单接受量。如果在第 8 周需要 30 单位 A，请使用带有低层代码的物料清单来确定各组件的计划订单下达日期。

4. 1 单位 A 由 2 单位 B、3 单位 C、2 单位 D 组成。B 由 1 个单位 E 与 2 个单位 F 组成。C 由 2 单位 F 与 1 个单位组成。E 由 2 个单位 D 组成。物料 A、C、D、F 的提前期为 1 周；B 和 E 的提前期为 2 周。物料 A、B、C、D 使用按需订货的方法确定批量；物料 E、F 的批量分别为 50 和 180。物料 C 的期初库存为 15；物料 D 的库存量为 50；其他物料的期初库存均为 0。预计在第 2 周收到 20 单位物料 E；不存在其他的计划订单接受量。

   构造简单的带低层代码的物料清单以及缩排式的简要零部件清单。

   如果第 8 周需要 20 单位 A，使用带有低层代码的物料清单确定所有组件的计划订单到达日期和数量。

5. 1 个单位 A 由 1 个单位 B 和 1 个单位 C 组成。B 由 4 个单位 C 和 1 个单位 E 和 F 组成。C 由 2 个单位 D 和 1 个单位 E 组成。E 由 3 个单位 F 组成。物料 C 的提前期为 1 周；物料 A、B、E 和 F 的提前期为 2 周；物料 D 的提前期为 3 周。物料 A、D、E 使用按需订货法确定批量；物料 B、C、F 的批量分别为 50、100 和 50。物料 A、C、D 和 E 的期初库存分别为 20、50、100 和 10；其他物料的期初库存为 0。预计在第 1 周收到 10 单位 A、100 单位 C；在第 3 周收到 100 单位 D；不存在其他的计划订单接受量。如果在第 10 周需要 50 单位 A，使用带有低层代码的物料清单确定其他组件的计划订单下达的日期和数量。

6. 1 个单位 A 由 2 个单位 B 和 1 个单位 C 组成。B 由 3 个单位 D 和 1 个单位 F 组成。C 由 3 个单位 B、1 个单位 D、4 个单位 E 组成。D 由 1 个单位 E 组成。物料 C 的提前期为 1 周；物料 A、B、E、F 的提前期各为 2 周；物料 D 的提前期为 3 周。物料 C、E、F 使用按需确定批量法；物料 A、B、D 的批量分别为 20、40、160。物料 A、B、D、E 的期初库存分别为 5、10、100、100；其他物料的期初库存均为 0。预计在第 3 周收到 10 个单位 A，第 7 周收到 20 个单位 B，第 5 周收到 40 个单位 F，第 2 周收到 60 个单位 E；不存在其他的计划订单接受量。如果在第 10 周需要 20 单位 A，使用带有低层代码的物料清单来确定所有组件的计划订单下达数量。

7. (这个问题准备用做从综合生产计划到主

生产计划,再到物料需求计划过渡的一个简单练习)Gigamemory 存储设备公司为计算机市场生产 CD-ROM(只读存储器)与 WORM(一次可写多次的可读存储器)。WORM 的总需求量在下两个季度是 2 100 单位和 2 700 单位。假定需求是在每个季度的每个月平均分布。有两种类型的 WORM:内置型和外置型,两者的驱动器装配件是一样的,但是内部电子配件与外罩是不同的。外置型的要求量较高,目前在总需求量中占 70%。下图给出了物料清单和提前期。一个驱动器装配件、一个内部电子配件和外罩组成一个 WORM。

MRP 系统按月运行。目前外置型 WORM 的库存量是 200,内置型 WORM 的库存量是 100。同时,驱动器装配件的库存是 250,内置型的电子配件和外罩的库存是 50,外置型的电子配件和外罩的库存是 125。

下图给出物料清单和提前期。一个驱动器装配件、一个内部电子配件和外罩组成一个 WORM。

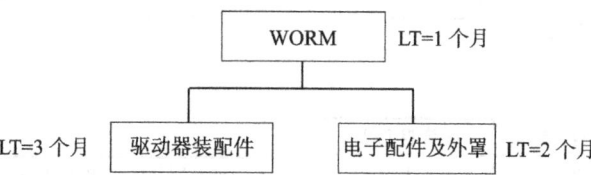

请制定综合生产计划、主生产计划及毛需求量、毛需求量、计划订单下达的完整的物料需求计划(假定使用按需确定批量法)。

8. 产品 A 是最终产品项,它由 2 个单位 B 和 4 个单位 D 组成。B 由 3 个单位 D 和 2 个单位 E 构成。C 由 2 个单位 F 和 2 个单位 E 构成。A 的提前期是 1 周。B、C、E 的提前期是 2 周。D、F 的提前期是 3 周。目前没有库存。
   (1)绘制物料清单(产品结构图)
   (2)若第 10 周 A 的需求量是 100 单位,制定 MRP 时段表,说明何时下达订单和何时到货(假定使用按需确定批量法)。

9. 产品 A 由 2 个单位 B、3 个单位 C、1 个单位 D 组成。B 由 4 个单位 E 和 3 个单位 F 组成。C 由 2 个单位 H 和 3 个单位 D 组成。H 由 5 个单位 E 与 2 个单位 G 组成。
   (1)画出一个简单的物料清单(产品结构树)。
   (2)利用低层代码建立一个产品结构树。
   (3)构建一个缩排式零部件列表。
   (4)为生产出 100 个单位 A,试确定物料 B、C、D、E、F、G 和 H 的需求量。

10. 音响产品公司生产两种车用 AM/FM/CD 播放机。Radio/CD 单元是相同的,但是固定件和最终饰件是不同的。标准型适用于中型的全型号汽车;运动型适合小型跑车。

音响产品公司以下列方式处理生产。底盘在墨西哥组装,生产提前期是 2 周;固定架从一个薄钢板公司购买,提前期是 3 周;最终饰品作为一个由旋钮和各种小饰品组成的预包装单元,从在洛杉矶设有办事处的一家中国台湾地区的电子公司购买,饰品包装的提前期为 2 周。由于增加饰品与固定架饰由顾客完成,所以不考虑最终装配时间。

音响公司的批发商和供应商提供两种型号的产品。每次具体订单的提前期最多为 8 周。这些订货连同足够满足小批量个人外购的额外单件,可用下面的需求表来总结描述:

目前 Radio/CD 的现有库存是 50 个单位,但是没有包装和固定件。

周

型号	1	2	3	4	5	6	7	8
标准型				300				400
运动型					200			100

请制定一个能够准确地满足需求的 MRP 计划,并指明毛需求量和净需求量、现有库存量、计划订单下达量以及每一时段 Radio/CD 底盘、标准饰品与跑车型饰品、标准固定件与跑车型固定件的收货量。

11. 布朗电气公司(Brown & Brown)生产一

种数字式的光碟播放机（DAT）。每一种播放机有一定的共同组件，但也存在一定的不同组件。物料清单列出了每种必需物料、提前期和现有库存量。

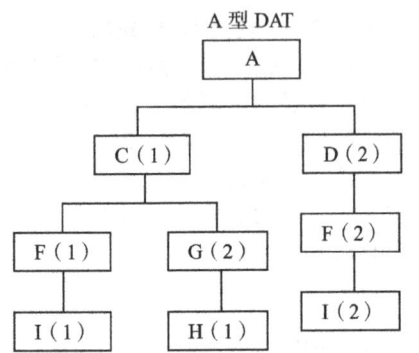

A 型 DAT

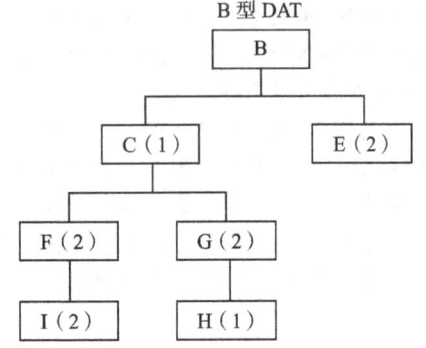

B 型 DAT

物料项目	现有库存/单位	提前期（周）
A 型 DAT	30	1
B 型 DAT	50	2
组件 C	75	1
组件 D	80	2
组件 E	100	1
零件 F	150	1
零件 G	40	1
零件 H	200	2

（续）

物料项目	现有库存/单位	提前期（周）
零件 I	300	2

布朗电气公司做了一个主生产计划的预测，以使生产精确地满足计划。主生产计划的一部分显示，在第 10 周需要 A 型 DAT 700 个单位，B 型 DAT 1 200 个单位。请制定一个满足需求的 MRP 计划。

案例分析 13-1

尼柯尔斯公司

这一年 12 月的一天对尼柯尔斯公司（NCO）的总裁乔·威廉姆斯来说是一个阴沉的日子。他坐在办公室里，看着壁炉里的余烬，希望能够整理自己的思绪。突然传来了轻轻的敲门声。"又有一件头疼的事来了，"他发着牢骚，"无事不登三宝殿。"进来的是市场部总监巴尼·汤普森："由于我们在管材订货上拖延了，一个重要的顾客刚刚取消了一个对产品 A 的大订单。这种事不能再继续下去了。我的销售人员出去为顾客解决难题，而我们的生产经理却不能生产出这种产品。"在过去的几个月里，NCO 的运作显得很不稳定。库存水平很高，而同时又无法避免缺货。这就导致了交货的延迟、顾客的抱怨和订单的取消。为了解决这个问题，经常需要员工过度加班。

历史

尼柯尔斯公司是由乔·威廉姆斯和彼得·夏普共同创建的，两人都有亚里桑纳大学的 MBA 学位。自从威廉姆斯和夏普创建了公司之后，发生了很多事情。夏普离开了公司，在澳大利亚昆士兰的一家房地产开发公司工作。在威廉姆斯的领导下，NCO 公司进行多样化经营，生产许多不同的产品。NCO 现在有 355 名全职员工，直接从事三种主要产品 A、B、C 的生产。最终装配是在 NCO 的主要厂房附近一个改建过的库房中进行的。

会议

威廉姆斯在第二天召开了一个会议，目的就是获得与公司当前所面临的问题的相关信息，并且为找到解决方案做一些基础准备工作。参加这次会议的人员除了威廉姆斯本人与巴尼·汤普森以外，还有生产和库存主管菲尔·布莱特、采购主管利佛·哈尔森以及会计主管斯蒂弗·克拉克。

这次会议持续了一个早晨。参加者都很直率而且讨论热烈。

布莱特说："市场部门下达的预测常使我们不能正常工作，我们经常不得不赶工生产这种或那种产品来满足目前的需求。这就迫使我们常常遇到要加班的问题。"

汤普森说："生产量太低了，我们需要大量的成品库存。如果有这些成品库存，那么我的销售人员就可以多销售出20%的产品。"

克拉克说："不可以，我们的库存已经很高了，我们无法承担保管费用。况且现在的技术发展这么快，生产出来的产品如果卖不出去，很快会过时的，从而形成更多的库存积压。"

布莱特说："只有大批量采购才能弥补令人窘迫的必需费用"。

会议结束时，威廉姆斯掌握了大量的信息，但是却没有一个具体的计划。如果你是威廉姆斯，应该怎么办？

请利用表C13-1～表C13-4显示的相关数据分析案例的思考题。

表C13-1　产品A、B、C的物料清单

产品A	产品B	产品C
A	B	C
D（4）	F（2）	G（2）
I（3）	G（3）	I（2）
E（1）	I（2）	H（1）
F（4）		

表C13-2　产品与组件的工作中心及工艺路线

物料项目	工作中心序号	标准时间（小时/单位）
产品A	1	0.20
	4	0.10
产品B	2	0.30
	4	0.08
产品C	3	0.10
	4	0.05

（续）

物料项目	工作中心序号	标准时间（小时/单位）
组件D	1	0.15
	4	0.10
组件E	2	0.15
	4	0.05
组件F	2	0.15
	3	0.20
组件G	1	0.30
	2	0.10
组件H	1	0.05
	3	0.10

表C13-3　物料清单中每一个物料项目的库存水平及提前期

物料项目	现有库存（单位）	提前期（周）
产品A	100	1
产品B	200	1
产品C	175	1
组件D	200	1
组件E	195	1
组件F	120	1
组件G	200	1
组件H	200	1
原材料I	300	1

表C13-4　第4～27周的已预测需求

周	产品A	产品B	产品C
1			
2			
3			
4	1 500	2 200	1 200
5	1 700	2 100	1 400
6	1 150	1 900	1 000
7	1 100	1 800	1 500
8	1 000	1 800	1 400
9	1 100	1 600	1 100
10	1 400	1 600	1 800
11	1 400	1 700	1 700
12	1 700	1 700	1 300
13	1 700	1 700	1 700
14	1 800	1 700	1 700
15	1 900	1 900	1 500
16	2 200	2 300	2 300

(续)

周	产品 A	产品 B	产品 C
17	2 000	2 300	2 300
18	1 700	2 100	2 000
19	1 600	1 900	1 700
20	1 400	1 800	1 800
21	1 100	1 800	2 200
22	1 000	1 900	1 900
23	1 400	1 700	2 400
24	1 400	1 700	2 400
25	1 500	1 700	2 000
26	1 600	1 800	2 400
27	1 500	1 900	2 500

讨论题

请使用微软的 Excel 软件来解决尼柯尔斯公司的案例（注意：如果你是初学者，那么也许你需要几个小时来回答问题 1，解决问题 2 也要花相同的时间，而解决问题 3 可能要多花上 1 倍的时间了）。

为简单起见，假定市场预测在第 1 时段到第 3 时段是 0，并且假设在表 C13-3 中具体说明的期初库存从第 1 周开始就可用。只有最终产品项 A、B、C 使用主生产计划。

为了更改生产量，可以仅对 A、B、C 进行调整，不调整物料 D、E、F、G、H、I 的数量。

A、B、C 与它们之间的联系可以使 A、B、C 发生的变化自动体现到它们的数量上。

1. 不考虑工作中心的限制，请为四个工作中心制定一个 MRP 计划及其能力计划。
2. 下表给出了工作中心的能力及费用。重做上一题，制定一个可行的计划（在工作中心的能力范围之内）并计算相关的费用。要求只通过对主生产计划的调整以达到目的，并试着将 27 周的运行总费用最小化。

	能力	费用
工作中心 1	6 000 小时	20 美元 / 小时
工作中心 2	4 500 小时	25 美元 / 小时
工作中心 3	2 400 小时	35 美元 / 小时
工作中心 4	1 200 小时	65 美元 / 小时
库存保管成本		
最终产品项 A、B、C	2.00 美元 / 单位	
组件 D、E、F、G、H	1.50 美元 / 单位	
原材料 I	1.00 美元 / 单位	
订货费用		
最终产品项 A、B、C	20 美元 / 单位	
组件 D、E、F、G、H	14 美元 / 单位	
原材料 I	8 美元 / 单位	

3. 如果最终产品项的批量是 100，组件的批量是 500，原材料的批量是 1 000，这些将如何改变你的计划呢？

第五部分

短期作业计划

- 第14章　排队管理
- 第14章附录　排队论
- 第15章　作业计划

第14章

排队管理

 学习目标

- 强调了将提供快速服务作为企业的竞争优势的重要性。
- 揭示了与顾客等待时间相关联的顾客期望、顾客感知和顾客满意度之间的关系。
- 指出了影响顾客等待满意度的不同因素,并给出了一个供管理者确定哪些影响因素是受控状态下的分析框架。
- 阐述了服务型企业的管理者如何通过设计服务系统和交叉培训员工,在不投入额外成本的条件下提供更快速的服务。
- 阐明了企业如何借助于技术为其顾客提供更快速的服务。

 引　例　消除等待时间

你把车开进设于佛罗里达西帕尔姆海滨机场的全球最大汽车租赁公司——赫兹公司(Hertz)的停车场。当你准备从车上卸行李时,一个停车场服务员向你问好并且请你出示租车协议的复印件,而后服务员在掌上电脑中迅速键入你的租车协议号码并在你卸完行李之前给你开好了收据。这样,很快地,你就上了赫兹公司的机场巴士,直接把你送往登机现场。

在位于马萨诸塞州牛顿市的美国著名的连锁酒店管理集团万豪酒店,顾客可以预先登记房间,到了宾馆后就自行在钥匙架上取下房间的钥匙,而不用在服务台前排队等待。位于拉斯维加斯的贝利赌场宾馆(Ball's)可以通过每一间客房里电视上的退房结账界面办理退房结账手续,而不必在结账柜台前排队等待。顾客只需要按照电视屏幕上的菜单选项便可以完成账单总结算并采用有效的信用卡付账。顾客在离开宾馆时只需要将房间的钥匙放在一个固定的小箱子里便可以了。

以上这些实例展示了大部分企业,尤其是服务型企业的发展趋势。为了持续地提供快速服务,在一些情况下,正如以上实例所述,企业甚至需要完全消除顾客的等待时间。

顾客排队问题是每个服务型企业的管理者都需要面对的问题。即使是制造型企业,由于技术的飞速发展,特别是互联网的发展,使得制造型企业需要离顾客越来越近,在产品交货及售后客户服务支持中,顾客排队问题也越来越重要。戴尔电脑公司的"黄金三原则"之一就是"与客户结盟"。当顾客直接参与运营过程时,就会产生排队问题。排队问题可以有各种不同的形式:比如在餐馆中等待餐位就餐,在超市中等待结账付款,在电话购物中等待电话订购等。同样地,在互联网上也会遇到排队问题,比如股票交易、银行对账,甚至从负有盛名的网上书店亚马逊购书等。

事实上,排队等待是我们每个人生活中的一部分。我们每天都要在各种排队等待上花费许多时间。在我们每天清晨上班途中，需要排队交付过路费，需要排队停车；如果我们选择乘坐公交车的话，需要排队等车或是排队乘地铁。在自己最中意的早餐店里吃早餐也需要排队等咖啡，甚至到了办公楼里还需要排队乘电梯去办公室——这些就是在我们清晨开始工作之前发生的排队问题！正如表14-1所示，人在一生中有许多时间是花在排队等待上的。

表14-1 人们如何花费他们的时间

活动	时间
红灯等待时间	6个月
打开垃圾邮件	8个月
寻找乱放的物品	1年
回电话不成功	2年
做家务	4年
排队等待	5年
吃	6年

注：根据美国一项对6 000人进行的调查，内容为美国人在一生中平均对不同活动所花费的时间。

资料来源：From "Where the Time Goes," U.S. News & World Report, January 30, 1989, p.81. Copyright 1989 U.S. News and World Report, L. P. Reprinted with permission.

管理者需要合理地管理顾客的等待时间，不仅是为了确保运营效率，而且还为了确保顾客不会因为长时间的等待而离开，从而失去这些顾客。为了达到这两个目标，管理者必须认识到良好的排队管理由两大主要要素构成：实际等待时间和顾客的感知等待时间。

关于实际等待时间的确定将在本章附录14A中进行详细论述，主要是运用排队论以及不同服务交付系统情况下的数学排队模型来确定。

本章的重点是通过管理顾客的感知等待时间来提高顾客满意度。充分理解在一定的等待时间内如何提高顾客满意度，将有利于服务经理更有效地管理服务系统的运营。

排队等待通常是一个顾客第一次接触企业的体验。因此，在排队中的不愉快体验通常会让顾客对企业产生负面的"光环效应"。因此，管理者如何很好地处理排队等待问题将对企业的长期成功有着重要的影响。

14.1 优质服务的重要性

正如前面所述，那些在制造和服务过程中可以为顾客提供优质服务的企业能够在今天竞争激烈的市场环境中取得竞争优势。优质服务开始于顾客第一次与企业接触，特别是在队列中排队等待服务之时。优质服务体现在很多方面，诸如服务人员的友善亲切、工作人员的专业知识等，但是顾客的排队等待体验通常是其体验企业的起点，从而会对企业的总体满意度都有着很大的影响。

"提供快速服务，实现零等待时间。"最近由于以下几个原因而引起管理层的关注。首先，在发达国家，随着生活水平的提高，时间对于人们来说越来越宝贵了，越来越少的顾客愿意为等待服务而付出时间，以至于在很多情况下，顾客愿意为了缩短等待时间而支付更高的价格（参见"运营实践14-1：在迪士尼主题公园'时间就是金钱'"）。

其次，今天越来越多的企业正在意识到，这种提供快速有效的服务方式大大影响了企业的顾客的忠诚度。过去把对顾客的服务与潜在的未来市场是分开看待的，这种传统观点之所以一直被保留下来，是因为顾客的将来行为在企业的财务报表中并没有得到反映。

最后，由于技术的飞速发展，尤其是信息技术的发展，使得企业能够提供过去所不可能提供的更为快捷的服务。传真机、计算机、电子邮件以及卫星通信为企业提供了更快速的反应能力，以满足顾客的需求。

尽管如此，在提供快速的服务过程中，服务型企业的管理者的最终目标并不是保证每个顾客在一定的时间内能够接受到服务（如几分钟），而是要保证每个顾客真正感觉到非常满意并因此下一次再来光顾。

 运营实践 14-1

在迪士尼主题公园"时间就是金钱"

每个人都想去迪士尼主题公园，然而每个人都需要排队等待（更确切地说，是几乎每个人），而且，几乎每个人都讨厌排队等待。

现在一部分人在想办法不参与排队等待。迪士尼的政策是每个人都是贵宾，但事实是一部分人比另一部分人更像贵宾。

只要买一张比普通门票高出 50～60 美元的门票，你就可以享受到贵宾服务。你可以得到挑选自己喜欢的座位并欣赏自己喜欢的节目的特权。这项服务并不是所有人都知道，并且你需要跳过铁栏杆才能得到这样的票。

另一个消除等待时间的方法是成为一个名人或是一流的商人。对于其他人来说，这两种人本身就是个吸引力。迪士尼主题公园试图让名人喜欢待在公园，并且让其他游客也有一样的感受。

此外，为了得到这种明星服务，就是加入一个资助迪士尼跑马项目的公司。只需要一点点头脑，比如从公司取得了工作卡，知道运用合适的方式问询合适的人员，你就能得到这种明星服务。其他跑马项目（可能你们公司并不资助）在互联网上是有提供服务的。

另一个缩短排队时间的方法是在宾馆花大钱。只要你在宾馆里额外花费 300 美元预订一个高档套房，你就可以跳过栏杆去实现你的梦想，迪士尼也会为你打开方便之门。

当然，如果你既不是个富翁也不是个知名人士的话，那你就只能待在长长的队列中排队等待，不过也许你会因此结识一个新朋友。

14.2 排队管理的权衡：顾客等待时间与服务过程效率

古典运营管理模型将服务与成本联系起来，如图 14-1 所示，并且阐述了快速服务成本与顾客等待成本之间的权衡。这种提高客户服务水平（即快速服务）与提高员工服务过程效率之间的权衡是由于顾客直接参与服务提供过程。尽管这一模型在理论上很容易理解，却很难应用于现实环境，因为顾客等待的损失是无法衡量的，尤其是那些外部顾客（即指购买企业产品并接受企业服务的顾客）。内部顾客（即指企业内部员工要求特殊服务），诸如卡车驾驶员等待发运单或是一个员工等待使用复印机，这种内部顾客等待的时间还是比较容易衡量的。在这些例子中，成本是等待时间乘以小时工资率（几个有关内部顾客的等待时间成本问题例子将在本章附录 14A 中进行阐述）。

与制造型企业相比，等待服务的"顾客"与生产过程中的"库存"类似。因此，一个服务型企业需要通过排队等待的"顾客"提高其服务过程效率，就像制造型企业通过维持"在制品库存"提高生产过程效率一样。两者的管理问题都面临着提高运营过程效率的成本和增加等待时间或库存的成本；两者的区别在于制造型企业面对的是有形产品，而服务型企业面对的是思想活跃体验丰富的顾客。

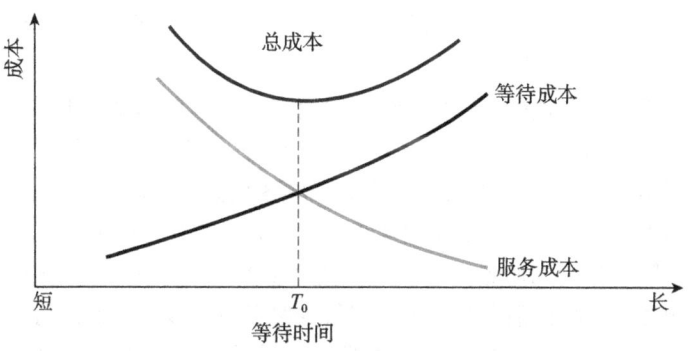

图 14-1 排队管理的权衡

图 14-1 中所示的模型存在一个假设前提就是"没有顾客的时候,服务人员和服务设备是空闲的"。这也是排队论的假设前提(在本章附录 14A 中将进行详细讨论),建立了指定的服务人员或是服务台的数量和在一定需求水平下的顾客平均等待时间之间的数学关系。在传统的排队论模型中存在一个最优等待时间 T_0,实现了让一个顾客等待的成本(等待成本)与提供服务的成本(服务成本)这两部分的总成本最小。尽管如此,正如下文将要讨论的,有许多方式可以使管理者在提高服务水平同时可以缩短顾客等待时间而不额外增加成本。

14.3 定义顾客满意度

顾客直接参与服务交付系统使得服务系统的设计和评估需要从市场营销和运营两个角度综合考虑。一个与市场营销有关的衡量顾客对于等待时间的反应的指标,可以比"实际等待时间"本身更能够很好地反映出顾客等待成本,这就是顾客满意度。

14.3.1 顾客满意度的定义

引用市场营销大师菲利普·科特勒对顾客满意度的定义:"顾客满意度是指顾客通过对一个产品或服务绩效的感知与其期望值相比较后形成的感觉状态。"换言之,如果顾客感知的效果与其期望值相当,那么顾客就会感觉满意;如果顾客感知超过了顾客期望,那么顾客就会感觉非常满意,甚至会感觉到快乐;如果顾客感知没有达到顾客的期望值,那么顾客就会感觉不满意。在市场营销学中,顾客满意度是顾客感知和顾客期望之间的不确认性(即差异)的函数。

顾客满意度是衡量一个服务交付系统的效率的最佳指标。顾客满意度在企业的服务水平、顾客对于服务绩效的感知以及顾客对于企业的未来行为之间建立了必要的相关关系。在顾客满意度研究文献中,美国学者奥立佛(Richard. L. Oliver)提出,"顾客满意度是顾客行为模型整体中的一部分",如图 14-2 所示。

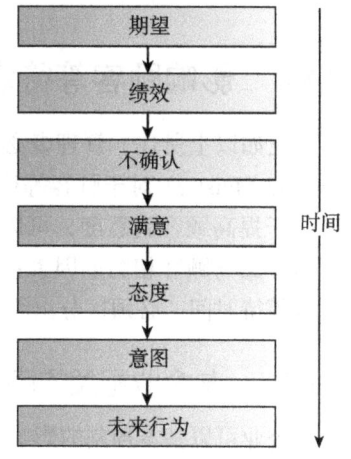

图 14-2 顾客行为模型中顾客满意度的角色

14.3.2 顾客期望

顾客期望是指顾客对于一个特定的服务业务或企业所期望的能够获得的服务水平。顾客期望有以下几个来源。

广告是顾客期望的一个来源。例如，许多餐馆在广告中宣称将在 10 分钟甚至更短的时间内提供午餐服务。如果你等待的时间超过了 10 分钟，那么你就会感觉到不满意；反之，如果你等待的时间少于 10 分钟，你就会感觉到满意。顾客也会根据以往在企业的消费经历形成顾客期望。此外，他人对企业的口碑以及顾客在同类企业的消费经历也会形成顾客期望。

不仅仅是每个顾客接受的服务过程，往往整个服务交付系统的效率也会影响顾客对于等待时间的期望。顾客对于高档消费和高价消费很少愿意付出或是不愿意付出等待时间，因此，这类服务系统通常要求顾客"预约"或"预订"，来尽量减少或是消除顾客等待时间。顾客定制化程度也是影响顾客期望的因素之一。顾客定制化程度越高，顾客愿意付出的等待时间就越长。

14.3.3 感知等待时间

感知等待时间是顾客确信的在接受服务之前所等待的时间。尽管顾客感知等待时间与实际等待时间是直接相关的，但两者之间还是存在很大的差异。事实上，研究表明感知等待时间比实际等待时间对顾客更具有影响力。下文中将讨论到，如果管理者能够认识到影响顾客感知等待时间的因素，那么就可以影响顾客对等待时间的感知。

为了更好地说明顾客感知等待时间和实际等待时间之间的差异，我们来看一个例子：新设计的宾馆中安置了一架能力不足的电梯，尤其是清晨人们都等着出去的高峰期。顾客们对于长时间等待的抱怨，使得宾馆经理不得不请来一位咨询师来解决缩短电梯等待时间问题。可是，在这位咨询师开发出了一种排序算法大大缩短了顾客等待时间之后，顾客还是在不断地抱怨。于是又请来了另一位咨询师，给出的建议是在每一层楼的电梯门口两边各安放一面全身长的镜子，这样一来，顾客的抱怨声立即停止了，尽管顾客等待时间并没有减少，为什么呢？因为顾客在按了电梯的按钮后，照着镜子有可以打发时间的事情做了，所以对于自己的等待时间就没有了感知。

14.4 影响顾客等待满意度的因素

正如以上所述，管理者必须致力于提高顾客满意度，而非实际等待时间。大卫·麦斯特（David Maister）对于顾客等待满意度提出了一个基本的分析框架，为了进一步帮助管理者们致力于提高顾客满意度，可以将影响顾客等待满意度的因素分为以下三类：①与企业相关的因素；②与顾客相关的因素；③与顾客和企业两者都相关的因素。服务经理为了有效地管理顾客等待时间，必须区分出哪些影响因素是可以控制的、哪些影响因素是根本不可控的。

14.4.1 与企业相关的因素

企业可以基本控制的影响顾客等待满意度的因素可以分为以下四类等待：

- 不公平与公平的等待；

- 不舒适与舒适的等待；
- 没有解释过与解释过的等待；
- 过程前的与过程进行中的等待。

1. 不公平与公平的等待

成功管理顾客对等待的公平性的感知取决于队列设计、服务系统设计以及与顾客接触时间的长短。

保证公平性的一个很通行的方法就是把所有顾客安排在一个队列中，按照先到先服务规则（first come first service，FCFS），一个接着一个顺序地接受服务。在银行和机场的检票通道使用的就是这种单队列方式。这种单队列方式即使在队列本身比较长的情况下，也不仅仅让顾客感知比较公平，而且还让顾客感知等待时间也相对较短。尽管如此，管理者还需要考虑运营系统的实际因素，例如，在空间狭小或是顾客购物的手推车过长的超市就很难实行这种单队列方式。

服务系统设计的一些细节不仅会影响实际等待时间，而且还会影响顾客对于公正性的感知。例如，员工在服务过程中接电话，就会给顾客造成不良印象——认为对于员工来说，接电话才是首要的事（这是错的）。

因此，一般服务业的实际营业时间必须比向顾客公布的营业时间要长一些，从而保证顾客不会因为几分钟的延误而感到不公平。举例来说，如果一家商场的开放时间是上午10：00到晚上10：00，那么就应该在上午9：50开始迎接顾客，而在晚上10：10再关门。

2. 不舒适与舒适的等待

一般，当人们感到不舒适的时候，时间就会过得很慢。有许多方式可以影响舒适度：温度、灯光、座位以及背景音乐和声响等。一般通过使用叫号机系统，采取按号码顺序服务的方式，可以同时保证等待的舒适度和公正性。像全方位服务的餐馆很注重提供舒适的休闲室让顾客等待餐位，这是一个双赢的好例子，餐馆因此可以得到额外的收入，因为这些等待餐位的顾客通常会购买一些饮料等，同时顾客在很舒适的环境里等待预订的餐位，就不会感觉到时间过得很慢。

3. 没有解释过与解释过的等待

如果在顾客等待过程中没有给出合理的解释时，顾客等待时间越长，就越感觉到不满意。例如，当飞机乘客被告知因为需要等待天气转晴或是等待机翼上的冰雪融化掉，那么顾客们就不太会不满意或是抱怨；但如果顾客们没有被告知任何理由时，后果就不太乐观了。尽管如此，也需要谨慎解释，倘若不断地重复同一个理由的话，那么任何安抚顾客的行动终究会失败。

不能利用空闲的服务人员或是空闲的服务设备就是另一种不可以解释的等待，因而会加剧顾客不满意程度。尽管这些服务能力空闲其实有着许多合理的理由（如服务人员需要休息，需要完成重要的线下工作等），但顾客并不认可这些理由。因此，那些空闲的服务人员或是空闲的服务设备就必须要"伪装起来"。

顾客总是感觉到不知缘由的等待过程似乎比清楚缘由的等待过程要漫长，这主要是与顾客等待的耐心程度有关。因此，重要的是让顾客能够估计等待多长时间。举例来说，英国伦敦地铁系统在每一个地铁站都安置了一个电子显示牌，显示到底需要多少时间来等待下一班车的到来。如果不能确定实际等待时间时，就显示一些最新状况的报告。例如，联邦快递每天都会给顾客一份最新报告，及时告知追踪丢失的包裹的最新进展。

4. 过程前的与过程进行中的等待

正如大卫·麦斯特指出的，顾客对于进入服务系统之前的等待感觉比进入服务系统之后的等待更加不满意。过程前的等待，如在麦当劳快餐店等待下订单（相对于下完订单后再等待就餐而言）。又比如，你拨通电话后等待对方回应就是过程前的等待（相对于在对方回应后你再等待你的顾客服务代表而言）。

由于过程前的等待会让顾客感觉是在服务系统外面等待，相反，已经安排在过程进行中等待的顾客们会感觉到自己已经进入服务系统了，因此，感觉很快就会得到服务。所以企业在设计服务系统的时候，应该注意尽量减少顾客在过程前的等待时间。

14.4.2 与顾客相关的因素

有些影响顾客等待满意度的因素是企业不可控制的，譬如，顾客到达方式、顾客等待时不同的心情等。但是，充分了解这些不可控因素及其对顾客等待不满意程度的影响，可以帮助管理者更好地控制那些可以管理的等待因素。

1. 独自等待与群体等待

顾客独自等待过程中会比群体等待显得更加没有耐心。尽管管理者是不可能控制顾客的到达和等待方式的，但是可以想出一些合适的服务策略来使顾客分散注意力。滑雪场就是一个很好的例子，场内专门为单个滑雪顾客开设了单独的电梯通道，因为单人通道的队列通常要比团体通道的队列短很多，从而减少顾客独自等待时间。这个例子同时也说明了可以通过合理设计服务交付系统来实现顾客和企业的双赢。单个顾客的等待时间更短，因此，滑雪场可以利用这一点在高峰时段来进行合理的分流。

2. 等待高价值服务与低价值服务

当顾客感知等待的产品或服务价值越高，就越愿意花时间等待，也就是说，若顾客感知的产品或服务价值足够高，则顾客愿意损失一些等待时间成本。尽管如此，在当今竞争激烈的环境中，企业也应该提高警惕，倘若企业提供的产品或服务需要顾客等待很长时间的话，那么企业的市场份额就可能拱手让给那些提供相同或相似产品/服务，但等待时间更短的竞争对手。

3. 顾客价值系统

企业需要意识到根据不同的顾客价值系统来细分市场的重要性。需要快速服务的顾客介意的并不是需要支付一定的附加费用，而是不愿意花时间等待。例如，许多公司为这些高端顾客提供了自助服务、菜单式服务系统，特别是电话咨询及预订服务。为了能够从顾客的需求角度考虑，企业在制定市场营销战略时也必须与其运营战略一起来共同应对顾客的排队管理。丽思·卡尔顿连锁酒店集团就意识到排队管理的重要性，酒店瞄准的是市场高端的5%的份额，因此，当你打电话预订房间时，接待你的总是真真实实的服务员，而不是预定软件系统。尽管预定软件系统更为经济，但丽思·卡尔顿的管理者理解高端客户不会愿意在这样一个软件系统中浪费时间。

4. 顾客的态度

顾客在进入服务机构之前的态度会对其所接受的服务的满意度有着很大的影响。若顾客以焦急不安的态度进入服务机构，那么不管队列有多长，也没有多少耐心愿意等待，而且这种光环效应也会对于顾客对所接受的产品或服务的感知有着很大的影响。

14.4.3 与企业和顾客两者相关的因素

有些影响顾客等待满意度的因素可能与企业和顾客两者都相关。

1. 空闲与忙碌中等待

正如前面"在电梯门口两边安放镜子的案例"所述，顾客在有忙碌中等待的感觉比在空闲中等待要难受得多。有很多方法可以帮助顾客在等待过程中分散注意力，比如看书、阅读刊物、欣赏有趣的电视节目、照镜子、听音乐等，都是帮助顾客缓解等待不满意情绪的很有用的方法。例如，许多著名的夜总会在顾客进入夜总会之前，为顾客安排了"卡西诺"（一种带有博彩性质的娱乐游戏）机，帮助顾客有效地打发等待时间，而且也不失为一个"双赢"的方法：顾客在忙碌中不知不觉地度过了漫长的等待时间，而夜总会也借助"卡西诺"机增加了收入。

在某些情况下，顾客通过做一些有意义的事情来排解等待的寂聊，同时也能够促进服务效率。例如，顾客在一个零售商店的排队等待过程中，可以通过合适的信号来通知顾客除了现金支付方式外，顾客还可以采用其他如信用卡、电子消费卡等付款方式。此外还可以通过为顾客提供一个舒适的等待环境，让顾客忙于自己的事情，如机场的候机室就为一些顾客开辟了可以安放传真机、个人电脑等设备的桌子和私人空间，以便于顾客在等待过程中可以继续忙于自己的事情。

也可以应用电话自动应答机来排解顾客等待的寂聊时光。例如，来电者如果听到音乐的话将会比仅仅听到"对不起，线路忙，请等待"愿意多等待 20% 的时间。此外，在信息发送过程中，不断提醒顾客进展状况或为顾客提供一些娱乐项目比仅仅只顾发送信息要让顾客感觉好得多。

2. 焦急等待与耐心等待

顾客对于服务的本质或是等待的不确定性的焦虑也影响顾客满意度。比如在医院急救室的等待或是等待重要的化验报告结果，无论实际等待时间是多短，都让人感觉漫长而备受煎熬。服务型企业是无法完全消除顾客这种焦急情绪的，但是可以着眼于这种危急服务的本质，而不时地采取必要的措施来缓解顾客的焦虑程度，比如提供一些报纸刊物给顾客阅读，同时不断地报告事情的进展状况，都是有效缓解顾客焦虑和提高耐心程度的有效方法。

14.5 聚焦快速服务

"行贵速焉，慢则人先"。今天消费者的时间越来越宝贵，等待时间对消费者来说是一种浪费，因此，全球一流的企业也都在致力于为顾客提供更好更快的服务。从运营的角度来看，企业可以通过许多方式来实现快速服务，而这些方式的中心都是围绕着良好的服务系统设计理念展开的。

14.5.1 服务系统设计理念

早期的服务系统设计理念提倡将服务交付系统分割为两个核心部分，目的是通过减少与顾客的接触时间来实现快速服务和提高服务系统运营效率。在这种方式下，第一个核心部分或称为服务前台，所有的活动都是与顾客直接接触的，因此，需要采用追逐策略。第二个核心部分或称为服务后台，所有的活动是在顾客不在场的情况下进行的。因此，服务后台则需要采用平准策略以提高服务系统运营效率。"追逐策略"和"平准策略"将在第11章中进行详细阐述。这里先简单地介绍一下，"追逐策略"就是在一定时期内准确地按照顾客需求来调节产出率，可以是一周内或是一个月内，以"适应"顾客需求。在服务交付系统中，即所提供的服务需要与顾客所需的服务相一致。"平准策略"则不同于"追逐策略"，是按照在一定时期内的平均需求率来安排产出率，比如是4周内或是6个月内的平均需求率，即在这一时期内保持与平均需求率相同的稳定的产出率，进行"均衡生产"，而不管每一时段顾客的实际需求是多少。麦当劳就是运用这种分割核心部分的策略的极好例子：首先在服务后台成批地将汉堡包肉饼放在烤架上进行烘烤，然后进行"组装"（就是把干酪、生菜、洋葱、番茄酱等调味品和佐料加入汉堡包）和包装，接着将这些包装好的成品放到成品架上作为缓冲库存，等待服务前台随时拿取，以快速地送到顾客手中。

尽管如此，新的服务前台与服务后台一体化的设计理念，使得服务前台的人员在空闲时刻也可以安排一些服务后台的工作，因此，服务系统更具效率。通过良好的服务系统设计理念，服务人员可以在空闲时接听电话或是安排一些后台工作。

1. 缩短转换准备时间

当服务前台与服务后台进行一体化设计之后，有利于缩短员工从一个工作岗位转换到另一个工作岗位的转换准备时间。这种工作岗位的转换在服务业中也是很常见的。转换准备时间的缩短，可以让服务经理在不需要增加任何额外成本的情况下，将服务人员从前台工作（如等待顾客）转换到后台工作（诸如保洁和文书工作以及重新补充库存等）；反之亦然。

成功接受这种服务前台与服务后台一体化的新设计理念的前提是有足够的后台工作，让服务人员能够充分利用空闲时间，而这在很大程度上取决于一开始就需要对服务交付系统进行精细的设计。

2. 交叉培训员工

作为提供快速有效服务的一个有机组成部分，员工的柔性也就是指员工能够胜任不同工作的能力。员工如果具备多种工作技能，那么整个工作日中就可以在空闲时安排其他后台工作。因此，服务经理需要投入一定的资源来交叉培训员工，从而让员工能够胜任不同的工作。重要的是，通过交叉培训员工，服务型企业可以通过"库存"员工的多种技能，来解决在排队等待中"库存"的顾客。从长期来看，这对提高服务型企业的顾客满意度无疑是更有利的。

14.5.2 致力于快速有效的服务

随着生活水平的提高，时间对于顾客来说愈来愈宝贵了，从而导致顾客等待服务的成本也大大提高了，如图14-3所示，现在的顾客等待成本从 W_1 提高到了 W_2。同时，服务经理对于服务系统的良好设计和对员工的交叉培训使得等待时间也大大缩短了,如图 14-3 所示,服务成本曲线从 S_1 下移到了 S_2。结果得到了新的最优等待时间 T_0',即总成本最小时的等待时间,要比原先的等待时间 T_0 短得多。而且随着生活水平的不断提高,时间对于顾客来说就越来越宝贵,因此,最优等待时间 T_0' 也会越来越短。

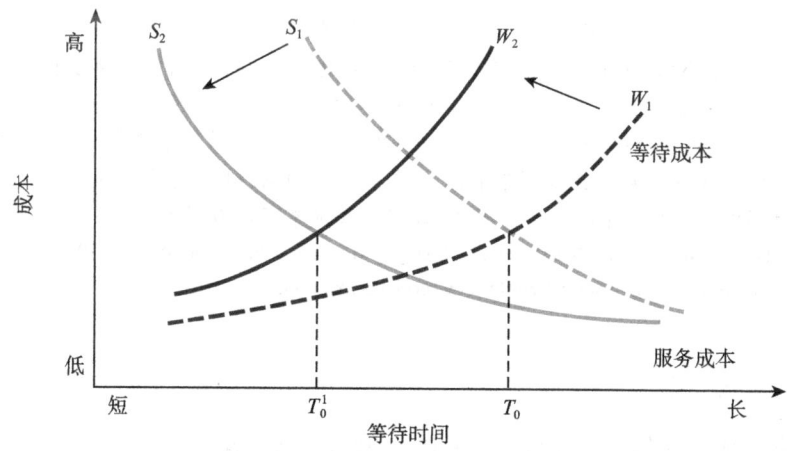

图 14-3 为何快速服务始终是最优的

14.6 如何借助于技术提供快速服务

正如本章引例所述,通过合理地运用技术可以减少甚至可以完全消除顾客的等待时间。自动取款机现在可以为顾客提供"7×24 小时"服务,完全消除了顾客因为要等到第二天早上开门而产生的等待时间。顾客可以通过互联网随时随地访问账户,进行所需的交易,比如中国银行手机银行提供的随身金融服务,全面管理客户零碎时间,无论是在出差途中、候车、超市排队结账时……客户弹指之间,就可以理财、生活和工作皆不误。

商场和超市的条形码扫描技术减少了服务处理时间以及顾客的等待时间。同样的条形码扫描技术也应用于高速公路,驾驶员只要在公路口扫描一下就可以了。例如,马萨诸塞州一条收费公路的快车道的收费亭就使用了这样一种扫描仪,其能力比原来人工收费提高了两倍(现在快车道的收费亭每小时可以通过约 1 000 辆车,而普通的收费亭每小时只可以通过 450 辆车)。现在,超市可以通过应用扫描仪,不需要卸货便可以进行整车清点收货。

条形码扫描技术也在机场广泛使用,从而使得顾客能够更快地通过检票口,减少了等待时间,同时,还可以提供登机者总数。菜单式计算机数据库使得电话接线员能够快速地访问顾客信息,从而能够对顾客的问询作出更快、更有效的反应。

随着技术的不断发展,技术将不断地对服务型企业反应顾客需求的速度产生重大影响。正如图 14-4 所示,技术使服务型企业能够在高优势曲线上运营(也就是说,从曲线 A 转移到曲线 B),从而使企业可以同时提供快速而又有效的服务,

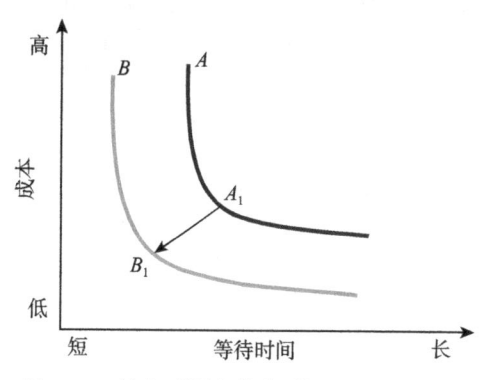

图 14-4 技术对顾客等待时间和成本的影响

如图 14-4 中从 A_1 点转移到 B_1 点。在设计新的服务交付系统过程中，管理者要始终谨记："最好的服务系统是没有等待时间的服务系统"。

 运营实践 14-2

"空中" ATM 机

国泰太平洋航空公司（Cathay Pacific Airways）在其两架 747 飞机上安装了自动取款机。这些 ATM 机是由加利福尼亚州欧文的航空设计技术公司提供的，可以使用银行卡或是其他所有主要的信用卡取款。此外，这些 ATM 机可以将美元兑换成 19 种外币，其汇率是由卫星提供的当日汇率。

这些"空中"ATM 机可以避免顾客在银行或是机场的 ATM 机前排队等待。同时，这些"空中"ATM 机对那些不习惯在陌生机场使用 ATM 机的警觉乘客具有很大的吸引力。

资料来源：Dennis Blank, "ATMs at 12 o'Clock High," Business Week, October 13, 1997, p. 8. ©1997 by The McGraw-Hill Companies. Reprinted by special permission.

■ 本章小结

随着当今生活节奏的不断加快，人们的时间愈来愈宝贵了，那些能够提供快速服务的企业比其竞争对手更具有竞争优势。正如第 2 章和第 8 章所述，服务质量的一个维度就是服务交付速度。因此，在保证其他服务质量维度的基础上，提供快速服务已经被视为服务质量水平高低的标志。今天的服务经理比以往任何时候都需要不断寻求创新的方法，为顾客提供更快更好的服务。技术的发展，尤其是信息技术的发展可以帮助服务经理实现这一目标。

尽管如此，为了提供快速服务，管理者应意识到顾客感知等待时间要比实际等待时间更重要。有许多因素可以影响顾客感知等待时间，管理者需要清楚地知道存在哪些影响因素，哪些是企业可以有效控制的，这种方法可以让管理者建立一个"能够有效配置企业稀缺资源，来为顾客提供快速有效的服务"的分析框架。

■ 复习思考题

1. 请解释制造型企业中的"库存"与服务型企业中等待服务的"顾客"之间的相似之处。
2. 夜很晚了，你在超市收银台前排队等待，或是午餐时分你在银行排队等待，或是与孩子们（不一定是你的孩子）在快餐店排队等待，将有哪些因素会影响你的满意度？
3. 请计算一个不满意顾客一年不去快餐店的机会成本，你的假设是什么？
4. 为什么服务经理需要区分不同类型影响顾客等待满意度的因素？
5. 根据你自己的体验，给出一些真实的正面或是负面的排队管理的实际案例。
6. 对于以下不同类型的服务机构，请给出一些既能够提高运营效率，又能够提高顾客等待满意度的方法。

- 机场检票台；
- 医院急诊室；
- 公交部门；
- 800 份电子订单；
- 紧急热线；
- 高消费群的餐馆。

第14章附录

排　队　论

学习目标

- 介绍了排队系统的主要特性及其对顾客等待时间的影响。
- 给出了排队论的不同约束和/或条件以及相关模型公式的有效结果。
- 给出了排队论中可能遇到的各种不同类型的排队系统的各种不同模型公式。

排队问题在任何一个产品需要加工或一个人需要服务时，而所有的加工能力或服务能力却已被其他产品或其他人占用的情况下就会产生。在制造业中，当一个零件到达时，遇到机器正在加工其他零件时，排队问题就产生了；在服务业中，当一个顾客到达时，却遇到服务台正在忙于服务其他顾客时，那么排队问题也就产生了。在服务业中，产生排队问题的实例很多，如机票预订中心等待定票的顾客；宾馆等待预订房间的电话；餐馆等待就餐的顾客等。

在第14章中，我们讨论了排队等待中顾客满意度的管理。在本附录中，我们将进一步探讨排队系统的主要特性及其对顾客等待时间的影响。介绍一些解决静态排队问题的排队模型。借助于这些模型公式，可以使企业的设计人员、管理人员和计划人员，在给定的条件约束下，有效地分析服务需求，从而设计和建立起有效的服务能力。排队论应用广泛，可以解决从商店商场等待购物的顾客到机场中等待降落的飞机所遇到的排队问题。

排队论在制造业和服务业中运用都非常广泛，已经成为运营管理领域诸如配送系统设计、作业计划、机器设备和服务台的调度、网上订票服务以及企业在线支付服务系统设计等方面的一个最基本的标准工具。

14A.1 排队系统特性

排队系统基本是由六个主要部分构成：①顾客源；②顾客到达服务机构的特性；③队列本身特性；④从队列中选择顾客的方式；⑤服务机构本身特性（诸如顾客接受服务的优先规则以及对每个顾客的服务时间）；⑥顾客离开系统的方式（是否回到顾客源中）。这六个主要部分如图14A-1所示，在下文的阐述中，我们将逐一进行讨论。

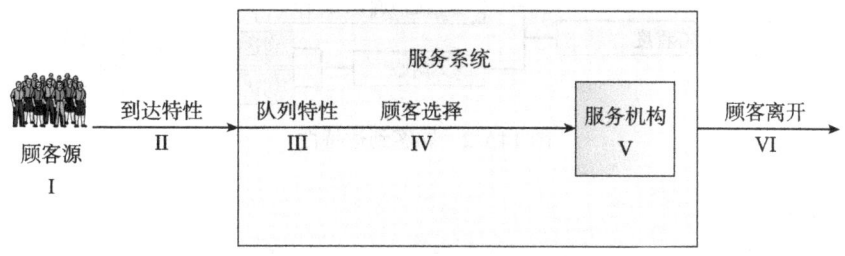

图14A-1　排队系统的框架示意图

14A.1.1 顾客源

到达服务系统的顾客源可以分为有限顾客总体和无限顾客总体两类。作这一区分很重要，因为这两类问题的分析是建立在不同的前提之上，而且解决方式也不一样。

1. 有限顾客总体

有限顾客总体是指排队系统中要求服务的顾客数量是有限的，而且在通常情况下排成一队。这种有限总体的分类很重要，因为顾客源中的某一位顾客离开其位置，顾客总体就少了一个，同时也减少了顾客对服务需求的概率；与之相反，当服务过的顾客又回到顾客源中，顾客总体增加了，同时顾客对服务需求的概率也就增加了。因此，解决有限顾客总体问题的公式和解决无限顾客总体问题的公式是不同的。

2. 无限顾客总体

无限顾客总体是指对于排队系统来说，顾客数量足够大，由于顾客人数增减（如需要服务的顾客或服务过的顾客又回到顾客源中）而引起的顾客总体规模的变化不会对系统的概率分布产生显著影响。举例来说，如果一个维修工负责维修 100 台机器，若其中一两台机器出现故障停机需要维修的话，那么下一次故障停机的概率将不会有太大变化，这样就可以认为总体是无限的。同样地，如果将无限总体的公式应用于有 1 000 名病人的医院和 10 000 名顾客的商场，也不会产生太大的误差。

14A.1.2 到达特性

在排队论中，另一个需要确定的就是顾客到达特性。如图 14A-2 所示，顾客到达特性有四个主要的方面：到达方式（是否可以控制到达）；到达规模（成批到达还是单个到达）；分布方式（相邻两个顾客到达的时间间隔是固定的还是服从某一统计分布，如泊松分布、指数分布或是爱尔朗分布）；耐心程度（到达的顾客是留在队列中等待还是离开队列）。我们将详细讨论这些到达特性。

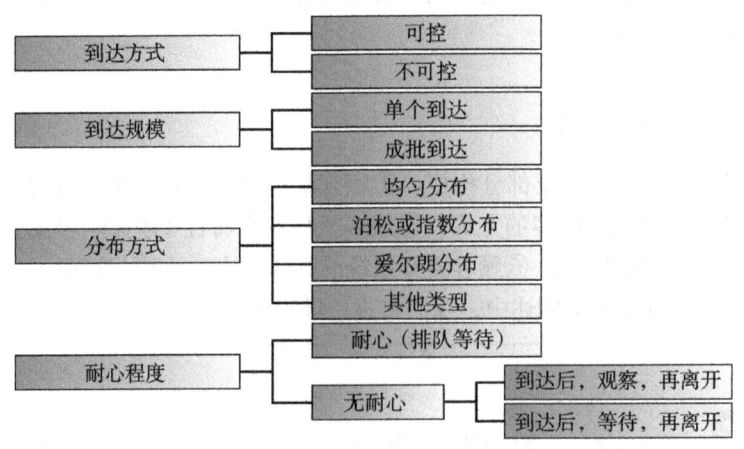

图 14A-2　顾客到达特性

1. 到达方式

系统中顾客到达要比人们想象的更容易控制。美发师可以通过向成年顾客多收 1 美元或者以成年人的价格向未成年人收费，来减少在周六顾客的到达率（假定顾客会分散到一周中其余各天）；百货商场采取季节性削价或者偶尔进行"每日特价"，在某种程度上也是为了控制顾客到达人数。出于同样原因，航空公司也提供了短途旅游折扣和反季节折扣，而营业时间公告是最简易的顾客到达控制策略。

某些服务的需求明显是不可控制的，例如对某一城市医疗设施的急救医疗需求。但即使是这种情况，在一定程度上，到达指定医院急救的患者人数也是可控的，比如说，我们可以通过告诉救护车司机其所去医院的急诊状况进行调控。

2. 到达规模

单个到达是指每次只到达 1 单位顾客（一个单位是可服务的最小数量）。纽约股票交易所（New York Stock Exchange，NYSE）中一个单位是指 100 股股票；而在蛋类加工厂则有可能是一打鸡蛋或一排（30 个）鸡蛋；在餐馆中，1 个单位指 1 个人。

成批到达是指每次到达系统的数量是单位数量的数倍，例如，在纽约股票交易所中，一次交易 1 000 股股票，蛋类加工厂一次一箱鸡蛋或是餐馆中一次到达 5 人。

3. 分布方式

排队问题的公式中通常需要一个到达率或者单位时间到达数（如平均每小时有 10 个到达）。固定到达的分布是均匀的，即相继到达的两个顾客之间的时间间隔几乎相同。在生产过程中，只有那些属于机械控制的到达分布才真正符合固定时间间隔的分布。多数情况下，顾客到达呈随机分布。随机分布在排队系统模型中更为常见，比如泊松分布、负指数分布或是爱尔朗分布。

4. 耐心程度

耐心的顾客是指在接受服务之前一直在等待的顾客（即使是到达的顾客有所抱怨或有不耐烦的举动，但是一直等待这一事实足以将其归为排队论中耐心的顾客这一类）。

排队论认为有两类不够耐心的顾客：第一类顾客到达后，先观察服务机构和队长，然后再决定离开；第二类顾客到达后，通过观察，进入到队列中，经过一段时间等待后才离开。第一类行为称为望而却步，第二类称为中途离队。

14A.1.3 队列特性

1. 队长

在实际中，无限队列比较简单，即指相对于服务系统来说是相当长的队列。比如，堵塞在高架上的车辆或者绕着街区排队购买演唱会门票的顾客，都可看作是无限长队列。

加油站、物流配送中心和停车场由于法律和实际空间特点而限制了队长。这不仅使服务系统利用率和队长的计算复杂化，而且使实际到达分布变得复杂。那些到达后见没有足够空间而离开的顾客，也许过一会儿再来或者转向别的系统寻求服务。这是有限顾客总体条件下两种不同的表现。

2. 队列数

单列队是指只有一个队列。多列队是指排在两个或两个以上服务台前的多个单列队，或者只在中间某点汇集的多个单列队。相对于一个繁忙的服务系统，多列队的缺点是如果前面的几个顾客服务时间较短，或者那些在其他队列中的顾客需要较短服务时间的时候，后面到达的顾客会变换队列从而造成混乱。

14A.1.4 顾客选择

1. 排队原则

排队原则是指队列中决定顾客接受服务次序的一个或一系列优先规则，如图 14A-3 所示。这些优先规则对整个系统的运行有巨大的影响。队列中的顾客人数、平均等待时间、等待时间变化范围以及服务机构的效率正是受排队规则影响的几个因素。

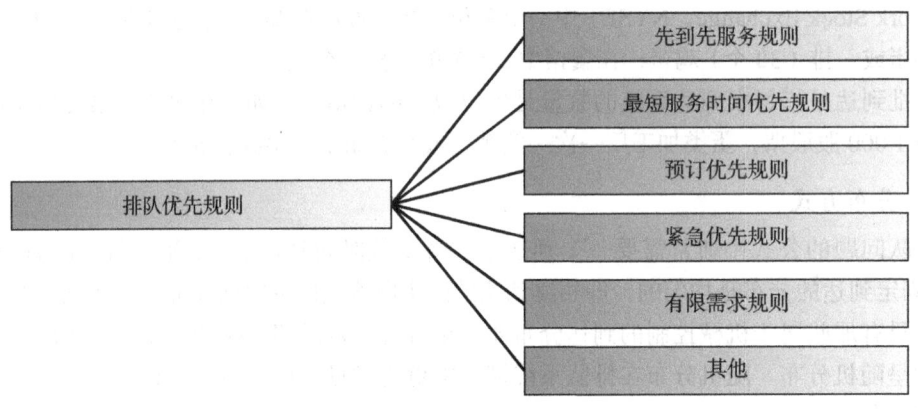

图 14A-3 排队优先规则

最常用的优先规则是先到先服务规则（first come, first served, FCFS），也称为先进先出规则（first in, first out, FIFO）。FCFS 规则是指队列中的顾客接受服务的次序以其到达顺序为根据，而与其他特性无关。尽管在实际情况中，FCFS 规则作为最公平的规则而被广泛使用，但是 FCFS 规则实际上忽视了要求较短时间服务的顾客的公平。

其他的优先规则有预定优先规则、紧急优先规则、最大盈利顾客优先规则、最大订单优先规则、最优顾客优先规则、队列中最长等待时间的顾客优先规则和最短承诺期优先规则等，而且每种优先规则都各有优劣。

诸如指明仅限于"单交易"（银行中）或是"现金"（超市中）专用通道看起来很像是优先规则，但实际上这些只是构造队列的方法，这样的队列只限于向那些具有同样特征的特殊一类顾客提供服务。然而，在排队系统中，优先规则一直用于选择下一个要求服务的顾客。构造队列的典型例子就是大卖场收银台前等待付款的 12 列顾客长队。

14A.1.5 服务机构

1. 队列结构

不同类型的服务机构的队列结构如图 14A-4 所示，下面将详细讨论以下四类：要求服务的顾客可以经过单通道、多通道或混合通道；这些形式的选择一方面取决于要求服务的顾客人数；另一方面还取决于顾客对接受服务次序的特殊要求。

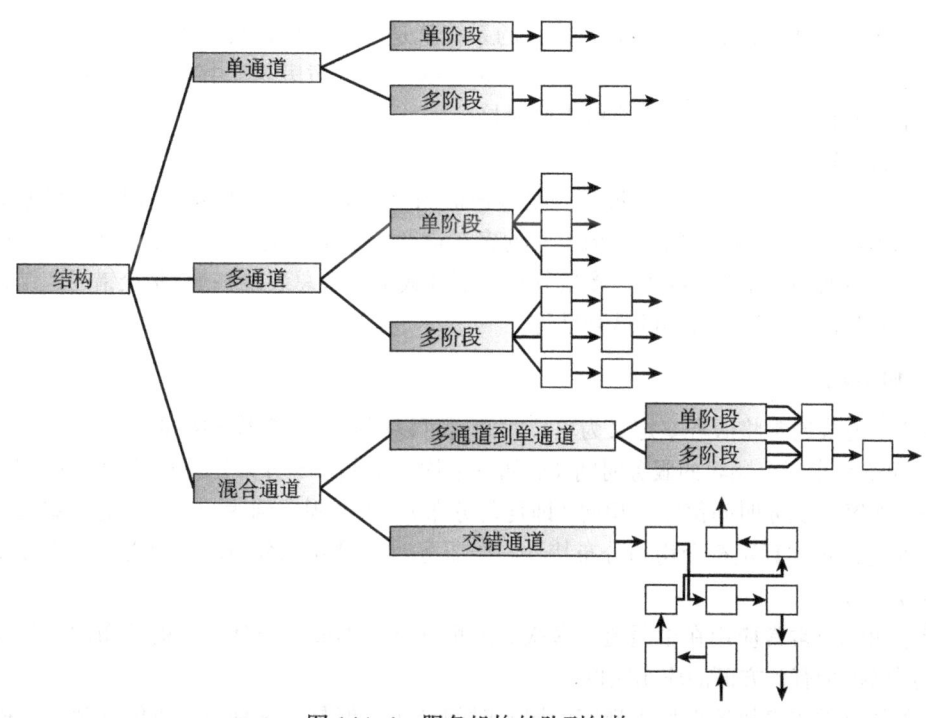

图 14A-4 服务机构的队列结构

a. 单通道、单阶段

单通道、单阶段是最简单的队列结构形式，通过简单的公式，我们可以解决到达人数和服务时间的标准分布问题。如果不服从标准分布的问题，利用计算机仿真就很容易解决。单通道、单阶段典型的例子是单人美发店。

b. 单通道、多阶段

单通道、多阶段队列结构的一个很好实例是洗车。洗车以一系列非常标准的服务程序——吸尘、打湿、擦洗、冲洗、晾干、洗车窗和停车——进行服务。单通道、多阶段服务系统中的一个重要因素是该服务由多少个服务程序组成，在各个不同服务程序中又分别形成了队列。

由于服务时间的波动性，最优状态是一个服务台前可以有无限长的等待队列。最差的状态是不允许有队列，同一时间只允许有一名顾客。如洗车，每一个车位是不允许有队列的，但管理者需要根据每辆车的服务时间的变化概率来决定所有服务机构的利用率。这一问题在产品专业化的系统中是常见的，如装配线。

c. 多通道、单阶段

银行的出纳窗口和大型百货商城收银台可以很好地解释多通道、单阶段队列结构。多通道、单阶段队列结构的困难在于：任何一个顾客不均匀的服务时间都会引起队列流动的不均匀。这就导致某些顾客先于相对于他早到的顾客而接受服务，同时也在一定程度上影响顾客挪动队列。若要改变这种结构，以保证到达顾客按到达时间顺序接受服务，则要排列成一个单队，当一个服务台空出来时，队里最前面的顾客就可去接受服务。比如现在机场里的检票台以及银行的柜台通常使用的就是这种队列结构。

d. 多通道、多阶段

多通道、多阶段队列结构与前面的多通道、单阶段队列结构非常相似，只不过这种结构由两个或多个服务台组成。医院接待病人的系统就是这种结构，其具体的程序一般是：与登记处联系、填表、领取病历卡、安排病房、护送病人住进病房等。由于在服务过程中通常可以有多个服务台，因而可以有多个病人同时接受服务。

e. 混合通道

混合通道队列结构有两者情况，一是多通道到单通道结构，包括：①用单阶段服务的多通道变到单通道（如过隧道时，单向行驶的多车道变成了单车道行驶），或者②多阶段服务的多通道变到单通道（如总装线上，多条分装线汇合成了一条总装线）；二是交错通道结构，指的是会遇到两种不同流动方向的队列结构。

2. 服务率

排队论公式通常将服务率定义为单位时间内可以服务的顾客数（例如，每小时服务 12 个顾客），而不是指每个顾客的服务时间（例如，平均每个顾客 5 分钟）。固定的服务时间规则是指每一个顾客的服务时间都完全相同（即均匀分布）。正如固定到达一样，只有那些属于机械控制的到达分布才真正符合均匀分布特性。当服务时间呈随机分布时，通常近似于爱尔朗分布和指数分布。

爱尔朗分布常常应用在单通道、多服务的情况下，然而，服从爱尔朗分布的条件是很严格的，所以很少有此方面的应用实例。

指数分布常用来描述近似于现实的服务时间分布。但是，这种方法可能导致不正确的结果；因为服从指数分布的服务机构必须在比平均服务时间更短的时间内提供服务，所以现实世界中很少有严格服从指数分布的服务情况。

许多其他服务也存在实际的最短时间。一个银行职员可以有 3 分钟的平均服务时间，而其最短服务时间只有 1 分钟，而另一个快速通道可能提供更为快捷的服务。同样地，在美发店，平均服务时间可以是 30 分钟，一个人很少在 20 分钟以内或是 1 小时以上完成服务。因此，这类服务就不太符合时间规律，也就不太可能用指数曲线来表示。

3. 能力利用率

一个服务机构忙于提供服务而占用的时间比率就是服务机构的能力利用率。能力利用率描述了服务机构的繁忙程度，而剩余的时间就是没有顾客，因而可视为空闲的时间。对于单通道服务系统，通常采用到达率与服务率之比来表示能力利用率。例如，如果顾客到达系统的速率是每小时 8 个顾客，而服务率是每小时 12 个顾客，那么能力利用率就是 8/12，即 66.7%，说明该服务机构有 66.7% 的时间是繁忙的，而 33.3% 的时间是空闲的。重要的是，在确定服务机构的能力利用率时，要注意到达率与服务率的度量单位需要相同。

14A.1.6 顾客离开

顾客接受服务后，顾客离开的情况基本上有两种：①顾客马上回到顾客源，变成一名新的顾客要求服务；②顾客重新要求服务的可能性极小。第一种情况的例子是机器设备例行维护后重新使用，但它可能会再次出现故障而需要维修；第二种情况的例子是机器设备进行彻底检查和维护后，在最近一段时间内不需要再进行维护。通常称第一种情况为经常性事件，第二种情况为一次性事件。

很显然，当顾客源有限时，对回头客服务的任何改变都会改变顾客到达率。这样会引起所研究的排队问题的特性的改变，因而我们需要重新分析这一问题。

14A.2 排队模型

14A.2.1 典型排队模型

为了强调排队分析的重要性和广泛应用，我们在这一部分将讨论六种排队系统及其特性，如表 14A-1 所示，并介绍在稳态条件下的求解公式，如表 14A-2 所示。这些求解公式中所用到的参数的注解如表 14A-3 所示。

表 14A-1 六种典型排队模型的特性

模型	分布	服务阶段	顾客源	到达方式	排队规则	服务时间分布	队列允许长度	典型例子
1	单通道	单阶段	无限	泊松	FCFS	指数	无限	银行出纳服务系统，单通道收费桥收费系统
2	单通道	单阶段	无限	泊松	FCFS	均匀分布	无限	游乐园的巨型过山车滑轨
3	单通道	单阶段	无限	泊松	FCFS	指数	有限	冰激凌店，餐馆收银台
4	单通道	单阶段	无限	泊松	FCFS	离散分布	无限	洲际飞行航班
5	单通道	单阶段	无限	泊松	FCFS	爱尔朗	无限	单人美发店
6	多通道	单阶段	无限	泊松	FCFS	指数	无限	汽车经销商零部件供应柜台，双通道收费桥收费系统

表 14A-2 六种典型队列模型的求解公式

模型 1:
$$L_q = \frac{\lambda^2}{\mu(\mu-\lambda)} \quad W_q = \frac{\lambda}{\mu(\mu-\lambda)} \quad P_n = \left(1-\frac{\lambda}{\mu}\right)\left(\frac{\lambda}{\mu}\right)^n$$
$$L_s = \frac{\lambda}{\mu-\lambda} \quad W_s = \frac{1}{\mu-\lambda} \quad \rho = \frac{\lambda}{\mu}$$

模型 2:
$$L_q = \frac{\lambda^2}{2\mu(\mu-\lambda)} \quad W_q = \frac{\lambda}{2\mu(\mu-\lambda)}$$
$$L_s = L_q + \frac{\lambda}{\mu} \quad W_s = W_q + \frac{1}{\mu}$$

模型 3:
$$L_q = \left(\frac{\lambda}{\mu}\right)^2 \left[\frac{1 - Q\left(\frac{\lambda}{\mu}\right)^{-1} + (Q-1)\left(\frac{\lambda}{\mu}\right)^Q}{\left(1-\frac{\lambda}{\mu}\right)\left(1-\left(\frac{\lambda}{\mu}\right)^{Q+1}\right)}\right]$$
$$L_s = \left(\frac{\lambda}{\mu}\right)\left[\frac{1 - (Q+1)\left(\frac{\lambda}{\mu}\right)^Q + Q\left(\frac{\lambda}{\mu}\right)^{Q+1}}{\left(1-\frac{\lambda}{\mu}\right)\left(1-\left(\frac{\lambda}{\mu}\right)^{Q+1}\right)}\right] \quad P_n = \left[\frac{1-\frac{\lambda}{\mu}}{1-\left(\frac{\lambda}{\mu}\right)^{Q+1}}\left(\frac{\lambda}{\mu}\right)^n\right]$$

模型 4:
$$L_q = \frac{\left(\frac{\lambda}{\mu}\right)^2 + \lambda^2\sigma^2}{2\left(1-\frac{\lambda}{\mu}\right)} \quad W_q = \frac{\frac{\lambda}{\mu^2} + \lambda\sigma^2}{2\left(1-\frac{\lambda}{\mu}\right)}$$
$$L_s = L_q + \frac{\lambda}{\mu} \quad W_s = W_q + \frac{1}{\mu}$$

模型 5:
$$L_q = \frac{K+1}{2K} \cdot \frac{\lambda^2}{\mu(\mu-\lambda)} \quad W_q = \frac{K+1}{2K} \cdot \frac{\lambda}{\mu(\mu-\lambda)}$$
$$L_s = L_q + \frac{\lambda}{\mu} \quad W_s = W_q + \frac{1}{\mu}$$

(续)

$$\text{模型 6} \begin{cases} L_q = \dfrac{\lambda\mu\left(\dfrac{\lambda}{\mu}\right)^M}{(M-1)!(M\mu-\lambda)^2} P_0 & W_q = \dfrac{P_0}{\mu MM!\left(1-\dfrac{\lambda}{\mu M}\right)^2}\left(\dfrac{\lambda}{\mu}\right)^M = L_q/\lambda \\ L_s = L_q + \dfrac{\lambda}{\mu} & W_s = W_q + \dfrac{1}{\mu} \\ P_0 = \dfrac{1}{\sum\limits_{n=0}^{M-1}\dfrac{\left(\dfrac{\lambda}{\mu}\right)^n}{n!} + \dfrac{\left(\dfrac{\lambda}{\mu}\right)^M}{M!\left(1-\dfrac{\lambda}{\mu M}\right)}} & P_w = \left(\dfrac{\lambda}{\mu}\right)^M \dfrac{P_0}{M!\left(1-\dfrac{\lambda}{\mu M}\right)} = L_q\left(\dfrac{M}{\rho}-1\right) \end{cases}$$

除了表 14A-2 中这些求解公式以外，还有两个重要的公式用于理解在稳态条件下的绩效。首先，系统中的平均总时间等于系统中的平均等待时间加上平均服务时间，即

$$W_s = W_q + \frac{1}{\mu}$$

其次，系统中平均总顾客数直接与系统中平均总时间相关，即

$$L_s = \lambda W_s$$

这一著名的关系式就是李特尔定律。

为了说明这些模型是如何应用的，我们列举了两个例子及其解法。在实际中，我们遇到的排队问题肯定不止这六种，但随着问题的复杂程度增加，其求解公式也会变得非常复杂，往往需要借助于计算机仿真技术来求解。此外，在应用这些求解公式的过程中，应记住这些求解公式是稳态条件下的求解公式。因此，对于一些新产品的产出和服务型企业的新业务的推行，其到达率或服务率是随时间变化而变化的，那么运用这些求解公式所得出的结果就不会很精确。

表 14A-3　表 14A-2 中求解公式的参数的注解

无限与有限排队符号	
σ	——标准差
λ	——到达率
μ	——服务率
$1/\mu$	——平均服务时间
$1/\lambda$	——相邻到达平均时间间隔
ρ	——单个服务台的总到达率与总服务率的比值（λ/μ）
L_q	——队列中等待的平均顾客数
L_s	——系统中的平均顾客数（包括正在服务的）
W_q	——每个顾客平均等待时间
L_s	——每个顾客在系统中的平均逗留时间（包括接受服务时间）
Q	——最大队列长度
M	——服务通道数
P_n	——系统中恰有 n 个顾客的概率
P_w	——顾客等待的概率
P_0	——服务机构空闲的概率（也即系统中恰有零个顾客的概率）

14A.2.2　能力利用率与顾客等待时间

服务机构的能力利用率和顾客平均等待时间是正相关的。也就是说，如果能力利用率提

高了，那么顾客等待时间也就提高了。为了进一步说明这种关系，我们使用模型 1 中的公式（见表 14A-2）来计算单通道服务机构的能力利用率和顾客平均等待时间。计算结果显示在表 14A-4 中，其折线如图 14A-5 所示。由此可以验证一个基本规律，即当服务机构的能力利用率超过 75%～85% 时，那么这条等待队列就会变得无限长。

表 14A-4 计算能力利用率和顾客等待时间之间的关系

到达率	服务率	能力利用率（%）	顾客等待时间（小时）	顾客等待时间（分钟）
10	60	16.67	0.003	0.20
20	60	33.33	0.008	0.50
30	60	50.00	0.017	1.00
40	60	66.67	0.033	2.00
45	60	75.00	0.050	3.00
50	60	83.33	0.083	5.00
55	60	91.67	0.183	11.00
56	60	93.33	0.233	14.00
57	60	95.00	0.317	19.00
58	60	96.67	0.483	29.00

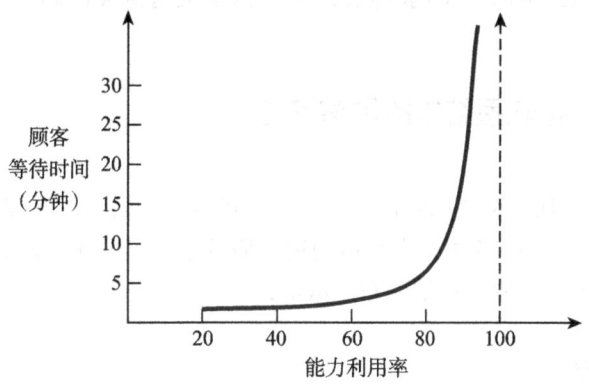

图 14A-5 能力利用率与顾客等待时间之间的关系

14A.3 望而却步和中途离队的权衡

服务经理在设计服务系统时，也需要考虑顾客等待空间的大小和顾客因等待时间过长而感觉不满意程度之间的权衡。换言之，顾客等待空间越大，那么顾客就越不可能离开服务系统。同时，对于一定服务规模的服务系统，顾客等待空间越大，顾客平均等待时间就越长。这种权衡如图 14A-6 所示。

如果等待的队列过长，那么顾

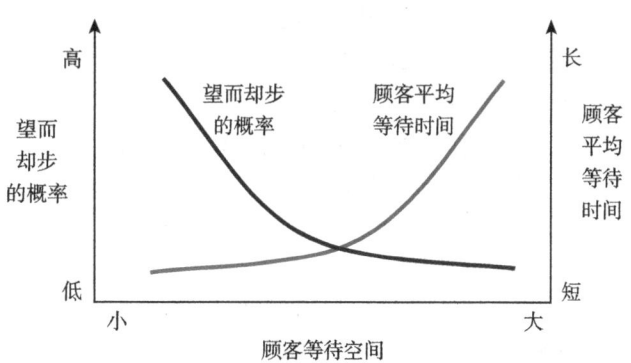

图 14A-6 顾客望而却步和中途离队的权衡

客离开后其不满意情绪较之望而却步更为严重。比如说，你会因为等待一个机票预订而被晾在电话一头很长时间而十分气恼。然而，如果你一开始打电话过去就是忙音，然后过一段时间继续打，你就不会感觉那么失望。同样地，你去一家餐馆而要等待很长时间，较之你一到餐馆就发现人很多而过一会儿再来，显然前者更让人气恼。

14A.4 两类典型的排队问题

下面先快速地预览一下两类典型的排队问题，分别对应于在表 14A-1 和表 14A-2 中所给出的前两个排队模型。

问题 1：顾客等待。一个银行希望知道有多少顾客（即汽车）在等待其免下车银行出纳员的服务？顾客（即汽车）的等待时间是多少？出纳员的利用率是多少？如果要求在 95% 的时间内，任何时刻系统中不超过 3 辆汽车，则其服务率应达到什么水平？

问题 2：设备选择。机器人汽车冲洗公司的一个特许专营店决定在 3 种设备中选择一种。因为设备功率越大，成本越高，但洗车速度也越快，因此，在作出决策时，成本与收入是密切相关的。

下面我们将运用表 14A-2 中的求解公式来分析解决这两类问题，其中的参数注解见如 14A-3 所示。

14A.4.1 问题 1：排队系统中的顾客等待

实例 1

西部国家银行（WNB）正考虑开设一个免下车银行服务窗口。管理者估计顾客驾驶他们的汽车的到达速度为每小时 15 辆，出纳员的窗口服务速度是每小时服务 20 辆。假设到达方式服从泊松分布，服务时间服从指数分布，试求：

1. 出纳员的利用率。
2. 平均等待顾客数。
3. 系统中平均顾客数。
4. 平均等待时间。
5. 顾客在系统中的平均逗留时间，包括服务时间。

解答

1. 出纳员的平均利用率为：

   $\rho = \lambda/\mu = 15/20 = 75\%$

2. 平均等待顾客数为：

   $L_q = \lambda^2/[\mu(\mu - \lambda)] = 15^2/[20 \times (20 - 15)] = 2.25$（辆）

3. 系统中平均顾客数为：

   $L_s = \lambda/(\mu - \lambda) = 15/(20 - 15) = 3$（辆）

4. 平均等待时间为：

   $W_q = \lambda/[\mu(\mu - \lambda)] = 15/[20 \times (20 - 15)] = 0.15$（小时）或 9（分钟）

5. 顾客在系统中的平均逗留时间为：

   $W_s = 1/(\mu - \lambda) = 1/(20 - 15) = 0.2$（小时）或 12（分钟）。

实例 2

由于空间的限制及对服务水平的要求,假设银行经理希望能保证以 95% 的置信度,在任何时刻系统中不超过 3 辆汽车,那么,在 3 辆汽车限制下,服务水平应为多高?出纳员的利用率应达到什么水平?为保证 95% 的服务水平,出纳员的服务率应为多少?

解答

3 辆汽车或更少时的服务水平是指系统中车辆数分别为 0、1、2 或 3 时的概率。根据表 14A-2 中的模型 1 的求解公式,可得:

$$P_n = (1 - \lambda/\mu)(\lambda/\mu)^n$$

$n = 0$ 时　　$P_0 = (1 - 15/20) \times (15/20)^0 = 0.250$

$n = 1$ 时　　$P_1 = (1 - 15/20) \times (15/20)^1 = 0.188$

$n = 2$ 时　　$P_2 = (1 - 15/20) \times (15/20)^2 = 0.141$

$n = 3$ 时　　$P_3 = (1 - 15/20) \times (15/20)^3 = \underline{0.105}$

　　　　　　　　　　　　　　　　　　0.684 或 68.4%

系统中汽车数大于 3 的概率为:$1.0 - 0.684 = 0.316$ 或 31.6%。

要求系统中不多于 3 辆车的服务水平为 95%,即应使 $P_0 + P_1 + P_2 + P_3 = 0.95$。

$0.95 = (1 - \lambda/\mu)(\lambda/\mu)^0 + (1 - \lambda/\mu)(\lambda/\mu)^1 + (1 - \lambda/\mu)(\lambda/\mu)^2 + (1 - \lambda/\mu)(\lambda/\mu)^3$

$0.95 = (1 - \lambda/\mu)[1 + \lambda/\mu + (\lambda/\mu)^2 + (\lambda/\mu)^3]$

我们可以用试算法来解这个方程:

当 $\lambda/\mu = 0.50$ 时,

$0.95 \stackrel{?}{=} 0.5 \times (1 + 0.05 + 0.25 + 0.125)$

　　　　　$0.95 \neq 0.9375$

当 $\lambda/\mu = 0.45$ 时,

$0.95 \stackrel{?}{=} (1 - 0.45) \times (1 + 0.45 + 0.203 + 0.091)$

　　　　　$0.95 \neq 0.96$

当 $\lambda/\mu = 0.47$ 时,

$0.95 \stackrel{?}{=} (1 - 0.47) \times (1 + 0.47 + 0.221 + 0.104) = 0.95135$

　　　　　$0.95 \approx 0.95135$

因此,当利用率 $\rho = \lambda/\mu = 47\%$ 时,系统中汽车数不多于 3 辆的概率是 0.95。

要求 95% 的服务水平下的服务率,我们只需解方程 $\lambda/\mu = 47\%$,式中 λ = 每小时到达的顾客数,由此可解得 $\mu = 31.92 \approx 32$ 辆 / 小时。

这就是说,出纳员必须以 95% 的置信度,每小时为 32 辆汽车服务,这样才能使系统中的汽车数不超过 3 辆(比原来每小时 20 辆的服务水平提高 60%)。也许通过调整服务方式,比如说增加另一位出纳员或者限制营业的种类,服务速率将可以大大提高(实际上,现在许多银行限制每位顾客在免下车银行服务窗口最多只能进行三种交易)。此外,我们可以看到,在 95% 的置信度下,保证系统中不超过 3 辆汽车时,出纳员将有 53% 的闲暇时间。

14A.4.2　问题 2:设备选择

实例

美国机器人汽车冲洗公司(RCW)被特许将加油业务与汽车冲洗业务合并在一起。RCW

公司对加满油的车辆提供免费冲洗,对于不加油只冲洗的车辆收费 0.5 美元。以往的经验表明:加油并且洗车的顾客数和单独洗车的顾客数大致相等。平均加一次油可盈利 0.7 美元,洗一次车的成本时 0.1 美元,机器人每天运转 14 小时。

RCW 公司有三档功率和驱动系统设备,一家特许专营店必须先对这 3 档功率作出选择。选择 I 档功率时,可以每 5 分钟洗 1 辆车,每天的成本是 12 美元;II 档功率高于 I 档,每 4 分钟洗 1 辆车,但每天的成本是 16 美元;选择 III 档功率时,每洗 1 辆车需 3 分钟,但每天的成本是 22 美元。

该特许专营店估计,每个顾客洗 1 辆车不愿等待的时间超过 5 分钟,若等待的时间过长,RCW 公司将失去顾客。

若估计每小时有 10 名顾客前来洗车,那么该选择哪档功率设备?

解答

选择功率 I 时,根据表 14A-2 中的模型 2 的求解公式,可计算出顾客的平均等待时间:
对于功率 I,$\mu = 12$ 人/小时,可得:

$$W_q = \lambda/[2\mu(\mu-\lambda)] = 10/[2\times 12\times(12-10)] = 0.208（小时）或 12.5（分钟）$$

对于功率 II,$\mu = 15$ 人/小时,可得:

$$W_q = \lambda/[2\mu(\mu-\lambda)] = 10/[2\times 15\times(15-10)] = 0.067（小时）或 4（分钟）$$

如果等待时间是唯一标准,则应选择功率 II 设备,但在我们作出最后结论之前,还必须看一下两者的利润差异。

对于功率 I,由于等待时间为 12.5 分钟,部分顾客会放弃接受服务。尽管这将使数学分析复杂化,我们仍可以估计出选择功率 I 时营业额的减少量。我们可以通过增加 W_q = 5 分钟或 1/12 小时(平均等待时间),并从中解得 λ,这将是最有效的顾客到达率。

$$W_q = \lambda/[2\mu(\mu-\lambda)]$$
$$\lambda = 2W_q\mu^2/(1+2W_q\mu)$$
$$\lambda = [2\times(1/12)\times(12)^2]/[1+2\times(1/12)\times 12] = 8（人/小时）$$

因此,既然 λ 的最初估计值是 10 人/小时,则每小时将失去两名顾客。每小时失去 2 名顾客的损失 ×14 小时 ×1/2×（0.7 美元的加油利润 + 0.4 美元的洗车利润）= 15.40 美元/天。

因为选择 II,成本只增加了 4 美元/天,显然,所损失的 15.40 美元使大家选择功率 II 而放弃功率 I 设备。

功率 II 能满足最初设定的 5 分钟等待最大限度,因此,功率 III 可不予考虑,除非到达率有较大的增长。

14A.5 排队问题的计算机仿真

一些排队问题给人的第一印象看似非常简单,真正做起来却显得非常困难或者根本就不可解。在这里,我们已经对独立的排队问题做了讨论;也就是说,无论是由单阶段构成的整个系统服务,还是系列服务中的一个阶段服务,它们各自都是独立的(这种情况发生于当一个服务的输出发生在下一个服务之前,从实质上说,该输出成为下一个服务的输入)。当一系列服务依次进行,且前一个服务的输出率是后一个服务的输入率时,我们将不能再运用这些简单的求解公式。此外,当问题不能满足公式规定的条件时(如表 14A-3 规定的条件),也不能运用这些公式。解决这类问题的最好手段是运用计算机仿真。

本章小结

排队问题的研究对于研究者而言是具有挑战性和迷惑性的。在处理排队问题的过程中,一个关键性的问题是运用什么样的程序或优先规则来选择下一个产品或顾客作为制造或服务对象。

许多排队问题在解决之前都看似简单,本附录已经解决了简化的排队问题。当多阶段或一系列服务是按特定次序进行时,情况变得相当复杂,此时计算机仿真技术通常就成了解决问题的必要手段。

复习思考题

1. 在你上次等待航班时,机场内共有多少队列?
2. 请谈一下通道和阶段的区别。
3. 运用表14A-2中模型1的求解公式的前提条件有哪些?
4. 先到先服务规则在哪些情况下对于银行或医院服务系统中的顾客是不公平的?
5. 请区分你在一天中遇到的不同的排队问题。
6. 请比较麦当劳与温迪的排队系统。
7. 为什么你会认为医生与牙医的诊所里总是有非常长的队列?

应用举例

例题1

快速润滑公司(QLI)经营快速润滑和换油汽车维修业务。在典型的一天中,顾客的到达率是3辆/小时,润滑工作平均每辆车需要15分钟。每天机械师以小组的形式对每辆车进行维修。

假设顾客到达数服从泊松分布,服务时间服从指数分布,试求:

1. 润滑小组的利用率;
2. 队列中的汽车平均数;
3. 在接受润滑之前每辆车的平均等待时间;
4. 每辆车在系统中的总时间(即等待时间加润滑时间)。

解答

$\lambda = 3$,$\mu = 4$

1. 润滑小组的利用率:$\rho = \lambda/\mu = 3/4 = 75\%$。
2. $L_q = \lambda^2 / [\mu(\mu-\lambda)] = 3^2 / [4 \times (4-3)] = 9/4 = 2.25$(辆)。
3. $W_q = \lambda / [\mu(\mu-\lambda)] = 3 / [4 \times (4-3)] = 3/4 = 45$(分钟)。
4. $W_s = 1/(\mu-\lambda) = 1/1 = 1$(小时)(等待时间+润滑时间)。

例题2

美国零售公司(AVI)向一所大学提供零售食品。学生由于生气或心情不好,常会踢打自动售卖机,这就带来了经常性的维修问题。已知平均每小时有3台机器出故障,且故障的发生台数呈泊松分布。机器故障成本为25美元/台·小时,维修工的工资为4美元/小时,每个维修工的服务率是5台/小时,服务时间服从指数分布;两名维修工一起工作,每小时可服务7台,服务时间服从指数分布;由3名维修工组成的小组服务率是8台/小时,服务时间服从指数分布。

请问:维修组的最佳规模是多少?

解答

情形Ⅰ:一名维修工

$\lambda = 3$台/小时,故障的发生台数服从泊松分布;

$\mu = 5$台/小时,服务时间服从指数分布;

系统中的机器平均数为:

$L_s = \lambda/(\mu-\lambda) = 3/(5-3) = 3/2 = 1.5$(台)

停工成本为:$25 \times 1.5 = 37.50$(美元/小时)

维修成本为4.00美元/小时;每个维修工的每小时成本是:$37.50 + 4.00 = 41.50$(美元)

停工成本$(1.5 \times 25) = 37.50$(美元)

维修成本（1×4）=4.00（美元）
　　　　共计 41.50 美元
情形 II：两名维修工
$\lambda = 3$ 台/小时，$\mu = 7$ 台/小时
$L_s = \lambda/(\mu-\lambda) = 3/(7-3) = 3/4 = 0.75$ 台
停工成本（0.75×25）=18.75（美元）
维修成本（2×4）=8.00（美元）
　　　　共计 26.75 美元
情形 III：三名维修工

$\lambda = 3$ 台/小时，$\mu = 8$ 台/小时
$L_s = \lambda/(\mu-\lambda) = 3/(8-3) = 3/5 = 0.60$（台）
停工成本（0.60×25）=15.00（美元）
维修成本（3×4）=12.00（美元）
　　　　共计 27.00 美元

综上所述，比较一名、两名和三名维修工时的成本，我们可以看出情形 II 即两名维修工是最佳选择。

习题

1. 墨西哥玉米煎饼王（Burrito King）是一家遍布全美国的新兴特许快餐专营店，已成功地实现了快餐车上的玉米煎饼的生产自动化。Burrito-Master 9000 生产一批玉米煎饼需要 45 秒。据估计，到达快餐车窗口的顾客服从泊松分布，平均每 50 秒 1 人。
   （1）请问，顾客在系统中的平均逗留时间是多少？
   （2）为了决定在快餐车窗口留多大的空间，请帮助玉米煎饼王求出顾客在系统中的平均队长（以车辆数表示）以及系统中的平均车辆数（包括等待中的和正在接受服务的顾客）。

2. 杰克餐饮服务想新建一家店，他们要决定应使用多少地方来使利益最大化。租借的泊位是每年每单位 1 000 美元。杰克很了解快餐业的发展，他们知道如果队列已排满的话，那么他们的顾客就可能到其他地方去。已经审定的店面方位的顾客每小时 30 人（泊松分布），顾客的到达速率是每小时 40 份（指数分布），这需要公司提前准备食物。每位顾客带来 0.60 美元的利润，店面每天从中午开到半夜，那么应该租借多少泊车位？

3. 为了支持国家心脏健康宣传周的活动，心脏协会计划在伊尔肯路建立一个免费血压测量站。以往的经验表明，平均每小时有 10 人要求服务。假设顾客源是无限总体，而且到达顾客服从泊松分布，血压测量的服务率是每五分钟一人，假定按先到先服务规则进行服务，并且队长是无限的。

请问：
（1）队列中的平均顾客数是多少？
（2）系统中的平均顾客数是多少？
（3）一个顾客在队列中的平均等待时间是多少？
（4）为了测量血压，平均每个顾客得花多少时间（包括等待时间和服务时间）？
（5）周末的到达率可以升至 12 名/小时，那么队列等待的顾客数量受到什么影响？

4. 自助食堂设有一个自助咖啡机。已知顾客的到达人数服从泊松分布，到达率是 3 人/分钟。顾客平均每次的操作时间是 15 秒，操作时间服从指数分布。请问：
（1）在自助咖啡机前平均有多少顾客？
（2）取一杯咖啡平均得花多少时间？
（3）自助咖啡机的利用率是多少？
（4）自助咖啡机前有 3 名或 4 名顾客的概率是多少？

如果食堂安装一台自动零售机，该机器出一杯咖啡需要 15 秒，那么（1）和（2）的答案又是多少？

5. 温斯顿·马丁博士是一位过敏症专家，拥有一个专门用来对病人进行注射的系统。前来注射的病人先填好一种名字条，然后将该字条放在一个小槽中，传送到另外一间有一两个护士的房间，这时对某一个病人的注射剂也准备完备。接着，护士通过一个扬声系统，通知病人到房间中接受注射。在某些时间内，病人只要求点滴注射，这样我们只需要一名护士。

让我们着重于简单一点的情况——只有一名护士的情况。同样我们假定病人到达人数服从泊松分布,护士的服务时间服从指数分布。病人到达率为每3分钟1名,护士平均服务率为每2分钟1名。请问:
(1)在马丁医生的注射系统前,你将看到平均有多少的病人在等待?
(2)一个病人从到达、接受注射到离开需多长时间?
(3)在以上前提下,系统中有三个或三个以上顾客的概率是多少?
(4)护士的利用率是多少?

6. NOL所得税服务中心对缴纳所得税的最后期限(4月份之前的一个月)内,其顾客服务的经营情况进行分析。在分析以往数据的基础上,可得出顾客的到达人数服从泊松分布,且到达的时间间隔大约是12分钟,完成一个顾客的所得税申请表的平均时间是10分钟,且服从指数分布。根据以上资料,请问:
(1)如果你去NOL服务中心,为取回你的申报表需要花费多少时间?
(2)等待室平均得安排多少座位?
(3)如果NOL服务中心每天营业时间是12小时,那么其一天中繁忙的时间平均是多少?
(4)系统处于闲置状态的概率是多少?
(5)如果到达率不变,要使顾客在系统中的平均逗留时间不超过45分钟,那么应当改变哪些条件?
(6)已经开发了一种自动替换装置来准备"简化的"税表,如果服务时间固定为9分钟,那么整个系统的总时间是多少?

7. LD&D律师事务所专长于废弃物法律咨询和待处理案件之数量的分析,有关数据是事务所在一年中收到的案件及其处理案件所花费的时间。LD&D自认为是一个很认真负责的律师事务所,因此一次只处理一个案件。请求LD&D的服务服从泊松分布,平均处理一个案件需要30天。LD&D在业内非常出挑。顾客按照到达次序先来先接受服务。对于最近完成的10个案件,每个案件实际完成的时间(天数)为:27,26,26,25,27,24,27,23,22,23。
请确定LD&D律师事务所完成一个案件的平均时间,并计算平均有多少顾客在等待以及每个顾客的平均等待时间。

8. 某州每条收费公路的小出口只有一个过路收费亭,收费员平均需要40秒来完成收费及找零。每小时平均有70辆车经过收费亭。
(1)请问平均每辆车等待付费的时间是多少?
(2)对于收费员而言,其能力利用率是多少?
(3)收费公路管理处决定再设立一个电子过路收费亭,运用电子扫描仪来扫描车辆的挡风玻璃上的收费杆。扫描时间是固定的5秒。一旦新的电子过路收费亭落成之后,估计将有40%的顾客会买收费杆并使用电子过路收费亭,那么有收费杆的车辆与无收费杆的车辆的平均等待时间将分别是多少?

9. 独立网站(Independents.com)是为小型独立旅馆与宾馆提供网络服务的网站。独立网站接受顾客预订并给旅馆与宾馆的管理者提供技术支持。网站开始运营时,雇用了一位客户服务代表接待来电(只有这一个电话接线员),每个电话服务3分钟,每天8小时,初步预测,每天8小时内约有50个电话需求。
(1)请问每个电话平均等待回应的时间。
(2)客户服务代表的能力利用率是多少?
(3)运营一周之后,发现电话需求远远超出预测,每天平均有80个电话。为了提供更好的服务,需要再雇用一位客户服务代表。此外,来电也分为两类:一类是预订电话,一类是技术支持电话。由两位客户服务代表各负责接待一类来电。基于第一周的实际运营数据,75%的电话是预订电话,25%是技术支持电话。预订电话服务大约需要2分钟,技术支持电话服务需要6分钟。请确定两类电话的平均等待时间和两位客户服务代表的能力利用率。

10. 一个汽车零部件分销中心给其分销区内的加油站和维修店提供汽车零部件维修件。平均一份订单需要18种零部件，分销中心经理艾斯本·王想要知道需要安排多少人来完成一份订单，而一份订单完成时间取决于总人数，如下表所示：

人数	订单完成时间（小时）
1	15
2	12

（续）

人数	订单完成时间（小时）
3	10
4	8

艾斯本·王需要支付给每人每小时12美元的报酬，包括福利在内。每小时的货车运输成本以及驾驶员的人工成本等总计是65美元。

如果每天平均需要完成25份订单，分销中心每天工作10小时，艾斯本·王需要安排多少人来完成1份订单才能使中心总成本最小？

案例分析 14A-1

位于美国马萨诸塞州的优鲜沛公司（Ocean Spray）是全球知名的蔓越莓专家公司。素有北美红宝石之称的蔓越莓是美国特产的水果，是美国家庭不可或缺的佐餐佳品及日常饮食伙伴。从1962年开始，火鸡加蔓越莓酱就已经成为美国家庭感恩节的必需品。蔓越莓果汁饮料，更是美国人冰箱必备的饮料。美国人每年都要消费掉4亿磅蔓越莓，其中70%由优鲜沛公司供应生产。

优鲜沛公司是家由数百个蔓越莓种植者联合创办的一个集蔓越莓种植、深加工、销售一体化的北美企业。这些蔓越莓种植者不仅是公司原料供应者，也是公司所有者，共同投资，共享利益，共担风险。公司有一个卸货码头。在秋季蔓越莓收获忙季，货车以每小时3辆的速度到达公司码头，公司码头每天工作12小时。蔓越莓种植者以每小时75美元的费用租来这些货车。

乔·纽普作为公司原料供应的管理者，须确定需要雇用多少季节工来卸货。首先，乔估计了不同人数的季节工从一辆货车上卸货的平均时间如下表所示：

人数	平均卸货时间（分钟）
4	18
5	15
6	12
7	10

同时，乔·纽普需要支付给季节工每人每小时16美元的报酬（包括福利在内）。

讨论题

基于上述案例材料，倘若您是乔·纽普，为了实现总成本最小化，您将需要雇用多少季节工？

第15章

作业计划

学习目标

- 深入分析了离散型系统的作业计划与控制的基本原理。
- 强调了车间方式（即工艺专业化原则）的组织环境下作业排序的重要性，特别是服务业过程专业化原则组织环境下作业排序的重要性。
- 强调了车间作业计划与技术之间相互作用和相互依赖的关系。
- 举例说明了服务型企业人员作业排序的重要性。
- 指出了服务型企业人员作业排序的基本框架及主要内容。
- 阐明了如何利用信息技术来提高人员作业排序的效率。

引　例　集中纳税高峰期作业优先级排序问题

"每年都一样，我们的公司型客户希望3月15日之前完成他们的公司纳税申报单，而个人散户则希望4月15日之前完成缴纳个人所得税申报单，但无论我们如何安排我们的工作，每年的2～4月都忙不过来。"

朗·莱斯（Ron Rice）是一家位于马萨诸塞州切斯纳特山的中型CPA公司的合伙人，每年1月，都要与公司会计师一起召开年度大会，宣布即将来临的集中纳税高峰期的工作量。"问题归根结底在于我们要把一年的工作压缩到两个半月中，不管我们每周工作多长时间，这都是一个很棘手的问题。而且，无论我们工作多么努力，客户总会抱怨我们太慢。"

"问题是要决定处理这些纳税申报单的优先顺序，"资深会计师鲍勃·马扎尔兹（Bob Mazairz）一语道破问题的关键，他已经在公司工作了近五年，"我们需要决定最优先处理哪些申报单，接下来再处理哪些，但同时都能在3月或4月的纳税期限截止日期之前完成；我们还需要决定哪些是可以延期缴纳的，哪些可以一直延到8月15日之前再处理。"

"问题并不那么简单，"朗·莱斯回答道，"我们告诉客户，如果他们不通知我们要在3月23日之前完成的话，他们的申报单可能就会被延期。但是，对于那些推迟处理的申报单，我们还是要优化一下它们的应纳税额，因为那样还可能需要缴纳一定的滞纳金和罚款。另一方面，我们也可能会接到那些因为被延期缴纳税款而引致税务风险的客户投诉。"

"还有，如果我们在最后限期拿到公司型客户的申报单，而几个个人散户却早在3月初就将他们的材料给了我们，这个时候我们应该怎么办呢？"鲍勃·马扎尔兹又直言不讳地指出，"我们是不是应该把个税申报单延后而优先处理公司纳税申报单呢？"

"好问题，"朗·莱斯说，"我知道的是，我已经厌倦了每年要面对相同的窘况。一定有方法能更好地开展纳税服务工作优先级排序，缓解集中纳税高峰，而相关方法我并不太了解！

有没有人深谙其道?"

　　资料来源：Special thanks to Ron Rice and Bob Mazairz, Weiner and Rice, CPA, Chestnut Hill, MA.

　　一般来说，作业计划（scheduling）与作业排序（sequencing）不是同义词，作业排序确定的是作业（工作）处理的优先顺序；作业计划也称为作业排程或作业调度，不仅包括把作业（工作）分配到工作中心进行作业排序，还包括确定作业的开始时间和完成时间。尽管如此，由于编制作业计划的关键任务是确定作业进行的优先顺序，而且在通常情况下都是按最早可能开始（完成）时间来编制作业计划的，因此，当作业进行的优先顺序确定之后，作业计划也就确定了。所以，人们常常将作业计划与作业排序这两个术语不加区别地使用。在本章中，只有在需要的情况下，才将这两个术语区别使用。

　　作业排序，无论对制造业还是服务业都特别重要，执行得不好会导致企业资源的无效利用和顾客的不满意。

　　在制造业中，作业排序对于车间作业计划尤为重要，因为订单或零部件在车间是成批调度的，而且每个订单都需要确定作业进行的特定的优先顺序，因此，车间作业排序是一个非常复杂的问题，需要同时进行人员和设备的作业排序。为了有效地进行作业排序，可以利用一些作业优先调度系统来确定作业进行的优先顺序。

　　在服务业中，人员作业排序是主要的，因为服务的及时性是影响企业竞争力的主要因素。服务业中的人员作业排序通常可以分为两大类：①后台人员作业排序；②前台人员作业排序。在那些顾客与后台人员之间没有任何接触的作业中，作业排序问题与制造业的相类似。对于这两类作业排序问题而言，管理者关心的是如何提高人员的劳动生产率和设备的能力利用率，同时需要及时满足顾客订单的要求。

　　由于前台人员需要直接与顾客接触，因此前台人员的作业排序问题就比较复杂。换言之，前台服务人员在顾客需要服务时，就需要及时为顾客服务。因此，管理者需要在提高顾客服务水平（即意味着减少或避免顾客等待）和人员的劳动生产率（在前面章节及附录中已讨论）之间进行权衡。为了提高人员的劳动生产率与服务的及时性，现在的服务业经理越来越倾向于应用作业排序软件来解决人员作业排序问题。

15.1　车间与工作中心

　　车间（job shop）是一个按照特定流程将功能相同的部门或工作中心组织起来的过程（工艺）专业化组织机构，例如制造厂的车铣磨钻等各种机械加工及装配车间，计算机网络实验中心的扫描、复印和打印室等。工作中心（work center）是生产资源的组织单元或能力单元的总称，可以是一台机器、一组机器或一条生产线，也可以是一个人或一组人员。在服务业中，如医院也是按照车间方式（即过程专业化）组织的，医院设有专门的血液化验科、X 放射科以及诊疗科室等。在过程专业化的车间方式下，产品的产出和服务的提供都是根据不同顾客的特定订单进行的。

15.2　车间作业计划与控制

　　车间作业计划的主要任务是将主生产计划（MPS）细化为每周、每个工作日甚至每小时的具体作业的安排——换言之，就是把计划工作负荷分解成一个个精确具体的短期作业计划。车间作业控制的主要任务是监控工单、赶工单的执行，及时调整生产和服务系统能力以满足主生产计划（MPS）的要求。

在作业计划与控制系统的设计中，必须有效地满足下列功能要求：

（1）把订单、设备、人员分配到工作中心或者其他特定的工作地。实际上，这是一个短期能力计划。

（2）确定订单执行的顺序（也即建立作业优先级）。

（3）将已排序的作业安排到具体的工作中心或工作地，这就是我们通常所说的作业调度，有时也称之为派工（dispatching）。

（4）车间作业控制，也称之为生产作业控制，包括：

- 不断监控和检查订单的执行过程，保证订单的如期完成。
- 及时为进度滞后订单或关键订单制定相应的赶工单。

（5）不断修订作业计划，以反应最新的订单状态的变化。

（6）确保达到质量控制标准。

如图15-1所示的是一个典型的车间作业计划过程示意图。在每个工作日开始的时候，作业调度员（在图15-1中的案例中，就是分派到这个部门的生产控制人员）对将要在车间各个工作中心进行的作业进行选择和排序。作业调度员的作业选择和排序决策必须基于以下诸因素：每个作业的方式和工艺路线的要求，每个工作中心现有作业的状态，每个工作中心前等待的作业排队状况，作业优先级，物料的可得性，预计当日较晚下达的工单，以及工作中心资源能力（人员或者机器）。为了有效地编制作业计划，作业调度员必须利用前一工作日的车间作业信息以及由生产控制中心、工艺技术等部门提供的外部信息。作业调度员还需要和部门主管协商作业排序的可行性，尤其是对人员的考虑和可能出现的瓶颈。可视作业排序板是传达作业优先级和现在作业状态的非常有效的方法。

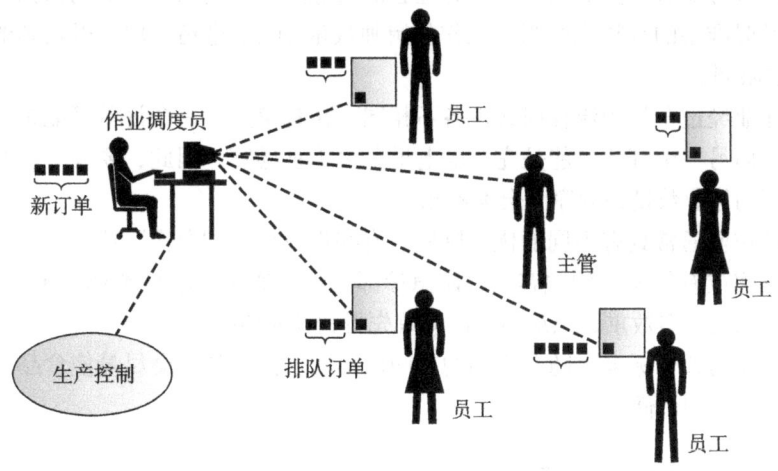

图15-1 典型的作业计划过程

在作业计划的编制过程中，由于以下因素造成了作业计划编制的困难：

- 作业时间估计不准确。由于过去没有生产此类产品或提供此类服务的经验，因此，很难将各个作业时间估计得很准确，而作业时间是作业计划的编制依据，作业时间估计不准确，作业计划也就可能偏离实际。
- 作业排序相当灵活。员工经过交叉培训之后，会增加作业排序的可选方案。若想评价所有排序方案的预计结果，并从中选择一种最佳的作业排序方案通常是很困难的。
- 对于不同作业而言，确定最佳作业排序方案的评价标准各不相同——有的可能是废品率最低，有的可能是闲置设备最少，有的可能是产出率最高，等等。因此，即使对车间作业排序问题进行最广泛的调研，也很难找到一种定量的、严格的算法来解决所有的作业排序问题。

15.3 车间作业排序问题的基本要素

很多制造业和服务业企业都是按照车间方式（即过程专业化）组织的，因此，这方面的案例很多。医院的急诊部也是按照车间方式或过程专业化来组织的：检查室、X放射科与诊疗科室都是独立的科室，根据病人的不同需要，病人需要到不同的科室进行。而在医院的其他部门，情况也一样。又如骑术协会不仅饲养、训练马匹，还要为不同级别的团体提供培训课程。像滑雪胜地也类似地为不同的学员提供不同层次水平的指导。再如餐馆厨房也是按车间方式组织的——不同的订单在不同的时间到达，不同的餐点也由不同的厨师准备。

以上所有这些例子都有一些共同的特点：

- 作业——无论是骑术协会的学员还是餐馆的晚餐订单——都是以某种模式到达"车间"的。
- 车间在指定时间内完成"作业"的能力依赖于车间的机器设备。比如说，骑术协会学员的人数受马匹数目的限制，报名某一班级的学员人数受教室座位的限制。
- 车间在指定时间内完成"作业"的能力也依赖于具有一定技能的员工与机器的比率。骑术协会可能有大量的马匹，但有经验的教练人数也会限制学员的人数。而餐馆一晚上能及时准备的食物也受当晚工作的厨师数量（除了烤箱、炉子以及其他一些设备以外）的限制。
- 各个作业经过车间的流程模式也各不相同。在餐馆里，一个订单可能是一个三明治和沙拉，而另一个订单可能是完整的七道菜之美食盛宴。因此，要满足这两个订单的各个步骤的作业数量和顺序就会大不相同。
- 不同的作业通常具有不同的优先顺序。有些作业标有"急需"或"紧急"字样，可能来自贵宾或有优先权的顾客。医院急诊部的医师通常用治疗类选法来安排优先顺序，尽可能保证大多数重、急病患者能够首先得到及时治疗。
- 作业排序的评价标准也随着不同的车间而不同。比如餐馆会尽量使食品浪费率和闲置人员数量降到最低。

15.3.1 作业排序的优先规则

决定工作中心或者工作地（机器）的作业优先顺序的过程称为作业排序或者作业优先级排序。作业排序的优先规则或优先调度规则是指在进行作业排序时所依据的规则。这些规则可能很简单，仅需依据一种数据信息对作业进行排序，这些数据可以是加工时间、交货日期或到达的顺序。其他的规则尽管也同样简单，但可能需要更多的信息，通常需要一个指标，比如最少松弛时间规则和关键比率规则（稍后将介绍）。还有其他一些较复杂的规则，诸如约翰逊规则（稍后也将讨论），可应用于对一系列工作中心或者工作地（机器）的作业进行排序，并需要一个计算程序来确定作业的顺序。下面列出了 10 个常用的优先调度规则，也即作业排序的 10 大优先规则：

（1）FCFS（先到先服务）：按照订单到达的先后顺序进行加工。

（2）SPT（最短作业时间）：首先进行所需加工时间最短的作业，然后是加工时间第二短的，以此类推。此规则也称为 SOT（shortest operating time）。

（3）EDD（最早交货期）：将交货期最早的作业放在第一个进行。交货期指的是整个作业的交货期；OPNDD 指的是下一个作业的交货期。

（4）ESD（最早开始日期，即交货日期减去作业的正常提前期）：将最早开始的作业放在第一个进行。

（5）STR（剩余松弛时间）：剩余松弛时间是交货期前的剩余时间与剩余的加工时间的差值。剩余松弛时间最短的作业优先进行。

（6）STR/OP（每个作业的剩余松弛时间）：STR/OP 最短的作业优先进行。STR/OP 的计算方法如下：

STR/OP =（交货期前的剩余时间—剩余的加工时间）/剩余的作业数

（7）CR（关键比率）：关键比率是用交货日期减去当前日期的差值，再除以剩余的工作日数计算得出。关键比率最小的订单优先执行。这里，关键比率 CR，也称为紧迫系数，当 $CR=1$ 时，说明剩余时间刚好能够准时交货；当 $CR>1$ 时，说明剩余时间有富裕；当 $0<CR<1$ 时，说明剩余时间不足了，已经拖延了。

（8）QR（排队比率）：排队比率是用计划中剩余的松弛时间除以计划中剩余的排队时间计算得出。排队比率最小的订单优先执行。

（9）LCFS（后到先服务）：该规则经常作为缺省规则使用。因为后到的订单放在先到的上面，操作人员通常是先处理上面的订单。

（10）随机排序或随意处置：主管或操作人员通常随意选择他们喜欢的作业先执行。

15.3.2 作业排序方案的评价标准

下面的标准可用来评价作业排序方案：

（1）满足顾客交货期或者下游工序的交货期。

（2）流程时间最短。流程时间也称为产出周期或产出时间，是指作业在整个流程中的时间。

（3）在制品（WIP）库存最小。

（4）机器或者人员空闲时间最小，也即设备利用率或劳动生产率最大化。

15.4 优先调度规则和方法

15.4.1 n 个作业的单机排序（n/1）

作业排序按照工作中心或者工作地（机器）的种类和数量可分为单机排序问题和多机排序问题；按照作业到达方式可分为静态作业排序问题和动态作业排序问题。静态作业排序问题是指当进行作业排序时，所有的作业都已到达，可以一次对所有的作业进行排序。

让我们看看在静态作业排序情况下，涉及一台机器上的四个作业时，来比较前面介绍的几个常用的优先调度规则。在作业排序的术语中，这类问题被称为"n个作业单机排序问题"或简写为"$n/1$"。作业排序问题在理论方面的难度是随着工作中心机器设备数量的增加而提高，而不是随着作业数量的增加而提高。因此，对 n 的唯一约束条件是，n 必须是确定的、有限整数。

首先，来看下面的例子：Kyriakides 是法律文件文印公司的主管，公司为洛杉矶市区的法律公司提供文印服务。在这周的开始，五个客户提供了他们的订单。详细的作业（即订单）排序数据如下：

作业（按到达顺序）	加工时间（天）	交货日期（从现在起天数）
A	3	5
B	4	6
C	2	7
D	6	9
E	1	2

所有的作业（即订单）都要使用唯一可用的彩色复印机；Kyriakides 必须决定五个订单的加工顺序；评价的标准是流程时间最短。假设 Kyriakides 决定使用 FCFS 规则来实现公司对客户公平的服务。

（1）FCFS 规则。FCFS 的流程时间结果如下：

FCFS 作业排序			
作业顺序	加工时间（天）	交货日期（天）	流程时间（天）
			开始时间 + 加工时间 = 完成时间
A	3	5	0 + 3 = 3
B	4	6	3 + 4 = 7
C	2	7	7 + 2 = 9
D	6	9	9 + 6 = 15
E	1	2	15 + 1 = 16

总流程时间 =3+7+9+15+16=50

平均流程时间 =50/5=10

比较每个作业的交货日期和流程时间，我们发现只有作业 A 能够及时交货。作业 B、C、D 和 E 都将分别延迟 1、2、6 和 14 天。平均起来，每个作业要延迟 $(0+1+2+6+14)/5=4.6$ 天。

（2）SPT 规则。现在让我们考虑 SPT 规则，即 Kyriakides 给予加工时间最短的订单最高的优先级。流程时间是：

SPT 作业排序			
作业顺序	加工时间（天）	交货日期（天）	流程时间（天）
E	1	2	0 + 1 = 1
C	2	7	1 + 2 = 3
A	3	5	3 + 3 = 6
B	4	6	6 + 4 = 10
D	6	9	10 + 6 = 16

总流程时间 =1+3+6+10+16=36

平均流程时间 =36/5=7.2

SPT 规则的平均流程时间比 FCFS 要短。此外,作业 E 和 C 可以满足交货日期,作业 A 只晚 1 天交货。平均起来,作业要延迟 (0＋0＋1＋4＋7)/5 = 2.4 天。

(3) EDD 规则。如果 Kyriakides 决定采用 EDD 规则,作业排序结果如下:

EDD 作业排序

作业顺序	加工时间(天)	交货日期(天)	流程时间(天)
E	1	2	0 + 1 = 1
A	3	5	1 + 3 = 4
B	4	6	4 + 4 = 8
C	2	7	8 + 2 = 10
D	6	9	10 + 6 = 16

总流程时间 =1+4+8+10+16=39

平均流程时间 =39/5=7.8

在 EDD 规则下,作业 B、C 和 D 都将延迟。平均起来,作业要延迟 (0＋0＋2＋3＋7)/5 = 2.4 天。

(4) LCFS 规则、随机规则和 STR 规则。下面分别是 LCFS 规则、随机规则和 STR 规则的流程时间结果:LCFS 作业排序

LCFS 作业排序

作业顺序	加工时间(天)	交货日期(天)	流程时间(天)
E	1	2	0 + 1 = 1
D	6	9	1 + 6 = 7
C	2	7	7 + 2 = 9
B	4	6	9 + 4 = 13
A	3	5	13 + 3 = 16

总流程时间 =46

平均流程时间 =46/5=9.2

平均延迟 =4.0

随机作业排序

作业顺序	加工时间(天)	交货日期(天)	流程时间(天)
D	6	9	0 + 6 = 6
C	2	7	6 + 2 = 8
A	3	5	8 + 3 = 11
E	1	2	11 + 1 = 12
B	4	6	12 + 4 = 16

总流程时间 =53

平均流程时间 =53/5=10.6

平均延迟 =5.4

STR 作业排序

作业顺序	加工时间(天)	交货日期(天)	流程时间(天)
E	1	2	0 + 1 = 1
A	3	5	1 + 3 = 4

STR 作业排序			
作业顺序	加工时间（天）	交货日期（天）	流程时间（天）
B	4	6	4 + 4 = 8
D	6	9	8 + 6 = 14
C	2	7	14 + 2 = 16

总流程时间 =43
平均流程时间 =43/5=8.6
平均延迟 =3.2

将以上所有作业排序结果汇总如下：

优先调度规则	总完成时间（天）	平均完成时间（天）	平均延迟（天）
FCFS 规则	50	10.0	4.6
SPT 规则	36	7.2	2.4
EDD 规则	39	7.8	2.4
LCFS 规则	46	9.2	4.0
随机规则	53	10.6	5.4
STR 规则	43	8.6	3.2

综上可见，SPT 规则比其他优先调度规则都好，但是结果一直是这样吗？答案是肯定的。而且能够从数学上证明，在"$n/1$"情况下使用其他的评价标准，比如平均等待时间和平均完成时间，SPT 规则都能产生最优解。实际上，这种简单的规则是如此有用，以至于被称为"整个作业排序中最重要的概念"。尽管如此，需要注意的是，SPT 规则完全忽略了交货时间，因此，作业时间最长的作业往往会延迟交货。

15.4.2 n 个作业的双机排序（$n/2$）

稍微复杂一点的是"$n/2$"流水作业排序问题，即两个或者更多的作业必须在两台机器上以共同的顺序进行加工。所有作业的加工路线完全相同，这是流水作业排序问题的基本特征。与"$n/1$"的情况一样，根据 SPT 规则，有一种方法可以提供最优方案，同样，我们假设这是一个静态作业排序模型，这种方法被称为约翰逊规则或者约翰逊方法（该方法是由约翰逊提出的），目的是使从第一个作业开始到最后一个作业结束的总流程时间最短。约翰逊规则包括以下的步骤：

（1）列出每个作业在两台机器上的加工时间。
（2）选择最短的加工时间。
（3）如果最短的加工时间出现在第一台机器上，则这个作业就尽可能往前排；若最短的加工时间出现在第二台机器上，则这个作业就尽可能往后排。若最短的加工时间有多个，则任选一个。
（4）对于剩余的作业重复第（2）步和第（3）步，直到整个作业排序完成。

实例

我们将通过运用约翰逊规则，对四个作业在两台机器上进行排序来说明 n 个作业的双机排序问题。

第 1 步：列出加工时间。

作业	在机器 1 上的加工时间	在机器 2 上的加工时间
A	3	2
B	6	8
C	5	6
D	7	4

第 2、3 步：选择最短的加工时间并进行指派。

作业 A 在机器 2 上的加工时间最短，首先进行指派，应尽可能往后排，于是被安排最后加工（一旦进行指派后，作业 A 就不能再作业排序了）。

第 4 步：重复第 2 步和第 3 步，直到整个作业排序完成。

在剩余的作业中选择加工时间最短的，作业 D 在机器 2 上的加工时间次短，因此，放在倒数第二加工（记住，作业 A 放在最后）。现在，作业 A 和 D 都不能再进行作业排序了。作业 C 是剩余作业中在机器 1 上加工时间最短的，所以 C 首先加工。现在在机器 1 上只剩下作业 B 了，它在机器 1 上的加工时间最短。这样，根据第三步，在剩余的作业中首先加工，也就是在所有的作业中放在第二位加工（作业 C 作业排序在第一位）。

综上所述，最优方案的顺序是 C—B—D—A，流程时间是最短的 25 天，同样，总空闲时间和平均空闲时间都是最短的。最终结果如图 15-2 所示。

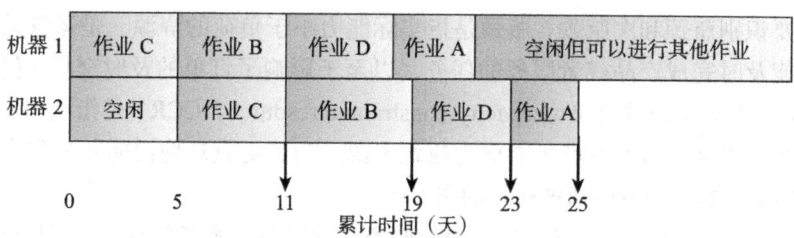

图 15-2　运用约翰逊规则的最优作业排序

这些步骤使得这些作业从开始到结束的时间最短，这样也使得两个机器同时加工的时间最长，最终使得完成全部作业所需的总时间最短。

约翰逊规则已经扩展到能对"$n/3$"的情况产生最优解。当流水车间作业排序问题的规模超过"$n/3$"时（通常都是这样的），通过解析方法获取最优解决方案是不可能的。其原因在于，即使作业可以以静态到达第一台机器，作业排序问题也会变成动态问题（动态作业排序问题是指当进行作业排序时，作业是陆续到达的，因此需要随时安排到达的作业顺序），并会在下游机器前形成等待队列。

15.4.3　n 个作业的多机排序（n/m）

复杂作业车间的特征是，多个工作中心处理一系列不同的作业，这些作业是在一天中间歇地到达工作中心。如果有 n 个作业要在 m 台机器上进行加工，并且所有的作业要经过所有机器来加工，那么就有（n!）m 种可选的作业排序。由于即使是小规模的车间也有大量的作业排序方案，计算机模拟是唯一可行的方法，这样才能确定不同的优先规则在这种情况下的相对价值。在 n 个作业单机床作业排序的情况下，这 10 种（或者更多）优先调度规则已经根据先前提到的评价标准进行了相对比较。

应该使用哪种优先调度规则？我们相信大多数制造企业的需要都可以通过一个相对简单的作业优先排序来满足，这个作业优先排序包含以下原则：

（1）必须是动态的，也就是说，在作业过程中要不断地修正来反映最新的情况变化。

（2）必须考虑松弛时间（注意在作业上必须完成的剩余工作和完成的剩余时间的区别）。

15.4.4　OPT 与约束管理

起先，OPT 是以色列物理学家、企业管理顾问艾利·高德拉特（Eli Goldratt）为制造厂开发的一个用于生产作业排序的软件系统。经过不断提炼之后，先后发展成为最优生产技术（optimized production technology，OPT），直至约束理论（theory of constraints，TOC）。

传统的生产计划与控制方法现在看来只不过是一种管理工具，而集成化的生产计划与控制方法将下面的计划哲理学与一系列管理工具结合起来，以实现整个流程的最优化。集成化的生产计划与控制方法主要有三种：推动系统、拉动系统和 TOC 系统。推动系统源于约瑟夫·奥利基（Joseph Orlicky）于 1974 年在 IBM 公司开发的软件系统——物料需求计划（material requirements planning，MRP）。拉动系统源于 20 世纪 60 年代末由大野耐一（Taichi Ohno）在东京开发的"准时制生产"（just in time，JIT）系统。而艾利·高德拉特于 20 世纪 70 年代末期开发的 OPT，则被认为是 TOC 系统的起源，TOC 也是对 MRP 和 JIT 在思想和方法上的发展。

OPT 需要识别瓶颈和次瓶颈。瓶颈是指实际能力小于负荷的资源，是运营系统某一个或者某几个不能及时完成产品或者服务的任务，以至于影响了订单的及时交货（包括在制品和客户需求）的资源。次瓶颈资源（capacity-constrained resource，CCR）是指利用率已接近实际能力，若作业计划制定得不好就可能成为瓶颈资源。为了更直观地说明瓶颈和次瓶颈资源的区别，让我们来看看一个专门清洗衬衫的洗衣店。

克劳德洗衣店（Claude）因其优质价廉的服务远近闻名，顾客总愿意排着长队等待其唯一的职员克拉克（Clark）来熨烫每一件衣服。美中不足的是洗衣店的服务速度不是很快，通常一件衬衫要花一周的时间来清洗熨烫。洗衣店有 3 台熨烫机，但一般一周通常只能用 3～4 天，因为衣浆常常不够用（为了使成本最小化，洗衣店使用 JIT 方式来进行物流管理，通常在下了订单 3 天后，衣浆才能到货）。

在洗衣店的服务流程中，克拉克是一个瓶颈，衣浆则是一个次瓶颈资源——只要增加衣浆的库存，衬衫熨烫的流量也就增大了，因此，衣浆的库存就成了临时瓶颈。通常，次瓶颈资源的影响可以通过简单的短期作业计划来消减，而瓶颈的改进难度却比较大，通常需要投入一定的资金和时间。

为了最优化流程，瓶颈必须连续满负荷运转，因此，OPT 采用了一种称为"鼓-缓冲器-绳子"（drum-buffer-rope，DBR）的计划/控制/传递机制来实现这个目标。因为瓶颈是整个流程中最慢的一个环节，因此，决定了系统的节拍或节奏——就像鼓点决定了整个进行曲的节拍一样。由于整个流程的产出受到瓶颈的制约，瓶颈产出的降低将无法弥补，故需要在瓶颈之前设置一定的缓冲，包括时间缓冲和库存缓冲，以保证整个系统的瓶颈能够满负荷地运转。为了在保证产出率最大的前提下有效地降低缓冲库存水平（即只需足够维持瓶颈满负荷运转），必须将瓶颈运转的速度（即鼓点）传递给系统的物料的投入环节，由于这种传递是单向的——从瓶颈到物料的投入——拉动缓冲的设置，故称之为绳子。

现在让我们回到克劳德洗衣店案例，克拉克就是一个瓶颈或鼓，缓冲是清洗完毕可交付给顾客的衣服。那么绳子是什么？这里存在绳子吗？

输送到缓冲器的产品或服务的数量称之为转运批量，转运批量是为了使缓冲器的库存处于最优水平，其大小取决于瓶颈的运转速度。加工批量是指瓶颈经过一次调整准备所能产出的产品或服务的数量。根据OPT原则，为了使得整个系统达到最优，转运批量可以不等于加工批量，知道这一点很重要，为了使得瓶颈的产出率最大，则需要加大瓶颈的加工批量，但同时为了有效地降低在制品缓冲库存，则需要减少转运批量。

像克劳德洗衣店，贝蒂和波特负责将熨烫过的衣服包起来，如果把贝蒂和波特看作是克拉克的下游工序，那么从衣服包装送到取衣区的加工批量为2，而由于克拉克每次只能熨烫一件衣服，故转运批量为1。

上述内容已经对OPT系统的各个组成要素进行了详细阐述，下面我们再来讨论一下OPT系统的最优化作业排序。关于OPT系统的作业排序过程一般可分为五个步骤：

（1）识别系统的瓶颈和次瓶颈资源。
（2）最优化次瓶颈资源。
（3）通过作业排序使瓶颈的负荷达到其最大能力。
（4）对瓶颈之前的流程进行倒推式作业排序。
（5）对瓶颈之后的流程进行前推式作业排序。

艾利·高德拉特的OPT基本思想集中体现在九条基本原则上：

（1）追求物流平衡而非能力平衡。
（2）非瓶颈资源的利用率水平不是由其自身潜力所决定的，而是由系统中的约束资源来决定的。
（3）资源的利用与活力不是同义词。利用是指资源应该利用的程度；而活力是指资源能够利用的程度。
（4）瓶颈资源上损失一小时就是整个系统损失一小时。
（5）非瓶颈资源上节约的时间是毫无意义的。
（6）瓶颈资源决定了系统中的有效产出和库存。
（7）转运批量可以不等于，而且在大多数情况下不应该等于加工批量。
（8）加工批量不是固定的，应该随着加工工艺和加工时间的变化而变化。
（9）作业计划的编制应同时兼顾所有的约束资源，提前期是作业计划的结果，而不是预定值。

随着OPT系统及其逻辑思想的推广应用及发展，高德拉特进一步将其发展成为"约束理论（TOC）"，提出了约束管理的五个步骤，来支持运营管理系统乃至企业整个管理系统的连续改进：

（1）确定系统的约束条件（只有先找到约束条件或者最弱的环节，才有可能进行改进）。
（2）制定如何充分利用系统的约束资源的决策（使约束资源尽可能地被有效利用）。
（3）让其他资源都服从于前面的决定（把系统中的其他资源排列起来支持约束资源，即使这样可能导致非约束资源的效率下降）。
（4）提升系统的约束资源的能力（如果产出仍然未达到要求，那么需要获取更多的资源使它不再是约束条件）。
（5）如果在上面各步中，约束资源不再是约束资源，那么回到步骤1，但是不要让同一问题一次又一次地成为系统的约束条件（在一个约束资源的问题解决之后，回到开头重新开始。这是一个持续改进的过程：确定约束、打破约束，然后找出新的约束资源再继续）。

与精益生产和六西格玛管理的连续改进思想相比，精益生产与六西格玛管理注重通过识别浪费、消除浪费形成持续改进，而约束理论的五个步骤则更注重于关键过程或限制整个系统效率发挥的最弱环节的改进。如果这些约束资源被有效地管理起来，系统的功能就能得到充分发挥，系统的目标也就更有可能实现。

15.5 车间控制

车间控制现在通常称之为生产作业控制。作业的优先级排序仅仅是车间控制的一个方面。美国生产与库存控制协会（American Production and Inventory Control Society，APICS）字典把"车间控制系统"定义为："利用来自车间的数据和数据处理文件，来维护和传递关于车间工单和工作中心状态信息的系统。"

车间控制的主要功能是：
（1）为每个车间的工单指派作业优先级。
（2）维护在制品数量信息。
（3）将车间工单信息传送到办公室。
（4）提供实际产出数据来为能力控制服务。
（5）根据车间工单对机位的要求，为在制品库存管理提供数量信息。
（6）测量人员和设备的效率、利用率和产量。

图 15-3 描述了车间控制的过程。

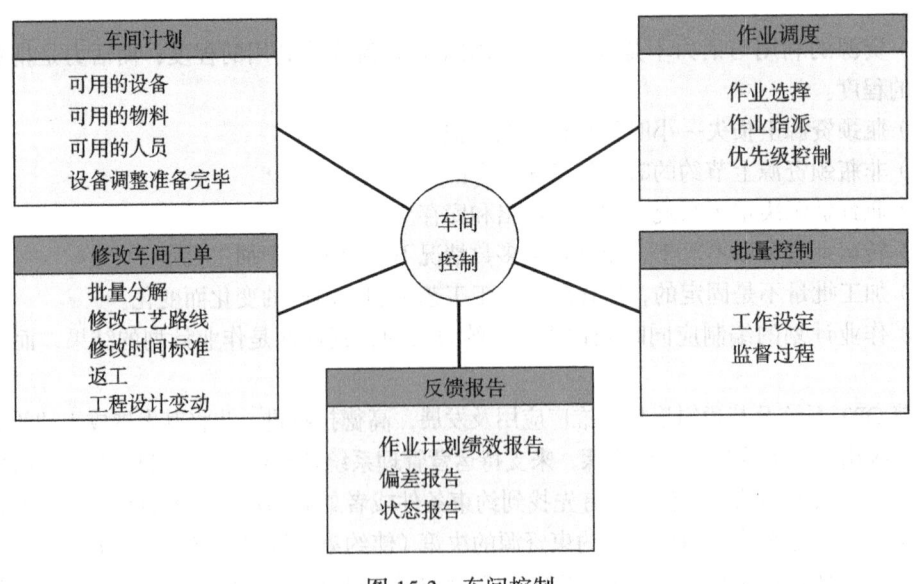

图 15-3　车间控制

15.5.1 车间控制工具

有多种文书工具可以帮助主管来进行车间控制，这些车间控制工具通过运用适当的软件很容易就能生成，而且主管可以通过软件不断地对其进行更新。

- 调度单。一般每天都需要生成调度单，调度单告诉主管当天哪些作业需要完工，这些作业的优先级以及作业时间，如表 15-1a 所示。
- 异常报告。异常报告告诉主管需要处理的特殊状况和问题。如表 15-1b 所示的预计延期报告就是一个例子。通常这些报告每周提供一两次，车间作业计划负责人检查是否有严重的、会影响主生产计划（MPS）的延期。
- 输入/输出控制报告。主管用以监控每个工作中心的工作负荷与其最大负荷之间的关系。如果出现极度不平衡，主管应立即识别出哪些需要进行调整，如表 15-1c 所示。
- 状态报告。状态报告将车间的运营状况总结后告诉主管，通常包括按期完工的作业数量和比例、延期并未完成的作业、产出量，等等。废品报告和返工报告是两种典型的例子。

表 15-1 车间控制的一些基本工具

a) 调度单

（工作中心 1501；日期 2 月 5 日）

开始日期	工件号	描述	运行时间
2月1日	15131	轴	11.4
2月3日	15143	铆钉	20.6
2月5日	15145	锭子	4.3
2月5日	15712	锭子	8.6
2月7日	15340	测量杆	6.5
2月8日	15312	轴	4.6

b) 预计延期报告

（部门 24；4 月 8 日）

部件号	计划日期	新日期	延期原因	措施
17125	4月10日	4月15日	夹具损坏	工具室于 4 月 15 日返还
13044	4月11日	5月1日	送去镀金，镀金工罢工	新批量开始生产
17653	4月11日	4月14日	新孔未成直线	工程部重新安装钻模

c) 输入/输出控制报告

（工作中心 0162）

本周完工日期	5月5日	5月12日	5月19日	5月26日
计划输入	210	210	210	210
实际输入	110	150	140	130
累积偏差	−100	−160	−230	−310
计划输出	210	210	210	210
实际输出	140	120	160	120
累积偏差	−70	−160	−210	−300

注：所有的数值都是以标准小时计算的。

输出控制（input/output control, I/O）是车间控制系统的一个主要特征，其主要原则是，工作中心的输入永远不能超过工作中心的输出。当输入超过输出时，就会拖欠订单，结果将会出现作业推迟、客户不满、下游作业或相关作业的延期。而且，当工作中心产生作业积压以后，就会形成阻塞，作业就会变得没有效率，到下游工作中心的工作流会变得时断时续。

图 15-4 中用水流类比车间能力控制，正好说明了这种现象。

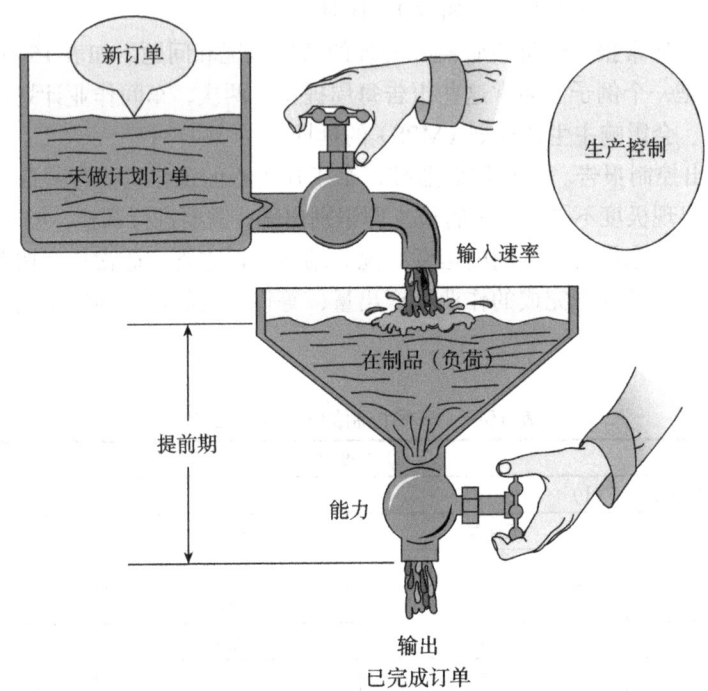

图 15-4 车间能力控制负荷流程图

资料来源：American Production and Inventory Control Society,"Training Aid—Shop Floor Control," undated. Reprinted with permission.

甘特图是作业排序中最常用的一种工具，简单直观，利用软件来帮助计划和跟踪工作状态。甘特图是一种根据时间绘制任务的线条图，用它也能显示出不同工作的关系，图 15-5 显示的就是一个小的线条图。一个车间想要利用它来协调完成三个作业（A、B、C）。这个线条图表明作业 A 的实际完成情况滞后于计划，作业 B 提前完成，作业 C 由于机器维护延迟了开工时间，但已经完成。甘特图通过比较我们此时的时间位置与计划的进度，来看我们是提前完成还是延期完成作业。

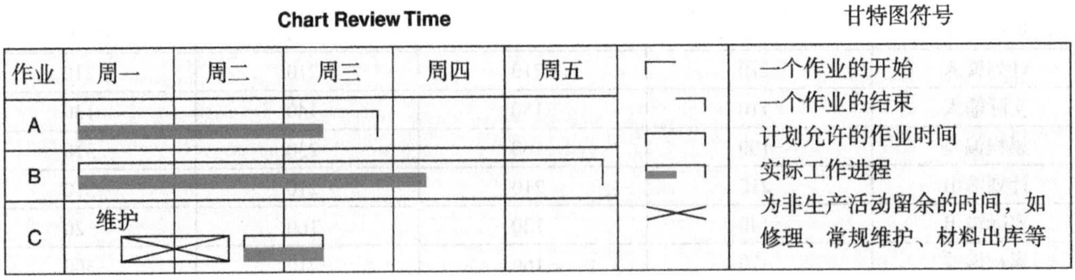

图 15-5 甘特图

资料来源：Professor Bob Parsons, Management Science Department, Northeastern University, Boston, MA. Used with permission.

其他还有一些有用的车间控制工具，如 PERT、CPM 网络图等，我们已在前文进行了讨论。

在大多数现代化企业中，车间控制系统都已计算机化，工件进出工作中心时，工作状态信息直接进入计算机。许多企业早就使用条形码和扫描仪来加快产生报告的流程，减少数据输入错误。可能像你所猜测的那样，车间控制的一个主要问题就是数据不准确和缺乏及时性。当发生了这些问题以后，反馈到主生产计划（MPS）的数据信息就是错误的，结果会导致错误的决策，从而常常会造成库存过量、缺货、延误交货期、工件成本核算不准确等。

当然，想要维护数据完整性，就需要有一个可靠的数据采集系统；但更重要的是要求所有与之相关的人员都按照系统的规定去做。大多数企业认识到了这一点，但是想维护车间秩序、数据完整或数据责任等不是很简单的。尽管可以通过建立数据完整工作组来强调出具详细的车间报告的重要性，但是数据的不准确性仍然可以通过多种途径在系统蔓延：一个线上操作工人将一个部件掉到工作台下，就从库存中取出一个来代替，但是没有记录下这个替代件；一个库存管理员在定期盘点中犯了个错误；一个制造工程师没有对一个部件的加工过程的改动进行标记；一个部门主管不按照调度单肆意决定作业顺序等。

15.6 服务型企业的人员作业排序

15.6.1 服务型企业人员作业排序的重要性

正如前面所讨论过的，制造业和服务业的一个主要差异在于顾客是直接参与服务交付过程的，与服务员工直接接触，因此导致在任何特定的时间段内，所需的服务人员的数量决策尤为关键，不仅影响到服务效率，更关系到服务的成功与否。一方面，如果安排了太少的人员，就会让顾客感到自己不受重视，甚至给顾客造成不必要的等待时间；另一方面，如果安排了太多的人员，则会导致不必要的高劳动力成本，从而降低了获利能力。因此，服务业的作业排序更加复杂，需要在有效地满足顾客需求的同时，实现不必要的劳动力成本最小化。

对于多数服务型企业来说，劳动力成本是企业成本结构中主要的组成部分，通常占销售额的35%以上。事实上，某些服务型企业（如咨询业、律师事务所、家政以及美容美发沙龙等），所有的直接成本可以看作是劳动力成本。因此，虽然很小却是不必要的劳动力的增加就会对企业的获利能力造成极大影响。

15.6.2 服务型企业人员作业排序的框架

一般来说，与制造型企业类似，服务型企业也需要首先制定中长期运营计划，并在中期需求计划的基础上细化为短期作业计划。服务型企业的人员作业排序的计划跨度（计划期）通常是一周，为什么呢？原因主要有以下几个：首先，比如美国的州立及联邦法律规定了每周最多工作的小时数或天数，超过规定工作时间就必须支付额外的费用。其次，全职员工与兼职员工通常也是以每周的工作时间长短来区分的，全职员工与兼职员工的工作时间差异也决定了员工享有企业福利的差异；同时，一般工会合同也特别声明了这两类员工的最少工作时间。最后，比如美国根据当地或州立法律，很多员工尤其是临时工，拿的都是周薪。

服务型企业的人员作业排序可以分为以下四个基本步骤，如图15-6所示：
（1）预测顾客需求。
（2）将顾客需求转化为每周的人员需求计划。
（3）将每周的人员需求计划转化为工作日计划。

（4）将工作日计划转化为个人周循环作业计划。

1. 预测顾客需求

由于大多数服务的交付都需要顾客直接与服务人员接触，因此，顾客到达率直接影响着服务的需求波动，如餐馆里顾客必须到场参与上餐服务过程；医院里病人必须到场接受医疗。除此之外，顾客需求的多样性也使得有效的人员作业排序显得尤为重要。因此，人员作业排序要能够满足顾客需求，首先就得精确预测顾客需求。

一般需要考虑以下几种需求模式：一天（甚至小时）内的需求变化、一周内的需求变化、一个月内的需求变化以及季节性的需求变化。由于一天内的需求就有很大的变动，通常每隔一小时或半小时就要对需求变化进行预测。如今，随着计算机和 POS 系统的普及，即使在更短时间间隔内，我们也能将顾客需求状况记录下来（如每隔 15 分钟）。

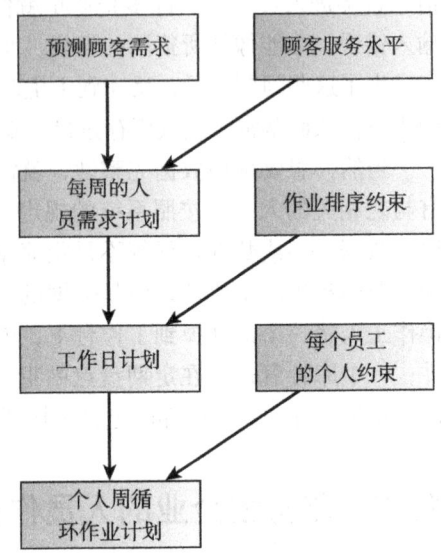

图 15-6 人员作业排序的基本步骤

为了更有效地预测需求，还需要收集与顾客需求相关的历史数据。在某一特定时间间隔内（如半个小时或一个小时），希望得到服务的顾客的准确数量就是我们所需收集的数据。幸好，分布广泛的 POS 系统可以为我们提供相关历史数据，而且，在大多数情况下，还可以将历史数据下载到计算机上以备将来预测分析之用。

2. 将顾客需求转化为每周的人员需求计划

服务型企业的人员通常可以分为两大类：前台人员和后台人员。前台人员是指那些与顾客有着直接接触的员工，如银行出纳员、折扣店收银员以及机场登记处的员工。后台人员是指那些不与顾客直接接触的员工，如餐馆厨师和机场行李处理员等。后台人员作业排序问题与制造业的作业排序问题相似。

由于前台人员需要直接与顾客接触，因此前台人员的作业排序问题就比较复杂。换言之，前台服务人员在顾客需要服务的时候就需要及时为顾客服务。因此，在将顾客需求转化为每周的人员需求计划的过程中，首先必须建立顾客服务水平。如很多餐馆在某一特定时间段都会提供快餐，又如马萨诸塞州安德沃的 Putnam 投资公司的利亚姆·麦克马丁（Liam McMakin）宣称，Putnam 投资公司的呼叫中心规定顾客服务水平是"93% 的电话应该在 20 秒或更少的时间内被应答"。

掌握了计划期内需要服务的顾客数量以及为每个顾客提供服务的平均时间，企业就能够作出作业排序决策，即这段时间内应该安排多少服务人员以达到预期的服务水平。根据前面第 14 章附录所讨论过的排队论，就可以建立以下三个变量之间的函数关系：

（1）顾客需求（如每小时有多少需要服务的顾客）。

（2）可用能力，即在岗员工人数以及能够服务的每个员工的平均时间。

（3）顾客平均等待时间。

为了更有效地将顾客需求转化为对前台员工的需求计划，服务型企业通常会制定员工需求计划表，告诉主管在不同的需求水平下对不同员工的需求量。在某些企业，员工需求计划表还需显示具体工作岗位的员工的需求量。借助于员工需求计划表，服务型企业的主管只需查看一下计划期内的预计需求，就能决定应安排多少员工，应把员工安排在哪个工作岗位，表15-2 所示的是一家快餐店的员工需求计划表。

表15-2 一家快餐店的员工需求计划表

销售量 （美元/小时）	总人数	具体工作岗位						
		烤	窗口	外卖	仓储	油煎	机动①	
$120	4	1	1	1	—	—	1	员工需求量最少
150	5	1	1	1	—	—	2	
180	6	2	1	1	—	—	2	
210	7	2	2	1	—	—	2	
240	8	2	2	2	1	—	1	
275	9	2	2	2	1	—	2	
310	10	3	3	2	1	—	1	
345	11	3	3	2	1	1	1	
385	12	3	3	3	1	1	1	
425	13	4	3	3	1	1	1	
475	14	4	3	3	1	1	2	
525	15	4	4	3	1	1	2	
585	16	5	4	3	1	1	2	
645	17	5	5	3	1	1	2	员工需求量最多

① 机动岗位负责巡视餐厅和休息室、负责进货以及在早餐高峰时间上岗。

资料来源：Adapted from "McDonald's," Harvard Business School Case No. 681-044, 1980.

3. 将每周的人员需求计划转化为工作日计划

第二步是将每周的人员需求计划转化为工作日计划或班次计划，基本目标就是在计划期内安排足够数量的员工，以满足目标服务水平下的预期需求。此外，一般还需要考虑其他一些影响因素，如：

（1）工会合同规定的一个工作日（班次）的最短工作时间（比如说，UPS 的员工工会合同就规定了员工最少工作时间为 3 小时）。

（2）州立或当地法律规定的最长工作时间。

（3）公司关于公休和午休的政策。

这些因素都会极大地影响公司达到目标服务水平下的服务效率。最短工作时间的约束导致了安排员工工作日计划时，必须使需要满足的最短工作时间总和超过满足需求所需的实际工作时间。

在制定员工工作日计划时，许多企业更倾向于使用兼职员工而非全职员工，这样，在满足客户需求的同时又能有效地控制成本。因为兼职员工的工资和额外福利往往比全职员工要少（有的甚至没有额外福利），因此，兼职员工的平均小时工资也普遍比全职员工低。通常，企业会在高峰期（如餐馆的就餐时间）或全职员工不情愿工作的时段（如医院的周末时间）雇用兼职员工。

4. 将工作日计划转化为个人周循环作业计划

将工作日计划转化为个人周循环作业计划比简单地重复工作日计划更为复杂。在制定个人周循环作业计划时，经理需要把员工的病假、节假日和休假考虑在内，同时还要考虑如果在假期要求员工加班而应支付的加班费用，比如医院的员工排班在主要节假日期间尤其紧张。此外，个人周循环作业计划需要将一周的任务具体分派到个人。因此，需要考虑每个员工的个人约束，如假期、可工作时间等。

15.6.3 服务型企业人员作业排序的技术应用

对于很多服务型企业，信息技术都极大地影响了企业的作业排序决策。早期的计算机作业排序软件使用起来都很不方便，应用范围也很有限。然而，随着速度更快、功能更强的计算机的出现以及软件的不断更新升级，使得员工作业排序软件的用户界面更加友好，同时灵活性也更强。

运用自动作业排序软件有以下几个优势：首先，大大减少了主管编制周工作计划的时间。以前手工作业排序时，处于复杂服务环境中的主管通常要花整整一天——8 小时的时间，来为下一周编制周工作计划，而利用自动作业排序系统，主管不必花那么多时间去编制计划，而将更多的时间精力投入到管理作业中，以提高服务管理绩效。

此外，自动作业排序软件通常都包括一些极复杂的算法公式，可用来优化工作时间，而且自动作业排序软件往往都已经把上面所提到的种种限制条件都考虑在内了（如每个班次最少工作时间等），故也提高了员工的工作效率。因此，运用自动作业排序软件可以更有效地进行作业排序，而且所耗费的时间只占手工作业排序的很小一部分。

15.6.4 服务型企业人员作业排序举例

正如前所述，服务业中的人员作业排序通常可以分为两大类：①后台人员作业排序（员工和顾客不直接接触）；②前台人员作业排序（员工和顾客直接接触）。我们将分别举例讨论这两种情况：银行的后台人员安排计划属于后台人员作业排序，而护士的安排计划则显然属于前台人员作业排序。

1. 银行的后台人员安排计划

现在我们举例说明大型银行分行的票据交易所及其服务部门是如何制定人员计划的。基本上，管理层所要求的人员计划必须：①使用最少的员工来完成每天的工作；②使实际产出和计划产出之间的差异最小。

在这个后台人员作业排序问题中，银行管理层将输入（支票、对账单、投资单据等）定义为"产品"，这些"产品"都按照规定的路线来通过不同的流程或功能（接收、分类、编码等）。

为了解决这个作业排序问题，银行针对每个产品的每个功能都要预测月需求量。每个产品的预测需求量除以每个功能的生产率（P/H，即每小时的生产率），就得到每个产品的每个功能的所需工作时间 $[H(std)]$；再把所需工作时间转化为每个功能所需人员数；然后把这些数据列表、求和，并根据请假、休假情况进行调整，得到计划工作时间；接下来将计划工作时间除以每个工作日的工作时间，就能得到所需人员数，这就是工作日计划，如图 15-7 所示的 Excel 电子表格，它是制定部门人员计划的基础。部门人员计划确定了所需员工人数、可用员工人数、两者差异以及针对差异所能采取的管理措施，如表 15-3 所示。

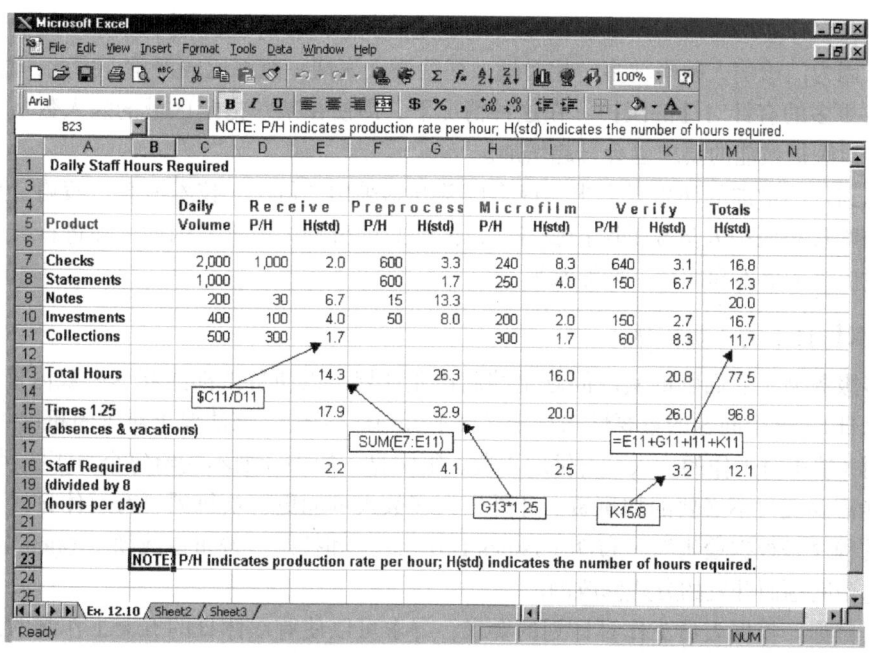

图 15-7

除了应用于工作日计划之外,所需工作时间[$H(std)$]和部门人员计划也为制定个人周循环作业计划、作业控制、与其他分行的能力利用率的比较以及开设新分行等提供信息。

表 15-3 部门人员计划

功能	所需员工人数	可用员工人数	差异(+/−)	管理措施
接收	2.3	2.0	−0.3	加班
预处理	4.1	4.0	−0.1	加班
微缩拍摄	2.5	3.0	+0.5	把多余的人员调到核查处
核查	3.3	3.0	−0.3	从微缩拍摄处得到0.3

2. 护士配备与安排

阿布纳瑟(W. Abernathy)等人认为:"有效地进行护士配备与安排的关键在于一个很好的整体方案,用来总体平衡护士配备的数量和病患者的预计量。"阿布纳瑟等人所说的整体方案也称为综合预算,是以一系列相互联系的活动为基础,主要输出短期作业计划安排,基本目标是面对各种严重而实际的问题,医院应如何得到一个有效而又低成本的综合预算。表15-4列出了医院所面临的问题以及可能的补救方法。

虽然大多数医院仍然使用试算法来制定人员计划,但是一些管理专家已经成功地运用数学优化技术解决了这些问题。

表 15-4 护士配备与安排中的一般问题

问题	可能的解决方案
病人负荷的预测精确性	频繁进行预测,按月进行预算。密切监控季节性需求、传染病和病房占用情况
预测可用护士数量	制定每个可能需求水平下护士的标准工作时间(需要进行数据采集和分析)
重新预算的复杂性和耗时性	利用现有计算机程序
作业排序的灵活性	安排一些流动人员:正常的人员配备数量应稍微超出最低需求人数,同时聘用一些多面手、兼职护士以及加班等

如今，医疗业的管理者所面临的主要问题是病人日趋多样化的需求及其对医护人员需求的影响。因为门诊病人越来越多，相对地，住院病人病情一般都比较严重，因此，总的说来，病人需要更多的有针对性的医护。在这种情况下，即使在某一指定区域的病人数量并没有发生变化，对医护技能的要求也会日趋增加。

考虑到日趋增加的病患者需求，许多医院开始采用"员工-技术混合"策略，采用一些自动化技术代替医护人员提供医护服务，以降低总的劳动力成本。因此，在进行员工配备决策时，也应该考虑不同的员工技能水平。

3. 双休日下的人员安排

许多服务型企业面临的实际问题是编制作业计划，以使员工都能够享有双休日（两个连续的休息日）。这个问题的重要性来自于《公平劳动标准法》，该法要求对每周超过40个小时的工作时（按小时工作的工人）支付加班费。很明显，如果计划不能给每个员工提供双休日，就有可能需要支付不必要的加班费。此外，大多数人可能更喜欢每周享有双休日。下面这个启发性的程序是根据詹姆斯·布朗（James Browne）和拉杰·蒂布雷威勒（Rajen Tibrewala）为解决这个问题而开发的方法修改的。

（1）目标。根据人员工作日计划的要求，寻求可以使有双休日的五天工作制的人员数量最小的计划（假设员工对于哪两天休息并无偏好）。

（2）程序。从一周中每天需要的人员总数量开始，按一次增加一个员工的方法制定计划。此程序可以分成两个步骤：

第1步：用方框画出需要人员数量最少的连续两天。最小的两天是指这两天中需要人员数的最高值不大于其他任何两天中需要人员数的最大值。这能保证需要人员最多的一天可以安排到员工（周一和周日也可以视为双休日，尽管分处一周的首尾两端）。如果出现相等的情况，选择相邻的工作日需求量也最小的两天作为双休日。这个相邻工作日可以是这两天之前，也可以是之后。如果仍然相等，选择前面的两天（不要再用进一步会打破平衡的方法，比如第二最小临近工作日）。

第2步：从剩下的5天里每天都减去1（没有方框的5天）。这表明这些工作日可以少需要一个员工，因为第1个员工已经指派给这些日子了。

依次类推，对于第2个员工、第3个员工以及其余所有的员工，重复上面的两个步骤，直到不再需要人员为止，如表15-5所示。

表15-5 双休日下的人员计划

	周一	周二	周三	周四	周五	周六	周日
所需人数	4	3	4	2	3	1	2
员工1	4	3	4	2	3	1	2
员工2	3	2	3	1	2	1	2
员工3	2	1	2	0	2	1	1
员工4	1	0	1	0	1	1	1
员工5	0	0	1	0	0	0	0

表15-5所示的计划方案包括五个员工工作19天，稍微不同的安排方案的满意程度大致相同。具体来说，这个计划方案就是将员工1安排在周六、日休息，员工2安排在周五、六休息，员工3安排在周六、日休息，员工4安排在周二、三休息，员工5只在周三上班，因

为其他工作日不再需要额外的劳动力了。注意，员工 3 和员工 4 在周四也休息。

运营实践 15-1

服务型企业的自动人员作业排序系统

Kronos 公司坐落于马萨诸塞州沃尔瑟姆，主要开发全自动员工管理系统，这个系统包括以下三个主要模块：①需求预测模块；②员工计划模块；③智能作业排序模块。

需求预测模块使用来自 POS 系统、交易柜台和其他数据采集源的历史数据，来对未来的需求做一个预测。这个系统非常灵活，服务型企业能够借此来决定应该对哪些变量进行预测，应该运用哪些历史数据。此外，这个系统可以以天为单位来做预测，也可以以小时、半小时甚至 15 分钟为间隔做需求预测。

员工计划模块可以结合需求预测模块所作出的需求预测和以前就有的员工安排规则、约束条件来制定员工需求计划，以有效地满足预测需求；同时，也能以最低的劳动力成本达到预计的服务水平。员工需求计划的计划单位可以与需求预测的单位相同。

公司把智能作业排序模块看作是驱动整个系统运行的核心或"引擎"。由员工计划模块生成的员工需求计划、优先调度规则以及针对员工个人的特定约束是这个模块的输入要素，而智能作业排序模块输出的是下一个预测期的具体作业排序计划，往往具体到员工个人的班次计划。

资料来源：http://www.kronos.com。

本章小结

很多制造型企业和服务型企业都是按照车间方式（过程专业化）组织的（见文中银行业和医疗业的案例）。现在，车间作业计划越来越依赖于计算机技术，是整个计划与控制系统中重要的组成部分。事实上，车间作业计划也是整个计划与控制系统不可缺少的一个组成部分。

对于多数服务型企业来说，劳动力成本是企业成本结构中主要的组成部分，因此，员工作业排序尤为重要。在服务型企业中，安排太多的劳动力会对利润造成负面影响；但是劳动力配备不足则会降低顾客服务水平，从而影响以后的市场需求。

由于全球化经济的影响，车间作业正变得越来越专业化，而劳动力所需的培训也越来越复杂。此外，自动化流程和更先进的技术方法也越来越多地运用于各种作业中；相关部门更密切地关注加工车间与企业其他部门的信息交流与联系；成本（尤其是能源）和竞争压力持续上升；顾客的文化层次更高、更全球化、更有社会意识，使得加工车间也更具社会责任感；自然资源将会越来越少，而政府对这类资源的管制也将会越来越严。总之，车间作业排序仍将是公司运营管理一个不可缺少的组成部分，对于可以预见的未来来说，仍将是一个艰巨的任务。

复习思考题

1. 车间的特征是什么？为什么它们如此普遍（尤其是在服务型企业）？
2. 使用 SPT 规则的限制性条件是什么？
3. 在准备期中考试时，你用什么优先规则来安排你的学习时间？如果你有五门考试，你会有几个备选的计划？
4. 为什么在服务型企业中进行人员作业排序比较困难？
5. 在美国，银行、餐馆、零售店等服务型企业的顾客服务优先规则都有一定的假设条件。如有机会，你可以向国际学生询问他们国家所使用的优先规则。如果有什么不

6. 什么样的作业适宜按照"处理时间最长的作业首先进行"的原则进行作业排序?
7. 银行总部和分行的作业排序方式有什么不同?
8. 举一个加工车间的例子,而你是这个车间的作业调度员。这个车间可以是你的厨房、计算机工作站或其他什么东西。对于这个加工车间,你会运用什么优先规则进行作业排序?为什么?
9. 如果车间接到一个以前从未做过的定制任务,列举一些作业调度员在预计所需工人和机器数时会碰到的问题。
10. 假设你是一家高级宾馆的前台接待员,负责处理所有的登记事宜。你一般按照"先到先服务"的原则接待顾客。现在有一个职业足球队要在你们城市进行比赛,决定下榻你们的宾馆,你应该如何进行登记?
11. 在很多加工车间,由自动流水线处理的工作所占的比例越来越大。比如说,在影印中心,影印机能进行自动比较和分类;在医院里,越来越多的诊疗可以通过远程传感器进行。讨论一下机器的这种"干更多的活"的能力对车间作业调度员有什么影响?
12. 本章中给出了一个两维的甘特图的例子,那么,有三维的甘特图吗?举几个例子。
13. 你所使用的OPT系统所提供的产品或服务是什么?它们有什么共同的特征?
14. OPT系统如何影响顾客、公司以及在系统内工作的员工?
15. 在服务型企业中,顾客共同参与服务过程能否减少瓶颈所带来的影响?怎么影响?

应用举例

问题1

琼斯汽车座椅罩与喷漆厂正在竞标一份为爱德(Smiling ED)旧车交易所提供全部客户服务的合同。取得合同的主要要求是快速交货。因为爱德——由于某些原因我们不能去那里——希望汽车能够尽早整修并且送回。爱德说,如果琼斯厂可以在24小时内将爱德收到的五辆车全部整修并且重新喷漆,合同就归该厂。下面是这五辆车在整修和喷漆车间各自需要的时间(以小时为单位)。假定车子在重新喷漆前要经过重新整修的步骤,琼斯厂可以满足时间要求并且得到合同吗?

汽车	整修时间(小时)	重新喷漆时间(小时)
A	6	3
B	0	4
C	5	2
D	8	6
E	2	1

解答

这个问题可以看作一个两台机器流水车间,能够通过约翰逊规则轻松解决。

汽车	原始数据 整修时间(小时)	选择顺序	约翰逊规则 选择顺序	队列位置
A	6	4	4	3
B	0	1	1	1
C	5	3	3	4
D	8	5	5	2
E	2	2	2	5

约翰逊规则

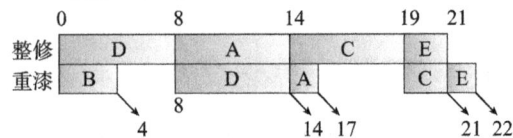

五辆车所花费的总的时间为22小时。

习题

1. 乔有三辆汽车必须由她的优秀机械师吉姆彻底大修。下面给出了有关汽车的数据，请按照使每个剩余作业松弛时间最小（STR/OP）的标准，决定吉姆修理每辆车的顺序。

汽车	顾客取车时间（从现在算起小时数）	剩余的大修时间（小时）	剩下的作业
A	10	4	喷漆
B	17	5	车轮校正，喷漆
C	15	1	钢板镀铬，喷漆，座椅修理

2. 七件工件全部必须经过A和B两道工序，先A后B。
   (1) 按照先进先出原则确定一个最优的顺序，工件将用下面的时间按最优的顺序通过各工序。
   (2) 按照最优的顺序重新画一个表格。
   (3) 请问完成所有七件工件需要多少时间？

工件	工序A所需时间	工序B所需时间
1	9	6
2	8	5
3	7	7
4	6	3
5	1	2
6	2	6
7	4	7

3. 下面是一个关键部门的作业列表，包括各作业所需时间的估计。
   (1) 用最短作业时间规则对这些工件作业排序。作业排序结果是什么？流程时间均值是多少？
   (2) 老板不喜欢(1)中的作业排序结果，显然应该将作业E和G优先作业排序（它们已经拖延了）。请重新进行作业排序，并尽量使作业E和G分别排在第一位和第二位。新的作业排序结果是什么？新的流程时间均值是多少？

工件	所需时间（天）	距许诺交货日期的天数	松弛时间（天）
A	8	12	4
B	3	9	6
C	7	8	1
D	1	11	10
E	10	−10	—
F	6	10	4
G	5	−8	—
H	4	6	2

4. 某生产工厂要对五项作业进行排序。下面的表格为每项作业的加工时间（包括必要的等待时间）和其他必要的拖延时间。假定那天是4月3日，工作的完成日期（单位：天）如下表所示：

作业	实际加工时间（天）	延迟时间（天）	总时间（天）	作业完工日期
1	2	12	14	4月30日
2	5	8	13	4月21日
3	9	15	24	4月28日
4	7	9	16	4月29日
5	4	22	28	4月27日

制定两个作业排序方案来完成这些作业，其中一个方案用关键比率优先原则，第二个方案用其他任何规则都可以，只要你能说明所用的规则是什么即可。

5. 某会计师事务所想使其最大审核人数为4人，而且还要满足其人员需要以及每周休息两天的政策，其需求如下所示。这个想法能实现吗？计划应该是什么样的？
   需求（周一至周日）：4, 3, 3, 2, 2, 4, 4。

6. 工件A、B、C、D和E必须以一定的顺序（例如工序I在先，工序II在后）通过工序I和II。用约翰逊规则指定最优顺序，使总需求时间最小。

作业	工序I所需时间	工序II所需时间
A	1	5
B	16	14
C	8	7
D	12	11
E	3	9

7. 乔能够在一个边界附近的汽车服务站中找到一个生产计划员的工作。这个系统每天能处理10辆汽车。现在的顺序是先改制，后喷漆。

汽车	改制时间（小时）	喷漆时间（小时）	汽车	改制时间（小时）	喷漆时间（小时）
1	3.0	1.2	6	2.1	0.8
2	2.0	0.9	7	3.2	1.4
3	2.5	1.3	8	0.6	1.8
4	0.7	0.5	9	1.1	1.5
5	1.6	1.7	10	1.8	0.7

乔应该按什么顺序来安排汽车修理？

8. 玛迪运动诊所专门处理各种运动拉伤等相关疾病。病人在该诊所就医一般有两步。首先，病人向医生解释伤病的性质，如有必要，医生还会对他进行身体检查。接着，受伤部位将接受X光检查。而每个病人在每一步所花的时间可能大不相同，要看他到底受的什么伤以及是否第一次来该诊所就医。由于刚开业不久，玛迪运动诊所通常只有一名医生、一台X光设备和一位X光仪器操作师。某天，有六位病人进行了预约。预计每位病人每步需花的时间如下表所示（以分钟计）：

（1）用约翰逊规则，对该天六位病人进行最优作业排序。

（2）如果玛迪运动诊所早上9点开门接待第一位病人，那么每一位病人应该在什么时候被安排在什么时候去诊所？

病人	时间（分钟）	
	检查	X光
A	30	15
B	45	50
C	75	35
D	20	40
E	90	25
F	60	70

9. 玛斯贝财务服务公司（MBFS）为企业抚恤基金和个人提供各种共同基金。公司为客户提供以下服务：

	步骤和生产率（P/H）①			
	接收	审查	处理	审计
改变地址	125	75	100	
改变收益人	125	75	50	
交易错误	150	50	75	50
存款	200	100	75	150
提款	200	100	25	50

① (P/H) = 每小时生产率。

接下去一周每种服务的预计日处理量如下表所示：

	一周天数				
	周一	周二	周三	周四	周五
改变地址	2 200	1 600	1 300	1 000	1 000
改变收益人	1 000	1 200	800	600	500
交易错误	400	300	500	400	300
存款	8 500	7 200	6 800	6 500	6 500
提款	3 000	3 400	4 000	3 700	4 200

建立类似于图15-8的电子表格，决定每天每个步骤所需员工人数（假设可有25%的缺勤率和休假率，而且每天的正常工作时间为8小时。）

10. 一家快餐店下周一的预计小时销售额（美元）如下表所示：

时间	上午11点	中午12点	下午1点	下午2点
销售额	250	625	500	375
时间	下午3点	下午4点	下午5点	下午6点
销售额	150	100	175	400
时间	下午7点	下午8点	下午9点	下午10点
销售额	475	300	275	125

运用表15-2所示的表格，计算每个小时所需的员工人数（注意：上表所示的时间代表每个小时的起始时间）。

推荐阅读

中文书名	作者	书号	定价
公司理财（原书第11版）	斯蒂芬·A. 罗斯（Stephen A. Ross）等	978-7-111-57415-6	119.00
财务管理（原书第14版）	尤金·F. 布里格姆（Eugene F. Brigham）等	978-7-111-58891-7	139.00
财务报表分析与证券估值（原书第5版）	斯蒂芬·佩因曼（Stephen Penman）等	978-7-111-55288-8	129.00
会计学：企业决策的基础（财务会计分册）（原书第19版）	简·R. 威廉姆斯（Jan R. Williams）等	978-7-111-71564-1	89.00
会计学：企业决策的基础（管理会计分册）（原书第19版）	简·R. 威廉姆斯（Jan R. Williams）等	978-7-111-71902-1	79.00
营销管理（原书第2版）	格雷格·W. 马歇尔（Greg W. Marshall）等	978-7-111-56906-0	89.00
市场营销学（原书第13版）	加里·阿姆斯特朗（Gary Armstrong）菲利普·科特勒（Philip Kotler）等	978-7-111-62427-1	89.00
运营管理（原书第13版）	威廉·史蒂文森（William J. Stevens）等	978-7-111-62316-8	79.00
运营管理（原书第15版）	理查德·B. 蔡斯（Richard B. Chase）等	978-7-111-63049-4	99.00
管理经济学（原书第12版）	S. 查尔斯·莫瑞斯（S. Charles Maurice）等	978-7-111-58696-8	89.00
战略管理：竞争与全球化（原书第12版）	迈克尔·A. 希特（Michael A. Hitt）等	978-7-111-61134-9	79.00
战略管理：概念与案例（原书第12版）	查尔斯·W. L. 希尔（Charles W. L. Hill）等	978-7-111-68626-2	89.00
组织行为学（原书第7版）	史蒂文·L. 麦克沙恩（Steven L. McShane）等	978-7-111-58271-7	65.00
组织行为学精要（原书第13版）	斯蒂芬·P. 罗宾斯（Stephen P. Robbins）等	978-7-111-55359-5	50.00
人力资源管理（原书第12版）（中国版）	约翰·M. 伊万切维奇（John M. Ivancevich）等	978-7-111-52023-8	55.00
人力资源管理（亚洲版·原书第2版）	加里·德斯勒（Gary Dessler）等	978-7-111-40189-6	65.00
数据、模型与决策（原书第14版）	戴维·R. 安德森（David R. Anderson）等	978-7-111-59356-0	109.00
数据、模型与决策：基于电子表格的建模和案例研究方法（原书第6版）	弗雷德里克·S. 希利尔（Frederick S. Hillier）等	978-7-111-69627-8	129.00
管理信息系统（原书第15版）	肯尼斯·C. 劳顿（Kenneth C. Laudon）等	978-7-111-60835-6	79.00
信息时代的管理信息系统（原书第9版）	斯蒂芬·哈格（Stephen Haag）等	978-7-111-55438-7	69.00
创业管理：成功创建新企业（原书第5版）	布鲁斯·R. 巴林格（Bruce R. Barringer）等	978-7-111-57109-4	79.00
创业学（原书第9版）	罗伯特·D. 赫里斯（Robert D. Hisrich）等	978-7-111-55405-9	59.00
领导学：在实践中提升领导力（原书第8版）	理查德·L. 哈格斯（Richard L. Hughes）等	978-7-111-73617-2	119.00
企业伦理学（中国版）（原书第3版）	劳拉·P. 哈特曼（Laura P. Hartman）等	978-7-111-51101-4	45.00
公司治理	马克·格尔根（Marc Goergen）	978-7-111-45431-1	49.00
国际企业管理：文化、战略与行为（原书第10版）	弗雷德·卢森斯（Fred Luthans）等	978-7-111-71263-3	119.00
商务与管理沟通（原书第12版）	基蒂·O. 洛克（Kitty O. Locker）等	978-7-111-69607-0	79.00
管理学（原书第2版）	兰杰·古拉蒂（Ranjay Gulati）等	978-7-111-59524-3	79.00
管理学：原理与实践（原书第9版）	斯蒂芬·P. 罗宾斯（Stephen P. Robbins）等	978-7-111-50388-0	59.00
管理学原理（原书第10版）	理查德·L. 达夫特（Richard L. Daft）等	978-7-111-59992-0	79.00